SCÈNES

DE LA

VIE DE PROVINCE

TOME I

Ursule Mirouet. — Eugénie Grandet. — Les Célibataires : Pierrette.

PARIS
ALEXANDRE HOUSSIAUX, ÉDITEUR
RUE DU JARDINET-SAINT-ANDRE-DES-ARTS, 3.

1855

LE CURÉ CHAPERON.

(URSULE MIROUET.)

DEUXIÈME LIVRE,

SCÈNES DE LA VIE DE PROVINCE.

URSULE MIROUËT.

A MADEMOISELLE SOPHIE SURVILLE.

C'est un vrai plaisir, ma chère nièce, que de te dédier un livre dont le sujet et les détails ont eu l'approbation, si difficile à obtenir, d'une jeune fille à qui le monde est encore inconnu, et qui ne transige avec aucun des nobles principes d'une sainte éducation. Vous autres jeunes filles, vous êtes un public redoutable; car on ne doit vous laisser lire que des livres purs comme votre âme est pure, et l'on vous défend certaines lectures comme on vous empêche de voir la Société telle qu'elle est. N'est-ce pas alors à donner de l'orgueil à un auteur que de vous avoir plu? Dieu veuille que l'affection ne t'ait pas trompée! Qui nous le dira? l'avenir que tu verras, je l'espère, et où je ne serai plus.

Ton oncle,
HONORÉ DE BALZAC.

PREMIÈRE PARTIE.

LES HÉRITIERS ALARMÉS.

En entrant à Nemours du côté de Paris, on passe sur le canal du Loing, dont les berges forment à la fois de champêtres remparts et de pittoresques promenades à cette jolie petite ville. Depuis 1830, on a malheureusement bâti plusieurs maisons en deçà du pont. Si cette espèce de faubourg s'augmente, la physionomie de la ville y perdra sa gracieuse originalité. Mais, en 1829, les côtés de la route étant libres, le maître de poste, grand et gros homme d'environ soixante ans, assis au point culminant de ce pont, pouvait, par une belle matinée, parfaitement embrasser ce qu'en termes de son art on nomme un ruban de queue. Le mois de septembre déployait ses trésors, l'atmosphère flambait au-dessus des herbes et des cailloux, aucun nuage n'altérait le bleu de l'éther dont la pureté partout vive, et même à l'horizon, indiquait l'excessive raréfaction de l'air. Aussi, Minoret-Levrault, ainsi se nommait le maître de poste, était-il obligé de se faire un garde-vue avec une de ses mains pour ne pas être ébloui. En homme impatienté d'attendre, il regardait tantôt les charmantes prairies qui s'étalent à droite de la route et où ses regains poussaient, tantôt la colline chargée de bois qui, sur la gauche, s'étend de Nemours à Bouron. Il entendait dans la vallée du Loing, où retentissaient les bruits du chemin repoussés par la colline, le galop de ses propres chevaux et les claquements de fouet de ses postillons. Ne faut-il pas être bien maître de poste pour s'impatienter devant une prairie où se trouvaient des bestiaux comme en fait Paul Potter, sous un ciel de Raphaël, sur un canal ombragé d'arbres dans la manière d'Hobbéma ? Qui connaît Nemours sait que la nature y est aussi belle que l'art, dont la mission est de la spiritualiser : là, le paysage a des idées et fait penser. Mais à l'aspect de Minoret-Levrault un artiste aurait quitté le site pour croquer ce bourgeois, tant il était original à force d'être commun. Réunissez toutes les conditions de la brute, vous obtenez Caliban, qui, certes, est une grande chose. Là où la Forme domine, le Sentiment disparaît. Le maître de poste, preuve vivante de cet axiome, présentait une de ces physionomies où le penseur aperçoit difficilement trace d'âme sous la violente carnation que produit un brutal développement de la chair. Sa casquette en drap bleu, à petite visière et à côtes de melon, moulait une tête dont les fortes dimensions prouvaient que la science de Gall n'a pas encore abordé le chapitre des exceptions. Les cheveux gris et comme lustrés qui débordaient la casquette vous eussent démontré que la chevelure blanchit par d'autres causes que par les fatigues d'esprit ou par les chagrins. De chaque côté de la tête, on voyait de larges oreilles presque cicatrisées sur les bords par les érosions d'un sang trop abondant qui semblait près de jaillir au moindre effort. Le teint offrait des tons violacés sous une couche brune, due à l'habitude d'affronter le soleil. Les yeux gris, agiles, enfoncés, cachés sous deux buissons noirs, ressemblaient aux yeux des Kalmouks venus en 1815; s'ils brillaient par moments, ce ne pouvait être que sous l'effort d'une pensée cupide. Le nez, déprimé depuis sa racine, se relevait brusquement en pied de marmite. Des lèvres épaisses en harmonie avec un double menton presque repoussant, dont la barbe faite à peine deux fois par semaine maintenait un méchant foulard à l'état de corde usée; un cou plissé par la graisse, quoique très court; de fortes joues complétaient les caractères de la puissance stupide que les sculpteurs impriment à leurs cariatides. Minoret-Levrault ressemblait à ces statues, à cette différence près qu'elles supportent un édifice et qu'il avait assez à faire de se soutenir lui-même. Vous rencontrerez beaucoup de ces Atlas sans monde. Le buste de cet homme était un bloc; vous eussiez dit d'un taureau relevé sur ses deux jambes de derrière. Les bras vigoureux se terminaient par des mains épaisses et dures, larges et fortes, qui pouvaient et savaient manier le fouet, les guides, la fourche, et auxquelles aucun postillon ne se jouait. L'énorme ventre de ce géant était supporté par des cuisses grosses comme le corps d'un adulte et par des pieds d'éléphant. La colère devait être rare chez cet homme, mais terrible, apoplectique alors qu'elle éclatait. Quoique violent et incapable de réflexion, cet homme n'avait rien fait qui justifiât les sinistres promesses de sa physionomie. A qui tremblait devant ce géant, ses postillons disaient : — Oh ! il n'est pas méchant !

Le maître de Nemours, pour nous servir de l'abréviation usitée en beaucoup de pays, portait une veste de chasse en velours vert-bouteille, un pantalon de coutil vert à raies vertes, un ample gilet jaune en poil de chèvre, dans la poche duquel on apercevait une tabatière monstrueuse dessinée par un cercle noir. A nez camard grosse tabatière est une loi presque sans exception.

Fils de la Révolution et spectateur de l'Empire, Minoret-Levrault ne s'était jamais mêlé de politique; quant à ses opinions religieuses, il n'avait mis le pied à l'église que pour se marier; quant à ses principes dans la vie privée, ils existaient dans le Code civil : tout ce que la loi ne défendait pas ou ne pouvait atteindre, il le croyait faisable. Il n'avait jamais lu que le journal du département de Seine-et-Oise, ou quelques instructions relatives à sa profession. Il passait pour un cultivateur habile; mais sa science était purement pratique. Ainsi, chez Minoret-Levrault, le moral ne démentait pas le physique. Aussi parlait-il rarement ; et, avant de prendre la parole, prenait-il toujours une prise de tabac pour se donner le temps de chercher non pas des idées, mais des mots. Bavard, il vous eût paru manqué. En pensant que cette espèce d'éléphant sans trompe et sans intelligence se nomme *Minoret-Levrault*, ne doit-on pas reconnaître avec Sterne l'occulte puissance des noms qui tantôt raillent et tantôt prédisent les caractères ? Malgré ces incapacités visibles, en trente-six ans il avait, la Révolution aidant, gagné trente mille livres de rente, en prairies, terres labourables et bois. Si Minoret, intéressé dans les messageries de Nemours et dans celles du Gâtinais à Paris, travaillait encore, il agissait en ceci moins par habitude que pour un fils unique auquel il voulait préparer un bel avenir. Ce fils, devenu, selon l'expression des paysans, un monsieur, venait de terminer son droit et devait prêter serment à la rentrée comme avocat stagiaire. Monsieur et madame Minoret-Levrault, car, à travers ce colosse, tout le monde aperçoit une femme sans laquelle une si belle fortune serait impossible, laissaient leur fils libre de se choisir une carrière : notaire à Paris, procureur du roi quelque part, receveur général n'importe où, agent de change ou maître de poste. Quelle fantaisie pouvait se refuser, à quel état ne devait pas prétendre le fils d'un homme de qui l'on disait, depuis Montargis jusqu'à Essonne : « Le père Minoret ne connaît pas sa fortune ! » Ce mot avait reçu, quatre ans auparavant, une sanction nouvelle quand, après avoir vendu son auberge, Minoret s'était bâti des écuries et une maison superbes en transportant la poste de la Grand'rue sur le port. Ce nouvel établissement avait coûté deux cent mille francs, que les commérages doublaient à trente lieues à la ronde. La poste de Nemours veut un grand nombre de chevaux, elle va jusqu'à Fontainebleau sur Paris et dessert au delà les routes de Montargis et de Montereau ; de tous les côtés, le relais est long, et les sables de la route de Montargis autorisent ce fantastique troisième cheval, qui se paye toujours et ne se voit jamais. Un homme bâti comme Minoret, riche comme Minoret, et à la tête d'un pareil établissement, pouvait donc s'appeler sans antiphrase, le maître de Nemours. Quoiqu'il n'eût jamais pensé ni à Dieu ni à diable, qu'il fût matérialiste pratique comme il était agriculteur pratique, égoïste pratique, avare pratique, Minoret avait jusqu'alors joui d'un bonheur sans mélange, si l'on doit regarder une vie purement matérielle comme un bonheur. En voyant le bourrelet de chair pelée qui enveloppait la dernière vertèbre et comprimait le cervelet de cet homme, en entendant surtout sa voix grêle et clairette qui contrastait ridiculement avec son encolure, un physiologiste eût parfaitement compris pourquoi ce grand, gros, épais cultivateur adorait son fils unique, et pourquoi peut-être il l'avait attendu si longtemps, comme le disait assez le nom de Désiré que portait l'enfant. Enfin, si l'amour en trahissant une riche organisation est chez l'homme une promesse des plus grandes choses, les philosophes comprendront les causes de l'incapacité de Minoret. La mère, à qui fort heureusement le fils ressemblait, rivalisait de gâteries avec le père. Aucun naturel d'enfant n'aurait pu résister à cette idolâtrie. Aussi Désiré, qui connaissait l'étendue de son pouvoir, savait-il traire la cassette de sa mère et puiser dans la bourse de son père en faisant croire à chacun des auteurs de ses jours qu'il ne s'adressait qu'à lui. Désiré, qui jouait à Nemours un rôle infiniment supérieur à celui que joue un prince royal dans la capitale de son père, avait voulu se passer à Paris toutes ses fantaisies comme il se les passait dans sa petite ville, et chaque année il y avait dépensé plus de douze mille francs. Mais aussi, pour cette somme, avait-il acquis des idées qui ne lui seraient jamais venues à Nemours; il s'était dépouillé de la peau du provincial, il avait compris la puissance de l'argent, et vu dans la magistrature un moyen d'élévation. Pendant cette dernière année il avait dépensé dix mille francs de plus, en se liant avec des artistes, avec des journalistes et leurs maîtresses. Une lettre confidentielle assez inquiétante eût au besoin expliqué la faction du maître de poste, à qui son fils demandait son appui pour un mariage; mais la mère Minoret-Levrault, occupée à préparer un somptueux déjeuner pour célébrer le triomphe et le retour du licencié en droit, avait envoyé son mari sur la route en lui disant de monter à cheval s'il ne voyait pas la diligence. La diligence qui devait amener ce fils unique arrive ordinairement à Nemours vers cinq heures du matin, et neuf heures sonnaient! Qui pouvait causer un pareil retard? Avait-on versé? Désiré vivait-il? Avait-il seulement la jambe cassée?

Trois batteries de coups de fouet éclatent et déchirent l'air comme une mousqueterie, les gilets rouges des postillons poindent, dix chevaux hennissent! le maître ôte sa casquette et l'agite, il est aperçu. Le postillon le mieux monté, celui qui ramenait deux chevaux de calèche gris-pommelé, pique son porteur, devance cinq gros chevaux de diligence, les Minoret de l'écurie, trois chevaux de berline, et arrive devant le maître.

— As-tu vu la *Ducler?*

Sur les grandes routes, on donne aux diligences des noms assez fantastiques : on dit la Caillard, la Ducler (la voiture de Nemours à Paris), le Grand-Bureau. Toute entreprise nouvelle est la *Concurrence!* Du temps de l'entreprise des Lecomte, leurs voitures s'appelaient la *Comtesse.* — Caillard n'a pas attrapé la Comtesse, mais le Grand-Bureau lui a joliment brûlé... sa robe, tout de même! — La Caillard et le Grand-Bureau ont enfoncé les *Françaises* (les Messageries françaises). Si vous voyez le postillon allant *à tout brésiller* et refuser un verre de vin, questionnez le conducteur; il vous répond, le nez au vent, l'œil sur l'espace : — La *Concurrence* est devant! — Et nous ne la voyons pas! dit le postillon. Le scélérat, il n'aura *pas fait manger ses voyageurs!* — Est-ce qu'il en a? répond le conducteur. Tape donc sur Polignac! Tous les mauvais chevaux se nomment Polignac. Telles sont les plaisanteries et le fond de la conversation entre les postillons et les conducteurs en haut des voitures. Autant de professions en France, autant d'argots.

— As-tu vu dans la Ducler... ?

— Monsieur Désiré? répondit le postillon en interrompant son maître. Eh! vous avez dû nous entendre, nos fouets vous l'annonçaient assez, nous pensions bien que vous étiez sur la route.

— Pourquoi donc la diligence est-elle en retard de quatre heures?

— Le cercle d'une des roues de derrière s'est détaché entre Essonne et Ponthierry. Mais il n'y a pas eu d'accident; à la montée, Cabirolle s'est heureusement aperçu de la chose.

En ce moment une femme endimanchée, car les volées de la cloche de Nemours appelaient les habitants à la messe du dimanche, une femme d'environ trente-six ans aborda le maître de poste.

— Eh! bien, mon cousin, dit-elle, vous ne vouliez pas me croire! Notre oncle est avec Ursule dans la Grand'rue, et ils vont à la grand'messe.

Malgré les lois de la poétique moderne sur la couleur locale, il est impossible de pousser la vérité jusqu'à répéter l'horrible injure mêlée de jurons que cette nouvelle, en apparence si peu dramatique, fit sortir de la large bouche de Minoret-Levrault; sa voix grêle devint sifflante et sa figure présenta cet effet que les gens du peuple nomment ingénieusement un *coup de soleil*.

— Est-ce sûr? dit-il après la première explosion de sa colère.

Les postillons passèrent avec leurs chevaux en saluant leur maître, qui parut ne les avoir ni vus ni entendus. Au lieu d'attendre son fils, Minoret-Levrault remonta la Grand'rue avec sa cousine.

— Ne vous l'ai-je pas toujours dit? reprit-elle. Quand le docteur Minoret n'aura plus sa tête, cette petite sainte-nitouche le jettera dans la dévotion; et, comme qui tient l'esprit tient la bourse, elle aura notre succession.

— Mais, madame Massin..... dit le maître de poste hébété.

— Ah! vous aussi, reprit madame Massin en interrompant son cousin, vous allez me dire comme Massin : Est-ce une petite fille de quinze ans qui peut inventer des plans pareils et les exécuter? faire quitter ses opinions à un homme de quatre-vingt-trois ans qui n'a jamais mis le pied dans une église que pour se marier, qui a les prêtres dans une telle horreur, qu'il n'a pas même accompagné cette enfant à la paroisse le jour de sa première communion! Eh! bien, pourquoi, si le docteur Minoret a les prêtres en horreur, passe-t-il, depuis quinze ans, presque toutes les soirées de la semaine avec l'abbé Chaperon? Le vieil hypocrite n'a jamais manqué de donner à Ursule vingt francs pour mettre au cierge quand elle rend le pain bénit. Vous ne vous souvenez donc plus du cadeau fait par Ursule à l'église pour remercier le curé de l'avoir préparée à sa première communion? elle y avait employé tout son argent, et son parrain le lui a rendu, mais doublé. Vous ne faites attention à rien, vous autres hommes! En apprenant ces détails, j'ai dit : Adieu paniers, vendanges sont faites! Un oncle à succession ne se conduit pas ainsi, sans des intentions, envers une petite morveuse ramassée dans la rue.

— Bah! ma cousine, reprit le maître de poste, le bonhomme mène peut-être Ursule par hasard à l'église. Il fait beau, notre oncle va se promener.

— Mon cousin, notre oncle tient un livre de prières à la main; et il vous a un air cafard! Enfin, vous l'allez voir.

— Ils cachaient bien leur jeu, répondit le gros maître de poste, car la Bougival m'a dit qu'il n'était jamais question de religion entre le docteur et l'abbé Chaperon. D'ailleurs le curé de Nemours est le plus honnête homme de la terre, il donnerait sa dernière chemise à un pauvre ; il est incapable d'une mauvaise action ; et subtiliser une succession, c'est....

— Mais c'est voler, dit madame Massin.

— C'est pis ! cria Minoret-Levrault exaspéré par l'observation de sa bavarde cousine.

— Je sais, répondit madame Massin, que l'abbé Chaperon, quoique prêtre, est un honnête homme ; mais il est capable de tout pour les pauvres ? Il aura miné, miné, miné notre oncle en dessous, et le docteur sera tombé dans le cagotisme. Nous étions tranquilles, et le voilà perverti. Un homme qui n'a jamais cru à rien et qui avait des principes ! Oh ! c'est fait pour nous. Mon mari est cen dessus dessous.

Madame Massin, dont les phrases étaient autant de flèches qui piquaient son gros cousin, le faisait marcher, malgré son embonpoint, aussi promptement qu'elle, au grand étonnement des gens qui se rendaient à la messe. Elle voulait rejoindre cet oncle Minoret et le montrer au maître de poste.

Du côté du Gâtinais, Nemours est dominé par une colline le long de laquelle s'étendent la route de Montargis et le Loing. L'église, sur les pierres de laquelle le temps a jeté son riche manteau noir, car elle a sans doute été rebâtie au quatorzième siècle par les Guise, pour lesquels Nemours fut érigé en duché-pairie, se dresse au bout de la petite ville, au bas d'une grande arche qui l'encadre. Pour les monuments comme pour les hommes, la position fait tout. Ombragée par quelques arbres, et mise en relief par une place proprette, cette église solitaire produit un effet grandiose. En débouchant sur la place, le maître de Nemours put voir son oncle donnant le bras à la jeune fille nommée Ursule, tenant chacun leur *Paroissien* et entrant à l'église. Le vieillard ôta son chapeau sous le porche, et sa tête, entièrement blanche, comme un sommet couronné de neige, brilla dans les douces ténèbres de la façade.

— Eh ! bien, Minoret, que dites-vous de la conversion de votre oncle ? s'écria le percepteur des contributions de Nemours, nommé Crémière.

— Que voulez-vous que je dise ? lui répondit le maître de poste en lui offrant une prise de tabac.

— Bien répondu, père Levrault ! vous ne pouvez pas dire ce que vous pensez, si un illustre auteur a eu raison d'écrire que l'homme est obligé de penser sa parole avant de parler sa pensée, s'écria mali-

GOUPIL.

Aussi son visage semblait-il appartenir à un bossu
dont la bosse eût été en dedans.

(URSULE MIROUET.)

cieusement un jeune homme qui survint et qui jouait dans Nemours le personnage de Méphistophélès de *Faust*.

Ce mauvais garçon, nommé Goupil, était le premier clerc de monsieur Crémière-Dionis, le notaire de Nemours. Malgré les antécédents d'une conduite presque crapuleuse, Dionis avait pris Goupil dans son Étude, quand le séjour de Paris, où le clerc avait dissipé la succession de son père, fermier aisé qui le destinait au notariat, lui fut interdit par une complète indigence. En voyant Goupil, vous eussiez aussitôt compris qu'il se fût hâté de jouir de la vie; car pour obtenir des jouissances, il devait les payer cher. Malgré sa petite taille, le clerc avait à vingt-sept ans le buste développé comme peut l'être celui d'un homme de quarante ans. Des jambes grêles et courtes, une large face au teint brouillé comme un ciel avant l'orage et surmonté d'un front chauve, faisaient encore ressortir cette bizarre conformation. Aussi, son visage semblait-il appartenir à un bossu dont la bosse eût été en dedans. Une singularité de ce visage aigre et pâle confirmait l'existence de cette invisible gibbosité. Courbe et tordu comme celui de beaucoup de bossus, le nez se dirigeait de droite à gauche, au lieu de partager exactement la figure. La bouche, contractée aux deux coins, comme celle des Sardes, était toujours sur le qui-vive de l'ironie. La chevelure, rare et roussâtre, tombait par mèches plates et laissait voir le crâne par places. Les mains, grosses et mal emmanchées au bout de bras trop longs, étaient crochues et rarement propres. Goupil portait des souliers bons à jeter au coin d'une borne, et des bas en filoselle d'un noir rougeâtre; son pantalon et son habit noir, usés jusqu'à la corde et presque gras de crasse; ses gilets piteux, dont quelques boutons manquaient de moules; le vieux foulard qui lui servait de cravate, toute sa mise annonçait la cynique misère à laquelle ses passions le condamnaient. Cet ensemble de choses sinistre était dominé par deux yeux de chèvre, une prunelle cerclée de jaune, à la fois lascifs et lâches. Personne n'était plus craint ni plus respecté que Goupil dans Nemours. Armé des prétentions que comportait sa laideur, il avait ce détestable esprit particulier à ceux qui se permettent tout, et l'employait à venger les mécomptes d'une jalousie permanente. Il rimait les couplets satiriques qui se chantent au carnaval, il organisait les charivaris, il faisait à lui seul le petit journal de la ville. Dionis, homme fin et faux, par cela même assez craintif, gardait Goupil autant par peur qu'à cause de son excessive intelligence et de sa connaissance profonde des intérêts du pays. Mais le patron se défiait tant du clerc, qu'il régissait lui-même sa caisse, ne le logeait point chez lui, le tenait à distance, et ne lui confiait aucune affaire secrète ou délicate. Aussi le clerc flattait-il son patron en cachant le ressentiment que lui causait cette conduite, et surveillait-il madame Dionis dans une pensée de vengeance. Doué d'une compréhension vive, il avait le travail facile.

— Oh! toi, te voilà déjà riant de notre malheur, répondit le maître de poste au clerc qui se frottait les mains.

Comme Goupil flattait bassement toutes les passions de Désiré, qui, depuis cinq ans, en faisait son compagnon, le maître de poste le traitait assez cavalièrement, sans soupçonner quel horrible trésor de mauvais vouloirs s'entassait au fond du cœur de Goupil à chaque nouvelle blessure. Après avoir compris que l'argent lui était plus nécessaire qu'à tout autre, le clerc, qui se savait supérieur à toute la bourgeoisie de Nemours, voulait faire fortune et comptait sur l'amitié de Désiré pour acheter une des trois charges de la ville, le greffe de la Justice de Paix, l'étude d'un des huissiers, ou celle de Dionis. Aussi supportait-il patiemment les algarades du maître de poste, les mépris de madame Minoret-Levrault, et jouait-il un rôle infâme auprès de Désiré, qui, depuis deux ans, lui laissait consoler les Arianes victimes de la fin des vacances. Goupil dévorait ainsi les miettes des ambigus qu'il avait préparés.

— Si j'avais été le neveu du bonhomme, il ne m'aurait pas donné Dieu pour cohéritier, répliqua le clerc en montrant par un hideux ricanement des dents rares, noires et menaçantes.

En ce moment, Massin-Levrault junior, le greffier de la Justice de Paix, rejoignit sa femme en amenant madame Crémière, la femme du percepteur de Nemours. Ce personnage, un des plus âpres bourgeois de la petite ville, avait la physionomie d'un Tartare: des yeux petits et ronds comme des sinelles sous un front déprimé, les cheveux crépus, le teint huileux, de grandes oreilles sans rebords, une bouche presque sans lèvres et la barbe rare. Ses manières avaient l'impitoyable douceur des usuriers, dont la conduite repose sur des principes fixes. Il parlait comme un homme qui a une extinction de voix. Enfin, pour le peindre, il suffira de dire qu'il employait sa fille aînée et sa femme à faire ses expéditions de jugements.

Madame Crémière était une grosse femme d'un blond douteux,

au teint criblé de taches de rousseur, un peu trop serrée dans ses robes, liée avec madame Dionis, et qui passait pour instruite, parce qu'elle lisait des romans. Cette financière du dernier ordre, pleine de prétentions à l'élégance et au bel-esprit, attendait l'héritage de son oncle pour *prendre un certain genre*, orner son salon et y recevoir la bourgeoisie ; car son mari lui refusait les lampes Carcel, les lithographies et les futilités qu'elle voyait chez la notaresse. Elle craignait excessivement Goupil, qui guettait et colportait ses *capsulinguettes* (elle traduisait ainsi le mot *lapsus linguæ*). Un jour madame Dionis lui dit qu'elle ne savait plus quelle eau prendre pour ses dents. — Prenez de l'opiat, lui répondit-elle.

Presque tous les collatéraux du vieux docteur Minoret se trouvèrent alors réunis sur la place, et l'importance de l'événement qui les ameutait fut si généralement sentie, que les groupes de paysans et de paysannes armés de leurs parapluies rouges, tous vêtus de ces couleurs éclatantes qui les rendent si pittoresques les jours de fête à travers les chemins, eurent les yeux sur les héritiers Minoret. Dans les petites villes qui tiennent le milieu entre les gros bourgs et les villes, ceux qui ne vont pas à la messe restent sur la place. On y cause d'affaires. A Nemours, l'heure des offices est celle d'une bourse hebdomadaire à laquelle venaient souvent les maîtres des habitations éparses dans un rayon d'une demi-lieue. Ainsi s'explique l'entente des paysans contre les bourgeois relativement aux prix des denrées et de la main-d'œuvre.

— Et qu'aurais-tu donc fait ? dit le maître de Nemours à Goupil.

— Je me serais rendu aussi nécessaire à sa vie que l'air qu'il respire. Mais, d'abord, vous n'avez pas su le prendre ! Une succession veut être soignée autant qu'une belle femme, et, faute de soins, elles échappent toutes deux. Si ma patronne était là, reprit-il, elle vous dirait combien cette comparaison est juste.

— Mais monsieur Bongrand vient de me dire de ne point nous inquiéter, répondit le greffier de la Justice de Paix.

— Oh ! il y a bien des manières de dire ça, répondit Goupil en riant. J'aurais bien voulu entendre votre finaud de juge de paix ! S'il n'y avait plus rien à faire ; si, comme lui qui vit chez votre oncle, je savais tout perdu, je vous dirais : — Ne vous inquiétez de rien !

En prononçant cette dernière phrase, Goupil eut un sourire si comique et lui donna une signification si claire, que les héritiers soupçonnèrent le greffier de s'être laissé prendre aux finesses du juge de paix. Le percepteur, gros petit homme aussi insignifiant qu'un percepteur doit l'être, et aussi nul qu'une femme d'esprit pouvait le souhaiter, foudroya son cohéritier Massin par un : — Quand je vous le disais!

Comme les gens doubles prêtent toujours aux autres leur duplicité, Massin regarda de travers le juge de paix qui causait en ce moment près de l'église avec le marquis du Rouvre, un de ses anciens clients.

— Si je savais cela, dit-il.

— Vous paralyseriez la protection qu'il accorde au marquis du Rouvre, contre lequel il est arrivé des prises de corps, et qu'il *arrose* en ce moment de ses conseils, dit Goupil en glissant une idée de vengeance au greffier. Mais filez doux avec votre chef : le bonhomme est fin, il doit avoir de l'influence sur votre oncle, et peut encore l'empêcher de léguer tout à l'Église.

— Bah! nous n'en mourrons pas, dit Minoret-Levrault en ouvrant son immense tabatière.

— Vous n'en vivrez pas non plus, répondit Goupil en faisant frissonner les deux femmes qui plus promptement que leurs maris traduisaient en privations la perte de cette succession tant de fois employée en bien-être. Mais nous noierons dans les flots de vin de Champagne ce petit chagrin en célébrant le retour de Désiré, n'est-ce pas, gros père? ajouta-t-il en frappant sur le ventre du colosse et s'invitant ainsi lui-même, de peur qu'on ne l'oubliât.

Avant d'aller plus loin, peut-être les gens exacts aimeront-ils à trouver ici par avance une espèce d'intitulé d'inventaire assez nécessaire d'ailleurs pour connaître les degrés de parenté qui rattachaient au vieillard, si subitement converti, ces trois pères de famille ou leurs femmes. Ces entre-croisements de races au fond des provinces peuvent être le sujet de plus d'une réflexion instructive.

A Nemours, il ne se trouve que trois ou quatre maisons de petite noblesse inconnue, parmi lesquelles brillait alors celle des Portenduère. Ces familles exclusives hantent les nobles qui possèdent des terres ou des châteaux aux environs, et parmi lesquels on distingue les d'Aiglemont, propriétaires de la belle terre de Saint-Lange, et le marquis du Rouvre, dont les biens criblés d'hypothèques étaient guettés par les bourgeois. Les nobles de la ville sont sans fortune. Pour tous biens, madame de Portenduère possédait une ferme de quatre mille sept cents francs de rente, et sa maison en ville. A l'encontre de ce minime faubourg Saint-Germain se groupent une dizaine de richards, d'anciens meuniers, des négociants retirés, enfin une bourgeoisie en miniature sous laquelle s'agitent les petits détaillants, les prolétaires et les paysans. Cette bourgeoisie offre, comme dans les Cantons Suisses et dans plusieurs autres petits pays, le curieux spectacle de l'irradiation de quelques familles autochthones, gauloises peut-être, régnant sur un territoire, l'envahissant et rendant presque tous les habitants cousins. Sous Louis XI, époque à laquelle le Tiers-État a fini par faire de ses surnoms de véritables noms dont quelques uns se mêlèrent à ceux de la Féodalité, la bourgeoisie de Nemours se composait de Minoret, de Massin, de Levrault et de Crémière. Sous Louis XIII, ces quatre familles produisaient déjà des Massin-Crémière, des Levrault-Massin, des Massin-Minoret, des Minoret-Minoret, des Crémière-Levrault, des Levrault-Minoret-Massin, des Massin-Levrault, des Minoret-Massin, des Massin-Massin, des Crémière-Massin, tout cela bariolé de junior, de fils aîné, de Crémière-François, de Levrault-Jacques, de Jean-Minoret, à rendre fou le père Anselme du Peuple, si le Peuple avait jamais besoin de généalogiste. Les variations de ce kaléidoscope domestique à quatre éléments se compliquaient tellement par les naissances et par les mariages, que l'arbre généalogique des bourgeois de Nemours eût embarrassé les Bénédictins de l'Almanach de Gotha eux-mêmes, malgré la science atomistique avec laquelle ils disposent les zigzags des alliances allemandes. Pendant longtemps, les Minoret occupèrent les tanneries, les Crémière tinrent les moulins, les Massin s'adonnèrent au commerce, les Levrault restèrent fermiers. Heureusement pour le pays, ces quatre souches taillaient au lieu de pivoter, ou repoussaient de bouture par l'expatriation des enfants qui cherchaient fortune au dehors : il y a des Minoret couteliers à Melun, des Levrault à Montargis, des Massin à Orléans et des Crémière devenus considérables à Paris. Diverses sont les destinées de ces abeilles sorties de la ruche-mère. Des Massin riches emploient nécessairement des Massin ouvriers, de même qu'il y a des princes allemands au service de l'Autriche ou de la Prusse. Le même département voit un Minoret millionnaire gardé par un Minoret soldat. Pleines du même sang et appelées du même nom pour toute similitude, ces quatre navettes avaient tissé sans relâche une toile humaine dont chaque lambeau se trouvait robe ou serviette, batiste superbe ou doublure grossière. Le même sang était à la tête, aux pieds ou au cœur, en des mains industrieuses, dans un poumon souffrant ou dans un front gros de génie. Les chefs de clan habitaient fidèlement la petite ville, où les liens de parenté se relâchaient, se resserraient au gré des événements représentés par ce bizarre *cognomonisme*. En quelque pays que vous alliez, changez les noms, vous retrouverez le fait, mais sans la poésie que la Féodalité lui avait imprimée et que Walter Scott a reproduite avec tant de talent. Portons nos regards un peu plus haut, examinons l'Humanité dans l'Histoire? Toutes les familles nobles du onzième siècle, aujourd'hui presque toutes éteintes, moins la race royale des Capet, toutes ont nécessairement coopéré à la naissance d'un Rohan, d'un Montmorency, d'un Bauffremont, d'un Mortemart d'aujourd'hui; enfin toutes seront nécessairement dans le sang du dernier gentilhomme vraiment gentilhomme. En d'autres termes, tout bourgeois est cousin d'un bourgeois, tout noble est cousin d'un noble. Comme le dit la sublime page des généalogies bibliques, en mille ans, trois familles, Sem, Cham et Japhet, peuvent couvrir le globe de leurs enfants. Une famille peut devenir une nation, et malheureusement une nation peut redevenir une seule et simple famille. Pour le prouver, il suffit d'appliquer à la recherche des ancêtres et à leur accumulation que le temps accroît dans une rétrograde progression géométrique multipliée par elle-même, le calcul de ce sage, qui demandant à un roi de Perse, pour récompense d'avoir inventé le jeu d'échecs, un épi de blé pour la première case de l'échiquier en doublant toujours, démontra que le royaume ne suffirait pas à le payer. Le lacis de la noblesse embrassé par le lacis de la bourgeoisie, cet antagonisme de deux sangs protégés, l'un par des institutions immobiles, l'autre par l'active patience du travail et par la ruse du commerce, a produit la révolution de 1789. Les deux sangs presque réunis se trouvent aujourd'hui face à face avec des collatéraux sans héritage. Que feront-ils? Notre avenir politique est gros de la réponse.

La famille de celui qui sous Louis XV s'appelait Minoret tout court était si nombreuse qu'un des cinq enfants, le Minoret dont l'entrée à l'église faisait événement, alla chercher fortune à Paris, et ne se montra plus que de loin en loin dans sa ville natale, où il vint sans doute chercher sa part d'héritage à la mort de ses grands-parents. Après avoir beaucoup souffert, comme tous les jeunes gens doués d'une volonté ferme et qui veulent une place dans le brillant monde de Paris, l'enfant des Minoret se fit une destinée plus belle qu'il ne la rêvait peut-être à son début; car il se voua tout d'abord à la médecine, une des professions qui demandent du talent et du bonheur, mais encore plus de bonheur que de talent. Appuyé par Dupont de Nemours, lié par un heureux hasard avec l'abbé Morellet que Voltaire appelait *Mord-les*, protégé par les encyclopédistes, le docteur Minoret s'attacha comme un séide au grand médecin Bordeu, l'ami de Diderot. D'Alembert, Helvétius, le baron d'Holbach, Grimm, devant lesquels il fut petit garçon, finirent sans doute, comme Bordeu, par s'intéresser à Minoret, qui vers 1777 eut une assez belle clientèle de déistes, d'encyclopédistes, sensualistes, matérialistes, comme il vous plaira d'appeler les riches philosophes de ce temps. Quoiqu'il fût très-peu charlatan, il inventa le fameux baume de Lelièvre, tant vanté par le *Mercure de France*, et dont l'annonce était en permanence à la fin de ce journal, organe hebdomadaire des encyclopédistes. L'apothicaire Lelièvre, homme habile, vit une affaire là où Minoret n'avait vu qu'une préparation à mettre dans le Codex, et partagea loyalement ses bénéfices avec le docteur, élève de Rouelle en chimie, comme il était celui de Bordeu en médecine. On eût été matérialiste à moins. Le docteur épousa par amour, en 1778, temps où régnait la Nouvelle-Héloïse et où l'on se mariait quelquefois par amour, la fille du fameux claveciniste Valentin Mirouët, une célèbre musicienne, faible et délicate, que la Révolution tua. Minoret connaissait intimement Robespierre, à qui jadis il fit avoir une médaille d'or pour une dissertation sur ce sujet: *Quelle est l'origine de l'opinion qui étend sur une même famille une partie de la honte attachée aux peines infamantes que subit un coupable? Cette opinion est-elle plus nuisible qu'utile? Et dans le cas où l'on se déciderait pour l'affirmative, quels seraient les moyens de parer aux inconvénients qui en résultent?* L'Académie royale des sciences et des arts de Metz, à laquelle appartenait Minoret, doit avoir cette dissertation en original. Quoique, grâce à cette amitié, la femme du docteur pût ne rien craindre, elle eut si peur d'aller à l'échafaud que cette invincible terreur empira l'anévrisme qu'elle devait à une trop grande sensibilité. Malgré toutes les précautions que prenait un homme idolâtre de sa femme, Ursule rencontra la charrette pleine de condamnés où se trouvait précisément madame Roland, et ce spectacle causa sa mort. Minoret, plein de faiblesse pour son Ursule, à laquelle il ne refusait rien et qui avait mené la vie d'une petite-maîtresse, se trouva presque pauvre après l'avoir perdue. Robespierre le fit nommer médecin en chef d'un hôpital.

Quoique le nom de Minoret eût acquis, pendant les débats animés auxquels donna lieu le mesmérisme, une célébrité qui le rappela de temps en temps au souvenir de ses parents, la révolution fut un si grand dissolvant et rompit tant les relations de famille, qu'en 1813 on ignorait entièrement à Nemours l'existence du docteur Minoret à qui une rencontre inattendue fit concevoir le projet de revenir comme les lièvres, mourir au gîte.

En traversant la France, où l'œil est si promptement lassé par la monotonie des plaines, qui n'a pas eu la charmante sensation d'apercevoir en haut d'une côte, à sa descente ou à son tournant, alors qu'elle promettait un paysage aride, une fraîche vallée arrosée par une rivière et une petite ville abritée sous le rocher comme une ruche dans le creux d'un vieux saule? En entendant le hue! du postillon qui marche le long de ses chevaux, on secoue le sommeil, on admire comme un rêve dans le rêve quelque beau paysage qui devient pour le voyageur ce qu'est pour un lecteur le passage remarquable d'un livre, une brillante pensée de la nature. Telle est la sensation que cause la vue soudaine de Nemours en y venant de la Bourgogne. On la voit de là cerclée par des roches pelées, grises, blanches, noires, de formes bizarres, comme il s'en trouve tant dans la forêt de Fontainebleau, et d'où s'élancent des arbres épars qui se détachent nettement sur le ciel et donnent à cette espèce de muraille écroulée une physionomie agreste. Là se termine la longue colline forestière qui rampe de Nemours à Bouron en côtoyant la route. Au bas de ce cirque informe s'étale une prairie où court le Loing en formant des nappes à cascades. Ce délicieux paysage, que longe la route de Montargis, ressemble à une décoration d'opéra, tant les effets y sont étudiés. Un matin le docteur, qu'un riche malade de la Bourgogne avait envoyé chercher, et qui revenait en toute hâte à Paris, n'ayant pas dit au précédent relais quelle route il voulait prendre, fut conduit à son insu par Nemours et revit entre deux sommeils le paysage au milieu duquel son enfance s'était écoulée. Le docteur avait alors perdu plusieurs de ses vieux amis. Le sectaire de l'Encyclopédie avait été témoin de la conversion de

La Harpe, il avait enterré Lebrun-Pindare, et Marie-Joseph de Chénier, et Morellet, et madame Helvétius. Il assistait à la quasi-chute de Voltaire, attaqué par Geoffroy, le continuateur de Fréron. Il pensait donc à la retraite. Aussi, quand sa chaise de poste s'arrêta en haut de la Grand'rue de Nemours, eut-il à cœur de s'enquérir de sa famille. Minoret-Levrault vint lui-même voir le docteur, qui reconnut dans le maître de poste le propre fils de son frère aîné. Ce neveu lui montra dans son épouse la fille unique du père Levrault-Crémière, qui depuis douze ans lui avait laissé la poste et la plus belle auberge de Nemours.

— Eh! bien, mon neveu, dit le docteur, ai-je d'autres héritiers?

— Ma tante Minoret, votre sœur, a épousé un Massin-Massin.

— Oui, l'intendant de Saint-Lange.

— Elle est morte veuve en laissant un seule fille, qui vient de se marier avec un Crémière-Crémière, un charmant garçon encore sans place.

— Bien! elle est ma nièce directe. Or, comme mon frère le marin est mort garçon, que le capitaine Minoret a été tué à Monte-Legino, et que me voici, la ligne paternelle est épuisée. Ai-je des parents dans la ligne maternelle? Ma mère était une Jean-Massin-Levrault.

— Des Jean-Massin-Levrault, répondit Minoret-Levrault, il n'est resté qu'une Jean-Massin qui a épousé monsieur Crémière-Levrault-Dionis, un fournisseur des fourrages qui a péri sur l'échafaud. Sa femme est morte de désespoir et ruinée en laissant une fille mariée à un Levrault-Minoret, fermier à Montereau qui va bien; et leur fille vient d'épouser un Massin-Levrault, clerc de notaire à Montargis, où le père est serrurier.

— Ainsi, je ne manque pas d'héritiers, dit gaiement le docteur, qui voulut faire le tour de Nemours en compagnie de son neveu.

Le Loing traverse onduleusement la ville, bordé de jardins à terrasses et de maisons proprettes dont l'aspect fait croire que le bonheur doit habiter là plutôt qu'ailleurs. Lorsque le docteur tourna de la Grand'rue dans la rue des Bourgeois, Minoret-Levrault lui montra la propriété de monsieur Levrault, riche marchand de fers à Paris, qui, dit-il, venait de se laisser mourir.

— Voilà, mon oncle, une jolie maison à vendre, elle a un charmant jardin sur la rivière.

— Entrons, dit le docteur en voyant au bout d'une petite cour pavée une maison serrée entre les murailles de deux maisons voisines déguisées par des massifs d'arbres et de plantes grimpantes.

— Elle est bâtie sur caves, dit le docteur en entrant par un perron très élevé garni de vases en faïence blanche et bleue où fleurissaient alors des géraniums.

Coupée, comme la plupart des maisons de province, par un corridor qui mène de la cour au jardin, la maison n'avait à droite qu'un salon éclairé par quatre croisées, deux sur la cour et deux sur le jardin ; mais Levrault-Levrault avait consacré l'une de ces croisées à l'entrée d'une longue serre bâtie en briques qui allait du salon à la rivière où elle se terminait par un horrible pavillon chinois.

— Bon ! en faisant couvrir cette serre et la parquetant, dit le vieux Minoret, je pourrais loger ma bibliothèque et faire un joli cabinet de ce singulier morceau d'architecture. De l'autre côté du corridor se trouvait sur le jardin une salle à manger, en imitation de laque noire à fleurs vert et or, et séparée de la cuisine par la cage de l'escalier. On communiquait, par un petit office pratiqué derrière cet escalier, avec la cuisine dont les fenêtres à barreaux de fer grillagés donnaient sur la cour. Il y avait deux appartements au premier étage ; et au-dessus, des mansardes lambrissées encore assez logeables. Après avoir rapidement examiné cette maison garnie de treillages verts du haut en bas, du côté de la cour comme du côté du jardin, et qui sur la rivière était terminée par une terrasse chargée de vases en faïence, le docteur dit : — Levrault-Levrault a dû dépenser bien de l'argent ici !

— Oh ! gros comme lui, répondit Minoret-Levrault. Il aimait les fleurs, une bêtise ! — Qu'est-ce que cela rapporte ? dit ma femme. Vous voyez, un peintre de Paris est venu pour peindre en fleurs *à fresque* son corridor. Il a mis partout des glaces entières. Les plafonds ont été refaits avec des corniches qui coûtent six francs le pied. La salle à manger, les parquets sont en marqueterie, des folies ! La maison ne vaut pas un sou de plus.

— Hé ! bien, mon neveu, fais-moi cette acquisition, donne-m'en avis, voici mon adresse ; le reste regardera mon notaire. — Qui donc demeure en face ? demanda-t-il en sortant.

— Des émigrés ! répondit le maître de poste, un chevalier de Portenduère.

Une fois la maison achetée, l'illustre docteur, au lieu d'y venir, écrivit à son neveu de louer. La Folie-Levrault fut habitée par le notaire de Nemours qui vendit alors sa charge à Dionis, son maître-clerc, et qui mourut deux ans après, laissant sur le dos du médecin une maison à louer, au moment où le sort de Napoléon se décidait aux environs. Les héritiers du docteur, à peu près leurrés, avaient pris son désir de retour pour la fantaisie d'un richard, et se désespéraient en lui supposant à Paris des affections qui l'y retiendraient et leur enlèveraient sa succession. Néanmoins, la femme de Minoret-Levrault saisit cette occasion d'écrire au docteur. Le vieillard répondit qu'aussitôt la paix signée, une fois les routes débarrassées de soldats et les communications rétablies, il viendrait habiter Nemours. Il y fit une apparition avec deux de ses clients, l'architecte des hospices et un tapissier, qui se chargèrent des réparations, des arrangements intérieurs et du transport du mobilier. Madame Minoret-Levrault offrit, comme gardienne, la cuisinière du vieux notaire décédé, qui fut acceptée. Quand les héritiers surent que leur oncle ou grand-oncle Minoret allait positivement demeurer à Nemours, leurs familles furent prises, malgré les événements politiques qui pesaient alors précisément sur le Gâtinais et sur la Brie, d'une curiosité dévorante, mais presque légitime. L'oncle était-il riche ? Était-il économe ou dépensier ? Laisserait-il une belle fortune ou ne laisserait-il rien ? Avait-il des rentes viagères ? Voici ce qu'on finit par savoir, mais avec des peines infinies et à force d'espionnages souterrains. Après la mort d'Ursule Mirouët, sa femme, de 1789 à 1813, le docteur, nommé médecin consultant de l'Empereur en 1805, avait dû gagner beaucoup d'argent, mais personne ne connaissait sa fortune ; il vivait simplement, sans autres dépenses que celles d'une voiture à l'année et d'un somptueux appartement ; il ne recevait jamais et dînait presque toujours en ville. Sa gouvernante, furieuse de ne pas l'accompagner à Nemours, dit à Zélie Levrault, la femme du maître de poste, qu'elle connaissait au docteur quatorze mille francs de rentes sur le grand-livre. Or, après vingt années d'exercice d'une profession que les titres de médecin en chef d'un hôpital, de médecin de l'Empereur et de membre de l'Institut rendaient si lucrative, ces quatorze mille livres de rentes, fruit de placements successifs, accusaient tout au plus cent soixante mille francs d'économies ! Pour n'avoir épargné que huit mille francs par an, le docteur devait avoir eu bien des vices ou bien des vertus à satisfaire ; mais ni la gouvernante ni Zélie ; personne ne put pénétrer la raison de cette modestie de fortune : Minoret, qui fut bien regretté dans son quartier, était un des hommes les plus bienfaisants de Paris, et comme Larrey gardait un profond secret sur ses actes de bienfaisance. Les héritiers virent donc arriver, avec une vive satisfaction, le riche mobilier et la nombreuse bibliothèque de leur oncle, déjà officier de la Légion-d'Honneur, et nommé par le ro chevalier de l'ordre de Saint-Michel, à cause peut-être de sa retraite qui fit une place à quelque favori. Mais quand l'architecte, les peintres, les tapissiers eurent tout arrangé de la manière la plus comfortable, le docteur ne vint pas. Madame Minoret-Levrault, qui surveillait le tapissier et l'architecte comme s'il s'agissait de sa propre fortune, apprit, par l'indiscrétion d'un jeune homme envoyé pour ranger la bibliothèque, que le docteur prenait soin d'une orpheline nommée Ursule. Cette nouvelle fit des ravages étranges dans la ville de Nemours. Enfin le vieillard se rendit chez lui vers le milieu du mois de janvier 1815, et s'installa sournoisement avec une petite fille âgée de dix mois, accompagnée d'une nourrice.

— Ursule ne peut pas être sa fille, il a soixante et onze ans! dirent les héritiers alarmés.

— Quoi qu'elle puisse être, dit madame Massin, elle nous donnera bien du *tintoin!* (Un mot de Nemours.)

Le docteur reçut assez froidement sa petite nièce par la ligne maternelle, dont le mari venait d'acheter le greffe de la Justice de Paix, et qui les premiers se hasardèrent à lui parler de leur position difficile. Massin et sa femme n'étaient pas riches. Le père de Massin, serrurier à Montargis, obligé de prendre des arrangements avec ses créanciers, travaillait à soixante-sept ans comme un jeune homme, et ne laisserait rien. Le père de madame Massin, Levrault-Minoret, venait de mourir à Montereau des suites de la bataille en voyant sa ferme incendiée, ses champs ruinés et ses bestiaux dévorés.

— Nous n'aurons rien de ton grand-oncle, dit Massin à sa femme déjà grosse de son second enfant.

Le docteur leur donna secrètement dix mille francs, avec lesquels le greffier de la Justice de Paix, ami du notaire et de l'huissier de Nemours, commença l'usure et mena si rondement les paysans des environs, qu'en ce moment Goupil lui connaissait environ quatre-vingt mille francs de capitaux inédits.

Quant à son autre nièce, le docteur fit avoir, par ses relations à

Paris, la perception de Nemours à Crémière et fournit le cautionnement. Quoique Minoret-Levrault n'eût besoin de rien, Zélie, jalouse des libéralités de l'oncle envers ses deux nièces, lui présenta son fils, alors âgé de dix ans, qu'elle allait envoyer dans un collége de Paris, où, dit-elle, les éducations coûtaient bien cher. Médecin de Fontanes, le docteur obtint une demi-bourse au collége Louis-le-Grand pour son petit-neveu qui fut mis en quatrième.

Crémière, Massin et Minoret-Levrault, gens excessivement communs, furent jugés sans appel par le docteur dès les deux premiers mois pendant lesquels ils essayèrent d'entourer moins l'oncle que la succession. Les gens conduits par l'instinct ont ce désavantage sur les gens à idées, qu'ils sont promptement devinés : les inspirations de l'instinct sont trop naturelles, et s'adressent trop aux yeux pour ne pas être aperçues aussitôt ; tandis que, pour être pénétrées, les conceptions de l'esprit exigent une intelligence égale de part et d'autre. Après avoir acheté la reconnaissance de ses héritiers et leur avoir en quelque sorte clos la bouche, le rusé docteur prétexta de ses occupations, de ses habitudes et des soins qu'exigeait la petite Ursule pour ne point les recevoir, sans toutefois leur fermer sa maison. Il aimait à dîner seul, il se couchait et se levait tard, il était venu dans son pays natal pour y trouver le repos et la solitude. Ces caprices d'un vieillard parurent assez naturels, et ses héritiers se contentèrent de lui faire, le dimanche, entre une heure et quatre heures, des visites hebdomadaires auxquelles il essaya de mettre fin, en leur disant : — Ne venez me voir que quand vous aurez besoin de moi.

Le docteur, sans refuser de donner des consultations dans les cas graves, surtout aux indigents, ne voulut point être médecin du petit hospice de Nemours, et déclara qu'il n'exercerait plus sa profession.

— J'ai assez tué de monde, dit-il en riant au curé Chaperon qui, le sachant bienfaisant, plaidait pour les pauvres.

— C'est un fameux original ! Ce mot, dit sur le docteur Minoret, fut l'innocente vengeance des amours-propres froissés, car le médecin se composa une société de personnages qui méritent d'être mis en regard des héritiers. Or, ceux des bourgeois qui se croyaient dignes de grossir la cour d'un homme à cordon noir conservèrent contre le docteur et ses privilégiés un ferment de jalousie qui malheureusement eut son action.

Par une bizarrerie qu'expliquerait le proverbe : Les extrêmes se touchent, ce docteur matérialiste et le curé de Nemours furent très-promptement amis. Le vieillard aimait beaucoup le trictrac, jeu favori des gens d'Église, et l'abbé Chaperon était de la force du médecin. Le jeu fut donc un premier lien entre eux. Puis Minoret était charitable, et le curé de Nemours était le Fénelon du Gâtinais. Tous deux, ils avaient une instruction variée, l'homme de Dieu pouvait donc seul, dans tout Nemours, comprendre l'athée. Pour pouvoir disputer, deux hommes doivent d'abord se comprendre. Quel plaisir goûte-t-on d'adresser des mots piquants à quelqu'un qui ne les sent pas ? Le médecin et ce prêtre avaient trop de bon goût, ils avaient vu trop bonne compagnie pour ne pas en pratiquer les préceptes, ils purent alors se faire cette petite guerre si nécessaire à la conversation. Ils haïssaient l'un et l'autre leurs opinions, mais ils estimaient leurs caractères. Si de semblables contrastes, si de telles sympathies ne sont pas les éléments de la vie intime, ne faudrait-il pas désespérer de la société qui, surtout en France, exige un antagonisme quelconque ? C'est du choc des caractères et non de la lutte des idées que naissent les antipathies. L'abbé Chaperon fut donc le premier ami du docteur à Nemours. Cet ecclésiastique, alors âgé de soixante ans, était curé de Nemours depuis le rétablissement du culte catholique. Par attachement pour son troupeau, il avait refusé le vicariat du diocèse. Si les indifférents en matière de religion lui en savaient gré, les fidèles l'en aimaient davantage. Ainsi vénéré de ses ouailles, estimé par la population, le curé faisait le bien sans s'enquérir des opinions religieuses des malheureux. Son presbytère, à peine garni du mobilier nécessaire aux plus stricts besoins de la vie, était froid et dénué comme le logis d'un avare. L'avarice et la charité se trahissent par des effets semblables : la charité ne se fait-elle pas dans le ciel le trésor que se fait l'avare sur terre ? L'abbé Chaperon disputait avec sa servante sur sa dépense avec plus de rigueur que Gobseck avec la sienne, si toutefois ce fameux juif a jamais eu de servante. Le bon prêtre vendait souvent les boucles d'argent de ses souliers et de sa culotte pour en donner le prix à des pauvres qui le surprenaient sans le sou. En le voyant sortir de son église, les oreilles de sa culotte nouées dans les boutonnières, les dévotes de la ville allaient alors chercher les boucles du curé chez l'horloger-bijoutier de Nemours, et grondaient leur pasteur en les lui rapportant. Il ne s'achetait jamais de linge ni d'habits, et portait ses vêtements jusqu'à ce qu'ils ne fussent plus de mise. Son linge épais de reprises lui marquait la peau comme un cilice. Madame de Portenduère ou de bonnes âmes s'entendaient alors avec la gouvernante pour lui remplacer, pendant son sommeil, le linge ou les habits vieux par des neufs, et le curé ne s'apercevait pas toujours immédiatement de l'échange. Il mangeait chez lui dans l'étain et avec des couverts de fer battu. Quand il recevait ses desservants et les curés aux jours de solennité qui sont une charge pour les curés de canton, il empruntait l'argenterie et le linge de table de son ami l'athée.

— Mon argenterie fait son salut, disait alors le docteur.

Ces belles actions, tôt ou tard découvertes et toujours accompagnées d'encouragements spirituels, s'accomplissaient avec une naïveté sublime. Cette vie était d'autant plus méritoire que l'abbé Chaperon possédait une érudition aussi vaste que variée et de précieuses facultés. Chez lui la finesse et la grâce, inséparables compagnes de la simplicité, rehaussaient une élocution digne d'un prélat. Ses manières, son caractère et ses mœurs donnaient à son commerce la saveur exquise de tout ce qui dans l'intelligence est à la fois spirituel et candide. Ami de la plaisanterie, il n'était jamais prêtre dans un salon. Jusqu'à l'arrivée du docteur Minoret, le bonhomme laissa ses lumières sous le boisseau sans regret ; mais peut-être lui sut-il gré de les utiliser. Riche d'une assez belle bibliothèque et de deux mille livres de rente quand il vint à Nemours, le curé ne possédait plus en 1829 que les revenus de sa cure, presque entièrement distribués chaque année. D'excellent conseil dans les affaires délicates ou dans les malheurs, plus d'une personne qui n'allait point à l'église y chercher des consolations allait au presbytère y chercher des avis. Pour achever ce portrait moral, il suffira d'une petite anecdote. Des paysans, rarement il est vrai, mais enfin de mauvaises gens se disaient poursuivis ou se faisaient poursuivre fictivement pour stimuler la bienfaisance de l'abbé Chaperon. Ils trompaient leurs femmes, qui, voyant leur maison menacée d'expropriation et leurs vaches saisies, trompaient par leurs innocentes larmes le pauvre curé, qui leur trouvait alors les sept ou huit cents francs demandés, avec lesquels le paysan achetait un lopin de terre. Quand de pieux personnages, des fabriciens, démontrèrent la fraude à l'abbé Chaperon en le priant de les consulter pour ne pas être victime de la cupidité, il leur dit : — Peut-être ces gens auraient-ils commis quelque chose de blâmable pour avoir leur arpent de terre, et n'est-ce pas encore faire le bien que d'empêcher le mal? On aimera peut-être à trouver ici l'esquisse de cette figure, remarquable en ce que les sciences et les lettres avaient passé dans ce cœur et dans cette forte tête sans y rien corrompre. A soixante ans l'abbé Chaperon avait les cheveux entièrement blancs, tant il éprouvait vivement les malheurs d'autrui, tant aussi les événements de la Révolution avaient agi sur lui. Deux fois incarcéré pour deux refus de serment, deux fois, selon son expression, il avait dit son *In manus*. Il était de moyenne taille, ni gras ni maigre. Son visage, très-ridé, très-creusé, sans couleur, occupait tout d'abord le regard par la tranquillité profonde des lignes et par la pureté des contours qui semblaient bordés de lumière. Le visage d'un homme chaste a je ne sais quoi de radieux. Des yeux bruns, à prunelle vive, animaient ce visage irrégulier surmonté d'un front vaste. Son regard exerçait un empire explicable par une douceur qui n'excluait pas la force. Les arcades de ses yeux formaient comme deux voûtes ombragées de gros sourcils grisonnants qui ne faisaient point peur. Comme il avait perdu beaucoup de ses dents, sa bouche était déformée et ses joues rentraient ; mais cette destruction ne manquait pas de grâce, et ces rides pleines d'aménité semblaient vous sourire. Sans être goutteux, il avait les pieds si sensibles, il marchait si difficilement qu'il gardait des souliers en veau d'Orléans par toutes les saisons. Il trouvait la mode des pantalons peu convenable pour un prêtre, et se montrait toujours vêtu de gros bas en laine noire tricotés par sa gouvernante et d'une culotte de drap. Il ne sortait point en soutane, mais en redingote brune, et conservait le tricorne courageusement porté dans les plus mauvais jours. Ce noble et beau vieillard, dont la figure était toujours embellie par la sérénité d'une âme sans reproche, devait avoir sur les choses et sur les hommes de cette histoire une si grande influence qu'il fallait tout d'abord remonter à la source de son autorité.

Minoret recevait trois journaux : un libéral, un ministériel, un ultrà, quelques recueils périodiques et des journaux de science, dont les collections grossissaient sa bibliothèque. Les journaux, l'encyclopédiste et les livres furent un attrait pour un ancien capitaine au régiment de Royal-Suédois, nommé monsieur de Jordy, gentilhomme voltairien et vieux garçon qui vivait de seize cents francs de pension et rente viagères. Après avoir lu pendant quelques jours les *gazettes* par l'entremise du curé, monsieur de Jordy jugea convenable d'aller remercier le docteur. Dès la première visite, le vieux capitaine, ancien professeur à l'Ecole-Militaire, conquit les bonnes grâces du vieux médecin, qui lui rendit sa visite avec empressement. Monsieur de Jordy, petit homme sec et maigre, mais tourmenté par le sang, quoiqu'il eût la face très-pâle, vous frappait tout d'abord par son beau front à la Charles XII, au-dessus duquel il maintenait ses cheveux coupés ras comme ceux de ce roi-soldat. Ses yeux bleus, qui eussent fait dire : L'amour a passé par là, mais profondément attristés, intéressaient au premier regard où s'entrevoyaient des souvenirs sur lesquels il gardait d'ailleurs un si profond secret que jamais ses vieux amis ne surprirent ni une allusion à sa vie passée ni une de ces exclamations arrachées par une similitude de catastrophes. Il cachait le douloureux mystère de son passé sous une gaieté philosophique ; mais, quand il se croyait seul, ses mouvements, engourdis par une lenteur moins sénile que calculée, attestaient une pensée pénible et constante : aussi l'abbé Chaperon l'avait-il surnommé le chrétien sans le savoir. Allant toujours vêtu de drap bleu, son maintien un peu roide et son vêtement trahissaient les anciennes coutumes de la discipline militaire. Sa voix douce et harmonieuse remuait l'âme. Ses belles mains, la coupe de sa figure, qui rappelait celle du comte d'Artois, en montrant combien il avait été charmant dans sa jeunesse, rendaient le mystère de sa vie encore plus impénétrable. On se demandait involontairement quel malheur pouvait avoir atteint la beauté, le courage, la grâce, l'instruction et les plus précieuses qualités du cœur qui furent jadis réunies en sa personne. Monsieur de Jordy tressaillait toujours au nom de Robespierre. Il prenait beaucoup de tabac, et, chose étrange, il s'en déshabitua pour la petite Ursule, qui manifestait, à cause de cette habitude, de la répugnance pour lui. Dès qu'il put voir cette petite, le capitaine attacha sur elle de longs regards presque passionnés. Il aimait si follement ses jeux, il s'intéressait tant à elle que cette affection rendit encore plus étroits ses liens avec le docteur, qui n'osa jamais dire à ce vieux garçon : — Et vous aussi, vous avez donc perdu des enfants ? Il est de ces êtres, bons et patients comme lui, qui passent dans la vie, une pensée amère au cœur et un sourire à la fois tendre et douloureux sur les lèvres, emportant avec eux le mot de l'énigme sans le laisser dev r par fierté, par dédain, par vengeance peut-être, n'ayant que Dieu pour confident et pour consolateur. Monsieur de Jordy ne voyait guère à Nemours, où, comme le docteur, il était venu mourir en paix, que le curé toujours aux ordres de ses paroissiens, et que madame de Portenduère qui se couchait à neuf heures. Aussi, de guerre lasse, avait-il fini par se mettre au lit de bonne heure, malgré les épines qui rembourraient son chevet. Ce fut donc une bonne fortune pour le médecin comme pour le capitaine que de rencontrer un homme ayant vu le même monde, qui parlait la même langue, avec lequel on pouvait échanger ses idées, et qui se couchait tard. Une fois que monsieur de Jordy, l'abbé Chaperon et Minoret eurent passé une première soirée, ils y éprouvèrent tant de plaisir que le prêtre et le militaire revinrent tous les soirs à neuf heures, moment où, la petite Ursule couchée, le vieillard se trouvait libre. Et tous trois, ils veillaient jusqu'à minuit ou une heure.

Bientôt ce trio devint un quatuor. Un autre homme, à qui la vie était connue et qui devait à la pratique des affaires cette indulgence, ce savoir, cette masse d'observations, cette finesse, ce talent de conversation que le militaire, le médecin, le curé devaient à la pratique des âmes, des maladies et de l'enseignement, le juge de paix flaira les plaisirs de ces soirées et rechercha la société du docteur. Avant d'être juge de paix à Nemours, monsieur Bongrand avait été pendant dix ans avoué à Melun, où il plaidait lui-même selon l'usage des villes où il n'y a pas de barreau. Devenu veuf à l'âge de quarante-cinq ans, il se sentait encore trop actif pour ne rien faire; il avait donc demandé la Justice de Paix de Nemours, vacante quelques mois avant l'installation du docteur. Le garde des sceaux est toujours heureux de trouver des praticiens, et surtout des gens à leur aise pour exercer cette importante magistrature. Monsieur Bongrand vivait modestement à Nemours des quinze cents francs de sa place, et pouvait ainsi consacrer ses revenus à son fils, qui faisait son Droit à Paris, tout en étudiant la procédure chez le fameux avoué Derville. Le père Bongrand ressemblait assez à un vieux chef de division en retraite : il avait cette figure moins blême que blêmie où les affaires, les mécomptes, le dégoût ont laissé leurs empreintes, ridée par la réflexion et aussi par les continuelles contractions familières aux gens obligés de ne pas tout dire; mais elle était souvent illuminée par des sourires particuliers à ces hommes qui tour à tour croient tout et ne croient rien, habitués à tout voir et à tout entendre sans surprise, à pénétrer dans les abîmes que l'intérêt ouvre au fond des cœurs. Sous ses cheveux moins blancs que décolorés, rabattus en ondes sur sa tête, il montrait un front sagace dont la couleur jaune s'harmoniait aux filaments de sa maigre chevelure. Son visage ramassé lui donnait d'autant plus de ressemblance avec un renard, que son nez était court et pointu. Il jaillissait de sa bouche fendue comme celle des grands parleurs, des étincelles blanches qui rendaient sa conversation si pluvieuse, que Goupil disait méchamment : — Il faut un parapluie pour l'écouter. — Ou bien : Il pleut des jugements à la Justice de Paix. Ses yeux semblaient fins derrière ses lunettes ; mais les ôtait-il, son regard émoussé paraissait niais. Quoiqu'il fût gai, presque jovial même, il se donnait un peu trop, par sa contenance, l'air d'un homme important. Il tenait presque toujours ses mains dans les poches de son pantalon, et ne les en tirait que pour raffermir ses lunettes par un mouvement presque railleur qui vous annonçait une observation fine ou quelque argument victorieux. Ses gestes, sa loquacité, ses innocentes prétentions trahissaient l'ancien avoué de province ; mais ces légers défauts n'existaient qu'à la superficie : il les rachetait par une bonhomie acquise qu'un moraliste exact appellerait une indulgence naturelle à la supériorité. S'il avait un peu l'air d'un renard, il passait aussi pour profondément rusé, sans être improbe. Sa ruse était le jeu de la perspicacité. Mais n'appelle-t-on pas rusés les gens qui prévoient un résultat et se préservent des pièges qu'on leur a tendus? Le juge de paix aimait le whist, jeu que le capitaine, que le docteur savaient, et que le curé apprit en peu de temps.

Cette petite société se fit une oasis dans le salon de Minoret. Le médecin de Nemours, qui ne manquait ni d'instruction ni de savoir-vivre, et qui honorait en Minoret une des illustrations de la médecine, y eut ses entrées ; mais ces occupations, ses fatigues, qui l'obligeaient à se coucher tôt pour se lever de bonne heure, l'empêchèrent d'être aussi assidu que le furent les trois amis du docteur. La réunion de ces cinq personnes supérieures, les seules qui dans Nemours eussent des connaissances assez universelles pour se comprendre, explique la répulsion du vieux Minoret pour ses héritiers : s'il devait leur laisser sa fortune, il ne pouvait guère les admettre dans sa société. Soit que le maître de poste, le greffier et le percepteur eussent compris cette nuance, soit qu'ils fussent rassurés par la loyauté, par les bienfaits de leur oncle, ils cessèrent, à son grand contentement, de le voir. Ainsi les quatre vieux joueurs de whist et de trictrac, sept ou huit mois après l'installation du docteur à Nemours, formèrent une société compacte, exclusive, et qui fut pour chacun d'eux comme une fraternité d'arrière-saison, inespérée, et dont les douceurs n'en furent que mieux savourées. Cette famille d'esprits choisis eut dans Ursule une enfant adoptée par chacun d'eux selon ses goûts : le curé pensait à l'âme, le juge de paix se faisait le curateur, le militaire se promettait de devenir le précepteur; et, quant à Minoret, il était à la fois le père, la mère et le médecin.

Après s'être acclimaté, le vieillard prit ses habitudes et régla sa vie comme elle se règle au fond de toutes les provinces. A cause d'Ursule il ne recevait personne le matin, il ne donnait jamais à dîner; ses amis pouvaient arriver chez lui vers six heures du soir et y rester jusqu'à minuit. Les premiers venus trouvaient les journaux sur la table du salon et les lisaient en attendant les autres, ou quelquefois ils allaient à la rencontre du docteur s'il était à la promenade. Ces habitudes tranquilles ne furent pas seulement une nécessité de la vieillesse, elles furent aussi chez l'homme du monde un sage et profond calcul pour ne pas laisser troubler son bonheur par l'inquiète curiosité de ses héritiers ni par le caquetage des petites villes. Il ne voulait rien concéder à cette changeante déesse, l'opinion publique, dont la tyrannie, un des malheurs de la France, allait s'établir et faire de notre pays une même province. Aussi, dès que l'enfant fut sevrée et marcha, renvoya-t-il la cuisinière que sa nièce, madame Minoret-Levrault, lui avait donnée, en découvrant qu'elle instruisait la maîtresse de poste de tout ce qui se passait chez lui.

La nourrice de la petite Ursule, veuve d'un pauvre ouvrier sans autre nom qu'un nom de baptême et qui venait de Bougival, avait perdu son dernier enfant à six mois, au moment où le docteur, qui la connaissait pour une honnête et bonne créature, la prit pour nourrice, touché de sa détresse. Sans fortune, venue de la Bresse où sa famille était dans la misère, Antoinette Patris, veuve de Pierre dit de Bougival, s'attacha naturellement à Ursule comme s'attachent les mères de lait à leurs nourrissons quand elles les gardent. Cette aveugle affection maternelle s'augmenta du dévouement domestique. Prévenue des intentions du docteur, la Bougival apprit sournoisement à faire la cuisine, devint propre, adroite et se plia aux habitudes du vieillard. Elle eut des soins minutieux pour les meubles et les appartements, enfin elle fut infatigable. Non-seulement le docteur voulait que sa vie privée fût murée, mais encore il avait des raisons pour dérober la connaissance de ses affaires à ses héritiers. Dès la deuxième année de son établissement, il n'eut donc plus au logis que la Bougival, sur la discrétion de laquelle il pouvait compter absolument, et il déguisa ses véritables motifs sous la toute-puissante raison de l'économie. Au grand contentement de ses héritiers, il se fit avare. Sans patelinage et par la seule influence de sa sollicitude et de son dévouement, la Bougival, âgée de quarante-trois ans au moment où ce drame commence, était la gouvernante du docteur et de sa protégée, le pivot sur lequel tout roulait au logis, enfin la femme de confiance. On l'avait appelée la Bougival par l'impossibilité reconnue d'appliquer à sa personne son prénom d'Antoinette, car les noms et les figures obéissent aux lois de l'harmonie.

L'avarice du docteur ne fut pas un vain mot, mais elle eut un but. A compter de 1817, il retrancha deux journaux et cessa ses abonnements à ses recueils périodiques. Sa dépense annuelle, que tout Nemours put estimer, ne dépassa point dix-huit cents francs par an. Comme tous les vieillards, ses besoins en linge, chaussure ou vêtements étaient presque nuls. Tous les six mois il faisait un voyage à Paris, sans doute pour toucher et placer lui-même ses revenus. En quinze ans il ne dit pas un mot qui eût trait à ses affaires. Sa confiance en Bongrand vint fort tard; il ne s'ouvrit à lui sur ses projets qu'après la révolution de 1830. Telles étaient dans la vie du docteur les seules choses alors connues de la bourgeoisie et de ses héritiers. Quant à ses opinions politiques, comme sa maison ne payait que cent francs d'impôts, il ne se mêlait de rien, et repoussait aussi bien les souscriptions royalistes que les souscriptions libérales. Son horreur connue pour la *prêtraille* et son déisme aimaient si peu les manifestations qu'il mit à la porte un commis-voyageur envoyé par son petit-neveu Désiré Minoret-Levrault pour lui proposer un *Curé Meslier* et les discours du général Foy. La tolérance ainsi entendue parut inexplicable aux libéraux de Nemours.

Les trois héritiers collatéraux du docteur, Minoret-Levrault et sa femme, monsieur et madame Massin-Levrault junior, monsieur et madame Crémière-Crémière, que nous appellerons simplement Crémière, Massin et Minoret, puisque ces distinctions entre homonymes ne sont nécessaires que dans le Gâtinais; ces trois familles, trop occupées pour créer un autre centre, se voyaient comme on se voit dans les petites villes. Le maître de poste donnait un grand dîner le jour de la naissance de son fils, un bal au carnaval, un autre au jour anniversaire de son mariage, et il invitait alors toute la bourgeoisie de Nemours. Le percepteur réunissait aussi deux fois par an ses parents et ses amis. Le greffier de la Justice de Paix, trop pauvre, disait-il, pour se jeter en de telles profusions, vivait petitement dans une maison située au milieu de la Grand'rue, et dont une portion, le rez-de-chaussée, était louée à sa sœur, directrice de la poste aux lettres, autre bienfait du docteur. Néanmoins, pendant l'année, ces trois héritiers ou leurs femmes se rencontraient en ville, à la promenade, au marché le matin, sur les pas de leurs portes ou le dimanche après la messe, sur la place, comme en ce moment; en sorte qu'ils se voyaient tous les jours. Or, depuis trois ans surtout, l'âge du docteur, son avarice et sa fortune autorisaient des allusions ou des propos directs relatifs à la succession qui finirent par gagner de proche en proche et par rendre également célèbres et le docteur et ses héritiers. Depuis six mois, il ne se passait pas de semaine que les amis ou les voisins des héritiers Minoret ne leur parlassent avec une sourde envie du *jour où, les deux yeux du bonhomme se fermant, ses coffres s'ouvriraient.*

— Le docteur Minoret a beau être médecin et s'entendre avec la mort, il n'y a que Dieu d'éternel, disait l'un.

— Bah! il nous enterrera tous; il se porte mieux que nous, répondait hypocritement l'héritier.

— Enfin, si ce n'est pas vous, vos enfants hériteront toujours, à moins que cette petite Ursule...

— Il ne lui laissera pas tout.

Ursule, selon les prévisions de madame Massin, était la bête noire des héritiers, leur épée de Damoclès, et ce mot : — Bah! qui vivra verra! conclusion favorite de madame Crémière, disait assez qu'ils lui souhaitaient plus de mal que de bien.

Le percepteur et le greffier, pauvres en comparaison du maître de poste, avaient souvent évalué, par forme de conversation, l'héritage du docteur. En se promenant le long du canal ou sur la route, s'ils voyaient venir leur oncle, ils se regardaient d'un air piteux.

— Il a sans doute gardé pour lui quelque élixir de longue vie, disait l'un.

— Il a fait un pacte avec le diable, répondait l'autre.

— Il devrait nous avantager nous deux, car ce gros Minoret n'a besoin de rien.

— Ah! Minoret a un fils qui lui mangera bien de l'argent!

— A quoi estimez-vous la fortune du docteur? disait le greffier au financier.

— Au bout de douze ans, douze mille francs économisés chaque année donnent cent quarante-quatre mille francs, et les intérêts composés produisent au moins cent mille francs; mais, comme il a dû, conseillé par son notaire à Paris, faire quelques bonnes affaires, et que jusqu'en 1822 il a dû placer à huit et à sept et demi sur l'État, le bonhomme remue maintenant environ quatre cent mille francs, sans compter ses quatorze mille livres de rente en cinq pour cent, à cent seize aujourd'hui. S'il mourait demain sans avantager Ursule, il nous laisserait donc sept à huit cent mille francs, outre sa maison et son mobilier.

— Eh! bien, cent mille à Minoret, cent mille à la petite, et à chacun de nous trois cents : voilà ce qui serait juste.

— Ah! cela nous chausserait proprement.

— S'il faisait cela, s'écriait Massin, je vendrais mon greffe, j'achèterais une belle propriété, je tâcherais de devenir juge à Fontainebleau, et je serais député.

— Moi, j'achèterais une charge d'agent de change, disait le percepteur.

— Malheureusement cette petite fille qu'il a sous le bras et le curé l'ont si bien cerné que nous ne pouvons rien sur lui.

— Après tout, nous sommes toujours bien certains qu'il ne laissera rien à l'Église.

Chacun peut maintenant concevoir en quelles transes étaient les héritiers en voyant leur oncle allant à la messe. On a toujours assez d'esprit pour concevoir une lésion d'intérêts. L'intérêt constitue l'esprit du paysan aussi bien que celui du diplomate, et sur ce terrain le plus niais en apparence serait peut-être le plus fort. Aussi ce terrible raisonnement : « Si la petite Ursule a le pouvoir de jeter son protecteur dans le giron de l'Église, elle aura bien celui de se faire donner sa succession, » éclatait-il en lettres de feu dans l'intelligence du plus obtus des héritiers. Le maître de poste avait oublié l'énigme contenue dans la lettre de son fils pour accourir sur la place ; car, si le docteur était dans l'église à lire l'ordinaire de la messe, il s'agissait de deux cent cinquante mille francs à perdre. Avouons-le ? la crainte des héritiers tenait aux plus forts et aux plus légitimes des sentiments sociaux, les intérêts de famille.

— Eh ! bien, monsieur Minoret, dit le maire (ancien meunier devenu royaliste, un Levrault-Crémière), quand le diable devint vieux, il se fit ermite. Votre oncle est, dit-on, des nôtres.

— Vaut mieux tard que jamais, mon cousin, répondit le maître de poste en essayant de dissimuler sa contrariété.

— Celui-là rirait-il si nous étions frustrés ! il serait capable de marier son fils à cette damnée fille que le diable puisse entortiller de sa queue ! s'écria Crémière en serrant les poings et montrant le maire sous le porche.

— A qui donc en a-t-il le père Crémière ? dit le boucher de Nemours, un Levrault-Levrault fils aîné. N'est-il pas content de voir son oncle prendre le chemin du paradis ?

— Qui aurait jamais cru cela ? dit le greffier.

— Ah ! il ne faut jamais dire : « Fontaine je ne boirai pas de ton eau, » répondit le notaire qui, voyant de loin le groupe, se détacha de sa femme en la laissant aller seule à l'église.

— Voyons, monsieur Dionis, dit Crémière en prenant le notaire par le bras, que nous conseillez-vous de faire dans cette circonstance ?

— Je vous conseille, dit le notaire en s'adressant aux héritiers, de vous coucher et de vous lever à vos heures habituelles, de manger votre soupe sans la laisser refroidir, de mettre vos pieds dans vos souliers, vos chapeaux sur vos têtes, enfin de continuer votre genre de vie absolument comme *si de rien n'était*.

— Vous n'êtes pas consolant, lui dit Massin en lui jetant un regard de compère.

Malgré sa petite taille et son embonpoint, malgré son visage épais et ramassé, Crémière-Dionis était délié comme une soie. Pour faire fortune, il s'était associé secrètement avec Massin, à qui sans doute il indiquait les paysans gênés et les pièces de terre à dévorer. Ces deux hommes choisissaient ainsi les affaires, n'en laissaient point échapper de bonnes, et se partageaient les bénéfices de cette usure hypothécaire qui retarde, sans l'empêcher, l'action des paysans sur le sol. Aussi, moins pour Minoret le maître de poste, et Crémière le receveur, que pour son ami le greffier, Dionis portait-il un vif intérêt à la succession du docteur. La part de Massin devait tôt ou tard grossir les capitaux avec lesquels les deux associés opéraient dans le canton.

— Nous tâcherons de savoir par monsieur Bongrand d'où part ce coup, répondit le notaire à voix basse en avertissant Massin de se tenir coi.

— Mais que fais-tu donc là, Minoret? cria tout à coup une petite femme qui fondit sur le groupe au milieu duquel le maître de poste se voyait comme une tour. Tu ne sais pas où est Désiré, et tu restes planté sur tes jambes à bavarder quand je te croyais à cheval ! Bonjour, mesdames et messieurs.

Cette petite femme maigre, pâle et blonde, vêtue d'une robe d'indienne blanche à grandes fleurs couleur chocolat, coiffée d'un bonnet brodé garni de dentelle, et portant un petit châle vert sur ses plates épaules, était la maîtresse de poste qui faisait trembler les plus rudes postillons, les domestiques et les charretiers ; qui tenait la caisse, les livres, et menait la maison au doigt et à l'œil, selon l'expression populaire des voisins. Comme les vraies ménagères, elle n'avait aucun joyau sur elle. Elle ne donnait point, selon son expression, dans le clinquant et les colifichets ; elle s'attachait au solide, et gardait, malgré la fête, son tablier noir dans les poches duquel sonnait un trousseau de clefs. Sa voix glapissante déchirait le tympan des oreilles. En dépit du bleu tendre de ses yeux, son regard rigide offrait une visible harmonie avec les lèvres minces d'une bouche serrée, avec un front haut, bombé, très impérieux. Vif était le coup d'œil, plus vifs étaient le geste et la parole. Zélie, obligée d'avoir de la volonté pour deux, en avait toujours eu pour trois, disait Goupil qui fit remarquer les règnes successifs de trois jeunes postillons à tenue soignée établis par Zélie, chacun après sept ans de service. Aussi, le malicieux clerc les nommait-il : Postillon Ier, Postillon II et Postillon III. Mais le peu d'influence de ces jeunes gens dans la maison et leur parfaite obéissance prouvaient que Zélie s'était purement et simplement intéressée à de bons sujets.

— Eh ! bien, Zélie aime le zèle, répondait le clerc à ceux qui lui faisaient ces observations.

Cette médisance était peu vraisemblable. Depuis la naissance de son fils nourri par elle sans qu'on pût apercevoir par où, la maîtresse de poste ne pensa qu'à grossir sa fortune, et s'adonna sans trêve à la direction de son immense établissement. Dérober une botte de paille ou quelques boisseaux d'avoine, surprendre Zélie dans les comptes les plus compliqués était la chose impossible, quoiqu'elle écrivît comme un chat et ne connût que l'addition et la soustraction pour toute arithmétique. Elle ne se promenait que pour aller toiser ses foins, ses regains et ses avoines; puis elle envoyait son homme à la récolte et ses postillons au bottelage en leur disant, à cent livres près, la quantité que tel ou tel pré devait donner. Quoiqu'elle fût l'âme de ce grand gros corps appelé Minoret-Levrault, et qu'elle le menât par le bout de ce nez si bêtement relevé, elle éprouvait les transes qui, plus ou moins, agitent toujours les dompteurs de bêtes féroces. Aussi se mettait-elle constamment en colère avant lui, et les postillons savaient, aux querelles que leur faisait Minoret, quand il avait été querellé par sa femme, car la colère ricochait sur eux. La Minoret était d'ailleurs aussi habile qu'intéressée. Par toute la ville ce mot : Où en serait Minoret sans sa femme? se disait dans plus d'un ménage.

— Quand tu sauras ce qui nous arrive, répondit le maître de Nemours, tu seras toi-même hors des gonds.

— Eh! bien, quoi?

— Ursule a amené le docteur Minoret à la messe.

Les prunelles de Zélie Levrault se dilatèrent, elle resta pendant un moment jaune de colère, dit : — Je veux le voir pour le croire! et se précipita dans l'église. La messe en était à l'élévation. Favorisée par le recueillement général, la Minoret put donc regarder dans chaque rangée de chaises et de bancs, en remontant le long des chapelles jusqu'à la place d'Ursule, auprès de qui elle aperçut le vieillard la tête nue.

En vous souvenant des figures de Barbé-Marbois, de Boissy-d'Anglas, de Morellet, d'Helvétius, de Frédéric-le-Grand, vous aurez aussitôt une image exacte de la tête du docteur Minoret, dont la verte vieillesse ressemblait à celle de ces personnages célèbres. Ces têtes, comme frappées au même coin, car elles se prêtent à la médaille, offrent un profil sévère et quasi puritain, une coloration froide, une raison mathématique, une certaine étroitesse dans le visage quasi pressé, des yeux fins, des bouches sérieuses, quelque chose d'aristocratique, moins dans le sentiment que dans l'habitude, plus dans les idées que dans le caractère. Tous ont des fronts hauts, mais fuyant à leur sommet, ce qui trahit une pente au matérialisme. Vous retrouverez ces principaux caractères de tête et ces airs de visage dans les portraits de tous les encyclopédistes, des orateurs de la Gironde, et des hommes de ce temps dont les croyances religieuses furent à peu près nulles, qui se disaient déistes et qui étaient athées. Le déiste est un athée sous bénéfice d'inventaire. Le vieux Minoret montrait donc un front de ce genre, mais sillonné de rides, et qui reprenait une sorte de naïveté par la manière dont ses cheveux d'argent, ramenés en arrière comme ceux d'une femme à sa toilette, se bouclaient en légers flocons sur son habit noir, car il était obstinément vêtu, comme dans sa jeunesse, en bas de soie noirs, en souliers à boucles d'or, en culotte de pou de soie, en gilet blanc traversé par le cordon noir, et en habit noir orné de la rosette rouge. Cette tête si caractérisée, et dont la froide blancheur était adoucie par des tons jaunes dus à la vieillesse, recevait en plein le jour d'une croisée. Au moment où la maîtresse de poste arriva, le docteur avait ses yeux bleus aux paupières rosées, aux contours attendris, levés vers l'autel : une nouvelle conviction leur donnait une expression nouvelle. Ses lunettes marquaient dans son paroissien l'endroit où il avait quitté ses prières. Les bras croisés sur sa poitrine, ce grand vieillard sec, debout dans une attitude qui annonçait la toute-puissance de ses facultés et quelque chose d'inébranlable dans sa foi, ne cessa de contempler l'autel par un regard humble, et que rajeunissait l'espérance, sans vouloir regarder la femme de son neveu, plantée presque en face de lui comme pour lui reprocher ce retour à Dieu.

En voyant toutes les têtes se tourner vers elle, Zélie se hâta de sortir, et revint sur la place moins précipitamment qu'elle n'était allée à l'église ; elle comptait sur cette succession, et la succession devenait problématique. Elle trouva le greffier, le percepteur et leurs femmes encore plus consternés qu'auparavant : Goupil avait pris plaisir à les tourmenter.

— Ce n'est pas sur la place et devant toute la ville que nous pouvons parler de nos affaires, dit la maîtresse de poste, venez chez moi. Vous ne serez pas de trop, monsieur Dionis, dit-elle au notaire.

Ainsi, l'exhérédation probable des Massin, des Crémière et du maître de poste allait être la nouvelle du pays.

Au moment où les héritiers et le notaire allaient traverser la place pour se rendre à la poste, le bruit de la diligence arrivant à fond de train au bureau qui se trouve à quelques pas de l'église, en haut de la Grand'rue, fit un fracas énorme.

— Tiens ! je suis comme toi, Minoret, j'oublie Désiré, dit Zélie. Allons à son débarquer : il est presque avocat, et c'est un peu de ses affaires qu'il s'agit.

L'arrivée d'une diligence est toujours une distraction ; mais quand elle est en retard, on s'attend à des événements : aussi la foule se porta-t-elle devant la Ducler.

— Voilà Désiré ! fut un cri général.

A la fois le tyran et le boute-en-train de Nemours, Désiré mettait toujours la ville en émoi par ses apparitions. Aimé de la jeunesse avec laquelle il se montrait généreux, il la stimulait par sa présence ; mais ses amusements étaient si redoutés, que plus d'une famille fut très heureuse de lui voir faire ses études et son Droit à Paris. Désiré Minoret, jeune homme mince, fluet et blond comme sa mère, de laquelle il avait les yeux bleus et le tint pâle, sourit par la portière à la foule, et descendit lestement pour embrasser sa mère. Une légère esquisse de ce garçon prouvera combien Zélie fut flattée en le voyant.

L'étudiant portait des bottes fines, un pantalon blanc d'étoffe anglaise à sous-pieds en cuir verni, une riche cravate bien mise, plus richement attachée, un joli gilet de fantaisie, et, dans la poche de ce gilet, une montre plate dont la chaîne pendait, enfin une redingote courte en drap bleu et un chapeau gris ; mais le parvenu se trahissait dans les boutons d'or de son gilet et dans la bague portée par-dessus des gants de chevreau d'une couleur violâtre. Il avait une canne à pomme d'or ciselé.

— Tu vas perdre ta montre, lui dit sa mère en l'embrassant.

— C'est fait exprès, répondit-il, en se laissant embrasser par son père.

— Hé ! bien, cousin, vous voilà bientôt avocat ? dit Massin.

— Je prêterai serment à la rentrée, dit-il en répondant aux saluts amicaux qui partaient de la foule.

— Nous allons donc rire, dit Goupil en lui prenant la main.

— Ah ! te voilà, vieux singe, répondit Désiré.

— Tu prends encore la licence pour thèse après ta thèse pour la licence, répliqua le clerc humilié d'être traité si familièrement en présence de tant de monde.

— Comment ! il lui dit qu'il se taise ? demanda madame Crémière à son mari.

— Vous savez tout ce que j'ai, Cabirolle ! cria-t-il au vieux conducteur à face violacée et bourgeonnée. Vous ferez porter tout chez nous.

— La sueur ruisselle sur tes chevaux, dit la rude Zélie à Cabirolle, tu n'as donc pas de bon sens pour les mener ainsi ? tu es plus bête qu'eux !

— Mais, monsieur Désiré voulait arriver à toute force pour vous tirer d'inquiétude...

—Mais puisqu'il n'y avait point eu d'accident, pourquoi risquer de perdre tes chevaux ? reprit-elle.

Les reconnaissances d'amis, les bonjours, les élans de la jeunesse autour de Désiré, tous les incidents de cette arrivée et les récits de l'accident auquel était dû le retard, prirent assez de temps pour que le troupeau des héritiers augmenté de leurs amis arrivât sur la place à la sortie de la messe. Par un effet du hasard, qui se permet tout, Désiré vit Ursule sous le porche de la paroisse au moment où il passait, et resta stupéfait de sa beauté. Le mouvement du jeune avocat arrêta nécessairement la marche de ses parents.

Obligée en donnant le bras à son parrain de tenir de la main droite son paroissien et de l'autre son ombrelle, Ursule déployait alors la grâce innée que les femmes gracieuses mettent à s'acquitter des choses difficiles de leur joli métier de femme. Si la pensée se révèle en tout, il est permis de dire que ce maintien exprimait une divine simplesse. Ursule était vêtue d'une robe de mousseline blanche en façon de peignoir, ornée de distance en distance de nœuds bleus. La pèlerine bordée d'un ruban pareil, passé dans un large ourlet et attachée par des nœuds semblables à ceux de la robe, laissait apercevoir la beauté de son corsage. Son cou, d'une blancheur mate, était d'un ton charmant mis en relief par tout ce bleu, le fard des blondes. Sa ceinture bleue à longs bouts flottants dessinait une taille plate, qui paraissait flexible, une des plus séduisantes grâces de la femme. Elle portait un chapeau de paille de riz, modestement garni de rubans pareils à ceux de la robe et dont les brides étaient nouées sous le menton, ce qui, tout en relevant l'excessive blancheur du chapeau, ne nuisait point à celle de son beau teint de blonde. De chaque côté de la figure d'Ursule, qui se coiffait naturellement elle-même à la Berthe, ses cheveux fins et blonds abondaient en grosses nattes aplaties dont les petites tresses saisissaient le regard par leurs mille bosses brillantes. Ses yeux gris, à la fois doux et fiers, étaient en harmonie avec un front bien modelé. Une teinte rose répandue sur ses joues comme un nuage animait sa figure régulière sans fadeur, car la nature lui avait à la fois donné, par un rare privilége, la pureté des lignes et la physionomie. La noblesse de sa vie se trahissait dans un admirable accord entre ses traits, ses mouvements et l'expression générale de sa personne qui pouvait servir de modèle à la Confiance ou à la Modestie. Sa santé, quoique brillante n'éclatait point grossièrement, en sorte qu'elle avait l'air distingué. Sous ses gants de couleur claire, on devinait de jolies mains. Ses pieds cambrés et minces étaient mignonnement chaussés de brodequins en peau bronzée ornés d'une frange en soie brune. Sa ceinture bleue, gonflée par une petite montre plate et par sa bourse bleue à glands d'or, attira les regards de toutes les femmes.

— Il lui a donné une nouvelle montre! dit madame Crémière en serrant le bras de son mari.

— Comment, c'est là Ursule? s'écria Désiré. Je ne la reconnaissais pas.

— Eh! bien, mon cher oncle, vous faites événement, dit le maître de poste en montrant toute la ville en deux haies sur le passage du vieillard, chacun veut vous voir.

— Est-ce l'abbé Chaperon ou mademoiselle Ursule qui vous a converti, mon oncle? dit Massin avec une obséquiosité jésuitique en saluant le docteur et sa protégée.

— C'est Ursule, dit sèchement le vieillard en marchant toujours comme un homme importuné.

Quand même la veille en finissant son whist avec Ursule, avec le médecin de Nemours et Bongrand, à ce mot : « J'irai demain à la messe! » dit par le vieillard, le juge de paix n'aurait pas répondu : « Vos héritiers ne dormiront plus! » il devait suffire au sagace et clairvoyant docteur d'un seul coup d'œil pour pénétrer les dispositions de ses héritiers à l'aspect de leurs figures. L'irruption de Zélie dans l'église, son regard que le docteur avait saisi, cette réunion de tous les intéressés sur la place, et l'expression de leurs yeux en apercevant Ursule, tout démontrait une haine fraîchement ravivée et des craintes sordides.

— C'est un *fer à vous* (affaire à vous), mademoiselle, reprit madame Crémière en intervenant aussi par une humble révérence. Un miracle ne vous coûte guère.

— Il appartient à Dieu, madame, répondit Ursule.

— Oh! Dieu, s'écria Minoret-Levrault, mon beau-père disait qu'il servait de couverture à bien des chevaux.

— Il avait des opinions de maquignon, dit sévèrement le docteur.

— Eh! bien, dit Minoret à sa femme et à son fils, vous ne venez pas saluer mon oncle?

— Je ne serais pas maîtresse de moi devant cette sainte nitouche, s'écria Zélie en emmenant son fils.

— Vous feriez bien, mon oncle, disait madame Massin, de ne pas aller à l'église sans avoir un petit bonnet de velours noir, la paroisse est bien humide.

— Bah! ma nièce, dit le bonhomme en regardant ceux qui l'accompagnaient, plus tôt je serai couché, plus tôt vous danserez.

Il continuait toujours à marcher en entraînant Ursule, et se montrait si pressé qu'on les laissa seuls.

— Pourquoi leur dites-vous des paroles si dures? ce n'est pas bien, lui dit Ursule en lui remuant le bras d'une façon mutine.

— Avant comme après mon entrée en religion, ma haine sera la même contre les hypocrites. Je leur ai fait du bien à tous, je ne leur ai pas demandé de reconnaissance; mais aucun de ces gens-là ne t'a envoyé une fleur le jour de ta fête, la seule que je célèbre.

A une assez grande distance du docteur et d'Ursule, madame de Portenduère se traînait en paraissant accablée de douleurs. Elle appartenait à ce genre de vieilles femmes dans le costume desquelles se retrouve l'esprit du dernier siècle, qui portent des robes couleur pensée, à manches plates et d'une coupe dont le modèle ne se voit que dans les portraits de madame Lebrun; elles ont des mantelets en dentelles noires, et des chapeaux de formes passées en harmonie avec leur démarche lente et solennelle: on dirait qu'elles marchent toujours avec leurs paniers, et qu'elles les sentent encore autour d'elles, comme ceux à qui l'on a coupé un bras agitent parfois la main qu'ils n'ont plus; leurs figures longues, blêmes, à grands yeux meurtris, au front fané, ne manquent pas d'une certaine grâce triste, malgré des tours de cheveux dont les boucles restent aplaties; elles s'enveloppent le visage de vieilles dentelles qui ne veulent plus badiner le long des joues ; mais toutes ces ruines sont dominées par une incroyable dignité dans les manières et dans le regard. Les yeux ridés et rouges de cette vieille dame disaient assez qu'elle avait pleuré pendant la messe. Elle allait comme une personne troublée, et semblait attendre quelqu'un, car elle se retourna. Or madame de Portenduère se retournant était un fait aussi grave que celui de la conversion du docteur Minoret.

— A qui madame de Portenduère en veut-elle? dit madame Massin en rejoignant les héritiers pétrifiés par les réponses du vieillard.

— Elle cherche le curé, dit le notaire Dionis qui se frappa le front comme un homme saisi par un souvenir ou par une idée oubliée. J'ai votre affaire à tous, et la succession est sauvée ! Allons déjeuner gaiement chez madame Minoret.

Chacun peut imaginer l'empressement avec lequel les héritiers suivirent le notaire à la poste. Goupil accompagna son camarade bras dessus bras dessous en lui disant à l'oreille avec un affreux sourire : — Il y a de la crevette.

— Qu'est-ce que cela me fait ! lui répondit le fils de famille en haussant les épaules, je suis amoureux-fou d'Esther, la plus céleste créature du monde.

— Qu'est-ce que c'est qu'Esther tout court? demanda Goupil. Je t'aime trop pour te laisser *dindonner* par des créatures.

— Esther est la passion du fameux Nucingen, et ma folie est inutile, car elle a positivement refusé de m'épouser.

— Les filles folles de leur corps sont quelquefois sages de la tête, dit Goupil.

— Si tu la voyais seulement une fois, tu ne te servirais pas de pareilles expressions, dit langoureusement Désiré.

— Si je te voyais briser ton avenir pour ce qui doit n'être qu'une fantaisie, reprit Goupil avec une chaleur à laquelle Bongrand eût peut-être été pris, j'irais briser cette poupée comme Varney brise Amy Robsart dans Kenilworth ! Ta femme doit être une d'Aiglemont, une mademoiselle du Rouvre, et te faire arriver à la députation. Mon avenir est hypothéqué sur le tien, et je ne te laisserai pas commettre de bêtises.

— Je suis assez riche pour me contenter du bonheur, répondit Désiré.

— Eh ! bien, que complotez-vous donc là ? dit Zélie à Goupil en hélant les deux amis restés au milieu de sa vaste cour.

Le docteur disparut dans la rue des Bourgeois, et arriva tout aussi lestement qu'un jeune homme à la maison où s'était accompli, pendant la semaine, l'étrange événement qui préoccupait alors toute la ville de Nemours, et qui veut quelques explications pour rendre cette histoire et la communication du notaire aux héritiers parfaitement claires.

Le beau-père du docteur, le fameux claveciniste et facteur d'instruments Valentin Mirouët, un de nos plus célèbres organistes, était mort en 1785, laissant un fils naturel, le fils de sa vieillesse, reconnu, portant son nom, mais excessivement mauvais sujet. A son lit de mort, il n'eut pas la consolation de voir cet enfant gâté. Chanteur et compositeur, Joseph Mirouët, après avoir débuté aux Italiens sous un nom supposé, s'était enfui avec une jeune fille en Allemagne. Le vieux facteur recommanda ce garçon, vraiment plein de talent, à son gendre, en lui faisant observer qu'il avait refusé d'épouser la mère pour ne faire aucun tort à madame Minoret. Le docteur promit de donner à ce malheureux la moitié de la succession du facteur, dont le fonds fut acheté par Érard. Il fit chercher diplomatiquement son beau-frère naturel, Joseph Mirouët; mais Grimm lui dit un soir qu'après s'être engagé dans un régiment prussien, l'artiste avait déserté prenant un faux nom et déjouait toutes les recherches.

Joseph Mirouët, doué par la nature d'une voix séduisante, d'une taille avantageuse, d'une jolie figure, et par-dessus tout compositeur plein de goût et de verve, mena pendant quinze ans cette vie bohémienne que le Berlinois Hoffmann a si bien décrite. Aussi, vers quarante ans, fut-il en proie à de si grandes misères, qu'il saisit en 1806 l'occasion de redevenir Français. Il s'établit alors à Hambourg, où il épousa la fille d'un bon bourgeois, folle de musique, qui s'éprit de l'artiste dont la gloire était toujours en perspective, et qui voulut s'y consacrer. Mais après quinze ans de malheur, Joseph Mirouët ne sut pas soutenir le vin de l'opulence ; son naturel dépensier reparut ; et, tout en rendant sa femme heureuse, il dépensa sa fortune en peu d'années. La misère revint. Le ménage dut avoir traîné l'existence la plus horrible pour que Joseph Mirouët en arrivât à s'engager comme musicien dans un régiment français. En 1813, par le plus grand des hasards, le chirurgien-major de ce régiment, frappé de ce nom de Mirouët, écrivit au docteur Minoret auquel il avait des obligations. La réponse ne se fit pas attendre. En 1814, avant la capitulation de Paris, Joseph Mirouët eut à Paris un asile où sa femme mourut en donnant le jour à une petite fille que le docteur voulut appeler Ursule, le nom de sa femme. Le capitaine de musique ne survécut pas à la mère, épuisé comme elle de fatigues et de misères. En mourant, l'infortuné musicien légua sa fille au docteur, qui lui servit de parrain, malgré sa répugnance pour ce qu'il appelait les momeries de l'Église. Après avoir vu périr successivement ses enfants par des avortements, dans des couches laborieuses ou pendant leur première année, le docteur avait attendu l'effet d'une dernière expérience. Quand une femme malingre, nerveuse, délicate, débute par une fausse couche, il n'est pas rare de la voir se conduire dans ses grossesses et dans ses enfantements comme s'était conduite Ursule Minoret, malgré les soins, les observations et la science de son mari. Le pauvre homme s'était souvent reproché leur mutuelle persistance à vouloir des enfants. Le dernier, conçu après un repos de deux ans, était mort pendant l'année 1792, victime de l'état nerveux de la mère, s'il faut donner raison aux physiologistes qui pensent que, dans le phénomène inexplicable de la génération, l'enfant tient au père par le sang et à la mère par le système nerveux. Forcé de renoncer aux jouissances du sentiment le plus puissant chez lui, la bienfaisance fut sans doute pour le docteur une revanche de sa paternité trompée. Durant sa vie conjugale, si cruellement agitée, le docteur avait, par-dessus tout, désiré une petite fille blonde, une de ces fleurs qui font la joie d'une maison; il accepta donc avec bonheur le legs que lui fit Joseph Mirouët et reporta sur l'orpheline les espérances de ses rêves évanouis. Pendant deux ans il assista, comme fit jadis Caton pour Pompée, aux plus minutieux détails de la vie d'Ursule; il ne voulait pas que la nourrice lui donnât à teter, la levât, la couchât sans lui. Son expérience, sa science, tout fut au service de cette enfant. Après avoir ressenti les douleurs, les alternatives de crainte et d'espérance, les travaux et les joies d'une mère, il eut le bonheur de voir dans cette fille de la blonde Allemagne et de l'artiste français une vigoureuse vie, une sensibilité profonde. L'heureux vieillard suivit avec les sentiments d'une mère les progrès de cette chevelure blonde, d'abord duvet, puis soie, puis cheveux légers et fins, si caressants aux doigts qui les caressent. Il baisa souvent ces petits pieds nus dont les doigts, couverts d'une pellicule sous laquelle le sang se voit, ressemblent à des boutons de rose. Il était fou de cette petite. Quand elle s'essayait au langage ou quand elle arrêtait ses beaux yeux bleus, si doux, sur toutes choses en y jetant ce regard songeur qui semble être l'aurore de la pensée et qu'elle terminait par un rire, il restait devant elle pendant des heures entières cherchant avec Jordy les raisons, que tant d'autres appellent des caprices, cachées sous les moindres phénomènes de cette délicieuse phase de la vie où l'enfant est à la fois une fleur et un fruit, une intelligence confuse, un mouvement perpétuel, un désir violent. La beauté d'Ursule, sa douceur la rendaient si chère au docteur qu'il aurait voulu changer pour elle les lois de la nature : il dit quelquefois au vieux Jordy avoir mal dans ses dents quand Ursule faisait les siennes. Lorsque les vieillards aiment les enfants, ils ne mettent pas de bornes à leur passion, ils les adorent. Pour ces petits êtres ils font taire leurs manies, et pour eux se souviennent de tout leur passé. Leur expérience, leur indulgence, leur patience, toutes les acquisitions de la vie, ce trésor si péniblement amassé, ils le livrent à cette jeune vie par laquelle ils se rajeunissent, et suppléent alors à la maternité par l'intelligence. Leur sagesse, toujours éveillée, vaut l'intuition de la mère ; ils se rappellent les délicatesses qui chez elle sont de la divination, et ils les portent dans l'exercice d'une compassion dont la force se développe sans doute en raison de cette immense faiblesse. La lenteur de leurs mouvements remplace la douceur maternelle. Enfin chez eux comme chez les enfants, la vie est réduite au simple ; et, si le sentiment rend la mère esclave, le détachement de toute passion et l'absence de tout intérêt permettent au vieillard de se donner en entier. Aussi n'est-il pas rare de voir les enfants s'entendre avec les vieilles gens. Le vieux militaire, le vieux curé, le vieux docteur, heureux des caresses et des coquetteries d'Ursule, ne se lassaient jamais de lui répondre ou de jouer avec elle. Loin de les impatienter, la pétulance de cette enfant les charmait, et ils satisfaisaient à tous ses désirs en faisant de tout un sujet d'instruction. Ainsi cette petite grandit environnée de vieilles gens qui lui souriaient et lui faisaient comme plusieurs mères autour d'elle, également attentives et prévoyantes. Grâce à cette savante éducation, l'âme d'Ursule se développa dans la sphère qui lui convenait. Cette plante rare rencontra son terrain spécial, aspira les éléments de sa vraie vie et s'assimila les flots de son soleil.

— Dans quelle religion élèverez-vous cette petite ? demanda l'abbé Chaperon à Minoret quand Ursule eut six ans.

— Dans la vôtre, répondit le médecin.

Athée à la façon de monsieur de Wolmar dans la *Nouvelle Héloïse*, il ne se reconnut pas le droit de priver Ursule des bénéfices offerts par la religion catholique. Le médecin, assis sur un banc au-dessous de la fenêtre du cabinet chinois, se sentit alors la main pressée par la main du curé.

— Oui, curé, toutes les fois qu'elle me parlera de Dieu, je la renverrai à son ami *Sapron*, dit-il en imitant le parler enfantin d'Ursule. Je veux voir si le sentiment religieux est inné. Aussi n'ai-je rien fait pour, ni rien contre les tendances de cette jeune âme ; mais je vous ai déjà nommé dans mon cœur son père spirituel.

— Ceci vous sera compté par Dieu, je l'espère, répondit l'abbé Chaperon en frappant doucement ses mains l'une contre l'autre et les élevant vers le ciel comme s'il faisait une courte prière mentale.

Ainsi, dès l'âge de six ans, la petite orpheline tomba sous le pouvoir religieux du curé, comme elle était déjà tombée sous celui de son vieil ami Jordy.

Le capitaine, autrefois professeur dans une des anciennes écoles militaires, occupé par goût de grammaire et des différences entre les langues européennes, avait étudié le problème d'un langage universel. Ce savant homme, patient comme tous les vieux maîtres, se fit donc un bonheur d'apprendre à lire et à écrire à Ursule en lui apprenant la langue française et ce qu'elle devait savoir de calcul. La nombreuse bibliothèque du docteur permit de choisir entre les livres ceux qui pouvaient être lus par un enfant, et qui devaient l'amuser en l'instruisant. Le militaire et le curé laissaient cette intelligence s'enrichir avec l'aisance et la liberté que le docteur laissait au corps. Ursule apprenait en se jouant. La religion contenait la réflexion. Abandonnée à la divine culture d'un naturel amené dans des régions pures par ces trois prudents instructeurs, Ursule alla plus vers le sentiment que vers le devoir, et prit pour règle de conduite la voix de la conscience plutôt que la loi sociale. Chez elle, le beau dans les sentiments et dans les actions devait être spontané : le jugement confirmerait l'élan du cœur. Elle était destinée à faire le bien comme un plaisir avant de le faire comme une obligation. Cette nuance est le propre de l'éducation chrétienne. Ces principes, tout autres que ceux à donner aux hommes, convenaient à une femme, le génie et la conscience de la famille, l'élégance secrète de la vie domestique, enfin presque reine au sein du ménage. Tous trois procédèrent de la même manière avec cette enfant. Loin de reculer devant les audaces de l'innocence, ils expliquaient à Ursule la fin des choses et les moyens connus en ne lui formulant jamais que des idées justes. Quand, à propos d'une herbe, d'une fleur, d'une étoile, elle allait droit à Dieu, le professeur et le médecin lui disaient que le prêtre seul pouvait lui répondre. Aucun d'eux n'empiéta sur le terrain des autres. Le parrain se chargeait de tout le bien-être matériel et des choses de la vie ; l'instruction regardait Jordy ; la morale, la métaphysique et les hautes questions appartenaient au curé. Cette belle éducation ne fut pas, comme il arrive souvent dans les maisons les plus riches, contrariée par d'imprudents serviteurs. La Bougival, sermonnée à ce sujet, et trop simple d'ailleurs d'esprit et de caractère pour intervenir, ne dérangea point l'œuvre de ces grands esprits. Ursule, créature privilégiée, eut donc autour d'elle trois bons génies à qui son beau naturel rendit toute tâche douce et facile. Cette tendresse virile, cette gravité tempérée par les sourires, cette liberté sans danger, ce soin perpétuel de l'âme et du corps, firent d'elle, à l'âge de neuf ans, une enfant accomplie et charmante à voir. Par malheur, cette trinité paternelle se rompit. Dans l'année suivante, le vieux capitaine mourut, laissant au docteur et au curé son œuvre à continuer, après en avoir accompli la partie la plus difficile. Les fleurs devaient naître d'elles-mêmes dans un terrain si bien préparé. Le gentilhomme avait, pendant neuf ans, économisé mille francs par an, pour léguer dix mille francs à sa petite Ursule afin qu'elle conservât de lui un souvenir pendant toute sa vie. Dans un testament dont les motifs étaient touchants, il invitait sa légataire à se servir uniquement pour sa toilette des quatre ou cinq cents francs de rente que rendrait ce petit capital. Quand le juge de paix mit les scellés chez son vieil ami, on trouva dans un cabinet où jamais il n'avait laissé pénétrer personne une grande quantité de joujoux dont beaucoup étaient brisés et qui tous avaient servi, des joujoux du temps passé pieusement conservés, et que monsieur Bongrand devait brûler lui-même, à la prière du pauvre capitaine. Vers cette époque, elle dut faire sa première communion. L'abbé Chaperon employa toute une année à l'instruction de cette jeune fille, chez qui le cœur et l'intelligence, si développés, mais si prudemment maintenus l'un par l'autre, exigeaient une nourriture spirituelle particulière. Telle fut cette initiation à la connaissance des choses divines, que depuis cette époque où l'âme prend sa forme religieuse, Ursule devint la pieuse et mystique jeune fille dont le caractère fut toujours au-dessus des événements, et dont le cœur domina toute adversité. Ce fut alors aussi que commença secrètement entre cette vieillesse incrédule et cette enfance pleine de croyance une lutte pendant longtemps inconnue à celle qui la provoqua, mais dont le dénoûment occupait toute la ville, et devait avoir tant d'influence sur l'avenir d'Ursule en déchaînant contre elle les collatéraux du docteur.

Pendant les six premiers mois de l'année 1824, Ursule passa presque toutes ses matinées au presbytère. Le vieux médecin devina les intentions du curé. Le prêtre voulait faire d'Ursule un argument invincible. L'incrédule, aimé par sa filleule comme il l'eût été de sa propre fille, croirait à cette naïveté, serait séduit par les touchants effets de la religion dans l'âme d'une enfant dont l'amour ressemblait à ces arbres des climats indiens toujours chargés de fleurs et de fruits, toujours verts et toujours embaumés. Une belle vie est plus puissante que le plus vigoureux raisonnement. On ne résiste pas aux charmes de certaines images. Aussi le docteur eut-il les yeux mouillés de larmes, sans savoir pourquoi, quand il vit la fille de son cœur partant pour l'église, habillée d'une robe de crêpe blanc, chaussée de souliers de satin blanc, parée de rubans blancs, la tête ceinte d'une bandelette royale attachée sur le côté par un gros nœud, les mille boucles de sa chevelure ruisselant sur ses belles épaules blanches, le corsage bordé d'une ruche ornée de comètes, les yeux étoilés par une première espérance, volant grande et heureuse à une première union, aimant mieux son parrain depuis qu'elle s'était élevée jusqu'à Dieu. Quand il aperçut la pensée de l'éternité donnant la nourriture à cette âme jusqu'alors dans les limbes de l'enfance, comme après la nuit le soleil donne la vie à la terre; toujours sans savoir pourquoi, il fut fâché de rester seul au logis. Assis sur les marches de son perron, il tint pendant longtemps ses yeux fixés sur la grille entre les barreaux de laquelle sa pupille avait disparu en lui disant: — Parrain, pourquoi ne viens-tu pas? Je serai donc heureuse sans toi? Quoique ébranlé jusque dans ses racines, l'orgueil de l'encyclopédiste ne fléchit point encore. Il se promena cependant de façon à voir la procession des communiants, et distingua sa petite Ursule brillante d'exaltation sous le voile. Elle lui lança un regard inspiré qui remua, dans la partie rocheuse de son cœur, le coin fermé à Dieu. Mais le déiste tint bon, il se dit : — Momeries ! Imaginer que, s'il existe un ouvrier des mondes, cet organisateur de l'infini s'occupe de ces niaiseries !... Il rit et continua sa promenade sur les hauteurs qui dominent la route du Gâtinais, où les cloches sonnées en volée répandaient au loin la joie des familles.

Le bruit du trictrac est insupportable aux personnes qui ne savent pas ce jeu, l'un des plus difficiles qui existent. Pour ne pas ennuyer sa pupille, à qui l'excessive délicatesse de ses organes et de ses nerfs ne permettait pas d'entendre impunément ces mouvements et ce parlage dont la raison est inconnue, le curé, le vieux Jordy quand il vivait et le docteur attendaient toujours que leur enfant fût couchée ou en promenade. Il arrivait alors assez souvent que la partie était encore en train quand Ursule rentrait : elle se résignait alors avec une grâce infinie et se mettait auprès de la fenêtre à travailler. Elle avait de la répugnance pour ce jeu, dont les commencements sont en effet rudes et inaccessibles à beaucoup d'intelligences, et si difficiles à vaincre que, si l'on ne prend pas l'habitude de ce jeu pendant la jeunesse, il est presque impossible plus tard de l'apprendre. Or le soir de sa première communion, quand Ursule revint chez son tuteur, seul pour cette soirée, elle mit le trictrac devant le vieillard.

— Voyons, à qui le dé ? dit-elle.

— Ursule, reprit le docteur, n'est-ce pas un péché de te moquer de ton parrain le jour de ta première communion ?

— Je ne me moque point, dit-elle en s'asseyant ; je me dois à vos plaisirs, vous qui veillez à tous les miens. Quand monsieur Chaperon était content, il me donnait une leçon de trictrac, et il m'a donné tant de leçons que je suis en état de vous gagner... Vous ne vous gênerez plus pour moi. Pour ne pas entraver vos plaisirs, j'ai vaincu toutes les difficultés, et le bruit du trictrac me plaît.

Ursule gagna. Le curé vint surprendre les joueurs et jouir de son triomphe. Le lendemain Minoret, qui jusqu'alors avait refusé de faire apprendre la musique à sa pupille, se rendit à Paris, y acheta un piano, prit des arrangements à Fontainebleau avec une maîtresse et se soumit à l'ennui que devaient lui causer les perpétuelles études de sa pupille. Une des prédictions de feu Jordy le phrénologiste se réalisa : la petite fille devint excellente musicienne. Le tuteur, fier de sa filleule, faisait en ce moment venir de Paris une fois par semaine un vieil Allemand nommé Schmucke, un savant professeur de musique, et subvenait aux dépenses de cet art, d'abord jugé par lui tout à fait inutile en ménage. Les incrédules n'aiment pas la musique, céleste langage développé par le catholicisme, qui a pris les noms des sept notes dans un de ses hymnes : chaque note est la première syllabe des sept premiers vers de l'hymne à saint Jean. Quoique vive, l'impression produite sur le vieillard par la première communion d'Ursule fut passagère. Le calme, le contentement que les œuvres de la résolution et la prière répandaient dans cette âme jeune furent aussi des exemples sans force pour lui. Sans aucun sujet de remords ni de repentir, Minoret jouissait d'une sérénité parfaite. En accomplissant ses bienfaits sans l'espoir d'une moisson céleste, il se trouvait plus grand que le catholique, auquel il reprochait toujours de faire de l'usure avec Dieu.

— Mais, lui disait l'abbé Chaperon, si les hommes voulaient tous se livrer à ce commerce, avouez que la société serait parfaite ? il n'y aurait plus de malheureux. Pour être bienfaisant à votre manière, il faut être un grand philosophe ; vous vous élevez à votre doctrine par le raisonnement, vous êtes une exception sociale ; tandis qu'il suffit d'être chrétien pour être bienfaisant à la nôtre. Chez vous, c'est un effort ; chez nous, c'est naturel.

— Cela veut dire, curé, que je pense et que vous sentez, voilà tout.

Cependant, à douze ans, Ursule, dont la finesse et l'adresse naturelle à la femme étaient exercées par une éducation supérieure et dont le sens dans toute sa fleur était éclairé par l'esprit religieux, de tous les genres d'esprit le plus délicat, finit par comprendre que son parrain ne croyait ni à un avenir, ni à l'immortalité de l'âme, ni à une providence, ni à Dieu. Pressé de questions par l'innocente créature, il fut impossible au docteur de cacher plus longtemps ce fatal secret. La naïve consternation d'Ursule le fit d'abord sourire ; mais en la voyant quelquefois triste, il comprit tout ce que cette tristesse annonçait d'affection. Les tendresses absolues ont horreur de toute espèce de désaccord, même dans les idées qui leur sont étrangères. Parfois le docteur se prêta comme à des caresses aux raisons de sa fille adoptive dites d'une voix tendre et douce, exhalées par le sentiment le plus ardent et le plus pur. Les croyants et les incrédules parlent deux langues différentes et ne peuvent se comprendre. La filleule, en plaidant la cause de Dieu, maltraitait son parrain, comme un enfant gâté maltraite quelquefois sa mère. Le curé blâma doucement Ursule, et lui dit que Dieu se réservait d'humilier ces esprits superbes. La jeune fille répondit à l'abbé Chaperon que David avait abattu Goliath. Cette dissidence religieuse, ces regrets de l'enfant qui voulait entraîner son tuteur à Dieu, furent les seuls chagrins de cette vie intérieure, si douce et si pleine, dérobée aux regards de la petite ville curieuse. Ursule grandissait, se développait, devenait la jeune fille modeste et chrétiennement instruite que Désiré avait admirée au sortir de l'église. La culture des fleurs dans le jardin, la musique, les plaisirs de son tuteur, et tous les petits soins qu'Ursule lui rendait, car elle avait soulagé la Bougival en s'occupant de lui, remplissaient les heures, les jours, les mois de cette existence calme. Néanmoins, depuis un an, quelques troubles chez Ursule avaient inquiété le docteur; mais la cause en était si prévue, qu'il ne s'en inquiéta que pour surveiller la santé. Cependant cet observateur sagace, ce profond praticien crut apercevoir que les troubles avaient eu quelque retentissement dans le moral. Il espionna maternellement sa pupille, ne vit autour d'elle personne digne de lui inspirer de l'amour, et son inquiétude passa.

En ces conjonctures, un mois avant le jour où ce drame commence, il arriva dans la vie intellectuelle du docteur un de ces faits qui labourent jusqu'au tuf le champ des convictions et le retournent ; mais ce fait exige un récit succinct de quelques événements de sa carrière médicale qui donnera d'ailleurs un nouvel intérêt à cette histoire.

Vers la fin du dix-huitième siècle, la Science fut aussi profondément divisée par l'apparition de Mesmer, que l'Art le fut par celle de Gluck. Après avoir retrouvé le magnétisme, Mesmer vint en France, où depuis un temps immémorial les inventeurs accourent faire légitimer leurs découvertes. La France, grâce à son langage clair, est en quelque sorte la trompette du monde.

— Si l'homéopathie arrive à Paris, elle est sauvée, disait dernièrement Hahnemann.

— Allez en France, disait M. de Metternich à Gall, et si l'on s'y moque de vos bosses, vous serez illustre.

Mesmer eut donc des adeptes et des antagonistes aussi ardents que les picciniste contre les gluckistes. La France savante s'émut, un débat solennel s'ouvrit. Avant l'arrêt, la Faculté de médecine proscrivit en masse le prétendu charlatanisme de Mesmer, son baquet, ses fils conducteurs et ses théories. Mais, disons-le, cet Allemand compromit malheureusement sa magnifique découverte par d'énormes prétentions pécuniaires. Mesmer succomba par l'incertitude des faits, par l'ignorance du rôle que jouent dans la nature les fluides impondérables alors inobservés, par son inaptitude à rechercher les côtés d'une science à triple face. Le magnétisme a plus d'application; entre les mains de Mesmer, il fut, par rapport à son avenir, ce que le principe est aux effets. Mais si le trouveur manqua de génie, il est triste pour la raison humaine et pour la France d'avoir à constater qu'une science contemporaine des sociétés, également cultivée par l'Égypte et par la Chaldée, par la Grèce et par l'Inde, éprouva dans Paris en plein dix-huitième siècle le sort qu'avait eu la vérité dans la personne de Galilée au seizième, et que le magnétisme y fut repoussé par les doubles atteintes des gens religieux et des philosophes matérialistes également alarmés. Le magnétisme, la science favorite de Jésus et l'une des puissances divines remises aux apôtres, ne paraissait pas plus prévu par l'Église que par les disciples de Jean-Jacques et de Voltaire, de Locke et de Condillac. L'Encyclopédie et le Clergé ne s'accommodaient pas de ce vieux pouvoir humain qui sembla si nouveau. Les miracles des convulsionnaires étouffés par l'Église et par l'indifférence des savants, malgré les écrits précieux du conseiller Carré de Montgeron, furent une première sommation de faire des expériences sur les fluides humains qui donnent le pouvoir d'opposer assez de forces intérieures pour annuler les douleurs causées par des agents extérieurs. Mais il aurait fallu reconnaître l'existence de fluides intangibles, invisibles, impondérables, trois négations dans lesquelles la science d'alors voulait voir une définition du vide. Dans la philosophie moderne le vide n'existe pas. Dix pieds de vide, le monde croule! Surtout pour les matérialistes, le monde est plein, tout se tient, tout s'enchaîne et tout est machiné. « Le monde, disait Diderot, comme effet du hasard, est plus explicable que Dieu. La multiplicité des causes et le nombre incommensurable de jets que suppose le hasard, expliquent la création. Soient donnés l'Énéide et tous les caractères nécessaires à sa composition, si vous m'offrez le temps et l'espace, à force de jeter les lettres, j'atteindrai la combinaison Énéide. » Ces malheureux, qui déifiaient tout plutôt que d'admettre un Dieu, reculaient aussi devant la divisibilité infinie de la matière que comporte la nature de forces impondérables. Locke et Condillac ont alors retardé de cinquante ans l'immense progrès que font en ce moment les sciences naturelles sous la pensée d'unité due au grand Geoffroy Saint-Hilaire. Quelques gens droits, sans système, convaincus par des faits consciencieusement étudiés, persévérèrent dans la doctrine de Mesmer, qui reconnaissait en l'homme l'existence d'une influence pénétrante, dominatrice d'homme à homme, mise en œuvre par la volonté, curative par l'abondance du fluide, et dont le jeu constitue un duel entre deux volontés, entre un mal à guérir et le vouloir de guérir. Les phénomènes du somnambulisme, à peine soupçonnés par Mesmer, furent dus à messieurs de Puységur et Deleuze; mais la révolution mit à ces découvertes un temps d'arrêt qui donna gain de cause aux savants et aux railleurs. Parmi le petit nombre des croyants se trouvèrent des médecins. Ces dissidents furent, jusqu'à leur mort, persécutés par leurs confrères. Le corps respectable des médecins de Paris déploya contre les mesmériens les rigueurs des guerres religieuses, et fut aussi cruel dans sa haine contre eux qu'il était possible de l'être dans ce temps de tolérance voltairienne. Les docteurs orthodoxes refusaient de consulter avec les docteurs qui tenaient pour l'hérésie mesmérienne. En 1820, ces prétendus hérésiarques étaient encore l'objet de cette proscription sourde. Les malheurs, les orages de la Révolution n'éteignirent pas cette haine scientifique. Il n'y a que les prêtres, les magistrats et les médecins pour haïr ainsi. La robe est toujours terrible. Mais aussi les idées ne seraient-elles pas plus implacables que les choses? Le docteur Bouvard, ami de Minoret, donna dans la foi nouvelle, et persévéra jusqu'à sa mort dans la science à laquelle il avait sacrifié le repos de sa vie, car il fut une des *bêtes noires* de la Faculté de Paris. Minoret, l'un des plus vaillants soutiens des encyclopédistes, le plus redoutable adversaire de Deslon, le prévôt de Mesmer, et dont la plume fut d'un poids énorme dans cette querelle, se brouilla sans retour avec son camarade; mais il fit plus, il le persécuta. Sa conduite avec Bouvard devait lui causer le seul repentir qui pût troubler la sérénité de son déclin. Depuis la retraite du docteur Minoret à Nemours, la science des fluides impondérables, seul nom qui convienne au magnétisme si étroitement lié par la nature de ses phénomènes à la lumière et à l'électricité, faisait d'immenses progrès, malgré les continuelles railleries de la science parisienne. La phrénologie et la physiognomie, la science de Gall et celle de Lavater, qui sont jumelles, dont l'une est à l'autre ce que la cause est à l'effet, démontraient aux yeux de plus d'un physiologiste les traces du fluide insaisissable, base des phénomènes de la volonté humaine, et d'où résultent les passions, les habitudes, les formes du visage et celles du crâne. Enfin, les faits magnétiques, les miracles du somnambulisme, ceux de la divination et de l'extase, qui permettent de pénétrer dans le monde spirituel, s'accumulaient. L'histoire étrange des apparitions du fermier Martin si bien constatées, et l'entrevue de ce paysan avec Louis XVIII; la connaissance des relations de Swedenborg avec les morts, si sérieusement établie en Allemagne, les récits de Walter Scott sur les effets de la *seconde vue;* l'exercice des prodigieuses facultés de quelques *discurs de bonne aventure* qui confondent en une seule science la chiromancie, la cartomancie et l'horoscopie; les faits de catalepsie et ceux de la mise en œuvre des propriétés du diaphragme par certaines affections morbides; ces phénomènes au moins curieux, tous émanés de la même source, sapaient bien des doutes, emmenaient les plus indifférents sur le terrain des expériences. Minoret ignorait ce mouvement des esprits, si grand dans le nord de l'Europe, encore si faible en France, où se passaient néanmoins de ces faits qualifiés de merveilleux par les observateurs superficiels, et qui tombent comme des pierres au fond de la mer, dans le tourbillon des événements parisiens.

Au commencement de cette année, le repos de l'anti-mesmérien fut troublé par la lettre suivante.

« Mon vieux camarade,

» Toute amitié, même perdue, a des droits qui se prescrivent difficilement. Je sais que vous vivez encore, et je me souviens moins de notre inimitié que de nos beaux jours au taudis de Saint-Julien-le-Pauvre. Au moment de m'en aller de ce monde, je tiens à vous prouver que le magnétisme va constituer une des sciences les plus importantes, si toutefois la science ne doit pas être *une.* Je puis foudroyer votre incrédulité par des preuves positives. Peut-être devrai-je à votre curiosité le bonheur de vous serrer encore une fois la main, comme nous nous la serrions avant Mesmer.

» Toujours à vous.

» BOUVARD. »

Piqué comme l'est un lion par un taon, l'anti-mesmérien bondit jusqu'à Paris et mit sa carte chez le vieux Bouvard, qui demeurait rue Férou, près de Saint-Sulpice. Bouvard lui mit une carte à son hôtel, en lui écrivant : « Demain, à neuf heures, rue Saint-Honoré, en face l'Assomption. » Minoret, redevenu jeune, ne dormit pas. Il alla voir les vieux médecins de sa connaissance, et leur demanda si le monde était bouleversé, si la médecine avait une École, si les quatre Facultés vivaient encore. Les médecins le rassurèrent en lui disant que le vieil esprit de résistance existait; seulement, au lieu de persécuter, l'Académie de médecine et l'Académie des sciences pouffaient de rire en rangeant les faits magnétiques parmi les surprises de Comus, de Comte, de Bosco, dans les jongleries, la prestidigitation et ce qu'on nomme la physique amusante. Ces discours n'empêchèrent point le vieux Minoret d'aller au rendez-vous que lui donnait le vieux Bouvard. Après quarante-quatre années d'inimitié, les deux antagonistes se revirent sous une porte cochère de la rue Saint-Honoré. Les Français sont trop continuellement distraits pour se haïr pendant longtemps. A Paris surtout, les faits étendent trop l'espace et font en politique, en littérature et en science la vie trop vaste pour que les hommes n'y trouvent pas des pays à conquérir où leurs prétentions peuvent régner à l'aise. La haine exige tant de forces toujours armées que l'on s'y met plusieurs quand on veut haïr pendant longtemps. Aussi les Corps peuvent-ils seuls y avoir de la mémoire. Après quarante-quatre ans, Robespierre et Danton s'embrasseraient. Cependant chacun des deux docteurs garda sa main sans l'offrir. Bouvard le premier dit à Minoret : — Tu te portes à ravir.

— Oui, pas mal, et toi? répondit Minoret une fois la glace rompue.

— Moi, comme tu vois.

— Le magnétisme empêche-t-il de mourir? demanda Minoret d'un ton plaisant mais sans aigreur.

— Non, mais il a failli m'empêcher de vivre.

— Tu n'es donc pas riche? fit Minoret.

— Bah! dit Bouvard.

— Eh! bien, je suis riche, moi, s'écria Minoret.

— Ce n'est pas à ta fortune, mais à ta conviction que j'en veux Viens, répondit Bouvard.

— Oh! l'entêté! s'écria Minoret.

Le mesmérien entraîna l'incrédule dans un escalier assez obscur, et le lui fit monter avec précaution jusqu'au quatrième étage.

En ce moment se produisait à Paris un homme extraordinaire, doué par la foi d'une incalculable puissance, et disposant des pouvoirs magnétiques dans toutes leurs applications. Non-seulement ce grand inconnu, qui vit encore, guérissait par lui-même à distance les maladies les plus cruelles, les plus invétérées, soudainement et radicalement, comme jadis le Sauveur des hommes; mais encore il produisait instantanément les phénomènes les plus curieux du somnambulisme en domptant les volontés les plus rebelles. La physionomie de cet inconnu, qui dit ne relever que de Dieu et communiquer avec les anges comme Swedenborg, est celle du lion; il y éclate une énergie concentrée, irrésistible. Ses traits, singulièrement contournés, ont un aspect terrible et foudroyant; sa voix qui vient des profondeurs de l'être, est comme chargée du fluide magnétique, elle entre en l'auditeur par tous les pores. Dégoûté de l'ingratitude publique après des milliers de guérisons, il s'est rejeté dans une impénétrable solitude, dans un néant volontaire. Sa toute puissante main, qui a rendu des filles mourantes à leurs mères, des pères à leurs enfants éplorés, des maîtresses idolâtres à des amants ivres d'amour; qui a guéri les malades abandonnés par les médecins, qui faisait chanter des hymnes dans les synagogues, dans les temples et dans les églises par des prêtres de différents cultes ramenés tous au même Dieu par le même miracle; qui adoucissait les agonies aux mourants chez lesquels la vie était impossible; cette main souveraine, soleil de vie qui éblouissait les yeux fermés des somnambules, ne se lèverait pas pour rendre un héritier présomptif à une reine. Enveloppé dans le souvenir de ses bienfaits comme dans un suaire lumineux, il se refuse au monde et vit dans le ciel. Mais à l'aurore de son règne, surpris presque de son pouvoir, cet homme, dont le désintéressement a égalé la puissance, permettait à quelques curieux d'être témoins de ses miracles. Le bruit de cette renommée, qui fut immense et qui pourrait renaître demain, réveilla le docteur Bouvard sur le bord de la tombe. Le mesmérien persécuté, put enfin voir les phénomènes les plus radieux de cette science, gardée en son cœur comme un trésor. Les malheurs de ce vieillard avaient ému le grand inconnu, qui lui donna quelques privilèges. Aussi Bouvard subissait-il, en montant l'escalier, les plaisanteries de son vieil antagoniste avec une joie malicieuse. Il ne lui répondit que par des : « Tu vas voir ! tu vas voir ! » et par ces petits hochements de tête que se permettent les gens sûrs de leur fait.

Les deux docteurs entrèrent dans un appartement plus que modeste. Bouvard alla parler pendant un moment dans une chambre à coucher contiguë au salon où attendait Minoret, dont la défiance s'éveilla; mais Bouvard vint aussitôt le prendre et l'introduisit dans cette chambre où se trouvaient le mystérieux swedenborgiste et une femme assise dans un fauteuil. Cette femme ne se leva point, et ne parut pas s'apercevoir de l'entrée des deux vieillards.

— Comment! plus de baquets? fit Minoret en souriant.

— Rien que le pouvoir de Dieu, répondit gravement le swedenborgiste qui parut à Minoret être âgé de cinquante ans.

Les trois hommes s'assirent, et l'inconnu se mit à causer. On parla pluie et beau temps, à la grande surprise du vieux Minoret qui se crut mystifié. Le swedenborgiste questionna le visiteur sur ses opinions scientifiques, et semblait évidemment prendre le temps de l'examiner.

— Vous venez ici en simple curieux, monsieur, dit-il enfin. Je n'ai pas l'habitude de prostituer une puissance qui, dans ma conviction, émane de Dieu ; si j'en faisais un usage frivole ou mauvais, elle pourrait m'être retirée. Néanmoins, il s'agit, m'a dit monsieur Bouvard, de changer une conviction contraire à la nôtre, et d'éclairer un savant de bonne foi : je vais donc vous satisfaire. Cette femme que vous voyez, dit-il, en montrant l'inconnue, est dans le sommeil somnambulique. D'après les aveux et les manifestations de tous les somnambules, cet état constitue une vie délicieuse pendant laquelle l'être intérieur, dégagé de toutes les entraves apportées à l'exercice de ses facultés par la nature visible, se promène dans le monde que nous nommons invisible à tort. La vue et l'ouïe s'exercent alors d'une manière plus parfaite que dans l'état dit *de veille*, et peut-être sans le secours des organes qui sont la gaîne de ces épées lumineuses appelées la vue et l'ouïe ! Pour l'homme mis dans cet état les distances et les obstacles matériels n'existent pas, ou sont traversés par une vie qui est en nous, et pour laquelle notre corps est un réservoir, un point d'appui nécessaire, une enveloppe. Les termes manquent pour des effets si nouvellement retrouvés; car aujourd'hui les mots impondérables, intangibles, invisibles, n'ont aucun sens relativement au fluide dont l'action est démontrée par le magnétisme. La lumière est pondérable par sa chaleur, qui en pénétrant les corps, augmente leur volume, et certes l'électricité n'est que trop tangible. Nous avons condamné les choses au lieu d'accuser l'imperfection de nos instruments.

— Elle dort! dit Minoret en examinant la femme qui lui parut appartenir à la classe inférieure.

— Son corps est en quelque sorte annulé, répondit le swedenborgiste. Les ignorants prennent cet état pour le sommeil. Mais elle va vous prouver qu'il existe un univers spirituel et que l'esprit n'y reconnaît point les lois de l'univers matériel. Je l'enverrai dans la région où vous voudrez qu'elle aille. A vingt lieues d'ici comme en Chine, elle vous dira ce qui s'y passe.

— Envoyez-la seulement chez moi, à Nemours, demanda Minoret.

— Je n'y veux être pour rien, répondit l'homme mystérieux. Donnez-moi votre main, vous serez à la fois acteur et spectateur, effet et cause.

Il prit la main de Minoret, que Minoret lui laissa prendre; il la tint pendant un moment en paraissant se recueillir, et de son autre main il saisit la main de la femme assise dans le fauteuil : puis il mit celle du docteur dans celle de la femme en faisant signe au vieil incrédule de s'asseoir à côté de cette pythonisse sans trépied. Minoret remarqua dans les traits excessivement calmes de cette femme un léger tressaillement quand ils furent unis par le swedenborgiste ; mais ce mouvement, quoique merveilleux dans ses effets, fut d'une grande simplicité.

— Obéissez à monsieur, lui dit ce personnage en étendant la main sur la tête de la femme qui parut aspirer de lui la lumière et la vie, et songez que tout ce que vous ferez pour lui me plaira. Vous pouvez lui parler maintenant, dit-il à Minoret.

— Allez à Nemours, rue des Bourgeois, chez moi, dit le docteur.

— Donnez-lui le temps, laissez votre main dans la sienne jusqu'à ce qu'elle vous prouve par ce qu'elle vous dira qu'elle y est arrivée, dit Bouvard à son ancien ami.

— Je vois une rivière, répondit la femme d'une voix faible en paraissant regarder en dedans d'elle-même avec une profonde attention malgré ses paupières baissées. Je vois un joli jardin.

— Pourquoi entrez-vous par la rivière et par le jardin? dit Minoret.

— Parce qu'elles y sont.

— Qui?

— La jeune personne et la nourrice auxquelles vous pensez.

— Comment est le jardin? demanda Minoret.

— En y entrant par le petit escalier qui descend sur la rivière, il se trouve à droite une longue galerie en briques dans laquelle je vois des livres, et terminée par un *cabajoutis* orné de sonnettes en bois et d'œufs rouges. A gauche le mur est revêtu d'un massif de plantes grimpantes, de la vigne vierge, du jasmin de Virginie. Au milieu se trouve un petit cadran solaire. Il y a beaucoup de pots de fleurs. Votre pupille examine ses fleurs, les montre à sa nourrice, fait des trous avec un plantoir et y met des graines... La nourrice ratisse les allées... Quoique la pureté de cette jeune fille soit celle d'un ange, il y a chez elle un commencement d'amour, faible comme un crépuscule du matin.

— Pour qui? demanda le docteur qui jusqu'à présent n'entendait rien que personne ne pût lui dire sans être somnambule. Il croyait toujours à de la jonglerie.

— Vous n'en savez rien, quoique vous ayez été dernièrement assez inquiet quand elle est devenue femme, dit-elle en souriant. Le mouvement de son cœur a suivi celui de la nature...

— Et c'est une femme du peuple qui parle ainsi? s'écria le vieux docteur.

— Dans cet état toutes s'expriment avec une limpidité particulière, répondit Bouvard.

— Mais qui Ursule aime-t-elle?

— Ursule ne sait pas qu'elle aime, répondit avec un petit mouvement de tête la femme; elle est bien trop angélique pour connaître le désir ou quoi que ce soit de l'amour; mais elle est occupée de lui, elle pense à lui, elle s'en défend même, elle y revient malgré sa volonté de s'abstenir... Elle est au piano...

— Mais qui est-ce?

— Le fils d'une dame qui demeure en face...

— Madame de Portenduère?

— Portenduère, dites-vous, reprit la somnambule, je le veux bien. Mais il n'y a pas de danger, il n'est point dans le pays.

— Se sont-ils parlé? demanda le docteur.

— Jamais. Ils se sont regardés l'un l'autre. Elle le trouve charmant. Il est en effet joli homme, il a bon cœur. Elle l'a vu de sa croisée, ils se sont vus aussi à l'église ; mais le jeune homme n'y pense plus.

— Son nom ?

— Ah ! pour vous le dire, il faut que je le lise ou que je l'entende. Il se nomme Savinien, elle vient de prononcer son nom ; elle le trouve doux à prononcer : elle a déjà regardé dans l'almanach le jour de sa fête, elle y a fait un petit point rouge... des enfantillages ! Oh ! elle aimera bien, mais avec autant de pureté que de force ; elle n'est pas fille à aimer deux fois, et l'amour teindra son âme et la pénétrera si bien qu'elle repousserait tout autre sentiment.

— Où voyez-vous cela ?

— En elle. Elle saura souffrir ; elle a de qui tenir, car son père et sa mère ont bien souffert !

Ce dernier mot renversa le docteur, qui fut moins ébranlé que surpris. Il n'est pas inutile de faire observer qu'entre chaque phrase de la femme il s'écoulait de dix à quinze minutes pendant lesquelles son attention se concentrait de plus en plus. On la voyait voyant ! son front présentait des aspects singuliers : il s'y peignait des efforts intérieurs, il s'éclaircissait ou se contractait par une puissance dont les effets n'avaient été remarqués par Minoret que chez les mourants dans les instants où ils sont doués du don de prophétie. Elle fit à plusieurs reprises des gestes qui ressemblaient à ceux d'Ursule.

— Oh ! questionnez-la, reprit le mystérieux personnage en s'adressant à Minoret, elle vous dira les secrets que vous pouvez seul connaître.

— Ursule m'aime ? reprit Minoret.

— Presque autant que Dieu, dit-elle avec un sourire. Aussi est-elle bien malheureuse de votre incrédulité. Vous ne croyez pas en Dieu, comme si vous pouviez empêcher qu'il soit ! Sa parole emplit les mondes ! Vous causez ainsi les seuls tourments de cette pauvre enfant. Tiens ! elle fait des gammes ; elle voudrait être encore meilleure musicienne qu'elle ne l'est, elle se dépite. Voici ce qu'elle pense : Si je chantais bien, si j'avais une belle voix, quand il sera chez sa mère, ma voix irait bien jusqu'à son oreille.

Le docteur Minoret prit son portefeuille et nota l'heure précise.

— Pouvez-vous me dire quelles sont les graines qu'elle a semées ?

— Du réséda, des pois de senteur, des balsamines...

— En dernier ?

— Des pieds d'alouette.

— Où est mon argent ?

— Chez votre notaire ; mais vous le placez à mesure sans perdre un seul jour d'intérêt.

— Oui ; mais où est l'argent que je garde à Nemours pour ma dépense du semestre ?

— Vous le mettez dans un grand livre relié en rouge intitulé Pandectes de Justinien, tome II, entre les deux avant-derniers feuillets ; le livre est au-dessus du buffet vitré, dans la case aux in-folios. Vous en avez toute une rangée. Vos fonds sont dans le dernier volume, du côté du salon. Tiens ! le tome III est avant le tome II. Mais vous n'avez pas d'argent, c'est des...

— Billets de mille francs ?... demanda le docteur.

— Je ne vois pas bien, ils sont pliés. Non, il y a deux billets de chacun cinq cents francs.

— Vous les voyez ?

— Oui.

— Comment sont-ils ?

— Il y en a un très-jaune et vieux, l'autre blanc et presque neuf.....

Cette dernière partie de l'interrogatoire foudroya le docteur Minoret. Il regarda Bouvard d'un air hébété, mais Bouvard et le swedenborgiste, familiarisés avec l'étonnement des incrédules, causaient à voix basse sans paraître ni surpris ni étonnés ; Minoret les pria de lui permettre de revenir après le dîner. L'anti-mesmérien voulait se recueillir, se remettre de sa profonde terreur, pour éprouver de nouveau ce pouvoir immense, le soumettre à des expériences décisives, lui poser des questions dont la solution enlevât toute espèce de doute.

— Soyez ici à neuf heures, ce soir, dit l'inconnu, je reviendrai pour vous.

Le docteur Minoret était dans un état si violent, qu'il sortit sans saluer, suivi par Bouvard qui lui criait à distance : — Eh ! bien, eh ! bien ?

— Je me crois fou, Bouvard, répondit Minoret sur le pas de la porte cochère. Si la femme a dit vrai pour Ursule, comme il n'y a qu'Ursule au monde qui sache ce que cette sorcière m'a révélé, *tu auras raison*. Je voudrais avoir des ailes, aller à Nemours vérifier ses assertions. Mais je louerai une voiture et partirai ce soir à dix heures. Ah ! je perds la tête.

— Que deviendrais-tu donc si, connaissant depuis longues années un malade incurable, tu le voyais guéri en cinq secondes ! Si tu voyais ce grand magnétiseur faire suer à torrents un dartreux, si tu le voyais faire marcher une petite maîtresse percluse ?

— Dînons ensemble, Bouvard, et ne nous quittons pas jusqu'à neuf heures. Je veux chercher une expérience décisive, irrécusable.

— Soit, mon vieux camarade, répondit le docteur mesmérien.

Les deux ennemis réconciliés allèrent dîner au Palais-Royal. Après une conversation animée, à l'aide de laquelle Minoret trompa la fièvre d'idées qui lui ravageait la cervelle, Bouvard lui dit : — Si tu reconnais à cette femme la faculté d'anéantir ou de traverser l'espace, si tu acquiers la certitude que, de l'Assomption, elle entend et voit ce qui se dit et se fait à Nemours, il faut admettre tous les autres effets magnétiques, ils sont pour un incrédule tout aussi impossibles que ceux-là. Demande-lui donc une seule preuve qui te satisfasse, car tu peux croire que nous nous sommes procuré tous ces renseignements ; mais nous ne pouvons pas savoir, par exemple, ce qui va se passer à neuf heures, dans ta maison, dans la chambre de ta pupille : retiens ou écris ce que la somnambule va voir ou entendre et cours chez toi. Cette petite Ursule, que je ne connaissais point, n'est pas notre complice ; et si elle a dit ou fait ce que tu auras en écrit, baisse la tête, fier Sicambre !

Les deux amis revinrent dans la chambre, et y trouvèrent la somnambule, qui ne reconnut pas le docteur Minoret. Les yeux de cette femme se fermèrent doucement sous la main que le swedenborgiste étendit sur elle à distance, et elle reprit l'attitude dans laquelle Minoret l'avait vue avant le dîner. Quand les mains de la femme et celles du docteur furent mises en rapport, il la pria de lui dire tout ce qui se passait chez lui, à Nemours, en ce moment.

— Que fait Ursule ? dit-il.

— Elle est déshabillée, elle a fini de mettre ses papillotes, elle est à genoux sur son prie-Dieu, devant un crucifix d'ivoire attaché sur un tableau de velours rouge.

— Que dit-elle ?

— Elle fait ses prières du soir, elle se recommande à Dieu, elle le supplie d'écarter de son âme les mauvaises pensées ; elle examine sa conscience et repasse ce qu'elle a fait dans la journée afin de savoir si elle a manqué à ses commandements ou à ceux de l'Église. Enfin elle épluche son âme, pauvre chère petite créature ! La somnambule eut les yeux mouillés. Elle n'a pas commis de péché, mais elle se reproche d'avoir trop pensé à monsieur Savinien, reprit-elle. Elle s'interrompt pour se demander ce qu'il fait à Paris, et prie Dieu de le rendre heureux. Elle finit par vous et dit à haute voix une prière.

— Pouvez-vous la répéter ?
— Oui.

Minoret prit son crayon et écrivit, sous la dictée de la somnambule, la prière suivante évidemment composée par l'abbé Chaperon :

« Mon Dieu, si vous êtes content de votre servante qui vous adore
» et vous prie avec autant d'amour que de ferveur, qui tâche de ne
» point s'écarter de vos saints commandements, qui mourrait avec
» joie comme votre Fils pour glorifier votre nom, qui voudrait vivre
» dans votre ombre, vous enfin qui lisez dans les cœurs, faites-moi
» la faveur de dessiller les yeux de mon parrain, de le mettre dans
» la voie du salut et lui communiquer votre grâce afin qu'il vive en
» vous ses derniers jours ; préservez-le de tout mal et faites-moi
» souffrir en sa place ! Bonne sainte Ursule, ma chère patronne, et
» vous divine mère de Dieu, reine du ciel, archanges et saints du
» paradis, écoutez-moi, joignez vos intercessions aux miennes et
» prenez pitié de nous. »

La somnambule imita si parfaitement les gestes candides et les saintes inspirations de l'enfant, que le docteur Minoret eut les yeux pleins de larmes.

— Dit-elle encore quelque chose ? demanda Minoret.
— Oui.
— Répétez-le ?
— *Ce cher parrain ! avec qui fera-t-il son trictrac à Paris ?* Elle souffle son bougeoir, elle penche la tête et s'endort. La voilà partie ! Elle est bien jolie dans son petit bonnet de nuit.

Minoret salua le grand inconnu, serra la main à Bouvard, descendit avec rapidité, courut à une station de cabriolets bourgeois qui existait alors sous la porte d'un hôtel depuis démoli pour faire place à la rue d'Alger ; il y trouva un cocher et lui demanda s'il consentait à partir sur-le-champ pour Fontainebleau. Une fois le prix fait et accepté, le vieillard, redevenu jeune, se mit en route à l'instant. Suivant sa convention, il laissa reposer le cheval à Essonne, atteignit la diligence de Nemours, y trouva de la place, et congédia son cocher. Arrivé chez lui vers cinq heures du matin, il se coucha dans les ruines de toutes ses idées antérieures sur la physiologie, sur la nature, sur la métaphysique, et dormit jusqu'à neuf heures, tant il était fatigué de sa course.

A son réveil, certain que depuis son retour personne n'avait franchi le seuil de sa maison, le docteur procéda, non sans une invincible terreur, à la vérification de faits. Il ignorait lui-même la différence des deux billets de banque et l'interversion des deux volumes de Pandectes. La somnambule avait bien vu. Il sonna la Bougival.

— Dites à Ursule de venir me parler, dit-il en s'asseyant au milieu de sa bibliothèque.

L'enfant vint, elle courut à lui, l'embrassa; le docteur la prit sur ses genoux, où elle s'assit en mêlant ses belles touffes blondes aux cheveux blancs de son vieil ami.

— Vous avez quelque chose, mon parrain?

— Oui, mais promets-moi, par ton salut, de répondre franchement, sans détour, à mes questions.

Ursule rougit jusque sur le front.

— Oh! je ne te demanderai rien que tu ne puisses me dire, dit-il en continuant et voyant la pudeur du premier amour troubler la pureté jusqu'alors enfantine de ces beaux yeux.

— Parlez, mon parrain.

— Par quelle pensée as-tu fini tes prières du soir, hier, et à quelle heure les as-tu faites?

— Il était neuf heures un quart, neuf heures et demie.

— Eh! bien, répète-moi ta dernière prière?

La jeune fille espéra que sa voix communiquerait sa foi à l'incrédule; elle quitta sa place, se mit à genoux, joignit les mains avec ferveur, une lueur radieuse illumina son visage, elle regarda le vieillard et lui dit : — Ce que je demandais hier à Dieu, je l'ai demandé ce matin, je le demanderai jusqu'à ce qu'il m'ait exaucée.

Puis elle répéta sa prière avec une nouvelle et plus puissante expression; mais, à son grand étonnement, son parrain l'interrompit en achevant la prière.

— Bien, Ursule, dit le docteur en reprenant sa filleule sur ses genoux. Quand tu t'es endormie la tête sur l'oreiller, n'as-tu pas dit en toi-même : « Ce cher parrain! avec qui fera-t-il son trictrac à Paris? »

Ursule se leva comme si la trompette du jugement dernier eût éclaté à ses oreilles : elle jeta un cri de terreur ; ses yeux agrandis regardaient le vieillard avec une horrible fixité.

— Qui êtes-vous, mon parrain ? De qui tenez-vous une pareille puissance ? lui demanda-t-elle en imaginant que pour ne pas croire en Dieu il devait avoir fait un pacte avec l'ange de l'enfer.

— Qu'as-tu semé hier dans le jardin ?

— Du réséda, des pois de senteur, des balsamines.

— Et en dernier des pieds d'alouette ?

Elle tomba sur ses genoux.

— Ne m'épouvantez pas, mon parrain ; mais vous étiez ici, n'est-ce pas ?

— Ne suis-je pas toujours avec toi ? répondit le docteur en plaisantant pour respecter la raison de cette innocente fille. Allons dans ta chambre.

Il lui donna le bras et monta l'escalier.

— Vos jambes tremblent, mon bon ami, dit-elle.

— Oui, je suis comme foudroyé.

— Croiriez-vous donc enfin en Dieu ? s'écria-t-elle avec une joie naïve en laissant voir des larmes dans ses yeux.

Le vieillard regarda la chambre si simple et si coquette qu'il avait arrangée pour Ursule. A terre un tapis vert uni peu coûteux, qu'elle maintenait dans une exquise propreté ; sur les murs un papier gris de lin semé de roses avec leurs feuilles vertes ; aux fenêtres, qui avaient vue sur la cour, des rideaux de calicot ornés d'une bande d'étoffe rose ; entre les deux croisées, sous une haute glace longue, une console en bois doré couverte d'un marbre, sur laquelle était un vase bleu de Sèvres où elle mettait des bouquets ; et, en face de la cheminée, une petite commode d'une charmante marqueterie et à dessus de marbre dit brèche d'Alep. Le lit, en vieille perse et à rideaux de perse doublés de rose, était un de ces lits à la duchesse si communs au dix-huitième siècle et qui avait pour ornements une touffe de plumes sculptée au-dessus des quatre colonnettes cannelées de chaque angle. Une vieille pendule, enfermée dans une espèce de monument en écaille incrusté d'arabesques en ivoire, décorait la cheminée, dont le chambranle et les flambeaux de marbre, dont la glace et son trumeau à peinture en grisaille offraient un remarquable ensemble de ton, de couleur et de manière. Une grande armoire, dont les battants offraient des paysages faits avec différents bois, dont quelques-uns avaient des teintes vertes et qui ne se trouvent plus dans le commerce, contenait sans doute son linge et ses robes. Il respirait dans cette chambre un parfum du ciel. L'exact arrangement des choses attestait un esprit d'ordre, un sens de l'harmonie qui certes aurait saisi tout le monde, même un Minoret-Levrault. On voyait surtout combien les choses qui l'environnaient étaient chères à Ursule et combien elle se plaisait dans une chambre qui tenait, pour ainsi dire, à toute sa vie d'enfant et de jeune fille. En passant tout en revue par maintien, le tuteur s'assurait que de la chambre d'Ursule on pouvait voir chez madame de Portenduère. Pendant la nuit il avait médité sur la conduite qu'il devait tenir avec Ursule relativement au secret surpris de cette passion naissante. Un interrogatoire le compromettrait vis-à-vis de sa pupille. Ou ¡l approuverait ou il désapprouverait cet amour : dans les deux cas, sa position devenait fausse. Il avait donc résolu d'examiner la situation respective du jeune Portenduère et d'Ursule pour savoir s'il devait combattre ce penchant avant qu'il fût irrésistible. Un vieillard pouvait seul déployer tant de sagesse. Encore pantelant sous les atteintes de la vérité des faits magnétiques, il tournait sur lui-même et regardait les moindres choses de cette chambre, il voulait jeter un coup d'œil sur l'almanach suspendu au coin de la cheminée.

— Ces vilains flambeaux sont trop lourds pour tes jolies menottes, dit-il en prenant les chandeliers en marbre ornés de cuivre. Il les soupesa, regarda l'almanach, le prit et dit : — Ceci me semble bien laid aussi. Pourquoi gardes-tu cet almanach de facteur dans une si jolie chambre?

— Oh! laissez-le-moi, mon parrain.

— Non, tu en auras un autre demain.

Il descendit en emportant cette pièce de conviction, s'enferma dans son cabinet, chercha saint Savinien, et trouva, comme l'avait dit la somnambule, un petit point rouge devant le 19 octobre ; il en vit également un en face du jour de saint Denis, son patron à lui, et devant saint Jean, le patron du curé. Ce point gros comme la tête d'une épingle, la femme endormie l'avait aperçu malgré la distance et les obstacles. Le vieillard médita jusqu'au soir sur ces événements, plus immenses encore pour lui que pour tout autre. Il fallait se rendre à l'évidence. Une forte muraille s'écroula pour ainsi dire en lui-même, car il vivait appuyé sur deux bases : son indifférence en matière de religion et sa dénégation du magnétisme.

En prouvant que les sens, construction purement physique, organes dont tous les effets s'expliquaient, étaient terminés par quelques-uns des attributs de l'infini, le magnétisme renversait ou du moins lui paraissait renverser la puissante argumentation de Spinosa : l'infini et le fini, deux éléments, incompatibles selon ce grand homme, se trouvaient l'un dans l'autre. Quelque puissance qu'il accordât à la divisibilité, à la mobilité de la matière, il ne pouvait pas lui reconnaître des qualités quasi-divines. Enfin il était devenu trop vieux pour rattacher ces phénomènes à un système, pour les comparer à ceux du sommeil, de la vision, de la lumière. Toute sa science, basée sur les assertions de l'école de Locke et Condillac, était en ruines. En voyant ses creuses idoles en pièces, nécessairement son incrédulité chancelait. Ainsi tout l'avantage, dans le combat de cette enfance catholique contre cette vieillesse voltairienne, allait être à Ursule. Dans ce fort démantelé, sur ces ruines ruisselait une lumière. Du sein de ces décombres éclatait la voix de la prière ! Néanmoins l'obstiné vieillard chercha querelle à ses doutes. Encore qu'il fût atteint au cœur, il ne se décidait pas, il luttait toujours contre Dieu. Cependant son esprit parut vacillant, il ne fut plus le même. Devenu songeur outre mesure, il lisait les Pensées de Pascal, il lisait la sublime Histoire des Variations de Bossuet, il lisait Bonald, il lut saint Augustin ; il voulut aussi parcourir les œuvres de Swedenborg et de feu Saint-Martin, desquels lui avait parlé l'homme mystérieux. L'édifice bâti chez cet homme par le matérialisme craquait de toutes parts, il ne fallait plus qu'une secousse ; et, quand son cœur fut mûr pour Dieu, il tomba dans la vigne céleste comme tombent les fruits. Plusieurs fois déjà, le soir, en jouant avec le curé, sa filleule à côté d'eux, il avait fait des questions qui, relativement à ses opinions, paraissaient singulières à l'abbé Chaperon, ignorant encore du travail intérieur par lequel Dieu redressait cette belle conscience.

— Croyez-vous aux apparitions ? demanda l'incrédule à son pasteur en interrompant la partie.

— Cardan, un grand philosophe du seizième siècle, a dit en avoir eu, répondit le curé.

— Je connais toutes celles qui ont occupé les savants, je viens de relire Plotin. Je vous interroge en ce moment comme catholique, et vous demande si vous pensez que l'homme mort puisse revenir voir les vivants.

— Mais Jésus est apparu aux apôtres après sa mort, reprit le curé. L'Église doit avoir foi dans les apparitions de Notre Sauveur. Quant aux miracles, nous n'en manquons pas, dit l'abbé Chaperon en souriant : voulez-vous connaître le plus récent ? il a eu lieu pendant le dix-huitième siècle.

— Bah !

— Oui, le bienheureux Marie-Alphonse de Liguori a su bien loin de Rome la mort du pape, au moment où le Saint-Père expirait, et il y a de nombreux témoins de ce miracle. Le saint évêque, entré en extase, entendit les dernières paroles du souverain pontife et les répéta devant plusieurs personnes. Le courrier chargé d'annoncer l'événement ne vint que trente heures après...

— Jésuite ! répondit le vieux Minoret en plaisantant, je ne vous demande pas de preuves, je vous demande si vous y croyez.

— Je crois que l'apparition dépend beaucoup de celui qui la voit, dit le curé continuant à plaisanter l'incrédule.

— Mon ami, je ne vous tends pas de piége, que croyez-vous sur ceci ?

— Je crois la puissance de Dieu infinie, dit l'abbé.

— Quand je serai mort, si je me réconcilie avec Dieu, je le prierai de me laisser vous apparaître, dit le docteur en riant.

— C'est précisément la convention faite entre Cardan et son ami, répondit le curé.

— Ursule, dit Minoret, si jamais un danger te menaçait, appelle-moi, je viendrai.

— Vous venez de dire en un seul mot la touchante élégie intitulée NÉÈRE, d'André Chénier, répondit le curé. Mais les poètes ne sont grands que parce qu'ils savent revêtir les faits ou les sentiments d'images éternellement vivantes.

— Pourquoi parlez-vous de votre mort, mon cher parrain ? dit d'un ton douloureux la jeune fille ; nous ne mourrons pas, nous autres chrétiens, notre tombe est le berceau de notre âme.

— Enfin, dit le docteur en souriant, il faut bien s'en aller de ce monde, et quand je n'y serai plus, tu seras bien étonnée de ta fortune.

— Quand vous ne serez plus, mon bon ami, ma seule consolation sera de vous consacrer ma vie.

— A moi, mort ?

— Oui. Toutes les bonnes œuvres que je pourrai faire seront

faites en votre nom pour racheter vos fautes. Je prierai Dieu tous les jours, afin d'obtenir de sa clémence infinie qu'il ne punisse pas éternellement les erreurs d'un jour, et qu'il mette près de lui, parmi les âmes des bienheureux, une âme aussi belle, aussi pure que la vôtre.

Cette réponse, dite avec une candeur angélique, prononcée d'un accent plein de certitude, confondit l'erreur, et convertit Denis Minoret à la façon de saint Paul. Un rayon de lumière intérieure l'étourdit en même temps que cette tendresse, étendue sur sa vie à venir, lui fit venir les larmes aux yeux. Ce subit effet de la grâce eut quelque chose d'électrique. Le curé joignit les mains et se leva troublé. La petite, surprise de son triomphe, pleura. Le vieillard se dressa comme si quelqu'un l'eût appelé, regarda dans l'espace comme s'il y voyait une aurore; puis, il fléchit le genou sur son fauteuil, joignit les mains et baissa les yeux vers la terre en homme profondément humilié.

— Mon Dieu! dit-il d'une voix émue en relevant son front, si quelqu'un peut obtenir ma grâce et m'amener vers toi, n'est-ce pas cette créature sans tache? Pardonne à cette vieillesse repentie que cette glorieuse enfant te présente! Il éleva mentalement son âme à Dieu, le priant d'achever de l'éclairer par sa science après l'avoir foudroyé de sa grâce, il se tourna vers le curé, et lui tendant la main : — Mon cher pasteur, je redeviens petit, je vous appartiens et vous livre mon âme.

Ursule couvrit de larmes joyeuses les mains de son parrain en les lui baisant. Le vieillard prit cette enfant sur ses genoux et la nomma gaiement sa marraine. Le curé tout attendri récita le *Veni, Creator* dans une sorte d'effusion religieuse. Cette hymne servit de prière du soir à ces trois chrétiens agenouillés.

— Qu'y a-t-il? demanda la Bougival étonnée.

— Enfin! mon parrain croit en Dieu, répondit Ursule.

— Ah! ma foi, tant mieux, il ne lui manquait que ça pour être parfait, s'écria la vieille Bressane en se signant avec une naïveté sérieuse.

— Cher docteur, dit le bon prêtre, vous aurez compris bientôt les grandeurs de la religion et la nécessité de ses pratiques; vous trouverez sa philosophie, dans ce qu'elle a d'humain, bien plus élevée que celle des esprits les plus audacieux.

Le curé, qui manifestait une joie presque enfantine, convint alors de catéchiser ce vieillard en conférant avec lui deux fois par semaine. Ainsi, la conversion attribuée à Ursule et à un esprit de calcul sordide fut spontanée. Le curé, qui s'était abstenu pendant quatorze années de toucher aux plaies de ce cœur tout en les déplorant, avait été sollicité comme on va quérir le chirurgien en se sentant blessé. Depuis cette scène, tous les soirs, les prières prononcées par Ursule avaient été faites en commun. De moment en moment le vieillard avait senti la paix succédant en lui-même aux agitations. En ayant, comme il le disait, Dieu pour éditeur responsable des choses inexplicables, son esprit était à l'aise. Sa chère enfant lui répondait qu'il se voyait bien à ceci qu'il avançait dans le royaume de Dieu. Pendant la messe, il venait de lire les prières en y appliquant son entendement, car il s'était élevé dans une première conférence à la divine idée de la communion entre tous les fidèles. Ce vieux néophyte avait compris le symbole éternel attaché à cette nourriture, et que la Foi rend nécessaire quand il a été pénétré dans son sens intime profond, radieux. S'il avait paru pressé de revenir au logis, c'était pour remercier sa chère petite filleule de l'avoir fait entrer en religion, selon la belle expression du temps passé. Aussi la tenait-il sur ses genoux dans son salon, et la baisait-il saintement au front au moment où, salissant de leurs craintes ignobles une si sainte influence, ses héritiers collatéraux prodiguaient à Ursule les outrages les plus grossiers. L'empressement du bonhomme à rentrer chez lui, son prétendu dédain pour ses proches, ses mordantes réponses au sortir de l'église, étaient naturellement attribués par chacun des héritiers à la haine qu'Ursule lui inspirait contre eux.

Pendant que la filleule jouait à son parrain des variations sur la Dernière Pensée de Weber, il se tramait dans la salle à manger de la maison Minoret-Levrault un honnête complot qui devait avoir pour résultat d'amener sur la scène un des principaux personnages de ce drame. Le déjeuner, bruyant comme tous les déjeuners de province, et animé par d'excellents vins qui arrivent à Nemours par le canal, soit de la Bourgogne, soit de la Touraine, dura plus de deux heures. Zélie avait fait venir du coquillage, du poisson de mer et quelques raretés gastronomiques, afin de fêter le retour de Désiré. La salle à manger, au milieu de laquelle la table ronde offrait un spectacle réjouissant, avait l'air d'une salle d'auberge. Satisfaite de la grandeur de ses communs, Zélie s'était bâti un pavillon entre sa vaste jour et son jardin cultivé en légumes, plein d'arbres fruitiers. Tout, chez elle, était seulement propre et solide. L'exemple de Levrault-Levrault avait été terrible pour le pays. Aussi défendit-elle à son maître architecte de la jeter dans de pareilles sottises. Cette salle était donc tendu d'un papier verni, garnie de chaises en noyer, de buffets en noyer, ornée d'un poêle en faïence, d'un cartel et d'un baromètre. Si la vaisselle était en porcelaine blanche commune, la table brillait par le linge et par une argenterie abondante. Une fois le café servi par Zélie, qui allait et venait comme un grain de plomb dans une bouteille de vin de Champagne, car elle se contentait d'une cuisinière ; quand Désiré, le futur avocat, eut été mis au fait du grand événement de la matinée et de ses conséquences, Zélie ferma la porte, et la parole fut donnée au notaire Dionis. Par le silence qui se fit, et par les regards que chaque héritier attacha sur cette face authentique, il était facile de reconnaître l'empire que ces hommes exercent sur les familles.

— Mes chers enfants, dit-il, votre oncle, étant né en 1746, a ses quatre-vingt-trois ans aujourd'hui ; or, les vieillards sont sujets à des folies, et cette petite....

— Vipère, s'écria madame Massin.

— Misérable ! dit Zélie.

— Ne l'appelons que par son nom, reprit Dionis.

— Eh ! bien, c'est une voleuse, dit madame Crémière.

— Une jolie voleuse, répliqua Désiré Minoret.

— Cette petite Ursule, reprit Dionis, lui tient au cœur. Je n'ai pas attendu, dans l'intérêt de vous tous, qui êtes mes clients, à ce matin pour prendre des renseignements, et voici ce que je sais sur cette jeune...

— Spoliatrice, s'écria le receveur.

— Captatrice de succession ! dit le greffier.

— Chut ! mes amis, dit le notaire, ou je prends mon chapeau, je vous laisse, et bonsoir.

— Allons, papa, s'écria Minoret en lui versant un petit verre de rhum, prenez ?... il est de Rome même. Et allez, il y a cent sous de guides.

— Ursule est, il est vrai, la fille légitime de Josephe Mirouët ; mais son père est le fils naturel de Valentin Mirouët, beau-père de votre oncle. Ursule est donc la nièce naturelle du docteur Denis Minoret. Comme nièce naturelle, le testament que ferait le docteur en sa faveur serait peut-être attaquable ; et s'il lui laisse ainsi sa fortune, vous intenteriez à Ursule un procès assez mauvais pour vous, car on peut soutenir qu'il n'existe aucun lien de parenté entre Ursule et le docteur ; mais ce procès effraierait certes une jeune fille sans défense et donnerait lieu à quelque transaction.

— La rigueur de la loi est si grande sur les droits des enfants naturels, dit le licencié de fraîche date jaloux de montrer son savoir, qu'aux termes d'un arrêt de la cour de cassation du 7 juillet 1817, l'enfant naturel ne peut rien réclamer de son *aïeul naturel*, pas même des aliments. Ainsi vous voyez qu'on a étendu la *parenté* de l'enfant naturel. La loi poursuit l'enfant naturel jusque dans sa descendance légitime, car elle suppose que les libéralités faites aux petits-enfants s'adressent au fils naturel par *interposition* de personne. Ceci résulte des articles 757, 908 et 911 du Code civil rapprochés. Aussi la Cour Royale de Paris, le 26 décembre de l'année dernière, a-t-elle réduit un legs fait à l'enfant légitime du fils naturel par l'aïeul qui, certes, en tant qu'aïeul, était aussi étranger pour le petit-fils naturel que le docteur, en tant qu'on peut l'être relativement à Ursule.

— Tout cela, dit Goupil, ne me paraît concerner que la question des libéralités faites par les aïeux à la descendance naturelle ; il ne s'agit pas du tout des oncles, qui ne me paraissent avoir aucun lien de parenté avec les enfants légitimes de leurs beaux-frères naturels. Ursule est une étrangère pour le docteur Minoret. Je me souviens d'un arrêt de la Cour Royale de Colmar, rendu en 1825 pendant que j'achevais mon Droit, et par lequel on a déclaré que, l'enfant naturel une fois décédé, sa descendance ne pouvait plus être l'objet d'une *interposition*. Or, le père d'Ursule est mort.

L'argumentation de Goupil produisit ce que dans les comptes rendus des séances législatives les journalistes désignent par ces mots : *Profonde sensation.*

— Qu'est-ce que cela signifie? s'écria Dionis. Que le cas de libéralités faites par l'oncle d'un enfant naturel ne s'est pas encore présenté devant les tribunaux ; mais qu'il s'y présente, et la rigueur de la loi française envers les enfants naturels sera d'autant mieux appliquée que nous sommes dans un temps où la religion est honorée. Aussi puis-je répondre que sur ce procès il y aurait transaction, surtout quand on vous saurait déterminés à conduire Ursule jusqu'en cour de cassation.

Une joie d'héritiers trouvant des monceaux d'or éclata par des sourires, par des haut-le-corps, par des gestes autour de la table qui ne permirent pas d'apercevoir une dénégation de Goupil. Puis, à cet élan, le profond silence et l'inquiétude succédèrent au premier mot du notaire, mot terrible : — Mais !...

Comme s'il eût tiré le fil d'un de ces petits théâtres dont tous les personnages marchent par saccades au moyen d'un rouage, Dionis vit alors tous les yeux braqués sur lui, tous les visages ramenés à une pose unique.

— Mais aucune loi ne peut empêcher votre oncle d'adopter ou d'épouser Ursule, reprit-il. Quant à l'adoption, elle serait contestée et vous auriez, je crois, gain de cause : les Cours Royales ne badinent pas en matière d'adoption, et vous seriez entendus dans l'enquête. Le docteur a beau porter le cordon de Saint-Michel, être officier de la Légion-d'Honneur et ancien médecin de l'ex-empereur, il succomberait. Mais si vous êtes avertis en cas d'adoption, comment sauriez-vous le mariage ? Le bonhomme est assez rusé pour aller se marier à Paris après un an de domicile, et reconnaître à sa future, par le contrat, une dot d'un million. Le seul acte qui mette votre succession en danger est donc le mariage de la petite et de son oncle.

Ici le notaire fit une pause.

— Il existe un autre danger, dit encore Goupil d'un air capable, celui d'un testament fait à un tiers, le père Bongrand, par exemple, qui aurait un fidéicommis relatif à mademoiselle Ursule Mirouët.

— Si vous taquinez votre oncle, reprit Dionis en coupant la parole à son maître-clerc, si vous n'êtes pas tous excellents pour Ursule, vous le pousserez soit au mariage, soit au fidéicommis dont vous parle Goupil ; mais je ne le crois pas capable de recourir au fidéicommis, moyen dangereux. Quant au mariage, il est facile de l'empêcher. Désiré n'a qu'à faire un doigt de cour à la petite, elle préférera toujours un charmant jeune homme, le coq de Nemours, à un vieillard.

— Ma mère, dit à l'oreille de Zélie le fils du maître de poste autant alléché par la somme que par la beauté d'Ursule, si je l'épousais, nous aurions tout.

— Es-tu fou ? toi qui auras un jour cinquante mille livres de rentes et qui dois devenir député ! Tant que je serai vivante, tu ne te casseras pas le cou par un sot mariage. Sept cent mille francs ?... la belle poussée ! La fille unique à monsieur le maire aura cinquante mille francs de rentes, et m'a déjà été proposée...

Cette réponse, où pour la première fois de sa vie sa mère lui parlait avec rudesse, éteignit en Désiré tout espoir de mariage avec la belle Esther, car son père et lui ne l'emporteraient jamais sur la décision écrite dans les terribles yeux bleus de Zélie.

— Hé ! mais, dites donc, monsieur Dionis, s'écria Crémière à qui sa femme avait poussé le coude, si le bonhomme prenait la chose au sérieux et mariait sa pupille à Désiré en lui donnant la nue propriété de toute la fortune, adieu la succession ! Et qu'il vive encore cinq ans, notre oncle aura bien un million.

— Jamais, s'écria Zélie, ni de ma vie ni de mes jours, Désiré n'épousera la fille d'un bâtard, une fille prise par charité, ramassée sur la place ! Vertu de chou ! mon fils doit représenter les Minoret à la mort de son oncle, et les Minoret ont cinq cents ans de bonne bourgeoisie. Cela vaut la noblesse. Soyez tranquilles là-dessus : Désiré se mariera quand nous saurons ce qu'il peut devenir à la Chambre des Députés.

Cette hautaine déclaration fut appuyée par Goupil, qui dit : — Désiré, doté de vingt-quatre mille livres de rentes, deviendra ou Président de Cour Royale ou procureur général, ce qui mène à la pairie ; et un sot mariage l'enfoncerait.

Les héritiers se parlèrent tous alors les uns aux autres ; mais ils se turent au coup de poing que Minoret frappa sur la table pour maintenir la parole au notaire.

— Votre oncle est un brave et digne homme, reprit Dionis... se croit immortel ; et, comme tous les gens d'esprit, il se laissera surprendre par la mort sans avoir testé. Mon opinion est donc pour le moment de le pousser à placer ses capitaux de manière à rendre votre dépossession difficile, et l'occasion s'en présente. Le petit Portenduère est à Sainte-Pélagie écroué pour cent et quelques mille francs de dettes. Sa vieille mère le sait en prison, elle pleure comme une Madeleine et attend l'abbé Chaperon à dîner, sans doute pour causer avec lui de ce désastre. Eh ! bien, j'irai ce soir engager votre oncle à vendre ses rentes cinq pour cent consolidés, qui sont à cent dix-huit, et à prêter à madame de Portenduère, sur sa ferme des Bordières et sur sa maison, la somme nécessaire pour dégager l'enfant prodigue. Je suis dans mon rôle de notaire en lui parlant pour ce petit niais de Portenduère, et il est très-naturel que je veuille *oi faire déplacer ses rentes : j'y gagne des actes, des ventes, des affaires. Si je puis devenir son conseil, je lui proposerai d'autres placements en terre pour le surplus du capital, et j'en ai d'excellents à mon Étude. Une fois sa fortune mise en propriétés foncières ou en créances hypothécaires dans le pays, elle ne s'envolera pas facilement. On peut toujours faire naître des embarras entre la volonté de réaliser et la réalisation.

Les héritiers, frappés de la justesse de cette argumentation bien plus habile que celle de monsieur Josse, firent entendre des murmures approbatifs.

— Entendez-vous donc bien, dit le notaire en terminant, pour garder votre oncle à Nemours où il a ses habitudes, où vous pourrez le surveiller. En donnant un amant à la petite, vous empêchez le mariage...

— Mais si le mariage se faisait ? dit Goupil étreint par une pensée ambitieuse.

— Ce ne serait pas déjà si bête, car la perte serait chiffrée, on saurait ce que le bonhomme veut lui donner, répondit le notaire. Mais si vous lui lâchez Désiré, il peut bien lambiner la petite jusqu'à la mort du bonhomme. Les mariages se font et se défont.

— Le plus court, dit Goupil, si le docteur doit vivre encore long-temps, serait de la marier à un bon garçon qui vous en débarrasserait en allant s'établir avec elle à Sens, à Montargis, à Orléans, avec cent mille francs.

Dionis, Massin, Zélie et Goupil, les seules têtes fortes de cette assemblée, échangèrent quatre regards remplis de pensées.

— Ce serait le ver dans la poire, dit Zélie à l'oreille de Massin.

— Pourquoi l'a-t-on laissé venir ? répondit le greffier.

— Ça t'irait ! cria Désiré à Goupil ; mais pourrais-tu jamais te tenir assez proprement pour plaire au vieillard et à sa pupille ?

— Tu ne te frottes pas le ventre avec un panier, dit le maître de poste qui finit par comprendre l'idée de Goupil.

Cette grosse plaisanterie eut un succès prodigieux. Le maître-clerc examina les rieurs par un regard circulaire si terrible que le silence se rétablit aussitôt.

— Aujourd'hui, dit Zélie à Massin d'oreille à oreille, les notaires ne connaissent que leurs intérêts ; et si Dionis allait, pour faire des actes, se mettre du côté d'Ursule ?

— Je suis sûr de lui, répondit le greffier en jetant à sa cousine un regard de ses petits yeux malicieux. Il allait ajouter : J'ai de quoi le perdre ! Mais il se retint. — Je suis tout à fait de l'avis de Dionis, dit-il à haute voix.

— Et moi aussi, s'écria Zélie qui cependant soupçonnait déjà le notaire d'une collusion d'intérêts avec le greffier.

— Ma femme a voté ! dit le maître de poste en humant un petit verre, quoique déjà sa face fût violacée par la digestion du déjeuner et par une notable absorption de liquides.

— C'est très-bien, dit le percepteur.

— J'irai donc après le dîner? reprit Dionis.

— Si monsieur Dionis a raison, dit madame Crémière à madame Massin, il faut aller chez notre oncle comme autrefois, en soirée tous les dimanches, et faire tout ce que vient de nous dire monsieur Dionis.

— Oui, pour être reçus comme nous l'étions ! s'écria Zélie. Après tout, nous avons plus de quarante bonnes mille livres de rentes, et il a refusé toutes nos invitations ; nous le valons bien. Si je ne sais pas faire des ordonnances, je sais mener ma barque, moi !

— Comme je suis loin d'avoir quarante mille livres de rentes, dit madame Massin un peu piquée, je ne me soucie pas d'en perdre dix mille !

— Nous sommes ses nièces, nous le soignerons : nous y verrons clair, dit madame Crémière, et vous nous en saurez gré quelque jour, cousine.

— Ménagez bien Ursule, le vieux bonhomme de Jordy lui a laissé ses économies ! fit le notaire en levant son index droit à la hauteur de sa lèvre.

— Je vais me mettre sur mon cinquante et un, s'écria Désiré.

— Vous avez été aussi fort que Desroches, le plus fort des avoués de Paris, dit Goupil à son patron en sortant de la Poste.

— Et ils discutent nos honoraires ! répondit le notaire en souriant avec amertume.

Les héritiers qui reconduisaient Dionis et son premier clerc se trouvèrent le visage assez allumé par le déjeuner, tous, à la sortie des vêpres. Selon les prévisions du notaire, l'abbé Chaperon donnait le bras à la vieille madame de Portenduère.

— Elle l'a traîné à vêpres, s'écria madame Massin en montrant à madame Crémière Ursule et son parrain qui sortaient de l'église.

— Allons lui parler, dit madame Crémière en s'avançant vers le vieillard.

Le changement que la conférence avait opéré sur tous ces visages surprit le docteur Minoret. Il se demanda la cause de cette amitié de commande, et par curiosité favorisa la rencontre d'Ursule et des deux femmes empressées de la saluer avec une affection exagérée et des sourires forcés.

— Mon oncle, nous permettrez-vous de venir vous voir ce soir? dit madame Crémière. Nous avons cru quelquefois vous gêner ; mais il y a bien long-temps que nos enfants ne vous ont rendu leurs devoirs, et voilà nos filles en âge de faire connaissance avec notre chère Ursule.

— Ursule est digne de son nom, répliqua le docteur, elle est très-sauvage.

— Laissez-nous l'apprivoiser, dit madame Massin. Et puis tenez, mon oncle, ajouta cette bonne ménagère en essayant de cacher ses projets sous un calcul d'économie, on nous a dit que votre chère filleule a un si beau talent sur le *forté*, que nous serions bien enchantées de l'entendre. Madame Crémière et moi, nous sommes assez disposées à prendre son maître pour nos petites ; car s'il avait sept ou huit élèves, il pourrait mettre les prix de ses leçons à la portée de nos fortunes...

— Volontiers, dit le vieillard, et cela se trouvera d'autant mieux que je veux aussi donner un maître de chant à Ursule.

— Eh! bien, à ce soir, mon oncle, nous viendrons avec votre petit-neveu Désiré, que voilà maintenant avocat.

— A ce soir, répondit Minoret qui voulut pénétrer ces petites âmes.

Les deux nièces serrèrent la main d'Ursule en lui disant avec une grâce affectée : — Au revoir.

— Oh! mon parrain, vous lisez donc dans mon cœur, s'écria Ursule en jetant au vieillard un regard plein de remercîments.

— Tu as de la voix, dit-il. Et je veux te donner aussi des maîtres de dessin et d'italien. Une femme, reprit le docteur en regardant Ursule au moment où il ouvrait la grille de sa maison, doit être élevée de manière à se trouver à la hauteur de toutes les positions où son mariage peut la mettre.

Ursule devint rouge comme une cerise : son tuteur semblait penser à la personne à laquelle elle pensait elle-même. En se sentant près d'avouer au docteur le penchant involontaire qui la portait à s'occuper de Savinien et à lui rapporter tous ses désirs de perfection, elle alla s'asseoir sous le massif de plantes grimpantes, où, de loin, elle se détachait comme une fleur blanche et bleue.

— Vous voyez bien, mon parrain, que vos nièces sont bonnes pour moi ; elles ont été gentilles, dit-elle en le voyant venir et pour lui donner le change sur les pensées qui la rendaient rêveuse.

— Pauvre petite! s'écria le vieillard.

Il étala sur son bras la main d'Ursule en la tapotant, et l'emmena le long de la terrasse au bord de la rivière où personne ne pouvait les entendre.

— Pourquoi dites-vous pauvre petite?

— Ne vois-tu pas qu'elles te craignent?

— Et pourquoi?

— Mes héritiers sont en ce moment tous inquiets de ma conversion, ils l'ont sans doute attribuée à l'empire que tu exerces sur moi, et s'imaginent que je les frustrerai de ma succession pour t'enrichir.

— Mais ce ne sera pas?... dit naïvement Ursule en regardant son parrain.

— Oh! divine consolation de mes vieux jours, dit le vieillard qui enleva de terre sa pupille et la baisa sur les deux joues. C'est bien pour elle et non pour moi, mon Dieu! que je vous ai prié tout à l'heure de me laisser vivre jusqu'au jour où je l'aurai confiée à quelque bon être digne d'elle. Tu verras, mon petit ange, les comédies que les Minoret, les Crémière et les Massin vont venir jouer ici. Tu veux embellir et prolonger ma vie, toi! Eux, ils ne pensent qu'à ma mort.

— Dieu nous défend de haïr, mais si cela est?... oh! je les méprise bien, fit Ursule.

— Le dîner! cria la Bougival du haut du perron qui du côté du jardin se trouvait au bout du corridor.

Ursule et son tuteur étaient au dessert dans la jolie salle à manger décorée de peintures chinoises en façon de laque, la ruine de Levrault-Levrault, lorsque le juge de paix se présenta; le docteur lui offrit, telle était sa grande marque d'intimité, une tasse de son café Moka mélangé de café Bourbon et de café Martinique, brûlé, moulu, fait par lui-même dans une cafetière d'argent, dite à la Chaptal.

— Eh! bien, dit Bongrand en relevant ses lunettes et regardant le vieillard d'un air narquois, la ville est en l'air, votre apparition à l'église a révolutionné vos parents. Vous laissez votre fortune aux prêtres, aux pauvres. Vous les avez remués, et ils se remuent, ah! J'ai vu leur première émeute sur la place, ils étaient affairés comme des fourmis à qui l'on a pris leurs œufs.

— Que te disais-je, Ursule? s'écria le vieillard. Au risque de te peiner, mon enfant, ne dois-je pas t'apprendre à connaître le monde et te mettre en garde contre des inimitiés imméritées!

— Je voudrais vous dire un mot à ce sujet, reprit Bongrand en saisissant cette occasion de parler à son vieil ami de l'avenir d'Ursule.

Le docteur mit un bonnet de velours noir sur sa tête blanche, le juge de paix garda son chapeau pour se garantir de la fraîcheur, et tous deux ils se promenèrent le long de la terrasse en discutant les moyens d'assurer à Ursule ce que son parrain voudrait lui donner. Le juge de paix connaissait l'opinion de Dionis sur l'invalidité d'un testament fait par le docteur en faveur d'Ursule, car Nemours se préoccupait trop de la succession Minoret pour que cette question n'eût pas été agitée entre les jurisconsultes de la ville. Bongrand avait décidé qu'Ursule Mirouët était une étrangère à l'égard du docteur Minoret, mais il sentait bien que l'esprit de la législation repoussait de la famille les superfétations illégitimes. Les rédacteurs du code n'avaient prévu que la faiblesse des pères et des mères pour les enfants naturels, sans imaginer que des oncles ou des tantes épouseraient la tendresse de l'enfant naturel en faveur de sa descendance. Évidemment il se rencontrait une lacune dans la loi.

— En tout autre pays, dit-il au docteur en achevant de lui exposer l'état de la jurisprudence que Goupil, Dionis et Désiré venaient d'expliquer aux héritiers, Ursule n'aurait rien à craindre; elle est fille légitime, et l'incapacité de son père ne devrait avoir d'effet qu'à l'égard de la succession de Valentin Mirouët, votre beau-père; mais en France, la magistrature est malheureusement très spirituelle et conséquentielle, elle recherche l'esprit de la loi. Des avocats parleront morale et démontreront que la lacune du code vient de la bonhomie des législateurs qui n'ont pas prévu le cas, mais qui n'en ont pas moins établi un principe. Le procès sera long et dispendieux. Avec Zélie on irait jusqu'en cour de cassation, et je ne suis pas sûr d'être encore vivant quand ce procès se fera.

— Le meilleur des procès ne vaut encore rien, s'écria le docteur. Je vois déjà des mémoires sur cette question : *Jusqu'à quel degré l'incapacité qui, en matière de succession, frappe les enfants naturels, doit-elle s'étendre?* et la gloire d'un bon avocat consiste à gagner de mauvais procès.

— Ma foi, dit Bongrand, je n'oserais prendre sur moi d'affirmer que les magistrats n'étendraient pas le sens de la loi dans l'intention d'étendre la protection accordée au mariage, base éternelle des sociétés.

Sans se prononcer sur ses intentions, le vieillard rejeta le fidéicommis. Mais quant à la voie d'un mariage que Bongrand lui proposa de prendre pour assurer sa fortune à Ursule : — Pauvre petite! s'écria le docteur. Je suis capable de vivre encore quinze ans, que deviendrait-elle ?

— Eh! bien, que comptez-vous donc faire?... dit Bongrand.

— Nous y penserons, je verrai, répondit le vieux docteur évidemment embarrassé de répondre.

En ce moment Ursule vint annoncer aux deux amis que Dionis demandait à parler au docteur.

— Déjà Dionis ? s'écria Minoret en regardant le juge de paix. — Oui, répondit-il à Ursule, qu'il entre.

— Je gagerais mes lunettes contre une allumette, qu'il est le paravent de vos héritiers; ils ont déjeuné tous à la Poste avec Dionis, il s'y est machiné quelque chose.

Le notaire, amené par Ursule, arriva jusqu'au fond du jardin. Après les salutations et quelques phrases insignifiantes, Dionis obtint un moment d'audience particulière. Ursule et Bongrand se retirèrent au salon.

— Nous y penserons! Je verrai! se disait en lui-même Bongrand en répétant les dernières paroles du docteur. Voilà le mot des gens d'esprit ; la mort les surprend, et ils laissent dans l'embarras les êtres qui leur sont chers!

La défiance que les hommes d'élite inspirent aux gens d'affaires est remarquable : ils ne leur accordent pas le *moins* en leur reconnaissant le *plus*. Mais peut-être cette défiance est-elle un éloge? En leur voyant habiter le sommet des choses humaines, les gens d'affaires ne croient pas les hommes supérieurs capables de descendre aux infiniment petits des détails qui, de même que les intérêts en finance et les microscopiques en science naturelle, finissent par égaler les capitaux et par former des mondes. Erreurs! l'homme de cœur et l'homme de génie voient tout. Bongrand, piqué du silence que le docteur avait gardé, mais mû sans doute par l'intérêt d'Ursule et le croyant compromis, résolut de la défendre contre les héritiers. Il était désespéré de ne rien savoir de cet entretien du vieillard avec Dionis.

— Quelque pure que soit Ursule, pensa-t-il en l'examinant, il est un point sur lequel les jeunes filles ont coutume de faire à elles seules la jurisprudence et la morale. Essayons! — Les Minoret-Levrault, dit-il à Ursule en raffermissant ses lunettes, sont capables de vous demander en mariage pour leur fils.

La pauvre petite pâlit : elle était trop bien élevée, elle avait une trop sainte délicatesse pour aller écouter ce qui se disait entre Dionis et son oncle; mais, après une petite délibération intime, elle crut pouvoir se montrer, en pensant que, si elle était de trop, son parrain le lui ferait sentir. Le pavillon chinois où se trouvait le cabinet du docteur avait les persiennes de sa porte-fenêtre ouvertes. Ursule inventa d'aller tout y fermer elle-même. Elle s'excusa de laisser seul au salon le juge de paix, qui lui dit en souriant : — Faites! faites! Ursule arriva sur les marches du perron par où l'on descendait du pavillon chinois au jardin, et y resta pendant quelques minutes, manœuvrant les persiennes avec lenteur et regardant le coucher du soleil. Elle entendit alors cette réponse faite par le docteur qui venait vers le pavillon chinois.

— Mes héritiers seraient enchantés de me voir des biens-fonds, des hypothèques; ils s'imaginent que ma fortune serait beaucoup plus en sûreté : je devine tout ce qu'ils se disent, et peut-être venez-vous de leur part? Apprenez, mon cher monsieur, que mes dispositions sont irrévocables. Mes héritiers auront le capital de la fortune que j'ai apportée ici, qu'ils se tiennent pour avertis et me laissent tranquille. Si l'un d'eux dérangeait quelque chose à ce que je crois devoir faire pour cet enfant (il désigna sa filleule), je reviendrais de l'autre monde pour les tourmenter! Ainsi, monsieur Savinien de Portenduère peut bien rester en prison, si l'on compte sur moi pour l'en tirer, ajouta le docteur. Je ne vendrai point mes rentes.

En entendant ce dernier fragment de phrase, Ursule éprouva la première et la seule douleur qui l'eût atteinte, elle appuya son front à la persienne en s'y attachant pour se soutenir.

— Mon dieu! qu'a-t-elle? s'écria le vieux médecin, elle est sans couleur. Une pareille émotion après dîner peut la tuer. Il étendit le bras pour prendre Ursule qui tombait presque évanouie. — Adieu, monsieur, laissez-moi, dit-il au notaire.

Il transporta sa filleule sur une immense bergère du temps de Louis XV, qui se trouvait dans son cabinet, saisit un flacon d'éther au milieu de sa pharmacie et le lui fit respirer.

— Remplacez-moi, mon ami, dit-il à Bongrand effrayé, je veux rester seul avec elle.

Le juge de paix reconduisit le notaire jusqu'à la grille en lui demandant, sans y mettre aucun empressement : — Qu'est-il donc arrivé à Ursule ?

— Je ne sais pas, répondit monsieur Dionis. Elle était sur les marches à nous écouter ; et quand *son oncle* m'a refusé de prêter la somme nécessaire au jeune Portenduère, qui est en prison pour dettes, car il n'a pas eu, comme monsieur du Rouvre, un monsieur Bongrand pour le défendre, elle a pâli, chancelé... L'aimerait-elle ? Y aurait-il entre eux...

— A quinze ans ? répliqua Bongrand en interrompant Dionis.

— Elle est née en février 1814, elle aura seize ans dans quatre mois.

— Elle n'a jamais vu le voisin, répondit le juge de paix. Non, c'est une crise.

— Une crise de cœur, répliqua le notaire.

Le notaire était assez enchanté de cette découverte, qui devait empêcher le redoutable mariage *in extremis* par lequel le docteur pouvait frustrer ses héritiers ; tandis que Bongrand voyait ses châteaux en Espagne démolis : depuis long-temps il pensait à marier son fils avec Ursule.

— Si la pauvre enfant aimait ce garçon, ce serait un malheur pour elle : madame de Portenduère est Bretonne et entichée de noblesse, répondit le juge de paix après une pause.

— Heureusement... pour l'honneur des Portenduère, répliqua le notaire qui faillit se laisser deviner.

Rendons au brave et honnête juge de paix la justice de dire, qu'en venant de la grille au salon, il abandonna, non sans douleur pour son fils, l'espérance qu'il avait caressée de pouvoir un jour nommer Ursule sa fille. Il comptait donner six mille livres de rentes à son fils le jour où il serait nommé substitut ; et si le docteur eût voulu doter Ursule de cent mille francs, ces deux jeunes gens devaient être la perle des ménages; son Eugène était un loyal et charmant garçon. Peut-être avait-il un peu trop vanté cet Eugène, et la défiance du vieux Minoret venait-elle de là.

— Je me rabattrai sur la fille du maire, pensa Bongrand. Mais Ursule sans dot vaut mieux que mademoiselle Levrault-Crémière avec son million. Maintenant il faut manœuvrer pour faire épouser à Ursule ce petit Portenduère, si toutefois elle l'aime.

Après avoir fermé la porte du côté de la bibliothèque et celle du jardin, le docteur avait amené sa pupille à la fenêtre qui donnait sur le bord de l'eau.

— Qu'as-tu, cruelle enfant? lui dit-il. Ta vie est ma vie. Sans ton sourire, que deviendrais-je?

— Savinien en prison, répondit-elle.

Après ces mots, un torrent de larmes sortit de ses yeux, et les sanglots vinrent.

— Elle est sauvée, pensa le vieillard qui lui tâtait le pouls avec une anxiété de père. Hélas! elle a toute la sensibilité de ma pauvre femme, se dit-il en allant prendre un stéthoscope qu'il mit sur le cœur d'Ursule en y appliquant son oreille. Allons, tout va bien! se dit-il. — Je ne savais pas, mon cœur, que tu l'aimasses autant déjà, reprit-il en la regardant. Mais pense avec moi comme avec toi-même, et raconte-moi tout ce qui s'est passé entre vous deux.

— Je ne l'aime pas, mon parrain, nous ne nous sommes jamais rien dit, répondit-elle en sanglotant. Mais apprendre que ce pauvre jeune homme est en prison et savoir que vous refusez durement de l'en tirer, vous si bon!

— Ursule, mon bon petit ange, si tu ne l'aimes pas, pourquoi fais-tu devant le jour de saint Savinien un point rouge comme devant le jour de saint Denis? Allons raconte-moi les moindres événements de cette affaire de cœur.

Ursule rougit, retint quelques larmes, et il se fit entre elle et son oncle un moment de silence.

— As-tu peur de ton père, de ton ami, de ta mère, de ton médecin, de ton parrain, dont le cœur a été depuis quelques jours rendu plus tendre encore qu'il ne l'était.

— Eh! bien, cher parrain, reprit-elle, je vais vous ouvrir mon âme. Au mois de mai, monsieur Savinien est venu voir sa mère. Jusqu'à ce voyage, je n'avais jamais fait la moindre attention à lui. Quand il est parti pour demeurer à Paris, j'étais une enfant, et ne voyais, je vous le jure, aucune différence entre un jeune homme et vous autres, si ce n'est que je vous aimais sans imaginer jamais pouvoir aimer mieux qui que ce soit. Monsieur Savinien est arrivé par la malle la veille du jour de la fête de sa mère sans que nous le sussions. A sept heures du matin, après avoir dit mes prières, en ouvrant la fenêtre pour donner de l'air à ma chambre, je vois les fenêtres de la chambre de monsieur Savinien ouvertes, et monsieur Savinien en robe de chambre, occupé à se faire la barbe, et mettant à ses mouvements une grâce... enfin je l'ai trouvé gentil. Il a peigné ses moustaches noires, sa virgule sous le menton, et j'ai vu son cou blanc, rond..... Faut-il vous dire tout?.... je me suis aperçue que ce cou si frais, ce visage et ces beaux cheveux noirs étaient bien différents des vôtres, quand je vous regardais vous faisant la barbe. Il m'a monté, je ne sais d'où, comme une vapeur par vagues au cœur, dans le gosier, à la tête, et si violemment que je me suis assise. Je ne pouvais me tenir debout, je tremblais. Mais j'avais tant envie de le revoir, que je me suis mise sur la pointe des pieds ; il m'a vue alors, et m'a, pour plaisanter, envoyé du bout des doigts un baiser, et...

— Et?...

— Et, reprit-elle, je me suis cachée, aussi honteuse qu'heureuse, sans m'expliquer pourquoi j'avais honte de ce bonheur. Ce mouvement qui m'éblouissait l'âme en y amenant je ne sais quelle puissance, s'est renouvelé toutes les fois qu'en moi-même je revoyais cette jeune figure. Enfin je me plaisais à retrouver cette émotion quelque violente qu'elle fût. En allant à la messe, une force invincible m'a poussée à regarder monsieur Savinien donnant le bras à sa mère : sa démarche, ses vêtements, tout jusqu'au bruit de ses bottes sur le pavé me paraissait joli. La moindre chose de lui, sa main si finement gantée, exerçait sur moi comme un charme. Cependant j'ai eu la force de ne pas penser à lui pendant la messe. A la sortie, je suis restée dans l'église de manière à laisser partir madame de Portenduère la première et à marcher ainsi après lui. Je ne saurais vous exprimer combien ces petits arrangements m'intéressaient. En rentrant, quand je me suis retournée pour fermer la grille...

— Et la Bougival?... dit le docteur.

— Oh! je l'avais laissée aller à sa cuisine, dit naïvement Ursule. J'ai donc pu voir naturellement monsieur Savinien planté sur ses jambes et me contemplant. Oh! parrain, je me suis sentie si fière en croyant remarquer dans ses yeux une sorte de surprise et d'admiration, que je ne sais pas ce que j'aurais fait pour lui fournir l'occasion de me regarder. Il m'a semblé que je ne devais plus désormais m'occuper que de lui plaire. Son regard est maintenant la plus douce récompense de mes bonnes actions. Depuis ce moment, je songe à lui sans cesse et malgré moi. Monsieur Savinien est reparti le soir, je ne l'ai plus revu, la rue des Bourgeois m'a paru vide, et il a comme emporté mon cœur avec lui sans le savoir.

— Voilà tout? dit le docteur.

— Tout, mon parrain, dit-elle avec un soupir où le regret de ne pas avoir à en dire davantage était étouffé sous la douleur du moment.

— Ma chère petite, dit le docteur en asseyant Ursule sur ses genoux, tu vas attraper tes seize ans bientôt, et ta vie de femme va commencer. Tu es entre ton enfance bénie qui cesse, et les agitations de l'amour qui te feront une existence orageuse, car tu as le système nerveux d'une exquise sensibilité. Ce qui t'arrive, c'est l'amour, ma fille, dit le vieillard avec une expression de profonde tristesse, c'est l'amour dans sa sainte naïveté, l'amour comme il doit être : involontaire, rapide, venu comme un voleur qui prend tout... oui, tout! Et je m'y attendais. J'ai bien observé les femmes, et sais que, si chez la plupart l'amour ne s'empare d'elles qu'après bien des témoignages, des miracles d'affection, si celles-là ne rompent leur silence et ne cèdent que vaincues; il en est d'autres qui, sous l'empire d'une sympathie explicable aujourd'hui par les fluides magnétiques, sont envahies en un instant. Je puis te le dire aujourd'hui : aussitôt que j'ai vu la charmante femme qui portait ton nom, j'ai senti que je l'aimerais uniquement et fidèlement sans savoir si nos caractères, si nos personnes se conviendraient. Y a-t-il en amour une seconde vue? Quelle réponse faire, après avoir vu tant d'unions célébrées sous les auspices d'un si céleste contrat, plus tard brisées, engendrant des haines presque éternelles, des répulsions absolues? Les sens peuvent, pour ainsi dire, s'appréhender et les idées être en désaccord : et peut-être certaines personnes vivent-elles plus par les idées que par le corps? Au contraire, souvent les caractères s'accordent et les personnes se déplaisent. Ces deux phénomènes si différents, qui rendraient raison de bien des malheurs, démontrent la sagesse des lois qui laissent aux parents la haute main sur le mariage de leurs enfants; car une jeune fille est souvent la dupe de l'une de ces deux hallucinations. Aussi ne te blâmé-je pas. Les sensations que tu éprouves, ce mouvement de ta sensibilité qui se précipite de son centre encore inconnu sur ton cœur et sur ton intelligence, ce bonheur avec lequel tu penses à Savinien, tout est naturel. Mais, mon enfant adorée, comme te l'a dit notre bon abbé Chaperon, la Société demande le sacrifice de beaucoup de penchants naturels. Autres sont les destinées de l'homme, autres sont celles de la femme. J'ai pu choisir Ursule Mirouët pour femme, et venir à elle en lui disant combien je l'aimais; tandis qu'une jeune fille ment à ses vertus en sollicitant l'amour de celui qu'elle aime : la femme n'a pas comme nous la faculté de poursuivre au grand jour l'accomplissement de ses vœux. Aussi la pudeur est-elle chez vous, et surtout chez toi, la barrière infranchissable qui garde les secrets de votre cœur. Ton hésitation à me confier tes premières émotions m'a dit assez que tu souffrirais les plus cruelles tortures plutôt que d'avouer à Savinien...

— Oh! oui, dit-elle.

— Mais, mon enfant, tu dois faire plus : tu dois réprimer les mouvements de ton cœur, les oublier.

— Pourquoi?

— Parce que, mon petit ange, tu ne dois aimer que l'homme qui sera ton mari; et quand même monsieur Savinien de Portenduère t'aimerait...

— Je n'y ai pas encore pensé.

— Écoute-moi? Quand même il t'aimerait, quand sa mère me demanderait ta main pour lui, je ne consentirais à ce mariage qu'après avoir soumis Savinien à un long et mûr examen. Sa conduite vient de le rendre suspect à toutes les familles, et de mettre entre les héritières et lui des barrières qui tomberont difficilement.

Un sourire d'ange sécha les pleurs d'Ursule, qui dit : — A quelque chose malheur est bon! Le docteur fut sans réponse à cette naïveté. — Qu'a-t-il fait, mon parrain? reprit-elle.

— En deux ans, mon petit ange, il a fait à Paris pour cent vingt mille francs de dettes! Il a eu la sottise de se laisser coffrer à Sainte-Pélagie, maladresse qui déconsidère à jamais un jeune homme par le temps qui court. Un dissipateur capable de plonger une pauvre mère dans la douleur et la misère fait, comme ton pauvre père, mourir sa femme de désespoir!

— Croyez-vous qu'il puisse se corriger? demanda-t-elle.

— Si sa mère paye pour lui, il se sera mis sur la paille, et je ne sais pas de pire correction pour un noble que d'être sans fortune.

Cette réponse rendit Ursule pensive : elle essuya ses larmes et dit à son parrain : — Si vous pouvez le sauver, sauvez-le, mon parrain ; ce service vous donnera le droit de le conseiller : vous lui ferez des remontrances...

— Et, dit le docteur en imitant le parler d'Ursule, il pourra venir ici, la vieille dame y viendra, nous les verrons, et...

— Je ne songe en ce moment qu'à lui-même, répondit Ursule en rougissant.

— Ne pense plus à lui, ma pauvre enfant ; c'est une folie! dit gravement le docteur. Jamais madame de Portenduère, une Kergarouët, n'eût-elle que trois cents livres par an pour vivre, ne consentirait au mariage du vicomte Savinien de Portenduère, petit-neveu du feu comte de Portenduère, lieutenant général des armées navales du roi et fils du vicomte de Portenduère, capitaine de vaisseau, avec qui? avec Ursule Mirouët, fille d'un musicien de régiment, sans fortune, et dont le père, hélas! voici le moment de te le dire, était le bâtard d'un organiste, de mon beau-père.

— O mon parrain! vous avez raison : nous ne sommes égaux que devant Dieu. Je ne songerai plus à lui que dans mes prières, dit-elle au milieu des sanglots que cette révélation excita. Donnez-lui tout ce que vous me destinez. De quoi peut avoir besoin une pauvre fille comme moi? En prison, lui!

— Offre à Dieu toutes tes mortifications, et peut-être nous viendra-t-il en aide.

Le silence régna pendant quelques instants. Quand Ursule, qui n'osait regarder son parrain, leva les yeux sur lui, son cœur fut profondément remué lorsqu'elle vit des larmes roulant sur ses joues flétries. Les pleurs des vieillards sont aussi terribles que ceux des enfants sont naturels.

— Qu'avez-vous? mon Dieu! dit-elle en se jetant à ses pieds et lui baisant les mains. N'êtes-vous pas sûr de moi?

— Moi qui voudrais satisfaire à tous tes vœux, je suis obligé de te causer la première grande douleur de ta vie! Je souffre autant que toi. Je n'ai pleuré qu'à la mort de mes enfants et à celle d'Ursule. Tiens, je ferai tout ce que tu voudras! s'écria-t-il.

A travers ses larmes, Ursule jeta sur son parrain un regard qui fut comme un éclair. Elle sourit.

— Allons au salon, et sache te garder le secret à toi-même sur tout ceci, ma petite, dit le docteur en laissant sa filleule dans son cabinet.

Ce père se sentit si faible contre ce divin sourire qu'il allait dire un mot d'espérance et tromper ainsi sa filleule.

En ce moment madame de Portenduère, seule avec le curé dans sa froide petite salle au rez-de-chaussée, avait fini de confier ses douleurs à ce bon prêtre, son seul ami. Elle tenait à la main des lettres que l'abbé Chaperon venait de lui rendre après les avoir lues, et qui avaient mis ses misères au comble. Assise dans sa bergère d'un côté de la table carrée où se voyaient les restes du dessert, la vieille dame regardait le curé, qui de l'autre côté, ramassé dans son fauteuil, se caressait le menton par ce geste commun aux valets de théâtre, aux mathématiciens, aux prêtres, et qui trahit quelque méditation sur un problème difficile à résoudre.

Cette petite salle, éclairée par deux fenêtres sur la rue et garnie de boiseries peintes en gris, était si humide que les panneaux du bas offraient aux regards les fendillements géométriques du bois pourri quand il n'est plus maintenu que par la peinture. Le carreau, rouge et frotté par l'unique servante de la vieille dame, exigeait devant chaque siège de petits ronds en sparterie sur l'un desquels l'abbé tenait ses pieds. Les rideaux, de vieux damas vert-clair à fleurs vertes, étaient tirés, et les persiennes avaient été fermées. Deux bougies éclairaient la table, tout en laissant la chambre dans le clair-obscur. Est-il besoin de dire qu'entre les deux fenêtres un beau pastel de Latour montrait le fameux amiral de Portenduère, le rival des Suffren des Kergarouët, des Guichen et des Simeuse. Sur la boiserie en face de la cheminée, on apercevait le vicomte de Portenduère et la mère de la vieille dame, une Kergarouët-Ploëgat. Savinien avait donc pour grand-oncle le vice-amiral de Kergarouët, et pour cousin le comte de Portenduère, petit-fils de l'amiral, l'un et l'autre fort riches. Le vice-amiral de Kergarouët habitait Paris et le comte de Portenduère le château de ce nom dans le Dauphiné. Son cousin le comte représentait la branche aînée, et Savinien était le seul rejeton du cadet de Portenduère. Le comte, âgé de plus de quarante ans, marié à une femme riche, avait trois enfants. Sa fortune, accrue de plusieurs héritages, se montait, dit-on, à soixante mille livres de rentes. Député de l'Isère, il passait ses hivers à Paris où il avait racheté l'hôtel de Portenduère avec les indemnités que lui valait la loi Villèle. Le vice-amiral de Kergarouët avait récemment épousé sa nièce, mademoiselle de Fontaine, uniquement pour lui assurer sa fortune. Les fautes du vicomte devaient donc lui faire perdre deux puissantes protections. Jeune et joli garçon, si Savinien fût entré dans la marine, avec son nom et appuyé par un amiral, par un député, peut-être à vingt-trois ans eût-il été déjà lieutenant de vaisseau ; mais sa mère, opposée à ce que son fils unique se destinât à l'état militaire, l'avait fait élever à Nemours par un vicaire de l'abbé Chaperon, et s'était flattée de pouvoir conserver jusqu'à sa mort son fils près d'elle. Elle voulait sagement le marier avec une demoiselle d'Aiglemont, riche de douze mille livres de rentes, à la main de laquelle le nom de Portenduère et la ferme des Bordières permettaient de prétendre. Ce plan restreint, mais sage, et qui pouvait relever la famille à la seconde génération, eût été déjoué par les événements. Les d'Aiglemont étaient alors ruinés, et une de leurs filles, l'aînée, Hélène, avait disparu sans que la famille expliquât ce mystère. L'ennui d'une vie sans air, sans issue et sans action, sans autre aliment que l'amour des fils pour leurs mères, fatigua tellement Savinien qu'il rompît ses chaînes, quelque douces qu'elles fussent, et jura de ne jamais vivre en province, en comprenant un peu tard que son avenir n'était pas rue des Bourgeois. A vingt-un ans il avait donc quitté sa mère pour se faire reconnaître de ses parents et tenter la fortune à Paris. Ce devait être un funeste contraste que celui de la vie de Nemours et de la vie de Paris pour un jeune homme de vingt-un ans, libre, sans contradicteur, nécessairement affamé de plaisirs et à qui le nom de Portenduère et sa parenté si riche ouvraient les salons. Certain que sa mère gardait les économies de vingt années amassées dans quelque cachette, Savinien eut bientôt dépensé les six mille francs qu'elle lui donna pour voir Paris. Cette somme ne défraya pas ses six premiers mois, et il dut alors le double de cette somme à son hôtel, à son tailleur, à son bottier, à son loueur de voitures et de chevaux, à un bijoutier, à tous les marchands qui concourent au luxe des jeunes gens. A peine avait-il réussi à se faire connaître, à peine savait-il parler, se présenter, porter ses gilets et les choisir, commander ses habits et mettre sa cravate, qu'il se trouvait à la tête de trente mille francs de dettes et n'en était encore qu'à chercher une tournure délicate pour déclarer son amour à la sœur du marquis de Ronquerolles, madame de Sérizy, femme élégante, mais dont la jeunesse avait brillé sous l'Empire.

— Comment vous en êtes-vous tirés, vous autres ? dit un jour à la fin d'un déjeuner Savinien à quelques élégants avec lesquels il s'était lié comme se lient aujourd'hui des jeunes gens dont les prétentions en toute chose visent au même but et qui réclament une impossible égalité. Vous n'étiez pas plus riches que moi, vous marchez sans soucis, vous vous maintenez, et moi j'ai déjà des dettes !

— Nous avons tous commencé par là, lui dirent en riant Rastignac, Lucien de Rubempré, Maxime de Trailles, Émile Blondet, les dandies d'alors.

— Si de Marsay s'est trouvé riche au début de la vie, c'est un hasard ! dit l'amphitryon, un parvenu nommé Finot qui tentait de frayer avec ces jeunes gens. Et s'il n'eût pas été lui-même, ajouta-t-il en le saluant, sa fortune pouvait le ruiner.

— Le mot y est, dit Maxime de Trailles.

— Et l'idée aussi, répliqua Rastignac.

— Mon cher, dit gravement de Marsay à Savinien, les dettes sont la commandite de l'expérience. Une bonne éducation universitaire avec maîtres d'agréments et de désagréments, qui ne vous apprend rien, coûte soixante mille francs. Si l'éducation par le monde coûte le double, elle vous apprend la vie, les affaires, la politique, les hommes et quelquefois les femmes.

Blondet acheva cette leçon par cette traduction d'un vers de La Fontaine :

> Le monde vend très-cher ce qu'on pense qu'il donne !

Au lieu de réfléchir à ce que les plus habiles pilotes de l'archipel parisien lui disaient de sensé, Savinien n'y vit que des plaisanteries.

— Prenez garde, mon cher, lui dit de Marsay, vous avez un beau nom, et si vous n'acquérez pas la fortune qu'exige votre nom, vous pourrez aller finir vos jours sous un habit de maréchal-des-logis dans un régiment de cavalerie.

> Nous avons vu tomber de plus illustres têtes !

ajouta-t-il en déclamant ce vers de Corneille et prenant le bras de Savinien. — Il nous est venu, reprit-il, voici bientôt six ans, un jeune comte d'Esgrignon qui n'a pas vécu plus de deux ans dans le paradis du grand monde ! Hélas ! il a vécu ce que vivent les fusées. Il s'est élevé jusqu'à la duchesse de Maufrigneuse, et il est retombé dans sa ville natale, où il expie ses fautes entre un vieux père à catarrhes et une partie de whist à deux sous la fiche. Dites votre situation à madame de Sérizy tout naïvement, sans honte, elle vous sera très-utile ; tandis que si vous jouez avec elle la charade du premier amour, elle se posera en madone de Raphaël, jouera aux jeux innocents, et vous fera voyager à grands frais dans le pays de Tendre !

Savinien, trop jeune encore, tout au pur honneur du gentilhomme, n'osa pas avouer sa position de fortune à madame de Sérizy. Madame de Portenduère, dans un moment où son fils ne savait où donner de la tête, envoya vingt mille francs, tout ce qu'elle possédait, sur une lettre où Savinien, instruit par ses amis dans la balistique des ruses dirigées par les enfants contre les coffres-forts paternels, parlait de billets à payer et du déshonneur de laisser protester sa signature. Il atteignit, avec ce secours, à la fin de la première année. Pendant la seconde, attaché au char de madame de Sérizy sérieusement éprise de lui, et qui d'ailleurs le formait, il usa de la dangereuse ressource des usuriers. Un député de ses amis, un ami de son cousin de Portenduère, Des Lupeaulx l'adressa, dans un jour de détresse, à Gobseck, à Gigonnet et à Palma qui, bien et dûment informés de la valeur des biens de sa mère, lui rendirent l'escompte doux et facile. L'usure et le trompeur secours des renouvellements lui firent mener une vie heureuse pendant environ dix-huit mois. Sans oser quitter madame de Sérizy, le pauvre enfant devint amoureux fou de la belle comtesse de Kergarouët, prude comme toutes les jeunes personnes qui attendent la mort d'un vieux mari, et qui font l'habile report de leur vertu sur un second mariage. Incapable de comprendre qu'une vertu raisonnée est invincible, Savinien faisait la cour à Émilie de Kergarouët en grande tenue d'homme riche : il ne manquait ni un bal ni un spectacle où elle devait se trouver.

— Mon petit, tu n'as pas assez de poudre pour faire sauter ce rocher-là, lui dit un soir en riant de Marsay.

Ce jeune roi de la fashion parisienne eut beau, par commisération, expliquer Émilie de Fontaine à cet enfant, il fallut les sombres clartés du malheur et les ténèbres de la prison pour éclairer Savinien. Une lettre de change, imprudemment souscrite à un bijoutier, d'accord avec les usuriers qui ne voulaient pas avoir l'odieux de l'arrestation, fit écrouer, pour cent dix-sept mille francs, Savinien de Portenduère à Sainte-Pélagie, à l'insu de ses amis. Aussitôt que cette nouvelle fut sue par Rastignac, par de Marsay et par Lucien de Rubempré, tous trois vinrent voir Savinien et lui offrirent chacun un billet de mille francs en le trouvant dénué de tout. Le valet de chambre, acheté par deux créanciers, avait indiqué l'appartement secret où Savinien logeait, et tout y avait été saisi, moins les habits et le peu de bijoux qu'il portait. Les trois jeunes gens, munis d'un excellent dîner, et tout en buvant le vin de Xérès apporté par de Marsay, s'informèrent de la situation de Savinien, en apparence afin d'organiser son avenir, mais sans doute pour le juger.

— Quand on s'appelle Savinien de Portenduère, s'était écrié Rastignac, quand on a pour cousin un futur pair de France et pour grand-oncle l'amiral Kergarouët, si l'on commet l'énorme faute de se laisser mettre à Sainte-Pélagie, il ne faut pas y rester, mon cher !

— Pourquoi ne m'avoir rien dit ? s'écria de Marsay. Vous aviez à vos ordres ma voiture de voyage, dix mille francs et des lettres pour l'Allemagne. Nous connaissons Gobseck, Gigonnet et autres crocodiles, nous les aurions fait capituler. Et d'abord quel âne vous a mené boire à cette source mortelle ? demanda de Marsay.

— Des Lupeaulx.

Les trois jeunes gens se regardèrent en se communiquant ainsi la même pensée, un soupçon, mais sans l'exprimer.

— Expliquez-moi vos ressources, montrez-moi votre jeu, demanda de Marsay.

Lorsque Savinien eut dépeint sa mère et ses bonnets à coques, sa petite maison à trois croisées dans la rue des Bourgeois, sans autre jardin qu'une cour à puits et à hangar pour serrer le bois ; qu'il leur eut chiffré la valeur de cette maison, bâtie en grès, crépie en mortier rougeâtre, et prisé la ferme des Bordières, les trois dandies se regardèrent et dirent d'un air profond le mot de l'abbé dans les *Marrons du feu* d'Alfred de Musset dont les Contes d'Espagne venaient de paraître : — Triste !

— Votre mère payera sur une lettre habilement écrite, dit Rastignac.

— Oui, mais après ?... s'écria de Marsay.

— Si vous n'aviez été que mis dans le fiacre, dit Lucien, le gouvernement du roi vous mettrait dans la diplomatie ; mais Sainte-Pélagie n'est pas l'antichambre d'une ambassade.

— Vous n'êtes pas assez fort pour la vie de Paris, dit Rastignac.

— Voyons? reprit de Marsay qui toisa Savinien comme un maquignon estime un cheval. Vous avez de beaux yeux bleus, bien fendus, vous avez un front blanc bien dessiné, des cheveux noirs magnifiques, de petites moustaches qui font bien sur votre joue pâle, et une taille svelte; vous avez un pied qui annonce de la race, des épaules et une poitrine pas trop commissionnaires et cependant solides. Vous êtes ce que j'appelle un brun élégant. Votre figure est dans le genre de celle de Louis XIII, peu de couleurs, le nez d'une jolie forme; et vous avez de plus ce qui plaît aux femmes, un je ne sais quoi dont ne se rendent pas compte les hommes eux-mêmes et qui tient à l'air, à la démarche, au son de voix, au *lancer* du regard, au geste, à une foule de petites choses que les femmes voient et auxquelles elles attachent un certain sens qui nous échappe. Vous ne vous connaissez pas, mon cher. Avec un peu de tenue, en six mois, vous enchanteriez une Anglaise de cent mille livres, en prenant surtout le titre de vicomte de Portenduère auquel vous avez droit. Ma charmante belle-mère lady Dudley, qui n'a pas sa pareille pour embrocher deux cœurs, vous la découvrirait dans quelques-uns des terrains d'alluvion de la Grande-Bretagne. Mais il faudrait pouvoir et savoir reporter vos dettes à quatre-vingt-dix jours par une habile manœuvre de haute banque. Pourquoi ne m'avoir rien dit? A Bade, les usuriers vous auraient respecté, servi peut-être; mais après vous avoir mis en prison, ils vous méprisent. L'usurier est comme la Société, comme le Peuple, à genoux devant l'homme assez fort pour se jouer de lui, et sans pitié pour les agneaux. Aux yeux d'un certain monde, Sainte-Pélagie est une diablesse qui roussit furieusement l'âme des jeunes gens. Voulez-vous mon avis, mon cher enfant? je vous dirai comme au petit d'Esgrignon : Payez vos dettes avec mesure en gardant de quoi vivre pendant trois ans, et mariez-vous en province avec la première fille qui aura trente mille livres de rentes. En trois ans, vous aurez trouvé quelque sage héritière qui voudra se nommer madame de Portenduère. Voilà la sagesse. Buvons donc. Je vous porte ce toast :
— A la fille d'argent !

Les jeunes gens ne quittèrent leur ex-ami qu'à l'heure officielle des adieux, et sur le pas de la porte ils se dirent : — Il n'est pas fort ! — Il est bien abattu ! — Se relèvera-t-il ?

Le lendemain, Savinien écrivit à sa mère une confession générale en vingt-deux pages. Après avoir pleuré pendant toute une journée, madame de Portenduère écrivit d'abord à son fils, en lui promettant de le tirer de prison ; puis aux comtes de Portenduère et de Kergarouët.

Les lettres que le curé venait de lire et que la pauvre mère tenait à la main, humides de ses larmes, étaient arrivées le matin même et lui avaient brisé le cœur.

A MADAME DE PORTENDUÈRE.

Paris, septembre 1829.

« Madame,

» Vous ne pouvez pas douter de l'intérêt que l'amiral et moi nous prenons à vos peines. Ce que vous mandez à monsieur de Kergarouët m'afflige d'autant plus que ma maison était celle de votre fils : nous étions fiers de lui. Si Savinien avait eu plus de confiance en l'amiral, nous l'eussions pris avec nous, il serait déjà placé convenablement ; mais il ne nous a rien dit, le malheureux enfant ! L'amiral ne saurait payer cent mille francs ; il est endetté lui-même, et s'est obéré pour moi qui ne savais rien de sa position pécuniaire. Il est d'autant plus désespéré que Savinien nous a, pour le moment, lié les mains en se laissant arrêter. Si mon beau neveu n'avait pas eu pour moi je ne sais quelle sotte passion qui étouffait la voix du parent par l'orgueil de l'amoureux, nous l'eussions fait voyager en Allemagne pendant que ses affaires se seraient accommodées ici. Monsieur de Kergarouët aurait pu demander une place pour son petit neveu dans les bureaux de la marine ; mais un emprisonnement pour dettes va sans doute paralyser les démarches de l'amiral. Payez les dettes de Savinien, qu'il serve dans la marine, il fera son chemin en vrai Portenduère, il a leur feu dans ses beaux yeux noirs, et nous l'aiderons tous.

» Ne vous désespérez donc pas, madame ; il vous reste des amis au nombre desquels je veux être comprise comme une des plus sincères, et je vous envoie mes vœux avec les respects de votre

» Très affectionnée servante,

» Émilie de KERGAROUËT. »

A MADAME DE PORTENDUÈRE.

Portenduère, août 1829.

« Ma chère tante, je suis aussi contrarié qu'affligé des escapades de Savinien. Marié, père de deux fils et d'une fille, ma fortune, déjà si médiocre relativement à ma position et à mes espérances, ne me permet pas de l'amoindrir d'une somme de cent mille francs pour payer la rançon d'un Portenduère pris par les Lombards. Vendez votre ferme, payez ses dettes et venez à Portenduère, vous y trouverez l'accueil que nous vous devons, quand même nos cœurs ne seraient pas entièrement à vous. Vous vivrez heureuse, et nous finirons par marier Savinien, que ma femme trouve charmant. Cette frasque n'est rien, ne vous désolez pas, elle ne se saura jamais dans notre province où nous connaissons plusieurs filles d'argent très riches, et qui seront enchantées de nous appartenir.

» Ma femme se joint à moi pour vous dire toute la joie que vous nous ferez, et vous prie d'agréer ses vœux pour la réalisation de ce projet et l'assurance de nos respects affectueux.

» Luc-Savinien, comte de PORTENDUÈRE. »

— Quelles lettres pour une Kergarouët! s'écria la vieille Bretonne en essuyant ses yeux.

— L'amiral ne sait pas que son neveu est en prison, dit enfin l'abbé Chaperon ; la comtesse a seule lu votre lettre, et seule a répondu. Mais il faut prendre un parti, reprit-il après une pause, et voici ce que j'ai l'honneur de vous conseiller. Ne vendez pas votre ferme. Le bail est à fin, et voici vingt-quatre ans qu'il dure ; dans quelques mois, vous pourrez porter son fermage à six mille francs, et vous faire donner un pot-de-vin d'une valeur de deux années Empruntez à un honnête homme, et non aux gens de la ville qui font le commerce des hypothèques. Votre voisin est un digne homme, un homme de bonne compagnie, qui a vu le beau monde avant la Révolution, et qui d'athée est devenu catholique. N'ayez point de répugnance à le venir voir ce soir, il sera très sensible à votre démarche ; oubliez un moment que vous êtes Kergarouët.

— Jamais! dit la vieille mère d'un son de voix strident.

— Enfin soyez une Kergarouët aimable ; venez quand il sera seul, il ne vous prêtera qu'à trois et demi, peut-être à trois pour cent, et vous rendra service avec délicatesse, vous en serez contente ; il ira délivrer lui-même Savinien, car il sera forcé de vendre des rentes, et vous le ramènera.

— Vous parlez donc de ce petit Minoret?

— Ce petit a quatre-vingt-trois ans, reprit l'abbé Chaperon en souriant. Ma chère dame ayez un peu de charité chrétienne, ne le blessez pas, il peut vous être utile de plus d'une manière.

— Et comment?

— Mais il a un ange auprès de lui, la plus céleste jeune fille.

— Oui, cette petite Ursule... Eh! bien, après!

Le pauvre curé n'osa poursuivre en entendant cet : Eh! bien, après? dont la sécheresse et l'âpreté tranchaient d'avance la proposition qu'il voulait faire.

— Je crois le docteur Minoret puissamment riche...

— Tant mieux pour lui.

— Vous avez déjà très indirectement causé les malheurs actuels de votre fils en ne lui donnant pas de carrière, prenez garde à l'avenir! dit sévèrement le curé. Dois-je annoncer votre visite à votre voisin?

— Mais pourquoi, sachant que j'ai besoin de lui, ne viendrait-il pas?

— Ah! madame, en allant chez lui, vous payerez trois pour cent ; et s'il vient chez vous, vous payerez cinq, dit le curé qui trouva cette belle raison afin de décider la vieille dame. Et si vous étiez forcée de vendre votre ferme par Dionis le notaire, par le greffier Massin, qui vous refuseraient des fonds en espérant profiter de votre désastre, vous perdriez la moitié de la valeur des Bordières. Je n'ai pas la moindre influence sur des Dionis, des Massin, des Levrault, les gens riches du pays qui convoitent votre ferme et savent votre fils en prison.

— Ils le savent, ils le savent, s'écria-t-elle en levant les bras. Oh! mon pauvre curé, vous avez laissé refroidir votre café....... Tiennette! Tiennette!

Tiennette, une vieille Bretonne à casaquin et à bonnet breton, âgée de soixante ans, entra lestement et prit, pour le faire chauffer, le café du curé.

— Soyez paisible, monsieur le recteur, dit-elle en voyant que le curé voulait boire, je le mettrai dans le bain-marie, il ne deviendra point mauvais.

— Eh! bien, reprit le curé de sa voix insinuante, j'irai prévenir monsieur le docteur de votre visite, et vous viendrez.

La vieille mère ne céda qu'après une heure de discussion, pendant laquelle le curé fut obligé de répéter dix fois ses arguments. Et encore l'altière Kergarouët ne fut-elle vaincue que par ces derniers mots : — Savinien irait!

— Il vaut mieux alors que ce soit moi, dit-elle.

Neuf heures sonnaient quand la petite porte ménagée dans la grande se fermait sur le curé, qui sonna vivement à la grille du docteur. L'abbé Chaperon tomba de Tiennette en Bougival, car la vieille nourrice lui dit : — Vous venez bien tard, monsieur le curé! comme l'autre lui avait dit : — Pourquoi quittez-vous sitôt madame quand elle a du chagrin?

Le curé trouva nombreuse compagnie dans le salon vert et brun du docteur, car Dionis était allé rassurer les héritiers en passant chez Massin pour leur répéter les paroles de leur oncle.

— Ursule, dit-il, a, je crois, un amour au cœur qui ne lui donnera que peine et soucis; elle paraît romanesque (l'excessive sensibilité s'appelle ainsi chez les notaires), et nous la verrons longtemps fille. Ainsi pas de défiance : soyez aux petits soins avec elle, et soyez les serviteurs de votre oncle, car il est plus fin que cent Goupils, ajouta le notaire, sans savoir que Goupil est la corruption du mot latin *vulpes*, renard.

Donc, mesdames Massin et Crémière, leurs maris, le maître de poste et Désiré formaient avec le médecin de Nemours et Bongrand une assemblée inaccoutumée et turbulente chez le docteur. L'abbé Chaperon entendit en entrant les sons du piano. La pauvre Ursule achevait la symphonie en *la* de Beethoven. Avec la ruse permise à l'innocence, l'enfant, que son parrain avait éclairée et à qui les héritiers déplaisaient, choisit cette musique grandiose et qui doit être étudiée pour être comprise, afin de dégoûter ces femmes de leur envie. Plus la musique est belle, moins les ignorants la goûtent. Aussi, quand la porte s'ouvrit et que l'abbé Chaperon montra sa tête vénérable : — Ah! voilà monsieur le curé, s'écrièrent les héritiers heureux de se lever tous et de mettre un terme à leur supplice.

L'exclamation trouva un écho à la table de jeu où Bongrand, le médecin de Nemours et le vieillard étaient victimes de l'outrecuidance avec laquelle le percepteur, pour plaire à son grand-oncle, avait proposé de faire le quatrième au whist. Ursule quitta le *forté*. Le docteur se leva comme pour saluer le curé, mais bien pour arrêter la partie. Après de grands compliments adressés à leur oncle sur le talent de sa filleule, les héritiers tirèrent leur révérence.

— Bonsoir, mes amis, s'écria le docteur quand la grille retentit.

— Ah! voilà ce qui coûte si cher, dit madame Crémière à madame Massin quand elles furent à quelques pas.

— Dieu me garde de donner de l'argent pour que ma petite Aline me fasse des charivaris pareils dans la maison, répondit madame Massin.

— Elle dit que c'est de *Bethovan*, qui passe cependant pour un grand musicien, dit le receveur, il a de la réputation.

— Ma foi ce ne sera pas à Nemours, reprit madame Crémière, et il est bien nommé Bête à vent.

— Je crois que notre oncle l'a fait exprès pour que nous n'y revenions plus, dit Massin, car il a cligné des yeux en montrant le volume vert à sa petite mijaurée.

— Si c'est avec ce carillon-là qu'ils s'amusent, reprit le maître de poste, ils font bien de rester entre eux.

— Il faut que monsieur le juge de paix aime bien à jouer pour entendre ces sonacles, dit madame Crémière.

— Je ne saurai jamais jouer devant des personnes qui ne comprennent pas la musique, dit Ursule en venant s'asseoir auprès de la table de jeu.

— Les sentiments chez les personnes richement organisées ne peuvent se développer que dans une sphère amie, dit le curé de Nemours. De même que le prêtre ne saurait bénir en présence du Mauvais Esprit, que le châtaignier meurt dans une terre grasse, un musicien de génie éprouve une défaite intérieure quand il est entouré d'ignorants. Dans les arts, nous devons recevoir des âmes qui servent de milieu à notre âme autant de force que nous leur en communiquons. Cet axiome qui régit les affections humaines a dicté les proverbes : — Il faut hurler avec les loups. — Qui se ressemble s'assemble. Mais la souffrance que vous devez avoir éprouvée n'atteint que les natures tendres et délicates.

— Aussi, mes amis, dit le docteur, une chose qui ne ferait que de la peine à une femme pourrait-elle tuer ma petite Ursule. Ah!

quand je ne serai plus, élevez entre cette chère fleur et le monde cette haie protectrice dont parlent les vers de Catulle : *ut flos*, etc.

— Ces dames ont été cependant bien flatteuses pour vous, Ursule, dit le juge de paix en souriant.

— Grossièrement flatteuses, fit observer le médecin de Nemours.

— J'ai toujours remarqué de la grossièreté dans les flatteries de commande, répondit le vieux Minoret. Et pourquoi ?

— Une pensée vraie porte avec elle sa finesse, dit l'abbé.

— Vous avez dîné chez madame Portenduère ? dit alors Ursule qui interrogea l'abbé Chaperon en lui jetant un regard plein d'inquiète curiosité.

— Oui ; la pauvre dame est bien affligée, et il ne serait pas impossible qu'elle vînt vous voir ce soir, monsieur Minoret.

— Si elle est dans le chagrin et qu'elle ait besoin de moi, j'irai chez elle, s'écria le docteur. Achevons le dernier *rubber*.

Par-dessous la table, Ursule pressa la main du vieillard.

— Son fils, dit le juge de paix, était un peu trop simple pour habiter Paris sans un mentor. Quand j'ai su qu'on prenait ici, près du notaire, des renseignements sur la ferme de la vieille dame, j'ai deviné qu'il escomptait la mort de sa mère.

— L'en croyez-vous capable ? dit Ursule en lançant un regard terrible à monsieur Bongrand, qui se dit en lui-même : Hélas ! oui, elle l'aime.

— Oui et non, dit le médecin de Nemours. Savinien a du bon, et la raison en est qu'il est en prison : les fripons n'y vont jamais.

— Mes amis, s'écria le vieux Minoret, en voici bien assez pour ce soir, il ne faut pas laisser pleurer une pauvre mère une minute de plus quand on peut sécher ses larmes.

Les quatre amis se levèrent et sortirent. Ursule les accompagna jusqu'à la grille, regarda son parrain et le curé frappant à la porte en face ; et quand Tiennette les eut introduits, elle s'assit sur une des bornes extérieures de la maison, ayant la Bougival près d'elle.

— Madame la vicomtesse, dit le curé qui entra le premier dans la petite salle, monsieur le docteur Minoret n'a point voulu que vous prissiez la peine de venir chez lui....

— Je suis trop de l'ancien temps, madame, reprit le docteur, pour ne pas savoir tout ce qu'un homme doit à une personne de votre qualité, et je suis trop heureux, d'après ce que m'a dit monsieur le curé, de pouvoir vous servir en quelque chose.

Madame de Portenduère, à qui la démarche convenue pesait tant que depuis le départ de l'abbé Chaperon elle voulait s'adresser au notaire de Nemours, fut si surprise de la délicatesse de Minoret, qu'elle se leva pour répondre à son salut et lui montra un fauteuil.

— Asseyez-vous, monsieur, dit-elle d'un air royal. Notre cher curé vous aura dit que le vicomte est en prison pour quelques dettes de jeune homme, cent mille livres... Si vous pouviez les lui prêter, je vous donnerais une garantie sur ma ferme des Bordières.

— Nous en parlerons, madame la vicomtesse, quand je vous aurai ramené monsieur votre fils, si vous me permettez d'être votre intendant en cette circonstance.

— Très-bien, monsieur le docteur, répondit la vieille dame en inclinant la tête et regardant le curé d'un air qui voulait dire : Vous avez raison, il est homme de bonne compagnie.

— Mon ami le docteur, dit alors le curé, vous le voyez, madame, est plein de dévouement pour votre maison.

— Nous vous en aurons de la reconnaissance, monsieur, dit madame de Portenduère en faisant visiblement un effort ; car à votre âge s'aventurer dans Paris à la piste des méfaits d'un étourdi....

— Madame, en soixante-cinq, j'eus l'honneur de voir l'illustre amiral de Portenduère chez cet excellent monsieur de Malesherbes, et chez monsieur le comte de Buffon, qui désirait le questionner sur plusieurs faits curieux de ses voyages. Il n'est pas impossible que feu monsieur de Portenduère, votre mari, s'y soit trouvé. La marine française était alors glorieuse, elle tenait tête à l'Angleterre, et le capitaine apportait dans cette partie sa quote-part de courage. Avec quelle impatience, en quatre-vingt-trois et quatre, attendait-on des nouvelles du camp de Saint-Roch ! J'ai failli partir comme médecin des armées du roi. Votre grand-oncle, qui vit encore, l'amiral Kergarouët a soutenu dans ce temps-là son fameux combat, car il était sur la *Belle-Poule*.

— Ah ! s'il savait son petit-neveu en prison !

— Monsieur le vicomte n'y sera plus dans deux jours, dit le vieux Minoret en se levant.

Il tendit la main pour prendre celle de la vieille dame, qui se la laissa prendre, il y déposa un baiser respectueux, la salua profondément et sortit ; mais il rentra pour dire au curé : — Voulez-vous, mon cher abbé, m'arrêter une place à la diligence pour demain matin ?

Le curé resta pendant une demi-heure environ à chanter les louanges du docteur Minoret, qui avait voulu faire et avait fait la conquête de la vieille dame.

— Il est étonnant pour son âge, dit-elle ; il parle d'aller à Paris et de faire les affaires de mon fils, comme s'il n'avait que vingt-cinq ans. Il a vu la bonne compagnie.

— La meilleure, madame ; et aujourd'hui plus d'un fils de pair de France pauvre serait bien heureux d'épouser sa pupille avec un million. Ah ! si cette idée passait par le cœur de Savinien, les temps sont si changés que ce n'est pas de votre côté que seraient les plus grandes difficultés, après la conduite de votre fils.

L'étonnement profond où cette dernière phrase jeta la vieille dame permit au curé de l'achever.

— Vous avez perdu le sens, mon cher abbé Chaperon.

— Vous y penserez, madame, et Dieu veuille que votre fils se conduise désormais de manière à conquérir l'estime de ce vieillard !

— Si ce n'était pas vous, monsieur le curé, dit madame de Portenduère, si c'était un autre qui me parlât ainsi...

— Vous ne le verriez plus, dit en souriant l'abbé Chaperon. Espérons que votre cher fils vous apprendra ce qui se passe à Paris en fait d'alliances. Vous songerez au bonheur de Savinien, et après avoir déjà compromis son avenir ne l'empêchez pas de se faire une position.

— Et c'est vous qui me dites cela !

— Si je ne vous le disais point, qui donc vous le dirait ! s'écria le prêtre en se levant et faisant une prompte retraite.

Le curé vit Ursule et son parrain tournant sur eux-mêmes dans la cour. Le faible docteur avait été tant tourmenté par sa filleule qu'il venait de céder : elle voulait aller à Paris et lui donnait mille prétextes. Il appela le curé, qui vint, et le pria de retenir tout le coupé pour lui le soir même si le bureau de la diligence était encore ouvert. Le lendemain, à six heures et demie du soir, le vieillard et la jeune fille arrivèrent à Paris, où, dans la soirée même, le docteur alla consulter son notaire. Les événements politiques étaient menaçants. Le juge de paix de Nemours avait dit plusieurs fois la veille au docteur, pendant sa conversation, qu'il fallait être fou pour conserver un sou de rente dans les fonds tant que la querelle élevée entre la Presse et la Cour ne serait pas vidée. Le notaire de Minoret approuva le conseil indirectement donné par le juge de paix. Le docteur profita donc de son voyage pour réaliser ses actions industrielles et ses rentes, qui toutes se trouvaient en hausse, et déposer ses capitaux à la Banque. Le notaire engagea son vieux client à vendre aussi les fonds laissés par monsieur de Jordy à Ursule, et qu'il avait fait valoir en bon père de famille. Il promit de mettre en campagne un agent d'affaires excessivement rusé pour traiter avec les créanciers de Savinien ; mais il fallait, pour réussir, que le jeune homme eût le courage de rester quelques jours encore en prison.

— La précipitation dans ces sortes d'affaires coûte au moins quinze pour cent, dit le notaire au docteur. Et d'abord vous n'aurez pas vos fonds avant sept ou huit jours.

Quand Ursule apprit que Savinien serait encore au moins une semaine en prison, elle pria son tuteur de la laisser l'y accompagner une seule fois. Le vieux Minoret refusa. L'oncle et la nièce étaient logés dans un hôtel de la rue Croix-des-Petits-Champs, où le docteur avait pris tout un appartement convenable; et, connaissant la religion de sa pupille, il lui fit promettre de n'en point sortir quand il serait dehors pour ses affaires. Le bonhomme promenait Ursule dans Paris, lui faisait voir les passages, les boutiques, les boulevards ; mais rien ne l'amusait ni ne l'intéressait.

— Que veux-tu ? lui disait le vieillard.

— Voir Sainte-Pélagie, répondait-elle avec obstination.

Minoret prit alors un fiacre et la mena jusqu'à la rue de la Clef, où la voiture stationna devant l'ignoble façade de cet ancien couvent transformé en prison. La vue de ces hautes murailles grisâtres dont toutes les fenêtres sont grillées, celle de ce guichet où l'on ne peut entrer qu'en se baissant (horrible leçon!), cette masse sombre dans un quartier plein de misères et où elle se dresse entourée de rues désertes comme une misère suprême : cet ensemble de choses tristes saisit Ursule et lui fit verser quelques larmes.

— Comment, dit-elle, emprisonne-t-on des jeunes gens pour de l'argent ? comment une dette donne-t-elle à un usurier un pouvoir que le roi lui-même n'a pas ? *Il* est donc là ! s'écria-t-elle. Et où, mon parrain ? ajouta-t-elle en regardant de fenêtre en fenêtre.

— Ursule, dit le vieillard, tu me fais faire des folies. Ce n'est pas l'oublier, cela.

— Mais, reprit-elle, s'il faut renoncer à lui, dois-je aussi ne lui porter aucun intérêt? Je puis l'aimer et ne me marier à personne.

— Ah! s'écria le bonhomme, il y a tant de raison dans ta déraison que je me repens de t'avoir amenée.

Trois jours après, le vieillard avait les quittances en règle, les titres et toutes les pièces établissant la libération de Savinien. Cette liquidation, y compris les honoraires de l'homme d'affaires, s'était opérée pour une somme de quatre-vingt mille francs. Il restait au docteur huit cent mille francs, que son notaire lui fit mettre en bons du trésor, afin de ne pas perdre trop d'intérêts. Il gardait vingt mille francs en billets de banque pour Savinien. Le docteur alla lui-même lever l'écrou le samedi à deux heures, et le jeune vicomte, instruit déjà par une lettre de sa mère, remercia son libérateur avec une sincère effusion de cœur.

— Vous ne devez pas tarder à venir voir votre mère, lui dit le vieux Minoret.

Savinien répondit avec une sorte de confusion qu'il avait contracté dans sa prison une dette d'honneur, et raconta la visite de ses amis.

— Je vous soupçonnais quelque dette privilégiée, s'écria le docteur en souriant. Votre mère m'emprunte cent mille francs, mais je n'en ai payé que quatre-vingt mille : voici le reste, ménagez-le bien, monsieur, et considérez ce que vous en garderez comme votre enjeu au tapis vert de la fortune.

Pendant les huit derniers jours Savinien avait fait des réflexions sur l'époque actuelle. La concurrence en toute chose exige de grands travaux à qui veut une fortune. Les moyens illégaux demandent plus de talent et de pratiques souterraines qu'une recherche à ciel ouvert. Les succès dans le monde, loin de donner une position, dévorent le temps et veulent énormément d'argent. Le nom de Portenduère, que sa mère lui disait tout-puissant, n'était rien à Paris. Son cousin le député, le comte de Portenduère, faisait petite figure au sein de la Chambre élective en présence de la Pairie, de la Cour, et n'avait pas trop de son crédit pour lui-même. L'amiral de Kergarouët n'existait que par sa femme. Il avait vu des orateurs, des gens venus du milieu social inférieur à la noblesse ou de petits gentilshommes être des personnages influents. Enfin l'argent était le pivot, l'unique moyen, l'unique mobile d'une Société que Louis XVIII avait voulu créer à l'instar de celle d'Angleterre. De la rue de la Clef à la rue Croix-des-Petits-Champs, le gentilhomme développa le résumé de ses méditations, en harmonie d'ailleurs avec le conseil de de Marsay, au vieux médecin.

— Je dois, dit-il, me faire oublier pendant trois ou quatre ans, et chercher une carrière. Peut-être me ferais-je un nom par un livre de haute politique ou de statistique morale, par quelque traité sur une des grandes questions actuelles. Enfin, tout en cherchant à me marier avec une jeune personne qui me donne l'éligibilité, je travaillerai dans l'ombre et le silence.

En étudiant avec soin la figure du jeune homme, le docteur y reconnut le sérieux de l'homme blessé qui veut une revanche. Il approuva beaucoup ce plan.

— Mon voisin, lui dit-il en terminant, si vous avez dépouillé la peau de la vieille noblesse, qui n'est plus de mise aujourd'hui ; après trois ou quatre ans de vie sage et appliquée, je me charge de vous trouver une jeune personne supérieure, belle, aimable, pieuse, et riche de sept à huit cent mille francs, qui vous rendra heureux et de laquelle vous serez fier, mais qui ne sera noble que par le cœur.

— Eh ! docteur, s'écria le jeune homme, il n'y a plus de noblesse aujourd'hui, il n'y a plus qu'une aristocratie.

— Allez payer vos dettes d'honneur, et revenez ici ; je vais retenir le coupé de la diligence, car ma pupille est avec moi, dit le vieillard.

Le soir, à six heures, les trois voyageurs partirent par la Ducler de la rue Dauphine. Ursule, qui avait mis un voile, ne dit pas un mot. Après avoir envoyé, par un mouvement de galanterie superficielle, ce baiser qui fit chez Ursule autant de ravages qu'en aurait fait un livre d'amour, Savinien avait entièrement oublié la pupille du docteur dans l'enfer de ses dettes à Paris, et d'ailleurs son amour sans espoir pour Emilie de Kergarouët ne lui permettait pas d'accorder un souvenir à quelques regards échangés avec une petite fille de Nemours ; il ne la reconnut donc pas quand le vieillard la fit monter la première et se mit auprès d'elle pour la séparer du jeune vicomte.

— J'aurai des comptes à vous rendre, dit le docteur au jeune homme, je vous apporte toutes vos paperasses.

— J'ai failli ne pas partir, dit Savinien, car il m'a fallu me commander des habits et du linge; les Philistins m'ont tout pris, et j'arrive en enfant prodigue.

Quelque intéressants que fussent les sujets de conversation entre le jeune homme et le vieillard, quelque spirituelles que fussent certaines réponses de Savinien, la jeune fille resta muette jusqu'au crépuscule, son voile vert baissé, ses mains croisées sur son châle.

— Mademoiselle n'a pas l'air d'être enchantée de Paris? dit enfin Savinien piqué.

— Je reviens à Nemours avec plaisir, répondit-elle d'une voix émue en levant son voile.

Malgré l'obscurité, Savinien la reconnut alors à la grosseur de ses nattes et à ses brillants yeux bleus.

— Et moi je quitte Paris sans regret pour venir m'enterrer à Nemours, puisque j'y retrouve ma belle voisine, dit-il. J'espère, monsieur le docteur, que vous me recevrez chez vous; j'aime la musique, et je me souviens d'avoir entendu le piano de mademoiselle Ursule.

— Je ne sais pas, monsieur, dit gravement le docteur, si madame votre mère vous verrait avec plaisir chez un vieillard qui doit avoir pour cette chère enfant toute la sollicitude d'une mère.

Cette réponse mesurée fit beaucoup penser Savinien, qui se souvint alors du baiser si légèrement envoyé. La nuit était venue, la chaleur était lourde, Savinien et le docteur s'endormirent les premiers. Ursule, qui veilla long-temps en faisant des projets, succomba vers minuit. Elle avait ôté son petit chapeau de paille commune tressée. Sa tête couverte d'un bonnet brodé se posa bientôt sur l'épaule de son parrain. Au petit jour, à Bouron, Savinien s'éveilla le premier. Il aperçut alors Ursule dans le désordre où les cahots avaient mis sa tête : le bonnet s'était chiffonné, retroussé; les nattes déroulées tombaient de chaque côté de ce visage animé par la chaleur de la voiture; mais dans cette situation, horrible pour les femmes auxquelles la toilette est nécessaire, la jeunesse et la beauté triomphent. L'innocence a toujours un beau sommeil. Les lèvres entr'ouvertes laissaient voir de jolies dents, le châle défait permettait de remarquer, sans offenser Ursule, sous les plis d'une robe de mousseline peinte, toutes les grâces du corsage. Enfin, la pureté de cette âme vierge brillait sur cette physionomie et se laissait voir d'autant mieux qu'aucune autre expression ne la troublait. Le vieux Minoret, qui s'éveilla, replaça la tête de sa fille dans le coin de la voiture pour qu'elle fût plus à son aise ; elle se laissa faire sans s'en apercevoir, tant elle dormait profondément après toutes les nuits employées à penser au malheur de Savinien.

— Pauvre petite ! dit-il à son voisin, elle dort comme un enfant qu'elle est.

— Vous devez en être fier, reprit Savinien, car elle paraît être aussi bonne qu'elle est belle !

— Ah ! c'est la joie de la maison. Elle serait ma fille, je ne l'aimerais pas davantage. Elle aura seize ans le 5 février prochain. Dieu veuille que je vive assez pour la marier à un homme qui la rende heureuse. J'ai voulu la mener au spectacle à Paris où elle venait pour la première fois ; elle n'a pas voulu, le curé de Nemours le lui avait défendu. — Mais, lui ai-je dit, quand tu seras mariée, si ton mari veut t'y conduire? — Je ferai tout ce que désirera mon mari, m'a-t-elle répondu. S'il me demande quelque chose de mal et que je sois assez faible pour lui obéir, il sera chargé de ces fautes-là devant Dieu ; aussi puiserai-je la force de résister dans son intérêt bien entendu.

En entrant à Nemours, à cinq heures du matin, Ursule s'éveilla toute honteuse de son désordre, et de rencontrer le regard plein d'admiration de Savinien. Pendant l'heure que la diligence mit à venir de Bouron, où elle s'arrêta quelques minutes, le jeune homme s'était épris d'Ursule. Il avait étudié la candeur de cette âme, la beauté du corps, la blancheur du teint, la finesse des traits, le charme de la voix qui avait prononcé la phrase si courte et si expressive où la pauvre enfant disait tout en ne voulant rien dire. Enfin je ne sais quel pressentiment lui fit voir dans Ursule la femme que le docteur lui avait dépeinte en l'encadrant d'or avec ces mots magiques : sept à huit cent mille francs !

—Dans trois ou quatre ans, elle aura vingt ans, j'en aurai vingt-sept ; le bonhomme a parlé d'épreuves, de travail, de bonne conduite ! Quelque fin qu'il paraisse, il finira par me dire son secret.

Les trois voisins se séparèrent en face de leurs maisons, et Savinien mit de la coquetterie dans ses adieux en lançant à Ursule un regard plein de sollicitations. Madame de Portenduère laissa son fils dormir jusqu'à midi. Malgré la fatigue du voyage, le docteur et Ursule allèrent à la grand'messe. La délivrance de Savinien et son retour en compagnie du docteur avaient expliqué le but de son absence aux politiques de la ville et aux héritiers réunis sur la place en un conciliabule semblable à celui qu'ils y tenaient quinze jours auparavant. Au grand étonnement des groupes, à la sortie de la messe, madame de Portenduère arrêta le vieux Minoret, qui lui offrit le bras et la reconduisit. La vieille dame voulait le prier à dîner, ainsi que sa pupille, aujourd'hui même, en lui disant que monsieur le curé serait l'autre convive.

— Il aura voulu montrer Paris à Ursule, dit Minoret-Levrault.

— Peste! le bonhomme ne fait pas un pas sans sa petite bonne, s'écria Crémière.

— Pour que la bonne femme Portenduère lui ait donné le bras, il doit se passer des choses bien intimes entre eux, dit Massin.

— Et vous n'avez pas deviné que votre oncle a vendu ses rentes et débloqué le petit Portenduère! s'écria Goupil. Il avait refusé mon patron, mais il n'a pas refusé sa patronne... Ah! vous êtes cuits. Le vicomte proposera de faire un contrat au lieu d'une obligation, et le docteur fera reconnaître à son bijou de filleule par le mari tout ce qu'il sera nécessaire de donner pour conclure une pareille alliance.

— Ce ne serait pas une maladresse que de marier Ursule avec monsieur Savinien, dit le boucher. La vieille dame donne à dîner aujourd'hui à monsieur Minoret, Tiennette est venue dès cinq heures me retenir un filet de bœuf.

— Eh! bien, Dionis, il se fait de belle besogne?... dit Massin en courant au-devant du notaire qui venait sur la place.

— Eh! bien, quoi? tout va bien, répliqua le notaire. Votre oncle a vendu ses rentes, et madame de Portenduère m'a prié de passer chez elle pour signer une obligation de cent mille francs hypothéqués sur ses biens et prêtés par votre oncle.

— Oui ; mais si les jeunes gens allaient se marier ?

— C'est comme si vous me disiez que Goupil est mon successeur, répondit le notaire.

— Les deux choses ne sont pas impossibles, dit Goupil.

En revenant de la messe, la vieille dame fit dire par Tiennette à son fils de passer chez elle.

Cette petite maison avait trois chambres au premier étage. Celle de madame de Portenduère et celle de feu son mari se trouvaient du même côté, séparées par un grand cabinet de toilette qu'éclairait un jour de souffrance, et réunies par une petite antichambre qui donnait sur l'escalier. La fenêtre de l'autre chambre, habitée de

tout temps par Savinien, était, comme celle de son père, sur la rue.
L'escalier se développait derrière de manière à laisser pour cette
chambre un petit cabinet éclairé par un œil-de-bœuf sur la cour. La
chambre de madame de Portenduère, la plus triste de toute la maison,
avait vue sur la cour; mais la veuve passait sa vie dans la salle au
rez-de-chaussée, qui communiquait par un passage avec la cuisine,
bâtie au fond de la cour; en sorte que cette salle servait à la fois
de salon et de salle à manger. Cette chambre de feu monsieur de
Portenduère restait dans l'état où elle fut au jour de sa mort :
il n'y avait que le défunt de moins. Madame de Portenduère avait
fait elle-même le lit, en mettant dessus l'habit de capitaine de
vaisseau, l'épée, le cordon rouge, les ordres et le chapeau de son
mari. La tabatière d'or dans laquelle le vicomte prisa pour la dernière fois se trouvait sur la table de nuit avec son livre de prières,
avec sa montre et la tasse dans laquelle il avait bu. Ses cheveux
blancs, encadrés et disposés en une seule mèche roulée, étaient
suspendus au-dessus du crucifix à bénitier placé dans l'alcôve. Enfin les babioles dont il se servait, ses journaux, ses meubles, son
crachoir hollandais, sa longue-vue de campagne accrochée à sa cheminée, rien n'y manquait. La veuve avait arrêté le vieux cartel à
l'heure de la mort, qu'il indiquait ainsi à jamais. On y sentait encore
la poudre et le tabac du défunt. Le foyer était comme il l'avait laissé.
Entrer là, c'était le revoir en retrouvant toutes les choses qui parlaient
de ses habitudes. Sa grande canne à pomme d'or restait où il l'avait
posée, ainsi que ses gros gants de daim tout auprès. Sur la console
brillait un vase d'or grossièrement sculpté, mais d'une valeur de
mille écus, offert par la Havane, que, lors de la guerre de l'indépendance américaine, il avait préservée d'une attaque des Anglais en se
battant contre des forces supérieures après avoir fait entrer à bon
port le convoi qu'il protégeait. Pour le récompenser, le roi d'Espagne l'avait fait chevalier de ses ordres. Porté pour ce fait dans la
première promotion au grade de chef d'escadre, il eut le cordon
rouge. Sûr alors de la première vacance, il épousa sa femme, riche
de deux cent mille francs. Mais la Révolution empêcha la promotion, et monsieur de Portenduère émigra.

— Où est ma mère? dit Savinien à Tiennette.

— Elle vous attend dans la chambre de votre père, répondit la
vieille servante bretonne.

Savinien ne put retenir un tressaillement. Il connaissait la rigi-

MADAME DE PORTENDUERE.

Vêtue de deuil, elle avait arboré un air solennel en harmonie avec cette chambre mortuaire.

(URSULE MIROUET.)

dité des principes de sa mère, son culte de l'honneur, sa loyauté, sa foi dans la noblesse, et il prévit une scène. Aussi allait-il comme à un assaut, le cœur agité, le visage presque pâle. Dans le demi-jour qui filtrait à travers les persiennes, il aperçut sa mère vêtue de noir et qui avait arboré un air solennel en harmonie avec cette chambre mortuaire.

—Monsieur le vicomte, lui dit-elle en le voyant, se levant et lui saisissant la main pour l'amener devant le lit paternel, là a expiré votre père, homme d'honneur, mort sans avoir un reproche à se faire. Son esprit est là. Certes, il a dû gémir là-haut en apercevant son fils souillé par un emprisonnement pour dettes. Sous l'ancienne monarchie, on vous eût épargné cette tache de boue en sollicitant une lettre de cachet et vous enfermant pour quelques jours dans une prison d'État. Mais enfin vous voilà devant votre père qui vous entend. Vous qui savez tout ce que vous avez fait avant d'aller dans cette ignoble prison, pouvez-vous me jurer devant cette ombre et devant Dieu qui voit tout, que vous n'avez commis aucune action déshonorante, que vos dettes ont été la suite de l'entraînement de la jeunesse, et qu'enfin l'honneur est sauf ! Si votre irréprochable père était là, vivant dans ce fauteuil, s'il vous demandait compte de votre conduite, après vous avoir écouté vous embrasserait-il ?

— Oui, ma mère, dit le jeune homme avec une gravité pleine de respect.

Elle ouvrit alors ses bras et serra son fils sur son cœur en versant quelques larmes.

— Oublions donc tout, dit-elle, ce n'est que l'argent de moins, je prierai Dieu qu'il nous le fasse retrouver, et, puisque tu es toujours digne de ton nom, embrasse-moi, car j'ai bien souffert !

— Je jure, ma chère mère, dit-il en étendant la main sur ce lit, de ne plus te donner le moindre chagrin de ce genre, et de tout faire pour réparer mes premières fautes.

— Viens déjeuner, mon enfant, dit-elle en sortant de la chambre.

S'il faut appliquer les lois de la Scène au Récit, l'arrivée de Savinien, en introduisant à Nemours le seul personnage qui manquât encore à ceux qui doivent être en présence dans ce petit drame, termine ici l'exposition.

DEUXIÈME PARTIE.

LA SUCCESSION MINORET.

L'action commença par le jeu d'un ressort tellement usé dans la vieille comme dans la nouvelle littérature, que personne ne pourrait croire à ses effets en 1829, s'il ne s'agissait pas d'une vieille Bretonne, d'une Kergarouët, d'une émigrée! Mais, hâtons-nous de le reconnaître; en 1829, la noblesse avait reconquis dans les mœurs un peu du terrain perdu dans la politique. D'ailleurs, le sentiment qui gouverne les grands parents dès qu'il s'agit des convenances matrimoniales est un sentiment impérissable, lié très étroitement à l'existence des sociétés civilisées et puisé dans l'esprit de famille. Il règne à Genève comme à Vienne, comme à Nemours où Zélie Levrault refusait naguère à son fils de consentir à son mariage avec la fille d'un bâtard. Néanmoins toute loi sociale à ses exceptions. Savinien pensait donc à faire plier l'orgueil de sa mère devant la noblesse innée d'Ursule. L'engagement eut lieu sur-le-champ. Dès que Savinien fut attablé, sa mère lui parla des lettres horribles, selon elle, que les Kergarouët et les Portenduère lui avaient écrites.

— Il n'y a plus de Famille aujourd'hui, ma mère, lui répondit Savinien, il n'y a plus que des individus! Les nobles ne sont plus solidaires. Aujourd'hui on ne vous demande pas si vous êtes un Portenduère, si vous êtes brave, si vous êtes homme d'État, tout le monde vous dit : Combien payez-vous de contributions?

— Et le roi? demanda la vieille dame.

— Le roi se trouve pris entre les deux chambres comme un homme entre sa femme légitime et sa maîtresse. Aussi dois-je me marier avec une fille riche, à quelque famille qu'elle appartienne, avec la fille d'un paysan si elle a un million de dot et si elle est suffisamment bien élevée, c'est-à-dire si elle sort d'un pensionnat.

— Ceci est autre chose! fit la vieille dame.

Savinien fronça les sourcils en entendant cette parole. Il connaissait cette volonté granitique appelée l'entêtement breton qui distinguait sa mère, et voulut savoir aussitôt son opinion sur ce point délicat.

— Ainsi, dit-il, si j'aimais une jeune personne, comme par

exemple la pupille de notre voisin, la petite Ursule, vous vous opposeriez donc à mon mariage?

— Tant que je vivrai, dit-elle. Après ma mort, tu seras seul responsable de l'honneur et du sang des Portenduère et des Kergarouët.

— Ainsi vous me laisseriez mourir de faim et de désespoir pour une chimère qui ne devient aujourd'hui une réalité que par le lustre de la fortune.

— Tu servirais la France et tu te fierais à Dieu !

— Vous ajourneriez mon bonheur au lendemain de votre mort?

— Ce serait horrible de ta part, voilà tout.

— Louis XIV a failli épouser la nièce de Mazarin, un parvenu.

— Mazarin lui-même s'y est opposé.

— Et la veuve de Scarron?

— C'était une d'Aubigné! D'ailleurs le mariage a été secret. Mais je suis bien vieille, mon fils, dit-elle en hochant la tête. Quand je ne serai plus, vous vous marierez à votre fantaisie.

Savinien aimait et respectait à la fois sa mère; il opposa sur-le-champ, mais silencieusement, à l'entêtement de la vieille Kergarouët, un entêtement égal, et résolut de ne jamais avoir d'autre femme qu'Ursule à qui cette opposition donna, comme il arrive toujours en semblable occurrence, le mérite de la chose défendue.

Lorsque, après vêpres, le docteur Minoret et Ursule, mise en blanc et rose, entrèrent dans cette froide salle, l'enfant fut saisie d'un tremblement nerveux comme si elle se fût trouvée en présence de la reine de France et qu'elle eût une grâce à lui demander. Depuis son explication avec le docteur, cette petite maison avait pris les proportions d'un palais, et la vieille dame toute la valeur sociale qu'une duchesse devait avoir au Moyen Age aux yeux de la fille d'un vilain. Jamais Ursule ne mesura plus désespérément qu'en ce moment la distance qui séparait un vicomte de Portenduère de la fille d'un capitaine de musique, ancien chanteur aux Italiens, fils naturel d'un organiste, et dont l'existence tenait aux bontés d'un médecin.

— Qu'avez-vous, mon enfant? lui dit la vieille dame en la faisant asseoir près d'elle.

— Madame, je suis confuse de l'honneur que vous daignez me faire...

— Hé! ma petite, répliqua madame de Portenduère de son ton

le plus aigre, je sais combien votre tuteur vous aime et veux lui être agréable, car il m'a ramené l'enfant prodigue.

— Mais, ma chère mère, dit Savinien atteint au cœur en voyant la vive rougeur d'Ursule et la contraction horrible par laquelle elle réprima ses larmes, quand même vous n'auriez aucune obligation à monsieur le chevalier Minoret, il me semble que nous pourrions toujours être heureux du plaisir que mademoiselle veut bien nous donner en acceptant votre invitation. Et le jeune gentilhomme serra la main du docteur d'une façon significative en ajoutant : — Vous portez, monsieur, l'ordre de Saint-Michel, le plus vieil ordre de France et qui confère toujours la noblesse.

L'excessive beauté d'Ursule, à qui son amour presque sans espoir avait prêté depuis quelques jours cette profondeur que les grands peintres ont imprimée à ceux de leurs portraits où l'âme est fortement mise en relief, avait soudain frappé madame de Portenduère en lui faisant soupçonner un calcul d'ambitieux sous la générosité du docteur. Aussi la phrase à laquelle répondait alors Savinien fut-elle dite avec une intention qui blessa le vieillard en ce qu'il avait de plus cher ; mais il ne put réprimer un sourire en s'entendant nommer chevalier par Savinien, et reconnut dans cette exagération l'audace des amoureux qui ne reculent devant aucun ridicule.

— L'ordre de Saint-Michel, qui jadis fit commettre tant de folies pour être obtenu, est tombé, monsieur le vicomte, répondit l'ancien médecin du roi, comme sont tombés tant de priviléges ! Il ne se donne plus aujourd'hui qu'à des médecins, à de pauvres artistes. Aussi les rois ont-ils bien fait de le réunir à celui de Saint-Lazare qui, je crois, était un pauvre diable rappelé à la vie par un miracle ! Sous ce rapport, l'ordre de Saint-Michel et Saint-Lazare serait, pour nous, un symbole.

Après cette réponse à la fois empreinte de moquerie et de dignité, le silence régna sans que personne le voulût rompre, et il était devenu gênant quand on frappa.

— Voici notre cher curé, dit la vieille dame qui se leva, laissant Ursule seule et allant au-devant de l'abbé Chaperon, honneur qu'elle n'avait fait ni à Ursule ni au docteur.

Le vieillard sourit en regardant tour à tour sa pupille et Savinien. Se plaindre des manières de madame de Portenduère ou s'en offenser était un écueil sur lequel un homme d'un petit esprit aurait touché; mais Minoret avait trop d'acquis pour ne pas l'éviter : il se mit à causer avec le vicomte du danger que courait alors Charles X, après avoir confié la direction des affaires au prince de Polignac. Lorsqu'il y eut assez de temps écoulé pour qu'en parlant d'affaires le docteur n'eût point l'air de se venger, il présenta, presque en plaisantant, à la vieille dame, les dossiers de poursuites et les mémoires acquittés qui appuyaient un compte fait par son notaire.

— Mon fils l'a reconnu? dit-elle en jetant à Savinien un regard auquel il répondit en inclinant la tête. Eh! bien, c'est l'affaire de Dionis, ajouta-t-elle en repoussant les papiers et traitant cette affaire avec le dédain qu'à ses yeux méritait l'argent.

Rabaisser la richesse, c'était, dans les idées de madame de Portenduère, élever la Noblesse et ôter toute son importance à la Bourgeoisie. Quelques instants après, Goupil vint de la part de son patron demander les comptes entre Savinien et monsieur Minoret.

— Et pourquoi? dit la vieille dame.

— Pour en faire la base de l'obligation, il n'y a pas délivrance d'espèces, répondit le premier clerc en jetant autour de lui des regards effrontés.

Ursule et Savinien, qui pour la première fois échangèrent un coup d'œil avec cet horrible personnage, éprouvèrent la sensation que cause un crapaud, mais aggravée par un sinistre pressentiment. Tous deux ils eurent cette indéfinissable et confuse vision de l'avenir sans nom dans la langue, mais qui serait explicable par une action de l'être intérieur dont avait parlé le swedenborgiste au docteur Minoret. La certitude que ce venimeux Goupil leur serait fatal fit trembler Ursule, mais elle se remit de son trouble en sentant un indicible plaisir à voir Savinien partageant son émotion.

— Il n'est pas beau, le clerc de monsieur Dionis! dit Savinien quand Goupil eut fermé la porte.

— Et qu'est-ce que cela fait que ces gens-là soient beaux ou laids? dit madame de Portenduère.

— Je ne lui en veux pas de sa laideur, reprit le curé, mais de sa méchanceté qui passe les bornes; il y met de la scélératesse.

Malgré son désir d'être aimable, le docteur devint digne et froid. Les deux amoureux furent gênés. Sans la bonhomie de l'abbé Chaperon, dont la gaieté douce anima le dîner, la situation du docteur et de sa pupille eût été presque intolérable. Au dessert, en voyant pâlir Ursule, il lui dit : — Si tu ne te trouves pas bien, mon enfant, tu n'as que la rue à traverser.

— Qu'avez-vous, mon cœur ? dit la vieille dame à la jeune fille.

— Hélas ! madame, reprit sévèrement le docteur, son âme a froid, habituée comme elle l'est à ne rencontrer que des sourires.

— Une bien mauvaise éducation, monsieur le docteur, dit madame de Portenduère. N'est-ce pas, monsieur le curé !

— Oui, madame, répondit Minoret en jetant un regard au curé qui se trouva sans parole. J'ai rendu, je le vois, la vie impossible à cette nature angélique si elle devait aller dans le monde ; mais je ne mourrai pas sans l'avoir mise à l'abri de la froideur, de l'indifférence et de la haine.

— Mon parrain ?... je vous en prie !... assez. Je ne souffre pas ici, dit-elle en affrontant le regard de madame de Portenduère plutôt que de donner trop de signification à ses paroles en regardant Savinien.

— Je ne sais pas, madame, dit alors Savinien à sa mère, si mademoiselle Ursule souffre, mais je sais que vous me mettez au supplice.

En entendant ce mot arraché par les façons de sa mère à ce généreux jeune homme, Ursule pâlit et pria madame de Portenduère de l'excuser ; elle se leva, prit le bras de son tuteur, salua, sortit, revint chez elle, entra précipitamment dans le salon de son parrain où elle s'assit près de son piano, mit sa tête dans ses mains et fondit en larmes.

— Pourquoi ne laisses-tu pas la conduite de tes sentiments à ma vieille expérience, cruelle enfant ?... s'écria le docteur au désespoir. Les nobles ne se croient jamais obligés par nous autres bourgeois. En les servant nous faisons notre devoir, voilà tout. D'ailleurs la vieille dame a vu que Savinien te regardait avec plaisir, elle a peur qu'il ne t'aime.

— Enfin, il est sauvé ? dit-elle. Mais essayer d'humilier un homme comme vous ?

— Attends-moi, ma petite.

Quand le docteur revint chez madame de Portenduère, il y trouva Dionis accompagné de messieurs Bongrand et Levrault le maire, témoins exigés par la loi pour la validité des actes passés dans les communes où il n'existe qu'un notaire. Minoret prit à part monsieur Dionis et lui dit un mot à l'oreille, après lequel le notaire fit la lecture de l'obligation : madame de Portenduère y donnait une hypothèque sur tous ses biens jusqu'au remboursement des cent mille francs prêtés par le docteur au vicomte, et les intérêts y étaient stipulés à cinq pour cent. A la lecture de cette clause, le curé regarda Minoret, qui répondit à l'abbé par un léger coup de tête approbatif. Le pauvre prêtre alla dire à l'oreille de sa pénitente quelques mots auxquels elle répondit à mi-voix : — Je ne veux rien devoir à ces gens-là.

— Ma mère, monsieur me laisse le beau rôle, dit Savinien au docteur ; elle vous rendra tout l'argent et me charge de la reconnaissance.

— Mais il vous faudra trouver onze mille francs la première année, à cause des frais du contrat, reprit le curé.

— Monsieur, dit Minoret à Dionis, comme monsieur et madame de Portenduère sont hors d'état de payer l'enregistrement, joignez les frais de l'acte au capital, je vous les payerai.

Dionis fit des renvois, et le capital fut alors fixé à cent sept mille francs. Quand tout fut signé, Minoret prétexta de sa fatigue pour se retirer en même temps que le notaire et les témoins.

— Madame, dit le curé qui resta seul avec le vicomte, pourquoi choquer cet excellent monsieur Minoret qui vous a sauvé cependant au moins vingt-cinq mille francs à Paris, et qui a eu la délicatesse d'en laisser vingt mille à votre fils pour ses dettes d'honneur ?...

— Votre Minoret est un sournois, dit-elle en prenant une pincée de tabac, il sait bien ce qu'il fait.

— Ma mère croit qu'il veut m'obliger à épouser sa pupille en englobant notre ferme, comme si l'on pouvait forcer un Portenduère, fils d'une Kergarouët, à se marier contre son gré.

Une heure après, Savinien se présenta chez le docteur où les héritiers se trouvaient, amenés par la curiosité. L'apparition du jeune vicomte produisit une sensation d'autant plus vive que, chez chacun des assistants, elle excita des émotions différentes. Mesdemoiselles Crémière et Massin chuchotèrent en regardant Ursule qui rougissait. Les mères dirent à Désiré que Goupil pouvait bien avoir raison à l'égard de ce mariage. Les yeux de toutes les personnes présentes se tournèrent alors sur le docteur qui ne se leva point pour recevoir le gentilhomme et se contenta de le saluer par une inclination de tête sans quitter le cornet, car il faisait une partie de trictrac avec monsieur Bongrand. L'air froid du docteur surprit tout le monde.

— Ursule, mon enfant, dit-il, fais-nous un peu de musique.

En voyant la jeune fille, heureuse d'avoir une contenance, sauter sur l'instrument et remuer les volumes reliés en vert, les héritiers acceptèrent avec des démonstrations de plaisir le supplice et le silence qui allaient leur être infligés, tant ils tenaient à savoir ce qui se tramait entre leur oncle et les Portenduère.

Il arrive souvent qu'un morceau pauvre en lui-même, mais exécuté par une jeune fille sous l'empire d'un sentiment profond, fasse plus d'impression qu'une grande ouverture pompeusement dite par un orchestre habile. Il existe en toute musique, outre la pensée du compositeur, l'âme de l'exécutant, qui, par un privilége acquis seulement à cet art, peut donner du sens et de la poésie à des phrases sans grande valeur. Chopin prouve aujourd'hui pour l'ingrat piano la vérité de ce fait déjà démontré par Paganini pour le violon. Ce beau génie est moins un musicien qu'une âme qui se rend sensible et qui se communiquerait par toute espèce de musique, même par de simples accords. Par sa sublime et périlleuse organisation, Ursule appartenait à cette école de génies si rares; mais le vieux Schmucke, le maître qui venait chaque samedi et qui pendant le séjour d'Ursule à Paris la vit tous les jours, avait porté le talent de son élève à toute sa perfection. Le Songe de Rousseau, morceau choisi par Ursule, une des compositions de la jeunesse d'Hérold, ne manque pas d'ailleurs d'une certaine profondeur qui peut se développer à l'exécution ; elle y jeta les sentiments qui l'agitaient et justifia bien le titre de Caprice que porte ce fragment. Par un jeu à la fois suave et rêveur, son âme parlait à l'âme du jeune homme et l'enveloppait comme d'un nuage par des idées presque visibles. Assis au bout du piano, le coude appuyé sur le couvercle et la tête dans sa main gauche, Savinien admirait Ursule dont les yeux arrêtés sur la boiserie semblaient interroger un monde mystérieux. On serait devenu profondément amoureux à moins. Les sentiments vrais ont leur magnétisme, et Ursule voulait en quelque sorte montrer son âme, comme une coquette se pare pour plaire. Savinien pénétra donc dans ce délicieux royaume, entraîné par ce cœur qui, pour s'interpréter lui-même, empruntait la puissance du seul art qui parle à la pensée par la pensée même, sans le secours de la parole, des couleurs ou de la forme. La candeur a sur l'homme le même pouvoir que l'enfance, elle en a les attraits et les irrésistibles séductions ; or, jamais Ursule ne fut plus candide qu'en ce moment où elle naissait à une nouvelle vie. Le curé vint arracher le gentilhomme à son rêve, en lui demandant de faire le quatrième au whist. Ursule continua de jouer, les héritiers partirent, à l'exception de Désiré qui cherchait à connaître les intentions de son grand-oncle, du vicomte et d'Ursule.

— Vous avez autant de talent que d'âme, mademoiselle, dit Savinien quand la jeune fille ferma son piano pour venir s'asseoir à côté de son parrain. Quel est donc votre maître ?

— Un Allemand logé précisément auprès de la rue Dauphine, sur le quai Conti, dit le docteur. S'il n'avait pas donné tous les jours une leçon à Ursule pendant notre séjour à Paris, il serait venu ce matin.

— C'est non-seulement un grand musicien, dit Ursule, mais un homme adorable de naïveté.

— Ces leçons-là doivent coûter cher ! s'écria Désiré.

Un sourire d'ironie fut échangé par les joueurs. Quand la partie se termina, le docteur, soucieux jusqu'alors, prit en regardant Savinien l'air d'un homme peiné d'avoir à remplir une obligation.

— Monsieur, lui dit-il, je vous sais beaucoup de gré du sentiment qui vous a porté à me faire si promptement visite; mais madame votre mère me suppose des arrière-pensées très-peu nobles, et je lui donnerais le droit de les croire vraies si je ne vous priais pas de ne plus venir me voir, malgré l'honneur que me feraient vos visites et le plaisir que j'aurais à cultiver votre société. Mon honneur et mon repos exigent que nous cessions toute relation de voisinage. Dites à madame votre mère que si je ne vais point la prier de nous faire l'honneur, à ma pupille et à moi, d'accepter à dîner dimanche prochain, c'est à cause de la certitude où je suis qu'elle serait indisposée ce jour-là.

Le vieillard tendit la main au jeune vicomte, qui la lui serra respectueusement, en lui disant : — Vous avez raison, monsieur ! Et il se retira, non sans faire à Ursule un salut qui révélait plus de mélancolie que de désappointement.

Désiré sortit en même temps que le gentilhomme ; mais il lui fut impossible d'échanger un mot, car Savinien se précipita chez lui.

Le désaccord des Portenduère et du docteur Minoret défraya, pendant deux jours, la conversation des héritiers qui rendirent hommage au génie de Dionis, et regardèrent alors leur succession comme sauvée. Ainsi, dans un siècle où les rangs se nivellent, où la manie de l'égalité met de plain-pied tous les individus et menace tout, jusqu'à la subordination militaire, dernier retranchement du pouvoir en France ; où par conséquent les passions n'ont plus d'autres obstacles à vaincre que les antipathies personnelles ou le défaut d'équilibre entre les fortunes, l'obstination d'une vieille Bretonne et la dignité du docteur Minoret élevaient entre ces deux amants des barrières destinées, comme autrefois, moins à détruire qu'à fortifier l'amour. Pour un homme passionné, toute femme vaut ce qu'elle lui coûte ; or, Savinien apercevait une lutte, des efforts, des incertitudes qui lui rendaient déjà cette jeune fille chère : il voulait la conquérir. Peut-être nos sentiments obéissent-ils aux lois de la nature sur la durée de ses créations : à longue vie, longue enfance !

Le lendemain matin, en se levant, Ursule et Savinien eurent une même pensée. Cette entente ferait naître l'amour si elle n'en était pas déjà la plus délicieuse preuve. Lorsque la jeune fille écarta légèrement ses rideaux afin de donner à ses yeux l'espace strictement nécessaire pour voir chez Savinien, elle aperçut la figure de son amant au-dessus de l'espagnolette en face. Quand on songe aux immenses services que rendent les fenêtres aux amoureux, il semble assez naturel d'en faire l'objet d'une contribution. Après avoir ainsi protesté contre la dureté de son parrain, Ursule laissa retomber les rideaux, et ouvrit ses fenêtres pour fermer ses persiennes à travers lesquelles elle pourrait désormais voir sans être vue. Elle monta bien sept ou huit fois pendant la journée à sa chambre, et trouva toujours le jeune vicomte écrivant, déchirant des papiers et recommençant à écrire, à elle sans doute !

Le lendemain matin, au réveil d'Ursule, la Bougival lui monta la lettre suivante.

A MADEMOISELLE URSULE.

« Mademoiselle,

» Je ne me fais point illusion sur la défiance que doit inspirer un jeune homme qui s'est mis dans la position d'où je ne suis sorti que par l'intervention de votre tuteur : il me faut donner désormais plus de garanties que tout autre ; aussi, mademoiselle, est-ce avec une profonde humilité que je me mets à vos pieds pour vous avouer mon amour. Cette déclaration n'est pas dictée par une passion; elle vient d'une certitude qui embrasse la vie entière. Une folle passion pour ma jeune tante, madame de Kergarouët, m'a jeté en prison, ne trouverez-vous pas une marque de sincère amour dans la complète disparition de mes souvenirs, et de cette image effacée de mon cœur par la vôtre? Dès que je vous ai vue endormie et si gracieuse dans votre sommeil d'enfant à Bouron, vous avez occupé mon âme en reine qui prend possession de son empire. Je ne veux pas d'autre femme que vous. Vous avez toutes les distinctions que je souhaite dans celle qui doit porter mon nom. L'éducation que vous avez reçue et la dignité de votre cœur vous mettent à la hauteur des situations les plus élevées. Mais je doute trop de moi-même pour essayer de vous bien peindre à vous-même, je ne puis que vous aimer. Après vous avoir entendue hier, je me suis souvenu de ces phrases qui semblent écrites pour vous :

« Faite pour attirer les cœurs et charmer les yeux, à la fois
» douce et indulgente, spirituelle et raisonnable, polie comme si
» elle avait passé sa vie dans les cours, simple comme le solitaire
» qui n'a jamais connu le monde, le feu de son âme est tempéré
» dans ses yeux par une divine modestie. »

» J'ai senti le prix de cette belle âme qui se révèle en vous dans les plus petites choses. Voilà ce qui me donne la hardiesse de vous demander, si vous n'aimez encore personne, de me laisser vous prouver par mes soins et par ma conduite que je suis digne de vous. Il s'agit de ma vie, vous ne pouvez douter que toutes mes forces ne soient employées non seulement à vous plaire, mais encore à mériter votre estime, qui peut tenir lieu de celle de toute la terre. Avec cet espoir, Ursule, et si vous me permettez de vous nommer dans mon cœur comme une adorée, Nemours sera pour moi le paradis, et les plus difficiles entreprises ne m'offriront que des jouissances qui vous seront rapportées comme on rapporte tout à Dieu. Dites-moi donc que je puis me dire

» Votre SAVINIEN. »

Ursule baisa cette lettre; puis, après l'avoir relue et tenue avec des mouvements insensés, elle s'habilla pour aller la montrer à son parrain.

— Mon Dieu ! j'ai failli sortir sans faire mes prières, dit-elle en rentrant pour s'agenouiller à son prie-Dieu.

Quelques instants après, elle descendit au jardin et y trouva son tuteur à qui elle fit lire la lettre de Savinien. Tous deux ils s'assirent sur le banc, sous le massif de plantes grimpantes, en face du pavillon chinois : Ursule attendait un mot du vieillard, et le vieillard réfléchissait beaucoup trop longtemps pour une fille impatiente. Enfin, de leur entretien secret il résulta la lettre suivante, que le docteur avait sans doute en partie dictée.

« Monsieur,

» Je ne puis être que fort honorée de la lettre par laquelle vous m'offrez votre main ; mais, à mon âge, et d'après les lois de mon éducation, j'ai dû la communiquer à mon tuteur, qui est toute ma famille, et que j'aime à la fois comme un père et comme un ami. Voici donc les cruelles objections qu'il m'a faites et qui doivent me servir de réponse.

» Je suis, monsieur le vicomte, une pauvre fille dont la fortune à venir dépend entièrement non seulement des bons vouloirs de mon parrain, mais encore des mesures chanceuses qu'il prendra pour éluder les mauvais vouloirs de ses héritiers à mon égard. Quoique fille légitime de Joseph Mirouët, capitaine de musique au 45ᵉ régiment d'infanterie ; comme il est le beau-frère naturel de mon tuteur, on pourrait, quoique sans raison, faire un procès à une jeune fille qui resterait sans défense. Vous voyez, monsieur, que mon peu de fortune n'est pas mon plus grand malheur. J'ai bien des raisons d'être humble. C'est pour vous et non pour moi que je vous soumets de pareilles observations qui sont souvent d'un poids léger pour des cœurs aimants et dévoués. Mais considérez aussi, monsieur, que si je ne vous les soumettais pas, je serais soupçonnée de vouloir faire passer votre tendresse par-dessus des obstacles que le monde et surtout votre mère trouveraient invincibles. J'aurai seize ans dans quatre mois. Peut-être reconnaîtrez-vous que nous sommes l'un et l'autre trop jeunes et trop inexpérimentés pour combattre les misères d'une vie commencée sans autre fortune que ce que je tiens de la bonté de feu monsieur de Jordy. Mon tuteur désire d'ailleurs ne pas me marier avant que j'aie atteint vingt ans. Qui sait ce que le sort vous réserve durant ces quatre années, les plus belles de votre vie ? ne la brisez donc pas pour une pauvre fille.

» Après vous avoir exposé, monsieur, les raisons de mon cher tuteur qui, loin de s'opposer à mon bonheur, veut y contribuer de toutes ses forces et souhaite voir sa protection, bientôt débile, remplacée par une tendresse égale à la sienne, il me reste à vous dire combien je suis touchée et de votre offre et des compliments affectueux qui l'accompagnent. La prudence qui dicte cette réponse est d'un vieillard à qui la vie est bien connue ; mais la reconnaissance que je vous exprime est d'une jeune fille à qui nul autre sentiment n'est entré dans l'âme.

» Ainsi, monsieur, je puis me dire, en toute vérité,

» Votre servante,
» URSULE MIROUET. »

Savinien ne répondit pas. Faisait-il des tentatives auprès de sa mère ? Cette lettre avait-elle éteint son amour ? Mille questions semblables, toutes insolubles, tourmentaient horriblement Ursule et par ricochet le docteur qui souffrait des moindres agitations de sa chère enfant. Ursule montait souvent à sa chambre et regardait chez Savinien qu'elle voyait pensif, assis devant sa table et tournant souvent les yeux sur ses fenêtres à elle. A la fin de la semaine, pas plus tôt, elle reçut la lettre suivante de Savinien dont le retard s'expliquait par un surcroît d'amour.

A MADEMOISELLE URSULE MIROUET.

« Chère Ursule, je suis un peu Breton ; et, une fois mon parti pris, rien ne m'en fait changer. Votre tuteur, que Dieu conserve encore long-temps, a raison ; mais ai-je donc tort de vous aimer ? Aussi voudrais-je seulement savoir de vous si vous m'aimez. Dites-le-moi, ne fût-ce que par un signe, et c'est alors que ces quatre années deviendront les plus belles de ma vie !

» Un de mes amis a remis à mon grand-oncle, le vice-amiral de Kergarouët, une lettre où je lui demande sa protection pour entrer dans la marine. Ce bon vieillard, ému par mes malheurs, m'a répondu que la bonne volonté du roi serait contre-carrée par les règlements dans le cas où je voudrais un grade. Néanmoins, après trois mois d'études à Toulon, le ministre me fera partir comme maître de timonerie ; puis, après une croisière contre les Algériens, avec lesquels nous sommes en guerre, je puis subir un examen et devenir aspirant. Enfin, si je me distingue dans l'expédition qui se prépare contre Alger, je serai certainement enseigne; mais dans combien de temps ?... Personne ne peut le dire. Seulement on rendra les ordonnances aussi élastiques qu'il sera possible pour réintégrer le nom de Portenduère à la marine. Je ne dois vous obtenir que de votre parrain, je le vois; et votre respect pour lui vous rend plus chère à mon cœur. Avant de répondre, je vais donc avoir une entrevue avec lui : de sa réponse dépendra tout mon avenir. Quoi qu'il advienne, sachez que, riche ou pauvre, fille d'un capitaine de musique ou fille d'un roi, vous êtes pour moi celle que la voix de mon cœur a désignée. Chère Ursule, nous sommes dans un temps où les préjugés, qui jadis nous eussent séparés, n'ont pas assez de force pour empêcher notre mariage. A vous donc tous les sentiments de mon cœur, et à votre oncle des garanties qui lui répondent de votre félicité! Il ne sait pas que je vous ai dans quelques instants plus aimée qu'il ne vous aime depuis quinze ans. A ce soir. »

— Tenez, mon parrain, dit Ursule en lui tendant cette lettre par un mouvement d'orgueil.

— Ah! mon enfant, s'écria le docteur après avoir lu la lettre, je suis plus content que toi. Le gentilhomme a par cette résolution réparé toutes ses fautes.

Après le dîner Savinien se présenta chez le docteur, qui se promenait alors avec Ursule le long de la balustrade de la terrasse sur la rivière. Le vicomte avait reçu ses habits de Paris, et l'amoureux n'avait pas manqué de rehausser ses avantages naturels par une mise aussi soignée, aussi élégante que s'il se fût agi de plaire à la belle et fière comtesse de Kergarouët. En le voyant venir du perron vers eux, la pauvre petite serra le bras de son oncle absolument comme si elle se retenait pour ne pas tomber dans un précipice, et le docteur entendit de profondes et sourdes palpitations qui lui donnèrent le frisson.

— Laisse-nous, mon enfant, dit-il à sa pupille qui s'assit sur les marches du pavillon chinois après avoir laissé prendre sa main par Savinien, qui y déposa un baiser respectueux.

— Monsieur, donnerez-vous cette chère personne à un capitaine de vaisseau? dit le jeune vicomte à voix basse au docteur.

— Non, dit Minoret en souriant ; nous pourrions attendre trop long-temps ; mais... à un lieutenant de vaisseau.

Des larmes de joie humectèrent les yeux du jeune homme, qui serra très-affectueusement la main du vieillard.

— Je vais donc partir, répondit-il, aller étudier et tâcher d'apprendre en six mois ce que les élèves de l'école de marine ont appris en six ans.

— Partir ? dit Ursule en s'élançant du perron vers eux.

— Oui, mademoiselle, pour vous mériter. Ainsi, plus j'y mettrai d'empressement, plus d'affection je vous témoignerai.

— Nous sommes aujourd'hui le 3 octobre, dit-elle en le regardant avec une tendresse infinie, partez après le 19.

— Oui, dit le vieillard, nous fêterons la Saint-Savinien.

— Adieu donc, s'écria le jeune homme. Je dois aller passer cette semaine à Paris, y faire les démarches nécessaires, mes préparatifs et mes acquisitions de livres, d'instruments de mathématiques, me concilier la faveur du ministre et obtenir les meilleures conditions possibles.

Ursule et son parrain reconduisirent Savinien jusqu'à la grille. Après l'avoir vu rentrant chez sa mère, ils le virent sortir accompagné de Tiennette, qui portait une petite malle.

— Pourquoi, si vous êtes riche, le forcez-vous à servir dans la marine ? dit Ursule à son parrain.

— Je crois que ce sera bientôt moi qui aurai fait ses dettes, dit le docteur en souriant. Je ne le force point ; mais l'uniforme, mon cher cœur, et la croix de la Légion-d'Honneur gagnée dans un combat effaceront bien des taches. En six ans il peut arriver à commander un bâtiment, et voilà tout ce que je lui demande.

— Mais il peut périr, dit-elle en montrant au docteur un visage pâle.

— Les amoureux ont, comme les ivrognes, un dieu pour eux, répondit le docteur en plaisantant.

A l'insu de son parrain, la pauvre petite, aidée par la Bougival, coupa pendant la nuit une quantité suffisante de ses longs et beaux cheveux blonds pour faire une chaîne ; puis le surlendemain elle séduisit son maître de musique, le vieux Schmucke, qui lui promit de veiller à ce que les cheveux ne fussent pas changés et que la chaîne fût achevée pour le dimanche suivant. A son retour, Savinien apprit au docteur et à sa pupille qu'il avait signé son engagement. Il devait être rendu le 25 à Brest. Invité par le docteur à dîner pour le 18, il passa ces deux journées presque entières chez le docteur; et, malgré les plus sages recommandations, les deux amoureux ne purent s'empêcher de trahir leur bonne intelligence aux yeux du curé, du juge de paix, du médecin de Nemours et de la Bougival.

— Enfants, leur dit le vieillard, vous jouez votre bonheur en ne vous gardant pas le secret à vous-mêmes.

Enfin, le jour de sa fête, après la messe, pendant laquelle il y eut quelques regards échangés, Savinien, épié par Ursule, traversa la rue et vint dans ce petit jardin où tous deux se trouvèrent presque seuls. Par indulgence, le bonhomme lisait ses journaux dans le pavillon chinois.

— Chère Ursule, dit Savinien, voulez-vous me faire une fête plus grande que ne pourrait me la faire ma mère en me donnant une seconde fois la vie?...

— Je sais ce que vous voulez me demander, dit Ursule en l'interrompant. Tenez, voici ma réponse, ajouta-t-elle en prenant dans la poche de son tablier la chaîne faite de ses cheveux et la lui présentant dans un tremblement nerveux qui accusait une joie illimitée. Portez ceci, dit-elle, pour l'amour de moi. Puisse mon présent écarter de vous tous les périls en vous rappelant que ma vie est attachée à la vôtre !

— Ah ! la petite masque, elle lui donne une chaîne de ses cheveux, se disait le docteur. Comment s'y est-elle prise ? Couper dans ses belles tresses blondes !... mais elle lui donnerait donc mon sang.

— Ne trouverez-vous pas bien mauvais de vous demander, avant de partir, une promesse formelle de n'avoir jamais d'autre mari que moi ? dit Savinien en baisant cette chaîne et regardant Ursule sans pouvoir retenir une larme.

— Si je ne vous l'ai pas trop dit déjà, moi qui suis venue contempler les murs de Sainte-Pélagie quand vous y étiez, répondit-elle en rougissant; je vous le répète, Savinien : je n'aimerai jamais que vous et ne serai jamais qu'à vous.

En voyant Ursule à demi cachée dans le massif, le jeune homme ne tint pas contre le plaisir de la serrer sur son cœur et de l'embrasser au front; mais elle jeta comme un cri faible, se laissa tomber sur le banc, et, lorsque Savinien se mit auprès d'elle en lui demandant pardon, il vit le docteur debout devant eux.

— Mon ami, dit-il, Ursule est une véritable sensitive qu'une parole amère tuerait. Pour elle, vous devrez modérer l'éclat de l'amour. Ah! si vous l'eussiez aimée depuis seize ans, vous vous seriez contenté de sa parole, ajouta-t-il pour se venger du mot par lequel Savinien avait terminé sa dernière lettre.

Deux jours après, Savinien partit. Malgré les lettres qu'il écrivit régulièrement à Ursule, elle fut en proie à une maladie sans cause sensible. Semblable à ces beaux fruits attaqués par un ver, une pensée lui rongeait le cœur. Elle perdit l'appétit et ses belles couleurs. Quand son parrain lui demanda la première fois ce qu'elle éprouvait : — Je voudrais voir la mer, dit-elle.

— Il est difficile de te mener en décembre voir un port de mer, lui répondit le vieillard.

— Irais-je donc ? dit-elle.

De grands vents s'élevaient-ils, Ursule éprouvait des commotions en croyant, malgré les savantes distinctions de son parrain, du curé, du juge de paix entre les vents de mer et ceux de terre, que Savinien se trouvait aux prises avec un ouragan. Le juge de paix la rendit heureuse pour quelques jours avec une gravure qui représentait un aspirant en costume. Elle lisait les journaux en imaginant qu'ils donneraient des nouvelles de la croisière pour laquelle Savinien était parti. Elle dévora les romans maritimes de Cooper, et voulut apprendre les termes de marine. Ces preuves de la fixité de la pensée, souvent jouées par les autres femmes, furent si naturelles chez Ursule qu'elle vit en rêve chacune des lettres de Savinien, et ne manqua jamais à les annoncer le matin même en racontant le songe avant-coureur.

— Maintenant, dit-elle au docteur, la quatrième fois que ce fait eut lieu sans que le curé et le médecin en fussent surpris, je suis tranquille : à quelque distance que Savinien soit, s'il est blessé, je le sentirai dans le même instant.

Le vieux médecin resta plongé dans une profonde méditation que le juge de paix et le curé jugèrent douloureuse, à voir l'expression de son visage.

— Qu'avez-vous ? lui demandèrent-ils quand Ursule les eut laissés seuls.

— Vivra-t-elle ? répondit le vieux médecin. Une si délicate et si tendre fleur résistera-t-elle à des peines de cœur ?

Néanmoins *la petite rêveuse,* comme la surnomma le curé,

travaillait avec ardeur; elle comprenait l'importance d'une grande instruction pour une femme du monde, et tout le temps qu'elle ne donnait pas au chant, à l'étude de l'Harmonie et de la Composition, elle le passait à lire les livres que lui choisissait l'abbé Chaperon dans la riche bibliothèque de son parrain. Tout en menant cette vie occupée, elle souffrait, mais sans se plaindre. Parfois elle restait des heures entières à regarder la fenêtre de Savinien. Le dimanche, à la sortie de la messe, elle suivait madame de Portenduère en la contemplant avec tendresse, car, malgré ses duretés, elle aimait en elle la mère de Savinien. Sa piété redoublait, elle allait à la messe tous les matins, car elle crut fermement que ses rêves étaient une faveur de Dieu. Effrayé des ravages produits par cette nostalgie de l'amour, le jour de la naissance d'Ursule son parrain lui promit de la conduire à Toulon voir le départ de l'expédition d'Alger sans que Savinien, qui en faisait partie, en fût instruit. Le juge de paix et le curé gardèrent le secret au docteur sur le but de ce voyage, qui parut être entrepris pour la santé d'Ursule, et qui intrigua beaucoup les héritiers Minoret. Après avoir revu Savinien en uniforme d'aspirant, après avoir monté sur le beau vaisseau de l'amiral, à qui le ministre avait recommandé le jeune Portenduère, Ursule, à la prière de son ami, alla respirer l'air de Nice, et parcourut la côte de la Méditerranée jusqu'à Gênes, où elle apprit l'arrivée de la flotte devant Alger et les heureuses nouvelles du débarquement. Le docteur aurait voulu continuer ce voyage à travers l'Italie, autant pour distraire Ursule que pour achever en quelque sorte son éducation en agrandissant ses idées par la comparaison des mœurs, des pays, et par les enchantements de la terre où vivent les chefs-d'œuvre de l'art, et où tant de civilisations ont laissé leurs traces brillantes; mais la nouvelle de la résistance opposée par le trône aux électeurs de la fameuse Chambre de 1830 ramena le docteur en France, où il ramena sa pupille dans un état de santé florissante, et riche d'un charmant petit modèle du vaisseau sur lequel servait Savinien.

Les Élections de 1830 donnèrent de la consistance aux héritiers qui, par les soins de Désiré Minoret et de Goupil, formèrent à Nemours un comité dont les efforts firent nommer à Fontainebleau le candidat libéral. Massin exerçait une énorme influence sur les électeurs de la campagne. Cinq des fermiers du maître de poste étaient électeurs. Dionis représentait plus de onze voix. En se réunissant chez le notaire, Crémière, Massin, le maître de poste et leurs adhérents finirent par prendre l'habitude de s'y voir. Au retour du docteur, le salon de Dionis était donc devenu le camp des héritiers. Le juge de paix et le maire qui se lièrent alors pour résister aux libéraux de Nemours, battus par l'Opposition malgré les efforts des châteaux situés aux environs, furent étroitement unis par leur défaite. Lorsque Bongrand et l'abbé Chaperon apprirent au docteur le résultat de cet antagonisme qui dessina, pour la première fois, deux partis dans Nemours, et donna de l'importance aux héritiers Minoret, Charles X partait de Rambouillet pour Cherbourg. Désiré Minoret, qui partageait les opinions du Barreau de Paris, avait fait venir de Nemours quinze de ses amis commandés par Goupil, et à qui le maître de poste donna des chevaux pour courir à Paris, où ils arrivèrent chez Désiré dans la nuit du 28. Goupil et Désiré coopérèrent avec cette troupe à la prise de l'Hôtel-de-Ville. Désiré Minoret fut décoré de la Légion-d'Honneur, et nommé substitut du procureur du roi à Fontainebleau. Goupil eut la croix de Juillet. Dionis fut élu maire de Nemours en remplacement du *sieur* Levrault, et le conseil municipal se composa de Minoret-Levrault, adjoint; de Massin, de Crémière et de tous les adhérents du salon de Dionis. Bongrand ne garda sa place que par l'influence de son fils, fait procureur du roi à Melun, et dont le mariage avec mademoiselle Levrault parut alors probable. En voyant le trois pour cent à quarante-cinq, le docteur partit en poste pour Paris, et plaça cinq cent quarante mille francs en inscriptions au porteur. Le reste de sa fortune, qui allait environ à deux cent soixante-dix mille francs, lui donna, mis à son nom dans le même fonds, ostensiblement quinze mille francs de rente. Il employa de la même manière le capital légué par le vieux professeur à Ursule, ainsi que les huit mille francs produits en neuf ans par les intérêts, ce qui fit à sa pupille quatorze cents francs de rente, au moyen d'une petite somme qu'il ajouta pour arrondir ce léger revenu. D'après les conseils de son maître, la vieille Bougival eut trois cent cinquante francs de rente en plaçant ainsi cinq mille et quelques cents francs d'économies. Ces sages opérations, méditées entre le docteur et le juge de paix, furent accomplies dans le plus profond secret à la faveur des troubles politiques. Quand le calme fut à peu près rétabli, le docteur acheta une petite maison contiguë à la sienne, et l'abattit ainsi que le mur de sa cour pour faire construire à la place une remise et une écurie. Employer le capital de mille francs de rente à se donner des communs parut une folie à tous les héritiers Minoret. Cette prétendue folie fut le commencement d'une ère nouvelle dans la vie du docteur qui, par un moment où les chevaux et les voitures se donnaient presque, ramena de Paris trois superbes chevaux et une calèche.

Quand, au commencement de novembre 1830, le vieillard vint pour la première fois par un temps pluvieux en calèche à la messe, et descendit pour donner la main à Ursule, tous les habitants accoururent sur la place, autant pour voir la voiture du docteur et questionner son cocher, que pour gloser sur la pupille à l'excessive ambition de laquelle Massin, Crémière, le maître de poste et leurs femmes attribuaient les folies de leur oncle.

— La calèche! hé, Massin? cria Goupil. Votre succession va bon train, hein?

— Tu dois avoir demandé de bons gages, Cabirolle? dit le maître de poste au fils d'un de ses conducteurs qui restait auprès des chevaux, car il faut espérer que tu n'useras pas beaucoup de fers chez un homme de quatre-vingt-quatre ans. Combien les chevaux ont-ils coûté?

— Quatre mille francs. La calèche, quoique de hasard, a été payée deux mille francs; mais elle est belle, les roues sont à patente.

— Comment, dites-vous, Cabirolle? demanda madame Crémière.

— Il dit *à ma tante*, répondit Goupil, c'est une idée des Anglais, qui ont inventé ces roues-là. Tenez! voyez-vous, on ne voit rien du tout, c'est emboîté, c'est joli, on n'accroche pas, il n'y a plus ce vilain bout de fer carré qui dépassait l'essieu.

— A quoi rime *ma tante?* dit alors innocemment madame Crémière.

— Comment! dit Goupil, ça ne vous *tente* donc pas?

— Ah! je comprends, dit-elle.

— Eh! bien, non, vous êtes une honnête femme, dit Goupil, il ne faut pas vous tromper, le vrai mot c'est *à patte entre*, parce que la fiche est cachée.

— Oui, madame, dit Cabirolle qui fut la dupe de l'explication de Goupil, tant le clerc la donna sérieusement.

— C'est une belle voiture, tout de même, s'écria Crémière, et il faut être riche pour prendre un pareil genre.

— Elle va bien, la petite, dit Goupil. Mais elle a raison, elle vous apprend à jouir de la vie. Pourquoi n'avez-vous pas de beaux chevaux et des calèches, vous, papa Minoret? Vous laisserez-vous humilier? A votre place, moi! j'aurais une voiture de prince.

— Voyons, Cabirolle, dit Massin, est-ce la petite qui lance notre oncle dans ces luxes-là?

— Je ne sais pas, répondit Cabirolle, mais elle est quasiment la maîtresse au logis. Il vient maintenant maître sur maître de Paris. Elle va, dit-on, étudier la peinture.

— Je saisirai cette occasion pour faire *tirer* mon portrait, dit madame Crémière.

En province, on dit encore tirer au lieu de faire un portrait.

— Le vieil Allemand n'est cependant pas renvoyé, dit madame Massin.

— Il y est encore aujourd'hui, répondit Cabirolle.

— Abondance de chiens ne nuit pas, dit madame Crémière qui fit rire tout le monde.

— Maintenant, s'écria Goupil, vous ne devez plus compter sur la succession. Ursule a bientôt dix-sept ans, elle est plus jolie que jamais; les voyages forment la jeunesse, et la petite farceuse tient votre oncle par le bon bout. Il y a cinq ou six paquets pour elle aux voitures par semaine, et les couturières, les modistes viennent lui essayer ici ses robes et ses affaires. Aussi ma patronne est-elle furieuse. Attendez Ursule à la sortie et regardez son petit châle de cou, un vrai cachemire de six cents francs.

La foudre serait tombée au milieu du groupe des héritiers, elle n'aurait pas produit plus d'effet que les derniers mots de Goupil, qui se frottait les mains.

Le vieux salon vert du docteur fut renouvelé par un tapissier de Paris. Jugé sur le luxe qu'il déployait, le vieillard était tantôt accusé d'avoir celé sa fortune et de posséder soixante mille livres de rentes, tantôt de dépenser ses capitaux pour plaire à Ursule. On faisait de lui tour à tour un richard et un libertin. Ce mot: —C'est un vieux fou! résuma l'opinion du pays. Cette fausse direction des jugements de la petite ville eut pour avantage de tromper les héritiers, qui ne soupçonnèrent point l'amour de Savinien pour Ursule, véritable cause des dépenses du docteur, enchanté d'habituer sa pupille à son rôle de vicomtesse, et qui, riche de plus de cinquante mille francs de rente, se donnait le plaisir de parer son idole.

Au mois de février 1832, le jour où Ursule avait dix-sept ans, le matin même en se levant, elle vit Savinien en costume d'enseigne à sa fenêtre.

— Comment n'en ai-je rien su ? se dit-elle.

Depuis la prise d'Alger, où Savinien se distingua par un trait de courage qui lui valut la croix, la corvette sur laquelle il servait étant restée pendant plusieurs mois à la mer, il lui avait été tout à fait impossible d'écrire au docteur, et il ne voulait pas quitter le service sans l'avoir consulté. Jaloux de conserver à la marine un nom illustre, le nouveau gouvernement avait profité du remue-ménage de Juillet pour donner le grade d'enseigne à Savinien. Après avoir obtenu un congé de quinze jours, le nouvel enseigne arrivait de Toulon par la malle-poste pour la fête d'Ursule et pour prendre en même temps l'avis du docteur.

— Il est arrivé, cria la filleule en se précipitant dans la chambre de son parrain.

— Très-bien! répondit-il, je devine le motif qui lui fait quitter le service, et il peut maintenant rester à Nemours.

— Ah! voilà ma fête : elle est toute dans ce mot, dit-elle en embrassant le docteur.

Sur un signe qu'elle alla faire au gentilhomme, Savinien vint aussitôt; elle voulait l'admirer, car il lui semblait changé en mieux. En effet, le service militaire imprime aux gestes, à la démarche, à l'air des hommes une décision mêlée de gravité, je ne sais quelle rectitude qui permet au plus superficiel observateur de reconnaître un militaire sous l'habit bourgeois : rien ne démontre mieux que l'homme est fait pour commander. Ursule en aima mieux encore Savinien, et ressentit une joie d'enfant à se promener dans le petit jardin en lui donnant le bras et lui faisant raconter la part qu'il avait eue, *en sa qualité d'aspirant*, à la prise d'Alger. Évidemment Savinien avait pris Alger. Elle voyait, disait-elle, tout en rouge, quand elle regardait la décoration de Savinien. Le docteur, qui, de sa chambre, les surveillait en s'habillant, vint les retrouver. Sans s'ouvrir entièrement au vicomte, il lui dit alors qu'au cas où madame de Portenduère consentirait à son mariage avec Ursule, la fortune de sa filleule rendait superflu le traitement des grades qu'il pouvait acquérir.

— Hélas! dit Savinien, il faudra bien du temps pour vaincre l'opposition de ma mère. Avant mon départ, placée entre l'alternative de me voir rester près d'elle si elle consentait à mon mariage avec Ursule, ou de ne plus me revoir que de loin en loin et de me savoir exposé aux dangers de ma carrière, elle m'a laissé partir....

— Mais, Savinien, nous serons ensemble, dit Ursule en lui prenant la main et la lui secouant avec une espèce d'impatience.

Se voir et ne plus se quitter, c'était pour elle tout l'amour; elle ne voyait rien au delà; et son joli geste, la mutinerie de son accent exprimèrent tant d'innocence, que Savinien et le docteur en furent attendris. La démission fut envoyée, et la fête d'Ursule reçut de la présence de son fiancé le plus bel éclat. Quelques mois après, vers le mois de mai, la vie intérieure reprit chez le docteur Minoret le calme d'autrefois, mais avec un habitué de plus. Les assiduités du jeune vicomte furent d'autant plus promptement interprétées comme celles d'un futur, que, soit à la messe, soit à la promenade, ses manières et celles d'Ursule, quoique réservées, trahissaient l'entente de leurs cœurs. Dionis fit observer aux héritiers que le bonhomme ne demandait point ses intérêts à madame de Portenduère, et que la vieille dame lui devait déjà trois années.

— Elle sera forcée de céder, de consentir à la mésalliance de son fils, dit le notaire. Si ce malheur arrive, il est probable qu'une grande partie de la fortune de votre oncle servira, selon Basile, d'argument irrésistible.

L'irritation des héritiers, en devinant que leur oncle leur préférait trop Ursule pour ne pas assurer son bonheur à leurs dépens, devint alors aussi sourde que profonde. Réunis tous les soirs chez Dionis depuis la révolution de Juillet, ils y maudissaient les deux amants, et la soirée ne s'y terminait guère sans qu'ils eussent cherché, mais vainement, les moyens de contre-carrer le vieillard. Zélie, qui sans doute avait profité comme le docteur de la baisse des rentes pour placer avantageusement ses énormes capitaux, était la plus acharnée après l'orpheline et les Portenduère. Un soir où Goupil, qui se gardait cependant de s'ennuyer dans ces soirées, était venu pour se tenir au courant des affaires de la ville qui se discutaient là, Zélie eut une recrudescence de haine : elle avait vu le matin le docteur, Ursule et Savinien revenant en calèche d'une promenade aux environs, dans une intimité qui disait tout.

— Je donnerais bien trente mille francs pour que Dieu rappelât à lui notre oncle avant que le mariage de ce Portenduère et de la *mijaurée* se fasse, dit-elle.

Goupil reconduisit monsieur et madame Minoret jusqu'au milieu de leur grande cour, et leur dit en regardant autour de lui pour savoir s'ils étaient bien seuls : — Voulez-vous me donner les moyens d'acheter l'étude de Dionis, et je ferai rompre le mariage de monsieur Portenduère et d'Ursule?

— Comment? demanda le colosse.

— Me croyez-vous assez niais pour vous dire mon projet? répondit le maître clerc.

— Eh! bien, mon garçon, brouille-les, et nous verrons, dit Zélie.

— Je ne m'embarque point dans de pareils tracas sur un : nous verrons! Le jeune homme est un crâne qui pourrait me tuer et je dois être ferré à glace, être de sa force à l'épée et au pistolet. Établissez-moi, je vous tiendrai parole.

— Empêche ce mariage et je t'établirai, répondit le maître de poste.

— Voici neuf mois que vous regardez à me prêter quinze malheureux mille francs pour acheter l'Étude de Lecœur l'huissier, et vous voulez que je me fie à cette parole! Allez, vous perdrez la succession de votre oncle, et ce sera bien fait.

— S'il ne s'agissait que de quinze mille francs et de l'Étude de Lecœur, je ne dis pas, répondit Zélie; mais vous cautionner pour cinquante mille écus!....

— Mais je payerai, dit Goupil en lançant à Zélie un regard fascinateur qui rencontra le regard impérieux de la maîtresse de poste. Ce fut comme du venin sur de l'acier.

— Nous attendrons, dit Zélie.

— Ayez donc le génie du mal! pensa Goupil. Si jamais je les tiens, ceux-là, se dit-il en sortant, je les presserai comme des citrons.

En cultivant la société du docteur, du juge de paix et du curé, Savinien leur prouva l'excellence de son caractère. L'amour de ce jeune homme pour Ursule, si dégagé de tout intérêt, si persistant, intéressa si vivement les trois amis, qu'ils ne séparaient plus ces deux enfants dans leurs pensées. Bientôt la monotonie de cette vie patriarcale et la certitude que les amants avaient de leur avenir finirent par donner à leur affection une apparence de fraternité. Souvent le docteur laissait Ursule et Savinien seuls. Il avait bien jugé ce charmant jeune homme qui baisait la main d'Ursule en arrivant et ne la lui eût pas demandée seul avec elle, tant il était pénétré de respect pour l'innocence, pour la candeur de cette enfant dont l'excessive sensibilité, souvent éprouvée, lui avait appris qu'une expression dure, un air froid ou des alternatives de douceur et de brusquerie pouvaient la tuer. Les grandes hardiesses des deux amants se commettaient en présence des vieillards, le soir. Deux années, pleines de joie secrètes se passèrent ainsi, sans autre événement que les tentatives inutiles du jeune homme pour obtenir le consentement de sa mère à son mariage avec Ursule. Il parlait quelquefois des matinées entières, sa mère l'écoutait sans répondre à ses raisons et à ses prières, autrement que par un silence de Bretonne ou par des refus. A dix-neuf ans, Ursule élégante, excellente musicienne et bien élevée, n'avait plus rien à acquérir : elle était parfaite. Aussi obtint-elle une renommée de beauté, de grâce et d'instruction qui s'étendit au loin. Un jour, le docteur eut à refuser la marquise d'Aiglemont qui pensait à Ursule pour son fils aîné. Six mois plus tard, malgré le profond secret gardé par Ursule, par le docteur et par madame d'Aiglemont, Savinien fut instruit par hasard de cette circonstance. Touché de tant de délicatesse, il argua de ce procédé pour vaincre l'obstination de sa mère qui lui répondit : — Si les d'Aiglemont veulent se mésallier, est-ce une raison pour nous?

Au mois de décembre 1834, le pieux et bon vieillard déclina visiblement. En le voyant sortir de l'église, la figure jaune et grippée, les yeux pâles, toute la ville parla de la mort prochaine du bonhomme, alors âgé de quatre-vingt-huit ans. — Vous saurez ce qui en est, disait-on aux héritiers. En effet, le décès du vieillard avait l'attrait d'un problème. Mais le docteur ne se savait pas malade, il avait des illusions, et ni la pauvre Ursule, ni Savinien, ni le juge de paix, ni le curé ne voulaient par délicatesse l'éclairer sur sa position; le médecin de Nemours, qui le venait voir tous les soirs, n'osait lui rien prescrire. Le vieux Minoret ne sentait aucune douleur, il s'éteignait doucement. Chez lui l'intelligence demeurait ferme, nette et puissante. Chez les vieillards ainsi constitués, l'âme domine le corps et lui donne la force de mourir debout. Le curé, pour ne pas avancer le terme fatal, dispensa son paroissien de venir entendre la messe à l'église, et lui permit de lire les offices chez lui; car le docteur accomplissait minutieusement ses devoirs de religion : plus il alla vers la tombe, plus il aima Dieu. Les clartés éternelles lui expliquaient de plus en plus les difficultés de tout genre. Au commencement de la nouvelle année, Ursule obtint de lui qu'il vendît ses chevaux, sa voiture, et qu'il congédiât Cabirolle. Le juge de paix, dont les inquiétudes sur l'avenir d'Ursule étaient loin de se calmer par les demi-confidences du vieillard, entama la question délicate de l'héritage, en démontrant un soir à son vieil ami la nécessité d'émanciper Ursule. La pupille serait alors habile à recevoir un compte de tutelle et à posséder; ce qui permettait de l'avantager. Malgré cette ouverture, le vieillard, qui cependant avait déjà consulté le juge de paix, ne lui confia point le secret de ses dispositions envers Ursule; mais il adopta le parti de l'émancipation. Plus le juge de paix mettait d'insistance à vouloir connaître les moyens choisis par son vieil ami pour enrichir Ursule, plus le docteur devenait défiant. Enfin Minoret craignit positivement de confier au juge de paix ses trente-six mille francs de rente au porteur.

— Pourquoi, lui dit Bongrand, mettre contre vous le hasard?

— Entre deux hasards, répondit le docteur, on évite le plus chanceux.

Bongrand mena l'affaire de l'émancipation assez rondement pour qu'elle fût terminée le jour où mademoiselle Mirouët eut ses vingt ans. Cet anniversaire devait être la dernière fête du vieux docteur qui, pris sans doute d'un pressentiment de sa fin prochaine, célébra somptueusement cette journée en donnant un petit bal auquel il invita les jeunes personnes et les jeunes gens des quatre familles Dionis, Crémière, Minoret et Massin. Savinien, Bongrand, le curé, ses deux vicaires, le médecin de Nemours et mesdames Zélie Minoret, Massin et Crémière, ainsi que Schmucke furent les convives du grand dîner qui précéda le bal.

— Je sens que je m'en vais, dit le vieillard au notaire à la fin de la soirée. Je vous prie donc de venir demain pour rédiger le compte de tutelle que je dois rendre à Ursule, afin de ne pas en compliquer ma succession. Dieu merci! je n'ai pas fait tort d'une obole à mes héritiers, et n'ai disposé que de mes revenus. Messieurs Crémière, Massin et Minoret, mon neveu, sont membres du conseil de famille institué pour Ursule, ils assisteront à cette reddition de comptes.

Ces paroles entendues par Massin et colportées dans le bal y répandirent la joie parmi les trois familles qui depuis quatre ans vivaient en de continuelles alternatives, se croyant tantôt riches, tantôt déshéritées.

— C'est une langue qui s'éteint, dit madame Crémière.

Quand, vers deux heures du matin, il ne resta plus dans le salon que Savinien, Bongrand et le curé Chaperon, le vieux docteur dit en leur montrant Ursule, charmante en habit de bal, qui venait de dire adieu aux jeunes demoiselles Crémière et Massin : — C'est à vous, mes amis, que je la confie ! Dans quelques jours je ne serai plus là pour la protéger ; mettez-vous tous entre elle et le monde, jusqu'à ce qu'elle soit mariée... J'ai peur pour elle.

Ces paroles firent une impression pénible. Le compte, rendu quelques jours après en conseil de famille, établissait le docteur Minoret reliquataire de dix mille six cents francs, tant pour les arrérages de l'inscription de quatorze cents francs de rente dont l'acquisition était expliquée par l'emploi du legs du capitaine de Jordy que pour un petit capital de cinq mille francs provenant des dons faits, depuis quinze ans, par le docteur à sa pupille, à leurs jours de fête ou anniversaires de naissance respectifs.

Cette authentique reddition de compte avait été recommandée par le juge de paix qui redoutait les effets de la mort du docteur Minoret, et qui, malheureusement, avait raison. Le lendemain de l'acceptation du compte de tutelle qui rendait Ursule riche de dix mille six cents francs et de quatorze cents francs de rente, le vieillard fut pris d'une faiblesse qui le contraignit à garder le lit. Malgré la discrétion qui enveloppait la maison du docteur, le bruit de sa mort se répandit en ville où les héritiers coururent par les rues comme les grains d'un chapelet dont le fil est rompu. Massin, qui vint savoir les nouvelles, apprit d'Ursule elle-même que le bonhomme était au lit. Malheureusement le médecin de Nemours avait déclaré que le moment où Minoret s'aliterait serait celui de sa mort. Dès lors, malgré le froid, les héritiers stationnèrent dans les rues, sur la place ou sur le pas de leurs portes, occupés à causer de cet événement attendu depuis si longtemps, et à épier le moment où le curé porterait au vieux docteur les sacrements dans l'appareil en usage dans les villes de province. Aussi, quand, deux jours après, l'abbé Chaperon, accompagné de son vicaire et des enfants de chœur, précédé du sacristain portant la croix, traversa la Grand' rue, les héritiers se joignirent-ils à lui pour occuper la maison, empêcher toute soustraction et jeter leurs mains avides sur les trésors présumés. Lorsque le docteur aperçut, à travers le clergé, ses héritiers agenouillés qui, loin de prier, l'observaient par des regards aussi vifs que les lueurs des cierges, il ne put retenir un malicieux sourire. Le curé se retourna, les vit et dit alors assez lentement les prières. Le maître de poste, le premier, quitta sa gênante posture, sa femme le suivit ; Massin craignit que Zélie et son mari ne missent la main sur quelque bagatelle, il les rejoignit au salon, et bientôt tous les héritiers s'y trouvèrent réunis.

— Il est trop honnête homme pour voler l'extrême-onction, dit Crémière, ainsi nous voilà bien tranquilles.

— Oui, nous allons avoir chacun environ vingt mille francs de rente, répondit madame Massin.

— J'ai dans l'idée, dit Zélie, que depuis trois ans il ne *plaçait* plus, il *aimait* à thésauriser...

— Le trésor est sans doute dans sa cave? disait Massin à Crémière.

— Pourvu que nous trouvions quelque chose, dit Minoret-Levrault.

— Mais après ses déclarations au bal, s'écria madame Massin, il n'y a plus de doute.

— En tout cas, dit Crémière, comment ferons-nous? partagerons-nous? liciterons-nous? ou distribuerons-nous par lots? car enfin nous sommes tous majeurs.

Une discussion, qui s'envenima promptement, s'éleva sur la manière de procéder. Au bout d'une demi-heure, un bruit de voix confus, sur lequel se détachait l'organe criard de Zélie, retentissait dans la cour et jusque dans la rue.

— Il doit être mort, dirent alors les curieux attroupés dans la rue.

Ce tapage parvint aux oreilles du docteur qui entendit ces mots :
— Mais la maison, la maison vaut trente mille francs ! Je la prends, moi, pour trente mille francs ! criés ou plutôt beuglés par Crémière.

— Eh! bien, nous la payerons ce qu'elle vaudra, répondit aigrement Zélie.

— Monsieur le curé, dit le vieillard à l'abbé Chaperon qui demeura auprès de son ami après l'avoir administré, faites que je demeure en paix. Mes héritiers, comme ceux du cardinal Ximénès, sont capables de piller ma maison avant ma mort, et je n'ai pas de singe pour me rétablir. Allez leur signifier que je ne veux personne chez moi.

Le curé, le médecin descendirent, répétèrent l'ordre du moribond, et, dans un accès d'indignation, y ajoutèrent de vives paroles pleines de blâme.

— Madame Bougival, dit le médecin, fermez la grille et ne laissez entrer personne ; il semble qu'on ne puisse pas mourir tranquille. Vous préparerez un cataplasme de farine de moutarde, afin d'appliquer des sinapismes aux pieds de monsieur.

— Votre oncle n'est pas mort, et il peut vivre encore longtemps, disait l'abbé Chaperon en congédiant les héritiers venus avec leurs enfants. Il réclame le plus profond silence et ne veut que sa pupille auprès de lui. Quelle différence entre la conduite de cette jeune fille et la vôtre !

— Vieux cafard ! s'écria Crémière. Je vais faire sentinelle. Il est bien possible qu'il se machine quelque chose contre nos intérêts.

Le maître de poste avait déjà disparu dans le jardin avec l'intention de veiller son oncle en compagnie d'Ursule et de se faire admettre dans la maison comme un aide. Il revint à pas de loup sans que ses bottes fissent le moindre bruit, car il y avait des tapis dans le corridor et sur les marches de l'escalier. Il put alors arriver jusqu'à la porte de la chambre de son oncle sans être entendu. Le curé, le médecin étaient partis, la Bougival préparait le sinapisme.

— Sommes-nous bien seuls? dit le vieillard à sa pupille.

Ursule se haussa sur la pointe des pieds pour voir dans la cour.

— Oui, dit-elle ; monsieur le curé a tiré la grille lui-même en s'en allant.

— Mon enfant aimé, dit le mourant, mes heures, mes minutes mêmes sont comptées. Je n'ai pas été médecin pour rien : le sinapisme du docteur ne me fera pas aller jusqu'à ce soir. Ne pleure pas, Ursule, dit-il en se voyant interrompu par les pleurs de sa filleule ; mais écoute-moi bien : il s'agit d'épouser Savinien. Aussitôt que la Bougival sera montée avec le sinapisme, descends au pavillon chinois, en voici la clef ; soulève le marbre du buffet de Boulle, et dessous tu trouveras une lettre cachetée à ton adresse : prends-la, reviens me la montrer, car je ne mourrai tranquille qu'en te la voyant entre les mains. Quand je serai mort, tu ne le diras pas sur-le-champ ; tu feras venir monsieur de Portenduère, vous lirez la lettre ensemble, et tu me jures en son nom et au tien d'exécuter mes dernières volontés. Quand il m'aura obéi, vous annoncerez ma mort, et la comédie des héritiers commencera. Dieu veuille que ces monstres ne te maltraitent pas !

— Oui, mon parrain.

Le maître de poste n'écouta point le reste de la scène ; il détala sur la pointe des pieds, en se souvenant que la serrure du cabinet se trouvait du côté de la bibliothèque. Il avait assisté dans le temps au débat de l'architecte et du serrurier, qui prétendait que, si l'on s'introduisait dans la maison par la fenêtre donnant sur la rivière, il fallait par prudence mettre la serrure du côté de la bibliothèque, le cabinet devant être une espèce de plaisance pour l'été. Ébloui par l'intérêt et les oreilles pleines de sang, Minoret dévissa la serrure au moyen d'un couteau avec la prestesse des voleurs. Il entra dans le cabinet, y prit le paquet de papiers sans s'amuser à le décacheter, revissa la serrure, remit les choses en état, et alla s'asseoir dans la salle à manger en attendant que la Bougival montât le sinapisme pour quitter la maison. Il opéra sa fuite avec d'autant plus de facilité que la pauvre Ursule trouva plus urgent de voir appliquer le sinapisme que d'obéir aux recommandations de son parrain.

— La lettre ! la lettre ! cria d'une voix mourante le vieillard, obéis-moi, voici la clef. Je veux te voir la lettre à la main.

Ces paroles furent jetées avec des regards si égarés que la Bougival dit à Ursule : — Mais faites donc ce que veut votre parrain, ou vous allez causer sa mort.

Elle le baisa sur le front, prit la clef et descendit ; mais, bientôt rappelée par les cris perçants de la Bougival, elle accourut. Le vieillard l'embrassa par un regard, lui vit les mains vides, se dressa sur son séant, voulut parler, et mourut en faisant un horrible dernier soupir, les yeux hagards de terreur ! La pauvre petite, qui voyait la mort pour la première fois, tomba sur ses genoux et fondit en larmes. La Bougival ferma les yeux du vieillard et le disposa dans son lit. Quand, selon son expression, elle eut *paré* le mort, la vieille nourrice courut prévenir monsieur Savinien ; mais les héritiers, qui se tenaient au bout de la rue entourés de curieux et absolument comme des corbeaux qui attendent qu'un cheval soit enterré pour venir gratter la terre et la fouiller de leurs pattes et du bec, accoururent avec la célérité de ces oiseaux de proie.

Pendant ces événements, le maître de poste était allé chez lui pour savoir ce que contenait le mystérieux paquet. Voici ce qu'il trouva.

A MA CHÈRE URSULE MIROUET, FILLE DE MON BEAU-FRÈRE
NATUREL, JOSEPH MIROUET, ET DE DINAH GROLLMAN.

Nemours, 15 janvier 1830.

« Mon petit ange, mon affection paternelle, que tu as si bien
» justifiée, a eu pour principe non-seulement le serment que j'ai
» fait à ton pauvre père de le remplacer, mais encore ta ressem-
» blance avec Ursule Mirouët, ma femme, de qui tu m'as sans
» cesse rappelé les grâces, l'esprit, la candeur et le charme. Ta
» qualité de fille du fils naturel de mon beau-père pourrait rendre
» des dispositions testamentaires faites en ta faveur sujettes à con-
» testation... »

— Le vieux gueux! cria le maître de poste.

« Ton adoption aurait été l'objet d'un procès. Enfin, j'ai toujours
» reculé devant l'idée de t'épouser pour te transmettre ma fortune ;
» car j'aurais pu vivre long-temps et déranger l'avenir de ton bon-
» heur qui n'est retardé que par la vie de madame de Portenduère.
» Ces difficultés mûrement pesées, et voulant te laisser la fortune
» nécessaire à une belle existence... »

— Le scélérat, il a pensé à tout!

« Sans nuire en rien à mes héritiers... »

— Le jésuite! comme s'il ne nous devait pas toute sa fortune!

« Je t'ai destiné le fruit des économies que j'ai faites pendant
» dix-huit années et que j'ai constamment fait valoir, par les soins
» de mon notaire, en vue de te rendre aussi heureuse qu'on peut
» l'être par la richesse. Sans argent, ton éducation et tes idées éle-
» vées feraient ton malheur. D'ailleurs, tu dois une belle dot au char-
» mant jeune homme qui t'aime. Tu trouveras donc dans le milieu
» du troisième volume des Pandectes, in-folio, reliées en maroquin
» rouge, et qui est le dernier volume du premier rang, au-dessus
» de la tablette de la bibliothèque, dans le dernier corps, du côté
» du salon, trois inscriptions de rentes en trois pour cent, au por-
» teur, de chacune douze mille francs... »

— Quelle profondeur de scélératesse! s'écria le maître de poste.
Ah! Dieu ne permettra pas que je sois ainsi frustré.

« Prends-les aussitôt, ainsi que le peu d'arrérages économisés au
» moment de ma mort, et qui seront dans le volume précédent.

» Songe, mon enfant adoré, que tu dois obéir aveuglément à une
» pensée qui a fait le bonheur de toute ma vie, et qui m'obligerait
» à demander le secours de Dieu, si tu me désobéissais. Mais, en
» prévision d'un scrupule de ta chère conscience, que je sais ingé-
» nieuse à se tourmenter, tu trouveras ci-joint un testament en
» bonne forme de ces inscriptions au profit de monsieur Savinien
» de Portenduère. Ainsi, soit que tu les possèdes toi-même, soit
» qu'elles te viennent de celui que tu aimes, elles seront ta légitime
» propriété.

» Ton parrain,

» DENIS MINORET. »

A cette lettre était jointe, sur un carré de papier timbré, la pièce suivante :

« CECI EST MON TESTAMENT.

» Moi, Denis Minoret, docteur en médecine, domicilié à Nemours,
» sain d'esprit et de corps, ainsi que la date de ce testament le
» démontre, lègue mon âme à Dieu, le priant de me pardonner mes
» longues erreurs en faveur de mon sincère repentir. Puis, ayant
» reconnu en monsieur le vicomte Savinien de Portenduère une
» véritable affection pour moi, je lui lègue trente-six mille francs
» de rente perpétuelle trois pour cent, à prendre dans ma succes-
» sion, par préférence à tous mes héritiers.

» Fait et écrit en entier de ma main, à Nemours, le onze janvier
» mil huit cent trente et un.

» DENIS MINORET. »

Sans hésiter, le maître de poste, qui pour être bien seul s'était enfermé dans la chambre de sa femme, y chercha le briquet phosphorique et reçut deux avis du ciel par l'extinction de deux allumettes qui successivement ne voulurent pas s'allumer. La troisième prit feu. Il brûla dans la cheminée et la lettre et le testament. Par une précaution superflue, il enterra les vestiges du papier et de la cire dans les cendres. Puis, affriolé par l'idée de posséder trente-six mille francs de rente à l'insu de sa femme, il revint au pas de course chez son oncle, aiguillonné par la seule idée, idée simple et nette, qui pouvait traverser sa lourde tête. En voyant la maison de son oncle envahie par les trois familles enfin maîtresses de la place, il trembla de ne pouvoir accomplir un projet sur lequel il ne se donnait pas le temps de réfléchir en ne pensant qu'aux obstacles.

— Que faites-vous donc là? dit-il à Massin et à Crémière. Croyez-vous que nous allons laisser la maison et les valeurs au pillage? Nous sommes trois héritiers, nous ne pouvons pas camper là ! Vous, Crémière, courez donc chez Dionis et dites-lui de venir constater le décès. Je ne puis pas, quoique adjoint, dresser l'acte mortuaire de mon oncle... Vous, Massin, allez prier le père Bongrand d'apposer les scellés. Et vous, tenez donc compagnie à Ursule, mesdames, dit-il à sa femme, à mesdames Massin et Crémière. Ainsi rien ne se perdra. Surtout fermez la grille, que personne ne sorte !

Les femmes, qui sentirent la justesse de cette observation, coururent dans la chambre d'Ursule et trouvèrent cette noble créature, déjà si cruellement soupçonnée, agenouillée et priant Dieu, le visage couvert de larmes. Minoret, devinant que les trois héritières ne resteraient pas longtemps avec Ursule, et craignant la défiance de ses cohéritiers, alla dans la bibliothèque, y vit le volume, l'ouvrit, prit les trois inscriptions, et trouva dans l'autre une trentaine de billets de banque. En dépit de sa nature brutale, le colosse crut entendre un carillon à chacune de ses oreilles, le sang lui sifflait aux tempes en accomplissant ce vol. Malgré la rigueur de la saison, il eut sa chemise mouillée dans le dos. Enfin ses jambes flageolaient au point qu'il tomba sur un fauteuil du salon comme s'il eût reçu quelque coup de massue à la tête.

— Ah ! comme une succession délie la langue au grand Minoret, avait dit Massin en courant par la ville. L'avez-vous entendu? disait-il à Crémière. Allez ici ! allez là ? Comme il connaît la manœuvre.

— Oui, pour une grosse bête, il avait un certain air...

— Tenez, dit Massin alarmé, sa femme y est, ils sont trop de deux ! Faites les commissions, j'y retourne.

Au moment où le maître de poste s'asseyait, il aperçut donc à la grille la figure allumée du greffier qui revenait avec une célérité de fouine à la maison mortuaire.

— Hé ! bien, qu'y a-t-il ? demanda le maître de poste en allant ouvrir à son cohéritier.

— Rien, je reviens pour les scellés, lui répondit Massin en lui lançant un regard de chat sauvage.

— Je voudrais qu'ils fussent déjà posés, et nous pourrions tous revenir chacun chez nous, répondit Minoret.

— Ma foi, nous mettrons un gardien des scellés, répondit le greffier. La Bougival est capable de tout dans l'intérêt de la mijaurée. Nous y placerons Goupil.

— Lui! dit le maître de poste, il prendrait la grenouille et nous n'y verrions que du feu.

— Voyons, reprit Massin. Ce soir on veillera le mort, et nous aurons fini d'apposer les scellés dans une heure; ainsi nos femmes les garderont elles-mêmes. Nous aurons demain, à midi, l'enterrement. On ne peut procéder à l'inventaire que dans huit jours.

— Mais, dit le colosse en souriant, faisons déguerpir cette mijaurée, et nous commettrons le tambour de la mairie à la garde des scellés et de la maison.

— Bien! s'écria le greffier. Chargez-vous de cette expédition, vous êtes le chef des Minoret.

— Mesdames, mesdames, dit Minoret, veuillez rester toutes au salon; il ne s'agit pas d'aller dîner, mais de procéder à l'apposition des scellés pour la conservation de tous les intérêts.

Puis il prit sa femme à part pour lui communiquer les idées de Massin relativement à Ursule. Aussitôt les femmes, dont le cœur était rempli de vengeance et qui souhaitaient prendre une revanche sur la mijaurée, accueillirent avec enthousiasme le projet de la chasser. Bongrand parut et fut indigné de la proposition que Zélie et madame Massin lui firent, en qualité d'ami du défunt, de prier Ursule de quitter la maison.

— Allez vous-mêmes la chasser de chez son père, de chez son parrain, de chez son oncle, de chez son bienfaiteur, de chez son tuteur! Allez-y, vous qui ne devez cette succession qu'à la noblesse de son âme, prenez-la par les épaules et jetez-la dans la rue, à la face de toute la ville! Vous la croyez capable de vous voler? Eh! bien, constituez un gardien des scellés, vous serez dans votre droit. Sachez d'abord que je n'apposerai pas les scellés sur sa chambre; elle y est chez elle, tout ce qui s'y trouve est sa propriété; je vais l'instruire de ses droits, et lui dire d'y rassembler tout ce qui lui appartient... Oh! en votre présence, ajouta-t-il en entendant un grognement d'héritiers.

— Hein? dit le percepteur au maître de poste et aux femmes stupéfaites de la colérique allocution de Bongrand.

— En voilà un *de* magistrat ! s'écria le maître de poste.

Assise sur une petite causeuse, à demi évanouie, la tête renversée, ses nattes défaites, Ursule laissait échapper un sanglot de temps en temps. Ses yeux étaient troubles, elle avait les paupières enflées, enfin elle se trouvait en proie à une prostration morale et physique qui eût attendri les êtres les plus féroces, excepté des héritiers.

— Ah ! monsieur Bongrand, après ma fête la mort et le deuil, dit-elle avec cette poésie naturelle aux belles âmes. Vous savez, vous, ce qu'il était : en vingt ans, pas une parole d'impatience avec moi ! J'ai cru qu'il vivrait cent ans ! Il a été ma mère, cria-t-elle, et une bonne mère.

Ce peu d'idées exprimées attira deux torrents de larmes entrecoupées de sanglots, puis elle retomba comme une masse.

— Mon enfant, reprit le juge de paix en entendant les héritiers dans l'escalier, vous avez toute la vie pour le pleurer, et vous n'avez qu'un instant pour vos affaires : réunissez dans votre chambre tout ce qui dans la maison est à vous. Les héritiers me forcent à mettre les scellés....

— Ah ! ses héritiers peuvent bien tout prendre, s'écria Ursule en se dressant dans un accès d'indignation sauvage. J'ai là tout ce qu'il y a de précieux, dit-elle en se frappant la poitrine.

— Et quoi ? demanda le maître de poste qui de même que Massin montra sa terrible face.

— Le souvenir de ses vertus, de sa vie, de toutes ses paroles, une image de son âme céleste, dit-elle les yeux et le visage étincelants en levant une main par un superbe mouvement.

— Et vous y avez aussi une clef ! s'écria Massin en se coulant comme un chat et allant saisir une clef qui tomba chassée des plis du corsage par le mouvement d'Ursule.

— C'est, dit-elle en rougissant, la clef de son cabinet, il m'y envoyait au moment d'expirer.

Après avoir échangé d'affreux sourires, les deux héritiers regardèrent le juge de paix en exprimant un flétrissant soupçon. Ursule, qui surprit et devina ce regard calculé chez le maître de poste, involontaire chez Massin, se dressa sur ses pieds, devint pâle comme si son sang la quittait ; ses yeux lancèrent cette foudre qui peut-être ne jaillit qu'aux dépens de la vie, et, d'une voix étranglée : — Ah ! monsieur Bongrand, dit-elle, tout ce qui est dans cette chambre me vient des bontés de mon parrain, on peut tout me prendre, je n'ai sur moi que mes vêtements, je vais sortir et n'y rentrerai plus.

Elle alla dans la chambre de son tuteur d'où nulle supplication ne put l'arracher, car les héritiers eurent un peu honte de leur conduite. Elle dit à la Bougival de lui retenir deux chambres à l'auberge de la Vieille-Poste, jusqu'à ce qu'elle eût trouvé quelque logement en ville où elles pussent vivre toutes les deux. Elle rentra chez elle pour y chercher son livre de prières, et resta presque toute la nuit avec le curé, le vicaire et Savinien, à prier et à pleurer. Le gentilhomme vint après le coucher de sa mère, et s'agenouilla sans mot dire auprès d'Ursule, qui lui jeta le plus triste sourire en le remerciant d'être fidèlement venu prendre une part de ses douleurs.

— Mon enfant, dit monsieur Bongrand en apportant à Ursule un paquet volumineux, une des héritières de votre oncle a pris dans votre commode tout ce qui vous était nécessaire, car on ne lèvera les scellés que dans quelques jours, et vous recouvrerez alors ce qui vous appartient. Dans votre intérêt, j'ai mis les scellés à votre chambre.

— Merci, monsieur, répondit-elle en allant à lui et lui serrant la main. Voyez-le donc encore une fois : ne dirait-on pas qu'il dort ?

Le vieillard offrait en ce moment cette fleur de beauté passagère qui se pose sur la figure des morts expirés sans douleurs, il semblait rayonner.

— Ne vous a-t-il rien remis en secret avant de mourir ? dit le juge de paix à l'oreille d'Ursule.

— Rien, dit-elle, il m'a seulement parlé d'une lettre...

— Bon ! elle se trouvera, reprit Bongrand. Il est alors très-heureux pour vous qu'ils aient voulu les scellés.

Au petit jour, Ursule fit ses adieux à cette maison où son heureuse enfance s'était écoulée, surtout à cette modeste chambre où son amour avait commencé ; et qui lui était si chère, qu'au milieu de son noir chagrin elle eut des larmes de regret pour cette paisible et douce demeure. Après avoir une dernière fois contemplé tour à tour ses fenêtres et Savinien, elle sortit pour se rendre à l'auberge, accompagnée de la Bougival qui portait son paquet, du juge de paix qui lui donnait le bras, et de Savinien, son doux protecteur. Ainsi, malgré les plus sages précautions, le défiant jurisconsulte se trouvait avoir raison : il allait voir Ursule sans fortune et aux prises avec les héritiers.

Le lendemain soir, toute la ville était aux obsèques du docteur Minoret. Quand on y apprit la conduite des héritiers envers sa fille d'adoption, l'immense majorité la trouva naturelle et nécessaire : il s'agissait d'une succession, le bonhomme était *cachotier*, Ursule pouvait se croire des droits, les héritiers défendaient leur bien, et d'ailleurs elle les avait assez humiliés pendant la vie de leur oncle qui les recevait comme des chiens dans un jeu de quilles. Désiré Minoret, qui ne faisait pas merveille dans sa place, disaient les envieux du maître de poste, arriva pour le service. Hors d'état d'assister au convoi, Ursule était au lit en proie à une fièvre nerveuse autant causée par l'insulte que les héritiers lui avaient faite que par sa profonde affliction.

— Voyez donc cet hypocrite qui pleure! disaient quelques uns des héritiers en se montrant Savinien vivement affligé de la mort du docteur.

— La question est de savoir s'il a raison de pleurer, répondit Goupil. Ne vous pressez pas de rire, les scellés ne sont pas levés.

— Bah! dit Minoret qui savait à quoi s'en tenir, vous nous avez toujours effrayés pour rien.

Au moment où le convoi partit de l'église pour se rendre au cimetière, Goupil eut un amer déboire : il voulut prendre le bras de Désiré; mais en le lui refusant, le substitut renia son camarade en présence de tout Nemours.

— Ne nous fâchons point, je ne pourrais plus me venger, pensa le maître clerc dont le cœur sec se gonfla comme une éponge dans sa poitrine.

Avant de lever les scellés et de procéder à l'inventaire, il fallut le temps au procureur du roi, tuteur légal des orphelins, de commettre Bongrand pour le représenter. La succession Minoret, de laquelle on parla pendant dix jours, s'ouvrit alors, et fut constatée avec la rigueur des formalités judiciaires. Dionis y trouvait son compte, Goupil aimait assez à faire le mal; et comme l'affaire était bonne, les vacations se multiplièrent. On déjeunait presque toujours après la première vacation. Notaire, clerc, héritiers et témoins buvaient les vins les plus précieux de la cave.

En province, et surtout dans les petites villes, où chacun possède sa maison, il est assez difficile de se loger. Aussi, quand on y achète un établissement quelconque, la maison fait-elle presque toujours partie de la vente. Le juge de paix, à qui le procureur du roi recommanda les intérêts de l'orpheline, ne vit d'autre moyen, pour la retirer de l'auberge, que de lui faire acquérir dans la Grand'rue, à l'encoignure du pont sur le Loing, une petite maison à porte bâtarde ouvrant sur un corridor, et n'ayant au rez-de-chaussée qu'une salle à deux croisées sur la rue, et derrière laquelle il y avait une cuisine dont la porte-fenêtre donnait sur une cour intérieure d'environ trente pieds carrés. Un petit escalier éclairé sur la rivière par des jours de souffrance menait au premier étage, composé de trois chambres et au-dessus duquel se trouvaient deux mansardes. Le juge de paix prit à la Bougival deux mille francs d'économies pour payer la première portion du prix de cette maison, qui valait six mille francs, et il obtint des termes pour le surplus. Pour pouvoir placer les livres qu'Ursule voulait racheter, Bongrand fit détruire la cloison intérieure de deux pièces au premier étage, après avoir observé que la profondeur de la maison répondait à la longueur du corps de bibliothèque. Savinien et le juge de paix pressèrent si bien les ouvriers qui nettoyaient cette maisonnette, la peignaient et y mettaient tout à neuf, que vers la fin du mois de mars, l'orpheline put quitter son auberge, et retrouva dans cette laide maison une chambre pareille à celle d'où les héritiers l'avaient chassée, car elle fut meublée de ses meubles repris par le juge de paix à la levée des scellés. La Bougival, logée au-dessus, pouvait descendre à l'appel d'une sonnette placée au chevet du lit de sa jeune maîtresse. La pièce destinée à la bibliothèque, la salle du rez-de-chaussée et la cuisine encore vides, mises en couleur seulement, tendues de papiers frais et repeintes, attendaient les acquisitions que la filleule ferait à la vente du mobilier de son parrain. Quoique le caractère d'Ursule leur fût connu, le juge de paix et le curé craignirent pour elle ce passage si subit à une vie dénuée des recherches et du luxe auxquels le défunt docteur avait voulu l'habituer. Quant à Savinien, il en pleurait. Aussi avait-il donné secrètement aux ouvriers et au tapissier plus d'une soulte afin qu'Ursule ne trouvât aucune différence, à l'intérieur du moins, entre l'ancienne et la nouvelle chambre. Mais la jeune fille, qui puisait tout son bonheur dans les yeux de Savinien, montra la plus douce résignation. En cette circonstance, elle charma ses deux vieux amis et leur prouva, pour la millième fois, que les peines du cœur pouvaient seules la faire souffrir. La douleur que lui causait la perte de son parrain était trop profonde pour qu'elle sentît l'amertume de ce changement de fortune, qui cependant apportait de nouveaux obstacles à son mariage. La tristesse de Savinien, en la voyant si réduite, lui fit tant de mal, qu'elle fut obligée de lui dire à l'oreille en sortant de la messe, le matin de son entrée dans sa nouvelle maison : — L'amour ne va pas sans la patience, nous attendrons !

Dès que l'intitulé de l'inventaire fut dressé, Massin, conseillé par Goupil, qui se tourna vers lui par haine secrète contre Minoret en espérant mieux du calcul de cet usurier que de la prudence de Zélie, fit mettre en demeure madame et monsieur de Portenduère, dont le remboursement était échu. La vieille dame fut étourdie par une sommation de payer cent vingt-neuf mille cinq cent dix-sept francs cinquante-cinq centimes aux héritiers dans les vingt-quatre heures, et les intérêts à compter du jour de la demande, à peine de saisie immobilière. Emprunter pour payer était une chose impossible. Savinien alla consulter un avoué à Fontainebleau.

— Vous avez affaire à de mauvaises gens qui ne transigeront point, ils veulent poursuivre à outrance pour avoir la ferme des Bordières, lui dit l'avoué. Le mieux serait de laisser convertir la vente en vente volontaire, afin d'éviter les frais.

Cette triste nouvelle abattit la vieille Bretonne, à qui son fils fit observer doucement que si elle avait voulu consentir à son mariage du vivant de Minoret, le docteur aurait donné ses biens au mari d'Ursule. Aujourd'hui leur maison serait dans l'opulence au lieu d'être dans la misère. Quoique dite sans reproche, cette argumentation tua la vieille dame tout autant que l'idée d'une prochaine et violente dépossession. En apprenant ce désastre, Ursule, à peine remise de la fièvre et du coup que les héritiers lui avaient porté, resta stupide d'accablement. Aimer et se trouver impuissante à secourir celui qu'on aime est une des plus effroyables souffrances qui puissent ravager l'âme des femmes nobles et délicates.

— Je voulais acheter la maison de mon oncle, j'achèterai celle de votre mère, lui dit-elle.

— Est-ce possible ? dit Savinien. Vous êtes mineur et ne pouvez vendre votre inscription de rente sans des formalités auxquelles le procureur du roi ne se prêterait point. Nous n'essaierons d'ailleurs pas de résister. Toute la ville voit avec plaisir la déconfiture d'une maison noble. Ces bourgeois sont comme des chiens à la curée. Il me reste heureusement dix mille francs avec lesquels je pourrai faire vivre ma mère jusqu'à la fin de ces déplorables affaires. Enfin, l'inventaire de votre parrain n'est pas encore terminé, monsieur Bongrand espère encore trouver quelque chose pour vous. Il est aussi étonné que moi de vous savoir sans aucune fortune. Le docteur s'est si souvent expliqué, soit avec lui, soit avec moi, sur le bel avenir qu'il vous avait arrangé, que nous ne comprenons rien à ce dénoûment.

— Bah! dit elle, pourvu que je puisse acheter la bibliothèque et les meubles de mon parrain pour éviter qu'ils ne se dispersent ou n'aillent en des mains étrangères, je suis contente de mon sort.

— Mais qui sait le prix que mettront ces infâmes héritiers à ce que vous voudrez avoir?

On ne parlait, de Montargis à Fontainebleau, que des héritiers Minoret et du million qu'ils cherchaient; mais les plus minutieuses recherches, faites dans la maison depuis la levée des scellés, n'amenaient aucune découverte. Les cent vingt-neuf mille francs de la créance Portenduère, les quinze mille francs de rente dans le trois pour cent, alors à soixante-seize, et qui donnaient un capital de trois cent quatre-vingt mille francs, la maison estimée quarante mille francs et son riche mobilier produisaient un total d'environ six cent mille francs qui semblaient à tout le monde une assez jolie fiche de consolation. Minoret eut alors quelques inquiétudes mordantes. La Bougival et Savinien, qui persistaient à croire, aussi bien que le juge de paix, à l'existence de quelque testament, arrivaient à la fin de chaque vacation et venaient demander à Bongrand le résultat des perquisitions. L'ami du vieillard s'écriait quelquefois au moment où les gens d'affaires et les héritiers sortaient : — Je n'y comprends rien! Comme, pour beaucoup de gens superficiels, deux cent mille francs constituaient à chaque héritier une belle fortune de province, personne ne s'avisa de rechercher comment le docteur avait pu mener son train de maison avec quinze mille francs seulement, puisqu'il laissait intacts les intérêts de la créance Portenduère. Bongrand, Savinien et le curé se posaient seuls cette question dans l'intérêt d'Ursule, et firent, en l'exprimant, plus d'une fois pâlir le maître de poste.

— Ils ont pourtant bien tout fouillé, eux pour trouver de l'argent, moi pour trouver un testament qui devait être en faveur de monsieur Portenduère, dit le juge de paix le jour où l'inventaire fut clos. On a éparpillé les cendres, soulevé les marbres, tâté les pantoufles, percé les bois de lit, vidé les matelas, piqué les couvertures, les couvre-pieds, retourné son édredon, visité les papiers pièce à pièce, les tiroirs, bouleversé le sol de la cave, et je les poussais à ces dévastations !

— Que pensez-vous ? disait le curé.

— Le testament a été supprimé par un héritier.

— Et les valeurs ?

— Courez donc après ! Devinez donc quelque chose à la conduite de gens aussi sournois, aussi rusés, aussi avares que les Massin, que les Crémière ? Voyez donc clair dans une fortune comme celle de Minoret qui touche deux cent mille francs de la succession, qui va, dit-on, vendre son brevet, sa maison et ses intérêts dans les messageries, trois cent cinquante mille francs?... Quelles sommes ! sans compter les économies de ses trente et quelques mille livres de rente en fonds de terre. Pauvre docteur !

— Le testament aura peut-être été caché dans la bibliothèque, dit Savinien.

— Aussi, ne détourné-je pas la petite de l'acheter ! Sans cela, ne serait-ce pas une folie que de lui laisser mettre son seul argent comptant à des livres qu'elle n'ouvrira jamais ?

La ville entière croyait la filleule du docteur nantie des capitaux introuvables ; mais quand on sut positivement que ses quatorze cents francs de rente et ses reprises constituaient toute sa fortune, la maison du docteur et son mobilier excitèrent alors une curiosité générale. Les uns pensèrent qu'il se trouverait des sommes en billets de banque cachés dans les meubles ; les autres, que le vieillard en avait fourré dans ses livres. Aussi la vente offrit-elle le spectacle des étranges précautions prises par les héritiers. Dionis, faisant les fonctions d'huissier priseur, déclarait à chaque objet crié que les héritiers n'entendaient vendre que le meuble et non ce qu'il pourrait contenir de valeurs ; puis, avant de le livrer, tous ils le soumettaient à des investigations crochues, le faisaient sonner et sonder ; enfin, ils le suivaient des mêmes regards qu'un père jette à son fils unique en le voyant partir pour les Indes.

— Ah ! mademoiselle, dit la Bougival consternée en revenant de la première vacation, je n'irai plus. Et monsieur Bongrand a raison, vous ne pourriez pas soutenir un pareil spectacle. Tout est par places. On va et on vient partout comme dans la rue, les plus beaux meubles servent à tout, *ils* montent dessus, et c'est un fouillis où une poule ne retrouverait pas ses poussins ! On se croirait à un incendie. Les affaires sont dans la cour, les armoires sont ouvertes, rien dedans ! Oh ! le pauvre cher homme, il a bien fait de mourir, sa vente l'aurait tué.

Bongrand, qui rachetait pour Ursule les meubles affectionnés par le défunt et de nature à parer la petite maison, ne parut point à la vente de la bibliothèque. Plus fin que les héritiers, dont l'avidité pouvait lui faire payer les livres trop cher, il avait donné commission à un fripier-bouquiniste de Melun, venu exprès à Nemours, et qui déjà s'était fait adjuger plusieurs lots. Par suite de la défiance des héritiers, la bibliothèque se vendit ouvrage par ouvrage. Trois mille volumes furent examinés, fouillés un à un, tenus par les deux côtés de la couverture relevée et agités pour en faire sortir des papiers qui pouvaient y être cachés; enfin leurs couvertures furent interrogées, et les gardes examinées. Le total des adjudications s'éleva, pour Ursule, à six mille cinq cents francs environ, la moitié de ses répétitions contre la succession. Le corps de la bibliothèque ne fut livré qu'après avoir été soigneusement examiné par un ébéniste célèbre pour les *secrets*, mandé de Paris. Lorsque le juge de paix donna l'ordre de transporter le corps de bibliothèque et les livres chez mademoiselle Mirouët, il y eut chez les héritiers des craintes vagues, qui plus tard furent dissipées quand on la vit tout aussi pauvre qu'auparavant. Minoret acheta la maison de son oncle, que ses cohéritiers poussèrent jusqu'à cinquante mille francs, en imaginant que le maître de poste espérait trouver un trésor dans les murs. Aussi le cahier des charges contenait-il des réserves à ce sujet. Quinze jours après la liquidation de la succession, Minoret, qui vendit son relais et ses établissements au fils d'un riche fermier, s'installa dans la maison de son oncle, où il dépensa des sommes considérables en ameublements et en restaurations. Ainsi Minoret se condamnait lui-même à vivre à quelques pas d'Ursule.

— J'espère, avait-il dit chez Dionis le jour où la mise en demeure fut signifiée à Savinien et à sa mère, que nous serons débarrassés de ces nobliaux-là ! nous chasserons les autres après.

— La vieille aux quatorze quartiers, lui répondit Goupil, ne voudra pas être témoin de son désastre; elle ira mourir en Bretagne, où elle trouvera sans doute une femme pour son fils.

— Je ne le crois pas, répondit le notaire qui le matin avait rédigé le contrat de l'acquisition faite par Bongrand. Ursule vient d'acheter la maison de la veuve Ricard.

— Cette maudite pécore ne sait quoi s'inventer pour nous ennuyer! s'écria très-imprudemment le maître de poste.

— Et qu'est-ce que cela vous fait qu'elle demeure à Nemours? demanda Goupil surpris par le mouvement de contrariété qui échappait au colosse imbécile.

— Vous ne savez pas, répondit Minoret en devenant rouge comme un coquelicot, que mon fils a la bêtise d'être amoureux d'elle. Aussi donnerais-je bien cent écus pour qu'Ursule quittât Nemours.

Sur ce premier mouvement, chacun comprend combien Ursule, pauvre et résignée, allait gêner le riche Minoret. Les tracas d'une succession à liquider, la vente de ses établissements et les courses nécessitées par des affaires insolites, ses débats avec sa femme à propos des plus légers détails et de l'acquisition de la maison du docteur, où Zélie voulut vivre bourgeoisement dans l'intérêt de son fils ; ce hourvari qui contrastait avec la tranquillité de sa vie ordinaire, empêcha le grand Minoret de songer à sa victime. Mais quelques jours après son installation rue des Bourgeois, vers le milieu du mois de mai, au retour d'une promenade, il entendit la voix du piano, vit la Bougival assise à la fenêtre comme un dragon gardant un trésor, et entendit soudain en lui-même une voix importune.

Expliquer pourquoi, chez un homme de la trempe de l'ancien maître de poste, la vue d'Ursule, qui ne soupçonnait même pas le vol commis à son préjudice, devint aussitôt insupportable ; comment le spectacle de cette grandeur dans l'infortune lui inspira le désir de renvoyer de la ville cette jeune fille ; et comment ce désir prit les caractères de la haine et de la passion, ce serait peut-être faire tout un traité de morale. Peut-être ne se croyait-il pas le légitime possesseur des trente-six mille livres de rente, tant que celle à qui elles appartenaient serait à deux pas de lui ? Peut-être croyait-il vaguement à un hasard qui ferait découvrir son vol, tant que ceux qu'il avait dépouillés seraient là. Peut-être, chez cette nature en quelque sorte primitive, presque grossière, et qui jusqu'alors n'avait rien fait que de légal, la présence d'Ursule éveillait-elle des remords ? Peut-être ces remords le poignaient-ils d'autant plus qu'il avait plus de bien légitimement acquis ? Il attribua sans doute ces mouvements de sa conscience à la seule présence d'Ursule, en imaginant que, la jeune fille disparue, ces troubles gênants disparaîtraient aussi.

Enfin peut-être le crime a-t-il sa doctrine de perfection? Un commencement de mal veut sa fin, une première blessure appelle le coup qui tue. Peut-être le vol conduit-il fatalement à l'assassinat? Minoret avait commis la spoliation sans la moindre réflexion, tant les faits s'étaient succédé rapidement : la réflexion vint après. Or, si vous avez bien saisi la physionomie et l'encolure de cet homme, vous comprendrez le prodigieux effet qu'y devait produire une pensée. Le remords est plus qu'une pensée, il provient d'un sentiment qui ne se cache pas plus que l'amour, et qui a sa tyrannie. Mais de même que Minoret n'avait pas fait la moindre réflexion en s'emparant de la fortune destinée à Ursule, de même il voulut machinalement la chasser de Nemours quand il se sentit blessé par le spectacle de cette innocence trompée. En sa qualité d'imbécile, il ne songea point aux conséquences, il alla de péril en péril, poussé par son instinct cupide, comme un animal fauve qui ne prévoit aucune ruse du chasseur, et qui compte sur sa vélocité, sur sa force. Bientôt les riches bourgeois qui se réunissaient chez le notaire Dionis remarquèrent un changement dans les manières, dans l'attitude de cet homme jadis sans soucis.

— Je ne sais pas ce qu'a Minoret, il est *tout chose!* disait sa femme à laquelle il avait résolu de cacher son hardi coup de main.

Tout le monde expliqua l'ennui de Minoret, car la pensée sur cette figure ressemblait à de l'ennui, par la cessation absolue de toute occupation, par le passage subit de la vie active à la vie bourgeoise. Pendant que Minoret songeait à briser la vie d'Ursule, la Bougival ne passait pas une journée sans faire à sa fille de lait quelque allusion à la fortune qu'elle aurait dû avoir, ou sans comparer son misérable sort à celui que feu monsieur lui réservait et dont il lui avait parlé, à elle, la Bougival.

— Enfin, disait-elle, ce n'est pas par intérêt ce que j'en dis, mais est-ce que feu monsieur, bon comme il était, ne m'aurait pas laissé quelque petite chose...

— Ne suis-je pas là, répondit Ursule en défendant à la Bougival de lui dire un mot à ce sujet.

Elle ne voulut pas salir par des pensées d'intérêt les affectueux, tristes et doux souvenirs qui accompagnaient la noble figure du vieux docteur dont une esquisse au crayon noir et blanc, faite par son maître de dessin, ornait sa petite salle. Pour sa neuve et belle imagination, l'aspect de ce croquis lui suffisait pour toujours revoir son parrain à qui elle pensait sans cesse, surtout entourée des objets qu'il affectionnait : sa grande bergère à la duchesse, les meubles de son cabinet et son trictrac, ainsi que le piano donné par lui. Les deux vieux amis qui lui restaient, l'abbé Chaperon et monsieur Bongrand, les seules personnes qu'elle voulût recevoir, étaient, au milieu de ces choses presque animées par ses regrets, comme deux vivants souvenirs de sa vie passée à laquelle elle rattacha son présent par l'amour que son parrain avait béni. Bientôt la mélancolie de ses pensées insensiblement adoucie teignit en quelque sorte ses heures, et relia toutes ces choses par une indéfinissable harmonie : ce fut un exquise propreté, la plus exacte symétrie dans la disposition des meubles, quelques fleurs données chaque jour par Savinien, des riens élégants, une paix que les habitudes de la jeune fille communiquaient aux choses et qui rendit son chez-soi aimable. Après le déjeuner et après la messe, elle continuait à étudier et à chanter; puis elle brodait, assise à sa fenêtre sur la rue. A quatre heures, Savinien, au retour d'une promenade qu'il faisait par tous les temps, trouvait la fenêtre entr'ouverte, et s'asseyait sur le bord extérieur de la fenêtre pour causer une demi-heure avec elle. Le soir, le curé, le juge de paix la venaient voir, mais elle ne voulut jamais que Savinien les accompagnât. Enfin elle n'accepta point la proposition de madame de Portenduère que son fils avait amenée à prendre Ursule chez elle. La jeune personne et la Bougival vécurent d'ailleurs avec la plus sordide économie : elles ne dépensaient pas, tout compris, plus de soixante francs par mois. La vieille nourrice était infatigable : elle savonnait et repassait, elle ne faisait la cuisine que deux fois par semaine, elle gardait les viandes cuites, que la maîtresse et la servante mangeaient froides ; car Ursule voulait économiser sept cents francs par an pour payer le reste du prix de sa maison. Cette sévérité de conduite, cette modestie, et sa résignation à une vie pauvre et dénuée après avoir joui d'une existence de luxe où ses moindres caprices étaient adorés, eut du succès auprès de quelques personnes. Ursule gagna d'être respectée et de n'encourir aucun propos. Une fois satisfaits, les héritiers lui rendirent d'ailleurs justice. Savinien admirait cette force de caractère chez une si jeune fille. De temps en temps, au sortir de la messe, madame de Portenduère adressa quelques paroles bienveillantes à Ursule, elle l'invita deux fois à dîner et la vint chercher elle-même. Si ce n'était pas encore le bonheur, du moins ce fut la tranquillité.

Mais un succès où le juge de paix montra sa vieille science d'avoué fit éclater la persécution encore sourde et à l'état de vœu que Minoret méditait contre Ursule. Dès que toutes les affaires de la succession furent finies, le juge de paix, supplié par Ursule, prit en main la cause des Portenduère et lui promit de les tirer d'embarras; mais en allant chez la vieille dame dont la résistance au bonheur d'Ursule le rendait furieux, il ne lui laissa point ignorer qu'il se vouait à ses intérêts uniquement pour plaire à mademoiselle Mirouët. Il choisit l'un de ses anciens clercs pour avoué des Portenduère à Fontainebleau, et dirigea lui-même la demande en nullité de la procédure. Il voulait profiter de l'intervalle qui s'écoulerait entre l'annulation de la poursuite et la nouvelle instance de Massin, pour renouveler le bail de la ferme à six mille francs, tirer des fermiers un pot-de-vin et le payement anticipé de la dernière année. Dès lors la partie de whist se réorganisa chez madame de Portenduère, entre lui, le curé, Savinien et Ursule, que Bongrand et l'abbé Chaperon allaient prendre et ramenaient tous les soirs. En juin, Bongrand fit prononcer la nullité de la procédure suivie par Massin contre les Portenduère. Aussitôt il signa le nouveau bail, obtint trente-deux mille francs du fermier, et un fermage de six mille francs pour dix-huit ans; puis le soir, avant que ces opérations s'ébruitassent, il alla chez Zélie, qu'il savait assez embarrassée de placer ses fonds, et lui proposa l'acquisition des Bordières pour deux cent vingt mille francs.

— Je ferais immédiatement affaire, dit Minoret, si je savais que les Portenduère allassent vivre ailleurs qu'à Nemours.

— Mais, répondit le juge de paix, pourquoi?

— Nous voulons nous passer de nobles à Nemours.

— Je crois avoir entendu dire à la vieille dame que, si ses affaires s'arrangeaient, elle ne pourrait plus guère vivre qu'en Bretagne avec ce qui lui resterait. Elle parle de vendre sa maison.

— Eh! bien, vendez-la-moi, dit Minoret.

— Mais tu parles comme si tu étais le maître, dit Zélie. Que veux-tu faire de deux maisons?

— Si je ne termine pas ce soir avec vous pour les Bordières, reprit le juge de paix, notre bail sera connu, nous serons saisis de nouveau dans trois jours, et je manquerai cette liquidation, qui me tient au cœur. Aussi vais-je de ce pas à Melun, où des fermiers que j'y connais m'achèteront les Bordières les yeux fermés. Vous, perdrez ainsi l'occasion de placer en terre à trois pour cent dans les terroirs du Rouvre.

— Eh! bien, pourquoi venez-vous nous trouver? dit Zélie.

— Parce que vous avez l'argent, tandis que mes anciens clients auront besoin de quelques jours pour me cracher cent vingt-neuf mille francs. Je ne veux pas de difficultés.

— Qu'*elle* quitte Nemours, et je vous les donne! dit encore Minoret.

— Vous comprenez que je ne puis pas engager la volonté des Portenduère, répondit Bongrand; mais je suis certain qu'ils ne resteront pas à Nemours.

Sur cette assurance, Minoret, à qui d'ailleurs Zélie poussa le coude, promit les fonds pour solder la dette des Portenduère envers la succession du docteur. Le contrat de vente fut alors passé chez Dionis, et l'heureux juge de paix y fit accepter les conditions du nouveau bail à Minoret, qui s'aperçut un peu tard, ainsi que Zélie, de la perte de la dernière année payée à l'avance. Vers la fin de juin, Bongrand apporta le quitus de sa fortune à madame de Portenduère, cent vingt-neuf mille francs, en l'engageant à les placer sur l'État qui lui donnerait six mille francs de rente dans le cinq pour cent en y joignant les dix mille francs de Savinien. Ainsi, loin de perdre sur ses revenus, la vieille dame gagnait deux mille francs de rente à sa liquidation. La famille de Portenduère demeura donc à Nemours. Minoret crut avoir été joué, comme si le juge de paix avait dû savoir que la présence d'Ursule lui était insupportable, et il en conçut un vif ressentiment qui accrut sa haine contre sa victime. Alors commença le drame secret, mais terrible en ses effets, de la lutte de deux sentiments, celui qui poussait Minoret à chasser Ursule de Nemours, et celui qui donnait à Ursule la force de supporter des persécutions dont la cause fut pendant un certain temps impénétrable : situation étrange et bizarre, vers laquelle tous les événements antérieurs avaient marché, qu'ils avaient préparée et à laquelle ils servent de préface.

Madame Minoret, à qui son mari fit cadeau d'une argenterie et d'un service de table complet d'environ vingt mille francs, donnait un superbe dîner tous les dimanches, le jour où son fils le substitut amenait quelques amis de Fontainebleau. Pour ces dîners somptueux, Zélie faisait venir quelques raretés de Paris, en obligeant ainsi le notaire Dionis à imiter son faste. Goupil, que les

Minoret s'efforçaient de bannir de leur société comme une personne tarée qui tachait leur splendeur, ne fut invité que vers la fin du mois de juillet, un mois après l'inauguration de la vie bourgeoise menée par les anciens maîtres de poste. Le maître-clerc, déjà sensible à cet oubli calculé, fut obligé de dire *vous* à Désiré qui, depuis l'exercice de ses fonctions, avait pris un air grave et rogue jusque dans sa famille.

— Vous ne vous souvenez donc plus d'Esther, pour aimer ainsi mademoiselle Mirouët? dit Goupil au substitut.

— D'abord Esther est morte, monsieur. Puis je n'ai jamais pensé à Ursule, répondit le magistrat.

— Eh! bien, que me disiez-vous donc, papa Minoret? s'écria très-insolemment Goupil.

Minoret, pris en flagrant délit de mensonge par un homme si redoutable, eût perdu contenance sans le projet pour lequel il avait invité Goupil à dîner, en se souvenant de la proposition jadis faite par le maître-clerc d'empêcher le mariage d'Ursule et du jeune Portenduère. Pour toute réponse, il emmena brusquement le clerc au fond de son jardin.

— Vous avez bientôt vingt-huit ans, mon cher, lui dit-il, et je ne vous vois pas encore sur le chemin de la fortune. Je vous veux du bien, car enfin vous avez été le camarade de mon fils. Écoutez-moi? Si vous décidez la petite Mirouët, qui d'ailleurs possède quarante mille francs, à devenir votre femme, aussi vrai que je m'appelle Minoret, je vous donnerai les moyens d'acheter une charge de notaire à Orléans.

— Non, dit Goupil, je ne serais pas assez en vue; mais à Montargis...

— Non, reprit Minoret, mais à Sens...

— Va pour Sens! reprit le hideux premier clerc. Il y a un archevêque, je ne hais pas un pays de dévotion : avec un peu d'hypocrisie on y fait mieux son chemin. D'ailleurs la petite est dévote, elle y réussira.

— Il est bien entendu, reprit Minoret, que je ne donne les cent mille francs qu'au mariage de notre parente, à qui je veux faire un sort par considération pour défunt mon oncle.

— Et pourquoi pas un peu pour moi? dit malicieusement Goupil en soupçonnant quelque secret dans la conduite de Minoret. N'est-ce pas à mes renseignements que vous devez d'avoir pu réunir vingt-quatre mille francs de rente d'un seul tenant, sans enclaves, autour du château du Rouvre ? Avec vos prairies et votre moulin qui sont de l'autre côté du Loing, vous y ajouteriez seize mille francs ! Voyons, gros père, voulez-vous jouer avec moi franc jeu ?

— Oui.

— Eh! bien, afin de vous faire sentir mes crocs, je mijotais pour Massin l'acquisition du Rouvre, ses parcs, ses jardins, ses réserves et son bois.

— Avise-toi de cela? dit Zélie en intervenant.

— Eh! bien, dit Goupil en lui lançant un regard de vipère, si je veux, demain Massin aura tout cela pour deux cent mille francs.

— Laisse-nous, ma femme, dit alors le colosse en prenant Zélie par le bras et la renvoyant, je m'entends avec lui... Nous avons eu tant d'affaires, reprit Minoret en revenant à Goupil, que nous n'avons pu penser à vous ; mais je compte bien sur votre amitié pour nous avoir le Rouvre.

— Un ancien marquisat, dit malicieusement Goupil, et qui vaudrait bientôt entre vos mains cinquante mille livres de rente, plus de deux millions au prix où sont les biens.

— Et notre substitut épouserait alors la fille d'un maréchal de France, ou l'héritière d'une vieille famille qui le pousserait dans la magistrature à Paris, dit le maître de poste en ouvrant sa large tabatière et offrant une prise à Goupil.

— Eh! bien, jouons-nous franc jeu? s'écria Goupil en se secouant les doigts.

Minoret serra les mains de Goupil en lui répondant : — Parole d'honneur !

Comme tous les gens rusés, le maître-clerc crut, heureusement pour Minoret, que son mariage avec Ursule était un prétexte pour se raccommoder avec lui depuis qu'il leur opposait Massin.

— Ce n'est pas lui, se dit-il, qui a trouvé cette bourde, je reconnais ma Zélie, elle lui a dicté son rôle. Bah! lâchons Massin. Avant trois ans je serai, moi, le député de Sens, pensa-t-il. En apercevant alors Bongrand qui allait faire son whist en face, il se précipita dans la rue.

— Vous vous intéressez beaucoup à Ursule Mirouët, mon cher monsieur Bongrand, lui dit-il ; vous ne pouvez pas être indifférent à son avenir. Voici le programme : elle épouserait un notaire dont l'Étude serait dans un chef-lieu d'arrondissement. Ce notaire, qui sera nécessairement député dans trois ans, lui reconnaîtrait cent mille francs de dot.

— Elle a mieux, dit sèchement Bongrand. Madame de Portenduère depuis ses malheurs ne va guère bien ; hier encore elle était horriblement changée, le chagrin la tue ; il reste à Savinien six mille francs de rente, Ursule a quarante mille francs, je leur ferai valoir leurs capitaux à la Massin, mais honnêtement, et dans dix ans ils auront une petite fortune.

— Savinien ferait une sottise, il peut épouser quand il voudra mademoiselle du Rouvre, une fille unique à qui son oncle et sa tante veulent laisser deux héritages superbes.

— Quand l'amour nous tient, adieu la prudence, a dit La Fontaine. Mais qui est-ce, votre notaire ? car après tout... reprit Bongrand par curiosité.

— Moi, répondit Goupil qui fit tressaillir le juge de paix.

— Vous ? répondit Bongrand sans cacher son dégoût.

— Ah ! bien, votre serviteur, monsieur, répliqua Goupil en lançant un regard plein de fiel, de haine et de défi.

— Voulez-vous être la femme d'un notaire qui vous reconnaîtrait cent mille francs de dot ? s'écria Bongrand en entrant dans la petite salle et s'adressant à Ursule qui se trouvait assise auprès de madame de Portenduère.

Ursule et Savinien tressaillirent par un même mouvement, et se regardèrent : elle en souriant, lui sans oser se montrer inquiet.

— Je ne suis pas maîtresse de mes actions, répondit Ursule en tendant la main à Savinien sans que la vieille mère pût voir ce geste.

— Aussi ai-je refusé sans seulement vous consulter.

— Et pourquoi ? dit madame de Portenduère ; il me semble, ma petite, que c'est un bel état que celui de notaire ?

— J'aime mieux ma douce misère, répondit-elle, car, relativement à ce que je devais attendre de la vie, c'est pour moi l'opulence. Ma vieille nourrice m'épargne d'ailleurs bien des soucis, et je n'irai pas troquer le présent, qui me plaît, contre un avenir inconnu.

Le lendemain, la poste versa dans deux cœurs le poison de deux lettres anonymes : une à madame de Portenduère et l'autre à Ursule. Voici celle que reçut la vieille dame :

« Vous aimez votre fils, vous voulez l'établir comme l'exige le
» nom qu'il porte, et vous favorisez son caprice pour une petite
» ambitieuse sans fortune, en recevant chez vous une Ursule, la fille
» d'un musicien de régiment ; tandis que vous pourriez le marier
» avec mademoiselle du Rouvre, dont les deux oncles, messieurs
» le marquis de Ronquerolles et le chevalier du Rouvre, riches
» chacun de trente mille livres de rente, pour ne pas laisser leur
» fortune à ce vieux fou de monsieur du Rouvre qui mange tout,
» sont dans l'intention d'en avantager leur nièce au contrat. Madame
» de Sérizy, tante de Clémentine du Rouvre, qui vient de perdre son
» fils unique dans la campagne d'Alger, adoptera sans doute aussi
» sa nièce. Quelqu'un qui vous veut du bien croit savoir que
» Savinien serait accepté. »

Voici la lettre faite pour Ursule :

« Chère Ursule, il est dans Nemours un jeune homme qui vous
» idolâtre, il ne peut pas vous voir travaillant à votre fenêtre sans
» des émotions qui lui prouvent que son amour est pour la vie. Ce
» jeune homme est doué d'une volonté de fer et d'une persévérance
» que rien ne décourage : accueillez donc favorablement son amour,
» car il n'a que des intentions pures et vous demande humblement
» votre main, dans le désir de vous rendre heureuse. Sa fortune,
» quoique déjà convenable, n'est rien comparée à celle qu'il vous
» fera quand vous serez sa femme. Vous serez un jour reçue à la
» cour comme la femme d'un ministre et l'une des premières du
» pays. Comme il vous voit tous les jours sans que vous puissiez
» le voir, mettez sur votre fenêtre un des pots d'œillets de la Bou-
» gival, vous lui aurez dit ainsi qu'il peut se présenter. »

Ursule brûla cette lettre sans en parler à Savinien. Deux jours après, elle reçut une autre lettre ainsi conçue :

« Vous avez eu tort, chère Ursule, de ne pas répondre à celui
» qui vous aime plus que sa vie. Vous croyez épouser Savinien,
» vous vous trompez étrangement. Ce mariage n'aura pas lieu.
» Madame de Portenduère, qui ne vous recevra plus chez elle, va
» ce matin au Rouvre, à pied, malgré l'état de souffrance où elle
» est, y demander pour Savinien la main de mademoiselle du Rouvre.
» Savinien finira par céder. Que peut-il objecter ? les oncles de la
» demoiselle assurent par le contrat leurs fortunes à leur nièce.
» Cette fortune consiste en soixante mille livres de rente. »

Cette lettre ravagea le cœur d'Ursule en lui faisant connaître les tortures de la jalousie, une souffrance jusqu'alors inconnue qui, dans cette organisation si riche, si facile à la douleur, couvrit de deuil le présent, l'avenir et même le passé. Depuis le moment où elle eut ce fatal papier, elle resta dans la bergère du docteur, le regard arrêté sur l'espace, et perdue dans un rêve douloureux. En un instant elle sentit le froid de la mort substitué aux ardeurs d'une belle vie. Hélas! ce fut pis : ce fut en réalité l'atroce réveil des morts apprenant qu'il n'y a pas de Dieu, le chef-d'œuvre de cet étrange génie appelé Jean-Paul. Quatre fois la Bougival essaya de faire déjeuner Ursule, elle lui vit prendre et quitter son pain sans pouvoir le porter à ses lèvres. Quand elle voulait hasarder une remontrance, Ursule lui répondait par un geste de main et par un terrible mot : — Chut! aussi despotiquement dit que jusqu'alors sa parole avait été douce. La Bougival, qui surveillait sa maîtresse à travers le vitrage de la porte de communication, l'aperçut alternativement rouge comme si la fièvre la dévorait, et violette comme si le frisson succédait à la fièvre. Cet état s'empira sur les quatre heures, alors que, de moment en moment, Ursule se leva pour regarder si Savinien venait, et que Savinien ne vint pas. La jalousie et le doute ôtent à l'amour toute sa pudeur. Ursule, qui jusqu'alors ne se serait pas permis un geste où l'on pût deviner sa passion, mit son chapeau, son petit châle, et s'élança dans son corridor pour aller au-devant de Savinien, mais un reste de pudeur la fit rentrer dans sa petite salle. Elle y pleura. Quand le curé se présenta le soir, la pauvre nourrice l'arrêta sur le seuil de la porte.

— Ah! monsieur le curé, je ne sais pas ce qu'a mademoiselle ; elle...

— Je le sais, répondit tristement le prêtre en fermant ainsi la bouche à la nourrice effrayée.

L'abbé Chaperon apprit alors à Ursule ce qu'elle n'avait pas osé faire vérifier : madame de Portenduère était allée dîner au Rouvre.

— Et Savinien ?

— Aussi.

Ursule eut un petit tressaillement nerveux qui fit frissonner l'abbé Chaperon comme s'il avait reçu la décharge d'une bouteille de Leyde, et il éprouva de plus une durable commotion au cœur.

— Ainsi nous n'irons pas ce soir chez elle, dit le curé ; mais, mon enfant, il sera sage à vous de n'y plus retourner. La vieille dame vous recevrait de manière à blesser votre fierté. Nous qui l'avions amenée à entendre parler de votre mariage, nous ignorons d'où souffle le vent par lequel elle a été changée en un moment.

— Je m'attends à tout, et rien ne peut plus m'étonner, dit Ursule d'un ton pénétré. Dans ces sortes d'extrémités on éprouve une grande consolation à savoir que l'on n'a pas offensé Dieu.

— Soumettez-vous, ma chère fille, sans jamais sonder les voies de la Providence, dit le curé.

— Je ne voudrais pas soupçonner injustement le caractère de monsieur de Portenduère...

— Pourquoi ne dites-vous plus Savinien ? demanda le curé qui remarqua quelque légère aigreur dans l'accent d'Ursule.

— De mon cher Savinien, reprit-elle en pleurant. Oui, mon bon ami, reprit-elle en sanglotant, une voix me crie encore qu'il est aussi noble de cœur que de race. Il ne m'a pas seulement avoué qu'il m'aimait uniquement, il me l'a prouvé par des délicatesses infinies et en contenant avec héroïsme son ardente passion. Dernièrement, lorsqu'il a pris la main que je lui tendais, quand monsieur Bongrand me proposait ce notaire pour mari, je vous jure que je la lui donnais pour la première fois. S'il a débuté par une plaisanterie en m'envoyant un baiser à travers la rue, depuis, cette affection n'est jamais sortie, vous le savez, des limites les plus étroites ; mais je puis vous le dire, à vous qui lisez dans mon âme, excepté dans ce coin dont la vue était réservée aux anges, eh ! bien, ce sentiment est chez moi le principe de bien des mérites : il m'a fait accepter mes misères, il m'a peut-être adouci l'amertume de la perte irréparable dont le deuil est plus dans mes vêtements que dans mon âme ! Oh ! j'ai eu tort. Oui, l'amour était chez moi plus fort que ma reconnaissance envers mon parrain, et Dieu l'a vengé. Que voulez-vous ! je respectais en moi la femme de Savinien ; j'étais trop fière, et peut-être est-ce cet orgueil que Dieu punit. Dieu seul, comme vous me l'avez dit, doit être le principe et la fin de nos actions.

Le curé fut attendri en voyant les larmes qui roulaient sur ce visage déjà pâli. Plus la sécurité de la pauvre fille avait été grande, plus bas elle tombait.

— Mais, dit-elle en continuant, revenue à ma condition d'orpheline, je saurai en reprendre les sentiments. Après tout, puis-je être une pierre au cou de celui que j'aime ? Que fait-il ici ? Qui suis-je pour prétendre à lui ? Ne l'aimé-je pas d'ailleurs d'une amitié si divine qu'elle va jusqu'à l'entier sacrifice de mon bonheur, de mes espérances ?... Et vous savez que je me suis souvent reproché d'asseoir mon amour sur un tombeau, de le savoir ajourné au lendemain de la mort de cette vieille dame. Si Savinien est riche et heureux par une autre, j'ai précisément assez pour payer ma dot au couvent où j'entrerai promptement. Il ne doit pas plus y avoir dans le cœur d'une femme deux amours qu'il n'y a deux maîtres dans le ciel. La vie religieuse aura des attraits pour moi.

— Il ne pouvait pas laisser aller sa mère seule au Rouvre, dit doucement le bon prêtre.

— N'en parlons plus, mon bon monsieur Chaperon, je lui écrirai ce soir pour lui donner sa liberté. Je suis enchanté d'avoir à fermer les fenêtres de cette salle.

Et elle mit le vieillard au fait des lettres anonymes en lui disant qu'elle ne voulait pas autoriser les poursuites de son amant inconnu.

— Eh ! c'est une lettre anonyme adressée à madame de Portenduère qui l'a fait aller au Rouvre, s'écria le curé. Vous êtes sans doute persécutée par de méchantes gens.

— Et pourquoi ? Ni Savinien ni moi, nous n'avons fait de mal à personne, et nous ne blessons plus aucun intérêt ici.

— Enfin, ma petite, nous profiterons de cette bourrasque, qui disperse notre société, pour ranger la bibliothèque de notre pauvre ami. Les livres restent en tas, Bongrand et moi nous les mettrons en ordre, car nous pensons à y faire des recherches. Placez votre confiance en Dieu ; mais songez aussi que vous avez dans le bon juge de paix et en moi deux amis dévoués.

— C'est beaucoup, dit-elle en reconduisant le curé jusque sur le seuil de son allée en tendant le cou comme un oiseau qui regarde hors de son nid, espérant encore apercevoir Savinien.

En ce moment Minoret et Goupil, au retour de quelque promenade dans les prairies, s'arrêtèrent en passant, et l'héritier du docteur dit à Ursule : — Qu'avez-vous, ma cousine ? car nous sommes toujours cousins, n'est-ce pas ? vous paraissez changée.

Goupil jetait à Ursule des regards si ardents qu'elle en fut effrayée : elle rentra sans répondre.

— Elle est farouche, dit Minoret au curé.

— Mademoiselle Mirouët a raison de ne pas causer sur le pas de sa porte avec des hommes ; elle est trop jeune...

— Oh! fit Goupil, vous devez savoir qu'elle ne manque pas d'amoureux.

Le curé s'était hâté de saluer, et se dirigeait à pas précipités vers la rue des Bourgeois.

— Eh! bien, dit le premier clerc à Minoret, ça chauffe! Elle est déjà pâle comme une morte; mais avant quinze jours elle aura quitté la ville. Vous verrez.

— Il vaut mieux vous avoir pour ami que pour ennemi, s'écria Minoret effrayé de l'atroce sourire qui donnait au visage de Goupil l'expression diabolique prêtée par Eugène Delacroix au Méphistophélès de Gœthe.

— Je le crois bien, répondit Goupil. Si elle ne m'épouse pas, je la ferai crever de chagrin.

— Fais-le, petit, et je te *donne* les fonds pour être notaire à Paris. Tu pourras alors épouser une femme riche...

— Pauvre fille! Que vous a-t-elle donc fait? demanda le clerc surpris.

— Elle m'embête! dit grossièrement Minoret.

— Attendez à lundi, et vous verrez alors comment je la scierai, reprit Goupil en étudiant la physionomie de l'ancien maître de poste.

Le lendemain la vieille Bougival alla chez Savinien et dit en lui tendant une lettre: — Je ne sais pas ce que vous écrit la chère enfant; mais elle est ce matin comme une morte.

Qui par cette lettre n'imaginerait pas les souffrances qui avaient assailli Ursule pendant la nuit?

A MONSIEUR DE PORTENDUÈRE.

« Mon cher Savinien, votre mère veut vous marier à mademoi-
» selle du Rouvre, m'a-t-on dit, et peut-être a-t-elle raison. Vous
» vous trouvez entre une vie presque misérable et une vie opulente,
» entre la fiancée de votre cœur et une femme selon le monde,
» entre obéir à votre mère et à votre choix, car je crois encore
» que vous m'avez choisie. Savinien, si vous avez une détermina-
» tion à prendre, je veux qu'elle soit prise en toute liberté : je
» vous rends la parole que vous vous étiez donnée à vous-même et
» non à moi dans un moment qui ne s'effacera jamais de ma mé-
» moire, et qui fut, comme tous les jours qui se sont succédé de-

» puis, d'une pureté, d'une douceur angéliques. Ce souvenir suffit
» à toute ma vie. Si vous persistez dans votre serment, désormais
» une noire et terrible idée troublerait mes félicités. Au milieu de
» nos privations, acceptées si gaiement aujourd'hui, vous pourriez
» penser plus tard que, si vous eussiez observé les lois du monde,
» il en eût été bien autrement pour vous. Si vous étiez homme à
» exprimer cette pensée, elle serait pour moi l'arrêt d'une mort
» douloureuse ; et, si vous ne la disiez pas, je soupçonnerais les
» moindres nuages qui couvriraient votre front. Cher Savinien,
» je vous ai toujours préféré à tout sur cette terre. Je le pouvais,
» puisque mon parrain, quoique jaloux, me disait : « Aime-le, ma
» fille ! vous serez bien certainement l'un à l'autre un jour. »
» Quand je suis allée à Paris, je vous aimais sans espoir, et ce sen-
» timent me contentait. Je ne sais si je puis y revenir, mais je le
» tenterai. Que sommes-nous d'ailleurs en ce moment ? un frère et
» une sœur. Restons ainsi. Épousez cette heureuse fille, qui aura
» la joie de rendre à votre nom le lustre qu'il doit avoir, et que,
» selon votre mère, je diminuerais. Vous n'entendrez jamais parler
» de moi. Le monde vous approuvera. Moi, je ne vous blâmerai
» jamais, et je vous aimerai toujours. Adieu donc. »

— Attendez ! s'écria le gentilhomme.

Il fit signe à la Bougival de s'asseoir, et il griffonna ce peu de mots :

« Ma chère Ursule, votre lettre me brise le cœur en ce que vous
» vous êtes fait inutilement beaucoup de mal, et que pour la pre-
» mière fois nos cœurs ont cessé de s'entendre. Si vous n'êtes pas
» ma femme, c'est que je ne puis encore me marier sans le consen-
» tement de ma mère. Enfin, huit mille livres de rente dans un joli
» cottage, sur les bords du Loing, n'est-ce pas une fortune ? Nous
» avons calculé qu'avec la Bougival nous économiserions cinq mille
» francs par an ! Vous m'avez permis un soir, dans le jardin de votre
» oncle, de vous regarder comme ma fiancée, et vous ne pouvez
» briser à vous seule des liens qui nous sont communs. Ai-je donc
» besoin de vous dire qu'hier j'ai nettement déclaré à monsieur du
» Rouvre que, si j'étais libre, je ne voudrais pas recevoir ma for-
» tune d'une jeune personne qui me serait inconnue ! Ma mère ne
» veut plus vous voir, je perds le bonheur de nos soirées, mais ne
» me retranchez pas le court moment pendant lequel je vous parle
» à votre fenêtre... A ce soir. Rien ne peut nous séparer. »

— Allez, ma vieille. Elle ne doit pas être inquiète un moment de trop...

Le soir, à quatre heures, au retour de la promenade qu'il faisait tous les jours exprès pour passer devant la maison d'Ursule, Savinien trouva sa maîtresse un peu pâlie par des bouleversements si subits.

— Il me semble que jusqu'à présent je n'ai pas su ce que c'était que le plaisir de vous voir, lui dit-elle.

— Vous m'avez dit, répondit Savinien en souriant, car je me souviens de toutes vos paroles : « L'amour ne va pas sans la patience, j'attendrai ! » Vous avez donc, chère enfant, séparé l'amour de la foi ?..... Ah ! voici qui termine nos querelles. Vous prétendiez me mieux aimer que je ne vous aime. Ai-je jamais douté de vous ? lui demanda-t-il en lui présentant un bouquet composé de fleurs des champs dont l'arrangement exprimait ses pensées.

— Vous n'avez aucune raison pour douter de moi, répondit-elle. Et d'ailleurs, vous ne savez pas tout, ajouta-t-elle d'une voix troublée.

Elle avait fait refuser à la poste toutes ses lettres. Mais, sans qu'elle eût pu deviner par quel sortilége la chose avait eu lieu, quelques instants après la sortie de Savinien qu'elle avait regardé tournant de la rue des Bourgeois dans la Grand'rue, elle avait trouvé sur sa bergère un papier où était écrit : « *Tremblez ! l'amant dédai-* » *gné deviendra pire qu'un tigre.* » Malgré les supplications de Savinien, elle ne voulut pas, par prudence, lui confier le terrible secret de sa peur. Le plaisir ineffable de revoir Savinien après l'avoir cru perdu pouvait seul lui faire oublier le froid mortel qui venait de la saisir. Pour tout le monde, attendre un malheur indéfini constitue un horrible supplice. La souffrance prend alors les proportions de l'inconnu, qui certes est l'infini de l'âme. Mais, pour Ursule, ce fut la plus grande douleur. Elle éprouvait en elle-même d'affreux sursauts au moindre bruit, elle se défiait du silence, elle soupçonnait ses murailles de complicité. Enfin son heureux sommeil fut troublé. Goupil, sans rien savoir de cette constitution délicate comme celle d'une fleur, avait trouvé, par l'instinct du méchant, le poison qui devait la flétrir, la tuer. Cependant la journée du lendemain se passa sans surprise. Ursule joua du piano fort tard, elle se coucha presque rassurée et accablée de sommeil. A minuit environ, elle fut réveillée par un concert composé d'une clarinette, d'un hautbois, d'une flûte, d'un cornet à piston, d'un trombone, d'un basson, d'un flageolet et d'un triangle. Tous les voisins étaient aux fenêtres. La pauvre enfant, déjà saisie en voyant du monde dans la rue, reçut un coup terrible au cœur en entendant une voix d'homme enrouée, ignoble, qui cria : « *Pour la belle Ursule* » *Mirouët, de la part de son amant.* » Le lendemain, dimanche, toute la ville fut en rumeur, et, à l'entrée comme à la sortie d'Ursule à l'église, elle vit sur la place des groupes nombreux occupés d'elle et manifestant une horrible curiosité. La sérénade mettait toutes les langues en mouvement, car chacun se perdait en conjectures. Ursule revint chez elle plus morte que vive et ne sortit plus, le curé lui avait conseillé de dire ses vêpres chez elle. En rentrant elle vit dans le corridor carrelé en briques qui menait de la rue à la cour une lettre glissée sous la porte; elle la ramassa, la lut poussée par le désir d'y trouver une explication. Les êtres les moins sensibles peuvent deviner ce qu'elle dut éprouver en lisant ces terribles lignes :

« Résignez-vous à devenir ma femme, riche et adorée. Je vous
» veux. Si je ne vous ai vivante, je vous aurai morte. Attribuez à
» vos refus les malheurs qui n'atteindront pas que vous.
» *Celui qui vous aime et à qui vous serez un jour.* »

Chose étrange ! au moment où la douce et tendre victime de cette machination était abattue comme une fleur coupée, mesdemoiselles Massin, Dionis et Crémière enviaient son sort.

— Elle est bien heureuse, disaient-elles. On s'occupe d'elle, on flatte ses goûts, on se la dispute ! La sérénade était, à ce qu'il paraît, charmante ! Il y avait un cornet à piston !

— Qu'est-ce qu'un piston ?

— Un nouvel instrument de musique ! tiens, grand comme ça, disait Angéline Crémière à Paméla Massin.

Dès le matin, Savinien était allé jusqu'à Fontainebleau tâcher de savoir qui avait demandé des musiciens du régiment en garnison ; mais comme il y avait deux hommes pour chaque instrument, il fut impossible de connaître ceux qui étaient allés à Nemours. Le colonel fit défendre aux musiciens de jouer chez des particuliers sans sa permission. Le gentilhomme eut une entrevue avec le procureur du roi, tuteur d'Ursule, et lui expliqua la gravité de ces sortes de scènes sur une jeune fille si délicate et si frêle, en le priant de rechercher l'auteur de cette sérénade par les moyens dont dispose le Parquet. Trois jours après, au milieu de la nuit, trois violons, une flûte, une guitare et un hautbois donnèrent une seconde sérénade. Cette fois les musiciens se sauvèrent du côté de Montargis, où se trouvait alors une troupe de comédiens. Une voix stridente et liquoreuse avait crié entre deux morceaux : « A la fille du capitaine de musique Mirouët ! » Tout Nemours apprit ainsi la profession du père d'Ursule, ce secret si soigneusement gardé par le vieux docteur Minoret.

Savinien n'alla point cette fois à Montargis ; il reçut dans la journée une lettre anonyme venue de Paris, où il lut cette horrible prophétie :

« Tu n'épouseras pas Ursule. Si tu veux qu'elle vive, hâte-toi de
» la céder à celui qui l'aime plus que tu ne l'aimes ; car il s'est fait
» musicien et artiste pour lui plaire, et préfère la voir morte à la
» savoir ta femme. »

Le médecin de Nemours venait alors trois fois par jour chez Ursule, que ces poursuites occultes avaient mise en danger de mort. En se sentant plongée par une main infernale dans un bourbier, cette suave jeune fille gardait une attitude de martyre : elle restait dans un profond silence, levait les yeux au ciel et ne pleurait plus, elle attendait les coups en priant avec ferveur et en implorant celui qui lui donnerait la mort.

— Je suis heureuse de ne pas pouvoir descendre dans la salle, disait-elle à messieurs Bongrand et Chaperon, qui la quittaient le moins possible ; *il* y viendrait, et je me sens indigne de recevoir les regards par lesquels *il* a coutume de me bénir ! Croyez-vous qu'il me soupçonne ?

— Mais si Savinien ne trouve pas l'auteur de ces infamies, il compte aller requérir l'intervention de la police de Paris, dit Bongrand.

— Les inconnus doivent me savoir frappée à mort, répondit-elle ; ils vont se tenir tranquilles.

Le curé, Bongrand et Savinien se perdaient en conjectures et en suppositions. Savinien, Tiennette, la Bougival et deux personnes dévouées au curé se firent espions et se tinrent sur leurs gardes pendant une semaine ; mais aucune indiscrétion ne pouvait trahir Goupil, qui machinait tout à lui seul. Le juge de paix, le premier, pensa que l'auteur du mal était effrayé de son ouvrage. Ursule arrivait à la pâleur, à la faiblesse des jeunes Anglaises en consomption.

Chacun se relâcha de ses soins. Il n'y eut plus de sérénades ni de lettres. Savinien attribua l'abandon de ces moyens odieux aux recherches secrètes du Parquet, auquel il avait envoyé les lettres reçues par Ursule, celle reçue par sa mère et la sienne. Cet armistice ne fut pas de longue durée. Quand le médecin eut arrêté la fièvre nerveuse d'Ursule, au moment où elle avait repris courage, un matin, vers la mi-juillet, on trouva une échelle de corde attachée à sa fenêtre. Le postillon qui, pendant la nuit, avait conduit la Malle, déclara qu'un petit homme était en train de descendre au moment où il passait ; et, malgré son désir de s'arrêter, ses chevaux, lancés à la descente du pont, au coin duquel se trouvait la maison d'Ursule, l'avaient emporté bien au delà de Nemours. Une opinion partie du salon Dionis attribuait ces manœuvres au marquis du Rouvre, alors excessivement gêné, sur qui Massin avait des lettres de change, et qui, par un prompt mariage de sa fille avec Savinien, devait disait-on, soustraire le château du Rouvre à ses créanciers. Madame de Portenduère voyait aussi avec plaisir, disait-on, tout ce qui pouvait afficher, déconsidérer et déshonorer Ursule ; mais en présence de cette jeune mort, la vieille dame se trouvait quasi vaincue. Le curé Chaperon fut si vivement affecté de cette dernière méchanceté, qu'il en tomba malade assez sérieusement pour rester chez lui durant quelques jours. La pauvre Ursule, à qui cette odieuse attaque avait causé une rechute, reçut par la poste une lettre du curé, qu'on ne refusa point en reconnaissant l'écriture.

« Mon enfant, quittez Nemours, et déjouez ainsi la malice de vos
» ennemis inconnus. Peut-être cherche-t-on à mettre en danger la
» vie de Savinien. Je vous en dirai davantage quand je pourrai vous
» aller voir. »

Ce billet était signé : *Votre dévoué* CHAPERON.

Lorsque Savinien, qui devint comme fou, alla voir le curé, le pauvre prêtre relut la lettre, tant il fut épouvanté de la perfection avec laquelle son écriture et sa signature étaient imitées ; car il n'avait rien écrit ; et s'il avait écrit, il ne se serait point servi de la poste pour envoyer sa lettre chez Ursule. L'état mortel où cette dernière atrocité mit Ursule obligea Savinien à recourir de nouveau au procureur du roi en lui portant la fausse lettre du curé.

— Il se commet un assassinat par des moyens que la loi n'a point prévus, et sur une orpheline que le Code vous donne pour pupille dit le gentilhomme au magistrat.

— Si vous trouvez des moyens de répression, lui répondit le procureur du roi, je les adopterai ; mais je n'en connais pas ! L'infâme anonyme a donné le meilleur avis. Il faut envoyer ici mademoiselle Mirouët chez les dames de l'Adoration du Saint-Sacrement. En attendant, le commissaire de police de Fontainebleau, sur ma demande, vous autorisera à porter des armes pour votre défense. Je suis allé moi-même au Rouvre, et monsieur du Rouvre a été justement indigné des soupçons qui planaient sur lui. Minoret, le père de mon substitut, est en marché pour son château. Mademoiselle du Rouvre épouse un riche comte polonais. Enfin, monsieur du Rouvre quittait la campagne, le jour où je m'y suis transporté, pour éviter les effets d'une contrainte par corps.

Désiré, que son chef questionna, n'osa lui dire sa pensée : il reconnaissait Goupil ! Goupil était seul capable de conduire une œuvre qui côtoyait le Code pénal sans tomber dans le précipice d'aucun article. L'impunité, le secret, le succès accrurent l'audace de Goupil. Le terrible clerc faisait poursuivre par Massin, devenu sa dupe, le marquis du Rouvre, afin de forcer le gentilhomme à vendre les restes de sa terre à Minoret. Après avoir entamé des négociations avec un notaire de Sens, il résolut de tenter un dernier coup pour avoir Ursule. Il voulait imiter quelques jeunes gens de Paris qui ont dû leur femme et leur fortune à un enlèvement. Les services rendus à Minoret, à Massin et à Crémière, la protection de Dionis, maire de Nemours, lui permettaient d'assoupir l'affaire. Il se décida sur-le-champ à lever le masque, en croyant Ursule incapable de lui résister dans l'état de faiblesse où il l'avait mise. Néanmoins, avant de risquer le dernier coup de son ignoble partie, il jugea nécessaire d'avoir une explication au Rouvre, où il accompagna Minoret, qui s'y rendait pour la première fois depuis la signature du contrat. Minoret venait de recevoir une lettre confidentielle où son fils lui demandait des renseignements sur ce qui se passait à propos d'Ursule, avant de l'aller chercher lui-même avec le procureur du roi pour la mettre dans un couvent à l'abri de quelque nouvelle infamie. Le substitut engageait son père, au cas où cette persécution serait l'ouvrage d'un de leurs amis, à lui donner de sages conseils. Si la justice ne pouvait pas toujours tout punir, elle finirait par tout savoir et en garder bonne note. Minoret avait atteint un grand but. Désormais propriétaire incommutable du château du Rouvre, un des plus beaux du Gâtinais, il réunissait pour quarante et quelques mille francs de revenus en beaux et riches domaines autour du parc. Le colosse pouvait se moquer de Goupil. Enfin, il comptait vivre à la campagne, où le souvenir d'Ursule ne l'importunerait plus.

— Mon petit, dit-il à Goupil en se promenant sur la terrasse, laisse ma cousine en repos !

— Bah ?... dit le clerc, ne pouvant rien deviner dans cette conduite bizarre, car la bêtise a aussi sa profondeur.

— Oh ! je ne suis pas ingrat, tu m'as fait avoir pour deux cent quatre-vingt mille francs ce beau château en briques et en pierre de taille qui ne se bâtirait pas aujourd'hui pour deux cent mille écus, la ferme du château, les réserves, le parc, les jardins, et les bois... Eh ! bien.... oui, ma foi ! je te donne dix pour cent, vingt mille francs, avec lesquels tu peux acheter une étude d'huissier à Nemours. Je te garantis ton mariage avec une des petites Crémière, avec l'aînée.

— Celle qui parle piston ? s'écria Goupil.

— Mais ma cousine lui donne trente mille francs, reprit Minoret. Vois-tu, mon petit, tu es né pour être huissier, comme moi j'étais fait pour être maître de poste, et il faut toujours suivre sa vocation.

— Eh ! bien, reprit Goupil tombé du haut de ses espérances, voici des timbres, signez-moi vingt mille francs d'acceptations, afin que je puisse traiter argent sur table.

Minoret avait dix-huit mille francs à recevoir pour le semestre des inscriptions que sa femme ne connaissait pas ; il crut se débarrasser ainsi de Goupil, et signa. Le premier clerc, en voyant l'imbécile et colossal Machiavel de la rue des Bourgeois dans un accès de fièvre seigneuriale, lui jeta pour adieux un : — Au revoir ! et un regard qui eussent fait trembler tout autre qu'un niais parvenu, regardant du haut d'une terrasse les jardins et les magnifiques toits d'un château bâti dans le style à la mode sous Louis XIII.

— Tu ne m'attends pas ? cria-t-il en voyant Goupil s'en allant à pied.

— Vous me retrouverez sur votre chemin, papa ! lui répondit le futur huissier altéré de vengeance et qui voulait savoir le mot de l'énigme offerte à son esprit par les étranges zigzags de la conduite du gros Minoret.

Depuis le jour où la plus infâme calomnie avait souillé sa vie, Ursule, en proie à l'une de ces maladies inexplicables dont le siége est dans l'âme, marchait rapidement à la mort. D'une pâleur mortelle, disant à de rares intervalles des paroles faibles et lentes, jetant des regards d'une douceur tiède, tout en elle, même son front, trahissait une pensée dévorante. Elle la croyait tombée, cette idéale couronne de fleurs chastes que, de tout temps, les peuples ont voulu voir sur la tête des vierges. Elle écoutait, dans le vide et dans le silence, les propos déshonorants, les commentaires malicieux, les rires de la petite ville. Cette charge était trop pesante pour elle, et son innocence avait trop de délicatesse pour survivre à une pareille meurtrissure. Elle ne se plaignait plus, elle gardait un douloureux sourire sur les lèvres, et ses yeux se levaient souvent vers le ciel comme pour appeler de l'injustice des hommes au Souverain des anges. Quand Goupil entra dans Nemours, Ursule avait été descendue de sa chambre au rez-de-chaussée sur les bras de la Bougival et du médecin de Nemours. Il s'agissait d'un événement immense. Après avoir appris que cette jeune fille se mourait comme une hermine, encore qu'elle fût moins atteinte dans son honneur que ne le fut Clarisse Harlowe, madame de Portenduère allait venir la voir et la consoler. Le spectacle de son fils, qui pendant toute la nuit précédente avait parlé de se tuer, fit plier la vieille Bretonne. Madame de Portenduère trouva d'ailleurs de sa dignité de rendre le courage à une jeune fille si pure, et vit dans sa visite un contre-poids à tout le mal fait par la petite ville. Son opinion, sans doute plus puissante que celle de la foule, consacrerait le pouvoir de la noblesse. Cette démarche, annoncée par l'abbé Chaperon, avait opéré chez Ursule une révolution et rendit de l'espoir au médecin désespéré, qui parlait de demander une consultation aux plus illustres docteurs de Paris. On avait mis Ursule sur la bergère de son tuteur, et tel était le caractère de sa beauté, que, dans son deuil et dans sa souffrance, elle parut plus belle qu'en aucun moment de sa vie heureuse. Quand Savinien, donnant le bras à sa mère, se montra, la jeune malade reprit de belles couleurs.

— Ne vous levez pas, mon enfant, dit la vieille dame d'une voix impérative; quelque malade et faible que je sois moi-même, j'ai voulu vous venir voir pour vous dire ma pensée sur ce qui se passe : je vous estime comme la plus pure, la plus sainte et la plus charmante fille du Gâtinais, et vous trouve digne de faire le bonheur d'un gentilhomme.

D'abord Ursule ne put répondre; elle prit les mains desséchées de la mère de Savinien et les baisa en y laissant des pleurs.

— Ah ! madame, répondit-elle d'une voix affaiblie, je n'aurais jamais eu la hardiesse de penser à m'élever au-dessus de ma condition si je n'y avais été encouragée par des promesses, et mon seul titre était une affection sans bornes ; mais on a trouvé les moyens de me séparer à jamais de celui que j'aime : on m'a rendue indigne de lui... Jamais, dit-elle avec un éclat dans la voix qui frappa douloureusement les spectateurs, jamais je ne consentirai à donner à qui que ce soit une main avilie, une réputation flétrie. J'aimais trop... je puis le dire en l'état où je suis : j'aime une créature presque autant que Dieu. Aussi Dieu...

— Allons, allons, ma petite, ne calomniez pas Dieu ! Allons, *ma fille*, dit la vieille dame en faisant un effort, ne vous exagérez pas la portée d'une infâme plaisanterie à laquelle personne ne croit. Moi, je vous le promets, vous vivrez et vous serez heureuse.

— Tu seras heureuse ! dit Savinien en se mettant à genoux devant Ursule et lui baisant les mains, ma mère t'a nommée *ma fille*.

— Assez, dit le médecin, qui vint prendre le pouls de sa malade, ne la tuez pas de plaisir.

En ce moment, Goupil, qui trouva la porte de l'allée entr'ouverte, poussa celle du petit salon et montra son horrible face animée par les pensées de vengeance qui avaient fleuri dans son cœur pendant le chemin.

— Monsieur de Portenduère ! dit-il d'une voix qui ressemblait au sifflement d'une vipère forcée dans son trou.

— Que voulez-vous ? répondit Savinien en se relevant.

— J'ai deux mots à vous dire.

Savinien sortit dans l'allée, et Goupil l'amena dans la petite cour.

— Jurez-moi par la vie d'Ursule que vous aimez, et par votre honneur de gentilhomme auquel vous tenez, de faire qu'il soit entre nous comme si je ne vous avais rien dit de ce que je vais vous dire, et je vais vous éclairer sur la cause des persécutions dirigées contre mademoiselle Mirouët.

— Pourrais-je les faire cesser ?

— Oui.

— Pourrais-je me venger ?

— Sur l'auteur, oui ; mais sur l'instrument, non.

— Pourquoi ?

— Mais... l'instrument, c'est moi...

Savinien pâlit.

— Je viens d'entrevoir Ursule... reprit le clerc.

— Ursule ? dit le gentilhomme en regardant Goupil.

— Mademoiselle Mirouët, reprit Goupil, que l'accent de Savinien rendit respectueux, et je voudrais racheter de tout mon sang ce qui a été fait. Je me repens... Quand vous me tueriez en duel ou autrement, à quoi vous servirait mon sang ? Le boiriez-vous ? il vous empoisonnerait en ce moment.

La froide raison de cet homme et la curiosité domptèrent les bouillonnements du sang de Savinien ; il le regardait fixement d'un air qui fit baisser les yeux à ce bossu manqué.

— Qui donc t'a mis en œuvre ? dit le jeune homme

— Jurez-vous ?

— Tu veux qu'il ne te soit rien fait ?

— Je veux que vous et mademoiselle Mirouët vous me pardonniez.

— Elle te pardonnera ; mais moi, jamais !

— Enfin vous oublierez ?

Quelle terrible puissance a le raisonnement appuyé sur l'intérêt ? Deux hommes, dont l'un voulait déchirer l'autre, étaient là dans une petite cour, à deux doigts l'un de l'autre, obligés de se parler, réunis par un même sentiment.

— Je te pardonnerai, mais je n'oublierai pas.

— Rien de fait, dit froidement Goupil.

Savinien perdit patience. Il appliqua sur cette face un soufflet qui retentit dans la cour, qui faillit renverser Goupil, et après lequel il chancela lui-même.

— Je n'ai que ce que je mérite, dit Goupil ; j'ai fait une bêtise. Je vous croyais plus noble que vous ne l'êtes. Vous avez abusé d'un avantage que je vous donnais... Vous êtes en ma puissance, maintenant, dit-il en lançant un regard haineux à Savinien.

— Vous êtes un assassin, dit le gentilhomme.

— Pas plus que le couteau n'est le meurtrier, répliqua Goupil.

— Je vous demande pardon, fit Savinien.

— Vous êtes-vous assez vengé ? dit Goupil avec une féroce ironie. En resterez-vous là ?

— Pardon et oubli réciproque, reprit Savinien.

— Votre main ? dit le clerc en tendant la sienne au gentilhomme.

— La voici, répondit Savinien en dévorant cette honte par amour pour Ursule. Mais, parlez : qui vous poussait ?

Goupil regardait pour ainsi dire les deux plateaux où pesaient, d'un côté le soufflet de Savinien, de l'autre sa haine contre Minoret. Il resta deux secondes indécis, mais enfin une voix lui cria : — Tu seras notaire! Et il répondit : — Pardon et oubli? Oui, de part et d'autre, monsieur, en serrant la main du gentilhomme.

— Qui donc persécute Ursule? fit Savinien.

— Minoret! Il aurait voulu la voir enterrée... Pourquoi? je ne le sais pas; mais nous en chercherons la raison. Ne me mêlez point à tout ceci, je ne pourrais plus rien pour vous si l'on se défiait de moi. Au lieu d'attaquer Ursule, je la défendrai ; au lieu de servir Minoret, je tâcherai de déjouer ses plans. Je ne vis que pour le ruiner, pour le détruire. Et je le foulerai aux pieds, je danserai sur son cadavre, je me ferai de ses os un jeu de dominos! Demain, sur toutes les murailles de Nemours, de Fontainebleau, du Rouvre, on lira au crayon rouge : *Minoret est un voleur*. Oh! je le ferai, nom de..... nom! éclater comme un mortier. Maintenant, nous sommes alliés par une indiscrétion ; eh bien! si vous le voulez, je vais me mettre à genoux devant mademoiselle Mirouët, lui déclarer que je maudis la passion insensée qui me poussait à la tuer, je la supplierai de me pardonner. Ça lui fera du bien! Le juge de paix et le curé sont là, ces deux témoins suffisent; mais M. Bongrand s'engagera sur l'honneur à ne pas me nuire dans ma carrière. J'ai maintenant une carrière.

— Attendez un moment, répondit Savinien tout étourdi par cette révélation : — Ursule, mon enfant, dit-il en entrant au salon, l'auteur de tous vos maux a horreur de son ouvrage, se repent et veut vous demander pardon en présence de ces messieurs, à la condition que tout sera oublié.

— Comment, Goupil? dirent à la fois le curé, le juge de paix et le médecin.

— Gardez-lui le secret, fit Ursule en levant un doigt à ses lèvres.

Goupil entendit cette parole, vit le mouvement d'Ursule et se sentit ému.

— Mademoiselle, dit-il d'un ton pénétré, je voudrais maintenant que tout Nemours pût m'entendre vous avouant qu'une fatale passion a égaré ma tête et m'a suggéré des crimes punissables par le blâme des honnêtes gens. Ce que je dis là, je le répéterai partout, en déplorant le mal produit par de mauvaises plaisanteries, mais qui vous auront servi peut être à hâter votre bonheur, dit-il avec un peu de malice en se relevant, puisque je vois ici madame de Portenduère...

— C'est très-bien, Goupil, dit le curé; mademoiselle vous a pardonné; mais vous ne devez jamais oublier que vous avez failli devenir un assassin.

— Monsieur Bongrand, reprit Goupil en s'adressant au juge de paix, je vais traiter ce soir avec Lecœur de son Étude, j'espère que cette réparation ne me nuira pas dans votre esprit, et que vous appuierez ma demande auprès du Parquet et du ministère.

Le juge de paix fit une pensive inclination de tête, et Goupil sortit pour aller traiter de la meilleure des deux Études d'huissier à Nemours. Chacun resta chez Ursule et s'appliqua, pendant cette soirée, à faire renaître le calme et la tranquillité dans son âme, où la satisfaction que le clerc lui avait donnée opérait déjà des changements.

— Tout Nemours saura cela, disait Bongrand.

— Vous voyez, mon enfant, que Dieu ne vous en voulait point, disait le curé.

Minoret revint assez tard du Rouvre et dîna tard. Vers neuf heures, à la tombée du jour, il était dans son pavillon chinois, digérant son dîner auprès de sa femme, avec laquelle il faisait des projets pour l'avenir de Désiré. Désiré s'était bien rangé depuis qu'il appartenait à la magistrature; il travaillait, il y avait chance de le voir succéder au procureur du roi de Fontainebleau qui, disait-on, passait à Melun. Il fallait lui chercher une femme, une fille pauvre appartenant à une vieille et noble famille; il pourrait alors arriver à la magistrature de Paris. Peut-être pourraient-ils le faire élire député de Fontainebleau, où Zélie était d'avis d'aller s'établir l'hiver, après avoir habité le Rouvre pendant la belle saison. En s'applaudissant intérieurement d'avoir tout arrangé pour le mieux, Minoret ne pensait plus à Ursule au moment même où le drame, si niaisement ouvert par lui, se nouait d'une façon terrible.

— Monsieur de Portenduère est là qui veut vous parler, vint dire Cabirolle.

— Faites entrer, répondit Zélie.

Les ombres du crépuscule empêchèrent madame Minoret d'apercevoir la pâleur subite de son mari, qui frissonna en entendant les bottes de Savinien craquant sur le parquet de la galerie où jadis était la bibliothèque du docteur. Un vague pressentiment de malheur courait dans les veines du spoliateur. Savinien parut, resta debout, garda son chapeau sur sa tête, sa canne à la main, ses mains croisées sur la poitrine, immobile devant les deux époux.

— Je viens savoir, monsieur et madame Minoret, les raisons que vous avez eues pour tourmenter d'une manière infâme une jeune fille qui est, au su de toute la ville de Nemours, ma future épouse? pourquoi vous avez essayé de flétrir son honneur? pourquoi vous vouliez sa mort, et pourquoi vous l'avez livrée aux insultes d'un Goupil?... Répondez.

— Êtes-vous drôle, monsieur Savinien, dit Zélie, de venir nous demander les raisons d'une chose qui nous semble inexplicable! Je me soucie d'Ursule comme de l'an quarante. Depuis la mort de l'oncle Minoret, je n'y ai jamais plus pensé qu'à ma première chemise! Je n'ai pas soufflé un mot d'elle à Goupil, encore un singulier drôle à qui je ne confierais pas les intérêts de mon chien. Eh! bien, répondras-tu, Minoret? Vas-tu te laisser manquer par monsieur, et accuser d'infamies qui sont au-dessous de toi? Comme si un homme qui a quarante-huit mille livres de rente en fonds de terre autour d'un château digne d'un prince, descendait à de pareilles sottises! Lève-toi donc, que tu es là comme une chiffe!

— Je ne sais pas ce que monsieur veut dire, répondit enfin Minoret de sa petite voix, dont le tremblement fut d'autant plus facile à remarquer qu'elle était claire. Quelle raison aurais-je de persécuter cette petite? J'ai dit peut-être à Goupil combien j'étais contrarié de la voir à Nemours; mon fils Désiré s'en amourachait, et je ne la lui voulais point pour femme, voilà.

— Goupil m'a tout avoué, monsieur Minoret.

Il y eut un moment de silence, mais terrible, pendant lequel les trois personnages s'examinèrent. Zélie avait vu, dans la grosse figure de son colosse, un mouvement nerveux.

— Quoique vous ne soyez que des insectes, je veux tirer de vous une vengeance éclatante, et je saurai la prendre, reprit le gentilhomme. Ce n'est pas à vous, homme de soixante-sept ans, que je demanderai raison des insultes faites à mademoiselle Mirouët, mais à votre fils. La première fois que monsieur Minoret fils mettra les pieds à Nemours, nous nous rencontrerons; il faudra bien qu'il se batte avec moi, et il se battra! ou il sera si bien déshonoré qu'il ne se présentera jamais nulle part; s'il ne vient pas à Nemours, j'irai à Fontainebleau, moi! J'aurai satisfaction. Il ne sera pas dit que vous aurez lâchement essayé de déshonorer une pauvre jeune fille sans défense.

— Mais les calomnies d'un Goupil... ne... sont... dit Minoret.

— Voulez-vous, s'écria Savinien en l'interrompant, que je vous mette face à face avec lui ? Croyez-moi, n'ébruitez pas l'affaire ; elle est entre vous, Goupil et moi ; laissez-la comme elle est, et Dieu la décidera dans le duel que je ferai l'honneur de proposer à votre fils.

— Mais cela ne se passera pas comme ça ! s'écria Zélie. Ah ! vous croyez que je laisserai Désiré se battre avec vous, avec un ancien marin qui fait métier de tirer l'épée et le pistolet ! Si vous avez à vous plaindre de Minoret, voilà Minoret, prenez Minoret, battez-vous avec Minoret ! Mais mon garçon, qui, de votre aveu, est innocent de tout cela, en porterait la peine ?... Vous auriez auparavant un chien de ma chienne dans les jambes, mon petit monsieur ! Allons, Minoret, tu restes là tout hébété comme un grand serin ? Tu es chez toi et tu laisses monsieur son chapeau sur la tête devant ta femme ! Vous allez, mon petit monsieur, commencer par détaler. Charbonnier est maître chez lui. Je ne sais pas ce que vous voulez avec vos *bibus;* mais tournez-moi les talons ; et si vous touchez à Désiré, vous aurez affaire à moi, vous et votre pécore d'Ursule.

Et elle sonna vivement en appelant ses gens.

— Songez bien à ce que je vous ai dit ! répéta Savinien, qui, sans se soucier de la tirade de Zélie, sortit en laissant cette épée de Damoclès suspendue au-dessus du couple.

— Ah ! ça, Minoret, dit Zélie à son mari, m'expliqueras-tu ce que cela signifie ? Un jeune homme ne vient pas sans motif dans une maison bourgeoise faire ce bacchanal sterling et demander le sang d'un fils de famille.

— C'est quelque tour de ce vilain singe de Goupil, à qui j'avais promis de l'aider à se faire notaire s'il me procurait à bon compte le Rouvre. Je lui ai donné dix pour cent, vingt mille francs en lettres de change, et il n'est sans doute pas content.

— Oui, mais quelle raison aurait-il eue auparavant de machiner des sérénades et des infamies contre Ursule ?

— Il la voulait pour femme.

— Une fille sans le sou, lui ? la chatte ! Tiens, Minoret, tu me lâches des bêtises ! et tu es trop bête naturellement pour les faire prendre, mon fils. Il y a là-dessous quelque chose, et tu me le diras.

— Il n'y a rien.

— Il n'y a rien? Et moi je te dis que tu mens, et nous allons voir!

— Veux-tu me laisser tranquille?

— Je ferai jaser ce venin à deux pattes de Goupil, et tu n'en seras pas le bon marchand.

— Comme tu voudras.

— Je sais bien que cela sera comme je voudrai! Et ce que je veux, surtout, c'est qu'on ne touche pas à Désiré. S'il lui arrivait malheur, vois-tu, je ferais un coup qui m'enverrait sur l'échafaud. Désiré!... Mais... Et tu ne te remues pas plus que ça!

Une querelle ainsi commencée entre Minoret et sa femme ne devait pas se terminer sans de longs déchirements intérieurs. Ainsi, le sot spoliateur apercevait sa lutte avec lui-même et avec Ursule agrandie par sa faute et compliquée d'un nouveau, d'un terrible adversaire. Le lendemain, quand il sortit pour aller trouver Goupil, en pensant l'apaiser à force d'argent, il lut sur les murailles : *Minoret est un voleur!* Tous ceux qu'il rencontra le plaignirent en lui demandant à lui-même quel était l'auteur de cette publication anonyme, et chacun lui pardonna les entortillages de ses réponses en songeant à sa nullité. Les sots recueillent plus d'avantages de leur faiblesse que les gens d'esprit n'en obtiennent de leur force. On regarde sans l'aider un grand homme luttant contre le sort, et l'on commandite un épicier qui fera faillite; car on se croit supérieur en protégeant un imbécile, et l'on est fâché de n'être que l'égal d'un homme de génie. Un homme d'esprit eût été perdu s'il avait balbutié, comme Minoret, d'absurdes réponses d'un air effaré. Zélie et ses domestiques effacèrent l'inscription vengeresse partout où elle se trouvait; mais elle resta sur la conscience de Minoret. Quoique Goupil eût échangé la veille sa parole avec l'huissier, il se refusa très-impudemment à réaliser son traité.

— Mon cher Lecœur, j'ai pu, voyez-vous, acheter la charge de monsieur Dionis et suis en position de vous faire vendre à d'autres. Rengaînez votre traité, ce n'est que deux carrés de papier timbrés de perdus. Voici soixante-dix centimes.

Lecœur craignait trop Goupil pour se plaindre. Tout Nemours apprit aussitôt que Minoret avait donné sa garantie à Dionis pour faciliter à Goupil l'acquisition de sa charge. Le futur notaire écrivit à Savinien une lettre pour démentir ses aveux relativement à Minoret, en disant au jeune noble que sa nouvelle position, que la législation adoptée par la Cour suprême et son respect pour la justice lui défendaient de se battre. Il prévenait d'ailleurs le gentilhomme de se bien comporter avec lui désormais, car il savait admirablement *tirer la savate* ; et, à sa première agression, il se promettait de lui casser la jambe. Les murs de Nemours ne parlèrent plus. Mais la querelle entre Minoret et sa femme subsistait, et Savinien gardait un farouche silence. Le mariage de mademoiselle Massin l'aînée avec le futur notaire était, dix jours après ces événements, à l'état de rumeur publique. Mademoiselle Massin avait quatre-vingt mille francs et sa laideur pour elle, Goupil avait ses difformités et sa Charge ; cette union parut donc et probable et convenable. Deux inconnus cachés saisirent Goupil dans la rue, à minuit, au moment où il sortait de chez Massin, lui donnèrent des coups de bâton et disparurent. Goupil garda le plus profond silence sur cette scène de nuit, et démentit une vieille femme qui croyait l'avoir reconnu en regardant par sa croisée. Ces grands petits événements furent étudiés par le juge de paix, qui reconnut à Goupil un pouvoir mystérieux sur Minoret et se promit d'en deviner la cause.

Quoique l'opinion publique de la petite ville eût reconnu la parfaite innocence d'Ursule, Ursule se rétablissait lentement. Dans cet état de prostration corporelle qui laissait l'âme et l'esprit libres, elle devint le théâtre de phénomènes dont les effets furent d'ailleurs terribles et de nature à occuper la science, si la science avait été mise dans une pareille confidence. Dix jours après la visite de madame de Portenduère, Ursule subit un rêve qui présenta les caractères d'une vision surnaturelle autant par les faits moraux que par les circonstances pour ainsi dire physiques. Feu Minoret, son parrain, lui apparut et lui fit signe de venir avec lui ; elle s'habilla, le suivit au milieu des ténèbres jusque dans la maison de la rue des Bourgeois où elle retrouva les moindres choses comme elles étaient le jour de la mort de son parrain. Le vieillard portait les vêtements qu'il avait sur lui la veille de sa mort, sa figure était pâle, ses mouvements ne rendaient aucun son ; néanmoins Ursule entendit parfaitement sa voix, quoique faible et comme répétée par un écho lointain. Le docteur amena sa pupille jusque dans le cabinet du pavillon chinois où il lui fit soulever le marbre du petit meuble de Boulle, comme elle l'avait soulevé le jour de sa mort ; mais au lieu de n'y rien trouver, elle vit la lettre que son parrain lui recommandait d'aller y prendre ; elle la décacheta, la lut ainsi que le testament en faveur de Savinien. — Les caractères de l'écriture, dit-elle au curé, brillaient comme s'ils eussent été tracés avec les rayons du soleil, ils me brûlaient les yeux. Quand elle regarda son oncle pour le remercier, elle aperçut sur ses lèvres décolorées un sourire bienveillant. Puis, de sa voix faible et néanmoins claire, le spectre lui montra Minoret écoutant la confidence dans le corridor, allant dévisser la serrure et prenant le paquet de papiers. Puis, de sa main droite, il saisit sa pupille et la contraignit à marcher du pas des morts afin de suivre Minoret jusqu'à la Poste. Ursule traversa la ville, entra à la Poste, dans l'ancienne chambre de Zélie, où le spectre lui fit voir le spoliateur décachetant les lettres, les lisant et les brûlant. — Il n'a pu, dit Ursule, allumer que la troisième allumette pour brûler les papiers, et il en a enterré les vestiges dans les cendres. Après, mon parrain m'a ramenée à notre maison et j'ai vu monsieur Minoret-Levrault se glissant dans la bibliothèque, où il a pris, dans le troisième volume des *Pandectes*, les trois inscriptions de chacune douze mille livres de rentes, ainsi que l'argent des arrérages en billets de banque. — Il est, m'a dit alors mon parrain, l'auteur des tourments qui t'ont mise à la porte du tombeau ; mais Dieu veut que tu sois heureuse. Tu ne mourras point encore, tu épouseras Savinien ! Si tu m'aimes, si tu aimes Savinien, tu redemanderas ta fortune à mon neveu. Jure-le-moi ? En resplendissant comme le Sauveur pendant sa transfiguration, le spectre de Minoret avait alors causé, dans l'état d'oppression où se trouvait Ursule, une telle violence à son âme, qu'elle promit tout ce que voulait son oncle pour faire cesser le cauchemar. Elle s'était réveillée debout, au milieu de sa chambre, la face devant le portrait de son parrain qu'elle y avait mis depuis sa maladie. Elle se recoucha, se rendormit après une vive agitation et se souvint à son réveil de cette singulière vision ; mais elle n'osa pas en parler. Son jugement exquis et sa délicatesse s'offensèrent de la révélation d'un rêve dont la fin et la cause étaient ses intérêts pécuniaires, elle l'attribua naturellement à la causerie par laquelle la Bougival l'avait endormie, et où il était question des libéralités de son parrain pour elle et des certitudes que conservait sa nourrice à cet égard. Mais ce rêve revint avec des aggravations qui le lui rendirent excessivement redoutable. La seconde fois, la main glacée de son parrain se posa sur son épaule, et lui causa la plus cruelle douleur, une sensation indéfinissable. — Il faut obéir aux morts ! disait-il d'une voix sépulcrale. Et des larmes, dit-elle, tombaient de ses yeux blancs et vides. La troisième fois, le mort la prit par ses longues nattes et lui fit voir Minoret causant avec Goupil et lui promettant de l'argent s'il emmenait Ursule à Sens. Ursule prit alors le parti d'avouer ces trois rêves à l'abbé Chaperon.

— Monsieur le curé, lui dit-elle un soir, croyez-vous que les morts puissent apparaître ?

— Mon enfant, l'histoire sacrée, l'histoire profane, l'histoire moderne offrent plusieurs témoignages à ce sujet ; mais l'Église n'en a jamais fait un article de foi ; et, quant à la Science, en France elle s'en moque.

— Que croyez-vous ?

— La puissance de Dieu, mon enfant, est infinie.

— Mon parrain vous a t-il parlé de ces sortes de choses ?

— Oui, souvent. Il avait entièrement changé d'avis sur ces matières. Sa conversion date du jour, il me l'a dit vingt fois, où dans Paris une femme vous a entendue à Nemours priant pour lui, et a vu le point rouge que vous aviez mis devant le jour de Saint-Savinien à votre almanach.

Ursule jeta un cri perçant qui fit frémir le prêtre : elle se souvenait de la scène où, de retour à Nemours, son parrain avait lu dans son âme et s'était emparé de son almanach.

— Si cela est, dit-elle, mes visions sont possibles. Mon parrain m'est apparu comme Jésus à ses disciples. Il est dans une enveloppe de lumière jaune, il parle ! Je voulais vous prier de dire une messe pour le repos de son âme et implorer le secours de Dieu afin de faire cesser ces apparitions qui me brisent.

Elle raconta dans les plus grands détails ses trois rêves en insistant sur la profonde vérité des faits, sur la liberté de ses mouvements, sur le somnambulisme d'un être intérieur, qui, dit-elle, se déplaçait sous la conduite du spectre de son oncle avec une excessive facilité. Ce qui surprit étrangement le prêtre, à qui la véracité d'Ursule était connue, fut la description exacte de la chambre autrefois occupée par Zélie Minoret à son établissement de la Poste, où jamais Ursule n'avait pénétré, de laquelle enfin elle n'avait jamais entendu parler.

— Par quels moyens ces étranges apparitions peuvent-elles donc avoir lieu ? dit Ursule. Que pensait mon parrain ?

— Votre parrain, mon enfant, procédait par hypothèses. Il avait reconnu la possibilité de l'existence d'un monde spirituel, d'un monde des idées. Si les idées sont une création propre à l'homme, si elles subsistent en vivant d'une vie qui leur soit propre, elles doivent avoir des formes insaisissables à nos sens extérieurs, mais perceptibles à nos sens intérieurs quand ils sont dans certaines conditions. Ainsi les idées de votre parrain peuvent vous envelopper, et peut-être les avez-vous revêtues de son apparence. Puis, si Minoret a commis ces actions, elles se résolvent en idées; car toute action est le résultat de plusieurs idées. Or, si les idées se meuvent dans le monde spirituel, votre esprit a pu les apercevoir en y pénétrant. Ces phénomènes ne sont pas plus étranges que ceux de la mémoire, et ceux de la mémoire sont aussi surprenants et inexplicables que ceux du parfum des plantes, qui sont peut-être les idées de la plante.

— Mon Dieu! combien vous agrandissez le monde. Mais entendre parler un mort, le voir marchant, agissant, est-ce donc possible ?...

— En Suède, Swedenborg, répondit l'abbé Chaperon, a prouvé jusqu'à l'évidence qu'il communiquait avec les morts. Mais d'ailleurs venez dans la bibliothèque, et vous lirez dans la vie du fameux duc de Montmorency, décapité à Toulouse, et qui certes n'était pas homme à forger des sornettes, une aventure presque semblable à la vôtre, et qui cent ans auparavant était arrivée à Cardan.

Ursule et le curé montèrent au premier étage, et le bonhomme lui chercha une petite édition in-12, imprimée à Paris en 1666, de l'histoire de Henri de Montmorency, écrite par un ecclésiastique contemporain, et qui avait connu le prince.

— Lisez, dit le curé en lui donnant le volume aux pages 175 et 176. Votre parrain a souvent relu ce passage, et, tenez, il s'y trouve encore de son tabac.

— Et il n'est plus, lui! dit Ursule en prenant le livre pour lire ce passage:

« Le siége de Privas fut remarquable par la perte de quelques
» personnes de commandement: deux maréchaux de camp y mou-
» rurent, à savoir, le marquis d'*Uxelles*, d'une blessure qu'il reçut
» aux approches, et le marquis de *Portes*, d'une mousquetade à
» la tête. Le jour qu'il fut tué il devait être fait maréchal de France.
» Environ le moment de la mort du marquis, le duc de *Montmo-*

» *rency*, qui dormait dans sa tente, fut éveillé par une voix sem-
» blable à celle du marquis qui lui disait adieu. L'amour qu'il avait
» pour une personne qui lui était si proche fit qu'il attribua l'illu-
» sion de ce songe à la force de son imagination ; et le travail de la
» nuit, qu'il avait passée, selon sa coutume, à la tranchée, fut
» cause qu'il se rendormit sans aucune crainte. Mais la même voix
» l'interrompit encore un coup, et le fantôme qu'il n'avait vu qu'en
» dormant le contraignit de s'éveiller de nouveau et d'ouïr distinc-
» tement les mêmes mots qu'il avait prononcés avant de disparaître.
» Le duc se ressouvint alors qu'un jour qu'ils entendaient dis-
» courir le philosophe *Pitart* sur la séparation de l'âme d'avec le
» corps, ils s'étaient promis de se dire adieu l'un à l'autre si le
» premier qui viendrait à mourir en avait la permission. Sur quoi,
» ne pouvant s'empêcher de craindre la vérité de cet avertissement,
» il envoya promptement un de ses domestiques au quartier du
» marquis, qui était éloigné du sien. Mais, avant que son homme
» fût de retour, on vint le querir de la part du roi, qui lui fit dire
» par des personnes propres à le consoler l'infortune qu'il avait
» appréhendée.

» Je laisse à disputer aux docteurs sur la raison de cet événe-
» ment, que j'ai ouï plusieurs fois réciter au duc de *Montmorency*,
» et dont j'ai cru que la merveille et la vérité étaient dignes
» d'être rapportées. »

— Mais alors, dit Ursule, que dois-je faire ?

— Mon enfant, reprit le curé, il s'agit de choses si graves et qui vous sont si profitables que vous devez garder un silence absolu. Maintenant que vous m'avez confié les secrets de cette apparition, peut-être n'aura-t-elle plus lieu. D'ailleurs vous êtes assez forte pour aller à l'église ; eh ! bien, demain vous y viendrez remercier Dieu et le prier de donner le repos à votre parrain. Soyez d'ailleurs certaine que vous avez mis votre secret en des mains prudentes.

— Si vous saviez en quelles terreurs je m'endors ! quels regards me lance mon parrain ! La dernière fois il s'accrochait à ma robe pour me voir plus longtemps. Je me suis réveillée le visage tout en pleurs.

— Soyez en paix, il ne reviendra plus, lui dit le curé.

Sans perdre un instant, l'abbé Chaperon alla chez Minoret et le pria de lui accorder un moment d'audience dans le pavillon chinois en exigeant qu'ils fussent seuls.

— Personne ne peut-il nous écouter? dit l'abbé Chaperon à Minoret.

— Personne, répondit Minoret.

— Monsieur, mon caractère doit vous être connu, dit le bonhomme en attachant sur la figure de Minoret un regard doux mais attentif, j'ai à vous parler de choses graves, extraordinaires, qui ne concernent que vous, et sur lesquelles vous pouvez compter que je garderai le plus profond secret; mais il m'est impossible de ne pas vous en instruire. Dans le temps que vivait votre oncle, il y avait là, dit le prêtre en montrant la place du meuble, un petit buffet de Boulle à dessus de marbre (Minoret devint blême), et, sous ce marbre, votre oncle avait mis une lettre pour sa pupille...

Le curé raconta, sans omettre la moindre circonstance, la propre conduite de Minoret à Minoret. L'ancien maître de poste, en entendant le détail des deux allumettes qui s'étaient éteintes sans s'allumer, sentit ses cheveux frétillant dans leur cuir chevelu.

— Qui donc a pu forger de semblables sornettes? dit-il au curé d'une voix étranglée quand le récit fut terminé.

— Le mort lui-même!

Cette réponse causa un léger frémissement à Minoret, qui voyait aussi le docteur en rêve.

— Dieu, monsieur le curé, est bien bon de faire des miracles pour moi, reprit Minoret à qui son danger inspira la seule plaisanterie qu'il fit dans toute sa vie.

— Tout ce que Dieu fait est naturel, répondit le prêtre.

— Votre fantasmagorie ne m'effraie point, dit le colosse en retrouvant un peu de sang-froid.

— Je ne viens pas vous effrayer, mon cher monsieur, car jamais je ne parlerai de ceci à qui que ce soit au monde, dit le curé. Vous seul savez la vérité. C'est une affaire entre vous et Dieu.

— Voyons, monsieur le curé, me croyez-vous capable d'un si horrible abus de confiance?

— Je ne crois qu'aux crimes que l'on me confesse et desquels on se repent, dit le prêtre d'un ton apostolique.

— Un crime?... s'écria Minoret.

— Un crime affreux dans ses conséquences.

— En quoi?

— En ce qu'il échappe à la justice humaine. Les crimes qui ne sont pas expiés ici-bas le seront dans l'autre vie. Dieu venge lui-même l'innocence.

— Vous croyez que Dieu s'occupe de ces misères?

— S'il ne voyait pas les mondes dans tous leurs détails et d'un seul regard, comme vous faites tenir tout un paysage dans votre œil, il ne serait pas Dieu.

— Monsieur le curé, vous me donnez votre parole que vous n'avez eu ces détails que de mon oncle?

— Votre oncle est apparu trois fois à Ursule pour les lui répéter. Fatiguée de ses rêves, elle m'a confié ces révélations sous le secret, et les trouve si dénuées de raison qu'elle n'en parlera jamais. Aussi pouvez-vous être tranquille à ce sujet.

— Mais je suis tranquille de toute manière, monsieur Chaperon.

— Je le souhaite, dit le vieux prêtre. Quand même je taxerais d'absurdité ces avertissements donnés en rêve, je trouverais encore nécessaire de vous les communiquer, à cause de la singularité des détails. Vous êtes un honnête homme, et vous avez trop légalement gagné votre belle fortune pour vouloir y ajouter quelque chose par le vol. D'ailleurs, vous êtes un homme presque primitif, vous seriez trop tourmenté par les remords. Nous avons en nous un sentiment du juste, chez l'homme le plus civilisé comme chez le plus sauvage, qui ne nous permet pas de jouir en paix du bien mal acquis selon les lois de la société dans laquelle nous vivons, car les Sociétés bien constituées sont modelées sur l'ordre même imposé par Dieu aux mondes. Les Sociétés sont en ceci d'origine divine. L'homme ne trouve pas d'idées, il n'invente pas de formes, il imite les rapports éternels qui l'enveloppent de toutes parts. Aussi, voyez ce qui arrive? Aucun criminel, allant à l'échafaud et pouvant emporter le secret de ses crimes, ne se laisse trancher la tête sans faire des aveux auxquels il est poussé par une mystérieuse puissance. Ainsi, mon cher monsieur Minoret, si vous êtes tranquille, je m'en vais heureux.

Minoret devint si stupide qu'il ne reconduisit pas le curé. Quand il se crut seul, il entra dans une colère d'homme sanguin : il lui échappait les plus étranges blasphèmes, et il donnait les noms les plus odieux à Ursule.

— Eh! bien, que t'a-t-elle donc fait? lui dit sa femme venue sur la pointe des pieds après avoir reconduit le curé.

Pour la première et unique fois de sa vie, Minoret, enivré par la colère et poussé à bout par les questions réitérées de sa femme, la battit si bien qu'il fut obligé, quand elle tomba meurtrie, de la prendre dans ses bras, et, tout honteux, de la coucher lui-même. Il fit une petite maladie : le médecin fut obligé de le saigner deux fois. Quand il fut sur pied, chacun, dans un temps donné, remarqua des changements chez lui. Minoret se promenait seul, et souvent il allait par les rues comme un homme inquiet. Il paraissait distrait en écoutant, lui qui n'avait jamais eu deux idées dans la tête. Enfin, un soir, il aborda dans la Grand'rue le juge de paix, qui, sans doute, venait chercher Ursule pour la conduire chez madame de Portenduère où la partie de whist avait recommencé.

— Monsieur Bongrand, j'ai quelque chose d'assez important à dire à ma cousine, fit-il en prenant le juge par le bras, et je suis assez aise que vous y soyez, vous pourrez lui servir de conseil.

Ils trouvèrent Ursule en train d'étudier, elle se leva d'un air imposant et froid en voyant Minoret.

— Mon enfant, monsieur Minoret veut vous parler d'affaires, dit le juge de paix. Par parenthèse, n'oubliez pas de me donner votre inscription de rente; je vais à Paris, je toucherai votre semestre et celui de la Bougival.

— Ma cousine, dit Minoret, notre oncle vous avait accoutumée à plus d'aisance que vous n'en avez.

— On peut se trouver très-heureux avec peu d'argent, dit-elle.

— Je croyais que l'argent faciliterait votre bonheur, reprit Minoret, et je venais vous en offrir, par respect pour la mémoire de mon oncle.

— Vous aviez une manière naturelle de la respecter, dit sévèrement Ursule. Vous pouviez laisser sa maison telle qu'elle était et me la vendre, car vous ne l'avez mise à si haut prix que dans l'espoir d'y trouver des trésors.....

— Enfin, dit Minoret évidemment oppressé, si vous aviez douze mille livres de rente, vous seriez en position de vous marier plus avantageusement.

— Je ne les ai pas.

— Mais si je vous les donnais, à la condition d'acheter une terre en Bretagne, dans le pays de madame de Portenduère qui consentirait alors à votre mariage avec son fils?...

— Monsieur Minoret, dit Ursule, je n'ai point de droits à une somme si considérable, et je ne saurais l'accepter de vous. Nous sommes très peu parents et encore moins amis. J'ai trop subi déjà les malheurs de la calomnie pour vouloir donner lieu à la médisance. Qu'ai-je fait pour mériter cet argent? Sur quoi vous fonderiez-vous pour me faire un tel présent? Ces questions, que j'ai le droit de vous adresser, chacun y répondrait à sa manière, on y verrait une réparation de quelque dommage, et je ne veux point en avoir reçu. Votre oncle ne m'a point élevé dans des sentiments ignobles. On ne doit accepter que de ses amis : je ne saurais avoir d'affection pour vous, et je serais nécessairement ingrate, je ne veux pas m'exposer à manquer de reconnaissance.

— Vous refusez? s'écria le colosse à qui jamais l'idée ne serait venue en tête qu'on pouvait refuser une fortune.

— Je refuse, répéta Ursule.

— Mais à quel titre offririez-vous une pareille fortune à mademoiselle? demanda l'ancien avoué qui regarda fixement Minoret. Vous avez une idée, avez-vous une idée?

— Eh! bien, l'idée de la renvoyer de Nemours afin que mon fils me laisse tranquille, il est amoureux d'elle et veut l'épouser.

— Eh! bien, nous verrons cela, répondit le juge de paix en raffermissant ses lunettes, laissez-nous le temps de réfléchir.

Il reconduisit Minoret jusque chez lui, tout en approuvant les sollicitudes que lui inspirait l'avenir de Désiré, blâmant un peu la précipitation d'Ursule et promettant de lui faire entendre raison. Aussitôt que Minoret fut rentré, Bongrand alla chez le maître de poste, lui emprunta son cabriolet et son cheval, courut jusqu'à Fontainebleau, demanda le substitut et apprit qu'il devait être chez le sous-préfet en soirée. Le juge de paix ravi s'y présenta. Désiré faisait une partie de whist avec la femme du procureur du roi, la femme du sous-préfet et le colonel du régiment en garnison.

— Je viens vous apprendre une heureuse nouvelle, dit monsieur Bongrand à Désiré : vous aimez votre cousine Ursule Mirouët, et votre père ne s'oppose plus à votre mariage.

— J'aime Ursule Mirouët? s'écria Désiré en riant. Où prenez-vous Ursule Mirouët? Je me souviens d'avoir vu quelquefois chez feu Minoret, mon archi-grand-oncle, cette petite fille, qui certes est d'une grande beauté; mais elle est d'une dévotion outrée; et si j'ai, comme tout le monde, rendu justice à ses charmes, je n'ai jamais eu la tête troublée pour cette blonde un peu fadasse, dit-il en souriant à la sous-préfète (la sous-préfète était une brune piquante, selon la vieille expression du dernier siècle). D'où venez-vous, mon cher monsieur Bongrand? Tout le monde sait que mon père est seigneur suzerain de quarante-huit mille livres de rente en terres groupées autour de son château du Rouvre, et tout le monde me connaît quarante-huit mille raisons perpétuelles et foncières pour ne pas aimer la pupille du Parquet. Si j'épousais une fille de rien, ces dames me prendraient pour un grand sot.

— Vous n'avez jamais tourmenté votre père au sujet d'Ursule?
— Jamais.
— Vous l'entendez, monsieur le procureur du roi? dit le juge de paix à ce magistrat qui les avait écoutés et qu'il emmena dans une embrasure où ils restèrent environ un quart d'heure à causer.

Une heure après, le juge de paix, de retour à Nemours chez Ursule, envoyait la Bougival chercher Minoret qui vint aussitôt.

— Mademoiselle.... dit Bongrand à Minoret en le voyant entrer.
— Accepte? dit Minoret en interrompant.
— Non, pas encore, répondit le juge en touchant à ses lunettes, elle a eu des scrupules sur l'état de votre fils; car elle a été bien maltraitée à propos d'une passion semblable, et connaît le prix de la tranquillité. Pouvez-vous lui jurer que votre fils est fou d'amour, et que vous n'avez pas d'autre intention que celle de préserver notre chère Ursule de quelques nouvelles *goupilleries?*
— Oh! je le jure, fit Minoret.
— Halte là, papa Minoret! dit le juge de paix en sortant une de ses mains du gousset de son pantalon pour frapper sur l'épaule de Minoret qui tressaillit. Ne faites pas si légèrement un faux serment.
— Un faux serment?
— Il est entre vous et votre fils, qui vient de jurer à Fontainebleau, chez le sous-préfet, en présence de quatre personnes et du procureur du roi, que jamais il n'avait songé à sa cousine Ursule Mirouët. Vous avez donc d'autres raisons pour lui offrir un si énorme capital? J'ai vu que vous aviez avancé des faits hasardés, je suis allé moi-même à Fontainebleau.

Minoret resta tout ébahi de sa propre sottise.

— Mais il n'y a pas de mal, monsieur Bongrand, à offrir à une parente de rendre possible un mariage qui paraît devoir faire son bonheur, et de chercher des prétextes pour vaincre sa modestie.

Minoret, à qui son danger venait de conseiller une excuse presque admissible, s'essuya le front où se voyaient de grosses gouttes de sueur.

— Vous connaissez les motifs de mon refus, lui répondit Ursule, je vous prie de ne plus revenir ici. Sans que monsieur de Portenduère m'ait confié ses raisons, il a pour vous des sentiments de mépris, de haine même qui me défendent de vous recevoir. Mon bonheur est toute ma fortune, je ne rougis pas de l'avouer ; je ne veux donc point le compromettre, car monsieur de Portenduère n'attend plus que l'époque de ma majorité pour m'épouser.

— Le proverbe *Monnaie fait tout* est bien menteur, dit le gros et grand Minoret en regardant le juge de paix dont les yeux observateurs le gênaient beaucoup.

Il se leva, sortit, mais dehors il trouva l'atmosphère aussi lourde que dans la petite salle.

— Il faut pourtant que cela finisse, se dit-il en revenant chez lui.

— Votre inscription, ma petite ? dit le juge de paix assez étonné de la tranquillité d'Ursule après un événement si bizarre.

En apportant son inscription et celle de la Bougival, Ursule trouva le juge de paix qui se promenait à grands pas.

— Vous n'avez aucune idée sur le but de la démarche de ce gros butor ? dit-il.

— Aucune que je puisse dire, répondit-elle.

Monsieur Bongrand la regarda d'un air surpris.

— Nous avons alors la même idée, répondit-il. Tenez, gardez les numéros de ces deux inscriptions en cas que je les perde : il faut toujours avoir ce soin-là.

Bongrand écrivit alors lui-même sur une carte le numéro de l'inscription d'Ursule et celui de la nourrice.

— Adieu, mon enfant ; je serai deux jours absent, mais j'arriverai le troisième pour mon audience.

Cette nuit même, Ursule eut une apparition qui se fit d'une façon étrange. Il lui sembla que son lit était dans le cimetière de Nemours, et que la fosse de son oncle se trouvait au bas de son lit. La pierre blanche où elle lut l'inscription tumulaire lui causa le plus violent éblouissement en s'ouvrant comme la couverture oblongue d'un album. Elle jeta des cris perçants, mais le spectre du docteur se dressa lentement. Elle vit d'abord la tête jaune et les cheveux blancs qui brillaient environnés par une espèce d'auréole. Sous le front nu les yeux étaient comme deux rayons, et il se levait, comme attiré par une force supérieure. Ursule tremblait horriblement dans son enveloppe corporelle, sa chair était comme un vêtement brûlant, et il y avait, dit-elle plus tard, comme une autre elle-même qui s'agitait au dedans. — Grâce, dit-elle, mon parrain ! — Grâce ! il n'est plus temps, dit il d'une voix de mort selon l'inexplicable expression de la pauvre fille en racontant ce nouveau rêve au curé Chaperon. *Il* a été averti, *il* n'a pas tenu compte des avis. Les jours de son fils sont comptés. S'il n'a pas tout avoué, tout restitué dans quelque temps, il pleurera son fils, qui va mourir d'une mort horrible et violente. Qu'il le sache ! Le spectre montra une rangée de chiffres qui scintillèrent sur la muraille comme s'ils eussent été écrits avec du feu, et dit : — Voilà son arrêt ! Quand son oncle se recoucha dans sa tombe, Ursule entendit le bruit de la pierre qui retombait, puis dans le lointain un bruit étrange de chevaux et de cris d'homme.

Le lendemain, Ursule se trouva sans force. Elle ne put se lever, tant ce rêve l'avait accablée. Elle pria sa nourrice d'aller aussitôt chez l'abbé Chaperon et de le ramener. Le bonhomme vint après avoir dit sa messe ; mais il ne fut point surpris du récit d'Ursule : il tenait la spoliation pour vraie, et ne cherchait plus à s'expliquer la vie anormale de sa chère *petite rêveuse*. Il quitta promptement Ursule et courut chez Minoret.

— Mon Dieu, monsieur le curé, dit Zélie au prêtre, le caractère de mon mari s'est aigri, je ne sais ce qu'il a. Jusqu'à présent c'était un enfant ; mais depuis deux mois il n'est plus reconnaissable. Pour s'être emporté jusqu'à me frapper, moi qui suis si douce ! il faut que cet homme-là soit changé du tout au tout. Vous le trouverez dans les roches, il y passe sa vie ! A quoi faire ?

Malgré la chaleur, on était alors en septembre 1836, le prêtre passa le canal et prit par un sentier en apercevant Minoret au bas d'une des roches.

— Vous êtes bien tourmenté, monsieur Minoret, dit le prêtre en se montrant au coupable. Vous m'appartenez, car vous souffrez. Malheureusement, je viens sans doute augmenter vos appréhensions. Ursule a eu cette nuit un rêve terrible. Votre oncle a soulevé la pierre de sa tombe pour prophétiser des malheurs dans votre famille. Je ne viens certes pas vous faire peur, mais vous devez savoir si ce qu'il a dit...

— En vérité, monsieur le curé, je ne puis être tranquille nulle part, pas même sur ces roches... Je ne veux rien savoir de ce qui se passe dans l'autre monde.

— Je me retire, monsieur, je n'ai pas fait ce chemin par la chaleur pour mon plaisir, dit le prêtre en s'essuyant le front.

— Eh! bien, qu'a-t-il dit, le bonhomme? demanda Minoret.

— Vous êtes menacé de perdre votre fils. S'il a raconté des choses que vous seul saviez, c'est à faire frémir pour les choses que nous ne savons pas. Restituez, mon cher monsieur, restituez! Ne vous damnez pas pour un peu d'or.

— Mais restituer quoi?

— La fortune que le docteur destinait à Ursule. Vous avez pris ces trois inscriptions, je le sais maintenant. Vous avez commencé par persécuter la pauvre fille, et vous finissez par lui offrir une fortune; vous tombez dans le mensonge, vous vous entortillez dans ses dédales et vous y faites des faux pas à tout moment. Vous êtes maladroit, vous avez été mal servi par votre complice Goupil qui se rit de vous. Dépêchez-vous, car vous êtes observé par des gens spirituels et perspicaces, par les amis d'Ursule. Restituez! et si vous ne sauvez pas votre fils, qui peut-être n'est pas menacé, vous sauverez votre âme, vous sauverez votre honneur. Est-ce dans une société constituée comme la nôtre, est-ce dans une petite ville où vous avez tous les yeux les uns sur les autres, et où tout se devine quand tout ne se sait pas, que vous pourrez celer une fortune mal acquise? Allons, mon cher enfant, un homme innocent ne me laisserait pas parler si long-temps.

— Allez au diable! s'écria Minoret, je ne sais pas ce que vous avez *tous* après moi. J'aime mieux ces pierres, elles me laissent tranquille.

— Adieu, vous avez été prévenu par moi, mon cher monsieur, sans que, ni la pauvre enfant ni moi, nous ayons dit un seul mot à qui que ce soit au monde. Mais prenez garde!... il est un homme qui a les yeux sur vous. Dieu vous prenne en pitié!

Le curé s'éloigna, puis à quelques pas il se retourna pour regarder encore Minoret. Minoret se tenait la tête entre les mains, car sa tête le gênait. Minoret était un peu fou. D'abord, il avait gardé les trois inscriptions, il ne savait qu'en faire, il n'osait aller les toucher lui-même, il avait peur qu'on ne le remarquât; il ne voulait pas les vendre, et cherchait un moyen de les transférer. Il faisait, lui! des romans d'affaires dont le dénoûment était toujours la transmission des maudites inscriptions. Dans cette horrible situation, il pensa néanmoins à tout avouer à sa femme afin d'avoir un conseil. Zélie, qui avait si bien mené sa barque, saura le retirer de ce pas difficile. Les rentes trois pour cent étaient alors à quatre-vingts francs, il s'agissait, avec les arrérages, d'une restitution de près d'un million ! Rendre un million, sans qu'il y ait contre nous aucune preuve qui dise qu'on l'a pris ?... ceci n'était pas une petite affaire. Aussi Minoret demeura-t-il pendant le mois de septembre et une partie de celui d'octobre en proie à ses remords, à ses irrésolutions. Au grand étonnement de toute la ville, il maigrit.

Une circonstance affreuse hâta la confidence que Minoret voulait faire à Zélie : l'épée de Damoclès se remua sur leurs têtes. Vers le milieu du mois d'octobre, monsieur et madame Minoret reçurent de leur fils Désiré la lettre suivante :

« Ma chère mère, si je ne suis pas venu vous voir depuis les va-
» cances, c'est que d'abord j'étais de service en l'absence de mon-
» sieur le procureur du roi, puis je savais que monsieur de Por-
» tenduère attendait mon séjour à Nemours pour m'y chercher
» querelle. Lassé peut-être de voir une vengeance qu'il veut tirer
» de notre famille toujours remise, le vicomte est venu à Fontai-
» nebleau, où il avait donné rendez-vous à l'un de ses amis de Paris,
» après s'être assuré du concours du vicomte de Soulanges, chef
» d'escadron des hussards que nous avons en garnison. Il s'est pré-
» senté très-poliment chez moi, accompagné de ces deux messieurs,
» et m'a dit que mon père était indubitablement l'auteur des per-
» sécutions infâmes exercées sur Ursule Mirouët, sa future ; il m'en
» a donné les preuves en m'expliquant les aveux de Goupil devant
» témoins, et la conduite de mon père, qui d'abord s'était refusé à
» exécuter les promesses faites à Goupil pour le récompenser de ses
» perfides inventions, et qui, après lui avoir fourni les fonds pour
» traiter de la charge d'huissier à Nemours, avait par peur offert sa
» garantie à monsieur Dionis pour le prix de son Étude, et enfin
» établi Goupil. Le vicomte, ne pouvant se battre avec un homme
» de soixante-sept ans, et voulant absolument venger les injures
» faites à Ursule, me demanda formellement une réparation. Son
» parti, pris et médité dans le silence, était inébranlable. Si je re-
» fusais le duel, il avait résolu de me rencontrer dans un salon en
» face des personnes à l'estime desquelles je tenais le plus, à m'y
» insulter si gravement que je devrais alors me battre, ou que ma

» carrière serait finie. En France, un lâche est unanimement
» repoussé. D'ailleurs ses motifs pour exiger une réparation
» seraient expliqués par des hommes honorables. Il s'est dit fâché
» d'en venir à de pareilles extrémités. Selon ses témoins, le plus
» sage à moi serait de régler une rencontre comme des gens d'hon-
» neur en avaient l'habitude, afin que la querelle n'eût pas Ur-
» sule Mirouët pour motif. Enfin, pour éviter tout scandale en
» France, nous pouvions faire avec nos témoins un voyage sur la
» frontière la plus rapprochée. Les choses s'arrangeraient ainsi pour
» le mieux. Son nom, a-t-il dit, valait dix fois ma fortune, et son
» bonheur à venir lui faisait risquer plus que je ne risquais dans
» ce combat, qui serait mortel. Il m'a engagé à choisir mes témoins
» et à faire décider ces questions. Mes témoins choisis se sont réu-
» nis aux siens hier, et ils ont à l'unanimité décidé que je devais une
» réparation. Dans huit jours donc, je partirai pour Genève avec
» deux de mes amis. Monsieur de Portenduère, monsieur de Sou-
» langes et monsieur de Trailles y vont de leur côté. Nous nous
» battrons au pistolet; toutes les conditions du duel sont arrêtées :
» nous tirerons chacun trois fois; et après, quoi qu'il arrive, tout
» sera fini. Pour ne pas ébruiter une si sale affaire, car je suis dans
» l'impossibilité de justifier la conduite de mon père, je vous écris
» au dernier moment. Je ne veux pas vous aller voir à cause des
» violences auxquelles vous pourriez vous abandonner et qui ne
» seraient point convenables. Pour faire mon chemin dans le monde,
» je dois en suivre les lois; et là où le fils d'un vicomte a dix
» raisons pour se battre, il y en a cent pour le fils d'un maître
» de poste. Je passerai de nuit à Nemours, et vous y ferai mes
» adieux. »

Cette lettre lue, il y eut entre Zélie et Minoret une scène qui se termina par les aveux du vol, de toutes les circonstances qui s'y rattachaient et des étranges scènes auxquelles il donnait lieu partout, même dans le monde des rêves. Le million fascina Zélie tout autant qu'il avait fasciné Minoret.

— Tiens-toi tranquille ici, dit Zélie à son mari sans lui faire la moindre remontrance sur ses sottises, je me charge de tout. Nous garderons l'argent, et Désiré ne se battra pas.

Madame Minoret mit son châle et son chapeau, courut avec la lettre de son fils chez Ursule, et la trouva seule, car il était environ midi. Malgré son assurance Zélie Minoret fut saisie par le regard froid que l'orpheline jeta ; mais elle se gourmanda pour ainsi dire de sa couardise et prit un ton dégagé.

— Tenez, mademoiselle Mirouët, faites-moi le plaisir de lire la lettre que voici, et dites-moi ce que vous en pensez? cria-t-elle en tendant à Ursule la lettre du substitut.

Ursule éprouva mille sentiments contraires à la lecture de cette lettre, qui lui apprenait combien elle était aimée, quel soin Savinien avait de l'honneur de celle qu'il prenait pour femme; mais elle avait à la fois trop de religion et trop de charité pour vouloir être la cause de la mort ou des souffrances de son plus cruel ennemi.

— Je vous promets, madame, d'empêcher ce duel, et vous pouvez être tranquille ; mais je vous prie de me laisser cette lettre.

— Voyons, mon petit ange, ne pouvons-nous pas faire mieux? Écoutez-moi bien. Nous avons réuni quarante-huit mille livres de rente autour du Rouvre, un vrai château royal ; de plus, nous pouvons donner à Désiré vingt-quatre mille livres de rente sur le Grand-Livre, en tout soixante-douze mille francs par an. Vous conviendrez qu'il n'y a pas beaucoup de partis qui puissent lutter avec lui. Vous êtes une petite ambitieuse, et vous avez raison, dit Zélie en apercevant le geste de dénégation vive que fit Ursule. Je viens vous demander votre main pour Désiré ; vous porterez le nom de votre parrain, ce sera l'honorer. Désiré, comme vous l'avez pu voir, est un joli garçon ; il est très-bien vu à Fontainebleau, le voilà bientôt procureur du roi. Vous êtes une enjôleuse, vous le ferez venir à Paris. A Paris, nous vous donnerons un bel hôtel, vous brillerez, vous y jouerez un rôle, car avec soixante-douze mille francs de rente et les appointements d'une place, vous et Désiré vous serez de la plus haute société. Consultez vos amis, et vous verrez ce qu'ils vous diront.

— Je n'ai besoin que de consulter mon cœur, madame.

— Ta, ta, ta! vous allez me parler de ce petit casse-cœur de Savinien? Parbleu! vous achèterez bien cher son nom, ses petites moustaches relevées comme deux crocs, et ses cheveux noirs. Encore un joli cadet! Vous irez loin avec un ménage, avec sept mille francs de rente, et un homme qui a fait cent mille francs de dettes en deux ans à Paris. D'abord, vous ne savez pas ça encore, tous les hommes se ressemblent, mon enfant ! et, sans me flatter, mon Désiré vaut le fils d'un roi.

— Vous oubliez, madame, le danger que court monsieur votre

fils en ce moment, et qui ne peut être détourné que par le désir qu'a monsieur de Portenduère de m'être agréable. Ce danger serait sans remède s'il apprenait que vous me faites des propositions déshonorantes... Sachez, madame, que je me trouverai plus heureuse dans la médiocre fortune à laquelle vous faites allusion que dans l'opulence par laquelle vous voulez m'éblouir. Par des raisons inconnues encore, car tout se saura, madame, monsieur Minoret a mis au jour, en me persécutant odieusement, l'affection qui m'unit à monsieur de Portenduère et qui peut s'avouer, car sa mère la bénira sans doute : je dois donc vous dire que cette affection, permise et légitime, est toute ma vie. Aucune destinée, quelque brillante, quelque élevée qu'elle puisse être, ne me fera changer. J'aime sans retour ni changement possible. Ce serait donc un crime dont je serais punie que d'épouser un homme à qui j'apporterais une âme toute à Savinien. Maintenant, madame, puisque vous m'y forcez, je vous dirai plus : je n'aimerais point monsieur de Portenduère, je ne saurais encore me résoudre à porter les peines et les joies de la vie dans la compagnie de monsieur votre fils. Si monsieur Savinien a fait des dettes, vous avez souvent payé celles de monsieur Désiré. Nos caractères n'ont ni ces similitudes, ni ces différences qui permettent de vivre ensemble sans amertume cachée. Peut-être n'aurais-je pas avec lui la tolérance que les femmes doivent à un époux, je lui serais donc bientôt à charge. Cessez de penser à une alliance de laquelle je suis indigne et à laquelle je puis me refuser sans vous causer le moindre chagrin, car vous ne manquerez pas, avec de tels avantages, de trouver des jeunes filles plus belles que moi, d'une condition supérieure à la mienne et plus riches.

— Vous me jurez, ma petite, dit Zélie, d'empêcher que ces deux jeunes gens ne fassent leur voyage et se battent?

— Ce sera, je le prévois, le plus grand sacrifice que monsieur de Portenduère puisse me faire; mais ma couronne de mariée ne doit pas être prise par des mains ensanglantées.

— Eh! bien, je vous remercie, ma cousine, et je souhaite que vous soyez heureuse.

— Et moi, madame, dit Ursule, je souhaite que vous puissiez réaliser le bel avenir de votre fils.

Cette réponse atteignit au cœur la mère du substitut, à la mémoire de qui les prédictions du dernier songe d'Ursule revinrent; elle resta debout, ses petits yeux attachés sur la figure d'Ursule, si blanche, si pure et si belle dans sa robe de demi-deuil, car Ursule s'était levée pour faire partir sa prétendue cousine.

— Vous croyez donc aux rêves? lui dit-elle.

— J'en souffre trop pour n'y pas croire.

— Mais alors... dit Zélie.

— Adieu, madame, fit Ursule qui salua madame Minoret en entendant les pas du curé.

L'abbé Chaperon fut surpris de trouver madame Minoret chez Ursule. L'inquiétude peinte sur le visage mince et grimé de l'ancienne régente de la Poste engagea naturellement le prêtre à observer tour à tour les deux femmes.

— Croyez-vous aux revenants? dit Zélie au curé.

— Croyez-vous aux revenus? répondit le prêtre en souriant.

— C'est des finauds, tout ce monde-là, pensa Zélie, ils veulent nous *subtiliser*. Ce vieux prêtre, ce vieux juge de paix et ce petit drôle de Savinien s'entendent. Il n'y a pas plus de rêves que je n'ai de cheveux dans le creux de la main.

Elle partit après deux révérences sèches et courtes.

— Je sais pourquoi Savinien allait à Fontainebleau, dit Ursule à l'abbé Chaperon en le mettant au fait du duel et le priant d'employer son ascendant à l'empêcher.

— Et madame Minoret vous a offert la main de son fils? dit le vieux prêtre.

— Oui.

— Minoret a probablement avoué son crime à sa femme, ajouta le curé.

Le juge de paix, qui vint en ce moment, apprit la démarche et l'offre que venait de faire Zélie dont la haine contre Ursule lui était connue, et il regarda le curé comme pour lui dire : — Sortons, je veux vous parler d'Ursule sans qu'elle nous entende.

— Savinien saura que vous avez refusé quatre-vingt mille francs de rente et le coq de Nemours! dit-il.

— Est-ce donc un sacrifice? répondit-elle. Y a-t-il des sacrifices quand on aime véritablement? Enfin ai-je un mérite quelconque à refuser le fils d'un homme que nous méprisons? Que d'autres se fassent des vertus de leurs répugnances, ce ne doit pas être la morale d'une fille élevée par des Jordy, des abbé Chaperon, et par notre cher docteur! dit-elle en regardant le portrait.

Bongrand prit la main d'Ursule et la baisa.

— Savez-vous, dit le juge de paix au curé quands ils furent dans la rue, ce que venait faire madame Minoret ?

— Quoi ? répondit le prêtre en regardant le juge d'un air fin qui paraissait purement curieux.

— Elle voulait faire une affaire de restitution.

— Vous croyez donc ?... reprit l'abbé Chaperon.

— Je ne crois pas, j'ai la certitude, et, tenez, voyez.

Le juge de paix montra Minoret qui venait à eux en retournant chez lui, car en sortant de chez Ursule les deux vieux amis remontèrent la Grand'rue de Nemours.

— Obligé de plaider en cour d'assises, j'ai naturellement étudié bien des remords, mais je n'ai rien vu de pareil à celui-ci ! Qui donc a pu donner cette flaccidité, cette pâleur à des joues dont la peau tendue comme celle d'un tambour crevait de la bonne grosse santé des gens sans soucis ? Qui a cerné de noir ces yeux et amorti leur vivacité campagnarde ? Avez-vous jamais cru qu'il y aurait des plis sur ce front, et que ce colosse pourrait jamais être agité dans sa cervelle ? Il sent enfin son cœur ! Je me connais en remords, comme vous vous connaissez en repentirs, mon cher curé : ceux que j'ai jusqu'à présent observés attendaient leur peine ou allaient la subir pour s'acquitter avec le monde, ils étaient résignés ou respiraient la vengeance ; mais voici le remords sans l'expiation, le remords tout pur, avide de sa proie et la déchirant.

— Vous ne savez pas encore, dit le juge de paix en arrêtant Minoret, que mademoiselle Mirouët vient de refuser la main de votre fils ?

— Mais, dit le curé, soyez tranquille, elle empêchera son duel avec monsieur de Portenduère.

— Ah ! ma femme a réussi, dit Minoret, j'en suis bien aise, car je ne vivais pas.

— Vous êtes en effet si changé que vous ne vous ressemblez plus, dit le juge.

Minoret regardait alternativement Bongrand et le curé pour savoir si le prêtre avait commis une indiscrétion ; mais l'abbé Chaperon conservait une immobilité de visage, un calme triste qui rassura le coupable.

— Et c'est d'autant plus étonnant, disait toujours le juge de paix, que vous ne devriez éprouver que contentement. Enfin, vous êtes le seigneur du Rouvre, vous y avez réuni les Bordières, toutes vos fermes, vos moulins, vos prés... Vous avez cent mille livres de rente avec vos placements sur le Grand-Livre.

— Je n'ai rien sur le Grand-Livre, dit précipitamment Minoret.

— Bah! fit le juge de paix. Tenez, il en est de cela comme de l'amour de votre fils pour Ursule, qui tantôt en fait fi, tantôt la demande en mariage. Après avoir essayé de faire mourir Ursule de chagrin, vous la voulez pour belle-fille! Mon cher monsieur, vous avez quelque chose dans votre sac...

Minoret essaya de répondre, il chercha des paroles, et ne put trouver que : — Vous êtes drôle, monsieur le juge de paix. Adieu, messieurs.

Et il entra d'un pas lent dans la rue des Bourgeois.

— Il a volé la fortune de notre pauvre Ursule! mais où pêcher des preuves?

— Dieu veuille... dit le curé.

— Dieu a mis en nous un sentiment qui parle déjà dans cet homme, reprit le juge de paix ; mais nous appelons cela des *présomptions*, et la justice humaine exige quelque chose de plus.

L'abbé Chaperon garda le silence du prêtre. Comme il arrive en pareille circonstance, il pensait beaucoup plus souvent qu'il ne le voulait à la spoliation presque avouée par Minoret, et au bonheur de Savinien évidemment retardé par le peu de fortune d'Ursule ; car la vieille dame reconnaissait en secret avec son confesseur combien elle avait eu tort en ne consentant pas au mariage de son fils pendant la vie du docteur. Le lendemain, en descendant de l'autel, après sa messe, il fut frappé par une pensée qui prit en lui-même la force d'un éclat de voix ; il fit signe à Ursule de l'attendre, et alla chez elle sans avoir déjeuné.

— Mon enfant, lui dit le curé, je veux voir les deux volumes où votre parrain des rêves prétend avoir mis ses inscriptions et ses billets.

Ursule et le curé montèrent à la bibliothèque et y prirent le troisième volume des Pandectes. En l'ouvrant, le vieillard remarqua, non sans étonnement, la marque faite par des papiers sur les feuillets qui, offrant moins de résistance que la couverture, gardaient encore l'empreinte des inscriptions. Puis dans l'autre volume, il reconnut l'espèce de bâillement produit par le long séjour d'un paquet et sa trace au milieu des deux pages in-folio.

— Montez donc, monsieur Bongrand ? cria la Bougival au juge de paix qui passait.

Bongrand arriva précisément au moment où le curé mettait ses lunettes pour lire trois numéros écrits de la main du défunt Minoret sur la garde en papier vélin coloré, collée intérieurement par le relieur sur la couverture, et qu'Ursule venait d'apercevoir.

— Qu'est-ce que cela signifie ? Notre cher docteur était bien trop bibliophile pour gâter la garde d'une couverture, disait l'abbé Chaperon ; voici trois numéros inscrits entre un premier numéro précédé d'un M, et un autre numéro précédé d'un U.

— Que dites-vous ? répondit Bongrand, laissez-moi voir cela. Mon Dieu ! s'écria le juge de paix, ceci n'ouvrirait-il pas les yeux à un athée en lui démontrant la Providence ? La justice humaine est, je crois, le développement d'une pensée divine qui plane sur les mondes ! Il saisit Ursule et l'embrassa sur le front. — Oh ! mon enfant, vous serez heureuse, riche, et par moi !

— Qu'avez-vous ? dit le curé.

— Mon cher monsieur, s'écria la Bougival en prenant le juge par sa redingote bleue, oh ! laissez-moi vous embrasser pour ce que vous venez de dire.

— Expliquez-vous, pour ne pas nous donner une fausse joie, dit le curé.

— Si pour devenir riche je dois causer de la peine à quelqu'un, dit Ursule en entrevoyant un procès criminel, je...

— Et songez, dit le juge de paix en interrompant Ursule, à la joie que vous ferez à notre cher Savinien.

— Mais vous êtes fou ! dit le curé.

— Non, mon cher curé, dit le juge de paix, écoutez. Les inscriptions au Grand-Livre ont autant de séries qu'il y a de lettres dans l'alphabet, et chaque numéro porte la lettre de sa série ; mais les inscriptions de rente au porteur ne peuvent point avoir de lettres, puisqu'elles ne sont au nom de personne : ainsi ce que vous voyez prouve que le jour où le bonhomme a placé ses fonds sur l'État, il a pris note du numéro de son inscription de quinze mille livres de rente qui porte la lettre M (Minoret), des numéros sans lettres de trois inscriptions au porteur et de celle d'Ursule Mirouët dont le numéro est 23,534, et qui suit, comme vous le voyez, immédiatement celui de l'inscription de quinze mille francs. Cette coïncidence prouve que ces numéros sont ceux de cinq inscriptions acquises le même jour, et notées par le bonhomme en cas de perte. Je lui avais conseillé de mettre la fortune d'Ursule en inscriptions au porteur, et il a dû employer ses fonds, ceux qu'il destinait à Ursule et ceux qui appartenaient à sa pupille le même jour. Je vais chez Dionis consulter l'inventaire ; et si le numéro de l'inscription qu'il a laissée en son nom est 23,533, lettre M, nous serons sûrs qu'il a placé, par le ministère du même agent de change, le même jour : *primo*, ses fonds en une seule inscription ; *secundo*, ses économies en trois inscriptions au porteur, numérotées sans lettre de série ; *tertio*, les fonds de sa pupille : le livre des transferts en offrira des preuves irrécusables. Ah ! Minoret le sournois, je vous pince. *Motus*, mes enfants !

Le juge de paix laissa le curé, la Bougival et Ursule en proie à une profonde admiration des voies par lesquelles Dieu conduisait l'innocence à son triomphe.

— Le doigt de Dieu est dans ceci, s'écria l'abbé Chaperon.

— Lui fera-t-on du mal ? dit Ursule.

— Ah ! mademoiselle, s'écria la Bougival, je donnerais une corde pour le pendre.

Le juge de paix était déjà chez Goupil, successeur désigné de Dionis, et entrait dans l'Étude d'un air assez indifférent.

— J'ai, dit-il à Goupil, un petit renseignement à prendre sur la succession Minoret.

— Qu'est-ce ? lui répondit Goupil.

— Le bonhomme a-t-il laissé une ou plusieurs inscriptions de rentes trois pour cent ?

— Il a laissé quinze mille livres de rente trois pour cent, dit Goupil, en une seule inscription, je l'ai décrite moi-même.

— Consultez donc l'inventaire, dit le juge.

Goupil prit un carton, y fouilla, ramena la minute, chercha, trouva et lut : *Item*, une inscription... Tenez, lisez ?... sous le numéro 23,533, lettre M.

— Faites-moi le plaisir de me délivrer un extrait de cet article de l'inventaire d'ici à une heure, je l'attends.

— A quoi cela peut-il vous servir ? demanda Goupil.

— Voulez-vous être notaire ? répondit le juge de paix en regardant avec sévérité le successeur désigné de Dionis.

— Je le crois bien ! s'écria Goupil, j'ai avalé assez de couleuvres pour arriver à me faire appeler Maître. Je vous prie de croire, mousieur le juge de paix, que le misérable premier clerc appelé Goupil n'a rien de commun avec Maître Jean-Sébastien-Marie Goupil, notaire à Nemours, époux de mademoiselle Massin. Ces deux êtres ne se connaissent pas, ils ne se ressemblent même plus! Ne me voyez-vous point?

Monsieur Bongrand fit alors attention au costume de Goupil qu' portait une cravate blanche, une chemise étincelante de blancheur ornée de boutons en rubis, un gilet de velours rouge, un pantalon et un habit en beau drap noir faits à Paris. Il était chaussé de jolies bottes. Ses cheveux, rabattus et peignés avec soin, sentaient bon. Enfin il semblait avoir été métamorphosé.

— Le fait est que vous êtes un autre homme, dit Bongrand.

— Au moral comme au physique, monsieur! La sagesse vient avec l'*Étude*; et d'ailleurs la fortune est la source de la propreté...

— Au moral comme au physique, dit le juge en raffermissant ses lunettes.

— Eh! monsieur, un homme de cent mille écus de rente est-il jamais un démocrate? Prenez-moi donc pour un honnête homme qui se connaît en délicatesse, et disposé à aimer sa femme, ajouta-t-il en voyant entrer madame Goupil. Je suis si changé, dit-il, que je trouve beaucoup d'esprit à ma cousine Crémière, je la forme; aussi sa fille ne parle-t-elle plus de pistons. Enfin hier, tenez! elle a dit du chien de monsieur Savinien qu'il était superbe *aux arrêts :* eh! bien, je ne répétai point ce mot, quelque joli qu'il soit, et je lui ai expliqué sur-le-champ la différence qui existe entre *être à l'arrêt*, *en arrêt* et *aux arrêts*. Ainsi, vous le voyez, je suis un tout autre homme, et j'empêcherais un client de faire une *saleté*.

— Hâtez-vous donc, dit alors Bongrand. Faites que j'aie cela dans une heure, et le notaire Goupil aura réparé quelques-uns des méfaits du premier clerc.

Après avoir prié le médecin de Nemours de lui prêter son cheval et son cabriolet, le juge de paix alla prendre les deux volumes accusateurs, l'inscription d'Ursule, et, muni de l'extrait de l'inventaire, il courut à Fontainebleau chez le procureur du roi. Bongrand démontra facilement la soustraction des trois inscriptions faite par un héritier quelconque, et, subséquemment, la culpabilité de Minoret.

— Sa conduite s'explique, dit le procureur du roi.

Aussitôt, par mesure de prudence, le magistrat minuta pour le

Trésor une opposition au transfert des trois inscriptions; chargea le juge de paix d'aller rechercher la quotité de rente des trois inscriptions, et de savoir si elles avaient été vendues. Pendant que le juge de paix opérait à Paris, le procureur du roi écrivit poliment à madame Minoret de passer au Parquet. Zélie, inquiète du duel de son fils, s'habilla, fit mettre les chevaux à sa voiture, et vint *in fiocchi* à Fontainebleau. Le plan du procureur du roi était simple et formidable. En séparant la femme du mari, il allait, par suite de la terreur que cause la Justice, apprendre la vérité. Zélie trouva le magistrat dans son cabinet, et fut entièrement foudroyée par ces paroles dites sans façon.

— Madame, je ne vous crois pas complice d'une soustraction faite dans la succession Minoret, et sur la trace de laquelle la Justice est en ce moment; mais vous pouvez éviter la Cour d'Assises à votre mari par l'aveu complet de ce que vous en savez. Le châtiment qu'encourra votre mari n'est pas d'ailleurs la seule chose à redouter, il faut éviter la destitution de votre fils et ne pas lui casser le cou. Dans quelques instants, il ne serait plus temps, la gendarmerie est en selle et le mandat de dépôt va partir pour Nemours.

Zélie se trouva mal. Quand elle eut repris ses sens, elle avoua tout. Après lui avoir démontré qu'elle était complice, le magistrat lui dit que, pour ne perdre ni son fils ni son mari, il allait procéder avec prudence.

— Vous avez eu affaire à l'homme et non au magistrat, dit-il. Il n'y a ni plainte adressée par la victime ni publicité donnée au vol; mais votre mari a commis d'horribles crimes, madame, qui ressortissent à un tribunal moins commode que je ne le suis. Dans l'état où se trouve cette affaire, vous serez obligée d'être prisonnière... Oh! chez moi, et sur parole, fit-il en voyant Zélie près de s'évanouir. Songez que mon devoir rigoureux serait de requérir un mandat de dépôt et de faire commencer une instruction; mais j'agis en ce moment comme tuteur de mademoiselle Ursule Mirouët, et ses intérêts bien entendus exigent une transaction.

— Ah! dit Zélie.

— Écrivez à votre mari ces mots... Et il dicta la lettre suivante à Zélie, qu'il fit asseoir à son bureau.

« *Mone amit, geu suit arraité, et geai tou di. Remais lez*
» *haincequeripsiont que nautre honcque avet léssées à monsieur*
» *de Portenduère an verretu du tescetamand queue tu a brulai,*

» *carre monsieur le praucureure du roa vien de phaire haupozition*
» *o Traitsaur.* »

— Vous lui éviterez ainsi des dénégations qui le perdraient, dit le magistrat en souriant de l'orthographe. Nous allons voir à opérer convenablement la restitution. Ma femme vous rendra votre séjour chez moi le moins désagréable possible, et je vous engage à ne point dire un mot, et à ne point paraître affligée.

Une fois la mère de son substitut confessée et claquemurée, le magistrat fit venir Désiré, lui raconta de point en point le vol commis par son père occultement au préjudice d'Ursule, patemment au préjudice de ses cohéritiers, et lui montra la lettre écrite par Zélie. Désiré demanda le premier à se rendre à Nemours pour faire faire la restitution par son père.

— Tout est grave, dit le magistrat. Le testament ayant été détruit, si la chose s'ébruite, les héritiers Massin et Crémière, vos parents, peuvent intervenir. J'ai maintenant des preuves suffisantes contre votre père. Je vous rends votre mère, que cette petite cérémonie a suffisamment édifiée sur ses devoirs. Vis-à-vis d'elle, j'aurai l'air d'avoir cédé à vos supplications en la délivrant. Allez à Nemours avec elle et menez à bien toutes ces difficultés. Ne craignez rien de personne. Monsieur Bongrand aime trop mademoiselle Mirouët pour jamais commettre d'indiscrétion.

Zélie et Désiré partirent aussitôt pour Nemours. Trois heures après le départ de son substitut, le procureur du roi reçut par un exprès la lettre suivante, dont l'orthographe a été rétablie, afin de ne pas faire rire d'un homme atteint par le malheur.

A MONSIEUR LE PROCUREUR DU ROI PRÈS LE TRIBUNAL
DE FONTAINEBLEAU.

« Monsieur,

» Dieu n'a pas été aussi indulgent que vous l'êtes pour nous, et
» nous sommes atteints par un malheur irréparable. En arrivant au
» pont de Nemours, un trait s'est décroché. Ma femme était sans
» domestique derrière la voiture, les chevaux sentaient l'écurie,
» mon fils craignant leur impatience n'a pas voulu que le cocher
» descendît et a mis pied à terre pour accrocher le trait. Au moment
» où il se retournait pour monter auprès de sa mère, les chevaux
» se sont emportés, Désiré ne s'est pas serré contre le parapet assez à

» temps, le marchepied lui a coupé les jambes, il est tombé, la roue
» de derrière lui a passé sur le corps. L'exprès qui court à Paris
» chercher les premiers chirurgiens vous fera parvenir cette lettre
» que mon fils, au milieu de ses douleurs, m'a dit de vous écrire,
» afin de vous faire savoir notre entière soumission à vos décisions
» pour l'affaire qui l'amenait dans sa famille.

» Je vous serai, jusqu'à mon dernier soupir, reconnaissant de la
» manière dont vous procédez et je justifierai votre confiance.

» François MINORET. »

Ce cruel événement bouleversait la ville de Nemours. La foule émue à la grille de la maison Minoret apprit à Savinien que sa vengeance avait été prise en main par un plus puissant que lui. Le gentilhomme alla promptement chez Ursule, où le curé, de même que la jeune fille, éprouvait plus de terreur que de surprise. Le lendemain, après les premiers pansements, quand les médecins et les chirurgiens de Paris eurent donné leur avis, qui fut unanime sur la nécessité de couper les deux jambes, Minoret vint, abattu, pâle, défait, accompagné du curé, chez Ursule, où se trouvaient Bongrand et Savinien.

— Mademoiselle, lui dit-il, je suis bien coupable envers vous ; mais si tous mes torts ne sont pas complétement réparables, il en est que je puis expier. Ma femme et moi, nous avons fait vœu de vous donner en toute propriété notre terre du Rouvre dans le cas où nous conserverions notre fils, comme dans celui où nous aurions le malheur affreux de le perdre.

Cet homme fondit en larmes à la fin de cette phrase.

— Je puis vous affirmer, ma chère Ursule, dit le curé, que vous pouvez et que vous devez accepter une partie de cette donation.

— Nous pardonnez-vous ? dit humblement le colosse en se mettant à genoux devant cette jeune fille étonnée. Dans quelques heures l'opération va se faire par le premier chirurgien de l'Hôtel-Dieu, mais je ne me fie point à la science humaine, je crois à la toute-puissance de Dieu ! Si vous nous pardonniez, si vous alliez demander à Dieu de nous conserver notre fils, il aura la force de supporter ce supplice, et, j'en suis certain, nous aurons le bonheur de le conserver.

— Allons tous à l'église ! dit Ursule en se levant.

Une fois debout, elle jeta un cri perçant, retomba sur son fauteuil et s'évanouit. Quand elle eut repris ses sens, elle aperçut ses amis, moins Minoret qui s'était précipité dehors pour aller chercher un médecin, tous, les yeux arrêtés sur elle, inquiets, attendant un mot. Ce mot répandit un effroi dans tous les cœurs.

— J'ai vu mon parrain à la porte, dit-elle, et il m'a fait signe qu'il n'y avait aucun espoir.

Le lendemain de l'opération, Désiré mourut en effet, emporté par la fièvre et par la révulsion dans les humeurs qui succède à ces opérations. Madame Minoret, dont le cœur n'avait d'autre sentiment que la maternité, devint folle après l'enterrement de son fils, et fut conduite par son mari chez le docteur Blanche où elle est morte en 1841.

Trois mois après ces événements, en janvier 1837, Ursule épousa Savinien du consentement de madame de Portenduère. Minoret intervint au contrat pour donner à mademoiselle Mirouët sa terre du Rouvre et vingt-quatre mille francs de rente sur le grand-livre, en ne gardant de sa fortune que la maison de son oncle et six mille francs de rente. Il est devenu l'homme le plus charitable, le plus pieux de Nemours; il est marguillier de la paroisse et la providence des malheureux.

— Les pauvres ont remplacé mon enfant, dit-il.

Si vous avez remarqué sur le bord des chemins, dans les pays où l'on étête le chêne, quelque vieil arbre blanchi et comme foudroyé, poussant encore des jets, les flancs ouverts et implorant la hache, vous aurez une idée du vieux maître de poste, en cheveux blancs, cassé, maigre, dans qui les anciens du pays ne retrouvent rien de l'imbécile heureux que vous avez vu attendant son fils au commencement de cette histoire; il ne prend plus son tabac de la même manière, il porte quelque chose de plus que son corps. Enfin, on sent en toute chose que le doigt de Dieu s'est appesanti sur cette figure pour en faire un exemple terrible. Après avoir tant haï la pupille de son oncle, ce vieillard a, comme le docteur Minoret, si bien concentré ses affections sur Ursule, qu'il s'est constitué le régisseur de ses biens à Nemours.

Monsieur et madame de Portenduère passent cinq mois de l'année à Paris, où ils ont acheté dans le faubourg Saint-Germain un petit hôtel. Après avoir donné sa maison de Nemours aux Sœurs de Charité pour y tenir une école gratuite, madame de Portenduère la mère est allée habiter le Rouvre, dont la concierge en chef est la

Bougival. Le père de Cabirolle, l'ancien conducteur de la Ducler, homme de soixante ans, a épousé la Bougival qui possède douze cents francs de rente outre les amples revenus de sa place. Cabirolle fils est le cocher de monsieur de Portenduère.

Quand, en voyant passer aux Champs-Élysées une de ces charmantes petites voitures basses appelées *escargots*, doublée de soie gris de lin ornée d'agréments bleus, vous y admirez une jolie femme blonde, la figure enveloppée comme d'un feuillage par des milliers de boucles, montrant des yeux semblables à des pervenches lumineuses et pleins d'amour, légèrement appuyée sur un beau jeune homme ; si vous étiez mordu par un désir envieux, pensez que ce beau couple, aimé de Dieu, a d'avance payé sa quote-part aux malheurs de la vie. Ces deux amants mariés seront vraisemblablement le vicomte de Portenduère et sa femme. Il n'y a pas deux ménages semblables dans Paris.

— C'est le plus joli bonheur que j'aie jamais vu, disait d'eux dernièrement madame la comtesse de l'Estorade.

Bénissez donc ces heureux enfants au lieu de les jalouser, et cherchez une Ursule Mirouët, une jeune fille élevée par trois vieillards et par la meilleure des mères, par l'Adversité.

Goupil, qui rend service à tout le monde et que l'on regarde à juste titre comme l'homme le plus spirituel de Nemours, a l'estime de sa petite ville ; mais il est puni dans ses enfants, qui sont horribles, rachitiques, hydrocéphales. Dionis, son prédécesseur, fleurit à la Chambre des Députés dont il est un des plus beaux ornements, à la grande satisfaction du roi des Français qui voit madame Dionis à tous ses bals. Madame Dionis raconte à toute la ville de Nemours les particularités de ses réceptions aux Tuileries et les grandeurs de la cour du roi des Français ; elle trône à Nemours, au moyen du trône qui certes devient alors populaire.

Bongrand est juge d'instruction au tribunal de Fontainebleau ; son fils, qui a épousé mademoiselle Levrault, est un très-honnête procureur-général.

Madame Crémière dit toujours les plus jolies choses du monde. Elle ajoute un *g* à tambour*g*, soi-disant parce que sa plume crache. La veille du mariage de sa fille, elle lui a dit en terminant ses instructions « qu'*une femme devait être la chenille ouvrière de sa maison, et y porter en toute chose des yeux de sphinx.* »

Goupil fait d'ailleurs un recueil des coq-à-l'âne de sa cousine, un *Crémiérana.*

— Nous avons eu la douleur de perdre le bon abbé Chaperon, a dit cet hiver madame la vicomtesse de Portenduère qui l'avait soigné pendant sa maladie. Tout le canton était à son convoi. Nemours a du bonheur, car le successeur de ce saint homme est le vénérable curé de Saint-Lange.

Paris, juin-juillet 1841.

FIN.

EUGÉNIE GRANDET.

A MARIA.

Que votre nom, vous dont le portrait est le plus bel ornement de cet ouvrage, soit ici comme une branche de buis bénit, prise on ne sait à quel arbre, mais certainement sanctifiée par la religion et renouvelée, toujours verte, par des mains pieuses, pour protéger la maison.

DE BALZAC.

Il se trouve dans certaines provinces des maisons dont la vue inspire une mélancolie égale à celle que provoquent les cloîtres les plus sombres, les landes les plus ternes ou les ruines les plus tristes. Peut-être y a-t-il à la fois dans ces maisons et le silence du cloître, et l'aridité des landes, et les ossements des ruines. La vie et le mouvement y sont si tranquilles qu'un étranger les croirait inhabitées, s'il ne rencontrait tout à coup le regard pâle et froid d'une personne immobile dont la figure à demi monastique dépasse l'appui de la croisée, au bruit d'un pas inconnu. Ces principes de mélancolie existent dans la physionomie d'un logis situé à Saumur, au bout de la rue montueuse qui mène au château, par le haut de la ville. Cette rue, maintenant peu fréquentée, chaude en été, froide en hiver, obscure en quelques endroits, est remarquable par la sonorité de son petit pavé caillouteux, toujours propre et sec, par l'étroitesse de sa voie tortueuse, par la paix de ses maisons qui appartiennent à la vieille ville, et que dominent les remparts. Des habitations trois fois séculaires y sont encore solides, quoique construites en bois, et leurs divers aspects contribuent à l'originalité qui recommande cette partie de Saumur à l'attention des antiquaires et des artistes. Il est difficile de passer devant ces maisons sans admirer les énormes madriers dont les bouts sont taillés en figures

LE PÈRE GRANDET.

(EUGÉNIE GRANDET.)

bizarres et qui couronnent d'un bas-relief noir le rez-de-chaussée de la plupart d'entre elles. Ici, des pièces de bois transversales sont couvertes en ardoises et dessinent des lignes bleues sur les frêles murailles d'un logis terminé par un toit en colombage que les ans ont fait plier, dont les bardeaux pourris ont été tordus par l'action alternative de la pluie et du soleil. Là se présentent des appuis de fenêtre usés, noircis, dont les délicates sculptures se voient à peine, et qui semblent trop légers pour le pot d'argile brune d'où s'élancent les œillets ou les rosiers d'une pauvre ouvrière. Plus loin, c'est des portes garnies de clous énormes où le génie de nos ancêtres a tracé des hiéroglyphes domestiques dont le sens ne se retrouvera jamais. Tantôt un protestant y a signé sa foi, tantôt un ligueur y a maudit Henri IV. Quelque bourgeois y a gravé les insignes de sa *noblesse de cloches*, la gloire de son échevinage oublié. L'Histoire de France est là tout entière. A côté de la tremblante maison à pans hourdés où l'artisan a déifié son rabot, s'élève l'hôtel d'un gentilhomme où sur le plein cintre de la porte en pierre se voient encore quelques vestiges de ses armes, brisées par les diverses révolutions qui depuis 1789 ont agité le pays. Dans cette rue, les rez de-chaussée commerçants ne sont ni des boutiques ni des magasins, les amis du moyen âge y retrouveraient l'ouvrouère de nos pères en toute sa naïve simplicité. Ces salles basses, qui n'ont ni devanture, ni montre, ni vitrages, sont profondes, obscures et sans ornements extérieurs ou intérieurs. Leur porte est ouverte en deux parties pleines, grossièrement ferrées, dont la supérieure se replie intérieurement, et dont l'inférieure, armée d'une sonnette à ressort, va et vient constamment. L'air et le jour arrivent à cette espèce d'antre humide, ou par le haut de la porte, ou par l'espace qui se trouve entre la voûte, le plancher et le petit mur à hauteur d'appui dans lequel s'encastrent de solides volets, ôtés le matin, remis et maintenus le soir avec des bandes de fer boulonnées. Ce mur sert à étaler les marchandises du négociant. Là, nul charlatanisme. Suivant la nature du commerce, les échantillons consistent en deux ou trois baquets pleins de sel et de morue, en quelques paquets de toile à voile, des cordages, du laiton pendu aux solives du plancher, des cercles le long des murs, ou quelques pièces de drap sur des rayons. Entrez. Une fille propre, pimpante de jeunesse, au blanc fichu, aux bras rouges, quitte son tricot, appelle son père ou sa mère qui vient et vous vend à vos souhaits, flegmatiquement, complaisamment, arrogamment, selon son caractère, soit pour deux sous, soit pour vingt mille francs de marchandise. Vous verrez un marchand de merrain assis à sa porte et qui tourne ses pouces en causant avec un voisin, il ne possède en apparence que de mauvaises planches à bouteilles et deux ou trois paquets de lattes; mais sur le port son chantier plein fournit tous les tonneliers de l'Anjou; il sait, à une planche près, combien il *peut* de tonneaux si la récolte est bonne; un coup de soleil l'enrichit, un temps de pluie le ruine : en une seule matinée, les poinçons valent onze francs ou tombent à six livres. Dans ce pays, comme en Touraine, les vicissitudes de l'atmosphère dominent la vie commerciale. Vignerons, propriétaires, marchands de bois, tonneliers, aubergistes, mariniers, sont tous à l'affût d'un rayon de soleil; ils tremblent en se couchant le soir d'apprendre le lendemain matin qu'il a gelé pendant la nuit; ils redoutent la pluie, le vent, la sécheresse, et veulent de l'eau, du chaud, des nuages, à leur fantaisie. Il y a un duel constant entre le ciel et les intérêts terrestres. Le baromètre attriste, déride, égaie tour à tour les physionomies. D'un bout à l'autre de cette rue, l'ancienne Grand'rue de Saumur, ces mots : Voilà un temps d'or! se chiffrent de porte en porte. Aussi chacun répond-il au voisin : Il pleut des louis, en sachant ce qu'un rayon de soleil, ce qu'une pluie opportune lui en apporte. Le samedi, vers midi, dans la belle saison, vous n'obtiendrez pas pour un sou de marchandise chez ces braves industriels. Chacun a sa vigne, sa closerie, et va passer deux jours à la campagne. Là, tout étant prévu, l'achat, la vente, le profit, les commerçants se trouvent avoir dix heures sur douze à employer en joyeuses parties, en observations, commentaires, espionnages continuels. Une ménagère n'achète pas une perdrix sans que les voisins demandent au mari si elle était cuite à point. Une jeune fille ne met pas la tête à sa fenêtre sans y être vue par tous les groupes inoccupés. Là donc les consciences sont à jour, de même que ces maisons impénétrables, noires et silencieuses n'ont point de mystères. La vie est presque toujours en plein air : chaque ménage s'assied à sa porte, y déjeune, y dîne, s'y dispute. Il ne passe personne dans la rue qui ne soit étudié. Aussi, jadis, quand un étranger arrivait dans une ville de province, était-il gaussé de porte en porte. De là les bons contes, de là le surnom de *copieux* donné aux habitants d'Angers qui excellaient à ces railleries urbaines. Les anciens hôtels de la vieille ville sont situés en haut de cette rue jadis habitée par les gentilshommes du pays. La maison pleine de mélancolie où se sont accomplis les événements de cette histoire était précisément un de ces logis, restes vénérables d'un siècle où les choses et les hommes avaient ce caractère de simplicité que les mœurs françaises perdent de jour en jour. Après avoir suivi les détours de ce chemin pittoresque dont les moindres accidents réveillent des souvenirs et dont l'effet général tend à plonger dans une sorte de rêverie machinale, vous apercevez un renfoncement assez sombre, au centre duquel est cachée la porte de la maison à monsieur Grandet. Il est impossible de comprendre la valeur de cette expression provinciale sans donner la biographie de monsieur Grandet.

Monsieur Grandet jouissait à Saumur d'une réputation dont les causes et les effets ne seront pas entièrement compris par les personnes qui n'ont point, peu ou prou, vécu en province. Monsieur Grandet, encore nommé par certaines gens le père Grandet, mais le nombre de ces vieillards diminuait sensiblement, était en 1789 un maître-tonnelier fort à son aise, sachant lire, écrire et compter. Dès que la République française mit en vente, dans l'arrondissement de Saumur, les biens du clergé, le tonnelier, alors âgé de quarante ans, venait d'épouser la fille d'un riche marchand de planches. Grandet alla, muni de sa fortune liquide et de la dot, muni de deux mille louis d'or, au district, où, moyennant deux cents doubles louis offerts par son beau-père au farouche républicain qui surveillait la vente des domaines nationaux, il eut pour un morceau de pain, légalement, sinon légitimement, les plus beaux vignobles de l'arrondissement, une vieille abbaye et quelques métairies. Les habitants de Saumur étant peu révolutionnaires, le père Grandet passa pour un homme hardi, un républicain, un patriote, pour un esprit qui donnait dans les nouvelles idées, tandis que le tonnelier donnait tout bonnement dans les vignes. Il fut nommé membre de l'administration du district de Saumur, et son influence pacifique s'y fit sentir politiquement et commercialement. Politiquement, il protégea les ci-devant et empêcha de tout son pouvoir la vente des biens des émigrés; commercialement, il fournit aux armées républicaines un ou deux milliers de pièces de vin blanc, et se fit payer en superbes prairies dépendant d'une communauté de femmes que l'on avait réservée pour un dernier lot. Sous le Consulat, le bonhomme Grandet devint maire, administra sagement, vendangea mieux encore; sous l'Empire, il fut monsieur Grandet. Napoléon n'aimait pas les républicains : il remplaça monsieur Grandet, qui passait pour avoir porté le bonnet rouge, par un grand propriétaire, un homme à particule, un futur baron de l'Empire. Monsieur Grandet quitta les honneurs municipaux sans aucun regret. Il avait fait faire dans l'intérêt de la ville d'excellents chemins qui menaient à ses propriétés. Sa maison et ses biens, très-avantageusement cadastrés, payaient des impôts modérés. Depuis le classement de ses différents clos, ses vignes, grâce à des soins constants, étaient devenues la tête du pays, mot technique en usage pour indiquer les vignobles qui produisent la première qualité de vin. Il aurait pu demander la croix de la Légion-d'Honneur. Cet événement eut lieu en 1806. Monsieur Grandet avait alors cinquante-sept ans, et sa femme environ trente-six. Une fille unique, fruit de leurs légitimes amours, était âgée de dix ans. Monsieur Grandet, que la Providence voulut sans doute consoler de sa disgrâce administrative, hérita successivement pendant cette année de madame de La Gaudinière, née de La Bertellière, mère de madame Grandet; puis du vieux monsieur La Bertellière, père de la défunte; et encore de madame Gentillet, grand'mère du côté maternel : trois successions dont l'importance ne fut connue de personne. L'avarice de ces trois vieillards était si passionnée que depuis longtemps ils entassaient leur argent pour pouvoir le contempler secrètement. Le vieux monsieur La Bertellière appelait un placement une prodigalité, trouvant de plus gros intérêts dans l'aspect de l'or que dans les bénéfices de l'usure. La ville de Saumur présuma donc la valeur des économies d'après les revenus des biens au soleil. Monsieur Grandet obtint alors le nouveau titre de noblesse que notre manie d'égalité n'effacera jamais : il devint *le plus imposé* de l'arrondissement. Il exploitait cent arpents de vignes, qui, dans les années plantureuses, lui donnaient sept à huit cents poinçons de vin. Il possédait treize métairies, une vieille abbaye, où, par économie, il avait muré les croisées, les ogives, les vitraux, ce qui les conserva; et cent vingt-sept arpents de prairies où croissaient et grossissaient trois mille peupliers plantés en 1793. Enfin la maison dans laquelle il demeurait était la sienne. Ainsi établissait-on sa fortune visible. Quant à ses capitaux, deux seules personnes pouvaient vaguement en présumer l'importance : l'une était monsieur Cruchot, notaire chargé des placements usuraires de monsieur Grandet; l'autre, monsieur des

Grassins, le plus riche banquier de Saumur, aux bénéfices duquel le vigneron participait à sa convenance et secrètement. Quoique le vieux Cruchot et monsieur des Grassins possédassent cette profonde discrétion qui engendre en province la confiance et la fortune, ils témoignaient publiquement à monsieur Grandet un si grand respect que les observateurs pouvaient mesurer l'étendue des capitaux de l'ancien maire d'après la portée de l'obséquieuse considération dont il était l'objet. Il n'y avait dans Saumur personne qui ne fût persuadé que monsieur Grandet n'eût un trésor particulier, une cachette pleine de louis, et ne se donnât nuitamment les ineffables jouissances que procure la vue d'une grande masse d'or. Les avaricieux en avaient une sorte de certitude en voyant les yeux du bonhomme, auxquels le métal jaune semblait avoir communiqué ses teintes. Le regard d'un homme accoutumé à tirer de ses capitaux un intérêt énorme contracte nécessairement, comme celui du voluptueux, du joueur ou du courtisan, certaines habitudes indéfinissables, des mouvements furtifs, avides, mystérieux, qui n'échappent point à ses coreligionnaires. Ce langage secret forme en quelque sorte la franc-maçonnerie des passions. Monsieur Grandet inspirait donc l'estime respectueuse à laquelle avait droit un homme qui ne devait jamais rien à personne, qui, vieux tonnelier, vieux vigneron, devinait avec la précision d'un astronome quand il fallait fabriquer pour sa récolte mille poinçons ou seulement cinq cents; qui ne manquait pas une seule spéculation, avait toujours des tonneaux à vendre alors que le tonneau valait plus cher que la denrée à recueillir, pouvait mettre sa vendange dans ses celliers et attendre le moment de livrer son poinçon à deux cents francs quand les petits propriétaires donnaient le leur à cinq louis. Sa fameuse récolte de 1811, sagement serrée, lentement vendue, lui avait rapporté plus de deux cent quarante mille livres. Financièrement parlant, monsieur Grandet tenait du tigre et du boa : il savait se coucher, se blottir, envisager longtemps sa proie, sauter dessus; puis il ouvrait la gueule de sa bourse, y engloutissait une charge d'écus, et se couchait tranquillement, comme le serpent qui digère, impassible, froid, méthodique. Personne ne le voyait passer sans éprouver un sentiment d'admiration mélangé de respect et de terreur. Chacun dans Saumur n'avait-il pas senti le déchirement poli de ses griffes d'acier? à celui-ci maître Cruchot avait procuré l'argent nécessaire à l'achat d'un domaine, mais à onze pour cent; à celui-là monsieur des Grassins avait escompté des traites, mais avec un effroyable prélèvement d'intérêts. Il s'écoulait peu de jours sans que le nom de monsieur Grandet fût prononcé soit au marché, soit pendant les soirées dans les conversations de la ville. Pour quelques personnes, la fortune du vieux vigneron était l'objet d'un orgueil patriotique. Aussi plus d'un négociant, plus d'un aubergiste disait-il aux étrangers avec un certain contentement : « Monsieur, nous avons ici deux ou trois maisons millionnaires; mais, quant à monsieur Grandet, il ne connaît pas lui-même sa fortune ! » En 1816 les plus habiles calculateurs de Saumur estimaient les biens territoriaux du bonhomme à près de quatre millions; mais, comme terme moyen, il avait dû tirer par an, depuis 1793 jusqu'en 1817, cent mille francs de ses propriétés, il était présumable qu'il possédait en argent une somme presque égale à celle de ses biens-fonds. Aussi, lorsqu'après une partie de boston, ou quelque entretien sur les vignes, on venait à parler de monsieur Grandet, les gens capables disaient-ils : — Le père Grandet ?... le père Grandet doit avoir cinq à six millions. — Vous êtes plus habile que je ne le suis, je n'ai jamais pu savoir le total, répondaient monsieur Cruchot ou monsieur des Grassins s'ils entendaient le propos. Quelque Parisien parlait-il des Rothschild ou de monsieur Laffitte, les gens de Saumur demandaient s'ils étaient aussi riches que monsieur Grandet. Si le Parisien leur jetait en souriant une dédaigneuse affirmation, ils se regardaient en hochant la tête d'un air d'incrédulité. Une si grande fortune couvrait d'un manteau d'or toutes les actions de cet homme. Si d'abord quelques particularités de sa vie donnèrent prise au ridicule et à la moquerie, la moquerie et le ridicule s'étaient usés. En ses moindres actes, monsieur Grandet avait pour lui l'autorité de la chose jugée. Sa parole, son vêtement, ses gestes, le clignement de ses yeux faisaient loi dans le pays, où chacun, après l'avoir étudié comme un naturaliste étudie les effets de l'instinct chez les animaux, avait pu reconnaître la profonde et muette sagesse de ses plus légers mouvements. — L'hiver sera rude, disait-on, le père Grandet a mis ses gants fourrés : il faut vendanger. — Le père Grandet prend beaucoup de merrain, il y aura du vin cette année. Monsieur Grandet n'achetait jamais ni viande ni pain. Ses fermiers lui apportaient par semaine une provision suffisante de chapons, de poulets, d'œufs, de beurre et de blé de rente. Il possédait un moulin dont le locataire devait, en sus du bail, venir chercher une certaine quantité de grains et lui en rapporter le son et la farine. La grande Nanon, son unique servante, quoiqu'elle ne fût plus jeune, boulangeait elle-même tous les samedis le pain de la maison. Monsieur Grandet s'était arrangé avec les maraîchers, ses locataires, pour qu'ils le fournissent de légumes. Quant aux fruits, il en récoltait une telle quantité qu'il en faisait vendre une grande partie au marché. Son bois de chauffage était coupé dans ses haies ou pris dans les vieilles truisses à moitié pourries qu'il enlevait au bord de ses champs, et ses fermiers le lui charroyaient en ville tout débité, le rangeaient par complaisance dans son bûcher et recevaient ses remercîments. Ses seules dépenses connues étaient le pain bénit, la toilette de sa femme, celle de sa fille, et le payement de leurs chaises à l'église; la lumière, les gages de la grande Nanon, l'étamage de ses casseroles; l'acquittement des impositions, les réparations de ses bâtiments et les frais de ses exploitations. Il avait six cents arpents de bois récemment achetés qu'il faisait surveiller par le garde d'un voisin, auquel il promettait une indemnité. Depuis cette acquisition seulement, il mangeait du gibier. Les manières de cet homme étaient fort simples. Il parlait peu. Généralement il exprimait ses idées par de petites phrases sentencieuses et dites d'une voix douce. Depuis la Révolution, époque à laquelle il attira les regards, le bonhomme bégayait d'une manière fatigante aussitôt qu'il avait à discourir longuement ou à soutenir une discussion. Ce bredouillement, l'incohérence de ses paroles, le flux de mots où il noyait sa pensée, son manque apparent de logique attribués à un défaut d'éducation étaient affectés et seront suffisamment expliqués par quelques événements de cette histoire. D'ailleurs, quatre phrases exactes autant que des formules algébriques lui servaient habituellement à embrasser, à résoudre toutes les difficultés de la vie et du commerce : Je ne sais pas, je ne puis pas, je ne veux pas, nous verrons cela. Il ne disait jamais ni *oui* ni *non*, et n'écrivait point. Lui parlait-on ? il écoutait froidement, se tenait le menton dans la main droite en appuyant son coude droit sur le revers de la main gauche, et se formait en toute affaire des opinions desquelles il ne revenait point. Il méditait longuement les moindres marchés. Quand, après une savante conversation, son adversaire lui avait livré le secret de ses prétentions en croyant le tenir, il lui répondait : — Je ne puis rien conclure sans avoir consulté ma femme. Sa femme, qu'il avait réduite à un ilotisme complet, était en affaires son paravent le plus commode. Il n'allait jamais chez personne, ne voulait ni recevoir ni donner à dîner ; il ne faisait jamais de bruit, et semblait économiser tout, même le mouvement. Il ne dérangeait rien chez les autres par un respect constant de la propriété. Néanmoins, malgré la douceur de sa voix, malgré sa tenue circonspecte, le langage et les habitudes du tonnelier perçaient, surtout quand il était au logis, où il se contraignait moins que partout ailleurs. Au physique, Grandet était un homme de cinq pieds, trapu, carré, ayant des mollets de douze pouces de circonférence, des rotules noueuses et de larges épaules ; son visage était rond, tanné, marqué de petite vérole ; son menton était droit, ses lèvres n'offraient aucune sinuosité, et ses dents étaient blanches ; ses yeux avaient l'expression calme et dévoratrice que le peuple accorde au basilic ; son front, plein de rides transversales, ne manquait pas de protubérances significatives ; ses cheveux jaunâtres et grisonnants étaient blanc et or, disaient quelques jeunes gens qui ne connaissaient pas la gravité d'une plaisanterie faite sur monsieur Grandet. Son nez, gros par le bout, supportait une loupe veinée que le vulgaire disait, non sans raison, pleine de malice. Cette figure annonçait une finesse dangereuse, une probité sans chaleur, l'égoïsme d'un homme habitué à concentrer ses sentiments dans la jouissance de l'avarice et sur le seul être qui lui fût réellement de quelque chose, sa fille Eugénie, sa seule héritière. Attitude, manières, démarche, tout en lui, d'ailleurs, attestait cette croyance en soi que donne l'habitude d'avoir toujours réussi dans ses entreprises. Aussi, quoique de mœurs faciles et molles en apparence, monsieur Grandet avait-il un caractère de bronze. Toujours vêtu de la même manière, qui le voyait aujourd'hui le voyait tel qu'il était depuis 1791. Ses forts souliers se nouaient avec des cordons de cuir ; il portait en tout temps des bas de laine drapés, une culotte courte de gros drap marron à boucles d'argent, un gilet de velours à raies alternativement jaunes et puces, boutonné carrément, un large habit marron à grands pans, une cravate noire et un chapeau de quaker. Ses gants, aussi solides que ceux des gendarmes, lui duraient vingt mois, et, pour les conserver propres, il les posait sur le bord de son chapeau à la même place, par un geste méthodique. Saumur ne savait rien de plus sur ce personnage.

Six habitants seulement avaient le droit de venir dans cette maison. Le plus considérable des trois premiers était le neveu de monsieur

Cruchot. Depuis sa nomination de président au tribunal de première instance de Saumur, ce jeune homme avait joint au nom de Cruchot celui de Bonfons, et travaillait à faire prévaloir Bonfons sur Cruchot. Il signait déjà C. de Bonfons. Le plaideur assez mal avisé pour l'appeler monsieur Cruchot s'apercevait bientôt à l'audience de sa sottise. Le magistrat protégeait ceux qui le nommaient monsieur le président, mais il favorisait de ses plus gracieux sourires les flatteurs qui lui disaient monsieur de Bonfons. Monsieur le président était âgé de trente-trois ans, possédait le domaine de Bonfons (*Boni Fontis*), valant sept mille livres de rente ; il attendait la succession de son oncle le notaire et celle de son oncle l'abbé Cruchot, dignitaire du chapitre de Saint-Martin de Tours, qui tous deux passaient pour être assez riches. Ces trois Cruchot, soutenus par bon nombre de cousins, alliés à vingt maisons de la ville, formaient un parti, comme jadis à Florence les Médicis ; et, comme les Médicis, les Cruchot avaient leurs Pazzi. Madame des Grassins, mère d'un fils de vingt-trois ans, venait très-assidûment faire la partie de madame Grandet, espérant marier son cher Adolphe avec mademoiselle Eugénie. Monsieur des Grassins le banquier favorisait vigoureusement les manœuvres de sa femme pour de constants services secrètement rendus au vieil avare, et arrivait toujours à temps sur le champ de bataille. Ces trois des Grassins avaient également leurs adhérents, leurs cousins, leurs alliés fidèles. Du côté des Cruchot, l'abbé, le Talleyrand de la famille, bien appuyé par son frère le notaire, disputait vivement le terrain à la financière, et tentait de réserver le riche héritage à son neveu le président. Ce combat secret entre les Cruchot et les des Grassins, dont le prix était la main d'Eugénie Grandet, occupait passionnément les diverses sociétés de Saumur. Mademoiselle Grandet épousera-t-elle monsieur le président ou monsieur Adolphe des Grassins ? A ce problème, les uns répondaient que monsieur Grandet ne donnerait sa fille ni à l'un ni à l'autre. L'ancien tonnelier rongé d'ambition cherchait, disaient-ils, pour gendre quelque pair de France, à qui trois cent mille livres de rente feraient accepter tous les tonneaux passés, présents et futurs des Grandet. D'autres répliquaient que monsieur et madame des Grassins étaient nobles, puissamment riches, qu'Adolphe était un bien gentil cavalier, et qu'à moins d'avoir un neveu du pape dans sa manche, une alliance si convenable devait satisfaire des gens de rien, un homme que tout Saumur avait vu la doloire en main, et qui, d'ailleurs, avait porté le bonnet rouge. Les plus sensés faisaient observer que monsieur Cruchot de Bonfons avait ses entrées à toute heure au logis, tandis que son rival n'y était reçu que les dimanches. Ceux-ci soutenaient que madame des Grassins, plus liée avec les femmes de la maison Grandet que les Cruchot, pouvait leur inculquer certaines idées qui la feraient, tôt ou tard, réussir. Ceux-là répliquaient que l'abbé Cruchot était l'homme le plus insinuant du monde, et que femme contre moine la partie se trouvait égale. — Ils sont manche à manche, disait un bel esprit de Saumur. Plus instruits, les anciens du pays prétendaient que les Grandet étaient trop avisés pour laisser sortir les biens de leur famille, mademoiselle Eugénie Grandet de Saumur serait mariée au fils de monsieur Grandet de Paris, riche marchand de vin en gros. A cela les Cruchotins et les Grassinistes répondaient : — D'abord les deux frères ne se sont pas vus deux fois depuis trente ans. Puis, monsieur Grandet de Paris a de hautes prétentions pour son fils. Il est maire d'un arrondissement, député, colonel de la garde nationale, juge au tribunal de commerce; il renie les Grandet de Saumur, et prétend s'allier à quelque famille ducale par la grâce de Napoléon. Que ne disait-on pas d'une héritière dont on parlait à vingt lieues à la ronde et jusque dans les voitures publiques, d'Angers à Blois inclusivement? Au commencement de 1818, les Cruchotins remportèrent un avantage signalé sur les Grassinistes. La terre de Froidfond, remarquable par son parc, son admirable château, ses fermes, rivières, étangs, forêts, et valant trois millions, fut mise en vente par le jeune marquis de Froidfond obligé de réaliser ses capitaux. Maître Cruchot, le président Cruchot, l'abbé Cruchot, aidés par leurs adhérents, surent empêcher la vente par petits lots. Le notaire conclut avec le jeune homme un marché d'or en lui persuadant qu'il y aurait des poursuites sans nombre à diriger contre les adjudicataires avant de rentrer dans le prix des lots; il valait mieux vendre à monsieur Grandet, homme solvable, et capable d'ailleurs de payer la terre en argent comptant. Le beau marquisat de Froidfond fut alors convoyé vers l'œsophage de monsieur Grandet, qui, au grand étonnement de Saumur, le paya, sous escompte, après les formalités. Cette affaire eut du retentissement à Nantes et à Orléans. Monsieur Grandet alla voir son château par l'occasion d'une charrette qui y retournait. Après avoir jeté sur sa propriété le coup d'œil du maître, il revint à Saumur, certain d'avoir placé ses fonds à cinq, et saisi de la magnifique pensée d'arrondir le marquisat de Froidfond en y réunissant tous ses biens. Puis, pour remplir de nouveau son trésor presque vide, il décida de couper à blanc ses bois, ses forêts, et d'exploiter les peupliers de ses prairies.

Il est maintenant facile de comprendre toute la valeur de ce mot, la maison à monsieur Grandet, cette maison pâle, froide, silencieuse, située en haut de la ville, et abritée par les ruines des remparts. Les deux piliers et la voûte formant la baie de la porte avaient été, comme la maison, construits en tuffeau, pierre blanche particulière au littoral de la Loire, et si molle que sa durée moyenne est à peine de deux cents ans. Les trous inégaux et nombreux que les intempéries du climat y avaient bizarrement pratiqués donnaient au cintre et aux jambages de la baie l'apparence des pierres vermiculées de l'architecture française et quelque ressemblance avec le porche d'une geôle. Au-dessus du cintre régnait un long bas-relief de pierre dure sculptée, représentant les quatre Saisons, figures déjà rongées et toutes noires. Ce bas-relief était surmonté d'une plinthe saillante, sur laquelle s'élevaient plusieurs de ces végétations dues au hasard, des pariétaires jaunes, des liserons, des convolvulus, du plantain, et un petit cerisier assez haut déjà. La porte, en chêne massif, brune, desséchée, fendue de toutes parts, frêle en apparence, était solidement maintenue par le système de ses boulons qui figuraient des dessins symétriques. Une grille carrée, petite, mais à barreaux serrés et rouges de rouille, occupait le milieu de la porte bâtarde et servait, pour ainsi dire, de motif à un marteau qui s'y rattachait par un anneau, et frappait sur la tête grimaçante d'un maître clou. Ce marteau, de forme oblongue et du genre de ceux que nos ancêtres nommaient Jaquemart, ressemblait à un gros point d'admiration ; en l'examinant avec attention, un antiquaire y aurait retrouvé quelques indices de la figure essentiellement bouffonne qu'il représentait jadis, et qu'un long usage avait effacé. Par la petite grille, destinée à reconnaître les amis, au temps des guerres civiles, les curieux pouvaient apercevoir, au fond d'une voûte obscure et verdâtre, quelques marches dégradées par lesquelles on montait dans un jardin que bornaient pittoresquement des murs épais, humides, pleins de suintements et de touffes d'arbustes malingres. Ces murs étaient ceux du rempart sur lequel s'élevaient les jardins de quelques maisons voisines. Au rez-de-chaussée de la maison, la pièce la plus considérable était une *salle* dont l'entrée se trouvait sous la voûte de la porte cochère. Peu de personnes connaissent l'importance d'une salle dans les petites villes de l'Anjou, de la Touraine et du Berry. La salle est à la fois l'antichambre, le salon, le cabinet, le boudoir, la salle à manger ; elle est le théâtre de la vie domestique, le foyer commun ; là, le coiffeur du quartier venait couper deux fois l'an les cheveux de monsieur Grandet ; là, entraient les fermiers, le curé, le sous-préfet, le garçon meunier. Cette pièce, dont les deux croisées donnaient sur la rue, était planchéiée ; des panneaux gris, à moulures antiques, la boisaient de haut en bas ; son plafond se composait de poutres apparentes également peintes en gris, dont les entre-deux étaient remplis de blanc en bourre qui avait jauni. Un vieux cartel de cuivre incrusté d'arabesques en écaille ornait le manteau de la cheminée en pierre blanche, mal sculpté, sur lequel était une glace verdâtre, dont les côtés, coupés en biseau pour en montrer l'épaisseur, reflétaient un filet de lumière le long d'un trumeau gothique en acier damasquiné. Les deux girandoles de cuivre doré qui décoraient chacun des coins de la cheminée étaient à deux fins, en enlevant les roses qui leur servaient de bobèches, et dont la maîtresse-branche s'adaptait au piédestal de marbre bleuâtre agencé de vieux cuivre, ce piédestal formait un chandelier pour les petits jours. Les siéges de forme antique étaient garnis en tapisseries représentant les fables de La Fontaine ; mais il fallait le savoir pour en reconnaître les sujets, tant les couleurs passées et les figures criblées de reprises se voyaient difficilement. Aux quatre angles de cette salle se trouvaient des encoignures, espèces de buffets terminés par de crasseuses étagères. Une vieille table à jouer en marqueterie, dont le dessus faisait échiquier, était placée dans le tableau qui séparait les deux fenêtres. Au-dessus de cette table, il y avait un baromètre ovale, à bordure noire, enjolivé par des rubans de bois doré, où les mouches avaient si licencieusement folâtré que la dorure en était un problème. Sur la paroi opposée à la cheminée, deux portraits au pastel étaient censés représenter l'aïeul de madame Grandet, le vieux monsieur de La Bertellière, en lieutenant des gardes françaises, et défunt madame Gentillet en bergère. Aux deux fenêtres étaient drapés des rideaux en gros de Tours rouge, relevés par des cordons de soie à glands d'église. Cette luxueuse décoration, si peu en harmonie avec les habitudes de Grandet, avait été com-

La grande Nanon appartenait à M. Grandet
depuis trente-cinq ans.

(EUGÉNIE GRANDET.)

prise dans l'achat de la maison, ainsi que le trumeau, le cartel, le meuble en tapisserie et les encoignures en bois de rose. Dans la croisée la plus rapprochée de la porte, se trouvait une chaise de paille dont les pieds étaient montés sur des patins, afin d'élever madame Grandet à une hauteur qui lui permît de voir les passants. Une travailleuse en bois de merisier déteint remplissait l'embrasure, et le petit fauteuil d'Eugénie Grandet était placé tout auprès. Depuis quinze ans, toutes les journées de la mère et de la fille s'étaient paisiblement écoulées à cette place, dans un travail constant, à compter du mois d'avril jusqu'au mois de novembre. Le premier de ce dernier mois elles pouvaient prendre leur station d'hiver à la cheminée. Ce jour-là seulement Grandet permettait qu'on allumât du feu dans la salle, et il le faisait éteindre au trente et un mars, sans avoir égard ni aux premiers froids du printemps ni à ceux de l'automne. Une chaufferette, entretenue avec la braise provenant du feu de la cuisine que la Grande Nanon leur réservait en usant d'adresse, aidait madame et mademoiselle Grandet à passer les matinées ou les soirées les plus fraîches des mois d'avril et d'octobre. La mère et la fille entretenaient tout le linge de la maison, et employaient si consciencieusement leurs journées à ce véritable labeur d'ouvrière, que, si Eugénie voulait broder une collerette à sa mère, elle était forcée de prendre sur ses heures de sommeil en trompant son père pour avoir de la lumière. Depuis longtemps l'avare distribuait la chandelle à sa fille et à la Grande Nanon, de même qu'il distribuait dès le matin le pain et les denrées nécessaires à la consommation journalière.

La Grande Nanon était peut-être la seule créature humaine capable d'accepter le despotisme de son maître. Toute la ville l'enviait à monsieur et à madame Grandet. La Grande Nanon, ainsi nommée à cause de sa taille haute de cinq pieds huit pouces, appartenait à Grandet depuis trente-cinq ans. Quoiqu'elle n'eût que soixante livres de gages, elle passait pour une des plus riches servantes de Saumur. Ces soixante livres, accumulées depuis trente-cinq ans, lui avaient permis de placer récemment quatre mille livres en viager chez maître Cruchot. Ce résultat des longues et persistantes économies de la Grande Nanon parut gigantesque. Chaque servante, voyant à la pauvre sexagénaire du pain pour ses vieux jours, était jalouse d'elle sans penser au dur servage par lequel il avait été acquis. A l'âge de vingt-deux ans, la pauvre fille n'avait pu se placer chez personne, tant sa figure semblait repoussante ; et certes ce sentiment était bien injuste : sa figure eût été fort admirée sur les épaules d'un grenadier de la garde; mais en tout il faut, dit-on, l'à-propos. Forcée de quitter une ferme incendiée où elle gardait les vaches, elle vint à Saumur, où elle chercha du service, animée de ce robuste courage qui ne se refuse à rien. Le père Grandet pensait alors à se marier, et voulait déjà monter son ménage. Il avisa cette fille rebutée de porte en porte. Juge de la force corporelle en sa qualité de tonnelier, il devina le parti qu'on pouvait tirer d'une créature femelle taillée en Hercule, plantée sur ses pieds comme un chêne de soixante ans sur ses racines, forte des hanches, carrée du dos, ayant des mains de charretier et une probité vigoureuse comme l'était son intacte vertu. Ni les verrues qui ornaient ce visage martial, ni le teint de brique, ni les bras nerveux, ni les haillons de la Nanon n'épouvantèrent le tonnelier, qui se trouvait encore dans l'âge où le cœur tressaille. Il vêtit alors, chaussa, nourrit la pauvre fille, lui donna des gages, et l'employa sans trop la rudoyer. En se voyant ainsi accueillie, la Grande Nanon pleura secrètement de joie, et s'attacha sincèrement au tonnelier, qui d'ailleurs l'exploita féodalement. Nanon faisait tout : elle faisait la cuisine, elle faisait les buées, elle allait laver le linge à la Loire, le rapportait sur ses épaules; elle se levait au jour, se couchait tard ; faisait à manger à tous les vendangeurs pendant les récoltes, surveillait les halleboteurs; défendait, comme un chien fidèle, le bien de son maître; enfin, pleine d'une confiance aveugle en lui, elle obéissait sans murmure à ses fantaisies les plus saugrenues. Lors de la fameuse année de 1811, dont la récolte coûta des peines inouïes, après vingt ans de service, Grandet résolut de donner sa vieille montre à Nanon, seul présent qu'elle reçut jamais de lui. Quoiqu'il lui abandonnât ses vieux souliers (elle pouvait les mettre), il est impossible de considérer le profit trimestriel des souliers de Grandet comme un cadeau, tant ils étaient usés. La nécessité rendit cette pauvre fille si avare que Grandet avait fini par l'aimer comme on aime un chien, et Nanon s'était laissé mettre au cou un collier garni de pointes dont les piqûres ne la piquaient plus. Si Grandet coupait le pain avec un peu trop de parcimonie, elle ne s'en plaignait pas; elle participait gaiement aux profits hygiéniques que procurait le régime sévère de la maison où jamais personne n'était malade. Puis la Nanon faisait partie de la famille : elle riait quand riait Grandet, s'attristait, gelait, se chauffait, travaillait avec lui. Combien de douces compensations dans cette égalité! Jamais le maître n'avait reproché à la servante ni l'halleberge ou la pêche de vigne, ni les prunes ou les brugnons mangés sous l'arbre.—Allons, régale-toi, Nanon, lui disait-il dans les années où les branches pliaient sous les fruits que les fermiers étaient obligés de donner aux cochons. Pour une fille des champs qui dans sa jeunesse n'avait récolté que de mauvais traitements, pour une pauvresse recueillie par charité, le rire équivoque du père Grandet était un vrai rayon de soleil. D'ailleurs le cœur simple, la tête étroite de Nanon ne pouvait contenir qu'un sentiment et une idée. Depuis trente-cinq ans, elle se voyait toujours arrivant devant le chantier du père Grandet, pieds nus, en haillons, et entendait toujours le tonnelier lui disant:—Que voulez-vous, ma mignonne? Et sa reconnaissance était toujours jeune. Quelquefois Grandet, songeant que cette pauvre créature n'avait jamais entendu le moindre mot flatteur, qu'elle ignorait tous les sentiments doux que la femme inspire, et pouvait comparaître un jour devant Dieu, plus chaste que ne l'était la Vierge Marie elle-même; Grandet, saisi de pitié, disait en la regardant: — Cette pauvre Nanon! Son exclamation était toujours suivie d'un regard indéfinissable que lui jetait la vieille servante. Ce mot, dit de temps à autre, formait depuis longtemps une chaîne d'amitié non interrompue, et à laquelle chaque exclamation ajoutait un chaînon. Cette pitié, placée au cœur de Grandet et prise tout en gré par sa vieille fille, avait je ne sais quoi d'horrible. Cette atroce pitié d'avare, qui réveillait mille plaisirs au cœur du vieux tonnelier, était pour Nanon sa somme de bonheur. Qui ne dira pas aussi : Pauvre Nanon! Dieu reconnaîtra ses anges aux inflexions de leur voix et de leurs mystérieux regrets. Il y avait dans Saumur une grande quantité de ménages où les domestiques étaient mieux traités, mais où les maîtres n'en recevaient néanmoins aucun contentement. De là cette autre phrase : « Qu'est-ce que les Grandet font donc à leur grande Nanon pour qu'elle leur soit si attachée? Elle passerait dans le feu pour eux! » Sa cuisine, dont les fenêtres grillées donnaient sur la cour, était toujours propre, nette, froide, véritable cuisine d'avare où rien ne devait se perdre. Quand Nanon avait lavé sa vaisselle, serré les restes du dîner, éteint son feu, elle quittait sa cuisine, séparée de la salle par un couloir, et venait filer du chanvre auprès de ses maîtres. Une seule chandelle suffisait à la famille pour la soirée. La servante couchait au fond de ce couloir, dans une bouge éclairé par un jour de souffrance. Sa robuste santé lui permettait d'habiter impunément cette espèce de trou, d'où elle pouvait entendre le moindre bruit par le silence profond qui régnait nuit et jour dans la maison. Elle devait, comme un dogue chargé de la police, ne dormir que d'une oreille et se reposer en veillant.

La description des autres portions du logis se trouvera liée aux événements de cette histoire ; mais d'ailleurs le croquis de la salle où éclatait tout le luxe du ménage peut faire soupçonner par avance la nudité des étages supérieurs.

En 1819, vers le commencement de la soirée, au milieu du mois de novembre, la grande Nanon alluma du feu pour la première fois. L'automne avait été très beau. Ce jour était un jour de fête bien connu des Cruchotins et des Grassinistes. Aussi les six antagonistes se préparaient-ils à venir, armés de toutes pièces, pour se rencontrer dans la salle et s'y surpasser en preuves d'amitié. Le matin, tout Saumur avait vu madame et mademoiselle Grandet, accompagnées de Nanon, se rendant à l'église paroissiale pour y entendre la messe, et chacun se souvint que ce jour était l'anniversaire de la naissance de mademoiselle Eugénie. Aussi, calculant l'heure où le dîner devait finir, maître Cruchot, l'abbé Cruchot et monsieur C. de Bonfons s'empressaient-ils d'arriver avant les des Grassins pour fêter mademoiselle Grandet. Tous trois apportaient d'énormes bouquets cueillis dans leurs petites serres. La queue des fleurs que le président voulait présenter était ingénieusement enveloppée d'un ruban de satin blanc, orné de franges d'or. Le matin, monsieur Grandet, suivant sa coutume pour les jours mémorables de la naissance et de la fête d'Eugénie, était venu la surprendre au lit, et lui avait solennellement offert son présent paternel, consistant, depuis treize années, en une curieuse pièce d'or. Madame Grandet donnait ordinairement à sa fille une robe d'hiver ou d'été, selon la circonstance. Ces deux robes, les pièces d'or qu'elle récoltait au premier jour de l'an et à la fête de son père, lui composaient un petit revenu de cent écus environ, que Grandet aimait à lui voir entasser. N'était-ce pas mettre son argent d'une caisse dans une autre, et, pour ainsi dire, élever à la brochette l'avarice de son héritière, à laquelle il demandait parfois compte de son trésor, autrefois grossi par les La Bertellière, en lui disant : — Ce sera ton *douzain* de mariage. Le douzain est un antique usage encore en vigueur et saintement conservé dans quelques pays situés au centre de la France. En Berry, en Anjou, quand une jeune fille se marie, sa famille ou celle de l'époux doit lui donner une bourse où se trouvent, suivant les fortunes, douze pièces ou douze douzaines de pièces ou douze cents pièces d'argent ou d'or. La plus pauvre des bergères ne se marierait pas sans son douzain, ne fût-il composé que de gros sous. On parle encore à Issoudun de je ne sais quel douzain offert à une riche héritière et qui contenait cent quarante-quatre portugaises d'or. Le pape Clément VII, oncle de Catherine de Médicis, lui fit présent, en la mariant à Henri II, d'une douzaine de médailles d'or antiques de la plus grande valeur. Pendant le dîner, le père, tout joyeux de voir son Eugénie plus belle dans une robe neuve, s'était écrié : — Puisque c'est la fête d'Eugénie, faisons du feu ! ce sera de bon augure.

— Mademoiselle se mariera dans l'année, c'est sûr, dit la grande Nanon en remportant les restes d'une oie, ce faisan des tonneliers.

— Je ne vois point de partis pour elle à Saumur, répondit madame Grandet en regardant son mari d'un air timide qui, vu son âge, annonçait l'entière servitude conjugale sous laquelle gémissait la pauvre femme.

Grandet contempla sa fille, et s'écria gaiement : — Elle a vingt-trois ans aujourd'hui, l'enfant, il faudra bientôt s'occuper d'elle.

Eugénie et sa mère se jetèrent silencieusement un coup d'œil d'intelligence.

Madame Grandet était une femme sèche et maigre, jaune comme un coing, gauche, lente ; une de ces femmes qui semblent faites pour être tyrannisées. Elle avait de gros os, un gros nez, un gros front, de gros yeux, et offrait, au premier aspect, une vague ressemblance avec ces fruits cotonneux qui n'ont plus ni saveur ni suc. Ses dents étaient noires et rares, sa bouche était ridée, son menton affectait la forme dite en galoche. C'était une excellente femme, une vraie La Bertellière. L'abbé Cruchot savait trouver quelques occasions de lui dire qu'elle n'avait pas été trop mal, et elle le croyait. Une douceur angélique, une résignation d'insecte tourmenté par des enfants, une piété rare, une inaltérable égalité d'âme, un bon cœur, la faisaient universellement plaindre et respecter. Son mari ne lui donnait jamais plus de six francs à la fois pour ses menues dépenses. Quoique ridicule en apparence, cette femme qui, par sa dot et ses successions, avait apporté au père Grandet plus de trois cent mille francs, s'était toujours sentie si profondément humiliée d'une dépendance et d'un ilotisme contre lequel la douceur de son âme lui interdisait de se révolter, qu'elle n'avait jamais demandé un sou, ni fait une observation sur les actes que maître Cruchot lui présentait à signer. Cette fierté sotte et secrète, cette noblesse d'âme constamment méconnue et blessée par Grandet, dominaient la conduite de cette femme. Madame Grandet mettait constamment une robe de levantine verdâtre, qu'elle s'était accoutumée à faire durer près d'une année; elle portait un grand fichu de cotonnade blanche, un chapeau de paille cousue, et gardait presque toujours un tablier de taffetas noir. Sortant peu du logis, elle usait peu de souliers. Enfin elle ne voulait jamais rien pour elle. Aussi Grandet, saisi parfois d'un remords en se rappelant le long temps écoulé depuis le jour où il avait donné six francs à sa femme, stipulait-il toujours des épingles pour elle en vendant ses récoltes de l'année. Les quatre ou cinq louis offerts par le Hollandais ou le Belge acquéreur de la vendange Grandet formaient le plus clair des revenus annuels de madame Grandet. Mais, quand elle avait reçu ses cinq louis, son mari lui disait souvent, comme si leur bourse était commune : — As-tu quelques sous à me prêter? et la pauvre femme, heureuse de pouvoir faire quelque chose pour un homme que son confesseur lui représentait comme son seigneur et maître, lui rendait, dans le courant de l'hiver, quelques écus sur l'argent des épingles. Lorsque Grandet tirait de sa poche la pièce de cent sous allouée par mois pour les menues dépenses, le fil, les aiguilles et la toilette de sa fille, il ne manquait jamais, après avoir boutonné son gousset, de dire à sa femme : — Et toi, la mère, veux-tu quelque chose ?

— Mon ami, répondait madame Grandet animée par un sentiment de dignité maternelle, nous verrons cela.

Sublimité perdue! Grandet se croyait très-généreux envers sa femme. Les philosophes qui rencontrent des Nanon, des madame Grandet, des Eugénie, ne sont-ils pas en droit de trouver que l'ironie est le fond du caractère de la Providence? Après ce dîner, où, pour la première fois, il fut question du mariage d'Eugénie, Nanon alla chercher une bouteille de cassis dans la chambre de monsieur Grandet, et manqua de tomber en descendant.

— Grande bête, lui dit son maître, est-ce que tu te laisserais choir comme une autre, toi?

— Monsieur, c'est cette marche de votre escalier qui ne tient pas.

— Elle a raison, dit madame Grandet. Vous auriez dû la faire raccommoder depuis long-temps. Hier, Eugénie a failli s'y fouler le pied.

— Tiens, dit Grandet à Nanon en la voyant toute pâle, puisque c'est la naissance d'Eugénie, et que tu as manqué de tomber, prends un petit verre de cassis pour te remettre.

— Ma foi, je l'ai bien gagné, dit Nanon. A ma place, il y a bien des gens qui auraient cassé la bouteille; mais je me serais plutôt cassé le coude pour la tenir en l'air.

— C'te pauvre Nanon! dit Grandet en lui versant le cassis.

— T'es-tu fait mal? lui dit Eugénie en la regardant avec intérêt.

— Non, puisque je me suis retenue en me fichant sur mes reins.

— Hé bien! puisque c'est la naissance d'Eugénie, dit Grandet, je vais vous raccommoder votre marche. Vous ne savez pas, vous autres, mettre le pied dans le coin, à l'endroit où elle est encore solide.

Grandet prit la chandelle, laissa sa femme, sa fille et sa servante, sans autre lumière que celle du foyer qui jetait de vives flammes, et alla dans le fournil chercher des planches, des clous et ses outils.

— Faut-il vous aider? lui cria Nanon en l'entendant frapper dans l'escalier.

— Non! non! ça me connaît, répondit l'ancien tonnelier.

Au moment où Grandet raccommodait lui-même son escalier vermoulu, et sifflait à tue-tête en souvenir de ses jeunes années, les trois Cruchot frappèrent à la porte.

— C'est-y vous, monsieur Cruchot? demanda Nanon en regardant par la petite grille.

— Oui, répondit le président.

Nanon ouvrit la porte, et la lueur du foyer, qui se reflétait sous la voûte, permit aux trois Cruchot d'apercevoir l'entrée de la salle.

— Ah! vous êtes des fêteux, leur dit Nanon en sentant les fleurs.

— Excusez, messieurs, cria Grandet en reconnaissant la voix de ses amis, je suis à vous! Je ne suis pas fier, je rafistole moi-même une marche de mon escalier.

— Faites, faites, monsieur Grandet, *Charbonnier est Maire chez lui*, dit sentencieusement le président en riant tout seul de son allusion que personne ne comprit.

Madame et mademoiselle Grandet se levèrent. Le président, profitant de l'obscurité, dit alors à Eugénie : — Me permettez-vous, mademoiselle, de vous souhaiter, aujourd'hui que vous venez de naître, une suite d'années heureuses, et la continuation de la santé dont vous jouissez?

Il offrit un gros bouquet de fleurs rares à Saumur; puis, serrant l'héritière par les coudes, il l'embrassa des deux côtés du cou, avec une complaisance qui rendit Eugénie honteuse. Le président, qui ressemblait à un grand clou rouillé, croyait ainsi faire sa cour.

— Ne vous gênez pas, dit Grandet en rentrant. Comme vous y allez les jours de fête, monsieur le président!

— Mais, avec mademoiselle, répondit l'abbé Cruchot armé de son bouquet, tous les jours seraient pour mon neveu des jours de fête.

L'abbé baisa la main d'Eugénie. Quant à maître Cruchot, il embrassa la jeune fille tout bonnement sur les deux joues, et dit : — Comme ça nous pousse, ça ! Tous les ans douze mois.

En replaçant la lumière devant le cartel, Grandet, qui ne quittait jamais une plaisanterie et la répétait à satiété quand elle lui semblait drôle, dit : — Puisque c'est la fête d'Eugénie, allumons les flambeaux !

Il ôta soigneusement les branches des candélabres, mit la bobèche à chaque piédestal, prit des mains de Nanon une chandelle neuve entortillée d'un bout de papier, la ficha dans le trou, l'assura, l'alluma, et vint s'asseoir à côté de sa femme, en regardant alternativement ses amis, sa fille et les deux chandelles. L'abbé Cruchot, petit homme dodu, grassouillet, à perruque rousse et plate, à figure de vieille femme joueuse, dit en avançant ses pieds bien chaussés dans de forts souliers à agrafes d'argent : — Les des Grassins ne sont pas venus?

— Pas encore, dit Grandet.

— Mais doivent-ils venir? demanda le vieux notaire en faisant grimacer sa face trouée comme une écumoire.

— Je le crois, répondit madame Grandet.

— Vos vendanges sont-elles finies? demanda le président de Bonfons à Grandet.

— Partout! lui dit le vieux vigneron, en se levant pour se promener de long en long dans la salle et se haussant le thorax par un mouvement plein d'orgueil comme son mot, partout! Par la porte du couloir qui allait à la cuisine, il vit alors la grande Nanon, assise à son feu, ayant une lumière et se préparant à filer là, pour ne pas se mêler à la fête. — Nanon, dit-il, en s'avançant dans le couloir, veux-tu bien éteindre ton feu, ta lumière, et venir avec nous? Pardieu! la salle est assez grande pour nous tous.

— Mais, monsieur, vous aurez du beau monde.

— Ne les vaux-tu pas bien? ils sont de la côte d'Adam tout comme toi.

Grandet revint vers le président et lui dit : — Avez-vous vendu votre récolte?

— Non, ma foi, je la garde. Si maintenant le vin est bon, dans deux ans il sera meilleur. Les propriétaires, vous le savez bien, se sont juré de tenir les prix convenus, et cette année les Belges ne l'emporteront pas sur nous. S'ils s'en vont, hé bien! ils reviendront.

— Oui, mais tenons-nous bien, dit Grandet d'un ton qui fit frémir le président.

— Serait-il en marché? pensa Cruchot.

En ce moment, un coup de marteau annonça la famille des Grassins, et leur arrivée interrompit une conversation commencée entre madame Grandet et l'abbé.

Madame des Grassins était une de ces petites femmes vives, dodues, blanches et roses, qui, grâce au régime claustral des provinces et aux habitudes d'une vie vertueuse, se sont conservées jeunes encore à quarante ans. Elles sont comme ces dernières roses de l'arrière-saison, dont la vue fait plaisir, mais dont les pétales ont je ne sais quelle froideur, et dont le parfum s'affaiblit. Elle se mettait assez bien, faisait venir ses modes de Paris, donnait le ton à la ville de Saumur, et avait des soirées. Son mari, ancien quartier-maître dans la garde impériale, grièvement blessé à Austerlitz et retraité, conservait, malgré sa considération pour Grandet, l'apparente franchise des militaires.

— Bonjour, Grandet, dit-il au vigneron en lui tenant la main et affectant une sorte de supériorité sous laquelle il écrasait toujours les Cruchot. — Mademoiselle, dit-il à Eugénie après avoir salué madame Grandet, vous êtes toujours belle et sage, je ne sais en vérité ce que l'on peut vous souhaiter. Puis il présenta une petite caisse que son domestique portait, et qui contenait une bruyère du Cap, fleur nouvellement apportée en Europe et fort rare.

Madame des Grassins embrassa très-affectueusement Eugénie, lui serra la main, et lui dit : — Adolphe s'est chargé de vous présenter mon petit souvenir.

Un grand jeune homme blond, pâle et frêle, ayant d'assez bonnes

15.

façons, timide en apparence, mais qui venait de dépenser à Paris, où il était allé faire son droit, huit ou dix mille francs en sus de sa pension, s'avança vers Eugénie, l'embrassa sur les deux joues, et lui offrit une boîte à ouvrage dont tous les ustensiles étaient en vermeil, véritable marchandise de pacotille, malgré l'écusson sur lequel un E. G. gothique assez bien gravé pouvait faire croire à une façon très-soignée. En l'ouvrant, Eugénie eut une de ces joies inespérées et complètes qui font rougir, tressaillir, trembler d'aise les jeunes filles. Elle tourna les yeux sur son père, comme pour savoir s'il lui était permis d'accepter, et monsieur Grandet dit un « Prends, ma fille ! » dont l'accent eût illustré un acteur. Les trois Cruchot restèrent stupéfaits en voyant le regard joyeux et animé lancé sur Adolphe des Grassins par l'héritière à qui de semblables richesses parurent inouïes. Monsieur des Grassins offrit à Grandet une prise de tabac, en saisit une, secoua les grains tombés sur le ruban de la Légion-d'Honneur attaché à la boutonnière de son habit bleu, puis il regarda les Cruchot d'un air qui semblait dire : — Parez-moi cette botte-là ? Madame des Grassins jeta les yeux sur les bocaux bleus où étaient les bouquets des Cruchot, en cherchant leurs cadeaux avec la bonne foi jouée d'une femme moqueuse. Dans cette conjoncture délicate, l'abbé Cruchot laissa la société s'asseoir en cercle devant le feu et alla se promener au fond de la salle avec Grandet. Quand ces deux vieillards furent dans l'embrasure de la fenêtre la plus éloignée des des Grassins : — Ces gens-là, dit le prêtre à l'oreille de l'avare, jettent l'argent par les fenêtres.

— Qu'est-ce que cela fait, s'il rentre dans ma cave ? répliqua le vigneron.

— Si vous vouliez donner des ciseaux d'or à votre fille, vous en auriez bien le moyen, dit l'abbé.

— Je lui donne mieux que des ciseaux, répondit Grandet.

— Mon neveu est une cruche, pensa l'abbé en regardant le président dont les cheveux ébouriffés ajoutaient encore à la mauvaise grâce de sa physionomie brune. Ne pouvait-il inventer une petite bêtise qui eût du prix ?

— Nous allons faire votre partie, madame Grandet, dit madame des Grassins.

— Mais nous sommes tous réunis, *nous pouvons* deux tables....

— Puisque c'est la fête d'Eugénie, faites votre loto général, dit le père Grandet, ces deux enfants en seront. L'ancien tonnelier, qui ne jouait jamais à aucun jeu, montra sa fille et Adolphe. — Allons, Nanon, mets les tables.

— Nous allons vous aider, mademoiselle Nanon, dit gaiement madame des Grassins toute joyeuse de la joie qu'elle avait causée à Eugénie.

— Je n'ai jamais de ma vie été si contente, lui dit l'héritière. Je n'ai rien vu de si joli nulle part.

— C'est Adolphe qui l'a rapportée de Paris et qui l'a choisie, lui dit madame des Grassins à l'oreille.

— Va, va ton train, damnée intrigante ! se disait le président ; si tu es jamais en procès, toi ou ton mari, votre affaire ne sera jamais bonne.

Le notaire, assis dans son coin, regardait l'abbé d'un air calme en se disant : — Les des Grassins ont beau faire, ma fortune, celle de mon frère et celle de mon neveu montent en somme à onze cent mille francs. Les des Grassins en ont tout au plus la moitié, et ils ont une fille : ils peuvent offrir ce qu'ils voudront ! héritière et cadeaux, tout sera pour nous un jour.

A huit heures et demie du soir, deux tables étaient dressées. La jolie madame des Grassins avait réussi à mettre son fils à côté d'Eugénie. Les acteurs de cette scène pleine d'intérêt, quoique vulgaire en apparence, munis de cartons bariolés, chiffrés, et de jetons en verre bleu, semblaient écouter les plaisanteries du vieux notaire, qui ne tirait pas un numéro sans faire une remarque ; mais tous pensaient aux millions de monsieur Grandet. Le vieux tonnelier contemplait vaniteusement les plumes roses, la toilette fraîche de madame des Grassins, la tête martiale du banquier, celle d'Adolphe, le président, l'abbé, le notaire, et se disait intérieurement : Ils sont là pour mes écus. Ils viennent s'ennuyer ici pour ma fille. Hé ! ma fille ne sera ni pour les uns ni pour les autres, et tous ces gens-là me servent de harpons pour pêcher !

Cette gaieté de famille, dans ce vieux salon gris, mal éclairé par deux chandelles ; ces rires, accompagnés par le bruit du rouet de la grande Nanon, et qui n'étaient sincères que sur les lèvres d'Eugénie ou de sa mère ; cette petitesse jointe à de si grands intérêts ; cette jeune fille qui, semblable à ces oiseaux victimes du haut prix auquel on les met et qu'ils ignorent, se trouvait traquée, serrée par des preuves d'amitié dont elle était la dupe ; tout contribuait à rendre cette scène tristement comique. N'est-ce pas d'ailleurs une scène de tous les temps et de tous les lieux, mais ramenée à sa plus simple expression ? La figure de Grandet exploitant le faux attachement des deux familles, en tirant d'énormes profits, dominait ce drame et l'éclairait. N'était-ce pas le seul dieu moderne auquel on ait foi, l'Argent dans toute sa puissance, exprimé par une seule physionomie ? Les doux sentiments de la vie n'occupaient là qu'une place secondaire ; ils animaient trois cœurs purs, ceux de Nanon, d'Eugénie et de sa mère. Encore, combien d'ignorance dans leur naïveté ! Eugénie et sa mère ne savaient rien de la fortune de Grandet, elles n'estimaient les choses de la vie qu'à la lueur de leurs pâles idées, et ne prisaient ni ne méprisaient l'argent, accoutumées qu'elles étaient à s'en passer. Leurs sentiments, froissés à leur insu, mais vivaces, le secret de leur existence, en faisaient des exceptions curieuses dans cette réunion de gens dont la vie était purement matérielle. Affreuse condition de l'homme ! il n'y a pas un de ses bonheurs qui ne vienne d'une ignorance quelconque. Au moment où madame Grandet gagnait un lot de seize sous, le plus considérable qui eût jamais été ponté dans cette salle, et que la grande Nanon riait d'aise en voyant madame empochant cette riche somme, un coup de marteau retentit à la porte de la maison, et y fit un si grand tapage que les femmes sautèrent sur leurs chaises.

— Ce n'est pas un homme de Saumur qui frappe ainsi, dit le notaire.

— Peut-on cogner comme ça, dit Nanon. Veulent-ils casser notre porte ?

— Quel diable est-ce ? s'écria Grandet.

Nanon prit une des deux chandelles, et alla ouvrir accompagnée de Grandet.

— Grandet, Grandet, s'écria sa femme qui, poussée par un vague sentiment de peur, s'élança vers la porte de la salle.

Tous les joueurs se regardèrent.

— Si nous y allions, dit monsieur des Grassins. Ce coup de marteau me paraît malveillant.

A peine fut-il permis à monsieur des Grassins d'apercevoir la figure d'un jeune homme accompagné du facteur des messageries, qui portait deux malles énormes et traînait des sacs de nuit. Grandet se retourna brusquement vers sa femme, et lui dit : — Madame Grandet, allez à votre loto. Laissez-moi m'entendre avec monsieur.

Puis il tira vivement la porte de la salle, où les joueurs agités reprirent leurs places, mais sans continuer le jeu.

— Est-ce quelqu'un de Saumur, monsieur des Grassins? lui dit sa femme.

— Non, c'est un voyageur.

— Il ne peut venir que de Paris. En effet, dit le notaire en tirant sa vieille montre épaisse de deux doigts et qui ressemblait à un vaisseau hollandais, il est *neuffe-s-heures*. Peste! la diligence du Grand Bureau n'est jamais en retard.

— Et ce monsieur est-il jeune? demanda l'abbé Cruchot.

— Oui, répondit monsieur des Grassins. Il apporte des paquets qui doivent peser au moins trois cents kilos.

— Nanon ne revient pas, dit Eugénie.

— Ce ne peut être qu'un de vos parents, dit le président.

— Faisons les mises, s'écria doucement madame Grandet. A sa voix, j'ai vu que monsieur Grandet était contrarié, peut-être ne serait-il pas content de s'apercevoir que nous parlons de ses affaires.

— Mademoiselle, dit Adolphe à sa voisine, ce sera sans doute votre cousin Grandet, un bien joli jeune homme que j'ai vu au bal de monsieur de Nucingen. Adolphe ne continua pas, sa mère lui marcha sur le pied; puis, en lui demandant à haute voix deux sous pour sa mise : — Veux-tu te taire, grand nigaud! lui dit-elle à l'oreille.

En ce moment, Grandet rentra sans la grande Nanon, dont le pas et celui du facteur retentirent dans les escaliers; il était suivi du voyageur qui depuis quelques instants excitait tant de curiosités et préoccupait si vivement les imaginations, que son arrivée en ce logis et sa chute au milieu de ce monde peut être comparée à celle d'un colimaçon dans une ruche, ou à l'introduction d'un paon dans quelque obscure basse-cour de village.

— Asseyez-vous auprès du feu, lui dit Grandet.

Avant de s'asseoir, le jeune étranger salua très-gracieusement l'assemblée. Les hommes se levèrent pour répondre par une inclination polie, et les femmes firent une révérence cérémonieuse.

— Vous avez sans doute froid, monsieur, dit madame Grandet, vous arrivez peut-être de....

— Voilà bien les femmes! dit le vieux vigneron en quittant la lecture d'une lettre qu'il tenait à la main, laissez donc monsieur se reposer.

— Mais, mon père, monsieur a peut-être besoin de quelque chose, dit Eugénie.

— Il a une langue, répondit sévèrement le vigneron.

L'inconnu fut seul surpris de cette scène. Les autres personnes étaient faites aux façons despotiques du bonhomme. Néanmoins, quand ces deux demandes et ces deux réponses furent échangées, l'inconnu se leva, présenta le dos au feu, leva l'un de ses pieds pour chauffer la semelle de ses bottes, et dit à Eugénie : — Ma cousine, je vous remercie, j'ai dîné à Tours. Et, ajouta-t-il en regardant Grandet, je n'ai besoin de rien, je ne suis même point fatigué.

— Monsieur vient de la capitale, demanda madame des Grassins.

Monsieur Charles, ainsi se nommait le fils de monsieur Grandet de Paris, en s'entendant interpeller, prit un petit lorgnon suspendu par une chaîne à son col, l'appliqua sur son œil droit pour examiner et ce qu'il y avait sur la table et les personnes qui y étaient assises, lorgna fort impertinemment madame des Grassins, et lui dit après avoir tout vu : — Oui, madame. Vous jouez au loto, ma tante, ajouta-t-il, je vous en prie, continuez votre jeu, il est trop amusant pour le quitter....

— J'étais sûre que c'était le cousin, pensait madame des Grassins en lui jetant de petites œillades.

— Quarante-sept, cria le vieil abbé. Marquez donc, madame des Grassins, n'est-ce pas votre numéro ?

Monsieur des Grassins mit un jeton sur le carton de sa femme, qui, saisie par de tristes pressentiments, observa tour à tour le cousin de Paris et Eugénie, sans songer au loto. De temps en temps, la jeune héritière lança de furtifs regards à son cousin, et la femme du banquier put facilement y découvrir un *crescendo* d'étonnement ou de curiosité.

Monsieur Charles Grandet, beau jeune homme de vingt-deux ans, produisait en ce moment un singulier contraste avec les bons provinciaux que déjà ses manières aristocratiques révoltaient passablement, et que tous étudiaient pour se moquer de lui. Ceci veut une explication. A vingt-deux ans, les jeunes gens sont encore assez voisins de l'enfance pour se laisser aller à des enfantillages. Aussi, peut-être, sur cent d'entre eux, s'en rencontrerait-il bien quatre-vingt-dix-neuf qui se seraient conduits comme se conduisait Charles Grandet. Quelques jours avant cette soirée, son père lui avait dit d'aller pour quelques mois chez son frère de Saumur. Peut-être monsieur Grandet de Paris pensait-il à Eugénie. Charles, qui tombait en province pour la première fois, eut la pensée d'y paraître avec la supériorité d'un jeune homme à la mode, de désespérer l'arrondissement par son luxe, d'y faire époque, et d'y importer les inventions de la vie parisienne. Enfin, pour tout expliquer d'un mot, il voulait passer à Saumur plus de temps qu'à Paris à se brosser les ongles, et y affecter l'excessive recherche de mise que parfois un jeune homme élégant abandonne pour une négligence qui ne manque pas de grâce. Charles emporta donc le plus joli costume de chasse, le plus joli fusil, le plus joli couteau, la plus jolie gaîne de Paris. Il emporta sa collection de gilets les plus ingénieux : il y en avait de gris, de blancs, de noirs, de couleur scarabée, à reflets d'or, de pailletés, de chinés, de doubles, à châle ou droits de col, à col renversé, de boutonnés jusqu'en haut, à boutons d'or. Il emporta toutes les variétés de cols et de cravates en faveur à cette époque. Il emporta deux habits de Buisson et son linge le plus fin. Il emporta sa jolie toilette d'or, présent de sa mère. Il emporta ses colifichets de dandy, sans oublier une ravissante petite écritoire donnée par la plus aimable des femmes, pour lui du moins, par une grande dame qu'il nommait Annette, et qui voyageait maritalement, ennuyeusement, en Écosse, victime de quelques soupçons auxquels besoin était de sacrifier momentanément son bonheur ; puis force joli papier pour lui écrire une lettre par quinzaine. Ce fut enfin une cargaison de futilités parisiennes aussi complète qu'il était possible de la faire, et où, depuis la cravache qui sert à commencer un duel, jusqu'aux beaux pistolets ciselés qui le terminent, se trouvaient tous les instruments aratoires dont se sert un jeune oisif pour labourer la vie. Son père lui ayant dit de voyager seul et modestement, il était venu dans le coupé de la diligence retenu pour lui seul, assez content de ne pas gâter une délicieuse voiture de voyage commandée pour aller au-devant de son Annette, la grande dame que... etc., et qu'il devait rejoindre en juin prochain aux Eaux de Baden. Charles comptait rencontrer cent personnes chez son oncle, chasser à courre dans les forêts de son oncle, y vivre enfin de la vie de château ; il ne savait pas le trouver à Saumur, où il ne s'était informé de lui que pour demander le chemin de Froidfond ; mais, en le sachant en ville, il crut l'y voir dans un grand hôtel. Afin de débuter convenablement chez son oncle, soit à Saumur, soit à Froidfond, il avait fait la toilette de voyage la plus coquette, la plus simplement recherchée; la plus adorable, pour employer le mot qui dans ce temps résumait les perfections spéciales d'une chose ou d'un homme. A Tours, un coiffeur venait de lui refriser ses beaux cheveux châtains ; il y avait changé de linge, et mis une cravate de satin noir combinée avec un col rond, de manière à encadrer agréablement sa blanche et rieuse figure. Une redingote de voyage à demi boutonnée lui pinçait la taille, et laissait voir un gilet de cachemire à châle sous lequel était un second gilet blanc. Sa montre, négligemment abandonnée au hasard dans une poche, se rattachait par une courte chaîne d'or à l'une des boutonnières. Son pantalon gris se boutonnait sur les côtés, où des dessins brodés en soie noire enjolivaient les coutures. Il maniait agréablement une canne dont la pomme d'or sculptée n'altérait point la fraîcheur de ses gants gris. Enfin, sa casquette était d'un goût excellent. Un Parisien, un Parisien de la sphère la plus élevée pouvait seul et s'agencer ainsi sans paraître ridicule, et donner une harmonie de fatuité à toutes ces niaiseries, que soutenait d'ailleurs un air brave, l'air d'un jeune homme qui a de beaux pistolets, le coup sûr et Annette. Maintenant, si vous voulez bien comprendre la surprise respective des Saumurois et du jeune Parisien, voir parfaitement le vif éclat que l'élégance du voyageur jetait au milieu des ombres grises de la salle et des figures qui composaient le tableau de famille, essayez de vous représenter les Cruchot. Tous les trois prenaient du tabac, et ne songeaient plus depuis long-temps à éviter ni les roupies, ni les petites galettes noires qui parsemaient le jabot de leurs chemises rousses, à cols recroquevillés et à plis jaunâtres. Leurs cravates molles se roulaient en corde aussitôt qu'ils se les étaient attachées au cou. L'énorme quantité de linge qui leur permettait de ne faire la lessive que tous les six mois, et de le garder au fond de leurs armoires, laissait le temps y imprimer ses teintes grises et vieilles. Il y avait en eux une parfaite entente de mauvaise grâce et de sénilité. Leurs figures, aussi flétries que l'étaient leurs habits râpés, aussi plissées que leurs pantalons, semblaient usées, racornies, et grimaçaient. La négligence générale des autres costumes, tous incomplets, sans fraîcheur, comme le sont les toilettes de province, où l'on arrive insensiblement à ne plus s'habiller les uns pour les autres, et à prendre garde au prix d'une paire de gants, s'accordait avec l'insouciance des Cruchot. L'horreur de la mode était le seul point sur lequel les Grassinistes et les Cruchotins s'entendissent

parfaitement. Le Parisien prenait-il son lorgnon pour examiner les singuliers accessoires de la salle, les solives du plancher, le ton des boiseries ou les points que les mouches y avaient imprimés et dont le nombre aurait suffi pour ponctuer l'Encyclopédie méthodique et le Moniteur, aussitôt les joueurs de loto levaient le nez et le considéraient avec autant de curiosité qu'ils en eussent manifesté pour une girafe. Monsieur des Grassins et son fils, auxquels la figure d'un homme à la mode n'était pas inconnue, s'associèrent néanmoins à l'étonnement de leurs voisins, soit qu'ils éprouvassent l'indéfinissable influence d'un sentiment général, soit qu'ils l'approuvassent en disant à leurs compatriotes par des œillades pleines d'ironie :
— Voilà comme *ils* sont à Paris. Tous pouvaient d'ailleurs observer Charles à loisir, sans craindre de déplaire au maître du logis. Grandet était absorbé dans la longue lettre qu'il tenait, et il avait pris pour la lire l'unique flambeau de la table, sans se soucier de ses hôtes ni de leur plaisir. Eugénie, à qui le type d'une perfection semblable, soit dans la mise, soit dans la personne, était entièrement inconnu, crut voir en son cousin une créature descendue de quelque région séraphique. Elle respirait avec délices les parfums exhalés par cette chevelure si brillante, si gracieusement bouclée. Elle aurait voulu pouvoir toucher la peau blanche de ces jolis gants fins. Elle enviait les petites mains de Charles, son teint, la fraîcheur et la délicatesse de ses traits. Enfin, si toutefois cette image peut résumer les impressions que le jeune élégant produisit sur une ignorante fille sans cesse occupée à rapetasser des bas, à ravauder la garde-robe de son père, et dont la vie s'était écoulée sous ces crasseux lambris sans voir dans cette rue silencieuse plus d'un passant par heure, la vue de son cousin fit sourdre en son cœur les émotions de fine volupté que causent à un jeune homme les fantastiques figures de femmes dessinées par Westall dans les Keepsake anglais, et gravées par les Finden d'un burin si habile, qu'on a peur, en soufflant sur le vélin, de faire envoler ces apparitions célestes. Charles tira de sa poche un mouchoir brodé par la grande dame qui voyageait en Écosse. En voyant ce joli ouvrage fait avec amour pendant les heures perdues pour l'amour, Eugénie regarda son cousin pour savoir s'il allait bien réellement s'en servir. Les manières de Charles, ses gestes, la façon dont il prenait son lorgnon, son impertinence affectée, son mépris pour le coffret qui venait de faire tant de plaisir à la riche héritière et qu'il trouvait

évidemment ou sans valeur ou ridicule ; enfin, tout ce qui choquait les Cruchot et les des Grassins lui plaisait si fort, qu'avant de s'endormir elle dut rêver long-temps à ce phénix des cousins.

Les numéros se tiraient fort lentement, mais bientôt le loto fut arrêté. La grande Nanon entra et dit tout haut : — Madame, va falloir me donner des draps pour faire le lit à ce monsieur.

Madame Grandet suivit Nanon. Madame des Grassins dit alors à voix basse : — Gardons nos sous et laissons le loto. Chacun reprit ses deux sous dans la vieille soucoupe écornée où il les avait mis ; puis l'assemblée se remua en masse et fit un quart de conversion vers le feu.

— Vous avez donc fini ? dit Grandet sans quitter sa lettre.

— Oui, oui, répondit madame des Grassins en venant prendre place près de Charles.

Eugénie, mue par une de ces pensées qui naissent au cœur des jeunes filles quand un sentiment s'y loge pour la première fois, quitta la salle pour aller aider sa mère et Nanon. Si elle avait été questionnée par un confesseur habile, elle lui eût sans doute avoué qu'elle ne songeait ni à sa mère ni à Nanon, mais qu'elle était travaillée par un poignant désir d'inspecter la chambre de son cousin pour s'y occuper de son cousin, pour y placer quoi que ce fût, pour obvier à un oubli, pour y tout prévoir, afin de la rendre, autant que possible, élégante et propre. Eugénie se croyait déjà seule capable de comprendre les goûts et les idées de son cousin. En effet, elle arriva fort heureusement pour prouver à sa mère et à Nanon, qui revenaient pensant avoir tout fait, que tout était à faire. Elle donna l'idée à la grande Nanon de bassiner les draps avec la braise du feu ; elle couvrit elle-même la vieille table d'un naperon, et recommanda bien à Nanon de changer le naperon tous les matins. Elle convainquit sa mère de la nécessité d'allumer un bon feu dans la cheminée, et détermina Nanon à monter, sans en rien dire à son père, un gros tas de bois dans le corridor. Elle courut chercher dans une des encoignures de la salle un plateau de vieux laque qui venait de la succession de feu le vieux monsieur de La Bertellière, y prit également un verre de cristal à six pans, une petite cuiller dédorée, un flacon antique où étaient gravés des amours, et mit triomphalement le tout sur un coin de la cheminée. Il lui avait plus surgi d'idées en un quart d'heure qu'elle n'en avait eu depuis qu'elle était au monde.

— Maman, dit-elle, jamais mon cousin ne supportera l'odeur d'une chandelle. Si nous achetions de la bougie?... Elle alla, légère comme un oiseau, tirer de sa bourse l'écu de cent sous qu'elle avait reçu pour ses dépenses du mois. — Tiens, Nanon, dit-elle, va vite.

— Mais, que dira ton père? Cette objection terrible fut proposée par madame Grandet en voyant sa fille armée d'un sucrier de vieux Sèvres rapporté du château de Froidfond par Grandet. — Et où prendras-tu donc du sucre? es-tu folle?

— Maman, Nanon achètera aussi bien du sucre que de la bougie.
— Mais ton père?
— Serait-il convenable que son neveu ne pût boire un verre d'eau sucrée? D'ailleurs, il n'y fera pas attention.

— Ton père voit tout, dit madame Grandet en hochant la tête. Nanon hésitait, elle connaissait son maître.

— Mais va donc, Nanon, puisque c'est ma fête!

Nanon laissa échapper un gros rire en entendant la première plaisanterie que sa jeune maîtresse eût jamais faite, et lui obéit. Pendant qu'Eugénie et sa mère s'efforçaient d'embellir la chambre destinée par monsieur Grandet à son neveu, Charles se trouvait l'objet des attentions de madame des Grassins, qui lui faisait des agaceries.

— Vous êtes bien courageux, monsieur, lui dit-elle, de quitter les plaisirs de la capitale pendant l'hiver pour venir habiter Saumur. Mais si nous ne vous faisons pas trop peur, vous verrez que l'on peut encore s'y amuser.

Elle lui lança une véritable œillade de province, où, par habitude, les femmes mettent tant de réserve et de prudence dans leurs yeux qu'elles leur communiquent la friande concupiscence particulière à ceux des ecclésiastiques, pour qui tout plaisir semble ou un vol ou une faute. Charles se trouvait si dépaysé dans cette salle, si loin du vaste château et de la fastueuse existence qu'il supposait à son oncle, qu'en regardant attentivement madame des Grassins, il aperçut enfin une image à demi effacée des figures parisiennes. Il répondit avec grâce à l'espèce d'invitation qui lui était adressée, et il s'engagea naturellement une conversation dans laquelle madame des Grassins baissa graduellement sa voix pour la mettre en harmonie avec la nature de ses confidences. Il existait chez elle et chez Charles un même besoin de confiance. Aussi, après quelques moments de causerie coquette et de plaisanteries sérieuses, l'adroite provinciale put-elle lui dire sans se croire entendue des autres personnes qui parlaient de la vente des vins, dont s'occupait en ce moment tout le Saumurois : — Monsieur, si vous voulez nous faire l'honneur de venir nous voir, vous ferez très certainement autant de plaisir à mon mari qu'à moi. Notre salon est le seul dans Saumur où vous trouverez réunis le haut commerce et la noblesse : nous appartenons aux deux sociétés, qui ne veulent se rencontrer que là, parce qu'on s'y amuse. Mon mari, je le dis avec orgueil, est également considéré par les uns et par les autres. Ainsi, nous tâcherons de faire diversion à l'ennui de votre séjour ici. Si vous restiez chez monsieur Grandet, que deviendriez-vous, bon Dieu ! Votre oncle est un grigou qui ne pense qu'à ses provins, votre tante est une dévote qui ne sait pas coudre deux idées, et votre cousine est une petite sotte, sans éducation, commune, sans dot, et qui passe sa vie à raccommoder des torchons.

— Elle est très bien, cette femme, se dit en lui-même Charles Grandet en répondant aux minauderies de madame des Grassins.

— Il me semble, ma femme, que tu veux accaparer monsieur, dit en riant le gros et grand banquier.

A cette observation, le notaire et le président dirent des mots plus ou moins malicieux ; mais l'abbé les regarda d'un air fin, et résuma leurs pensées en prenant une pincée de tabac et offrant sa tabatière à la ronde : — Qui mieux que madame, dit-il, pourrait faire à monsieur les honneurs de Saumur ?

— Ha ! çà, comment l'entendez-vous, monsieur l'abbé ? demanda monsieur des Grassins.

— Je l'entends, monsieur, dans le sens le plus favorable pour vous, pour madame, pour la ville de Saumur et pour monsieur, ajouta le rusé vieillard en se tournant vers Charles.

Sans paraître y prêter la moindre attention, l'abbé Cruchot avait su deviner la conversation de Charles et de madame des Grassins.

— Monsieur, dit enfin Adolphe à Charles d'un air qu'il aurait voulu rendre dégagé, je ne sais si vous avez conservé quelque souvenir de moi ; j'ai eu le plaisir d'être votre vis-à-vis à un bal donné par monsieur le baron de Nucingen, et,...

— Parfaitement, monsieur, parfaitement, répondit Charles, surpris de se voir l'objet des attentions de tout le monde.

— Monsieur est votre fils ? demanda-t-il à madame des Grassins.

L'abbé regarda malicieusement la mère.

— Oui, monsieur, dit-elle.

— Vous étiez donc bien jeune à Paris? reprit Charles en s'adressant à Adolphe.

— Que voulez-vous, monsieur, dit l'abbé, nous les envoyons à Babylone aussitôt qu'ils sont sevrés.

Madame des Grassins interrogea l'abbé par un regard d'une étonnante profondeur. — Il faut venir en province, dit-il en continuant, pour trouver des femmes de trente et quelques années aussi fraîches que l'est madame, après avoir eu des fils bientôt Licenciés en Droit. Il me semble être encore au jour où les jeunes gens et les dames montaient sur des chaises pour vous voir danser au bal, madame, ajouta l'abbé en se tournant vers son adversaire femelle. Pour moi, vos succès sont d'hier....

— Oh! le vieux scélérat! se dit en elle-même madame des Grassins, me devinerait-il donc?

— Il paraît que j'aurai beaucoup de succès à Saumur, se disait Charles en déboutonnant sa redingote, se mettant la main dans son gilet, et jetant son regard à travers les espaces pour imiter la pose donnée à lord Byron par Chantrey.

L'inattention du père Grandet, ou, pour mieux dire, la préoccupation dans laquelle le plongeait la lecture de sa lettre, n'échappèrent ni au notaire ni au président, qui tâchaient d'en conjecturer le contenu par les imperceptibles mouvements de la figure du bonhomme, alors fortement éclairée par la chandelle. Le vigneron maintenait difficilement le calme habituel de sa physionomie. D'ailleurs, chacun pourra se peindre la contenance affectée par cet homme en lisant la fatale lettre que voici :

« Mon frère, voici bientôt vingt-trois ans que nous ne nous sommes vus. Mon mariage a été l'objet de notre dernière entrevue, après laquelle nous nous sommes quittés joyeux l'un et l'autre. Certes je ne pouvais guère prévoir que tu serais un jour le seul soutien de la famille, à la prospérité de laquelle tu applaudissais alors. Quand tu tiendras cette lettre en tes mains, je n'existerai plus. Dans la position où j'étais, je n'ai pas voulu survivre à la honte d'une faillite. Je me suis tenu sur le bord du gouffre jusqu'au dernier moment, espérant surnager toujours. Il faut y tomber. Les banqueroutes réunies de mon agent de change et de Roguin, mon notaire, m'emportent mes dernières ressources et ne me laissent rien. J'ai la douleur de devoir près de quatre millions sans pouvoir offrir plus de vingt-cinq pour cent d'actif. Mes vins emmagasinés éprouvent en ce moment la baisse ruineuse que causent l'abondance et la qualité de vos récoltes. Dans trois jours, Paris dira : « Monsieur Grandet était un fripon ! » Je me coucherai, moi probe, dans un linceul d'infamie. Je ravis à mon fils et son nom que j'entache et la fortune de sa mère. Il ne sait rien de cela, ce malheureux enfant que j'idolâtre. Nous nous sommes dit adieu tendrement. Il ignorait, par bonheur, que les derniers flots de ma vie s'épanchaient dans cet adieu. Ne me maudira-t-il pas un jour ? Mon frère, mon frère, la malédiction de nos enfants est épouvantable ; ils peuvent appeler de la nôtre, mais la leur est irrévocable. Grandet, tu es mon aîné, tu me dois ta protection : fais que Charles ne jette aucune parole amère sur ma tombe ! Mon frère, si je t'écrivais avec mon sang et mes larmes ; il n'y aurait pas autant de douleurs que j'en mets dans cette lettre ; car je pleurerais, je saignerais, je serais mort, je ne souffrirais plus ; mais je souffre et vois la mort d'un œil sec. Te voilà donc le père de Charles ! il n'a point de parents du côté maternel, tu sais pourquoi. Pourquoi n'ai-je pas obéi aux préjugés sociaux ? Pourquoi ai-je cédé à l'amour ? Pourquoi ai-je épousé la fille naturelle d'un grand seigneur ? Charles n'a plus de famille. O mon malheureux fils ! mon fils ! Écoute, Grandet, je ne suis pas venu t'implorer pour moi ; d'ailleurs tes biens ne sont peut-être pas assez considérables pour supporter une hypothèque de trois millions ; mais pour mon fils ! Sache-le bien, mon frère, mes mains suppliantes se sont jointes en pensant à toi. Grandet, je te confie Charles en mourant. Enfin je regarde mes pistolets sans douleur en pensant que tu lui serviras de père. Il m'aimait bien, Charles ; j'étais si bon pour lui, je ne le contrariais jamais : il ne me maudira pas. D'ailleurs, tu verras ; il est doux, il tient de sa mère, il ne te donnera jamais de chagrin. Pauvre enfant ! accoutumé aux jouissances du luxe, il ne connaît aucune des privations auxquelles nous a condamnés l'un et l'autre notre première misère.... Et le voilà ruiné, seul. Oui, tous ses amis le fuiront, et c'est moi qui serai la cause de ses humiliations. Ah ! je voudrais avoir le bras assez fort pour l'envoyer d'un seul coup dans les cieux près de sa mère. Folie ! je reviens à mon malheur, à celui de Charles. Je te l'ai donc envoyé pour que tu lui apprennes convenablement et ma mort et son sort à venir. Sois un père pour lui, mais un bon père.

Ne l'arrache pas tout à coup à sa vie oisive, tu le tuerais. Je lui demande à genoux de renoncer aux créances qu'en qualité d'héritier de sa mère il pourrait exercer contre moi. Mais c'est une prière superflue; il a de l'honneur, et sentira bien qu'il ne doit pas se joindre à mes créanciers. Fais-le renoncer à ma succession en temps utile. Révèle-lui les dures conditions de la vie que je lui fais; et, s'il me conserve sa tendresse, dis-lui bien en mon nom que tout n'est pas perdu pour lui. Oui, le travail, qui nous a sauvés tous deux, peut lui rendre la fortune que je lui emporte; et, s'il veut écouter la voix de son père, qui pour lui voudrait sortir un moment du tombeau, qu'il parte, qu'il aille aux Indes? Mon frère, Charles est un jeune homme probe et courageux : tu lui feras une pacotille, il mourrait plutôt que de ne pas te rendre les premiers fonds que tu lui prêteras; car tu lui en prêteras, Grandet! sinon tu te créerais des remords. Ah! si mon enfant ne trouvait ni secours ni tendresse en toi, je demanderais éternellement vengeance à Dieu de ta dureté. Si j'avais pu sauver quelques valeurs, j'avais bien le droit de lui remettre une somme sur le bien de sa mère; mais les payements de ma fin du mois avaient absorbé toutes mes ressources. Je n'aurais pas voulu mourir dans le doute sur le sort de mon enfant; j'aurais voulu sentir de saintes promesses dans la chaleur de ta main, qui m'eût réchauffé; mais le temps me manque. Pendant que Charles voyage, je suis obligé de dresser mon bilan. Je tâche de prouver par la bonne foi qui préside à mes affaires qu'il n'y a dans mes désastres ni faute ni improbité. N'est-ce pas m'occuper de Charles? Adieu, mon frère. Que toutes les bénédictions de Dieu te soient acquises pour la généreuse tutelle que je te confie, et que tu acceptes, je n'en doute pas. Il y aura sans cesse une voix qui priera pour toi dans le monde où nous devons aller tous un jour, et où je suis déjà.

» Victor-Ange-Guillaume GRANDET. »

— Vous causez donc? dit le père Grandet en pliant avec exactitude la lettre dans les mêmes plis et la mettant dans la poche de son gilet. Il regarda son neveu d'un air humble et craintif sous lequel il cacha ses émotions et ses calculs. — Vous êtes-vous réchauffé?

— Très-bien, mon cher oncle.

— Hé! bien, où sont donc nos femmes? dit l'oncle oubliant déjà que son neveu couchait chez lui. En ce moment Eugénie et madame Grandet rentrèrent. — Tout est-il arrangé là-haut ? leur demanda le bonhomme en retrouvant son calme.

— Oui, mon père.

— Hé ! bien, mon neveu, si vous êtes fatigué, Nanon va vous conduire à votre chambre. Dame, ce ne sera pas un appartement de *mirliflor !* mais vous excuserez de pauvres vignerons qui n'ont jamais le sou. Les impôts nous avalent tout.

— Nous ne voulons pas être indiscrets, Grandet, dit le banquier. Vous pouvez avoir à jaser avec votre neveu, nous vous souhaitons le bonsoir. A demain.

A ces mots, l'assemblée se leva, et chacun fit la révérence suivant son caractère. Le vieux notaire alla chercher sous la porte sa lanterne, et vint l'allumer en offrant aux des Grassins de les reconduire. Madame des Grassins n'avait pas prévu l'incident qui devait faire finir prématurément la soirée, et son domestique n'était pas arrivé.

— Voulez-vous me faire l'honneur d'accepter mon bras, madame ? dit l'abbé Cruchot à madame des Grassins.

— Merci, monsieur l'abbé. J'ai mon fils, répondit-elle sèchement.

— Les dames ne sauraient se compromettre avec moi, dit l'abbé.

— Donne donc le bras à monsieur Cruchot, lui dit son mari.

L'abbé emmena la jolie dame assez lestement pour se trouver à quelques pas en avant de la caravane.

— Il est très-bien, ce jeune homme, madame, lui dit-il en lui serrant le bras. *Adieu, paniers, vendanges sont faites !* Il vous faut dire adieu à mademoiselle Grandet, Eugénie sera pour le Parisien. A moins que ce cousin ne soit amouraché d'une Parisienne, votre fils Adolphe va rencontrer en lui le rival le plus....

— Laissez donc, monsieur l'abbé. Ce jeune homme ne tardera pas à s'apercevoir qu'Eugénie est une niaise, une fille sans fraîcheur. L'avez-vous examinée ? elle était, ce soir, jaune comme un coing.

— Vous l'avez peut-être déjà fait remarquer au cousin.

— Et je ne m'en suis pas gênée...

— Mettez-vous toujours auprès d'Eugénie, madame, et vous n'aurez pas grand'chose à dire à ce jeune homme contre sa cousine, il fera de lui-même une comparaison qui...

— D'abord, il m'a promis de venir dîner après-demain chez moi.

— Ah ! si vous vouliez, madame, dit l'abbé.

— Et que voulez-vous que je veuille, monsieur l'abbé? Entendez-vous ainsi me donner de mauvais conseils? Je ne suis pas arrivée à l'âge de trente-neuf ans, avec une réputation sans tache, Dieu merci, pour la compromettre, même quand il s'agirait de l'empire du Grand-Mogol. Nous sommes à un âge, l'un et l'autre, auquel on sait ce que parler veut dire. Pour un ecclésiastique, vous avez en vérité des idées bien incongrues. Fi! cela est digne de Faublas.

— Vous avez donc lu Faublas?

— Non, monsieur l'abbé, je voulais dire les Liaisons Dangereuses.

— Ah! ce livre est infiniment plus moral, dit en riant l'abbé. Mais vous me faites aussi pervers que l'est un jeune homme d'aujourd'hui! Je voulais simplement vous...

— Osez me dire que vous ne songiez pas à me conseiller de vilaines choses. Cela n'est-il pas clair? Si ce jeune homme, qui est très-bien, j'en conviens, me faisait la cour, il ne penserait pas à sa cousine. A Paris, je le sais, quelques bonnes mères se dévouent ainsi pour le bonheur et la fortune de leurs enfants; mais nous sommes en province, monsieur l'abbé.

— Oui, madame.

— Et, reprit-elle, je ne voudrais pas, ni Adolphe lui-même ne voudrait pas de cent millions achetés à ce prix...

— Madame, je n'ai point parlé de cent milliors. La tentation eut été peut-être au-dessus de nos forces à l'un et à l'autre. Seulement, je crois qu'une honnête femme peut se permettre, en tout bien tout honneur, de petites coquetteries sans conséquence, qui font partie de ses devoirs en société, et qui....

— Vous croyez?

— Ne devons-nous pas, madame, tâcher de nous être agréables les uns aux autres..... Permettez que je me mouche. — Je vous assure, madame, reprit-il, qu'il vous lorgnait d'un air un peu plus flatteur que celui qu'il avait en me regardant; mais je lui pardonne d'honorer préférablement à la vieillesse la beauté.....

— Il est clair, disait le président de sa grosse voix, que monsieur Grandet de Paris envoie son fils à Saumur dans des intentions extrêmement matrimoniales...

— Mais, alors, le cousin ne serait pas tombé comme une bombe, répondait le notaire.

16.

— Cela ne dirait rien, dit monsieur des Grassins, le bonhomme est *cachotier*.

— Des Grassins, mon ami, je l'ai invité à dîner, ce jeune homme. Il faudra que tu ailles prier monsieur et madame de Larsonnière, et les du Hautoy, avec la belle demoiselle du Hautoy, bien entendu ; pourvu qu'elle se mette bien ce jour-là ? Par jalousie, sa mère la fagote si mal ! J'espère, messieurs, que vous nous ferez l'honneur de venir, ajouta-t-elle en arrêtant le cortége pour se retourner vers les deux Cruchot.

— Vous voilà chez vous, madame, dit le notaire.

Après avoir salué les trois des Grassins, les trois Cruchot s'en retournèrent chez eux, en se servant de ce génie d'analyse que possèdent les provinciaux pour étudier sous toutes ses faces le grand événement de cette soirée, qui changeait les positions respectives des Cruchotins et des Grassinistes. L'admirable bon sens qui dirigeait les actions de ces grands calculateurs leur fit sentir aux uns et aux autres la nécessité d'une alliance momentanée contre l'ennemi commun. Ne devaient-ils pas mutuellement empêcher Eugénie d'aimer son cousin, et Charles de penser à sa cousine ? Le Parisien pourrait-il résister aux insinuations perfides, aux calomnies doucereuses, aux médisances pleines d'éloges, aux dénégations naïves qui allaient constamment tourner autour de lui, et l'engluer, comme les abeilles enveloppent de cire le colimaçon tombé dans leur ruche ?

Lorsque les quatre parents se trouvèrent seuls dans la salle, monsieur Grandet dit à son neveu : — Il faut se coucher. Il est trop tard pour causer des affaires qui vous amènent ici, nous prendrons demain un moment convenable. Ici, nous déjeunons à huit heures. A midi, nous mangeons un fruit, un rien de pain sur le pouce, et nous buvons un verre de vin blanc ; puis nous dînons, comme les Parisiens, à cinq heures. Voilà l'ordre. Si vous voulez voir la ville ou les environs, vous serez libre comme l'air. Vous m'excuserez si mes affaires ne me permettent pas toujours de vous accompagner. Vous les entendrez peut-être tous ici vous disant que je suis riche : monsieur Grandet par-ci, monsieur Grandet par là ! Je les laisse dire, leurs bavardages ne nuisent point à mon crédit. Mais je n'ai pas le sou, et je travaille à mon âge comme un jeune compagnon, qui n'a pour tout bien qu'une mauvaise plane et deux bons bras. Vous verrez peut-être bientôt par vous-même ce que coûte un écu quand il faut le suer. Allons, Nanon, les chandelles ?

— J'espère, mon neveu, que vous trouverez tout ce dont vous aurez besoin, dit madame Grandet; mais s'il vous manquait quelque chose, vous pourrez appeler Nanon.

— Ma chère tante, ce serait difficile, j'ai, je crois, emporté toutes mes affaires! Permettez-moi de vous souhaiter une bonne nuit, ainsi qu'à ma jeune cousine.

Charles prit des mains de Nanon une bougie allumée, une bougie d'Anjou, bien jaune de ton, vieillie en boutique et si pareille à de la chandelle, que monsieur Grandet, incapable d'en soupçonner l'existence au logis, ne s'aperçut pas de cette magnificence.

— Je vais vous montrer le chemin, dit le bonhomme.

Au lieu de sortir par la porte de la salle qui donnait sous la voûte, Grandet fit la cérémonie de passer par le couloir qui séparait la salle de la cuisine. Une porte battante garnie d'un grand carreau de verre ovale fermait ce couloir du côté de l'escalier afin de tempérer le froid qui s'y engouffrait. Mais en hiver la bise n'en sifflait pas moins par là très-rudement, et, malgré les bourrelets mis aux portes de la salle, à peine la chaleur s'y maintenait-elle à un degré convenable. Nanon alla verrouiller la grande porte, ferma la salle, et détacha dans l'écurie un chien-loup dont la voix était cassée comme s'il avait une laryngite. Cet animal d'une notable férocité ne connaissait que Nanon. Ces deux créatures champêtres s'entendaient. Quand Charles vit les murs jaunâtres et enfumés de la cage où l'escalier à rampe vermoulue tremblait sous le pas pesant de son oncle, son dégrisement alla *rinforzando*. Il se croyait dans un juchoir à poules. Sa tante et sa cousine, vers lesquelles il se retourna pour interroger leurs figures, étaient si bien façonnées à cet escalier, que, ne devinant pas la cause de son étonnement, elles le prirent pour une expression amicale, et y répondirent par un sourire agréable qui le désespéra.

— Que diable mon père m'envoie-t-il faire ici? se disait-il. Arrivé sur le premier palier, il aperçut trois portes peintes en rouge étrusque et sans chambranles, des portes perdues dans la muraille poudreuse et garnies de bandes en fer boulonnées, apparentes, terminées en façon de flammes comme l'était à chaque bout la longue entrée de la serrure. Celle de ces portes qui se trouvait en haut de l'escalier et qui donnait entrée dans la pièce située au-dessus de la cuisine, était évidemment murée. On n'y pénétrait en effet que par la chambre de Grandet, à qui cette pièce servait de cabinet. L'unique croisée d'où elle tirait son jour était défendue sur la cour par d'énormes barreaux en fer grillagés. Personne, pas même madame Grandet, n'avait la permission d'y venir, le bonhomme voulait y rester seul comme un alchimiste à son fourneau. Là, sans doute, quelque cachette avait été très-habilement pratiquée, là s'emmagasinaient les titres de propriété, là pendaient les balances à peser les louis, là se faisaient nuitamment et en secret les quittances, les reçus, les calculs ; de manière que les gens d'affaires, voyant toujours Grandet prêt à tout, pouvaient imaginer qu'il avait à ses ordres une fée ou un démon. Là, sans doute, quand Nanon ronflait à ébranler les planchers, quand le chien-loup veillait et bâillait dans la cour, quand madame et mademoiselle Grandet étaient bien endormies, venait le vieux tonnelier choyer, caresser, couver, cuver, cercler son or. Les murs étaient épais, les contrevents discrets. Lui seul avait la clef de ce laboratoire, où, dit-on, il consultait des plans sur lesquels ses arbres à fruits étaient désignés et où il chiffrait ses produits à un provin, à une bourrée près. L'entrée de la chambre d'Eugénie faisait face à cette porte murée. Puis, au bout du palier, était l'appartement des deux époux qui occupaient tout le devant de la maison. Madame Grandet avait une chambre contiguë à celle d'Eugénie, chez qui l'on entrait par une porte vitrée. La chambre du maître était séparée de celle de sa femme par une cloison, et du mystérieux cabinet par un gros mur. Le père Grandet avait logé son neveu au second étage, dans la haute mansarde située au-dessus de sa chambre, de manière à pouvoir l'entendre, s'il lui prenait fantaisie d'aller et de venir. Quand Eugénie et sa mère arrivèrent au milieu du palier, elles se donnèrent le baiser du soir ; puis, après avoir dit à Charles quelques mots d'adieu, froids sur les lèvres, mais certes chaleureux au cœur de la fille, elles rentrèrent dans leurs chambres.

— Vous voilà chez vous, mon neveu, dit le père Grandet à Charles en lui ouvrant sa porte. Si vous aviez besoin de sortir, vous appelleriez Nanon. Sans elle, votre serviteur ! le chien vous mangerait sans vous dire un seul mot. Dormez bien. Bonsoir. Ha ! ha ! ces dames vous ont fait du feu, reprit-il. En ce moment la grande Nanon apparut, armée d'une bassinoire. — En voilà bien d'une autre ! dit monsieur Grandet. Prenez-vous mon neveu pour une femme en couches ? Veux-tu bien remporter ta braise, Nanon.

— Mais, monsieur, les draps sont humides, et ce monsieur est vraiment mignon comme une femme.

— Allons, va, puisque tu l'as dans la tête, dit Grandet en la poussant par les épaules, mais prends garde de mettre le feu. Puis l'avare descendit en grommelant de vagues paroles.

Charles demeura pantois au milieu de ses malles. Après avoir jeté les yeux sur les murs d'une chambre en mansarde tendue de ce papier jaune à bouquets de fleurs qui tapisse les guinguettes, sur une cheminée en pierre de liais cannelée dont le seul aspect donnait froid, sur des chaises de bois jaune garnies en canne vernissée et qui semblaient avoir plus de quatre angles, sur une table de nuit ouverte dans laquelle aurait pu tenir un petit sergent de voltigeurs, sur le maigre tapis de lisière placé au bas d'un lit à ciel dont les pentes en drap tremblaient comme si elles allaient tomber, achevées par les vers, il regarda sérieusement la grande Nanon et lui dit : — Ah çà ! ma chère enfant, suis-je bien chez monsieur Grandet, l'ancien maire de Saumur, frère de monsieur Grandet de Paris ?

— Oui, monsieur, chez un ben aimable, un ben doux, un ben parfait monsieur. Faut-il que je vous aide à défaire vos malles ?

— Ma foi, je le veux bien, mon vieux troupier ! N'avez-vous pas servi dans les marins de la garde impériale ?

— Oh ! oh ! oh ! oh ! dit Nanon, quoi que c'est que ça, les marins de la garde ? C'est-y salé ? Ça va-t-il sur l'eau ?

— Tenez, cherchez ma robe de chambre qui est dans cette valise. En voici la clef.

Nanon fut tout émerveillée de voir une robe de chambre en soie verte à fleurs d'or et à dessins antiques.

— Vous allez mettre ça pour vous coucher, dit-elle.

— Oui.

— Sainte Vierge ! le beau devant d'autel pour la paroisse. Mais, mon cher mignon monsieur, donnez donc ça à l'église, vous sauverez votre âme, tandis que ça vous la fera perdre. Oh ! que vous êtes donc gentil comme ça. Je vais appeler mademoiselle pour qu'elle vous regarde.

— Allons, Nanon, puisque Nanon y a, voulez-vous vous taire ! Laissez-moi coucher, j'arrangerai mes affaires demain ; et si ma robe vous plaît tant, vous sauverez votre âme. Je suis trop bon chrétien pour vous la refuser en m'en allant, et vous pourrez en faire ce que vous voudrez.

Nanon resta plantée sur ses pieds, contemplant Charles, sans pouvoir ajouter foi à ses paroles.

— Me donner ce bel atour ! dit-elle en s'en allant. Il rêve déjà, ce monsieur. Bonsoir.

— Bonsoir, Nanon.

— Qu'est-ce que je suis venu faire ici ? se dit Charles en s'endormant. Mon père n'est pas un niais, mon voyage doit avoir un but. Psch ! à demain les affaires sérieuses, disait je ne sais quelle ganache grecque.

— Sainte Vierge ! qu'il est gentil, mon cousin, se dit Eugénie en interrompant ses prières qui ce soir-là ne furent pas finies.

Madame Grandet n'eut aucune pensée en se couchant. Elle entendait, par la porte de communication qui se trouvait au milieu de la cloison, l'avare se promenant de long en long dans sa chambre. Semblable à toutes les femmes timides, elle avait étudié le caractère de son seigneur. De même que la mouette prévoit l'orage, elle avait, à d'imperceptibles signes, pressenti la tempête intérieure qui agitait Grandet, et, pour employer l'expression dont elle se servait, elle faisait alors la morte. Grandet regardait la porte intérieurement doublée en tôle qu'il avait fait mettre à son cabinet, et se disait :

— Quelle idée bizarre a eue mon frère de me léguer son enfant ? Jolie succession ! Je n'ai pas vingt écus à donner. Mais qu'est-ce que vingt écus pour ce mirliflor qui lorgnait mon baromètre comme s'il avait voulu en faire du feu ?

En songeant aux conséquences de ce testament de douleur, Grandet était peut-être plus agité que ne l'était son frère au moment où il le traça.

— J'aurais cette robe d'or ?... disait Nanon qui s'endormit habillée de son devant d'autel, rêvant de fleurs, de tabis, de damas, pour la première fois de sa vie, comme Eugénie rêva d'amour.

Dans la pure et monotone vie des jeunes filles, il vient une heure délicieuse où le soleil leur épanche ses rayons dans l'âme, où la fleur leur exprime des pensées, où les palpitations du cœur communiquent au cerveau leur chaude fécondance, et fondent les idées en un vague désir ; jour d'innocente mélancolie et de suaves joyeusetés ! Quand les enfants commencent à voir, ils sourient ; quand une fille entrevoit le sentiment dans la nature, elle sourit comme elle sourirait enfant. Si la lumière est le premier amour de la vie, l'amour n'est-il pas la lumière du cœur ? Le moment de voir clair aux

Elle s'asseoit complaisamment à la fenêtre.

(EUGÉNIE GRANDET.)

choses d'ici-bas était arrivé pour Eugénie. Matinale comme toutes les filles de province, elle se leva de bonne heure, fit sa prière, et commença l'œuvre de sa toilette, occupation qui désormais allait avoir un sens. Elle lissa d'abord ses cheveux châtains, tordit leurs grosses nattes au-dessus de sa tête avec le plus grand soin, en évitant que les cheveux ne s'échappassent de leurs tresses, et introduisit dans sa coiffure une symétrie qui rehaussa la timide candeur de son visage, en accordant la simplicité des accessoires à la naïveté des lignes. En se lavant plusieurs fois les mains dans de l'eau pure qui lui durcissait et rougissait la peau, elle regarda ses beaux bras ronds, et se demanda ce que faisait son cousin pour avoir les mains si mollement blanches, les ongles si bien façonnés. Elle mit des bas neufs et ses plus jolis souliers. Elle se laça droit, sans passer d'œillets. Enfin souhaitant, pour la première fois de sa vie, de paraître à son avantage, elle connut le bonheur d'avoir une robe fraîche, bien faite, et qui la rendait attrayante. Quand sa toilette fut achevée, elle entendit sonner l'horloge de la paroisse, et s'étonna de ne compter que sept heures. Le désir d'avoir tout le temps nécessaire pour se bien habiller l'avait fait lever trop tôt. Ignorant l'art de remanier dix fois une boucle de cheveux et d'en étudier l'effet, Eugénie se croisa bonnement les bras, s'assit à sa fenêtre, contempla la cour, le jardin étroit et les hautes terrasses qui le dominaient; vue mélancolique, bornée, mais qui n'était pas dépourvue des mystérieuses beautés particulières aux endroits solitaires ou à la nature inculte. Auprès de la cuisine se trouvait un puits entouré d'une margelle, et à poulie maintenue dans une branche de fer courbée, qu'embrassait une vigne aux pampres flétris, rougis, brouis par la saison. De là, le tortueux sarment gagnait le mur, s'y attachait, courait le long de la maison et finissait sur un bûcher où le bois était rangé avec autant d'exactitude que peuvent l'être les livres d'un bibliophile. Le pavé de la cour offrait ces teintes noirâtres produites avec le temps par les mousses, par les herbes, par le défaut de mouvement. Les murs épais présentaient leur chemise verte, ondée de longues traces brunes. Enfin les huit marches qui régnaient au fond de la cour et menaient à la porte du jardin, étaient disjointes et ensevelies sous de hautes plantes comme le tombeau d'un chevalier enterré par sa veuve au temps des croisades. Au-dessus d'une assise de pierres toutes rongées s'élevait une grille de bois pourri, à moitié tombée de vétusté, mais à laquelle se mariaient à leur gré des plantes grimpantes. De chaque côté de la porte à claire-voie s'avançaient les rameaux tortus de deux pommiers rabougris. Trois allées parallèles, sablées et séparées par des carrés dont les terres étaient maintenues au moyen d'une bordure en buis, composaient ce jardin que terminait, au bas de la terrasse, un couvert de tilleuls. A un bout, des framboisiers; à l'autre, un immense noyer qui inclinait ses branches jusque sur le cabinet du tonnelier. Un jour pur et le beau soleil des automnes naturels aux rives de la Loire commençaient à dissiper le glacis imprimé par la nuit aux pittoresques objets, aux murs, aux plantes qui meublaient ce jardin et la cour. Eugénie trouva des charmes tout nouveaux dans l'aspect de ces choses, auparavant si ordinaires pour elle. Mille pensées confuses naissaient dans son âme, et y croissaient à mesure que croissaient au dehors les rayons du soleil. Elle eut enfin ce mouvement de plaisir vague, inexplicable, qui enveloppe l'être moral, comme un nuage envelopperait l'être physique. Ses réflexions s'accordaient avec les détails de ce singulier paysage, et les harmonies de son cœur firent alliance avec les harmonies de la nature. Quand le soleil atteignit un pan de mur, d'où tombaient des Cheveux de Vénus aux feuilles épaisses à couleurs changeantes comme la gorge des pigeons, de célestes rayons d'espérance illuminèrent l'avenir pour Eugénie, qui désormais se plut à regarder ce pan de mur, ses fleurs pâles, ses clochettes bleues et ses herbes fanées, auxquelles se mêla un souvenir gracieux comme ceux de l'enfance. Le bruit que chaque feuille produisait dans cette cour sonore, en se détachant de son rameau, donnait une réponse aux secrètes interrogations de la jeune fille, qui serait restée là, pendant toute la journée, sans s'apercevoir de la fuite des heures. Puis vinrent de tumultueux mouvements d'âme. Elle se leva fréquemment, se mit devant son miroir, et s'y regarda comme un auteur de bonne foi contemple son œuvre pour se critiquer et se dire des injures à lui-même.

Je ne suis pas assez belle pour lui. Telle était la pensée d'Eugénie, pensée humble et fertile en souffrances. La pauvre fille ne se rendait pas justice; mais la modestie, ou mieux la crainte, est une des premières vertus de l'amour. Eugénie appartenait bien à ce type d'enfants fortement constitués, comme ils le sont dans la petite bourgeoisie, et dont les beautés paraissent vulgaires; mais si elle ressemblait à Vénus de Milo, ses formes étaient ennoblies par cette suavité du sentiment chrétien qui purifie la femme et lui donne une distinction inconnue aux sculpteurs anciens. Elle avait une tête énorme, le front masculin mais délicat du Jupiter de Phidias, et des yeux gris auxquels sa chaste vie, en s'y portant tout entière, imprimait une lumière jaillissante. Les traits de son visage rond, jadis frais et rose, avaient été grossis par une petite vérole assez clémente pour n'y point laisser de traces, mais qui avait détruit le velouté de la peau, néanmoins si douce et si fine encore que le pur baiser de sa mère y traçait passagèrement une marque rouge. Son nez était un peu trop fort, mais il s'harmoniait avec une bouche d'un rouge de minium, dont les lèvres à mille raies étaient pleines d'amour et de bonté. Le col avait une rondeur parfaite. Le corsage bombé, soigneusement voilé, attirait le regard et faisait rêver; il manquait sans doute un peu de la grâce due à la toilette; mais, pour les connaisseurs, la non-flexibilité de cette haute taille devait être un charme. Eugénie, grande et forte, n'avait donc rien du joli qui plaît aux masses; mais elle était belle de cette beauté si facile à reconnaître, et dont s'éprennent seulement les artistes. Le peintre qui cherche ici-bas un type à la céleste pureté de Marie, qui demande à toute la nature féminine ces yeux modestement fiers devinés par Raphaël, ces lignes vierges que donne parfois la nature, mais qu'une vie chrétienne et pudique peut seule conserver ou faire acquérir; ce peintre, amoureux d'un si rare modèle, eût trouvé tout à coup dans le visage d'Eugénie la noblesse innée qui s'ignore; il eût vu sous un front calme un monde d'amour, et, dans la coupe des yeux, dans l'habitude des paupières, le je ne sais quoi divin. Ses traits, les contours de sa tête que l'expression du plaisir n'avait jamais ni altérés ni fatigués, ressemblaient aux lignes d'horizon si doucement tranchées dans le lointain des lacs tranquilles. Cette physionomie calme, colorée, bordée de lueur comme une jolie fleur éclose, reposait l'âme, communiquait le charme de la conscience qui s'y reflétait, et commandait le regard. Eugénie était encore sur la rive de la vie où fleurissent les illusions enfantines, où se cueillent les marguerites avec des délices plus tard inconnues. Aussi se dit-elle en se mirant, sans savoir encore ce qu'était l'amour : — Je suis trop laide, il ne fera pas attention à moi.

Puis elle ouvrit la porte de sa chambre qui donnait sur l'escalier, et tendit le cou pour écouter les bruits de la maison. — Il ne se lève pas, pensa-t-elle en entendant la tousserie matinale de Nanon, et la bonne fille allant, venant, balayant la salle, allumant son feu, enchaînant le chien et parlant à ses bêtes dans l'écurie. Aussitôt Eugénie descendit et courut à Nanon qui trayait la vache.

— Nanon, ma bonne Nanon, fais donc de la crème pour le café de mon cousin.

— Mais, mademoiselle, il aurait fallu s'y prendre hier, dit Nanon qui partit d'un gros éclat de rire. Je ne peux pas faire de la crème. Votre cousin est mignon, mignon, mais vraiment mignon. Vous ne l'avez pas vu dans sa chambrelouque de soie et d'or. Je l'ai vu, moi. Il porte du linge fin comme celui du surplis à monsieur le curé.

— Nanon, fais-nous donc de la galette.

— Et qui me donnera du bois pour le four, et de la farine, et du beurre? dit Nanon laquelle en sa qualité de premier ministre de Grandet prenait parfois une importance énorme aux yeux d'Eugénie et de sa mère. Faut-il pas le voler, cet homme, pour fêter votre cousin? Demandez-lui du beurre, de la farine, du bois, il est votre père, il peut vous en donner. Tenez, le voilà qui descend pour voir aux provisions...

Eugénie se sauva dans le jardin, tout épouvantée en entendant trembler l'escalier sous le pas de son père. Elle éprouvait déjà les effets de cette profonde pudeur et de cette conscience particulière de notre bonheur qui nous fait croire, non sans raison peut-être, que nos pensées sont gravées sur notre front et sautent aux yeux d'autrui. En s'apercevant enfin du froid dénûment de la maison paternelle, la pauvre fille concevait une sorte de dépit de ne pouvoir la mettre en harmonie avec l'élégance de son cousin. Elle éprouva un besoin passionné de faire quelque chose pour lui : quoi? elle n'en savait rien. Naïve et vraie, elle se laissait aller à sa nature angélique sans se défier ni de ses impressions, ni de ses sentiments. Le seul aspect de son cousin avait éveillé chez elle les penchants naturels de la femme, et ils durent se déployer d'autant plus vivement, qu'ayant atteint sa vingt-troisième année, elle se trouvait dans la plénitude de son intelligence et de ses désirs. Pour la première fois, elle eut dans le cœur de la terreur à l'aspect de son père, vit en lui le maître de son sort, et se crut coupable d'une faute en lui taisant quelques pensées. Elle se mit à marcher à pas précipités en s'étonnant de respirer un air plus pur, de sentir les rayons du soleil plus vivifiants, et d'y puiser une chaleur morale, une vie nouvelle. Pendant qu'elle cherchait un artifice pour obtenir la galette, il s'élevait entre la Grande Nanon et Grandet une de ces querelles aussi rares entre eux que le sont les hirondelles en hiver. Muni de ses clefs, le bonhomme était venu pour mesurer les vivres nécessaires à la consommation de la journée.

— Reste-t-il du pain d'hier ? dit-il à Nanon.

— Pas une miette, monsieur.

Grandet prit un gros pain rond, bien enfariné, moulé dans un de ces paniers plats qui servent à boulanger en Anjou, et il allait le couper, quand Nanon lui dit : — Nous sommes cinq, aujourd'hui, monsieur.

— C'est vrai, répondit Grandet, mais ton pain pèse six livres, il en restera. D'ailleurs, ces jeunes gens de Paris, tu verras que ça ne mange point de pain.

— Ça mangera donc de la *frippe*, dit Nanon.

En Anjou, la frippe, mot du lexique populaire, exprime l'accompagnement du pain, depuis le beurre étendu sur la tartine, frippe vulgaire, jusqu'aux confitures d'alleberge, la plus distinguée des frippes ; et tous ceux qui, dans leur enfance, ont léché la frippe et laissé le pain, comprendront la portée de cette locution.

— Non, répondit Grandet, ça ne mange ni frippe, ni pain. Ils sont quasiment comme des filles à marier.

Enfin, après avoir parcimonieusement ordonné le menu quotidien, le bonhomme allait se diriger vers son fruitier, en fermant néanmoins les armoires de sa *Dépense*, lorsque Nanon l'arrêta pour lui dire : — Monsieur, donnez-moi donc alors de la farine et du beurre, je ferai une galette aux enfants.

— Ne vas-tu pas mettre la maison au pillage à cause de mon neveu ?

— Je ne pensais pas plus à votre neveu qu'à votre chien, pas plus que vous n'y pensez vous-même. Ne voilà-t-il pas que vous ne m'avez *aveint* que six morceaux de sucre, m'en faut huit.

— Ha ! ça, Nanon, je ne t'ai jamais vue comme ça. Qu'est-ce qui te passe donc par la tête ? Es-tu la maîtresse ici ? Tu n'auras que six morceaux de sucre.

— Eh ! bien, votre neveu, avec quoi donc qu'il sucrera son café ?

— Avec deux morceaux, je m'en passerai, moi.

— Vous vous passerez de sucre, à votre âge ! J'aimerais mieux vous en acheter de ma poche.

— Mêle-toi de ce qui te regarde.

Malgré la baisse du prix, le sucre était toujours, aux yeux du tonnelier, la plus précieuse des denrées coloniales, il valait toujours six francs la livre, pour lui. L'obligation de le ménager, prise sous l'Empire, était devenue la plus indélébile de ses habitudes. Toutes les femmes, même la plus niaise, savent ruser pour arriver à leurs fins, Nanon abandonna la question du sucre pour obtenir la galette.

— Mademoiselle, cria-t-elle par la croisée, est-ce pas que vous voulez de la galette?

— Non, non, répondit Eugénie.

— Allons, Nanon, dit Grandet en entendant la voix de sa fille, tiens. Il ouvrit la *mette* où était la farine, lui en donna une mesure, et ajouta quelques onces de beurre au morceau qu'il avait déjà coupé.

— Il faudra du bois pour chauffer le four, dit l'implacable Nanon.

— Eh! bien, tu en prendras à ta suffisance, répondit-il mélancoliquement, mais alors tu nous feras une tarte aux fruits, et tu nous cuiras au four tout le dîner; par ainsi, tu n'allumeras pas deux feux.

— Quien! s'écria Nanon, vous n'avez pas besoin de me le dire. Grandet jeta sur son fidèle ministre un coup d'œil presque paternel. — Mademoiselle, cria la cuisinière, nous aurons une galette. Le père Grandet revint chargé de ses fruits, et en rangea une première assiettée sur la table de la cuisine. — Voyez donc, monsieur, lui dit Nanon, les jolies bottes qu'a votre neveu. Quel cuir, et qui sent bon. Avec quoi que ça se nettoie donc? Faut-il y mettre de votre cirage à l'œuf?

— Nanon, je crois que l'œuf gâterait ce cuir-là. D'ailleurs, dis-lui que tu ne connais point la manière de cirer le maroquin, oui, c'est du maroquin, il achètera lui-même à Saumur et t'apportera de quoi illustrer ses bottes. J'ai entendu dire qu'on fourre du sucre dans leur cirage pour le rendre brillant.

— C'est donc bon à manger, dit la servante en portant les bottes à son nez. Tiens, tiens, elles sentent l'eau de Cologne de madame. Ah! c'est-il drôle.

— Drôle! dit le maître, tu trouves drôle de mettre à des bottes plus d'argent que n'en vaut celui qui les porte.

— Monsieur, dit-elle au second voyage de son maître qui avait fermé le fruitier, est-ce que vous ne mettrez pas une ou deux fois le pot-au-feu par semaine à cause de votre...?

— Oui.

— Faudra que j'aille à la boucherie.

— Pas du tout; tu nous feras du bouillon de volaille, les fermiers ne t'en laisseront pas chômer. Mais je vais dire à Cornoiller de me tuer des corbeaux. Ce gibier-là donne le meilleur bouillon de la terre.

— C'est-y vrai, monsieur, que ça mange les morts?

— Tu es bête, Nanon! ils mangent, comme tout le monde, ce qu'ils trouvent. Est-ce que nous ne vivons pas de morts? Qu'est-ce donc que les successions? Le père Grandet n'ayant plus d'ordre à donner, tira sa montre; et voyant qu'il pouvait encore disposer d'une demi-heure avant le déjeuner, il prit son chapeau, vint embrasser sa fille, et lui dit : — Veux-tu te promener au bord de la Loire sur mes prairies? j'ai quelque chose à y faire.

Eugénie alla mettre son chapeau de paille cousue, doublé de taffetas rose; puis, le père et la fille descendirent la rue tortueuse jusqu'à la place.

— Où dévalez-vous donc si matin? dit le notaire Cruchot qui rencontra Grandet.

— Voir quelque chose, répondit le bonhomme sans être la dupe de la promenade matinale de son ami.

Quand le père Grandet allait voir quelque chose, le notaire savait par expérience qu'il y avait toujours quelque chose à gagner avec lui. Donc il l'accompagna.

— Venez, Cruchot? dit Grandet au notaire. Vous êtes de mes amis, je vais vous démontrer comme quoi c'est une bêtise de planter des peupliers dans de bonnes terres....

— Vous comptez donc pour rien les soixante mille francs que vous avez palpés pour ceux qui étaient dans vos prairies de la Loire, dit maître Cruchot en ouvrant des yeux hébétés. Avez-vous eu du bonheur?... Couper vos arbres au moment où l'on manquait de bois blanc à Nantes, et les vendre trente francs !

Eugénie écoutait sans savoir qu'elle touchait au moment le plus solennel de sa vie, et que le notaire allait faire prononcer sur elle un arrêt paternel et souverain. Grandet était arrivé aux magnifiques prairies qu'il possédait au bord de la Loire, et où trente ouvriers s'occupaient à déblayer, combler, niveler les emplacements autrefois pris par les peupliers.

— Maître Cruchot, voyez ce qu'un peuplier prend de terrain, dit-il au notaire. Jean, cria-t-il à un ouvrier me... me... mesure avec ta toise dans tou... tou... tous les sens ?

— Quatre fois huit pieds, répondit l'ouvrier après avoir fini.

— Trente-deux pieds de perte, dit Grandet à Cruchot. J'avais sur cette ligne trois cents peupliers, pas vrai ? Or... trois ce... ce... ce... cent fois trente-d...eux pie... pieds me man... man... man... mangeaient cinq... inq cents de foin ; ajoutez deux fois autant sur les côtés, quinze cents ; les rangées du milieu autant. Alors, mé... mé... mettons mille bottes de foin.

— Eh ! bien, dit Cruchot pour aider son ami, mille bottes de ce foin-là valent environ six cents francs.

— Di... di... dites dou... ou... ouze cents à cause des trois à quatre cents francs de regain. Eh ! bien, ca... ca... ca... calculez ce que que que dou...ouze cents francs par an pen... pen... pendant quarante ans do... donnent a... a... avec les in... in... intérêts com... com... composés que que que vouous saaavez.

— Va pour soixante mille francs, dit le notaire.

— Je le veux bien ! ça ne ne ne fera que que que soixante mille francs. Eh ! bien, reprit le vigneron sans bégayer, deux mille peupliers de quarante ans ne me donneraient pas cinquante mille francs. Il y a perte. J'ai trouvé ça, moi, dit Grandet en se dressant sur ses ergots. Jean, reprit-il, tu combleras les trous, excepté du côté de la Loire, où tu planteras les peupliers que j'ai achetés. En les mettant dans la rivière, ils se nourriront aux frais du gouvernement, ajouta-t-il en se tournant vers Cruchot et imprimant à la loupe de son nez un léger mouvement qui valait le plus ironique des sourires.

— Cela est clair : les peupliers ne doivent se planter que sur les terres maigres, dit Cruchot stupéfait par les calculs de Grandet.

— *O-u-i, monsieur*, répondit ironiquement le tonnelier.

Eugénie, qui regardait le sublime paysage de la Loire sans écouter les calculs de son père, prêta bientôt l'oreille aux discours de Cruchot en l'entendant dire à son client : — Hé ! bien, vous avez fait venir un gendre de Paris, il n'est question que de votre neveu dans tout Saumur. Je vais bientôt avoir un contrat à dresser, père Grandet.

— Vous... ou... vous êtes so... so... orti de bo... bonne heure pooour me dire ça, reprit Grandet en accompagnant cette réflexion d'un mouvement de sa loupe. Hé! bien, mon vieux camaaaarade, je serai franc, et je vous dirai ce que voooous voooulez sa... savoir. J'aimerais mieux, voyez-voooous, je... jeter ma fi... fi... fille dans la Loire que de la dooonner à son cououousin : vous pou... pou... ouvez aaannoncer ça. Mais non, laissez jaaser le mon... onde.

Cette réponse causa des éblouissements à Eugénie. Les lointaines espérances qui pour elle commençaient à poindre dans son cœur fleurirent soudain, se réalisèrent et formèrent un faisceau de fleurs qu'elle vit coupées et gisant à terre. Depuis la veille, elle s'attachait à Charles par tous les liens de bonheur qui unissent les âmes; désormais la souffrance allait donc les corroborer. N'est-il pas dans la noble destinée de la femme d'être plus touchée des pompes de la misère que des splendeurs de la fortune? Comment le sentiment paternel avait-il pu s'éteindre au fond du cœur de son père? de quel crime Charles était-il donc coupable? Questions mystérieuses! Déjà son amour naissant, mystère si profond, s'enveloppait de mystères. Elle revint tremblant sur ses jambes, et en arrivant à la vieille rue sombre, si joyeuse pour elle, elle la trouva d'un aspect triste, elle y respira la mélancolie que les temps et les choses y avaient imprimée. Aucun des enseignements de l'amour ne lui manquait. A quelques pas du logis, elle devança son père et l'attendit à la porte après y avoir frappé. Mais Grandet, qui voyait dans la main du notaire un journal encore sous bande, lui avait dit : — Où en sont les fonds?

— Vous ne voulez pas m'écouter, Grandet, lui répondit Cruchot. Achetez-en vite, il y a encore vingt pour cent à gagner en deux ans, outre les intérêts à un excellent taux, cinq mille livres de rente pour quatre-vingt mille francs. Les fonds sont à quatre-vingts francs cinquante centimes.

— Nous verrons cela, répondit Grandet en se frottant le menton.

— Mon Dieu! dit le notaire.

— Hé! bien, quoi? s'écria Grandet au moment où Cruchot lui mettait le journal sous les yeux en lui disant : — Lisez cet article.

Monsieur Grandet, l'un des négociants les plus estimés de Paris, s'est brûlé la cervelle hier après avoir fait son apparition accoutumée à la Bourse. Il avait envoyé au président de la

Chambre des Députés sa démission, et s'était également démis de ses fonctions de juge au tribunal de commerce. Les faillites de messieurs Roguin et Souchet, son agent de change et son notaire, l'ont ruiné. La considération dont jouissait monsieur Grandet et son crédit étaient néanmoins tels qu'il eût sans doute trouvé des secours sur la place de Paris. Il est à regretter que cet homme honorable ait cédé à un premier moment de désespoir, etc.

— Je le savais, dit le vieux vigneron au notaire.

Ce mot glaça maître Cruchot, qui, malgré son impassibilité de notaire, se sentit froid dans le dos en pensant que le Grandet de Paris avait peut-être imploré vainement les millions de Grandet de Saumur.

— Et son fils, si joyeux hier....

— Il ne sait rien encore, répondit Grandet avec le même calme.

— Adieu, monsieur Grandet, dit Cruchot, qui comprit tout et alla rassurer le président de Bonfons.

En entrant, Grandet trouva le déjeuner prêt. Madame Grandet, au cou de laquelle Eugénie sauta pour l'embrasser avec cette vive effusion de cœur que nous cause un chagrin secret, était déjà sur son siége à patins, et se tricotait des manches pour l'hiver.

— Vous pouvez manger, dit Nanon qui descendit les escaliers quatre à quatre, l'enfant dort comme un chérubin. Qu'il est gentil les yeux fermés! Je suis entrée, je l'ai appelé. Ah bien oui! personne.

— Laisse-le dormir, dit Grandet, il s'éveillera toujours assez tôt aujourd'hui pour apprendre de mauvaises nouvelles.

— Qu'y a-t-il donc? demanda Eugénie en mettant dans son café les deux petits morceaux de sucre pesant on ne sait combien de grammes que le bonhomme s'amusait à couper lui même à ses heures perdues. Madame Grandet, qui n'avait pas osé faire cette question, regarda son mari.

— Son père s'est brûlé la cervelle.

— Mon oncle?... dit Eugénie.

— Le pauvre jeune homme! s'écria madame Grandet.

— Oui, pauvre, reprit Grandet, il ne possède pas un sou.

— Hé! ben, il dort comme s'il était le roi de la terre, dit Nanon d'un accent doux.

Eugénie cessa de manger. Son cœur se serra, comme il se serre quand, pour la première fois, la compassion, excitée par le malheur de celui qu'elle aime, s'épanche dans le corps entier d'une femme. La pauvre fille pleura.

— Tu ne connaissais pas ton oncle, pourquoi pleures-tu? lui dit son père en lui lançant un de ces regards de tigre affamé qu'il jetait sans doute à ses tas d'or.

— Mais, monsieur, dit la servante, qui ne se sentirait pas de pitié pour ce pauvre jeune homme qui dort comme un sabot sans savoir son sort?

— Je ne te parle pas, Nanon! tiens ta langue.

Eugénie apprit en ce moment que la femme qui aime doit toujours dissimuler ses sentiments. Elle ne répondit pas.

— Jusqu'à mon retour vous ne lui parlerez de rien, j'espère, m'ame Grandet, dit le vieillard en continuant. Je suis obligé d'aller faire aligner le fossé de mes prés sur la route. Je serai revenu à midi pour le second déjeuner, et je causerai avec mon neveu de ses affaires. Quant à toi, mademoiselle Eugénie, si c'est pour ce mirliflor que tu pleures, assez comme cela, mon enfant. Il partira, d'arre d'arre, pour les grandes Indes. Tu ne le verras plus...

Le père prit ses gants au bord de son chapeau, les mit avec son calme habituel, les assujettit en s'emmortaisant les doigts les uns dans les autres, et sortit.

— Ah! maman, j'étouffe, s'écria Eugénie quand elle fut seule avec sa mère. Je n'ai jamais souffert ainsi. Madame Grandet, voyant sa fille pâlir, ouvrit la croisée et lui fit respirer le grand air. — Je suis mieux, dit Eugénie après un moment.

Cette émotion nerveuse chez une nature jusqu'alors en apparence calme et froide réagit sur madame Grandet, qui regarda sa fille avec cette intuition sympathique dont sont douées les mères pour l'objet de leur tendresse, et devina tout. Mais, à la vérité, la vie des célèbres sœurs hongroises, attachées l'une à l'autre par une erreur de la nature, n'avait pas été plus intime que ne l'était celle d'Eugénie et de sa mère, toujours ensemble dans cette embrasure de croisée, ensemble à l'église, et dormant ensemble dans le même air.

— Ma pauvre enfant! dit madame Grandet en prenant la tête d'Eugénie pour l'appuyer contre son sein.

A ces mots, la jeune fille releva la tête, interrogea sa mère par un regard, en scruta les secrètes pensées, et lui dit : — Pourquoi l'envoyer aux Indes? S'il est malheureux, ne doit-il pas rester ici, n'est-il pas notre plus proche parent?

— Oui, mon enfant, ce serait bien naturel; mais ton père a ses raisons, nous devons les respecter.

La mère et la fille s'assirent en silence, l'une sur sa chaise à patins, l'autre sur son petit fauteuil ; et, toutes deux, elles reprirent leur ouvrage. Oppressée de reconnaissance pour l'admirable entente de cœur que lui avait témoignée sa mère, Eugénie lui baisa la main en disant : — Combien tu es bonne, ma chère maman! Ces paroles firent rayonner le vieux visage maternel, flétri par de longues douleurs. — Le trouves-tu bien? demanda Eugénie.

Madame Grandet ne répondit que par un sourire; puis, après un moment de silence, elle dit à voix basse : — L'aimerais-tu donc déjà? ce serait mal.

— Mal, reprit Eugénie, pourquoi? Il te plaît, il plaît à Nanon, pourquoi ne me plairait-il pas? Tiens, maman, mettons la table pour son déjeuner. Elle jeta son ouvrage, la mère en fit autant en lui disant : — Tu es folle! Mais elle se plut à justifier la folie de sa fille en la partageant. Eugénie appela Nanon.

— Quoi que vous voulez encore, mademoiselle?

— Nanon, tu auras bien de la crème pour midi.

— Ah! pour midi, oui, répondit la vieille servante.

— Hé! bien, donne-lui du café bien fort, j'ai entendu dire à monsieur des Grassins que le café se faisait bien fort à Paris. Mets-en beaucoup.

— Et où voulez-vous que j'en prenne?

— Achètes-en.

— Et si monsieur me rencontre?

— Il est à ses prés.

— Je cours. Mais monsieur Fessard m'a déjà demandé si les trois Mages étaient chez nous, en me donnant de la bougie. Toute la ville va savoir nos déportements.

— Si ton père s'aperçoit de quelque chose, dit madame Grandet, il est capable de nous battre.

— Eh! bien, il nous battra, nous recevrons ses coups à genoux.

Madame Grandet leva les yeux au ciel, pour toute réponse. Nanon prit sa coiffe et sortit. Eugénie donna du linge blanc, elle alla chercher quelques unes des grappes de raisin qu'elle s'était amusée à étendre sur des cordes dans le grenier ; elle marcha légèrement le long du corridor pour ne point éveiller son cousin, et ne put s'empêcher d'écouter à sa porte la respiration qui s'échappait en temps égaux de ses lèvres. — Le malheur veille pendant qu'il dort, se dit-elle. Elle prit les plus vertes feuilles de la vigne, arrangea son raisin aussi coquettement que l'aurait pu dresser un vieux chef d'office, et l'apporta triomphalement sur la table. Elle fit main basse, dans la cuisine, sur les poires comptées par son père, et les disposa en pyramide parmi des feuilles. Elle allait, venait, trottait, sautait. Elle aurait bien voulu mettre à sac toute la maison de son père ; mais il avait les clefs de tout. Nanon revint avec deux œufs frais. En voyant les œufs, Eugénie eut l'envie de lui sauter au cou.

— Le fermier de la Lande en avait dans son panier, je les lui ai demandés, et il me les a donnés pour m'être agréable, le mignon.

Après deux heures de soins, pendant lesquelles Eugénie quitta vingt fois son ouvrage pour aller voir bouillir le café, pour aller écouter le bruit que faisait son cousin en se levant, elle réussit à préparer un déjeuner très simple, peu coûteux, mais qui dérogeait terriblement aux habitudes invétérées de la maison. Le déjeuner de midi s'y faisait debout. Chacun prenait un peu de pain, un fruit ou du beurre, et un verre de vin. En voyant la table placée auprès du feu, l'un des fauteuils mis devant le couvert de son cousin, en voyant les deux assiettées de fruits, le coquetier, la bouteille de vin blanc, le pain, et le sucre amoncelé dans une soucoupe, Eugénie trembla de tous ses membres en songeant seulement alors aux regards que lui lancerait son père, s'il venait à entrer en ce moment. Aussi regardait-elle souvent la pendule, afin de calculer si son cousin pourrait déjeuner avant le retour du bonhomme.

— Sois tranquille, Eugénie, si ton père vient, je prendrai tout sur moi, dit madame Grandet.

Eugénie ne put retenir une larme.

— Oh ! ma bonne mère, s'écria-t-elle, je ne t'ai pas assez aimée !

Charles, après avoir fait mille tours dans sa chambre en chanteronnant, descendit enfin. Heureusement, il n'était encore que onze heures. Le Parisien ! il avait mis autant de coquetterie à sa toilette que s'il se fût trouvé au château de la noble dame qui voyageait en Écosse. Il entra de cet air affable et riant qui sied si bien à la jeunesse, et qui causa une joie triste à Eugénie. Il avait pris en plaisanterie le désastre de ses châteaux en Anjou, et aborda sa tante fort gaiement.

— Avez-vous bien passé la nuit, ma chère tante? Et vous, ma cousine?

— Bien, monsieur; mais vous, dit madame Grandet.

— Moi, parfaitement.

— Vous devez avoir faim, mon cousin, dit Eugénie; mettez-vous à table.

— Mais je ne déjeune jamais avant midi, le moment où je me lève. Cependant, j'ai si mal vécu en route, que je me laisserai faire. D'ailleurs... Il tira la plus délicieuse montre plate que Breguet ait faite. Tiens, mais il est onze heures, j'ai été matinal.

— Matinal?... dit madame Grandet.

— Oui, mais je voulais ranger mes affaires. Eh! bien, je mangerais volontiers quelque chose, un rien, une volaille, un perdreau.

— Sainte Vierge! cria Nanon en entendant ces paroles.

— Un perdreau, se disait Eugénie, qui aurait voulu payer un perdreau de tout son pécule.

— Venez vous asseoir, lui dit sa tante.

Le dandy se laissa aller sur le fauteuil comme une jolie femme qui se pose sur son divan. Eugénie et sa mère prirent des chaises et se mirent près de lui devant le feu.

— Vous vivez toujours ici? leur dit Charles en trouvant la salle encore plus laide au jour qu'elle ne l'était aux lumières.

— Toujours, répondit Eugénie en le regardant, excepté pendant les vendanges. Nous allons alors aider Nanon, et logeons tous à l'abbaye de Noyers.

— Vous ne vous promenez jamais?

— Quelquefois le dimanche après vêpres, quand il fait beau, dit madame Grandet, nous allons sur le pont, ou voir les foins quand on les fauche.

— Avez-vous un théâtre?

— Aller au spectacle, s'écria madame Grandet, voir des comédiens! Mais, monsieur, ne savez-vous pas que c'est un péché mortel?

— Tenez, mon cher monsieur, dit Nanon en apportant les œufs, nous vous donnerons les poulets à la coque.

— Oh! des œufs frais, dit Charles, qui, semblable aux gens

habitués au luxe, ne pensait déjà plus à son perdreau. Mais c'est délicieux, si vous aviez du beurre? Hein, ma chère enfant.

— Ah! du beurre! Vous n'aurez donc pas de galette, dit la servante.

— Mais donne du beurre, Nanon, s'écria Eugénie.

La jeune fille examinait son cousin coupant ses mouillettes et y prenait plaisir, autant que la plus sensible grisette de Paris en prend à voir jouer un mélodrame où triomphe l'innocence. Il est vrai que Charles, élevé par une mère gracieuse, perfectionné par une femme à la mode, avait des mouvements coquets, élégants, menus, comme le sont ceux d'une petite maîtresse. La compatissance et la tendresse d'une jeune fille possèdent une influence vraiment magnétique. Aussi Charles, en se voyant l'objet des attentions de sa cousine et de sa tante, ne put-il se soustraire à l'influence des sentiments qui se dirigeaient vers lui en l'inondant pour ainsi dire. Il jeta sur Eugénie un de ces regards brillants de bonté, de caresses, un regard qui semblait sourire. Il s'aperçut, en contemplant Eugénie, de l'exquise harmonie des traits de ce pur visage, de son innocente attitude, de la clarté magique de ses yeux, où scintillaient de jeunes pensées d'amour, et où le désir ignorait la volupté.

— Ma foi, ma chère cousine, si vous étiez en grande loge et en grande toilette à l'Opéra, je vous garantis que ma tante aurait bien raison, vous y feriez faire bien des péchés d'envie aux hommes et de jalousie aux femmes.

Ce compliment étreignit le cœur d'Eugénie, et le fit palpiter de joie, quoiqu'elle n'y comprît rien.

— Oh! mon cousin, vous voulez vous moquer d'une pauvre petite provinciale.

— Si vous me connaissiez, ma cousine, vous sauriez que j'abhorre la raillerie, elle flétrit le cœur, froisse tous les sentiments... Et il goba fort agréablement sa mouillette beurrée. Non, je n'ai probablement pas assez d'esprit pour me moquer des autres, et ce défaut me fait beaucoup de tort. A Paris, on trouve moyen de vous assassiner un homme en disant : Il a bon cœur. Cette phrase veut dire : Le pauvre garçon est bête comme un rhinocéros. Mais comme je suis riche et connu pour abattre une poupée du premier coup à trente pas avec toute espèce de pistolet et en plein champ, la raillerie me respecte.

— Ce que vous dites, mon neveu, annonce un bon cœur.

— Vous avez une bien jolie bague, dit Eugénie, est-ce mal de vous demander à la voir?

Charles tendit la main en défaisant son anneau, et Eugénie rougit en effleurant du bout de ses doigts les ongles roses de son cousin.

— Voyez, ma mère, le beau travail.

— Oh! il y a gros d'or, dit Nanon en apportant le café.

— Qu'est-ce que c'est que cela? demanda Charles en riant.

Et il montrait un pot oblong, en terre brune, verni, faïencé à l'intérieur, bordé d'une frange de cendre, et au fond duquel tombait le café en revenant à la surface du liquide bouillonnant.

— C'est du café bouillu, dit Nanon.

— Ah! ma chère tante, je laisserai du moins quelque trace bienfaisante de mon passage ici. Vous êtes bien arriérés! Je vous apprendrai à faire du bon café dans une cafetière à la Chaptal.

Il tenta d'expliquer le système de la cafetière à la Chaptal.

— Ah! bien, s'il y a tant d'affaires que ça, dit Nanon, il faudrait bien y passer sa vie. Jamais je ne ferai de café comme ça. Ah! bien, oui. Et qui est-ce qui ferait de l'herbe pour notre vache pendant que je ferais le café?

— C'est moi qui le ferai, dit Eugénie.

— Enfant, dit madame Grandet en regardant sa fille.

A ce mot, qui rappelait le chagrin près de fondre sur ce malheureux jeune homme, les trois femmes se turent et le contemplèrent d'un air de commisération qui le frappa.

— Qu'avez-vous donc, ma cousine?

— Chut! dit madame Grandet à Eugénie, qui allait parler. Tu sais, ma fille, que ton père s'est chargé de parler à monsieur...

— Dites Charles, dit le jeune Grandet.

— Ah! vous vous nommez Charles? C'est un beau nom, s'écria Eugénie.

Les malheurs pressentis arrivent presque toujours. Là, Nanon, madame Grandet et Eugénie, qui ne pensaient pas sans frisson au retour du vieux tonnelier, entendirent un coup de marteau dont le retentissement leur était bien connu.

— Voilà papa, dit Eugénie.

Elle ôta la soucoupe au sucre, en en laissant quelques morceaux sur la nappe. Nanon emporta l'assiette aux œufs. Madame Grandet se dressa comme une biche effrayée. C'était une peur panique de laquelle Charles dut s'étonner.

— Eh! bien, qu'avez-vous donc? leur demanda-t-il.
— Mais voilà mon père, dit Eugénie.
— Eh! bien?...

Monsieur Grandet entra, jeta son regard clair sur la table, sur Charles, il vit tout.

— Ah! ah! vous avez fait fête à votre neveu, c'est bien, très bien, c'est fort bien! dit-il sans bégayer. Quand le chat court sur les toits, les souris dansent sur les planchers.

— Fête?... se dit Charles, incapable de soupçonner le régime et les mœurs de cette maison.

— Donne-moi mon verre, Nanon? dit le bonhomme.

Eugénie apporta le verre. Grandet tira de son gousset un couteau de corne à grosse lame, coupa une tartine, prit un peu de beurre, l'étendit soigneusement, et se mit à manger debout. En ce moment, Charles sucrait son café. Le père Grandet aperçut les morceaux de sucre, examina sa femme qui pâlit, et fit trois pas; il se pencha vers l'oreille de la pauvre vieille, et lui dit : — Où donc avez-vous pris tout ce sucre?

— Nanon est allée en chercher chez Fessard, il n'y en avait pas.

Il est impossible de se figurer l'intérêt profond que cette scène muette offrait à ces trois femmes : Nanon avait quitté sa cuisine et regardait dans la salle pour voir comment les choses s'y passeraient. Charles ayant goûté son café, le trouva trop amer, et chercha le sucre que Grandet avait déjà serré.

— Que voulez-vous, mon neveu? lui dit le bonhomme.
— Le sucre.
— Mettez du lait, répondit le maître de la maison, votre café s'adoucira.

Eugénie reprit la soucoupe au sucre que Grandet avait déjà serrée, et la mit sur la table en contemplant son père d'un air calme. Certes, la Parisienne qui, pour faciliter la fuite de son amant, soutient de ses faibles bras une échelle de soie, ne montre pas plus de courage que n'en déployait Eugénie en remettant le sucre sur la table. L'amant récompensera sa Parisienne qui lui fera voir orgueilleusement un beau bras meurtri dont chaque veine flétrie sera baignée de larmes, de baisers, et guérie par le plaisir; tandis que Charles ne devait jamais être dans le secret des profondes agitations qui brisaient le cœur de sa cousine, alors foudroyée par le regard du vieux tonnelier.

— Tu ne manges pas, ma femme?

La pauvre ilote s'avança, coupa piteusement un morceau de pain, et prit une poire. Eugénie offrit audacieusement à son père du raisin, en lui disant : — Goûte donc à ma conserve, papa ! Mon cousin, vous en mangerez, n'est-ce pas ? Je suis allée chercher ces jolies grappes-là pour vous.

— Oh ! si on ne les arrête, elles mettront Saumur au pillage pour vous, mon neveu. Quand vous aurez fini, nous irons ensemble dans le jardin, j'ai à vous dire des choses qui ne sont pas sucrées.

Eugénie et sa mère lancèrent un regard sur Charles, à l'expression duquel le jeune homme ne put se tromper.

— Qu'est-ce que ces mots signifient, mon oncle ? Depuis la mort de ma pauvre mère... (à ces deux mots, sa voix mollit) il n'y a pas de malheur possible pour moi...

— Mon neveu, qui peut connaître les afflictions par lesquelles Dieu veut nous éprouver ? lui dit sa tante.

— Ta ! ta ! ta ! ta ! dit Grandet, voilà les bêtises qui commencent. Je vois avec peine, mon neveu, vos jolies mains blanches. Il lui montra les espèces d'épaules de mouton que la nature lui avait mises au bout des bras. Voilà des mains faites pour ramasser des écus ! Vous avez été élevé à mettre vos pieds dans la peau avec laquelle se fabriquent les portefeuilles où nous serrons les billets de banque. Mauvais ! mauvais !

— Que voulez-vous dire, mon oncle, je veux être pendu si je comprends un seul mot.

— Venez, dit Grandet. L'avare fit claquer la lame de son couteau, but le reste de son vin blanc et ouvrit la porte.

— Mon cousin, ayez du courage !

L'accent de la jeune fille avait glacé Charles, qui suivit son terrible parent en proie à de mortelles inquiétudes. Eugénie, sa mère et Nanon vinrent dans la cuisine, excitées par une invincible curiosité à épier les deux acteurs de la scène qui allait se passer dans le petit jardin humide, où l'oncle marcha d'abord silencieusement avec le neveu. Grandet n'était pas embarrassé pour apprendre à Charles la mort de son père, mais il éprouvait une sorte de compassion en le sachant sans un sou, et il cherchait des formules pour adoucir l'expression de cette cruelle vérité. Vous avez perdu votre père ! ce n'était rien à dire. Les pères meurent avant les enfants. Mais : Vous êtes sans aucune espèce de fortune ! tous les malheurs de la terre étaient réunis dans ces paroles. Et le bonhomme de faire, pour la troisième fois, le tour de l'allée du milieu, dont le sable craquait sous les pieds. Dans les grandes circonstances de la vie, notre âme s'attache fortement aux lieux où les plaisirs et les chagrins fondent sur nous. Aussi Charles examinait-il avec une attention particulière les buis de ce petit jardin, les feuilles pâles qui tombaient, les dégradations des murs, les bizarreries des arbres fruitiers, détails pittoresques qui devaient rester gravés dans son souvenir, éternellement mêlés à cette heure suprême, par une mnémotechnie particulière aux passions.

— Il fait bien chaud, bien beau, dit Grandet en aspirant une forte partie d'air.

— Oui, mon oncle, mais pourquoi...

— Eh! bien, mon garçon, reprit l'oncle, j'ai de mauvaises nouvelles à t'apprendre. Ton père est bien mal...

— Pourquoi suis-je ici? dit Charles. Nanon! cria-t-il, des chevaux de poste. Je trouverai bien une voiture dans le pays, ajouta-t-il en se tournant vers son oncle qui demeurait immobile.

— Les chevaux et la voiture sont inutiles, répondit Grandet. Charles resta muet, pâlit, et ses yeux devinrent fixes. — Oui, mon pauvre garçon, tu devines. Il est mort. Mais ce n'est rien. Il y a quelque chose de plus grave. Il s'est brûlé la cervelle...

— Mon père?...

— Oui. Mais ce n'est rien. Les journaux glosent de cela comme s'ils en avaient le droit. Tiens, lis.

Grandet, qui avait emprunté le journal de Cruchot, mit le fatal article sous les yeux de Charles. En ce moment le pauvre jeune homme, encore enfant, encore dans l'âge où les sentiments se produisent avec naïveté, fondit en larmes.

— Allons, bien, se dit Grandet. Ses yeux m'effrayaient. Il pleure, le voilà sauvé. Ce n'est encore rien, mon pauvre neveu, reprit Grandet à haute voix, sans savoir si Charles l'écoutait, ce n'est rien, tu te consoleras; mais...

— Jamais! jamais! mon père! mon père!

— Il t'a ruiné, tu es sans argent.

— Qu'est-ce que cela me fait! Où est mon père, mon père?

Les pleurs et les sanglots retentissaient entre ces murailles d'une horrible façon, et se répercutaient dans les échos. Les trois femmes, saisies de pitié, pleuraient : les larmes sont aussi contagieuses que peut l'être le rire. Charles, sans écouter son oncle, se sauva dans la cour, trouva l'escalier, monta dans sa chambre, et se jeta en travers sur son lit en se mettant la face dans les draps pour pleurer à son aise loin de ses parents.

— Il faut laisser passer la première averse, dit Grandet en rentrant dans la salle où Eugénie et sa mère avaient brusquement repris leurs places, et travaillaient d'une main tremblante après s'être essuyé les yeux. Mais ce jeune homme n'est bon à rien, il s'occupe plus des morts que de l'argent.

Eugénie frissonna en entendant son père s'exprimant ainsi sur la plus sainte des douleurs. Dès ce moment, elle commença à juger son père. Quoique assourdis, les sanglots de Charles retentissaient dans cette sonore maison; et sa plainte profonde, qui semblait sortir de dessous terre, ne cessa que vers le soir, après s'être graduellement affaiblie.

— Pauvre jeune homme! dit madame Grandet.

Fatale exclamation! Le père Grandet regarda sa femme, Eugénie et le sucrier; il se souvint du déjeuner extraordinaire apprêté pour le parent malheureux, et se posa au milieu de la salle.

— Ah! çà, j'espère, dit-il avec son calme habituel, que vous n'allez pas continuer vos prodigalités, madame Grandet. Je ne vous donne pas MON argent pour embucquer de sucre ce jeune drôle.

— Ma mère n'y est pour rien, dit Eugénie. C'est moi qui...

— Est-ce parce que tu es majeure, reprit Grandet en interrompant sa fille, que tu voudrais me contrarier? Songe, Eugénie...

— Mon père, le fils de votre frère ne devait pas manquer chez vous de...

— Ta, ta, ta, ta, dit le tonnelier sur quatre tons chromatiques, le fils de mon frère par-ci, mon neveu par là. Charles ne nous est de rien, il n'a ni sou ni maille; son père a fait faillite; et, quand ce mirliflor aura pleuré son soûl, il décampera d'ici; je ne veux pas qu'il révolutionne ma maison.

— Qu'est-ce que c'est, mon père, que de faire faillite? demanda Eugénie.

— Faire faillite, reprit le père, c'est commettre l'action la plus déshonorante entre toutes celles qui peuvent déshonorer l'homme.

— Ce doit être un bien grand péché, dit madame Grandet, et notre frère serait damné.

— Allons, voilà tes litanies, dit-il à sa femme en haussant les épaules. Faire faillite, Eugénie, reprit-il, est un vol que la loi prend malheureusement sous sa protection. Des gens ont donné leurs denrées à Guillaume Grandet sur sa réputation d'honneur et de probité, puis il a tout pris, et ne leur laisse que les yeux pour pleurer. Le voleur de grand chemin est préférable au banqueroutier : celui-là vous attaque, vous pouvez vous défendre, il risque sa tête; mais l'autre... Enfin Charles est déshonoré.

Ces mots retentirent dans le cœur de la pauvre fille et y pesèrent de tout leur poids. Probe autant qu'une fleur née au fond d'une forêt est délicate, elle ne connaissait ni les maximes du monde, ni ses raisonnements captieux, ni ses sophismes : elle accepta donc l'atroce explication que son père lui donnait à dessein de la faillite, sans lui faire connaître la distinction qui existe entre une faillite involontaire et une faillite calculée.

— Eh! bien, mon père, vous n'avez donc pu empêcher ce malheur?

— Mon frère ne m'a pas consulté. D'ailleurs, il doit quatre millions.

— Qu'est-ce que c'est donc qu'un million, mon père? demanda-t-elle avec la naïveté d'un enfant qui croit pouvoir trouver promptement ce qu'il désire.

— Deux millions? dit Grandet, mais c'est deux millions de pièces de vingt sous, et il faut cinq pièces de vingt sous pour faire cinq francs.

— Mon Dieu! mon Dieu! s'écria Eugénie, comment mon oncle avait-il eu à lui quatre millions? Y a-t-il quelque autre personne en France qui puisse avoir autant de millions? (Le père Grandet se caressait le menton, souriait, et sa loupe semblait se dilater.) — Mais que va devenir mon cousin Charles?

— Il va partir pour les Grandes-Indes, où, selon le vœu de son père, il tâchera de faire fortune.

— Mais a-t-il de l'argent pour aller là?

— Je lui paierai son voyage... jusqu'à... oui, jusqu'à Nantes.

Eugénie sauta d'un bond au cou de son père.

— Ah! mon père, vous êtes bon, vous!

Elle l'embrassait de manière à rendre presque honteux Grandet, que sa conscience harcelait un peu.

— Faut-il beaucoup de temps pour amasser un million? lui demanda-t-elle.

— Dame! dit le tonnelier, tu sais ce que c'est qu'un napoléon.

Eh! bien, il en faut cinquante mille pour faire un million.

— Maman, nous dirons des neuvaines pour lui.

— J'y pensais, répondit la mère.

— C'est cela : toujours dépenser de l'argent, s'écria le père. Ah! çà, croyez-vous donc qu'il y ait des mille et des cent ici?

En ce moment une plainte sourde, plus lugubre que toutes les autres, retentit dans les greniers et glaça de terreur Eugénie et sa mère.

— Nanon, va voir là-haut s'il ne se tue pas, dit Grandet. Ha! çà, reprit-il en se tournant vers sa femme et sa fille, que son mot avait rendues pâles, pas de bêtises, vous deux. Je vous laisse. Je vais tourner autour de nos Hollandais, qui s'en vont aujourd'hui. Puis j'irai voir Cruchot, et causer avec lui de tout ça.

Il partit. Quand Grandet eut tiré la porte, Eugénie et sa mère respirèrent à leur aise. Avant cette matinée, jamais la fille n'avait senti de contrainte en présence de son père; mais, depuis quelques heures, elle changeait à tous moments et de sentiments et d'idées.

— Maman, pour combien de louis vend-on une pièce de vin?

— Ton père vend les siennes entre cent et cent cinquante francs, quelquefois deux cents, à ce que j'ai entendu dire.

— Quand il récolte quatorze cents pièces de vin...

— Ma foi, mon enfant, je ne sais pas ce que cela fait; ton père ne me dit jamais ses affaires.

— Mais alors papa doit être riche.

— Peut-être. Mais monsieur Cruchot m'a dit qu'il avait acheté Froidfond il y a deux ans. Ça l'aura gêné.

Eugénie, ne comprenant plus rien à la fortune de son père, en resta là de ses calculs.

— Il ne m'a tant seulement point vue, le mignon! dit Nanon en revenant. Il est étendu comme un veau sur son lit, et pleure comme une Madeleine, que c'est une vraie bénédiction! Quel chagrin a donc ce pauvre gentil jeune homme?

— Allons donc le consoler bien vite, maman; et, si l'on frappe, nous descendrons.

Madame Grandet fut sans défense contre les harmonies de la voix de sa fille. Eugénie était sublime, elle était femme. Toutes deux, le cœur palpitant, montèrent à la chambre de Charles. La porte était ouverte. Le jeune homme ne voyait ni n'entendait rien. Plongé dans les larmes, il poussait des plaintes inarticulées.

— Comme il aime son père ! dit Eugénie à voix basse.

Il était impossible de méconnaître dans l'accent de ces paroles les espérances d'un cœur à son insu passionné. Aussi madame Grandet jeta-t-elle à sa fille un regard empreint de maternité, puis tout bas à l'oreille : — Prends garde, tu l'aimerais, dit-elle.

— L'aimer ! reprit Eugénie. Ah ! si tu savais ce que mon père a dit !

Charles se retourna, aperçut sa tante et sa cousine.

— J'ai perdu mon père, mon pauvre père ! S'il m'avait confié le secret de son malheur, nous aurions travaillé tous deux à le réparer. Mon Dieu ! mon bon père ! je comptais si bien le revoir que je l'ai, je crois, froidement embrassé.

Les sanglots lui coupèrent la parole.

— Nous prierons bien pour lui, dit madame Grandet. Résignez-vous à la volonté de Dieu.

— Mon cousin, dit Eugénie, prenez courage ! Votre perte est irréparable : ainsi songez maintenant à sauver votre honneur...

Avec cet instinct, cette finesse de la femme qui a de l'esprit en toute chose, même quand elle console, Eugénie voulait tromper la douleur de son cousin en l'occupant de lui-même.

— Mon honneur ?... cria le jeune homme en chassant ses cheveux par un mouvement brusque, et il s'assit sur son lit en se croisant les bras. — Ah ! c'est vrai. Mon père, disait mon oncle, a fait faillite. Il poussa un cri déchirant et se cacha le visage dans ses mains. — Laissez-moi, ma cousine, laissez-moi ! Mon Dieu ! mon Dieu ! pardonnez à mon père, il a dû bien souffrir.

Il y avait quelque chose d'horriblement attachant à voir l'expression de cette douleur jeune, vraie, sans calcul, sans arrière-pensée. C'était une pudique douleur que les cœurs simples d'Eugénie et de sa mère comprirent quand Charles fit un geste pour leur demander de l'abandonner à lui-même. Elles descendirent, reprirent en silence leurs places près de la croisée, et travaillèrent pendant une heure environ sans se dire un mot. Eugénie avait aperçu, par le regard furtif qu'elle jeta sur le ménage du jeune homme, ce regard des jeunes filles qui voient tout en un clin d'œil, les jolies bagatelles de sa toilette, ses ciseaux, ses rasoirs enrichis d'or. Cette échappée d'un luxe vu à travers la douleur lui rendit Charles encore plus intéressant, par contraste peut-être. Jamais un événement si grave, jamais un spectacle si dramatique n'avait frappé l'imagination de ces deux créatures, incessamment plongées dans le calme et la solitude.

— Maman, dit Eugénie, nous porterons le deuil de mon oncle.
— Ton père décidera de cela, répondit madame Grandet.

Elles restèrent de nouveau silencieuses. Eugénie tirait ses points avec une régularité de mouvement qui eût dévoilé à un observateur les fécondes pensées de sa méditation. Le premier désir de cette adorable fille était de partager le deuil de son cousin. Vers quatre heures, un coup de marteau brusque retentit au cœur de madame Grandet.

— Qu'a donc ton père? dit-elle à sa fille.

Le vigneron entra joyeux. Après avoir ôté ses gants, il se frotta les mains à s'en emporter la peau, si l'épiderme n'en eût pas été tanné comme du cuir de Russie, sauf l'odeur des mélèzes et de l'encens. Il se promenait, il regardait le temps. Enfin son secret lui échappa.

— Ma femme, dit-il sans bégayer, je les ai tous attrapés. Notre vin est vendu! Les Hollandais et les Belges partaient ce matin, je me suis promené sur la place, devant leur auberge, en ayant l'air de bêtiser. Chose, que tu connais, est venu à moi. Les propriétaires de tous les bons vignobles gardent leur récolte et veulent attendre, je ne les en ai pas empêchés. Notre Belge était désespéré. J'ai vu cela. Affaire faite, il prend notre récolte à deux cents francs la pièce, moitié comptant. Je suis payé en or. Les billets sont faits, voilà six louis pour toi. Dans trois mois, les vins baisseront.

Ces derniers mots furent prononcés d'un ton calme, mais si profondément ironique, que les gens de Saumur, groupés en ce moment sur la place, et anéantis par la nouvelle de la vente que venait de faire Grandet, en auraient frémi s'ils les eussent entendus. Une peur panique eût fait tomber les vins de cinquante pour cent.

— Vous avez mille pièces cette année, mon père? dit Eugénie.
— Oui, *fifille*.

Ce mot était l'expression superlative de la joie du vieux tonnelier.

— Cela fait deux cent mille pièces de vingt sous.
— Oui, mademoiselle Grandet.
— Eh! bien, mon père, vous pouvez facilement secourir Charles.

L'étonnement, la colère, la stupéfaction de Balthazar en apercevant le *Mane-Tekel-Pharès* ne sauraient se comparer au froid courroux de Grandet qui, ne pensant plus à son neveu, le retrouvait logé au cœur et dans les calculs de sa fille.

— Ah! çà, depuis que ce mirliflor a mis le pied dans *ma* maison, tout y va de travers. Vous vous donnez des airs d'acheter des dragées, de faire des noces et des festins. Je ne veux pas de ces choses-là. Je sais, à mon âge, comment je dois me conduire, peut-être! D'ailleurs je n'ai de leçons à prendre ni de ma fille ni de personne. Je ferai pour mon neveu ce qu'il sera convenable de faire, vous n'avez pas à y fourrer le nez. Quant à toi, Eugénie, ajouta-t-il en se tournant vers elle, ne m'en parle plus, sinon je t'envoie à l'abbaye de Noyers avec Nanon voir si j'y suis; et pas plus tard que demain, si tu bronches. Où est-il donc, ce garçon, est-il descendu?

— Non, mon ami, répondit madame Grandet.

— Eh! bien, que fait-il donc?

— Il pleure son père, répondit Eugénie.

Grandet regarda sa fille sans trouver un mot à dire. Il était un peu père, lui. Après avoir fait un ou deux tours dans la salle, il monta promptement à son cabinet pour y méditer un placement dans les fonds publics. Ses deux mille arpents de forêt coupés à blanc lui avaient donné six cent mille francs; en joignant à cette somme l'argent de ses peupliers, ses revenus de l'année dernière et de l'année courante, outre les deux cent mille francs du marché qu'il venait de conclure, il pouvait faire une masse de neuf cent mille francs. Les vingt pour cent à gagner en peu de temps sur les rentes, qui étaient à 80 francs, le tentaient. Il chiffra sa spéculation sur le journal où la mort de son frère était annoncée, en entendant, sans les écouter, les gémissements de son neveu. Nanon vint cogner au mur pour inviter son maître à descendre : le dîner était servi. Sous la voûte et à la dernière marche de l'escalier, Grandet disait en lui-même : — Puisque je toucherai mes intérêts à huit, je ferai cette affaire. En deux ans, j'aurai quinze cent mille francs que je retirerai de Paris en bon or.

— Eh! bien, où donc est mon neveu?

— Il dit qu'il ne veut pas manger, répondit Nanon. Ça n'est pas sain.

— Autant d'économisé, lui répliqua son maître.

— Dame, *voui*, dit-elle.

— Bah! il ne pleurera pas toujours. La faim chasse le loup hors du bois.

Le dîner fut étrangement silencieux.

— Mon bon ami, dit madame Grandet lorsque la nappe fut ôtée, il faut que nous prenions le deuil.

— En vérité, madame Grandet, vous ne savez quoi vous inventer pour dépenser de l'argent. Le deuil est dans le cœur et non dans les habits.

— Mais le deuil d'un frère est indispensable, et l'Église nous ordonne de....

— Achetez votre deuil sur vos six louis. Vous me donnerez un crêpe, cela me suffira.

Eugénie leva les yeux au ciel sans mot dire. Pour la première fois dans sa vie, ses généreux penchants endormis, comprimés, mais subitement éveillés, étaient à tout moment froissés. Cette soirée fut semblable en apparence à mille soirées de leur existence monotone, mais ce fut certes la plus horrible. Eugénie travailla sans lever la tête, et ne se servit point du nécessaire que Charles avait dédaigné la veille. Madame Grandet tricota ses manches. Grandet tourna ses pouces pendant quatre heures, abîmé dans des calculs dont les résultats devaient, le lendemain, étonner Saumur. Personne ne vint ce jour-là visiter la famille. En ce moment, la ville entière retentissait du tour de force de Grandet, de la faillite de son frère et de l'arrivée de son neveu. Pour obéir au besoin de bavarder sur leurs intérêts communs, tous les propriétaires de vignobles des hautes et moyennes sociétés de Saumur étaient chez monsieur des Grassins, où se fulminèrent de terribles imprécations contre l'ancien maire. Nanon filait, et le bruit de son rouet fut la seule voix qui se fît entendre sous les planchers grisâtres de la salle.

— Nous n'usons point nos langues, dit-elle en montrant ses dents blanches et grosses comme des amandes pelées.

— Ne faut rien user, répondit Grandet en se réveillant de ses méditations. Il se voyait en perspective huit millions dans trois ans, et voguait sur cette longue nappe d'or. — Couchons-nous. J'irai dire bonsoir à mon neveu pour tout le monde, et voir s'il veut prendre quelque chose.

Madame Grandet resta sur le palier du premier étage pour entendre la conversation qui allait avoir lieu entre Charles et le bonhomme. Eugénie, plus hardie que sa mère, monta deux marches.

— Hé! bien, mon neveu, vous avez du chagrin. Oui, pleurez, c'est naturel. Un père est un père. Mais faut prendre notre mal en patience. Je m'occupe de vous pendant que vous pleurez. Je suis un bon parent, voyez-vous. Allons, du courage. Voulez-vous boire un petit verre de vin? Le vin ne coûte rien à Saumur, on y offre du vin comme dans les Indes une tasse de thé. — Mais, dit Grandet en continuant, vous êtes sans lumière. Mauvais, mauvais! faut voir clair à ce que l'on fait. Grandet marcha vers la cheminée. — Tiens! s'écria-t-il, voilà de la bougie. Où diable a-t-on pêché de la bougie? Les garces démoliraient le plancher de ma maison pour cuire des œufs à ce garçon-là.

En entendant ces mots, la mère et la fille rentrèrent dans leurs chambres et se fourrèrent dans leurs lits avec la célérité de souris effrayées qui rentrent dans leurs trous.

— Madame Grandet, vous avez donc un trésor? dit l'homme en entrant dans la chambre de sa femme.

— Mon ami, je fais mes prières, attendez, répondit d'une voix altérée la pauvre mère.

— Que le diable emporte ton bon Dieu! répliqua Grandet en grommelant.

Les avares ne croient point à une vie à venir, le présent est tout pour eux. Cette réflexion jette une horrible clarté sur l'époque actuelle, où, plus qu'en aucun autre temps, l'argent domine les lois, la politique et les mœurs. Institutions, livres, hommes et doctrines, tout conspire à miner la croyance d'une vie future sur laquelle l'édifice social est appuyé depuis dix-huit cents ans. Maintenant le cercueil est une transition peu redoutée. L'avenir, qui nous attendait par delà le requiem, a été transposé dans le présent. Arriver *per fas et nefas* au paradis terrestre du luxe et des jouissances vaniteuses, pétrifier son cœur et se macérer le corps en vue de possessions passagères, comme on souffrait jadis le martyre de la vie en vue de biens éternels, est la pensée générale! pensée d'ailleurs écrite partout, jusque dans les lois, qui demandent au législateur : Que payes-tu? au lieu de lui dire : Que penses-tu? Quand cette doctrine aura passé de la bourgeoisie au peuple, que deviendra le pays?

— Madame Grandet, as-tu fini? dit le vieux tonnelier.

— Mon ami, je prie pour toi.

— Très-bien! bonsoir. Demain matin, nous causerons.

La pauvre femme s'endormit comme l'écolier qui, n'ayant pas appris ses leçons, craint de trouver à son réveil le visage irrité du maître. Au moment où, par frayeur, elle se roulait dans ses draps pour ne rien entendre, Eugénie se coula près d'elle, en chemise, pieds nus, et vint la baiser au front.

— Oh! bonne mère, dit-elle, demain je lui dirai que c'est moi.

— Non, il t'enverrait à Noyers. Laisse-moi faire, il ne me mangera pas.

— Entends-tu, maman?

— Quoi?

— Hé! bien, *il* pleure toujours.

— Va donc te coucher, ma fille. Tu gagneras froid aux pieds. Le carreau est humide.

Ainsi se passa la journée solennelle qui devait peser sur toute la vie de la riche et pauvre héritière dont le sommeil ne fut plus aussi complet ni aussi pur qu'il l'avait été jusqu'alors. Assez souvent certaines actions de la vie humaine paraissent, littéralement parlant, invraisemblables, quoique vraies. Mais ne serait-ce pas qu'on omet presque toujours de répandre sur nos déterminations spontanées une sorte de lumière psychologique, en n'expliquant pas les raisons mystérieusement conçues qui les ont nécessitées? Peut-être la profonde passion d'Eugénie devrait-elle être analysée dans ses fibrilles les plus délicates; car elle devint, diraient quelques railleurs, une maladie, et influença toute son existence. Beaucoup de gens aiment mieux nier les dénouements, que de mesurer la force des liens, des nœuds, des attaches qui soudent secrètement un fait à un autre dans l'ordre moral. Ici donc le passé d'Eugénie servira, pour les observateurs de la nature humaine, de garantie à la naïveté de son irréflexion et à la soudaineté des effusions de son âme. Plus sa vie avait été tranquille, plus vivement la pitié féminine, le plus ingénieux des sentiments, se déploya dans son âme. Aussi, troublée par les événements de la journée, s'éveilla-t-elle, à plusieurs reprises, pour écouter son cousin, croyant en avoir entendu les soupirs qui depuis la veille lui retentissaient au cœur. Tantôt elle le voyait expirant de chagrin, tantôt elle le rêvait mourant de faim. Vers le matin, elle entendit certainement une terrible exclamation. Aussitôt elle se vêtit, et accourut au petit jour, d'un pied léger, auprès de son cousin qui avait laissé sa porte ouverte. La bougie avait brûlé dans la bobèche du flambeau. Charles, vaincu par la nature, dormait habillé, assis dans un fauteuil, la tête renversée sur le lit; il rêvait comme rêvent les gens qui ont l'estomac vide. Eugénie put pleurer à son aise; elle put admirer ce jeune et beau visage, marbré par la douleur, ces yeux gonflés par les larmes, et qui tout endormis semblaient encore verser des pleurs. Charles devina sympathiquement la présence d'Eugénie, il ouvrit les yeux, et la vit attendrie.

— Pardon, ma cousine, dit-il, ne sachant évidemment ni l'heure qu'il était ni le lieu où il se trouvait.

— Il y a des cœurs qui vous entendent ici, mon cousin, et *nous* avons cru que vous aviez besoin de quelque chose. Vous devriez vous coucher, vous vous fatiguez en restant ainsi.

— Cela est vrai.

— Hé! bien, adieu.

Elle se sauva, honteuse et heureuse d'être venue. L'innocence ose seule de telles hardiesses. Instruite, la Vertu calcule aussi bien que le Vice. Eugénie qui, près de son cousin, n'avait pas tremblé, put à peine se tenir sur ses jambes quand elle fut dans sa chambre. Son ignorante vie avait cessé tout à coup, elle raisonna, se fit mille reproches. Quelle idée va-t-il prendre de moi? Il croira que je l'aime. C'était précisément ce qu'elle désirait le plus de lui voir croire. L'amour franc a sa prescience et sait que l'amour excite l'amour. Quel événement pour cette jeune fille solitaire, d'être ainsi entrée furtivement chez un jeune homme! N'y a-t-il pas des pensées, des actions qui, en amour, équivalent, pour certaines âmes, à de saintes fiançailles! Une heure après, elle entra chez sa mère, et l'habilla suivant son habitude. Puis elles vinrent s'asseoir à leurs places devant la fenêtre, et attendirent Grandet avec cette anxiété qui glace le cœur ou l'échauffe, le serre ou le dilate suivant les caractères, alors que l'on redoute une scène, une punition; sentiment d'ailleurs si naturel, que les animaux domestiques l'éprouvent au point de crier pour le faible mal d'une correction, eux qui se taisent quand ils se blessent par inadvertance. Le bonhomme descendit, mais il parla d'un air distrait à sa femme, embrassa Eugénie, et se mit à table sans paraître penser à ses menaces de la veille.

— Que devient mon neveu? l'enfant n'est pas gênant.

— Monsieur, il dort, répondit Nanon.

— Tant mieux, il n'a pas besoin de bougie, dit Grandet d'un ton goguenard.

Cette clémence insolite, cette amère gaieté frappèrent madame

Grandet, qui regarda son mari fort attentivement. Le bonhomme...
Ici peut-être est-il convenable de faire observer qu'en Touraine, en Anjou, en Poitou, dans la Bretagne, le mot bonhomme, déjà souvent employé pour désigner Grandet, est décerné aux hommes les plus cruels comme aux plus bonasses, aussitôt qu'ils sont arrivés à un certain âge. Ce titre ne préjuge rien sur la mansuétude individuelle. Le bonhomme donc prit son chapeau, ses gants, et dit :

— Je vais muser sur la place pour rencontrer nos Cruchot.

— Eugénie, ton père a décidément quelque chose.

En effet, peu dormeur, Grandet employait la moitié de ses nuits aux calculs préliminaires qui donnaient à ses vues, à ses observations, à ses plans, leur étonnante justesse et leur assuraient cette constante réussite de laquelle s'émerveillaient les Saumurois. Tout pouvoir humain est un composé de patience et de temps. Les gens puissants veulent et veillent. La vie de l'avare est un constant exercice de la puissance humaine mise au service de la personnalité. Il ne s'appuie que sur deux sentiments : l'amour-propre et l'intérêt ; mais l'intérêt étant en quelque sorte l'amour-propre solide et bien entendu, l'attestation continue d'une supériorité réelle, l'amour-propre et l'intérêt sont deux parties d'un même tout, l'égoïsme. De là vient peut-être la prodigieuse curiosité qu'excitent les avares habilement mis en scène. Chacun tient par un fil à ces personnages qui s'attaquent à tous les sentiments humains, en les résumant tous. Où est l'homme sans désir, et quel désir social se résoudra sans argent? Grandet avait bien réellement quelque chose, suivant l'expression de sa femme. Il se rencontrait en lui, comme chez tous les avares, un persistant besoin de jouer une partie avec les autres hommes, de leur gagner légalement leurs écus. Imposer autrui, n'est-ce pas faire acte de pouvoir, se donner perpétuellement le droit de mépriser ceux qui, trop faibles, se laissent ici-bas dévorer? Oh! qui a bien compris l'agneau paisiblement couché aux pieds de Dieu, le plus touchant emblème de toutes les victimes terrestres, celui de leur avenir, enfin la Souffrance et la Faiblesse glorifiées? Cet agneau, l'avare le laisse s'engraisser, il le parque, le tue, le cuit, le mange et le méprise. La pâture des avares se compose d'argent et de dédain. Pendant la nuit, les idées du bonhomme avaient pris un autre cours : de là, sa clémence. Il avait ourdi une trame pour se moquer des Parisiens, pour les tordre, les rouler, les pétrir, les faire aller, venir, suer, espérer, pâlir; pour s'amuser d'eux, lui, ancien tonnelier au fond de sa salle grise, en montant l'escalier vermoulu de sa maison de Saumur. Son neveu l'avait occupé. Il voulait sauver l'honneur de son frère mort sans qu'il en coûtât un sou ni à son neveu ni à lui. Ses fonds allaient être placés pour trois ans, il n'avait plus qu'à gérer ses biens ; il fallait donc un aliment à son activité malicieuse, et il l'avait trouvé dans la faillite de son frère. Ne se sentant rien entre les pattes à pressurer, il voulait concasser les Parisiens au profit de Charles, et se montrer excellent frère à bon marché. L'honneur de la famille entrait pour si peu de chose dans son projet, que sa bonne volonté doit être comparée au besoin qu'éprouvent les joueurs de voir bien jouer une partie dans laquelle ils n'ont pas d'enjeu. Et les Cruchot lui étaient nécessaires, et il ne voulait pas les aller chercher, et il avait décidé de les faire arriver chez lui, et d'y commencer ce soir même la comédie dont le plan venait d'être conçu, afin d'être le lendemain, sans qu'il lui en coûtât un denier, l'objet de l'admiration de sa ville. En l'absence de son père, Eugénie eut le bonheur de pouvoir s'occuper ouvertement de son bien-aimé cousin, d'épancher sur lui sans crainte les trésors de sa pitié, l'une des sublimes supériorités de la femme, la seule qu'elle veuille faire sentir, la seule qu'elle pardonne à l'homme de lui laisser prendre sur lui. Trois ou quatre fois, Eugénie alla écouter la respiration de son cousin ; savoir s'il dormait, s'il se réveillait ; puis, quand il se leva, la crème, le café, les œufs, les fruits, les assiettes, le verre, tout ce qui faisait partie du déjeuner, fut pour elle l'objet de quelque soin. Elle grimpa lestement dans le vieil escalier pour écouter le bruit que faisait son cousin. S'habillait-il ? pleurait-il encore ? Elle vint jusqu'à la porte.

— Mon cousin ?

— Ma cousine.

— Voulez-vous déjeuner dans la salle ou dans votre chambre ?

— Où vous voudrez.

— Comment vous trouvez-vous ?

— Ma chère cousine, j'ai honte d'avoir faim.

Cette conversation à travers la porte était pour Eugénie tout un épisode de roman.

— Eh ! bien, nous vous apporterons à déjeuner dans votre chambre, afin de ne pas contrarier mon père. Elle descendit dans la cuisine avec la légèreté d'un oiseau. — Nanon, va donc faire sa chambre.

Cet escalier si souvent monté, descendu, où retentissait le moindre bruit, semblait à Eugénie avoir perdu son caractère de vétusté ; elle le voyait lumineux, il parlait, il était jeune comme elle, jeune comme son amour auquel il servait. Enfin sa mère, sa bonne et indulgente mère, voulut bien se prêter aux fantaisies de son amour, et lorsque la chambre de Charles fut faite, elles allèrent toutes deux tenir compagnie au malheureux : la charité chrétienne n'ordonnait-elle pas de le consoler? Ces deux femmes puisèrent dans la religion bon nombre de petits sophismes pour se justifier leurs déportements. Charles Grandet se vit donc l'objet des soins les plus affectueux et les plus tendres. Son cœur endolori sentit vivement la douceur de cette amitié veloutée, de cette exquise sympathie, que ces deux âmes toujours contraintes surent déployer en se trouvant libres un moment dans la région des souffrances, leur sphère naturelle. Autorisée par la parenté, Eugénie se mit à ranger le linge, les objets de toilette que son cousin avait apportés, et put s'émerveiller à son aise de chaque luxueuse babiole, des colifichets d'argent, d'or travaillé qui lui tombaient sous la main, et qu'elle tenait long-temps sous prétexte de les examiner. Charles ne vit pas sans un attendrissement profond l'intérêt généreux que lui portaient sa tante et sa cousine ; il connaissait assez la société de Paris pour savoir que dans sa position il n'y eût trouvé que des cœurs indifférents ou froids. Eugénie lui apparut dans toute la splendeur de sa beauté spéciale. Il admira dès lors l'innocence de ces mœurs dont il se moquait la veille. Aussi, quand Eugénie prit des mains de Nanon le bol de faïence plein de café à la crème pour le lui servir avec toute l'ingénuité du sentiment, et en lui jetant un bon regard, ses yeux se mouillèrent-ils de larmes ; il lui prit la main et la baisa.

— Hé! bien, qu'avez-vous encore? demanda-t-elle.

— Ce sont des larmes de reconnaissance, répondit-il.

Eugénie se tourna brusquement vers la cheminée pour prendre les flambeaux.

— Nanon, tenez, emportez, dit-elle.

Quand elle regarda son cousin, elle était bien rouge encore, mais au moins ses regards purent mentir et ne pas peindre la joie excessive qui lui inondait le cœur ; mais leurs yeux exprimèrent un même sentiment, comme leurs âmes se fondirent dans une même pensée : l'avenir était à eux. Cette douce émotion fut d'autant plus délicieuse pour Charles au milieu de son immense chagrin, qu'elle était moins attendue. Un coup de marteau rappela les deux femmes leurs places. Par bonheur, elles purent redescendre assez rapidement l'escalier pour se trouver à l'ouvrage quand Grandet entra: 'il les eût rencontrées sous la voûte, il n'en aurait pas fallu davantage pour exciter ses soupçons. Après le déjeuner, que le bonhomme fit sur le pouce, le garde, auquel l'indemnité promise n'avait pas encore été donnée, arriva de Froidfond, d'où il apportait un lièvre, des perdreaux tués dans le parc, des anguilles et deux brochets dus par les meuniers.

— Eh! eh! ce pauvre Cornoiller, il vient comme marée en carême. Est-ce bon à manger, ça?

— Oui, mon cher généreux monsieur, c'est tué depuis deux jours.

— Allons, Nanon, haut le pied, dit le bonhomme. Prends-moi cela, ce sera pour le dîner; je régale deux Cruchot.

Nanon ouvrit des yeux bêtes et regarda tout le monde.

— Eh! bien, dit-elle, où que je trouverai du lard et des épices?

— Ma femme, dit Grandet, donne six francs à Nanon, et fais-moi souvenir d'aller à la cave chercher du bon vin.

— Eh! bien donc, monsieur Grandet, reprit le garde qui avait préparé sa harangue afin de faire décider la question de ses appointements, monsieur Grandet...

— Ta, ta, ta, ta, dit Grandet, je sais ce que tu veux dire, tu es un bon diable, nous verrons cela demain, je suis trop pressé aujourd'hui. — Ma femme, donne-lui cent sous, dit-il à madame Grandet.

Il décampa. La pauvre femme fut trop heureuse d'acheter la paix pour onze francs. Elle savait que Grandet se taisait pendant quinze jours, après avoir ainsi repris, pièce à pièce, l'argent qu'il lui donnait.

— Tiens, Cornoiller, dit-elle en lui glissant dix francs dans la main, quelque jour nous reconnaîtrons tes services.

Cornoiller n'eut rien à dire. Il partit.

— Madame, dit Nanon, qui avait mis sa coiffe noire et pris son panier, je n'ai besoin que de trois francs, gardez le reste. Allez, ça ira tout de même.

— Fais un bon dîner, Nanon, mon cousin descendra, dit Eugénie.

— Décidément il se passe ici quelque chose d'extraordinaire, dit madame Grandet. Voici la troisième fois que, depuis notre mariage, ton père donne à dîner.

Vers quatre heures, au moment où Eugénie et sa mère avaient

fini de mettre un couvert pour six personnes, et où le maître du logis avait monté quelques bouteilles de ces vins exquis que conservent les provinciaux avec amour, Charles vint dans la salle. Le jeune homme était pâle. Ses gestes, sa contenance, ses regards et le son de sa voix eurent une tristesse pleine de grâce. Il ne jouait pas la douleur, il souffrait véritablement, et le voile étendu sur ses traits par la peine lui donnait cet air intéressant qui plaît tant aux femmes. Eugénie l'en aima bien davantage. Peut-être aussi le malheur l'avait-il rapproché d'elle. Charles n'était plus ce riche et beau jeune homme placé dans une sphère inabordable pour elle, mais un parent plongé dans une effroyable misère. La misère enfante l'égalité. La femme a cela de commun avec l'ange que les êtres souffrants lui appartiennent. Charles et Eugénie s'entendirent et se parlèrent des yeux seulement; car le pauvre dandy déchu, l'orphelin se mit dans un coin, s'y tint muet, calme et fier; mais, de moment en moment, le regard doux et caressant de sa cousine venait luire sur lui, le contraignait à quitter ses tristes pensées, à s'élancer avec elle dans les champs de l'Espérance et de l'Avenir où elle aimait à s'engager avec lui. En ce moment, la ville de Saumur était plus émue du dîner offert par Grandet aux Cruchot, qu'elle ne l'avait été la veille par la vente de sa récolte qui constituait un crime de haute trahison envers le vignoble. Si le politique vigneron eût donné son dîner dans la même pensée qui coûta la queue au chien d'Alcibiade, il aurait été peut-être un grand homme; mais trop supérieur à une ville de laquelle il se jouait sans cesse, il ne faisait aucun cas de Saumur. Les des Grassins apprirent bientôt la mort violente et la faillite probable du père de Charles, ils résolurent d'aller dès le soir même chez leur client, afin de prendre part à son malheur et lui donner des signes d'amitié, tout en s'informant des motifs qui pouvaient l'avoir déterminé à inviter, en semblable occurrence, les Cruchot à dîner. A cinq heures précises, le président C. de Bonfons et son oncle le notaire arrivèrent endimanchés jusqu'aux dents. Les convives se mirent à table et commencèrent par manger notablement bien. Grandet était grave, Charles silencieux, Eugénie muette, madame Grandet ne parla pas plus que de coutume, en sorte que ce dîner fut un véritable repas de condoléance. Quand on se leva de table, Charles dit à sa tante et à son oncle : — Permettez-moi de me retirer. Je suis obligé de m'occuper d'une longue et triste correspondance.

— Faites, mon neveu.

Lorsque après son départ, le bonhomme put présumer que Charles ne pouvait rien entendre, et devait être plongé dans ses écritures, il regarda sournoisement sa femme.

— Madame Grandet, ce que nous avons à dire serait du latin pour vous ; il est sept heures et demie, vous devriez aller vous serrer dans votre portefeuille. Bonne nuit, ma fille.

Il embrassa Eugénie, et les deux femmes sortirent. Là commença la scène où le père Grandet, plus qu'en aucun autre moment de sa vie, employa l'adresse qu'il avait acquise dans le commerce des hommes, et qui lui valait souvent, de la part de ceux dont il mordait un peu trop rudement la peau, le surnom de *vieux chien*. Si le maire de Saumur eût porté son ambition plus haut, si d'heureuses circonstances, en le faisant arriver vers les sphères supérieures de la société, l'eussent envoyé dans les congrès où se traitaient les affaires des nations, et qu'il s'y fût servi du génie dont l'avait doté son intérêt personnel, nul doute qu'il n'y eût été glorieusement utile à la France. Néanmoins, peut-être aussi serait-il également probable que, sorti de Saumur, le bonhomme n'aurait fait qu'une pauvre figure. Peut-être en est-il des esprits comme de certains animaux, qui n'engendrent plus transplantés hors des climats où ils naissent.

— Mon... on... on... on... sieur le pré... pré... pré... président, vouoouous di... di... di... disiiieeez que la faaaaiiillite...

Le bredouillement affecté depuis si long-temps par le bonhomme et qui passait pour naturel, aussi bien que la surdité dont il se plaignait par les temps de pluie, devint, en cette conjoncture, si fatigant pour les deux Cruchot, qu'en écoutant le vigneron ils grimaçaient à leur insu, en faisant des efforts comme s'ils voulaient achever les mots dans lesquels il s'empêtrait à plaisir. Ici, peut-être, devient-il nécessaire de donner l'histoire du bégayement et de la surdité de Grandet. Personne, dans l'Anjou, n'entendait mieux et ne pouvait prononcer plus nettement le français angevin que le rusé vigneron. Jadis, malgré toute sa finesse, il avait été dupé par un Israélite qui, dans la discussion, appliquait sa main à son oreille en guise de cornet, sous prétexte de mieux entendre, et baragouinait si bien en cherchant ses mots, que Grandet, victime de son humanité, se crut obligé de suggérer à ce malin Juif les mots et les idées que paraissait chercher le Juif, d'achever lui-même les raisonnements dudit Juif, de parler comme devait parler le damné Juif, d'être enfin le Juif et non Grandet. Le tonnelier sortit de ce combat bizarre, ayant conclu le seul marché dont il ait eu à se plaindre pendant le cours de sa vie commerciale. Mais s'il y perdit, pécuniairement parlant, il y gagna moralement une bonne leçon, et, plus tard, il en recueillit les fruits. Aussi le bonhomme finit-il par bénir le Juif qui lui avait appris l'art d'impatienter son adversaire commercial; et, en l'occupant à exprimer sa pensée, de lui faire constamment perdre de vue la sienne. Or, aucune affaire n'exigea, plus que celle dont il s'agissait, l'emploi de la surdité, du bredouillement et des ambages incompréhensibles dans lesquels Grandet enveloppait ses idées. D'abord, il ne voulait pas endosser la responsabilité de ses idées; puis, il voulait rester maître de sa parole, et laisser en doute ses véritables intentions.

— Monsieur de Bon... Bon... Bonfons.. Pour la seconde fois, depuis trois ans, Grandet nommait Cruchot neveu monsieur de Bonfons. Le président put se croire choisi pour gendre par l'artificieux bonhomme. — Vooooouous di... di... di... disiez donc que les faiiiillites peu... peu... peu... peuvent, dandans ce... ertains cas, être empê... pê... pê... chées pa... par...

— Par les tribunaux de commerce eux-mêmes. Cela se voit tous les jours, dit monsieur C. de Bonfons, enfourchant l'idée du père Grandet ou croyant la deviner et voulant affectueusement la lui expliquer. Écoutez?

— J'écoucoute, répondit humblement le bonhomme en prenant la malicieuse contenance d'un enfant qui rit intérieurement de son professeur, tout en paraissant lui prêter la plus grande attention.

— Quand un homme considérable et considéré, comme l'était, par exemple, défunt monsieur votre frère à Paris...

— Mon... on frère, oui.

— Est menacé d'une déconfiture...

— Çaaaa s'aappelle dé... dé... déconfiture?

— Oui. Que sa faillite devient imminente, le tribunal de commerce, dont il est justiciable (suivez bien), a la faculté, par un jugement, de nommer, à sa maison de commerce, des liquidateurs. Liquider n'est pas faire faillite, comprenez-vous? En faisant faillite, un homme est déshonoré; mais en liquidant, il reste honnête homme.

— C'est bien di... di... di... différent, si çaâââ ne coû... ou... ou... ou... oûte pas... pas... pas plus cher, dit Grandet.

— Mais une liquidation peut encore se faire, même sans le secours du tribunal de commerce. Car, dit le président en humant sa prise de tabac, comment se déclare une faillite?

— Oui, je n'y ai jamais pen... pen... pen... pensé, répondit Grandet.

— Premièrement, reprit le magistrat, par le dépôt du bilan au greffe du tribunal, que fait le négociant lui-même ou son fondé de pouvoirs, dûment enregistré. Deuxièmement, à la requête des créanciers. Or, si le négociant ne dépose pas de bilan, si aucun créancier ne requiert du tribunal un jugement qui déclare le susdit négociant en faillite, qu'arriverait-il?

— Oui... i... i..., voy... voy... ons.

— Alors la famille du décédé, ses représentants, son hoirie; ou le négociant, s'il n'est pas mort; ou ses amis, s'il est caché, liquident. Peut-être voulez-vous liquider les affaires de votre frère? demanda le président.

— Ah! Grandet, s'écria le notaire, ce serait bien. Il y a de l'honneur au fond de nos provinces. Si vous sauviez votre nom, car c'est votre nom, vous seriez un homme...

— Sublime, dit le président en interrompant son oncle.

— Ceertainement, répliqua le vieux vigneron, mon, mon fffr, fre, frère se no, no, no noommait Grandet tou... out comme moi. Cé, cé, c'es, c'est sûr et certain. Je, je, je ne, ne dis pa, pas non. Et, et, et, cette li, li, li, liquidation pou, pou, pourrait dans tooous llles cas, être sooous tous lles ra, ra, rapports très-avanvantatageuse aux in, in, in, intérêts de mon ne, ne, neveu, que j'ai, j'ai, j'aime. Mais faut voir. Je ne co, co, co, connais pas *llles malins* de Paris. Je... suis à Sau, au, aumur, moi, voyez-vous! Mes prooovins! mes fooossés, et en, enfin j'ai mes aaaffaires. Je n'ai jamais fait de bi, bi, billets. Qu'est-ce qu'un billet? J'en, j'en, j'en ai beau, beaucoup reçu, je n'en ai jamais si, si, signé. Ça, aaa se ssse touche, ça s'essscooompte. Voilllà tooout ce qu, qu, que je sais. J'ai en, en, en, entendu di, di, dire qu'onooon pou, ou, ouvait rachechecheter les bi, bi, bi...

— Oui, dit le président. L'on peut acquérir les billets sur la place, moyennant tant pour cent. Comprenez-vous?

Grandet se fit un cornet de sa main, l'appliqua sur son oreille, et le président lui répéta sa phrase.

— Mais, répondit le vigneron, il y a ddddonc à boire et à manger dan, dans tout cela. Je, je, je ne sais rien, à mon âââge, de toooutes ce, ce, ces choooses-là. Je doi, dois re, ester i, i, ici pour ve, ve, veiller au grain. Le grain s'aama, masse, et c'e, c'e, c'est aaavec le grain qu'or. pai, paye. Aavant tout, faut ve, ve, veiller aux, aux ré, ré, récoltes. J'ai des aaaffaires ma, ma, majeures à Froifond et des inté, té, téressantes. Je ne puis pas a, a, abandonner ma, ma, ma, maison pooour des *em, em, embrrrrououillllami gentes* de, de. de tooous les di, diaâblles, où je ne cooompre, prends rien. Voous dites que, que je devrais, pour li, li, li, liquider, pour arrêter la déclaration de faillite, être à Paris. On ne peut pas se troooou, ouver à la fois en, en, en deux endroits, à moins d'être pe, pe, pe, petit oiseau... Et...

— Et je vous entends, s'écria le notaire. Eh! bien, mon vieil ami, vous avez des amis, de vieux amis, capables de dévouement pour vous.

— Allons donc, pensait en lui-même le vigneron, décidez-vous donc!

— Et si quelqu'un partait pour Paris, y cherchait le plus fort créancier de votre frère Guillaume, lui disait...

— Mi, min, minute, ici, reprit le bonhomme, lui disait. Quoi? Quelque, que cho, chooo, chose co, co, comme ça : — Monsieur Grandet de Saumur pa, pa, par ci, monsieur Grandet, det, det de Saumur par là. Il aime son frère, il aime son ne, ne, neveu. Grandet est un bon pa, pa, parent, et il a de très-bonnes intentions. Il a bien vendu sa ré, ré, récolte. Ne déclarez pas la fa, fa, fâ, fâ, faillite, aaassemblez-vous, no, no, nommez des li, li, liquidateurs. Aaalors Grandet ve, éé, erra. Voous au, au, aurez ez bien davantage en liquidant qu'en lai, lai, laissant les gens de justice y mettre le né, né, nez... Hein! pas vrai?

— Juste! dit le président.

— Parce que, voyez-vous, monsieur de Bon, Bon, Bon, fons, faut voir avant de se dé, décider. Qui ne, ne, ne peut, ne, ne peut. En toute af, af, affaire ooonénéreuse, poour ne pas se ru, ru, rui, ruiner, il faut connaître les ressources et les charges. Hein! pas vrai?

— Certainement, dit le président. Je suis d'avis, moi, qu'en quelques mois de temps, l'on pourra racheter les créances pour une somme de, et payer intégralement par arrangement. Ha! ha! l'on mène les chiens bien loin en leur montrant un morceau de lard. Quand il n'y a pas eu de déclaration de faillite et que vous tenez les titres de créances, vous devenez blanc comme neige.

— Comme né, né, neige, répéta Grandet en refaisant un cornet de sa main. Je ne comprends pas la né, né, neige.

— Mais, cria le président, écoutez-moi donc, alors.

— J'é, j'é, j'écoute.

— Un effet est une marchandise qui peut avoir sa hausse et sa baisse. Ceci est une déduction du principe de Jérémie Bentham sur l'usure. Ce publiciste a prouvé que le préjugé qui frappait de réprobation les usuriers était une sottise.

— Ouais! fit le bonhomme.

— Attendu qu'en principe, selon Bentham, l'argent est une marchandise, et que ce qui représente l'argent devient également marchandise, reprit le président; attendu qu'il est notoire que, soumise aux variations habituelles qui régissent les choses commerciales, la marchandise-billet, portant telle ou telle signature, comme tel ou tel article, abonde ou manque sur la place, qu'elle est chère ou tombe à rien, le tribunal ordonne... (tiens! que je suis bête, pardon), je suis d'avis que vous pourrez racheter votre frère pour vingt-cinq du cent.

— Vooous le no, no, no, nommez Jé, Jé, Jé, Jérémie Ben...

— Bentham, un Anglais.

— Ce Jérémie-là nous fera éviter bien des lamentations dans les affaires, dit le notaire en riant.

— Ces Anglais ont qué, qué, quelquefois du bon, ou sens, dit Grandet. Ainsi, se, se, se, selon Ben, Ben, Ben, Bentham, si les effets de mon frère... va, va, va, va, valent... ne valent pas. Si. Je, je, je, dis bien, n'est-ce pas? Cela me paraît clair... Les créanciers seraient... Non, ne seraient pas. Je m'een, entends.

— Laissez-moi vous expliquer tout ceci, dit le président. En droit, si vous possédez les titres de toutes les créances dues par la maison Grandet, votre frère ou ses hoirs ne doivent rien à personne. Bien.

— Bien, répéta le bonhomme.

— En équité, si les effets de votre frère se négocient (négocient, entendez-vous bien ce terme?) sur la place à tant pour cent de perte; si l'un de vos amis a passé par là, s'il les a rachetés, les créanciers n'ayant été contraints par aucune violence à les donner, la succession de feu Grandet de Paris se trouve loyalement quitte.

— C'est vrai, les a, a, a, affaires sont les affaires, dit le tonnelier. Cela pooooosé... Mais, néanmoins, vous compre, ne, ne, ne, nez, que c'est di, di, di, difficile. Je, je, je n'ai pas d'aaargent, ni, ni, ni le temps, ni le temps, ni...

— Oui, vous ne pouvez pas vous déranger. Hé! bien, je vous offre d'aller à Paris (vous me tiendriez compte du voyage, c'est une misère). J'y vois les créanciers, je leur parle, j'attermoie, et tout s'arrange avec un supplément de payement que vous ajoutez aux valeurs de la liquidation, afin de rentrer dans les titres de créances.

— Mais nooouous verrons cela, je ne, ne, ne peux pas, je, je, je ne veux pas m'en, en, en, engager sans, sans que... Qui, qui, qui, ne, ne peut, ne peut. Vooouous comprenez?

— Cela est juste.

— J'ai la tête ca, ca, cassée de ce que, que vooous, vous m'a, a, a, avez dé, dé, décliqué là. Voilà la, la, la première fois de ma vie que je, je suis fooorcé de son, songer à de...

— Oui, vous n'êtes pas jurisconsulte.

— Je, je suis un pau, pau, pauvre vigneron, et ne sais rien de ce que vou, vou, vous venez de dire; il fau, fau, faut que j'é, j'é, j'étudie ççà.

— Hé! bien, reprit le président en se posant comme pour résumer la discussion.

— Mon neveu?... fit le notaire d'un ton de reproche en l'interrompant.

— Hé! bien, mon oncle, répondit le président.

— Laisse donc monsieur Grandet t'expliquer ses intentions. Il s'agit en ce moment d'un mandat important. Notre cher ami doit le définir congrûm...

Un coup de marteau qui annonça l'arrivée de la famille des Grassins, leur entrée et leurs salutations empêchèrent Cruchot d'achever sa phrase. Le notaire fut content de cette interruption; déjà Grandet le regardait de travers, et sa loupe indiquait un orage intérieur. Mais d'abord le prudent notaire ne trouvait pas convenable à un président de tribunal de première instance d'aller à Paris pour y faire capituler des créanciers et y prêter les mains à un tripotage qui froissait les lois de la stricte probité; puis, n'ayant pas encore entendu le père Grandet exprimant la moindre velléité de payer quoi que ce fût, il tremblait instinctivement de voir son neveu engagé dans cette affaire. Il profita donc du moment où les des Grassins entraient pour prendre le président par le bras et l'attirer dans l'embrasure de la fenêtre.

— Tu t'es bien suffisamment montré, mon neveu; mais assez de dévouement comme ça. L'envie d'avoir la fille t'aveugle. Diable! il n'y faut pas aller comme une corneille qui abat des noix. Laisse-moi maintenant conduire la barque, aide seulement à la manœuvre. Est-ce bien ton rôle de compromettre ta dignité de magistrat dans une pareille...

Il n'acheva pas; il entendait monsieur des Grassins disant au vieux tonnelier en lui tendant la main : — Grandet, nous avons appris l'affreux malheur arrivé dans votre famille, le désastre de la maison Guillaume Grandet et la mort de votre frère; nous venons vous exprimer toute la part que nous prenons à ce triste événement.

— Il n'y a d'autre malheur, dit le notaire en interrompant le banquier, que la mort de monsieur Grandet junior. Encore ne se serait-il pas tué s'il avait eu l'idée d'appeler son frère à son secours. Notre vieil ami, qui a de l'honneur jusqu'au bout des ongles, compte liquider les dettes de la maison Grandet de Paris. Mon neveu le président, pour lui éviter les tracas d'une affaire toute judiciaire, lui offre de partir sur-le-champ pour Paris, afin de transiger avec les créanciers et les satisfaire convenablement.

Ces paroles, confirmées par l'attitude du vigneron, qui se caressait le menton, surprirent étrangement les trois des Grassins, qui pendant le chemin avaient médit tout à loisir de l'avarice de Grandet en l'accusant presque d'un fratricide.

— Ah! je le savais bien, s'écria le banquier en regardant sa femme. Que te disais-je en route, madame des Grassins? Grandet a de l'honneur jusqu'au bout des cheveux, et ne souffrira pas que son nom reçoive la plus légère atteinte! L'argent sans l'honneur est une maladie. Il y a de l'honneur dans nos provinces! Cela est bien, très-bien, Grandet. Je suis un vieux militaire, je ne sais pas déguiser ma pensée; je la dis rudement : cela est, mille tonnerres! sublime.

— Aaalors llle su.... su.... sub... sublime est bi.... bi.... bien cher, répondit le bonhomme pendant que le banquier lui secouait chaleureusement la main.

— Mais ceci, mon brave Grandet, n'en déplaise à monsieur le président, reprit des Grassins, est une affaire purement commerciale, et veut un négociant consommé. Ne faut-il pas se connaître aux comptes de retour, débours, calculs d'intérêts ? Je dois aller à Paris pour mes affaires, et je pourrais alors me charger de...

— Nous verrions donc à tâ... tâ... tâcher de nous aaaarranger tou.... tous deux dans les po... po... po... possibilités relatives et sans m'en... m'en... m'engager à quelque chose que je... je... je ne voooou... oudrais pas faire, dit Grandet en bégayant. Parce que, voyez-vous, monsieur le président me demandait naturellement les frais du voyage.

Le bonhomme ne bredouilla plus ces derniers mots.

— Eh ! dit madame des Grassins, mais c'est un plaisir que d'être à Paris. Je payerais volontiers pour y aller, moi.

Et elle fit un signe à son mari comme pour l'encourager à souffler cette commission à leurs adversaires coûte que coûte ; puis elle regarda fort ironiquement les deux Cruchot, qui prirent une mine piteuse. Grandet saisit alors le banquier par un des boutons de son habit et l'attira dans un coin.

— J'aurais bien plus de confiance en vous que dans le président, lui dit-il. Puis il y a des anguilles sous roche, ajouta-t-il en remuant sa loupe. Je veux me mettre dans la rente ; j'ai quelques milliers de francs de rente à faire acheter, et je ne veux placer qu'à quatre-vingts francs. Cette mécanique baisse, dit-on, à la fin des mois. Vous vous connaissez à ça, pas vrai ?

— Pardieu ! Eh ! bien, j'aurais donc quelques mille livres de rente à lever pour vous ?

— Pas grand'chose pour commencer. *Motus !* Je veux jouer ce jeu-là sans qu'on en sache rien. Vous me concluriez un marché pour la fin du mois ; mais n'en dites rien aux Cruchot, ça les taquinerait. Puisque vous allez à Paris, nous y verrons en même temps, pour mon pauvre neveu, de quelle couleur sont les atouts.

— Voilà qui est entendu. Je partirai demain en poste, dit à haute voix des Grassins, et je viendrai prendre vos dernières instructions à... A quelle heure ?

— A cinq heures, avant le dîner, dit le vigneron en se frottant les mains.

Les deux partis restèrent encore quelques instants en présence.

Des Grassins dit après une pause en frappant sur l'épaule de Grandet : — Il fait bon avoir de bons parents comme ça...

— Oui, oui, sans que ça paraisse, répondit Grandet, je suis un bon pa... parent. J'aimais mon frère, et je le prouverai bien si si ça ne ne coûte pas...

— Nous allons vous quitter, Grandet, lui dit le banquier en l'interrompant heureusement avant qu'il achevât sa phrase. Si j'avance mon départ, il faut mettre en ordre quelques affaires.

— Bien, bien. Moi-même, raa...apport à ce que vouvous savez, je je vais me rereretirer dans ma cham...ambre des dédélibérations, comme dit le président Cruchot.

— Peste ! je ne suis plus monsieur de Bonfons, pensa tristement le magistrat dont la figure prit l'expression de celle d'un juge ennuyé par une plaidoirie.

Les chefs des deux familles rivales s'en allèrent ensemble. Ni les uns ni les autres ne songeaient plus à la trahison dont s'était rendu coupable Grandet le matin envers le pays vignoble, et se sondèrent mutuellement, mais en vain, pour connaître ce qu'ils pensaient sur les intentions réelles du bonhomme en cette nouvelle affaire.

— Venez-vous chez madame Dorsonval avec nous ? dit des Grassins au notaire.

— Nous irons plus tard, répondit le président. Si mon oncle le permet, j'ai promis à mademoiselle de Gribeaucourt de lui dire un petit bonsoir, et nous nous y rendrons d'abord.

— Au revoir donc, messieurs, dit madame des Grassins. Et, quand les des Grassins furent à quelques pas des deux Cruchot, Adolphe dit à son père : — Ils fument joliment, hein ?

— Tais-toi donc, mon fils, lui répliqua sa mère, ils peuvent encore nous entendre. D'ailleurs ce que tu dis n'est pas de bon goût et sent l'École de Droit.

— Eh ! bien, mon oncle, s'écria le magistrat quand il vit les des Grassins éloignés, j'ai commencé par être le président de Bonfons, et j'ai fini par être tout simplement un Cruchot.

— J'ai bien vu que ça te contrariait ; mais le vent était aux des Grassins. Es-tu bête, avec tout ton esprit ?... Laisse-les s'embarquer sur un *nous verrons* du père Grandet, et tiens-toi tranquille, mon petit : Eugénie n'en sera pas moins ta femme.

En quelques instants la nouvelle de la magnanime résolution de Grandet se répandit dans trois maisons à la fois, et il ne fut plus question dans toute la ville que de ce dévouement fraternel. Chacun pardonnait à Grandet sa vente faite au mépris de la foi jurée entre les propriétaires, en admirant son bonheur, en vantant une générosité dont on ne le croyait pas capable. Il est dans le caractère français de s'enthousiasmer, de se colérer, de se passionner pour le météore du moment, pour les bâtons flottants de l'actualité. Les êtres collectifs, les peuples, seraient-ils donc sans mémoire?

Quand le père Grandet eut fermé sa porte, il appela Nanon.

— Ne lâche pas le chien et ne dors pas, nous avons à travailler ensemble. A onze heures Cornoiller doit se trouver à ma porte avec le berlingot de Froidfond. Écoute-le venir afin de l'empêcher de cogner, et dis-lui d'entrer tout bellement. Les lois de police défendent le tapage nocturne. D'ailleurs le quartier n'a pas besoin de savoir que je vais me mettre en route.

Ayant dit, Grandet remonta dans son laboratoire, où Nanon l'entendit remuant, fouillant, allant, venant, mais avec précaution. Il ne voulait évidemment réveiller ni sa femme ni sa fille, et surtout ne point exciter l'attention de son neveu, qu'il avait commencé par maudire en apercevant de la lumière dans sa chambre. Au milieu de la nuit, Eugénie, préoccupée de son cousin, crut avoir entendu la plainte d'un mourant, et pour elle ce mourant était Charles : elle l'avait quitté si pâle, si désespéré! peut-être s'était-il tué. Soudain elle s'enveloppa d'une coiffe, espèce de pelisse à capuchon, et voulut sortir. D'abord une vive lumière qui passait par les fentes de sa porte lui donna peur du feu; puis elle se rassura bientôt en entendant les pas pesants de Nanon et sa voix mêlée au hennissement de plusieurs chevaux.

— Mon père enlèverait-il mon cousin? se dit-elle en entr'ouvrant sa porte avec assez de précaution pour l'empêcher de crier, mais de manière à voir ce qui se passait dans le corridor.

Tout à coup son œil rencontra celui de son père, dont le regard, quelque vague et insouciant qu'il fût, la glaça de terreur. Le bonhomme et Nanon étaient accouplés par un gros gourdin dont chaque bout reposait sur leur épaule droite et soutenait un câble auquel était attaché un barillet semblable à ceux que le père Grandet s'amusait à faire dans son fournil à ses moments perdus.

— Sainte Vierge! monsieur, ça pèse-t-i! dit à voix basse la Nanon.

— Quel malheur que ce ne soit que des gros sous! répondit le bonhomme. Prends garde de heurter le chandelier.

Cette scène était éclairée par une seule chandelle placée entre deux barreaux de la rampe.

— Cornoiller, dit Grandet à son garde *in partibus*, as-tu pris tes pistolets ?

— Non, monsieur. Pardé! quoi qu'il y a donc à craindre pour vos gros sous ?...

— Oh ! rien, dit le père Grandet.

— D'ailleurs nous irons vite, reprit le garde, vos fermiers ont choisi pour vous leurs meilleurs chevaux.

— Bien, bien. Tu ne leur as pas dit où j'allais ?

— Je ne le savais point.

— Bien. La voiture est solide ?

— Ça, notre maître ? ah ! ben, ça porterait trois mille. Qu'est-ce que ça pèse donc vos méchants barils ?

— Tiens, dit Nanon, je le savons bien ! Y a ben près de dix-huit cents.

— Veux-tu te taire, Nanon ! Tu diras à ma femme que je suis allé à la campagne. Je serai revenu pour dîner. Va bon train, Cornoiller, faut être à Angers avant neuf heures.

La voiture partit. Nanon verrouilla la grande porte, lâcha le chien, se coucha l'épaule meurtrie, et personne dans le quartier ne soupçonna ni le départ de Grandet ni l'objet de son voyage. La discrétion du bonhomme était complète. Personne ne voyait jamais un sou dans cette maison pleine d'or. Après avoir appris dans la matinée par les causeries du port que l'or avait doublé de prix par suite de nombreux armements entrepris à Nantes, et que des spéculateurs étaient arrivés à Angers pour en acheter, le vieux vigneron, par un simple emprunt de chevaux fait à ses fermiers, se mit en mesure d'aller y vendre le sien et d'en rapporter en valeurs du receveur-général sur le trésor la somme nécessaire à l'achat de ses rentes après l'avoir grossie de l'agio.

— Mon père s'en va, dit Eugénie qui du haut de l'escalier avait tout entendu. Le silence était rétabli dans la maison, et le lointain roulement de la voiture, qui cessa par degrés, ne retentissait déjà plus dans Saumur endormi. En ce moment, Eugénie entendit en son cœur, avant de l'écouter par l'oreille, une plainte qui perça les cloisons, et qui venait de la chambre de son cousin. Une bande lumineuse, fine autant que le tranchant d'un sabre, passait par la fente de la porte et coupait horizontalement les balustres du vieil escalier. — Il souffre, dit-elle en grimpant deux marches. Un second gémissement la fit arriver sur le palier de la chambre. La porte était entr'ouverte, elle la poussa. Charles dormait la tête penchée en dehors du vieux fauteuil, sa main avait laissé tomber la plume et touchait presque à terre. La respiration saccadée que nécessitait la posture du jeune homme effraya soudain Eugénie, qui entra promptement. — Il doit être bien fatigué, se dit-elle en regardant une dizaine de lettres cachetées, elle en lut les adresses : A messieurs Farry, Breilman et Cie, carrossiers. — A monsieur Buisson tailleur, etc. — Il a sans doute arrangé toutes ses affaires pour pouvoir bientôt quitter la France, pensa-t-elle. Ses yeux tombèrent sur deux lettres ouvertes. Ces mots qui en commençaient une : « Ma chère Annette... » lui causèrent un éblouissement. Son cœur palpita, ses pieds se clouèrent sur le carreau. Sa chère Annette, il aime, il est aimé ! Plus d'espoir ! Que lui dit-il ? Ces idées lui traversèrent la tête et le cœur. Elle lisait ces mots partout, même sur les carreaux, en traits de flammes. — Déjà renoncer à lui ! Non, je ne lirai pas cette lettre. Je dois m'en aller. Si je la lisais, cependant ? Elle regarda Charles, lui prit doucement la tête, la posa sur le dos du fauteuil, et il se laissa faire comme un enfant qui, même en dormant, connaît encore sa mère et reçoit, sans s'éveiller, ses soins et ses baisers. Comme une mère, Eugénie releva la main pendante, et, comme une mère, elle baisa doucement les cheveux. Chère Annette ! Un démon lui criait ces deux mots aux oreilles. — Je sais que je fais peut-être mal, mais je la lirai la lettre, dit-elle. Eugénie détourna la tête, car sa noble probité gronda. Pour la première fois de sa vie, le bien et le mal étaient en présence dans son cœur. Jusque-là elle n'avait eu à rougir d'aucune action. La passion, la curiosité l'emportèrent. A chaque phrase, son cœur se gonfla davantage et l'ardeur piquante qui anima sa vie pendant cette lecture lui rendit encore plus friands les plaisirs du premier amour.

« Ma chère Annette, rien ne devait nous séparer, si ce n'est le malheur qui m'accable et qu'aucune prudence humaine n'aurait su prévoir. Mon père s'est tué, sa fortune et la mienne sont entièrement perdues. Je suis orphelin à un âge où, par la nature de mon éducation, je puis passer pour un enfant ; et je dois néanmoins me relever homme de l'abîme où je suis tombé. Je viens d'employer une partie de cette nuit à faire mes calculs. Si je veux quitter la France en honnête homme, et ce n'est pas un doute, je n'ai pas cent francs à moi pour aller tenter le sort aux Indes ou en Amérique. Oui, ma pauvre Anna, j'irai chercher la fortune sous les climats les plus meurtriers. Sous de tels cieux, elle est sûre et prompte, m'a-t-on dit. Quant à rester à Paris, je ne saurais. Ni mon âme ni mon visage ne sont faits à supporter les affronts, la froideur, le dédain qui attendent l'homme ruiné, le fils du failli ! Bon Dieu ! devoir deux millions ?... J'y serais tué en duel dans la première semaine. Aussi n'y retournerai-je point. Ton amour, le plus tendre et le plus dévoué qui jamais ait ennobli le cœur d'un homme, ne saurait m'y attirer. Hélas ! ma bien-aimée, je n'ai point assez d'argent pour aller où tu es, donner, recevoir un dernier baiser, un baiser où je puiserais la force nécessaire à mon entreprise..... »

— Pauvre Charles, j'ai bien fait de lire ! J'ai de l'or, je le lui donnerai, dit Eugénie.

Elle reprit sa lecture après avoir essuyé ses pleurs.

« Je n'avais point encore songé aux malheurs de la misère. Si j'ai les cent louis indispensables au passage, je n'aurai pas un sou pour me faire une pacotille. Mais non, je n'aurai ni cent louis ni un louis, je ne connaîtrai ce qui me restera d'argent qu'après le règlement de mes dettes à Paris. Si je n'ai rien, j'irai tranquillement à Nantes, je m'y embarquerai simple matelot, et je commencerai là-bas comme ont commencé les hommes d'énergie qui, jeunes, n'avaient pas un sou, et sont revenus, riches, des Indes. Depuis ce matin, j'ai froidement envisagé mon avenir. Il est plus horrible pour moi que pour tout autre, moi choyé par une mère qui m'adorait, chéri par le meilleur des pères, et qui, à mon début dans le monde, ai rencontré l'amour d'une Anna ! Je n'ai connu que les fleurs de la vie : ce bonheur ne pouvait pas durer. J'ai néanmoins, ma chère Annette, plus de courage qu'il n'était permis à un insouciant jeune homme d'en avoir, surtout à un jeune homme habitué aux cajoleries de la plus délicieuse femme de Paris, bercé dans les joies de la famille, à qui tout souriait au logis, et dont les désirs étaient des lois pour un père... Oh ! mon père, Annette, il est mort... Eh ! bien, j'ai réfléchi à ma position, j'ai réfléchi à la tienne aussi. J'ai bien vieilli en vingt-quatre heures. Chère Anna, si, pour me garder près de toi, dans Paris, tu sacrifiais toutes les jouissances de ton luxe, ta toilette, ta loge à l'Opéra, nous n'arriverions pas encore au chiffre des dépenses nécessaires à ma vie dissipée; puis je ne saurais accepter tant de sacrifices. Nous nous quittons donc aujourd'hui pour toujours. »

— Il la quitte, Sainte Vierge ! Oh ! bonheur !....

Eugénie sauta de joie. Charles fit un mouvement, elle en eut froid de terreur; mais, heureusement pour elle, il ne s'éveilla pas. Elle reprit :

« Quand reviendrai-je ? je ne sais. Le climat des Indes vieillit promptement un Européen, et surtout un Européen qui travaille. Mettons-nous à dix ans d'ici. Dans dix ans, ta fille aura dix-huit ans, elle sera ta compagne, ton espion. Pour toi, le monde sera bien cruel, ta fille le sera peut-être davantage. Nous avons vu des exemples de ces jugements mondains et de ces ingratitudes de jeunes filles ; sachons en profiter. Garde au fond de ton âme comme je le garderai moi-même le souvenir de ces quatre années de bonheur, et sois fidèle, si tu peux, à ton pauvre ami. Je ne saurais toutefois l'exiger, parce que, vois-tu, ma chère Annette, je dois me conformer à ma position, voir bourgeoisement la vie, et la chiffrer au plus vrai. Donc je dois penser au mariage, qui devient une des nécessités de ma nouvelle existence ; et je t'avouerai que j'ai trouvé ici, à Saumur, chez mon oncle, une cousine dont les manières, la figure, l'esprit et le cœur te plairaient, et qui, en outre, me paraît avoir..... »

— Il devait être bien fatigué, pour avoir cessé de lui écrire, se dit Eugénie en voyant la lettre arrêtée au milieu de cette phrase.

Elle le justifiait ! N'était-il pas impossible alors que cette innocente fille s'aperçût de la froideur empreinte dans cette lettre ? Aux jeunes filles religieusement élevées, ignorantes et pures, tout est amour dès qu'elles mettent le pied dans les régions enchantées de l'amour. Elles y marchent entourées de la céleste lumière que leur âme projette, et qui rejaillit en rayons sur leur amant ; elles le colorent des feux de leur propre sentiment et lui prêtent leurs belles pensées. Les erreurs de la femme viennent presque toujours de sa croyance au bien, ou de sa confiance dans le vrai. Pour Eugénie, ces mots : Ma chère Annette, ma bien-aimée, lui résonnaient au cœur comme le plus joli langage de l'amour, et lui caressaient l'âme comme, dans son enfance, les notes divines du *Venite adoremus*, redites par l'orgue, lui caressèrent l'oreille. D'ailleurs, les larmes qui baignaient encore les yeux de Charles lui accusaient toutes les noblesses de cœur par lesquelles une jeune fille doit être séduite. Pouvait-elle savoir que si Charles aimait tant son père et le pleurait si véritablement, cette tendresse venait moins de la bonté de son cœur que des bontés paternelles ? Monsieur et madame Guillaume Grandet, en satisfaisant toujours les fantaisies de leur fils, en lui donnant tous les plaisirs de la fortune, l'avaient empêché de faire les horribles calculs dont sont plus ou moins coupables, à Paris, la plupart des enfants quand, en présence des jouissances parisiennes, ils forment des désirs et conçoivent des plans qu'ils voient avec chagrin incessamment ajournés et retardés par la vie de leurs parents. La prodigalité du père alla donc jusqu'à semer dans le cœur de son fils un amour filial vrai, sans arrière-pensée. Néanmoins, Charles était un enfant de Paris, habitué par les mœurs de Paris, par Annette elle-même, à tout calculer, déjà vieillard sous le masque du jeune homme. Il avait reçu l'épouvantable éducation de ce monde où, dans une soirée, il se commet en pensées, en paroles, plus de crimes que la Justice n'en punit aux Cours d'assises, où les bons mots assassinent les plus grandes idées, où l'on ne passe pour fort qu'autant que l'on voit juste ; et là, voir juste, c'est ne croire à rien, ni aux sentiments, ni aux hommes, ni même aux événements : on y fait de faux événements. Là, pour voir juste, il faut peser, chaque matin, la bourse d'un ami, savoir se mettre politiquement au-dessus de tout ce qui arrive ; provisoirement, ne rien admirer, ni les œuvres d'art, ni les nobles actions, et donner pour mobile à toute chose l'intérêt personnel. Après mille folies, la grande dame, la belle Annette, forçait Charles à penser gravement ; elle lui parlait de sa position future, en lui passant dans les cheveux une main parfumée ; en lui refaisant une boucle, elle lui faisait calculer la vie : elle le féminisait et le matérialisait. Double corruption, mais corruption élégante et fine, de bon goût.

— Vous êtes niais, Charles, lui disait-elle. J'aurai bien de la peine à vous apprendre le monde. Vous avez été très-mal pour monsieur des Lupeaulx. Je sais bien que c'est un homme peu honorable ; mais attendez qu'il soit sans pouvoir, alors vous le mépriserez à votre aise. Savez-vous ce que madame Campan nous disait ? — Mes enfants, tant qu'un homme est au Ministère, adorez-le ; tombe-t-il, aidez à le traîner à la voirie. Puissant, il est une espèce de dieu ; détruit, il est au-dessous de Marat dans son égout, parce qu'il vit et que Marat était mort. La vie est une suite de combinaisons, et il faut les étudier, les suivre, pour arriver à se maintenir toujours en bonne position.

Charles était un homme trop à la mode, il avait été trop constamment heureux par ses parents, trop adulé par le monde pour avoir de grands sentiments. Le grain d'or que sa mère lui avait jeté au cœur s'était étendu dans la filière parisienne, il l'avait employé en superficie et devait l'user par le frottement. Mais Charles n'avait alors que vingt et un ans. A cet âge, la fraîcheur de la vie semble inséparable de la candeur de l'âme. La voix, le regard, la figure paraissent en harmonie avec les sentiments. Aussi le juge le plus dur, l'avoué le plus incrédule, l'usurier le moins facile hésitent-ils toujours à croire à la vieillesse du cœur, à la corruption des calculs, quand les yeux nagent encore dans un fluide pur, et qu'il n'y a point de rides sur le front. Charles n'avait jamais eu l'occasion d'appliquer les maximes de la morale parisienne, et jusqu'à ce jour il était beau d'inexpérience. Mais, à son insu, l'égoïsme lui avait été inoculé. Les germes de l'économie politique à l'usage du Parisien, latents en son cœur, ne devaient pas tarder à y fleurir, aussitôt que de spectateur oisif il deviendrait acteur dans le drame de la vie réelle. Presque toutes les jeunes filles s'abandonnent aux douces promesses de ces dehors; mais Eugénie eût-elle été prudente et observatrice autant que le sont certaines filles en province, aurait-elle pu se défier de son cousin, quand, chez lui, les manières, les paroles et les actions s'accordaient encore avec les inspirations du cœur? Un hasard, fatal pour elle, lui fit essuyer les dernières effusions de sensibilité vraie qui fût en ce jeune cœur, et entendre, pour ainsi dire, les derniers soupirs de la conscience. Elle laissa donc cette lettre pour elle pleine d'amour, et se mit complaisamment à contempler son cousin endormi: les fraîches illusions de la vie jouaient encore pour elle sur ce visage, elle se jura d'abord à elle-même de l'aimer toujours. Puis elle jeta les yeux sur l'autre lettre sans attacher beaucoup d'importance à cette indiscrétion; et, si elle commença de la lire, ce fut pour acquérir de nouvelles preuves des nobles qualités que, semblable à toutes les femmes, elle prêtait à celui qu'elle choisissait.

« Mon cher Alphonse, au moment où tu liras cette lettre je n'aurai plus d'amis; mais je t'avoue qu'en doutant de ces gens du monde habitués à prodiguer ce mot, je n'ai pas douté de ton amitié. Je te charge donc d'arranger mes affaires, et compte sur toi, pour tirer un bon parti de tout ce que je possède. Tu dois maintenant connaître ma position. Je n'ai plus rien, et veux partir pour les Indes. Je viens d'écrire à toutes les personnes auxquelles je crois devoir quelque argent, et tu en trouveras ci-joint la liste aussi exacte qu'il m'est possible de la donner de mémoire. Ma bibliothèque, mes meubles, mes voitures, mes chevaux, etc., suffiront, je crois, à payer mes dettes. Je ne veux me réserver que les babioles sans valeur qui seront susceptibles de me faire un commencement de pacotille. Mon cher Alphonse, je t'enverrai d'ici, pour cette vente, une procuration régulière, en cas de contestations. Tu m'adresseras toutes mes armes. Puis tu garderas pour toi Briton. Personne ne voudrait donner le prix de cette admirable bête, j'aime mieux te l'offrir, comme la bague d'usage que lègue un mourant à son exécuteur testamentaire. On m'a fait une très-*comfortable* voiture de voyage chez les Farry, Breilman et C$_{ie}$, mais ils ne l'ont pas livrée, obtiens d'eux qu'ils la gardent sans me demander d'indemnité ; s'ils se refusaient à cet arrangement, évite tout ce qui pourrait entacher ma loyauté, dans les circonstances où je me trouve. Je dois six louis à l'insulaire, perdus au jeu, ne manque pas de les lui... »

— Cher cousin, dit Eugénie en laissant la lettre, et se sauvant à petits pas chez elle avec une des bougies allumées. Là ce ne fut pas sans une vive émotion de plaisir qu'elle ouvrit le tiroir d'un vieux meuble en chêne, l'un des plus beaux ouvrages de l'époque nommée la *Renaissance*, et sur lequel se voyait encore, à demi effacée, la fameuse Salamandre royale. Elle y prit une grosse bourse en velours rouge à glands d'or, et bordée de cannetille usée, provenant de la succession de sa grand'mère. Puis elle pesa fort orgueilleusement cette bourse, et se plut à vérifier le compte oublié de son petit pécule. Elle sépara d'abord vingt portugaises encore neuves, frappées sous le règne de Jean V, en 1725, valant réellement au change cinq lisbonines ou chacune cent soixante-huit francs soixante-quatre centimes, lui disait son père, mais dont la valeur conventionnelle était de cent quatre-vingts francs, attendu la rareté, la beauté desdites pièces qui reluisaient comme des soleils. ITEM, cinq génovines ou pièces de cent livres de Gênes, autre monnaie rare et valant quatre-vingt-sept francs au change, mais cent francs pour les amateurs d'or. Elles lui venaient du vieux monsieur La Bertellière. ITEM, trois quadruples d'or espagnols de Philippe V, frappés en 1729, donnés par madame Gentillet, qui, en les lui offrant, lui disait toujours la même phrase : — Ce cher serin-là, ce petit jaunet, vaut quatre-vingt-dix-huit livres! Gardez-le bien, ma mignonne, ce sera la fleur de votre trésor. ITEM, ce que son père estimait le plus (l'or de ces pièces était à vingt-trois carats et une fraction), cent ducats de Hollande, fabriqués en l'an 1756, et valant près de treize francs. ITEM, une grande curiosité !... des espèces de médailles précieuses aux avares, trois roupies au signe de la Balance, et cinq roupies au signe de la Vierge, toutes d'or pur à vingt-quatre carats, la magnifique monnaie du Grand-Mogol, et dont chacune valait trente-sept francs quarante centimes au poids; mais au moins cinquante francs pour les connaisseurs qui aiment à manier l'or. ITEM, le napoléon de quarante francs reçu l'avant-veille, et qu'elle avait négligemment mis dans sa bourse rouge. Ce trésor contenait des pièces neuves et vierges, de véritables morceaux d'art desquels le père Grandet s'informait parfois et qu'il voulait revoir, afin de détailler à sa fille les vertus intrinsèques, comme la beauté du cordon, la clarté du plat, la richesse des lettres dont les vives arêtes n'étaient pas encore rayées. Mais elle ne pensait ni à ces raretés, ni à la manie de son père, ni au danger qu'il y avait pour elle de se démunir d'un trésor si cher à son père; non, elle songeait à son cousin, et parvint enfin à comprendre, après quelques fautes de calcul, qu'elle possédait environ cinq mille huit cents francs en valeurs réelles, qui, conventionnellement, pouvaient se vendre près de deux mille écus. A la vue de ses richesses, elle se mit à applaudir en battant des mains, comme un enfant forcé de perdre son trop-plein de joie dans les naïfs mouvements du corps. Ainsi le père et la fille avaient compté chacun leur fortune : lui, pour aller vendre son or; Eugénie, pour jeter le sien dans un océan d'affection. Elle remit les pièces dans la vieille bourse, la prit et remonta sans hésitation. La misère secrète de son cousin lui faisait oublier la nuit, les convenances; puis, elle était forte de sa conscience, de son dévouement, de son bonheur. Au moment où elle se montra sur le seuil de la porte, en tenant d'une main la bougie, de l'autre sa bourse, Charles se réveilla, vit sa cousine et resta béant de surprise. Eugénie s'avança, posa le flambeau sur la table et dit d'une voix émue : — Mon cousin, j'ai à vous demander pardon d'une faute grave que j'ai commise envers vous; mais Dieu me le pardonnera, ce péché, si vous voulez l'effacer.

— Qu'est-ce donc? dit Charles en se frottant les yeux.

— J'ai lu ces deux lettres.

Charles rougit.

— Comment cela s'est-il fait? reprit-elle, pourquoi suis-je montée? En vérité, maintenant je ne le sais plus. Mais, je suis tentée de ne pas trop me repentir d'avoir lu ces lettres, puisqu'elles m'ont fait connaître votre cœur, votre âme et...

— Et quoi? demanda Charles.

— Et vos projets, la nécessité où vous êtes d'avoir une somme...

— Ma chère cousine...

— Chut, chut, mon cousin, pas si haut, n'éveillons personne. Voici, dit-elle en ouvrant la bourse, les économies d'une pauvre fille qui n'a besoin de rien. Charles, acceptez-les. Ce matin, j'ignorais ce qu'était l'argent, vous me l'avez appris, ce n'est qu'un moyen, voilà tout. Un cousin est presque un frère, vous pouvez bien emprunter la bourse de votre sœur.

Eugénie, autant femme que jeune fille, n'avait pas prévu des refus, et son cousin restait muet.

— Eh! bien, vous refuseriez? demanda Eugénie dont les palpitations retentirent au milieu du profond silence.

L'hésitation de son cousin l'humilia; mais la nécessité dans laquelle il se trouvait se représenta plus vivement à son esprit, et elle plia le genou.

— Je ne me relèverai pas que vous n'ayez pris cet or! dit-elle. Mon cousin, de grâce, une réponse?... que je sache si vous m'honorez, si vous êtes généreux, si...

En entendant le cri d'un noble désespoir, Charles laissa tomber des larmes sur les mains de sa cousine, qu'il saisit afin de l'empêcher de s'agenouiller. En recevant ces larmes chaudes, Eugénie sauta sur la bourse, la lui versa sur la table.

— Eh! bien, oui, n'est-ce pas? dit-elle en pleurant de joie. Ne craignez rien, mon cousin, vous serez riche. Cet or vous portera bonheur; un jour vous me le rendrez; d'ailleurs, nous nous associerons; enfin je passerai par toutes les conditions que vous m'imposerez. Mais vous devriez ne pas donner tant de prix à ce don.

Charles put enfin exprimer ses sentiments.

— Oui, Eugénie, j'aurais l'âme bien petite, si je n'acceptais pas. Cependant, rien pour rien, confiance pour confiance.

— Que voulez-vous? dit-elle effrayée.

— Écoutez, ma chère cousine, j'ai là...... Il s'interrompit pour montrer sur la commode une caisse carrée enveloppée d'un surtout de cuir. — Là, voyez-vous, une chose qui m'est aussi précieuse que la vie. Cette boîte est un présent de ma mère. Depuis ce matin je pensais que, si elle pouvait sortir de sa tombe, elle vendrait elle-même l'or que sa tendresse lui a fait prodiguer dans ce nécessaire ; mais, accomplie par moi, cette action me paraîtrait un sacrilége. Eugénie serra convulsivement la main de son cousin en entendant ces derniers mots. — Non, reprit-il après une légère pause, pendant laquelle tous deux ils se jetèrent un regard humide, non, je ne veux ni le détruire, ni le risquer dans mes voyages. Chère Eugénie, vous en serez dépositaire. Jamais ami n'aura confié quelque chose de plus sacré à son ami. Soyez-en juge. Il alla prendre la boîte, la sortit du fourreau, l'ouvrit et montra tristement à sa cousine émerveillée un nécessaire où le travail donnait à l'or un prix bien supérieur à celui de son poids. — Ce que vous admirez n'est rien, dit-il en poussant un ressort qui fit partir un double fond. Voilà ce qui, pour moi, vaut la terre entière. Il tira deux portraits, deux chefs-d'œuvre de madame de Mirbel, richement entourés de perles.

— Oh ! la belle personne, n'est-ce pas cette dame à qui vous écriv...

— Non, dit-il en souriant. Cette femme est ma mère, et voici mon père, qui sont votre tante et votre oncle. Eugénie, je devrais vous supplier à genoux de me garder ce trésor. Si je périssais en perdant votre petite fortune, cet or vous dédommagerait ; et, à vous seule, je puis laisser les deux portraits, vous êtes digne de les conserver ; mais détruisez-les, afin qu'après vous ils n'aillent pas en d'autres mains..... Eugénie se taisait. — Hé ! bien, oui, n'est-ce pas ? ajouta-t-il avec grâce.

En entendant les mots qu'elle venait de dire à son cousin, elle lui jeta son premier regard de femme aimante, un de ces regards où il y a presque autant de coquetterie que de profondeur ; il lui prit la main et la baisa.

— Ange de pureté ! entre nous, n'est-ce pas ?... l'argent ne sera jamais rien. Le sentiment, qui en fait quelque chose, sera tout désormais.

— Vous ressemblez à votre mère. Avait-elle la voix aussi douce que la vôtre ?

— Oh ! bien plus douce...

— Oui, pour vous, dit-elle en abaissant ses paupières. Allons, Charles, couchez-vous, je le veux, vous êtes fatigué. A demain.

Elle dégagea doucement sa main d'entre celles de son cousin, qui la reconduisit en l'éclairant. Quand ils furent tous deux sur le seuil de la porte : — Ah! pourquoi suis-je ruiné, dit-il.

— Bah! mon père est riche, je le crois, répondit-elle.

— Pauvre enfant, reprit Charles en avançant un pied dans la chambre et s'appuyant le dos au mur, il n'aurait pas laissé mourir le mien, il ne vous laisserait pas dans ce dénûment, enfin il vivrait autrement.

— Mais il a Froidfond.

— Et que vaut Froidfond?

— Je ne sais pas; mais il a Noyers.

— Quelque mauvaise ferme!

— Il a des vignes et des prés...

— Des misères, dit Charles d'un air dédaigneux. Si votre père avait seulement vingt-quatre mille livres de rente, habiteriez-vous cette chambre froide et nue? ajouta-t-il en avançant le pied gauche.
— Là seront donc mes trésors, dit-il en montrant le vieux bahut pour voiler sa pensée.

— Allez dormir, dit-elle en l'empêchant d'entrer dans une chambre en désordre.

Charles se retira, et ils se dirent bonsoir par un mutuel sourire.

Tous deux ils s'endormirent dans le même rêve, et Charles commença dès lors à jeter quelques roses sur son deuil. Le lendemain matin, madame Grandet trouva sa fille se promenant avant le déjeuner en compagnie de Charles. Le jeune homme était encore triste comme devait l'être un malheureux descendu pour ainsi dire au fond de ses chagrins, et qui, en mesurant la profondeur de l'abîme où il était tombé, avait senti tout le poids de sa vie future.

— Mon père ne reviendra que pour le dîner, dit Eugénie en voyant l'inquiétude peinte sur le visage de sa mère.

Il était facile de voir dans les manières, sur la figure d'Eugénie et dans la singulière douceur qui contracta sa voix, une conformité de pensée entre elle et son cousin. Leurs âmes s'étaient ardemment épousées avant peut-être même d'avoir bien éprouvé la force des sentiments par lesquels ils s'unissaient l'un à l'autre. Charles resta dans la salle, et sa mélancolie y fut respectée. Chacune des trois femmes eut à s'occuper. Grandet ayant oublié ses affaires, il vint un assez grand nombre de personnes. Le couvreur, le plombier, le maçon, les terrassiers, le charpentier, des closiers, des fermiers, les uns pour conclure des marchés relatifs à des réparations, les autres pour payer des fermages ou recevoir de l'argent. Madame Grandet et Eugénie furent donc obligées d'aller et de venir, de répondre aux interminables discours des ouvriers et des gens de la campagne. Nanon encaissait les redevances dans sa cuisine. Elle attendait toujours les ordres de son maître pour savoir ce qui devait être gardé pour la maison ou vendu au marché. L'habitude du bonhomme était, comme celle d'un grand nombre de gentilshommes campagnards, de boire son mauvais vin et de manger ses fruits gâtés. Vers cinq heures du soir, Grandet revint d'Angers ayant eu quatorze mille francs de son or, et tenant dans son portefeuille des bons royaux qui lui portaient intérêt jusqu'au jour où il aurait à payer ses rentes. Il avait laissé Cornoiller à Angers, pour y soigner les chevaux à demi fourbus, et les ramener lentement après les avoir bien fait reposer.

— Je reviens d'Angers, ma femme, dit-il. J'ai faim.

Nanon lui cria de la cuisine : — Est-ce que vous n'avez rien mangé depuis hier ?

— Rien, répondit le bonhomme.

Nanon apporta la soupe. Des Grassins vint prendre les ordres de son client au moment où la famille était à table. Le père Grandet n'avait seulement pas vu son neveu.

— Mangez tranquillement, Grandet, dit le banquier. Nous causerons. Savez-vous ce que vaut l'or à Angers, où l'on en est venu chercher pour Nantes ? je vais en envoyer.

— N'en envoyez pas, répondit le bonhomme, il y en a déjà suffisamment. Nous sommes trop bons amis pour que je ne vous évite pas une perte de temps.

— Mais l'or y vaut treize francs cinquante centimes.

— Dites donc valait.

— D'où diable en serait-il venu?

— Je suis allé cette nuit à Angers, lui répondit Grandet à voix basse.

Le banquier tressaillit de surprise. Puis une conversation s'établit entre eux d'oreille à oreille, pendant laquelle des Grassins et Grandet regardèrent Charles à plusieurs reprises. Au moment où sans doute l'ancien tonnelier dit au banquier de lui acheter cent mille livres de rente, des Grassins laissa derechef échapper un geste d'étonnement.

— Monsieur Grandet, dit-il à Charles, je pars pour Paris; et, si vous aviez des commissions à me donner...

— Aucune, monsieur. Je vous remercie, répondit Charles.

— Remerciez-le mieux que ça, mon neveu. Monsieur va pour arranger les affaires de la maison Guillaume Grandet.

— Y aurait-il donc quelque espoir? demanda Charles.

— Mais, s'écria le tonnelier avec un orgueil bien joué, n'êtes-vous pas mon neveu? votre honneur est le nôtre. Ne vous nommez-vous pas Grandet?

Charles se leva, saisit le père Grandet, l'embrassa, pâlit et sortit. Eugénie contemplait son père avec admiration.

— Allons, adieu, mon bon des Grassins, tout à vous, et emboisez-moi bien ces gens-là! Les deux diplomates se donnèrent une poignée de main, l'ancien tonnelier reconduisit le banquier jusqu'à la porte; puis, après l'avoir fermée, il revint, et dit à Nanon en se plongeant dans son fauteuil : — Donne-moi du cassis? Mais trop ému pour rester en place, il se leva, regarda le portrait de monsieur de La Bertellière et se mit à chanter, en faisant ce que Nanon appelait des pas de danse :

> Dans les gardes-françaises
> J'avais un bon papa.

Nanon, madame Grandet, Eugénie s'examinèrent mutuellement et en silence. La joie du vigneron les épouvantait toujours quand elle arrivait à son apogée. La soirée fut bientôt finie. D'abord le père Grandet voulut se coucher de bonne heure; et, lorsqu'il se couchait, chez lui tout devait dormir; de même que quand Auguste buvait, la Pologne était ivre. Puis Nanon, Charles et Eugénie n'étaient pas moins las que le maître. Quant à madame Grandet, elle dormait, mangeait, buvait, marchait suivant les désirs de son mari. Néanmoins, pendant les deux heures accordées à la digestion, le tonnelier, plus facétieux qu'il ne l'avait jamais été, dit beaucoup de ses apophthegmes particuliers, dont un seul donnera la mesure de son esprit. Quand il eut avalé son cassis, il regarda le verre.

— On n'a pas plutôt mis les lèvres à un verre qu'il est déjà vide! Voilà notre histoire. On ne peut pas être et avoir été. Les écus ne peuvent pas rouler et rester dans votre bourse, autrement la vie serait trop belle.

Il fut jovial et clément. Lorsque Nanon vint avec son rouet :
— Tu dois être lasse, lui dit-il. Laisse ton chanvre.

— Ah! ben!... quien, je m'ennuierais, répondit la servante.

— Pauvre Nanon! Veux-tu du cassis?

— Ah! pour du cassis, je ne dis pas non; madame le fait ben mieux que les apothicaires. Celui qu'i vendent est de la drogue.

— Ils y mettent trop de sucre, ça ne sent plus rien, dit le bonhomme.

Le lendemain, la famille, réunie à huit heures pour le déjeuner, offrit le tableau de la première scène d'une intimité bien réelle. Le malheur avait promptement mis en rapport madame Grandet, Eugénie et Charles; Nanon elle-même sympathisait avec eux sans le savoir. Tous quatre commencèrent à faire une même famille. Quant au vieux vigneron, son avarice satisfaite, et la certitude de voir bientôt partir le mirliflor sans avoir à lui payer autre chose que son voyage à Nantes, le rendirent presque indifférent à sa présence au logis. Il laissa les deux enfants, ainsi qu'il nomma Charles et Eugénie, libres de se comporter comme bon leur semblerait sous l'œil de madame Grandet, en laquelle il avait d'ailleurs une entière confiance en ce qui concernait la morale publique et religieuse. L'alignement de ses prés et des fossés jouxtant la route, ses plantations de peupliers en Loire, et les travaux d'hiver dans ses clos et à Froidfond l'occupèrent exclusivement. Dès lors commença pour Eugénie le primevère de l'amour. Depuis la scène de nuit pendant laquelle la cousine donna son trésor au cousin, son cœur avait suivi le trésor. Complices tous deux du même secret, ils se regardaient en s'exprimant une mutuelle intelligence, qui approfondissait leurs sentiments et les leur rendait mieux communs, plus intimes, en les mettant, pour ainsi dire, tous deux en dehors de la vie ordinaire. La parenté n'autorisait-elle pas une certaine douceur dans l'accent, une tendresse dans les regards : aussi Eugénie se plut-elle à endormir les souffrances de son cousin dans les joies enfantines d'un naissant amour. N'y a-t-il pas de gracieuses similitudes entre les commencements de l'amour et ceux de la vie? Ne berce-t-on pas l'enfant par de doux chants et de gentils regards? Ne lui dit-on pas de merveilleuses histoires qui lui dorent l'avenir? Pour lui l'espérance ne déploie-t-elle pas incessamment ses ailes radieuses? Ne verse-t-il pas tour à tour des larmes de joie et de douleur? Ne se querelle-t-il pas pour des riens, pour des cailloux avec lesquels il essaie de se bâtir un mobile palais, pour des bouquets aussitôt oubliés que coupés? N'est-il pas avide de saisir le temps, d'avancer dans la vie? L'amour est notre seconde transformation. L'enfance et l'amour furent même chose entre Eugénie et Charles : ce fut la passion première avec tous ses enfantillages, d'autant plus caressants pour leurs cœurs qu'ils étaient enveloppés de mélancolie. En se débattant à sa naissance sous les crêpes du deuil, cet amour n'en était d'ailleurs que mieux en harmonie avec la simplicité provinciale de cette maison en ruines. En échangeant quelques mots avec sa cousine au bord du puits, dans cette cour muette; en restant dans ce jardinet, assis sur un banc moussu jusqu'à l'heure où le soleil se couchait, occupés à se dire de grands riens ou recueillis dans le calme qui régnait entre le rempart et la maison, comme on l'est sous les arcades d'une église, Charles comprit la sainteté de l'amour; car sa grande dame, sa chère Annette, ne lui en avait fait connaître que les troubles orageux. Il quittait en ce moment la passion parisienne, coquette, vaniteuse, éclatante, pour l'amour pur et vrai. Il aimait cette maison, dont les mœurs ne lui semblèrent plus si ridicules. Il descendait dès le matin, afin de pouvoir causer avec Eugénie quelques moments avant que Grandet vînt donner les provisions; et, quand les pas du bonhomme retentissaient dans les escaliers, il se sauvait au jardin. La petite criminalité de ce rendez-vous matinal, secret même pour la mère d'Eugénie, et que Nanon faisait semblant de ne pas apercevoir, imprimait à l'amour le plus innocent du monde la vivacité des plaisirs défendus. Puis, quand, après le déjeuner, le père Grandet était parti pour aller voir ses propriétés et ses exploitations, Charles demeurait entre la mère et la fille, éprouvant des délices inconnues à leur prêter les mains pour dévider du fil, à les voir travaillant, à les entendre jaser. La simplicité de cette vie presque monastique, qui lui révéla les beautés de ces âmes auxquelles le monde était inconnu, le toucha vivement. Il avait cru ces mœurs impossibles en France, et n'avait admis leur existence qu'en Allemagne, encore n'était-ce que fabuleusement et dans les romans d'Auguste Lafontaine. Bientôt pour lui Eugénie fut l'idéal de la Marguerite de Gœthe, moins la faute. Enfin de jour en jour ses regards, ses paroles ravirent la pauvre fille, qui s'abandonna délicieusement au courant de l'amour; elle saisissait sa félicité comme un nageur saisit la branche de saule pour se tirer du fleuve et se reposer sur la rive. Les chagrins d'une prochaine absence n'attristaient-ils pas déjà les heures les plus joyeuses de ces fuyardes journées ? Chaque jour un petit événement leur rappelait la prochaine séparation. Ainsi, trois jours après le départ de des Grassins, Charles fut emmené par Grandet au Tribunal de Première Instance avec la solennité que les gens de province attachent à de tels actes, pour y signer une renonciation à la succession de son père. Répudiation terrible ! espèce d'apostasie domestique. Il alla chez maître Cruchot faire faire deux procurations, l'une pour des Grassins, l'autre pour l'ami chargé de vendre son mobilier. Puis il fallut remplir les formalités nécessaires pour obtenir un passeport à l'étranger. Enfin, quand arrivèrent les simples vêtements de deuil que Charles avait demandés à Paris, il fit venir un tailleur de Saumur, et lui vendit sa garde-robe inutile. Cet acte plut singulièrement au père Grandet.

— Ah ! vous voilà comme un homme qui doit s'embarquer et qui veut faire fortune, lui dit-il en le voyant vêtu d'une redingote de gros drap noir. Bien, très bien !

— Je vous prie de croire, monsieur, lui répondit Charles, que je saurai bien avoir l'esprit de ma situation.

— Qu'est-ce que c'est que cela ? dit le bonhomme dont les yeux s'animèrent à la vue d'une poignée d'or que lui montra Charles.

— Monsieur, j'ai réuni mes boutons, mes anneaux, toutes les superfluités que je possède et qui pouvaient avoir quelque valeur ; mais, ne connaissant personne à Saumur, je voulais vous prier ce matin de...

— De vous acheter cela ? dit Grandet en l'interrompant.

— Non, mon oncle, de m'indiquer un honnête homme qui...

— Donnez-moi cela, mon neveu ; j'irai vous estimer cela là-haut, et je reviendrai vous dire ce que cela vaut, à un centime près. Or de bijou, dit-il en examinant une longue chaîne, dix-huit à dix-neuf carats.

Le bonhomme tendit sa large main et emporta la masse d'or.

— Ma cousine, dit Charles, permettez-moi de vous offrir ces deux boutons, qui pourront vous servir à attacher des rubans à vos poignets. Cela fait un bracelet fort à la mode en ce moment.

— J'accepte sans hésiter, mon cousin, dit-elle en lui jetant un regard d'intelligence.

— Ma tante, voici le dé de ma mère, je le gardais précieusement dans ma toilette de voyage, dit Charles en présentant un joli dé d'or à madame Grandet, qui depuis dix ans en désirait un.

— Il n'y a pas de remercîments possibles, mon neveu, dit la vieille mère, dont les yeux se mouillèrent de larmes. Soir et matin dans mes prières j'ajouterai la plus pressante de toutes pour vous, en disant celle des voyageurs. Si je mourais, Eugénie vous conserverait ce bijou.

— Cela vaut neuf cent quatre-vingt-neuf francs soixante-quinze centimes, mon neveu, dit Grandet en ouvrant la porte. Mais, pour vous éviter la peine de vendre cela, je vous en compterai l'argent... en livres.

Le mot en livres signifie sur le littoral de la Loire que les écus de six livres doivent être acceptés pour six francs sans déduction.

— Je n'osais vous le proposer, répondit Charles; mais il me répugnait de brocanter mes bijoux dans la ville que vous habitez. Il faut laver son linge sale en famille, disait Napoléon. Je vous remercie donc de votre complaisance. Grandet se gratta l'oreille, et il y eut un moment de silence. — Mon cher oncle, reprit Charles en le regardant d'un air inquiet, comme s'il eût craint de blesser sa susceptibilité, ma cousine et ma tante ont bien voulu accepter un faible souvenir de moi; veuillez à votre tour agréer des boutons de manche qui me deviennent inutiles : ils vous rappelleront un pauvre garçon qui, loin de vous, pensera certes à ceux qui désormais seront toute sa famille.

— Mon garçon! mon garçon, faut pas te dénuer comme ça... Qu'as-tu donc, ma femme? dit-il en se tournant avec avidité vers elle, ah! un dé d'or. Et toi, fifille, tiens, des agrafes de diamants. Allons, je prends tes boutons, mon garçon, reprit-il en serrant la main de Charles. Mais... tu me permettras de... te payer... ton, oui... ton passage aux Indes. Oui, je veux te payer ton passage. D'autant, vois-tu, mon garçon, qu'en estimant tes bijoux, je n'en ai compté que l'or brut, il y a peut-être quelque chose à gagner sur les façons. Ainsi, voilà qui est dit. Je te donnerai quinze cents francs... en livres, que Cruchot me prêtera; car je n'ai pas un rouge liard ici, à moins que Perrottet, qui est en retard de son fermage, ne me le paye. Tiens, tiens, je vais l'aller voir.

Il prit son chapeau, mit ses gants et sortit.

— Vous vous en irez donc, dit Eugénie en lui jetant un regard de tristesse mêlée d'admiration.

— Il le faut, dit-il en baissant la tête.

Depuis quelques jours, le maintien, les manières, les paroles de Charles étaient devenus ceux d'un homme profondément affligé, mais qui, sentant peser sur lui d'immenses obligations, puise un nouveau courage dans son malheur. Il ne soupirait plus, il s'était fait homme. Aussi jamais Eugénie ne présuma-t-elle mieux du caractère de son cousin qu'en le voyant descendre dans ses habits de gros drap noir, qui allaient bien à sa figure pâlie et à sa sombre contenance. Ce jour-là le deuil fut pris par les deux femmes, qui assistèrent avec Charles à un *Requiem* célébré à la paroisse pour l'âme de feu Guillaume Grandet.

Au second déjeuner, Charles reçut des lettres de Paris, et les lut.

— Hé! bien, mon cousin, êtes-vous content de vos affaires? dit Eugénie à voix basse.

— Ne fais donc jamais de ces questions-là, ma fille, répondit Grandet. Que diable, je ne te dis pas les miennes, pourquoi fourres-tu le nez dans celles de ton cousin? Laisse-le donc, ce garçon.

— Oh! je n'ai point de secrets, dit Charles.

— Ta, ta, ta, mon neveu, tu sauras qu'il faut tenir sa langue en bride dans le commerce.

Quand les deux amants furent seuls dans le jardin, Charles dit à Eugénie en l'attirant sur le vieux banc où ils s'assirent sous le noyer :

— J'avais bien présumé d'Alphonse, il s'est conduit à merveille. Il a fait mes affaires avec prudence et loyauté. Je ne dois rien à Paris, tous mes meubles sont bien vendus, et il m'annonce avoir, d'après les conseils d'un capitaine au long cours, employé trois mille francs qui lui restaient en une pacotille composée de curiosités européennes, desquelles on tire un excellent parti aux Indes. Il a dirigé mes colis sur Nantes, où se trouve un navire en charge pour Java. Dans cinq jours, Eugénie, il faudra nous dire adieu pour toujours peut-être, mais au moins pour longtemps. Ma pacotille et dix mille francs que m'envoient deux de mes amis sont un bien petit commencement. Je ne puis songer à mon retour avant plusieurs années. Ma chère cousine, ne mettez pas en balance ma vie et la vôtre, je puis périr, peut-être se présentera-t-il pour vous un riche établissement...

— Vous m'aimez?... dit-elle.

— Oh! oui, bien, répondit-il avec une profondeur d'accent qui révélait une égale profondeur dans le sentiment.

— J'attendrai, Charles. Dieu! mon père est à sa fenêtre, dit-elle en repoussant son cousin, qui s'approchait pour l'embrasser.

Elle se sauva sous la voûte, Charles l'y suivit; en le voyant, elle se retira au pied de l'escalier et ouvrit la porte battante; puis, sans trop savoir où elle allait, Eugénie se trouva près du bouge de Nanon, à l'endroit le moins clair du couloir; là Charles, qui l'avait accompagnée, lui prit la main, l'attira sur son cœur, la saisit par la taille, et l'appuya doucement sur lui. Eugénie ne résista plus; elle reçut et donna le plus pur, le plus suave, mais aussi le plus entier de tous les baisers.

— Chère Eugénie, un cousin est mieux qu'un frère, il peut t'épouser, lui dit Charles.

— Ainsi soit-il! cria Nanon en ouvrant la porte de son taudis.

Les deux amants, effrayés, se sauvèrent dans la salle, où Eugénie reprit son ouvrage, et où Charles se mit à lire les litanies de la Vierge dans le paroissien de madame Grandet.

— Quien! dit Nanon, nous faisons tous nos prières.

— Dès que Charles eut annoncé son départ, Grandet se mit en mouvement pour faire croire qu'il lui portait beaucoup d'intérêt; il se montra libéral de tout ce qui ne coûtait rien, s'occupa de lui trouver un emballeur, et dit que cet homme prétendait vendre ses caisses trop cher; il voulut alors à toute force les faire lui-même, et y employa de vieilles planches; il se leva dès le matin pour raboter, ajuster, planer, clouer ses voliges et en confectionner de très belles caisses, dans lesquelles il emballa tous les effets de Charles; il se chargea de les faire descendre par bateau sur la Loire, de les assurer, et de les expédier en temps utile à Nantes.

Depuis le baiser pris dans le couloir, les heures s'enfuyaient pour Eugénie avec une effrayante rapidité. Parfois elle voulait suivre son cousin. Celui qui a connu la plus attachante des passions, celle dont la durée est chaque jour abrégée par l'âge, par le temps, par une maladie mortelle, par quelques unes des fatalités humaines, celui-là comprendra les tourments d'Eugénie. Elle pleurait souvent en se promenant dans ce jardin, maintenant trop étroit pour elle, ainsi que la cour, la maison, la ville : elle s'élançait par avance sur la vaste étendue des mers. Enfin la veille du départ arriva. Le matin, en l'absence de Grandet et de Nanon, le précieux coffret où se trouvaient les deux portraits fut solennellement installé dans le seul tiroir du bahut qui fermait à clef, et où était la bourse maintenant vide. Le dépôt de ce trésor n'alla pas sans bon nombre de baisers et de larmes. Quand Eugénie mit la clef dans son sein, elle n'eut pas le courage de défendre à Charles d'y baiser la place.

— Elle ne sortira pas de là, mon ami.

— Eh! bien, mon cœur y sera toujours aussi.

— Ah! Charles, ce n'est pas bien, dit-elle d'un accent peu grondeur.

— Ne sommes-nous pas mariés? répondit-il; j'ai ta parole, prends la mienne.

— A toi, pour jamais! fut dit deux fois de part et d'autre.

Aucune promesse faite sur cette terre ne fut plus pure : la candeur d'Eugénie avait momentanément sanctifié l'amour de Charles. Le lendemain matin le déjeuner fut triste. Malgré la robe d'or et une croix à la Jeannette que lui donna Charles, Nanon elle-même, libre d'exprimer ses sentiments, eut la larme à l'œil.

— Ce pauvre mignon, monsieur, qui s'en va sur mer. Que Dieu le conduise.

A dix heures et demie, la famille se mit en route pour accompagner Charles à la diligence de Nantes. Nanon avait lâché le chien, fermé la porte, et voulut porter le sac de nuit de Charles. Tous les marchands de la vieille rue étaient sur le seuil de leurs boutiques pour voir passer ce cortége, auquel se joignit sur la place maître Cruchot.

— Ne va pas pleurer, Eugénie, lui dit sa mère.

— Mon neveu, dit Grandet sous la porte de l'auberge, en embrassant Charles sur les deux joues, partez pauvre, revenez riche, vous trouverez l'honneur de votre père sauf. Je vous en réponds, moi, Grandet; car, alors, il ne tiendra qu'à vous de...

— Ah! mon oncle, vous adoucissez l'amertume de mon départ. N'est-ce pas le plus beau présent que vous puissiez me faire?

Ne comprenant pas les paroles du vieux tonnelier, qu'il avait interrompu, Charles répandit sur le visage tanné de son oncle des larmes de reconnaissance, tandis qu'Eugénie serrait de toutes ses forces la main de son cousin et celle de son père. Le notaire seul souriait en admirant la finesse de Grandet, car lui seul avait bien compris le bonhomme. Les quatre Saumurois, environnés de plusieurs personnes, restèrent devant la voiture jusqu'à ce qu'elle partît; puis, quand elle disparut sur le pont et ne retentit plus que dans le lointain : — Bon voyage! dit le vigneron. Heureusement maître Cruchot fut le seul qui entendit cette exclamation. Eugénie et sa mère étaient allées à un endroit du quai d'où elles pouvaient encore voir la diligence, et agitaient leurs mouchoirs blancs, signe auquel répondit Charles en déployant le sien.

— Ma mère, je voudrais avoir pour un moment la puissance de Dieu, dit Eugénie au moment où elle ne vit plus le mouchoir de Charles.

Pour ne point interrompre le cours des événements qui se passèrent au sein de la famille Grandet, il est nécessaire de jeter par anticipation un coup d'œil sur les opérations que le bonhomme fit à Paris par l'entremise de des Grassins. Un mois après le départ du banquier, Grandet possédait une inscription de cent mille livres de rente achetée à quatre-vingts francs net. Les renseignements donnés à sa mort par son inventaire n'ont jamais fourni la moindre lumière sur les moyens que sa défiance lui suggéra pour échanger le prix de l'inscription contre l'inscription elle-même. Maître Cruchot pensa que Nanon fut, à son insu, l'instrument fidèle du transport des fonds. Vers cette époque, la servante fit une absence de cinq jours, sous prétexte d'aller ranger quelque chose à Froidfond, comme si le bonhomme était capable de laisser traîner quelque chose. En ce qui concerne les affaires de la maison Guillaume Grandet, toutes les prévisions du tonnelier se réalisèrent.

A la Banque de France se trouvent, comme chacun sait, les renseignements les plus exacts sur les grandes fortunes de Paris et des départements. Les noms de des Grassins et de Félix Grandet de Saumur y étaient connus, et y jouissaient de l'estime accordée aux célébrités financières qui s'appuient sur d'immenses propriétés territoriales libres d'hypothèques. L'arrivée du banquier de Saumur, chargé, disait-on, de liquider par honneur la maison Grandet de Paris, suffit donc pour éviter à l'ombre du négociant la honte des protêts. La levée des scellés se fit en présence des créanciers, et le notaire de la famille se mit à procéder régulièrement à l'inventaire de la succession. Bientôt des Grassins réunit les créanciers, qui, d'une voix unanime, élurent pour liquidateurs le banquier de Saumur, conjointement avec François Keller, chef d'une riche maison, l'un des principaux intéressés, et leur confièrent tous les pouvoirs nécessaires pour sauver à la fois l'honneur de la famille et les créances. Le crédit du Grandet de Saumur, l'espérance qu'il répandit au cœur des créanciers par l'organe de des Grassins, facilitèrent les transactions ; il ne se rencontra pas un seul récalcitrant parmi les créanciers. Personne ne pensait à passer sa créance au compte de Profits et Pertes, et chacun se disait : — Grandet de Saumur paiera ! Six mois s'écoulèrent. Les Parisiens avaient remboursé les effets en circulation et les conservaient au fond de leurs portefeuilles. Premier résultat que voulait obtenir le tonnelier. Neuf mois après la première assemblée, les deux liquidateurs distribuèrent quarante-sept pour cent à chaque créancier. Cette somme fut produite par la vente des valeurs, possessions, biens et choses généralement quelconques appartenant à feu Guillaume Grandet, et qui fut faite avec une fidélité scrupuleuse. La plus exacte probité présidait à cette liquidation. Les créanciers se plurent à reconnaître l'admirable et incontestable honneur des Grandet. Quand ces louanges eurent circulé convenablement, les créanciers demandèrent le reste de leur argent. Il leur fallut écrire une lettre collective à Grandet.

— Nous y voilà, dit l'ancien tonnelier en jetant la lettre au feu ; patience, mes petits amis.

En réponse aux propositions contenues dans cette lettre, Grandet de Saumur demanda le dépôt chez un notaire de tous les titres de créance existants contre la succession de son frère, en les accompagnant d'une quittance des payements déjà faits, sous prétexte d'apurer les comptes, et de correctement établir l'état de la succession. Ce dépôt souleva mille difficultés. Généralement, le créancier est une sorte de maniaque. Aujourd'hui prêt à conclure, demain il veut tout mettre à feu et à sang ; plus tard il se fait ultra-débonnaire. Aujourd'hui sa femme est de bonne humeur, son petit dernier a fait ses dents, tout va bien au logis, il ne veut pas perdre un sou ; demain il pleut, il ne peut pas sortir, il est mélancolique, il dit oui à toutes les propositions qui peuvent terminer une affaire ; le surlendemain il lui faut des garanties, à la fin du mois il prétend vous exécuter, le bourreau ! Le créancier ressemble à ce moineau franc à la queue duquel on engage les petits enfants à tâcher de poser un grain de sel ; mais le créancier rétorque cette image contre sa créance, de laquelle il ne peut rien saisir. Grandet avait observé les variations atmosphériques des créanciers, et ceux de son frère obéirent à tous ses calculs. Les uns se fâchèrent et se refusèrent *net* au dépôt. — Bon! ça va bien, disait Grandet en se frottant les mains à la lecture des lettres que lui écrivait à ce sujet des Grassins. Quelques autres ne consentirent audit dépôt que sous la condition de faire bien constater leurs droits, ne renoncer à aucuns, et se réserver même celui de faire déclarer la faillite. Nouvelle correspondance, après laquelle Grandet de Saumur consentit à toutes les réserves demandées. Moyennant cette concession, les créanciers bénins firent entendre raison aux créanciers durs. Le dépôt eut lieu, non sans quelques plaintes. — Ce bonhomme, dit-on à des Grassins, se moque de vous et de nous. Vingt-trois mois après la mort de Guillaume Grandet, beaucoup de commerçants, entraînés par le mouvement des affaires de Paris, avaient oublié leurs recouvrements Grandet, ou n'y pensaient que pour se dire : — Je commence à croire que les quarante-sept pour cent sont tout ce que je tirerai de cela. Le tonnelier avait calculé sur la puissance du temps, qui, disait-il, est un bon diable. A la fin de la troisième année, des Grassins écrivit à Grandet que, moyennant dix pour cent des deux millions quatre cent mille francs restant dus par la maison Grandet, il avait amené les créanciers à lui rendre leurs titres. Grandet répondit que le notaire et l'agent de change dont les épouvantables faillites avaient causé la mort de son frère, vivaient, *eux!* pouvaient être devenus bons, et qu'il fallait les actionner afin d'en tirer quelque chose et diminuer le chiffre du déficit. A la fin de la quatrième année, le déficit fut bien et dûment arrêté à la somme de douze cent mille francs. Il y eut des pourparlers qui durèrent six mois entre les liquidateurs et les créanciers, entre Grandet et les liquidateurs. Bref, vivement pressé de s'exécuter, Grandet de Saumur répondit aux deux liquidateurs, vers le neuvième mois de cette année, que son neveu, qui avait fait fortune aux Indes, lui avait manifesté l'intention de payer intégralement les dettes de son père; il ne pouvait pas prendre sur lui de les solder frauduleusement sans l'avoir consulté; il attendait une réponse. Les créanciers, vers le milieu de la cinquième année, étaient encore tenus en échec avec le mot *intégralement*, de temps en temps lâché par le sublime tonnelier, qui riait dans sa barbe, et ne disait jamais, sans laisser échapper un fin sourire et un juron, le mot : — Ces PARISIENS! Mais les créanciers furent réservés à un sort inouï dans les fastes du commerce. Ils se retrouveront dans la position où les avait maintenus Grandet au moment où les événements de cette histoire les obligeront à y reparaître. Quand les rentes atteignirent à 115, le père Grandet vendit, retira de Paris environ deux millions quatre cent mille francs en or, qui rejoignirent dans ses barillets les six cent mille francs d'intérêts composés que lui avaient donnés ses inscriptions. Des Grassins demeurait à Paris. Voici pourquoi. D'abord il fut nommé député; puis il s'amouracha, lui père de famille, mais ennuyé par l'ennuyeuse vie saumuroise, de Florine, une des plus jolies actrices du théâtre de Madame, et il y eut recrudescence du quartier-maître chez le banquier. Il est inutile de parler de sa conduite; elle fut jugée à Saumur profondément immorale. Sa femme se trouva très heureuse d'être séparée de biens et d'avoir assez de tête pour mener la maison de Saumur, dont les affaires se continuèrent sous son nom, afin de réparer les brèches faites à sa fortune par les folies de monsieur des Grassins. Les Cruchotins empiraient si bien la situation fausse de la quasi-veuve, qu'elle maria fort mal sa fille, et dut renoncer à l'alliance d'Eugénie Grandet pour son fils. Adolphe rejoignit des Grassins à Paris, et y devint, dit-on, un fort mauvais sujet. Les Cruchot triomphèrent.

— Votre mari n'a pas de bon sens, disait Grandet en prêtant une somme à madame des Grassins, moyennant sûretés. Je vous plains beaucoup, vous êtes une bonne petite femme.

— Ah! monsieur, répondit la pauvre dame, qui pouvait croire que le jour où il partit de chez vous pour aller à Paris, il courait à sa ruine.

— Le ciel m'est témoin, madame, que j'ai tout fait jusqu'au dernier moment pour l'empêcher d'y aller. Monsieur le président voulait à toute force l'y remplacer; et, s'il tenait tant à s'y rendre, nous savons maintenant pourquoi.

Ainsi Grandet n'avait aucune obligation à des Grassins.

En toute situation, les femmes ont plus de causes de douleur que n'en a l'homme, et souffrent plus que lui. L'homme a sa force, et l'exercice de sa puissance : il agit, il va, il s'occupe, il pense, il embrasse l'avenir et y trouve des consolations. Ainsi faisait Charles. Mais la femme demeure, elle reste face à face avec le chagrin dont rien ne la distrait, elle descend jusqu'au fond de l'abîme qu'il a ouvert, le mesure et souvent le comble de ses vœux et de ses larmes. Ainsi faisait Eugénie. Elle s'initiait à sa destinée. Sentir, aimer, souffrir, se dévouer, sera toujours le texte de la vie des femmes. Eugénie devait être toute la femme, moins ce qui la console. Son bonheur, amassé comme les clous semés sur la muraille, suivant la sublime expression de Bossuet, ne devait pas un jour lui remplir le creux de la main. Les chagrins ne se font jamais attendre, et pour elle ils arrivèrent bientôt. Le lendemain du départ de Charles, la maison Grandet reprit sa physionomie pour tout le monde, excepté pour Eugénie, qui la trouva tout à coup bien vide. A l'insu de son père, elle voulut que la chambre de Charles restât dans l'état où il l'avait laissée. Madame Grandet et Nanon furent volontiers complices de ce *statu quo*.

— Qui sait s'il ne reviendra pas plus tôt que nous ne le croyons? dit-elle.

— Ah! je le voudrais voir ici, répondit Nanon. Je m'accoutumais ben à lui! C'était un ben doux, un ben parfait monsieur, quasiment joli, moutonné comme une fille. Eugénie regarda Nanon.

— Sainte Vierge, mademoiselle, vous avez les yeux à la perdition de votre âme! Ne regardez donc pas le monde comme ça.

Depuis ce jour, la beauté de mademoiselle Grandet prit un nouveau caractère. Les graves pensées d'amour par lesquelles son âme était lentement envahie, la dignité de la femme aimée donnèrent à ses traits cette espèce d'éclat que les peintres figurent par l'auréole. Avant la venue de son cousin, Eugénie pouvait être comparée à la Vierge avant la conception; quand il fut parti elle ressemblait à la Vierge mère : elle avait conçu l'amour. Ces deux Maries, si différentes et si bien représentées par quelques peintres espagnols, constituent l'une des plus brillantes figures qui abondent dans le christianisme. En revenant de la messe, où elle alla le lendemain du départ de Charles, et où elle avait fait vœu d'aller tous les jours, elle prit, chez le libraire de la ville, une mappemonde qu'elle cloua près de son miroir, afin de suivre son cousin dans sa route vers les Indes, afin de pouvoir se mettre un peu, soir et matin, dans le vaisseau qui l'y transportait, de le voir, de lui adresser mille questions, de lui dire : — Es-tu bien? ne souffres-tu pas? penses-tu bien à moi, en voyant cette étoile dont tu m'as appris à connaître les beautés et l'usage? Puis, le matin, elle restait pensive sous le noyer, assise sur le banc de bois rongé par les vers et garni de mousse grise où ils s'étaient dit tant de bonnes choses, de niaiseries, où ils avaient bâti les châteaux en Espagne de leur joli ménage. Elle pensait à l'avenir en regardant le ciel par le petit espace que les murs lui permettaient d'embrasser; puis le vieux pan de muraille, et le toit sous lequel était la chambre de Charles. Enfin ce fut l'amour solitaire, l'amour vrai qui persiste, qui se glisse dans toutes les pensées, et devient la substance, ou, comme eussent dit nos pères, l'étoffe de la vie. Quand les soi-disant amis du père Grandet venaient faire la partie le soir, elle était gaie, elle dissimulait ; mais, pendant toute la matinée, elle causait de Charles avec sa mère et Nanon. Nanon avait compris qu'elle pouvait compatir aux souffrances de sa jeune maîtresse sans manquer à ses devoirs envers son vieux patron, elle qui disait à Eugénie : — Si j'avais eu un homme à moi, je l'aurais... suivi dans l'enfer. Je l'aurais... quoi... Enfin, j'aurais voulu m'exterminer pour lui ; mais... rin. Je mourrai sans savoir ce que c'est que la vie. Croiriez-vous, mademoiselle, que ce vieux Cornoiller, qui est un bon homme tout de même, tourne autour de ma jupe, rapport à mes rentes, tout comme ceux qui viennent ici flairer le magot de monsieur, en vous faisant la cour ? Je vois ça, parce que je suis encore fine, quoique je sois grosse comme une tour ; hé ! bien, mam'zelle, ça me fait plaisir, quoique ça ne soye pas de l'amour.

Deux mois se passèrent ainsi. Cette vie domestique, jadis si monotone, s'était animée par l'immense intérêt du secret qui liait plus intimement ces trois femmes. Pour elles, sous les planchers grisâtres de cette salle, Charles vivait, allait, venait encore. Soir et matin Eugénie ouvrait la toilette et contemplait le portrait de sa tante. Un dimanche matin elle fut surprise par sa mère au moment où elle était occupée à chercher les traits de Charles dans ceux du portrait. Madame Grandet fut alors initiée au terrible secret de l'échange fait par le voyageur contre le trésor d'Eugénie.

— Tu lui as tout donné, dit la mère épouvantée. Que diras-tu donc à ton père, au jour de l'an, quand il voudra voir ton or ?

Les yeux d'Eugénie devinrent fixes, et ces deux femmes demeurèrent dans un effroi mortel pendant la moitié de la matinée. Elles furent assez troublées pour manquer la grand'messe, et n'allèrent qu'à la messe militaire. Dans trois jours l'année 1819 finissait. Dans trois jours devait commencer une terrible action, une tragédie bourgeoise sans poison, ni poignard, ni sang répandu ; mais, relativement aux acteurs, plus cruelle que tous les drames accomplis dans l'illustre famille des Atrides.

— Qu'allons-nous devenir ? dit madame Grandet à sa fille en laissant son tricot sur ses genoux.

La pauvre mère subissait de tels troubles depuis deux mois que les manches de laine dont elle avait besoin pour son hiver n'étaient pas encore finies. Ce fait domestique, minime en apparence, eut de tristes résultats pour elle. Faute de manches, le froid la saisit d'une façon fâcheuse au milieu d'une sueur causée par une épouvantable colère de son mari.

— Je pensais, ma pauvre enfant, que, si tu m'avais confié ton secret, nous aurions eu le temps d'écrire à Paris à monsieur des Grassins. Il aurait pu nous envoyer des pièces d'or semblables aux tiennes; et, quoique Grandet les connaisse bien, peut-être...

— Mais où donc aurions-nous pris tant d'argent?

— J'aurais engagé mes propres. D'ailleurs monsieur des Grassins nous eût bien...

— Il n'est plus temps, répondit Eugénie d'une voix sourde et altérée en interrompant sa mère. Demain matin ne devons-nous pas aller lui souhaiter la bonne année dans sa chambre?

— Mais, ma fille, pourquoi n'irais-je donc pas voir les Cruchot?

— Non, non, ce serait me livrer à eux et nous mettre sous leur dépendance. D'ailleurs j'ai pris mon parti. J'ai bien fait, je ne me repens de rien. Dieu me protégera. Que sa sainte volonté se fasse. Ah? si vous aviez lu sa lettre, vous n'auriez pensé qu'à lui, ma mère.

Le lendemain matin, premier janvier 1820, la terreur flagrante à laquelle la mère et la fille étaient en proie leur suggéra la plus naturelle des excuses pour ne pas venir solennellement dans la chambre de Grandet. L'hiver de 1819 à 1820 fut un des plus rigoureux de l'époque. La neige encombrait les toits.

Madame Grandet dit à son mari, dès qu'elle l'entendit se remuant dans sa chambre: — Grandet, fais donc allumer par Nanon un peu de feu chez moi; le froid est si vif que je gèle sous ma couverture. Je suis arrivée à un âge où j'ai besoin de ménagements. D'ailleurs, reprit-elle après une légère pause, Eugénie viendra s'habiller là. Cette pauvre fille pourrait gagner une maladie à faire sa toilette chez elle par un temps pareil. Puis nous irons te souhaiter le bon an près du feu, dans la salle.

— Ta, ta, ta, ta, quelle langue! comme tu commences l'année, madame Grandet? Tu n'as jamais tant parlé. Cependant tu n'as pas mangé de pain trempé dans du vin, je pense. Il y eut un moment de silence. Eh! bien, reprit le bonhomme, que sans doute la proposition de sa femme arrangeait, je vais faire ce que vous voulez, madame Grandet. Tu es vraiment une bonne femme, et je ne veux pas qu'il t'arrive malheur à l'échéance de ton âge, quoique en général les La Bertellière soient faits de vieux ciment. Hein! pas vrai? cria-t-il après une pause Enfin, nous en avons hérité, je leur pardonne. Et il toussa.

— Vous êtes gai ce matin, monsieur, dit gravement la pauvre femme.

— Toujours gai, moi...

> Gai, gai, gai, le tonnelier,
> Raccommodez votre cuvier!

ajouta-t-il en entrant chez sa femme tout habillé. Oui, nom d'un petit bonhomme, il fait solidement froid tout de même. Nous déjeunerons bien, ma femme. Des Grassins m'a envoyé un pâté de foies gras truffés! Je vais aller le chercher à la diligence. Il doit y avoir joint un double napoléon pour Eugénie, vint lui dire le tonnelier à l'oreille. Je n'ai plus d'or, ma femme. J'avais bien encore quelques vieilles pièces, je puis te dire cela à toi; mais il a fallu les lâcher pour les affaires. Et, pour célébrer le premier jour de l'an, il l'embrassa sur le front.

— Eugénie, cria la bonne mère, je ne sais sur quel côté ton père a dormi; mais il est bon homme, ce matin. Bah! nous nous en tirerons.

— Quoi qu'il a donc, notre maître? dit Nanon en entrant chez sa maîtresse pour y allumer du feu. D'abord, il m'a dit : « Bonjour, bon an, grosse bête! Va faire du feu chez ma femme, elle a froid. » Ai-je été sotte quand je l'ai vu me tendant la main pour me donner un écu de six francs qui n'est quasi point rogné du tout! Tenez, madame, regardez-le donc? Oh! le brave homme. C'est un digne homme, tout de même. Il y en a qui, pus y deviennent vieux, pus y durcissent; mais lui, il se fait doux comme votre cassis, et y rabonit. C'est un ben parfait, un ben bon homme...

Le secret de cette joie était dans une entière réussite de la spéculation de Grandet. Monsieur des Grassins, après avoir déduit les sommes que lui devait le tonnelier pour l'escompte des cent cinquante mille francs d'effets hollandais, et pour le surplus qu'il lui avait avancé afin de compléter l'argent nécessaire à l'achat des cent mille livres de rente, lui envoyait, par la diligence, trente mille francs en écus, restant sur le semestre de ses intérêts, et lui avait annoncé la hausse des fonds publics. Ils étaient alors à 89, les plus célèbres capitalistes en achetaient, fin janvier, à 92. Grandet gagnait, depuis deux mois, douze pour cent sur ses capitaux, il avait apuré ses comptes, et allait désormais toucher cinquante mille francs tous les six mois sans avoir à payer ni impositions, ni réparations. Il concevait enfin la rente, placement pour lequel les gens de province manifestent une répugnance invincible, et il se voyait, avant cinq ans, maître d'un capital de six millions grossi sans beaucoup de soins, et qui, joint à la valeur territoriale de ses propriétés, composerait une fortune colossale. Les six francs donnés à Nanon étaient peut-être le solde d'un immense service que la servante avait à son insu rendu à son maître.

— Oh! oh! où va donc le père Grandet, qu'il court dès le matin comme au feu? se dirent les marchands occupés à ouvrir leurs boutiques. Puis, quand ils le virent revenant du quai suivi d'un facteur des messageries transportant sur une brouette des sacs pleins : — L'eau va toujours à la rivière, le bonhomme allait à ses écus, disait l'un. — Il lui en vient de Paris, de Froidfond, de Hollande! disait un autre. — Il finira par acheter Saumur, s'écriait un troisième. — Il se moque du froid, il est toujours à son affaire, disait une femme à son mari. — Eh! eh! monsieur Grandet, si ça vous gênait, lui dit un marchand de drap, son plus proche voisin, je vous en débarrasserais.

— Ouin! ce sont des sous, répondit le vigneron.

— D'argent, dit le facteur à voix basse.

— Si tu veux que je te soigne, mets une bride à ta *margoulette*, dit le bonhomme au facteur en ouvrant sa porte.

— Ah! le vieux renard, je le croyais sourd, pensa le facteur; il paraît que quand il fait froid il entend.

— Voilà vingt sous pour tes étrennes, et *motus!* Détale! lui dit Grandet. Nanon te reportera ta brouette. — Nanon, les linottes sont-elles à la messe?

— Oui, monsieur.

— Allons, haut la patte! à l'ouvrage, cria-t-il en la chargeant de sacs. En un moment les écus furent transportés dans sa chambre où il s'enferma. Quand le déjeuner sera prêt, tu me cogneras au mur. Reporte la brouette aux Messageries.

La famille ne déjeuna qu'à dix heures.

— Ici ton père ne demandera pas à voir ton or, dit madame

Grandet à sa fille en rentrant de la messe. D'ailleurs tu feras la frileuse. Puis nous aurons le temps de remplir ton trésor pour le jour de ta naissance...

Grandet descendit l'escalier en pensant à métamorphoser promptement ses écus parisiens en bon or et à son admirable spéculation des rentes sur l'État. Il était décidé à placer ainsi ses revenus jusqu'à ce que la rente atteignît le taux de cent francs. Méditation funeste à Eugénie. Aussitôt qu'il entra, les deux femmes lui souhaitèrent une bonne année, sa fille en lui sautant au cou et le câlinant, madame Grandet gravement et avec dignité.

— Ah! ah! mon enfant, dit-il en baisant sa fille sur les joues, je travaille pour toi, vois-tu?... je veux ton bonheur. Il faut de l'argent pour être heureux. Sans argent, bernique. Tiens, voilà un napoléon tout neuf, je l'ai fait venir de Paris. Nom d'un petit bonhomme, il n'y a pas un grain d'or ici. Il n'y a que toi qui as de l'or. Montre-moi ton or, fifille.

— Bah! il fait trop froid; déjeunons, lui répondit Eugénie.

— Hé! bien, après, hein? Ça nous aidera tous à digérer. Ce gros des Grassins, il nous a envoyé ça tout de même, reprit-il. Ainsi mangez, mes enfants, ça ne nous coûte rien. Il va bien des Grassins, je suis content de lui. Le merluchon rend service à Charles, et gratis encore. Il arrange très-bien les affaires de ce pauvre défunt Grandet. — Ououh! ououh! fit-il, la bouche pleine, après une pause, cela est bon! Manges-en donc, ma femme! ça nourrit au moins pour deux jours.

— Je n'ai pas faim. Je suis toute malingre, tu le sais bien.

— Ah! ouin! Tu peux te bourrer sans crainte de faire crever ton coffre; tu es une La Bertellière, une femme solide. Tu es bien un petit brin jaunette, mais j'aime le jaune.

L'attente d'une mort ignominieuse et publique est moins horrible peut-être pour un condamné que ne l'était pour madame Grandet et pour sa fille l'attente des événements qui devaient terminer ce déjeuner de famille. Plus gaiement parlait et mangeait le vieux vigneron, plus le cœur de ces deux femmes se serrait. La fille avait néanmoins un appui dans cette conjoncture : elle puisait de la force en son amour.

— Pour lui, pour lui, se disait-elle, je souffrirais mille morts.

A cette pensée, elle jetait à sa mère des regards flamboyants de courage.

— Ote tout cela, dit Grandet à Nanon quand, vers onze heures, le déjeuner fut achevé; mais laisse-nous la table. Nous serons plus à l'aise pour voir ton petit trésor, dit-il en regardant Eugénie. Petit, ma foi, non. Tu possèdes, valeur intrinsèque, cinq mille neuf cent cinquante-neuf francs, et quarante de ce matin, cela fait six mille francs moins un. Eh! bien, je te donnerai, moi, ce franc pour compléter la somme, parce que, vois-tu, fifille... Hé! bien, pourquoi nous écoutes-tu? Montre-moi tes talons, Nanon, et va faire ton ouvrage, dit le bonhomme. Nanon disparut. — Écoute, Eugénie, il faut que tu me donnes ton or. Tu ne le refuseras pas à ton pépère, ma petite fifille, hein? Les deux femmes étaient muettes. — Je n'ai plus d'or, moi. J'en avais, je n'en ai plus. Je te rendrai six mille francs en livres, et tu vas les placer comme je vais te le dire. Il ne faut plus penser au douzain. Quand je te marierai, ce qui sera bientôt, je te trouverai un futur qui pourra t'offrir le plus beau douzain dont on aura jamais parlé dans la province. Écoute donc, fifille. Il se présente une belle occasion : tu peux mettre tes six mille francs dans le gouvernement, et tu en auras tous les six mois près de deux cents francs d'intérêts, sans impôts, ni réparations, ni grêle, ni gelée, ni marée, ni rien de ce qui tracasse les revenus. Tu répugnes peut-être à te séparer de ton or, hein, fifille? Apporte-le-moi tout de même. Je te ramasserai des pièces d'or, des hollandaises, des portugaises, des roupies du Mogol, des génovines; et, avec celles que je te donnerai à tes fêtes, en trois ans tu auras rétabli la moitié de ton joli petit trésor en or. Que dis-tu, fifille? Lève donc le nez. Allons, va le chercher, le mignon. Tu devrais me baiser sur les yeux pour te dire ainsi des secrets et des mystères de vie et de mort pour les écus. Vraiment les écus vivent et grouillent comme des hommes : ça va, ça vient, ça sue, ça produit.

Eugénie se leva, mais, après avoir fait quelques pas vers la porte, elle se retourna brusquement, regarda son père en face et lui dit :

— Je n'ai plus *mon* or.

— Tu n'as plus ton or! s'écria Grandet en se dressant sur ses jarrets comme un cheval qui entend tirer le canon à dix pas de lui.

— Non, je ne l'ai plus.

— Tu te trompes, Eugénie.

— Non.

— Par la serpette de mon père !

Quand le tonnelier jurait ainsi, les planchers tremblaient.

21.

— Bon saint bon Dieu ! voilà madame qui pâlit, cria Nanon.

— Grandet, ta colère me fera mourir, dit la pauvre femme.

— Ta, ta, ta, ta, vous autres, vous ne mourez jamais dans votre famille ! — Eugénie, qu'avez-vous fait de vos pièces? cria-t-il en fondant sur elle.

— Monsieur, dit la fille aux genoux de madame Grandet, ma mère souffre beaucoup. Voyez, ne la tuez pas.

Grandet fut épouvanté de la pâleur répandue sur le teint de sa femme, naguère si jaune.

— Nanon, venez m'aider à me coucher, dit la mère d'une voix faible. Je meurs.

Aussitôt Nanon donna le bras à sa maîtresse, autant en fit Eugénie, et ce ne fut pas sans des peines infinies qu'elles purent la monter chez elle, car elle tombait en défaillance de marche en marche. Grandet resta seul. Néanmoins, quelques moments après, il monta sept ou huit marches, et cria : — Eugénie, quand votre mère sera couchée, vous descendrez.

— Oui, mon père.

Elle ne tarda pas à venir, après avoir rassuré sa mère.

— Ma fille, lui dit Grandet, vous allez me dire où est votre trésor.

— Mon père si vous me faites des présents dont je ne sois pas entièrement maîtresse, reprenez-les, répondit froidement Eugénie en cherchant le napoléon sur la cheminée et le lui présentant.

Grandet saisit vivement le napoléon et le coula dans son gousset.

— Je crois bien que je ne te donnerai plus rien. Pas seulement ça ! dit-il en faisant claquer l'ongle de son pouce sous sa maîtresse dent. Vous méprisez donc votre père, vous n'avez donc pas confiance en lui, vous ne savez donc pas ce que c'est qu'un père ? S'il n'est pas tout pour vous, il n'est rien. Où est votre or ?

— Mon père, je vous aime et vous respecte, malgré votre colère ; mais je vous ferai fort humblement observer que j'ai vingt-deux ans. Vous m'avez assez souvent dit que je suis majeure, pour que je le sache. J'ai fait de mon argent ce qu'il m'a plu d'en faire, et soyez sûr qu'il est bien placé....

— Où ?

— C'est un secret inviolable, dit-elle. N'avez-vous pas vos secrets?

— Ne suis-je pas le chef de ma famille, ne puis-je avoir mes affaires ?

— C'est aussi mon affaire.

— Cette affaire doit être mauvaise, si vous ne pouvez pas la dire à votre père, mademoiselle Grandet.

— Elle est excellente, et je ne puis pas la dire à mon père.

— Au moins, quand avez-vous donné votre or ? Eugénie fit un signe de tête négatif. — Vous l'aviez encore le jour de votre fête, hein ? Eugénie, devenue aussi rusée par amour que son père l'était par avarice, réitéra le même signe de tête. — Mais on n'a jamais vu pareil entêtement, ni vol pareil, dit Grandet d'une voix qui alla *crescendo* et qui fit graduellement retentir la maison. Comment ! ici, dans ma propre maison, chez moi, quelqu'un aura pris ton or ! le seul or qu'il y avait ! et je ne saurai pas qui ? L'or est une chose chère Les plus honnêtes filles peuvent faire des fautes, donner je ne sais quoi, cela se voit chez les grands seigneurs et même chez les bourgeois; mais donner de l'or, car vous l'avez donné à quelqu'un, hein ? Eugénie fut impassible. A-t-on vu pareille fille ! Est-ce moi qui suis votre père ? Si vous l'avez placé, vous en avez un reçu....

— Étais-je libre, oui ou non, d'en faire ce que bon me semblait ? Était-ce à moi ?

— Mais tu es un enfant.

— Majeure.

Abasourdi par la logique de sa fille, Grandet pâlit, trépigna, jura; puis trouvant enfin des paroles, il cria : — Maudit serpent de fille ! ah ! mauvaise graine, tu sais bien que je t'aime, et tu en abuses. Elle égorge son père ! Pardieu, tu auras jeté notre fortune aux pieds de ce va-nu-pieds qui a des bottes de maroquin. Par la serpette de mon père, je ne peux pas te déshériter, nom d'un tonneau ! mais je te maudis, toi, ton cousin, et tes enfants ! Tu ne verras rien arriver de bon de tout cela, entends-tu ? Si c'était à Charles que... Mais, non, ce n'est pas possible. Quoi ! ce méchant mirliflor m'aurait dévalisé... Il regarda sa fille qui restait muette et froide. — Elle ne bougera pas, elle ne sourcillera pas, elle est plus Grandet que je ne suis Grandet. Tu n'as pas donné ton or pour rien, au moins. Voyons, dis ? Eugénie regarda son père, en lui jetant un regard ironique qui l'offensa. Eugénie, vous êtes chez moi, chez votre père. Vous devez, pour y rester, vous soumettre à ses ordres. Les prêtres vous ordonnent de m'obéir. Eugénie baissa la tête. Vous m'offensez dans ce que j'ai de plus cher, reprit-il, je ne veux vous voir que soumise. Allez dans votre chambre. Vous y demeurerez jusqu'à ce que je vous permette d'en sortir. Nanon vous y portera du pain et de l'eau. Vous m'avez entendu, marchez !

Eugénie fondit en larmes et se sauva près de sa mère. Après avoir fait un certain nombre de fois le tour de son jardin dans la neige, sans s'apercevoir du froid, Grandet se douta que sa fille devait être chez sa femme ; et, charmé de la prendre en contravention à ses ordres, il grimpa les escaliers avec l'agilité d'un chat, et apparut dans la chambre de madame Grandet au moment où elle caressait les cheveux d'Eugénie dont le visage était plongé dans le sein maternel.

— Console-toi, ma pauvre enfant, ton père s'apaisera.

— Elle n'a plus de père, dit le tonnelier. Est-ce bien vous et moi, madame Grandet, qui avons fait une fille désobéissante comme l'est celle-là ? Jolie éducation, et religieuse surtout. Hé ! bien, vous n'êtes pas dans votre chambre. Allons, en prison, en prison, mademoiselle.

— Voulez-vous me priver de ma fille, monsieur ? dit madame Grandet en montrant un visage rougi par la fièvre.

— Si vous la voulez garder, emportez-la, videz-moi toutes deux la maison. Tonnerre, où est l'or, qu'est devenu l'or ?

Eugénie se leva, lança un regard d'orgueil sur son père, et rentra dans sa chambre à laquelle le bonhomme donna un tour de clef.

— Nanon, cria-t-il, éteins le feu de la salle. Et il vint s'asseoir sur un fauteuil au coin de la cheminée de sa femme, en lui disant :
— Elle l'a donné sans doute à ce misérable séducteur de Charles qui n'en voulait qu'à notre argent.

Madame Grandet trouva, dans le danger qui menaçait sa fille et dans son sentiment pour elle, assez de force pour demeurer en apparence froide, muette et sourde.

— Je ne savais rien de tout ceci, répondit-elle en se tournant du côté de la ruelle du lit pour ne pas subir les regards étincelants de son mari. Je souffre tant de votre violence, que si j'en crois mes pressentiments, je ne sortirai d'ici que les pieds en avant. Vous auriez dû m'épargner en ce moment, monsieur, moi qui ne vous ai jamais causé de chagrin, du moins, je le pense. Votre fille vous aime, je la crois innocente autant que l'enfant qui naît ; ainsi ne lui faites pas de peine, révoquez votre arrêt. Le froid est bien vif, vous pouvez être cause de quelque grave maladie.

— Je ne la verrai ni ne lui parlerai. Elle restera dans sa chambre au pain et à l'eau jusqu'à ce qu'elle ait satisfait son père. Que diable, un chef de famille doit savoir où va l'or de sa maison. Elle possédait les seules roupies qui fussent en France peut-être, puis des génovines, des ducats de Hollande.

— Monsieur, Eugénie est notre unique enfant, et quand même elle les aurait jetés à l'eau.

— A l'eau ? cria le bonhomme, à l'eau ! Vous êtes folle, madame Grandet. Ce que j'ai dit est dit, vous le savez. Si vous voulez avoir la paix au logis, confessez votre fille, tirez-lui les vers du nez ? les femmes s'entendent mieux entre elles à ça que nous autres. Quoi qu'elle ait pu faire, je ne la mangerai point. A-t-elle peur de moi ? Quand elle aurait doré son cousin de la tête aux pieds, il est en pleine mer, hein ! nous ne pouvons pas courir après....

— Eh ! bien, monsieur ? Excitée par la crise nerveuse où elle se trouvait, ou par le malheur de sa fille qui développait sa tendresse et son intelligence, la perspicacité de madame Grandet lui fit apercevoir un mouvement terrible dans la loupe de son mari, au moment où elle répondait ; elle changea d'idée sans changer de ton. — Eh ! bien, monsieur, ai-je plus d'empire sur elle que vous n'en avez ? Elle ne m'a rien dit, elle tient de vous.

— Tudieu ! comme vous avez la langue pendue ce matin ! Ta, ta, ta, ta, vous me narguez, je crois. Vous vous entendez peut-être avec elle.

Il regarda sa femme fixement.

— En vérité, monsieur Grandet, si vous voulez me tuer, vous n'avez qu'à continuer ainsi. Je vous le dis, monsieur, et, dût-il m'en coûter la vie, je vous le répéterais encore : vous avez tort envers votre fille, elle est plus raisonnable que vous ne l'êtes. Cet argent lui appartenait, elle n'a pu qu'en faire un bel usage, et Dieu seul a le droit de connaître nos bonnes œuvres. Monsieur, je vous en supplie, rendez vos bonnes grâces à Eugénie ?... Vous amoindrirez ainsi l'effet du coup que m'a porté votre colère, et vous me sauverez peut-être la vie. Ma fille, monsieur, rendez-moi ma fille

— Je décampe, dit-il. Ma maison n'est pas tenable, la mère et la fille raisonnent et parlent comme si.... Brooouh ! Pouah ! Vous m'avez donné de cruelles étrennes, Eugénie, cria-t-il. Oui, oui, pleurez ! Ce que vous faites vous causera des remords, entendez-vous. A quoi donc vous sert de manger le bon Dieu six fois tous les trois mois, si vous donnez l'or de votre père en cachette à un fainéant qui vous dévorera votre cœur quand vous n'aurez plus que ça à lui prêter ? Vous verrez ce que vaut votre Charles avec ses bottes de maroquin et son air de n'y pas toucher. Il n'a ni cœur ni âme, puisqu'il ose emporter le trésor d'une pauvre fille sans l'agrément des parents.

Quand la porte de la rue fut fermée, Eugénie sortit de sa chambre et vint près de sa mère.

— Vous avez eu bien du courage pour votre fille, lui dit-elle.

— Vois-tu, mon enfant, où nous mènent les choses illicites ?... tu m'as fait faire un mensonge.

— Oh ! je demanderai à Dieu de m'en punir seule.

— C'est-y vrai, dit Nanon effarée en arrivant, que voilà mademoiselle au pain et à l'eau pour le reste des jours ?

— Qu'est-ce que cela fait, Nanon ? dit tranquillement Eugénie.

— Ah ! pus souvent que je mangerai de la frippe quand la fille de la maison mange du pain sec. Non, non.

— Pas un mot de tout ça, Nanon, dit Eugénie.

— J'aurai la goule morte, mais vous verrez.

Grandet dîna seul pour la première fois depuis vingt-quatre ans.

— Vous voilà donc veuf, monsieur, lui dit Nanon. C'est bien désagréable d'être veuf avec deux femmes dans sa maison.

— Je ne te parle pas à toi. Tiens ta margoulette ou je te chasse. Qu'est-ce que tu as dans ta casserole que j'entends bouilloter sur le fourneau ?

— C'est des graisses que je fonds...

— Il viendra du monde ce soir, allume le feu.

Les Cruchot, madame des Grassins et son fils arrivèrent à huit heures, et s'étonnèrent de ne voir ni madame Grandet ni sa fille.

— Ma femme est un peu indisposée. Eugénie est auprès d'elle, répondit le vieux vigneron dont la figure ne trahit aucune émotion.

Au bout d'une heure employée en conversations insignifiantes, madame des Grassins, qui était montée faire sa visite à madame Grandet, descendit, et chacun lui demanda : — Comment va madame Grandet ?

— Mais, pas bien du tout, du tout, dit-elle. L'état de sa santé me paraît vraiment inquiétant. A son âge, il faut prendre les plus grandes précautions, papa Grandet.

— Nous verrons cela, répondit le vigneron d'un air distrait.

Chacun lui souhaita le bonsoir. Quand les Cruchot furent dans la rue, madame des Grassins leur dit : — Il y a quelque chose de nouveau chez les Grandet. La mère est très-mal sans seulement qu'elle s'en doute. La fille a les yeux rouges comme quelqu'un qui a pleuré longtemps. Voudraient-ils la marier contre son gré ?

Lorsque le vigneron fut couché, Nanon vint en chaussons à pas muets chez Eugénie, et lui découvrit un pâté fait à la casserole.

— Tenez, mademoiselle, dit la bonne fille, Cornoiller m'a donné un lièvre. Vous mangez si peu, que ce pâté vous durera bien huit jours ; et, par la gelée, il ne risquera point de se gâter. Au moins, vous ne demeurerez pas au pain sec. C'est que ça n'est point sain du tout.

— Pauvre Nanon, dit Eugénie en lui serrant la main.

— Je l'ai fait ben bon, ben délicat, et *il* ne s'en est point aperçu. J'ai pris le lard, le laurier, tout sur mes six francs ; j'en suis ben la maîtresse. Puis la servante se sauva, croyant entendre Grandet.

Pendant quelques mois, le vigneron vint voir constamment sa femme à des heures différentes dans la journée, sans prononcer le nom de sa fille, sans la voir, ni faire à elle la moindre allusion. Madame Grandet ne quitta point sa chambre, et, de jour en jour, son état empira. Rien ne fit plier le vieux tonnelier. Il restait inébranlable, âpre et froid comme une pile de granit. Il continua d'aller et venir selon ses habitudes ; mais il ne bégaya plus, causa moins, et se montra dans les affaires plus dur qu'il ne l'avait jamais été. Souvent il lui échappait quelque erreur dans ses chiffres. — Il s'est passé quelque chose chez les Grandet, disaient les Cruchotins et les Grassinistes. — Qu'est-il donc arrivé dans la maison Grandet ? fut une question convenue que l'on s'adressait généralement dans toutes les soirées à Saumur. Eugénie allait aux offices sous la conduite de Nanon. Au sortir de l'église, si madame des Grassins lui adressait quelques paroles, elle y répondait d'une manière évasive et sans satisfaire sa curiosité. Néanmoins il fut impossible au bout de deux mois de cacher, soit aux trois Cruchot, soit à madame des Grassins, le secret de la réclusion d'Eugénie. Il y eut un moment où les prétextes manquèrent pour justifier sa perpétuelle absence. Puis, sans qu'il fût possible de savoir par qui le secret avait été trahi, toute la ville apprit que depuis le premier jour de l'an mademoiselle Grandet était, par l'ordre de son père, enfermée dans sa chambre, au pain et à l'eau, sans feu ; que Nanon lui faisait des friandises, les lui apportait pendant la nuit ; et l'on savait même que la jeune personne ne pouvait voir et soigner sa mère que pendant le temps où son père était absent du logis. La conduite de Grandet fut alors jugée très-sévèrement. La ville entière le mit pour ainsi dire hors la loi, se souvint de ses trahisons, de ses duretés, et l'excommunia. Quand il passait, chacun se le montrait en chuchotant. Lorsque sa fille descendait la rue tortueuse pour aller à la messe ou à vêpres, accompagnée de Nanon, tous les habitants se mettaient aux fenêtres pour examiner avec curiosité la contenance de la riche héritière et son visage, où se peignaient une mélancolie et une douceur angéliques. Sa reclusion, la disgrâce de son père, n'étaient rien pour elle. Ne voyait-elle pas la mappemonde, le petit banc, le jardin, le pan de mur, et ne reprenait-elle pas sur ses lèvres le miel qu'y avaient laissé les baisers de l'amour? Elle ignora pendant quelque temps les conversations dont elle était l'objet en ville, tout aussi bien que les ignorait son père. Religieuse et pure devant Dieu, sa conscience et l'amour l'aidaient à patiemment supporter la colère et la vengeance paternelles. Mais une douleur profonde faisait taire toutes les autres douleurs. Chaque jour, sa mère, douce et tendre créature, qui s'embellissait de l'éclat que jetait son âme en approchant de la tombe, sa mère dépérissait de jour en jour. Souvent Eugénie se reprochait d'avoir été la cause innocente de la cruelle, de la lente maladie qui la dévorait. Ces remords, quoique calmés par sa mère, l'attachaient encore plus étroitement à son amour. Tous les matins, aussitôt que son père était sorti, elle venait au chevet du lit de sa mère, et là, Nanon lui apportait son déjeuner. Mais la pauvre Eugénie, triste et souffrante des souffrances de sa mère, en montrait le visage à Nanon par un geste muet, pleurait et n'osait parler de son cousin. Madame Grandet, la première, était forcée de lui dire : — Où est-*il?* pourquoi n'écrit-*il* pas?

La mère et la fille ignoraient complétement les distances.

— Pensons à lui, ma mère, répondait Eugénie, et n'en parlons pas. Vous souffrez, vous avant tout.

Tout c'était *lui.*

— Mes enfants, disait madame Grandet, je ne regrette point la vie. Dieu m'a protégée en me faisant envisager avec joie le terme de mes misères.

Les paroles de cette femme étaient constamment saintes et chrétiennes. Quand, au moment de déjeuner près d'elle, son mari venait se promener dans sa chambre, elle lui dit, pendant les premiers mois de l'année, les mêmes discours, répétés avec une douceur angélique, mais avec la fermeté d'une femme à qui une mort prochaine donnait le courage qui lui avait manqué pendant sa vie.

— Monsieur, je vous remercie de l'intérêt que vous prenez à ma santé, lui répondait-elle quand il lui avait fait la plus banale des demandes; mais si vous voulez rendre mes derniers moments moins amers et alléger mes douleurs, rendez vos bonnes grâces à notre fille; montrez-vous chrétien, époux et père.

En entendant ces mots, Grandet s'asseyait près du lit et agissait comme un homme qui, voyant venir une averse, se met tranquillement à l'abri sous une porte cochère : il écoutait silencieusement sa femme, et ne répondait rien. Quand les plus touchantes, les plus tendres, les plus religieuses supplications lui avaient été adressées, il disait : — Tu es un peu pâlotte aujourd'hui, ma pauvre femme. L'oubli le plus complet de sa fille semblait être gravé sur son front de grès, sur ses lèvres serrées. Il n'était même pas ému par les larmes que ses vagues réponses, dont les termes étaient à peine variés, faisaient couler le long du blanc visage de sa femme.

— Que Dieu vous pardonne, monsieur, disait-elle, comme je vous pardonne moi-même. Vous aurez un jour besoin d'indulgence.

Depuis la maladie de sa femme, il n'avait plus osé se servir de son terrible : ta, ta, ta, ta, ta! Mais aussi son despotisme n'était-il pas désarmé par cet ange de douceur, dont la laideur disparaissait de jour en jour, chassée par l'expression des qualités morales qui venaient fleurir sur sa face. Elle était tout âme. Le génie de la prière semblait purifier, amoindrir les traits les plus grossiers de sa figure, et la faisait resplendir. Qui n'a pas observé le phénomène de cette transfiguration sur de saints visages où les habitudes de l'âme finissent par triompher des traits les plus rudement contournés, en leur imprimant l'animation particulière due à la noblesse et à la pureté des pensées élevées! Le spectacle de cette transformation accomplie par les souffrances qui consumaient les lambeaux de l'être humain dans cette femme agissait, quoique faiblement, sur le vieux tonnelier dont le caractère resta de bronze. Si sa parole ne fut plus dédaigneuse, un imperturbable silence, qui sauvait sa supériorité de père de famille, domina sa conduite. Sa fidèle Nanon paraissait-elle au marché, soudain quelques lazzis, quelques plaintes sur son maître lui sifflaient aux oreilles; mais, quoique l'opinion publique condamnât hautement le père Grandet, la servante le défendait par orgueil pour la maison.

— Eh! bien, disait-elle aux détracteurs du bonhomme, est-ce que nous ne devenons pas tous plus durs en vieillissant? pourquoi ne voulez-vous pas qu'il se racornisse un peu, cet homme? Taisez donc vos menteries. Mademoiselle vit comme une reine. Elle est seule, eh! bien, c'est son goût. D'ailleurs, mes maîtres ont des raisons majeures.

Enfin, un soir, vers la fin du printemps, madame Grandet, dévorée par le chagrin, encore plus que par la maladie, n'ayant pas réussi, malgré ses prières, à réconcilier Eugénie et son père, confia ses peines secrètes aux Cruchot.

— Mettre une fille de vingt-trois ans au pain et à l'eau?... s'écria le président de Bonfons, et sans motif; mais cela constitue *des sévices tortionnaires; elle peut protester contre, et tant dans que sur...*

— Allons, mon neveu, dit le notaire, laissez votre baragouin de palais. Soyez tranquille, madame, je ferai finir cette réclusion dès demain.

En entendant parler d'elle, Eugénie sortit de sa chambre.

— Messieurs, dit-elle en s'avançant par un mouvement plein de fierté, je vous prie de ne pas vous occuper de cette affaire. Mon père est maître chez lui. Tant que j'habiterai sa maison, je dois lui obéir. Sa conduite ne saurait être soumise à l'approbation ni à la désapprobation du monde, il n'en est comptable qu'à Dieu. Je réclame de votre amitié le plus profond silence à cet égard. Blâmer mon père serait attaquer notre propre considération. Je vous sais gré, messieurs, de l'intérêt que vous me témoignez; mais vous m'obligeriez davantage si vous vouliez faire cesser les bruits offensants qui courent par la ville, et desquels j'ai été instruite par hasard.

— Elle a raison, dit madame Grandet.

— Mademoiselle, la meilleure manière d'empêcher le monde de jaser est de vous faire rendre la liberté, lui répondit respectueusement le vieux notaire frappé de la beauté que la retraite, la mélancolie et l'amour avaient imprimée à Eugénie.

— Eh! bien, ma fille, laisse à monsieur Cruchot le soin d'arranger cette affaire, puisqu'il répond du succès. Il connaît ton père et sait comment il faut le prendre. Si tu veux me voir heureuse pendant le peu de temps qui me reste à vivre, il faut, à tout prix, que ton père et toi vous soyez réconciliés.

Le lendemain, suivant une habitude prise par Grandet depuis la réclusion d'Eugénie, il vint faire un certain nombre de tours dans son petit jardin. Il avait pris pour cette promenade le moment où Eugénie se peignait. Quand le bonhomme arrivait au gros noyer, il se cachait derrière le tronc de l'arbre, restait pendant quelques instants à contempler les longs cheveux de sa fille, et flottait sans doute entre les pensées que lui suggérait la ténacité de son caractère et le désir d'embrasser son enfant. Souvent il demeurait assis sur le petit banc de bois pourri où Charles et Eugénie s'étaient juré un éternel amour, pendant qu'elle regardait aussi son père à la dérobée ou dans son miroir. S'il se levait et recommençait sa promenade, elle s'asseyait complaisamment à la fenêtre et se mettait à examiner le pan de mur où pendaient les plus jolies fleurs, d'où sortaient, d'entre les crevasses, des Cheveux de Vénus, des liserons et une plante grasse, jaune ou blanche, un *Sedum* très-abondant dans les vignes à Saumur et à Tours. Maître Cruchot vint de bonne heure et trouva le vieux vigneron assis par un beau jour de juin sur le petit banc, le dos appuyé au mur mitoyen, occupé à voir sa fille.

— Qu'y a-t-il pour votre service, maître Cruchot? dit-il en apercevant le notaire.

— Je viens vous parler d'affaires.

— Ah! ah! avez-vous un peu d'or à me donner contre des écus?

— Non, non, il ne s'agit pas d'argent, mais de votre fille Eugénie. Tout le monde parle d'elle et de vous.

— De quoi se mêle-t-on? Charbonnier est maître chez lui.

— D'accord, le charbonnier est maître de se tuer aussi, ou, ce qui est pis, de jeter son argent par les fenêtres.

— Comment cela?

— Eh! mais votre femme est très-malade, mon ami. Vous devriez même consulter monsieur Bergerin, elle est en danger de mort. Si elle venait à mourir sans avoir été soignée comme il faut, vous ne seriez pas tranquille, je le crois.

— Ta! ta! ta! ta! vous savez ce qu'a ma femme! Ces médecins, une fois qu'ils ont mis le pied chez vous, ils viennent des cinq à six fois par jour.

— Enfin, Grandet, vous ferez comme vous l'entendrez. Nous sommes de vieux amis; il n'y a pas, dans tout Saumur, un homme qui prenne plus que moi d'intérêt à ce qui vous concerne ; j'ai donc dû vous dire cela. Maintenant, arrive qui plante, vous êtes majeur, vous savez vous conduire, allez. Ceci n'est d'ailleurs pas l'affaire qui m'amène. Il s'agit de quelque chose de plus grave pour vous, peut-être. Après tout, vous n'avez pas envie de tuer votre femme, elle vous est trop utile. Songez donc à la situation où vous seriez, vis-à-vis votre fille, si madame Grandet mourait. Vous devriez des comptes à Eugénie, puisque vous êtes commun en biens avec votre femme. Votre fille sera en droit de réclamer le partage de votre fortune, de faire vendre Froidfond. Enfin, elle succède à sa mère, de qui vous ne pouvez pas hériter.

Ces paroles furent un coup de foudre pour le bonhomme, qui n'était pas aussi fort en législation qu'il pouvait l'être en commerce. Il n'avait jamais pensé à une licitation.

— Ainsi je vous engage à la traiter avec douceur, dit Cruchot en terminant.

— Mais savez-vous ce qu'elle a fait, Cruchot !

— Quoi ? dit le notaire curieux de recevoir une confidence du père Grandet et de connaître la cause de la querelle.

— Elle a donné son or.

— Eh ! bien, était-il à elle ? demanda le notaire.

— Ils me disent tous cela ! dit le bonhomme en laissant tomber ses bras par un mouvement tragique.

— Allez-vous, pour une misère, reprit Cruchot, mettre des entraves aux concessions que vous lui demanderez de vous faire à la mort de sa mère ?

— Ah ! vous appelez six mille francs d'or une misère ?

— Eh ! mon vieil ami, savez-vous ce que coûteront l'inventaire et le partage de la succession de votre femme si Eugénie l'exige ?

— Quoi ?

— Deux, ou trois, quatre cent mille francs peut-être ! Ne faudra-t-il pas liciter, et vendre pour connaître la véritable valeur ? au lieu qu'en vous entendant...

— Par la serpette de mon père ! s'écria le vigneron qui s'assit en pâlissant, nous verrons ça, Cruchot.

Après un moment de silence ou d'agonie, le bonhomme regarda le notaire en lui disant : — La vie est bien dure ! Il s'y trouve bien des douleurs. Cruchot, reprit-il solennellement, vous ne voulez pas me tromper, jurez-moi sur l'honneur que ce que vous me chantez là est fondé en Droit. Montrez-moi le Code, je veux voir le Code !

— Mon pauvre ami, répondit le notaire, ne sais-je pas mon métier ?

— Cela est donc bien vrai. Je serai dépouillé, trahi, tué, dévoré par ma fille.

— Elle hérite de sa mère.

— A quoi servent donc les enfants ! Ah ! ma femme, je l'aime. Elle est solide heureusement. C'est une La Bertellière.

— Elle n'a pas un mois à vivre.

Le tonnelier se frappa le front, marcha, revint, et, jetant un regard effrayant à Cruchot : — Comment faire ? lui dit-il.

— Eugénie pourra renoncer purement et simplement à la succession de sa mère. Vous ne voulez pas la déshériter, n'est-ce pas ? Mais, pour obtenir un partage de ce genre, ne la rudoyez pas. Ce que je vous dis là, mon vieux, est contre mon intérêt. Qu'ai-je à faire, moi ?.... des liquidations, des inventaires, des ventes, des partages...

— Nous verrons, nous verrons. Ne parlons plus de cela, Cruchot. Vous me tribouillez les entrailles. Avez-vous reçu de l'or ?

— Non ; mais j'ai quelques vieux louis, une dizaine, je vous les donnerai. Mon bon ami, faites la paix avec Eugénie. Voyez-vous, tout Saumur vous jette la pierre.

— Les drôles !

— Allons, les rentes sont à 99. Soyez donc content une fois dans la vie.

— A 99, Cruchot ?

— Oui.

— Eh ! eh ! 99 ! dit le bonhomme en reconduisant le vieux notaire jusqu'à la porte de la rue. Puis, trop agité par ce qu'il venait d'entendre pour rester au logis, il monta chez sa femme et lui dit : — Allons, la mère, tu peux passer la journée avec ta fille, je vas à Froidfond. Soyez gentilles toutes deux. C'est le jour de notre mariage, ma bonne femme : tiens, voilà dix écus pour ton reposoir de la Fête-Dieu. Il y a assez longtemps que tu veux en faire un, régale-toi ! Amusez-vous, soyez joyeuses, portez-vous bien. Vive la joie ! Il jeta dix écus de six francs sur le lit de sa femme et lui prit la tête pour la baiser au front. — Bonne femme, tu vas mieux, n'est-ce pas ?

— Comment pouvez-vous penser à recevoir dans votre maison le Dieu qui pardonne en tenant votre fille exilée de votre cœur? dit-elle avec émotion.

— Ta, ta, ta, ta, ta, dit le père d'une voix caressante, nous verrons cela.

— Bonté du ciel! Eugénie, cria la mère en rougissant de joie, viens embrasser ton père, il te pardonne!

Mais le bonhomme avait disparu. Il se sauvait à toutes jambes vers ses closeries en tâchant de mettre en ordre ses idées renversées. Grandet commençait alors sa soixante-seizième année. Depuis deux ans principalement, son avarice s'était accrue comme s'accroissent toutes les passions persistantes de l'homme. Suivant une observation faite sur les avares, sur les ambitieux, sur tous les gens dont la vie a été consacrée à une idée dominante, son sentiment avait affectionné plus particulièrement un symbole de sa passion. La vue de l'or, la possession de l'or était devenue sa monomanie. Son esprit de despotisme avait grandi en proportion de son avarice, et abandonner la direction de la moindre partie de ses biens à la mort de sa femme lui paraissait une chose *contre nature*. Déclarer sa fortune à sa fille, inventorier l'universalité de ses biens meubles et immeubles pour les liciter?... — Ce serait à se couper la gorge, dit-il tout haut au milieu d'un clos en examinant les ceps. Enfin il prit son parti, revint à Saumur à l'heure du dîner, résolu de plier devant Eugénie, de la cajoler, de l'amadouer afin de pouvoir mourir royalement en tenant jusqu'au dernier soupir les rênes de ses millions. Au moment où le bonhomme, qui par hasard avait pris son passe-partout, montait l'escalier à pas de loup pour venir chez sa femme, Eugénie avait apporté sur le lit de sa mère le beau nécessaire. Toutes deux, en l'absence de Grandet, se donnaient le plaisir de voir le portrait de Charles, en examinant celui de sa mère.

— C'est tout à fait son front et sa bouche! disait Eugénie au moment où le vigneron ouvrit la porte. Au regard que jeta son mari sur l'or, madame Grandet cria: — Mon Dieu, ayez pitié de nous!

Le bonhomme sauta sur le nécessaire comme un tigre fond sur un enfant endormi. — Qu'est-ce que c'est que cela? dit-il en emportant le trésor et allant se placer à la fenêtre. — Du bon or! de l'or! s'écria-t-il. Beaucoup d'or! ça pèse deux livres. Ah! ah!

Charles t'a donné cela contre tes belles pièces. Hein! pourquoi ne me l'avoir pas dit? C'est une bonne affaire, fifille! Tu es ma fille, je te reconnais. Eugénie tremblait de tous ses membres. — N'est-ce pas, ceci est à Charles? reprit le bonhomme.

— Oui, mon père, ce n'est pas à moi. Ce meuble est un dépôt sacré.

— Ta! ta! ta! il a pris ta fortune, faut te rétablir ton petit trésor.

— Mon père?...

Le bonhomme voulut prendre son couteau pour faire sauter une plaque d'or, et fut obligé de poser le nécessaire sur une chaise. Eugénie s'élança pour le ressaisir; mais le tonnelier, qui avait tout à la fois l'œil à sa fille et au coffret, la repoussa si violemment en étendant le bras qu'elle alla tomber sur le lit de sa mère.

— Monsieur, monsieur, cria la mère en se dressant sur son lit. Grandet avait tiré son couteau et s'apprêtait à soulever l'or.

— Mon père, cria Eugénie en se jetant à genoux et marchant ainsi pour arriver plus près du bonhomme et lever les mains vers lui, mon père, au nom de tous les Saints et de la Vierge, au nom du Christ, qui est mort sur la croix; au nom de votre salut éternel, mon père, au nom de ma vie, ne touchez pas à ceci! Cette toilette n'est ni à vous ni à moi; elle est à un malheureux parent qui me l'a confiée, et je dois la lui rendre intacte.

— Pourquoi la regardais-tu, si c'est un dépôt? Voir, c'est pis que toucher.

— Mon père, ne la détruisez pas, ou vous me déshonorez. Mon père, entendez-vous?

— Monsieur, grâce! dit la mère.

— Mon père, cria Eugénie d'une voix si éclatante que Nanon effrayée monta. Eugénie sauta sur un couteau qui était à sa portée et s'en arma.

— Eh! bien? lui dit froidement Grandet en souriant à froid.

— Monsieur, monsieur, vous m'assassinez! dit la mère.

— Mon père, si votre couteau entame seulement une parcelle de cet or, je me perce de celui-ci. Vous avez déjà rendu ma mère mortellement malade, vous tuerez encore votre fille. Allez maintenant, blessure pour blessure?

Grandet tint son couteau sur le nécessaire, et regarda sa fille en hésitant.

— En serais-tu donc capable, Eugénie? dit-il.

— Oui, monsieur, dit la mère.

— Elle le ferait comme elle le dit, cria Nanon. Soyez donc raisonnable, monsieur, une fois dans votre vie. Le tonnelier regarda l'or et sa fille alternativement pendant un instant. Madame Grandet s'évanouit. — Là, voyez-vous, mon cher monsieur? madame se meurt, cria Nanon.

— Tiens, ma fille, ne nous brouillons pas pour un coffre. Prends donc! s'écria vivement le tonnelier en jetant la toilette sur le lit. — Toi, Nanon, va chercher monsieur Bergerin. — Allons, la mère, dit-il en baisant la main de sa femme, ce n'est rien, va : nous avons fait la paix. Pas vrai, fifille? Plus de pain sec, tu mangeras tout ce que tu voudras. Ah! elle ouvre les yeux. Eh! bien, la mère, mémère, timère, allons donc! Tiens, vois, j'embrasse Eugénie. Elle aime son cousin, elle l'épousera si elle veut, elle lui gardera le petit coffre. Mais vis longtemps, ma pauvre femme. Allons, remue donc! Écoute, tu auras le plus beau reposoir qui se soit jamais fait à Saumur.

— Mon Dieu, pouvez-vous traiter ainsi votre femme et votre enfant! dit d'une voix faible madame Grandet.

— Je ne le ferai plus, plus, cria le tonnelier. Tu vas voir, ma pauvre femme. Il alla à son cabinet, et revint avec une poignée de louis qu'il éparpilla sur le lit. — Tiens, Eugénie, tiens, ma femme, voilà pour vous, dit-il en maniant les louis. Allons, égaie-toi, ma femme; porte-toi bien, tu ne manqueras de rien ni Eugénie non plus. Voilà cent louis d'or pour elle. Tu ne les donneras pas, Eugénie, ceux-là, hein?

Madame Grandet et sa fille se regardèrent étonnées.

— Reprenez-les, mon père; nous n'avons besoin que de votre tendresse.

— Eh! bien, c'est ça, dit-il en empochant les louis, vivons comme de bons amis. Descendons tous dans la salle pour dîner, pour jouer au loto tous les soirs à deux sous. Faites vos farces! Hein, ma femme?

— Hélas! je le voudrais bien, puisque cela peut vous être agréable, dit la mourante; mais je ne saurais me lever.

— Pauvre mère, dit le tonnelier, tu ne sais pas combien je t'aime. Et toi, ma fille! Il la serra, l'embrassa. Oh! comme c'est bon d'embrasser sa fille après une brouille! ma fifille! Tiens, vois-tu, mémère, nous ne faisons qu'un maintenant. Va donc serrer cela, dit-il à Eugénie en lui montrant le coffret. Va, ne crains rien. Je ne t'en parlerai plus, jamais.

Monsieur Bergerin, le plus célèbre médecin de Saumur, arriva bientôt. La consultation finie, il déclara positivement à Grandet que sa femme était bien mal, mais qu'un grand calme d'esprit, un régime doux et des soins minutieux pourraient reculer l'époque de sa mort vers la fin de l'automne.

— Ça coûtera-t-il cher ? dit le bonhomme, faut-il des drogues ?

— Peu de drogues, mais beaucoup de soins, répondit le médecin, qui ne put retenir un sourire.

— Enfin, monsieur Bergerin, répondit Grandet, vous êtes un homme d'honneur, pas vrai ? Je me fie à vous, venez voir ma femme toutes et quantes fois vous le jugerez convenable. Conservez-moi ma bonne femme ; je l'aime beaucoup, voyez-vous, sans que ça paraisse, parce que, chez moi, tout se passe en dedans et me trifouille l'âme. J'ai du chagrin. Le chagrin est entré chez moi avec la mort de mon frère, pour lequel je dépense, à Paris, des sommes... les yeux de la tête, enfin ! et ça ne finit point. Adieu, monsieur, si l'on peut sauver ma femme, sauvez-la, quand même il faudrait dépenser pour ça cent ou deux cents francs.

Malgré les souhaits fervents que Grandet faisait pour la santé de sa femme, dont la succession ouverte était une première mort pour lui ; malgré la complaisance qu'il manifestait en toute occasion pour les moindres volontés de la mère et de la fille étonnées ; malgré les soins les plus tendres prodigués par Eugénie, madame Grandet marcha rapidement vers la mort. Chaque jour elle s'affaiblissait et dépérissait comme dépérissent la plupart des femmes atteintes, à cet âge, par la maladie. Elle était frêle autant que les feuilles des arbres en automne. Les rayons du ciel la faisaient resplendir comme ces feuilles que le soleil traverse et dore. Ce fut une mort digne de sa vie, une mort toute chrétienne ; n'est-ce pas dire sublime ? Au mois d'octobre 1822 éclatèrent particulièrement ses vertus, sa patience d'ange et son amour pour sa fille ; elle s'éteignit sans avoir laissé échapper la moindre plainte. Agneau sans tache, elle allait au ciel, et ne regrettait ici-bas que la douce compagne de sa froide vie, à laquelle ses derniers regards semblaient prédire mille maux. Elle tremblait de laisser cette brebis, blanche comme elle, seule au milieu d'un monde égoïste qui voulait lui arracher sa toison, ses trésors.

— Mon enfant, lui dit-elle avant d'expirer, il n'y a de bonheur que dans le ciel, tu le sauras un jour.

Le lendemain de cette mort, Eugénie trouva de nouveaux motifs de s'attacher à cette maison où elle était née, où elle avait tant souffert, où sa mère venait de mourir. Elle ne pouvait contempler la croisée et la chaise à patins dans la salle sans verser des pleurs. Elle crut avoir méconnu l'âme de son vieux père en se voyant l'objet de ses soins les plus tendres : il venait lui donner le bras pour descendre au déjeuner; il la regardait d'un œil presque bon pendant des heures entières; enfin il la couvait comme si elle eût été d'or. Le vieux tonnelier se ressemblait si peu à lui-même, il tremblait tellement devant sa fille, que Nanon et les Cruchotins, témoins de sa faiblesse, l'attribuèrent à son grand âge, et craignirent ainsi quelque affaiblissement dans ses facultés; mais le jour où la famille prit le deuil, après le dîner auquel fut convié maître Cruchot, qui seul connaissait le secret de son client, la conduite du bonhomme s'expliqua.

— Ma chère enfant, dit-il à Eugénie lorsque la table fut ôtée et les portes soigneusement closes, te voilà héritière de ta mère, et nous avons de petites affaires à régler entre nous deux. Pas vrai, Cruchot?

— Oui.

— Est-il donc si nécessaire de s'en occuper aujourd'hui, mon père?

— Oui, oui, fifille. Je ne pourrais pas durer dans l'incertitude où je suis. Je ne crois pas que tu veuilles me faire de la peine.

— Oh! mon père.

— Hé! bien, il faut arranger tout cela ce soir.

— Que voulez-vous donc que je fasse?

— Mais, fifille, ça ne me regarde pas. Dites-lui donc, Cruchot.

— Mademoiselle, monsieur votre père ne voudrait ni partager, ni vendre ses biens, ni payer des droits énormes pour l'argent comptant qu'il peut posséder. Donc, pour cela, il faudrait se dispenser de faire l'inventaire de toute la fortune qui aujourd'hui se trouve indivise entre vous et monsieur votre père...

— Cruchot, êtes-vous bien sûr de cela, pour en parler ainsi devant un enfant?

— Laissez-moi dire, Grandet.

— Oui, oui, mon ami. Ni vous ni ma fille ne voulez me dépouiller. N'est-ce pas, fifille ?

— Mais, monsieur Cruchot, que faut-il que je fasse ? demanda Eugénie impatientée.

— Eh ! bien, dit le notaire, il faudrait signer cet acte par lequel vous renonceriez à la succession de madame votre mère, et laisseriez à votre père l'usufruit de tous les biens indivis entre vous, et dont il vous assure la nu-propriété...

— Je ne comprends rien à tout ce que vous me dites, répondit Eugénie, donnez-moi l'acte, et montrez-moi la place où je dois signer.

Le père Grandet regardait alternativement l'acte et sa fille, sa fille et l'acte, en éprouvant de si violentes émotions qu'il s'essuya quelques gouttes de sueur venues sur son front.

— Fifille, dit-il, au lieu de signer cet acte qui coûtera gros à faire enregistrer, si tu voulais renoncer purement et simplement à la succession de ta pauvre chère mère défunte, et t'en rapporter à moi pour l'avenir, j'aimerais mieux ça. Je te ferais alors tous les mois une bonne grosse rente de cent francs. Vois, tu pourrais payer autant de messes que tu voudrais à ceux pour lesquels tu en fais dire... Hein ! cent francs par mois, en livres ?

— Je ferai tout ce qu'il vous plaira, mon père.

— Mademoiselle, dit le notaire, il est de mon devoir de vous faire observer que vous vous dépouillez...

— Eh ! mon Dieu, dit-elle, qu'est-ce que cela me fait ?

— Tais-toi, Cruchot. C'est dit, c'est dit, s'écria Grandet en prenant la main de sa fille et y frappant avec la sienne. Eugénie, tu ne te dédiras point, tu es une honnête fille, hein ?

— Oh ! mon père ?...

Il l'embrassa avec effusion, la serra dans ses bras à l'étouffer.

— Va, mon enfant, tu donnes la vie à ton père ; mais tu lui rends ce qu'il t'a donné : nous sommes quittes. Voilà comment doivent se faire les affaires. La vie est une affaire. Je te bénis ! Tu es une vertueuse fille, qui aime bien son papa. Fais ce que tu voudras maintenant. A demain donc, Cruchot, dit-il en regardant le notaire épouvanté. Vous verrez à bien préparer l'acte de renonciation au greffe du tribunal.

Le lendemain, vers midi, fut signée la déclaration par laquelle Eugénie accomplissait elle-même sa spoliation. Cependant, malgré sa parole, à la fin de la première année, le vieux tonnelier n'avait pas encore donné un sou des cent francs par mois si solennellement promis à sa fille. Aussi, quand Eugénie lui en parla plaisamment, ne put-il s'empêcher de rougir; il monta vivement à son cabinet, revint, et lui présenta environ le tiers des bijoux qu'il avait pris à son neveu.

— Tiens, petite, dit-il d'un accent plein d'ironie, veux-tu ça pour tes douze cents francs?

— O mon père! vrai, me les donnez-vous?

— Je t'en rendrai autant l'année prochaine, dit-il en les lui jetant dans son tablier. Ainsi en peu de temps tu auras toutes *ses* breloques, ajouta-t-il en se frottant les mains, heureux de pouvoir spéculer sur le sentiment de sa fille.

Néanmoins le vieillard, quoique robuste encore, sentit la nécessité d'initier sa fille aux secrets du ménage. Pendant deux années consécutives il lui fit ordonner en sa présence le menu de la maison, et recevoir les redevances. Il lui apprit lentement et successivement les noms, la contenance de ses clos, de ses fermes. Vers la troisième année il l'avait si bien accoutumée à toutes ses façons d'avarice, il les avait si véritablement tournées chez elle en habitudes, qu'il lui laissa sans crainte les clefs de la dépense, et l'institua la maîtresse au logis.

Cinq ans se passèrent sans qu'aucun événement marquât dans l'existence monotone d'Eugénie et de son père. Ce fut les mêmes actes constamment accomplis avec la régularité chronométrique des mouvements de la vieille pendule. La profonde mélancolie de mademoiselle Grandet n'était un secret pour personne; mais, si chacun put en pressentir la cause, jamais un mot prononcé par elle ne justifia les soupçons que toutes les sociétés de Saumur formaient sur l'état du cœur de la riche héritière. Sa seule compagnie se composait des trois Cruchot et de quelques uns de leurs amis qu'ils avaient insensiblement introduits au logis. Ils lui avaient appris à jouer au whist, et venaient tous les soirs faire la partie. Dans l'année 1827, son père, sentant le poids des infirmités, fut forcé de l'initier aux secrets de sa fortune territoriale, et lui disait, en cas de difficultés, de s'en rapporter à Cruchot le notaire, dont la probité lui était connue. Puis, vers la fin de cette année, le bonhomme fut enfin, à l'âge de quatre-vingt-deux ans, pris par une paralysie qui fit de rapides progrès. Grandet fut condamné par monsieur Bergerin. En pensant qu'elle allait bientôt se trouver seule dans le monde, Eugénie se tint, pour ainsi dire, plus près de son père, et serra plus fortement ce dernier anneau d'affection. Dans sa pensée, comme dans celle de toutes les femmes aimantes, l'amour était le monde entier, et Charles n'était pas là. Elle fut sublime de soins et d'attentions pour son vieux père, dont les facultés commençaient à baisser, mais dont l'avarice se soutenait instinctivement. Aussi la mort de cet homme ne contrasta-t-elle point avec sa vie. Dès le matin il se faisait rouler entre la cheminée de sa chambre et la porte de son cabinet, sans doute plein d'or. Il restait là sans mouvement, mais il regardait tour à tour avec anxiété ceux qui venaient le voir et la porte doublée de fer. Il se faisait rendre compte des moindres bruits qu'il entendait; et, au grand étonnement du notaire, il entendait le bâillement de son chien dans la cour. Il se réveillait de sa stupeur apparente au jour et à l'heure où il fallait recevoir des fermages, faire des comptes avec les closiers, ou donner des quittances. Il agitait alors son fauteuil à roulettes jusqu'à ce qu'il se trouvât en face de la porte de son cabinet. Il le faisait ouvrir par sa fille, et veillait à ce qu'elle plaçât en secret elle-même les sacs d'argent les uns sur les autres, à ce qu'elle fermât la porte. Puis il revenait à sa place silencieusement aussitôt qu'elle lui avait rendu la précieuse clef, toujours placée dans la poche de son gilet, et qu'il tâtait de temps en temps. D'ailleurs son vieil ami le notaire, sentant que la riche héritière épouserait nécessairement son neveu le président si Charles Grandet ne revenait pas, redoubla de soins et d'attentions : il venait tous les jours se mettre aux ordres de Grandet, allait à son commandement à Froidfond, aux terres, aux prés, aux vignes, vendait les récoltes, et transmutait tout en or et en argent qui venait se réunir secrètement aux sacs empilés dans le cabinet. Enfin arrivèrent les jours d'agonie, pendant lesquels la forte charpente du bonhomme fut aux prises avec la destruction. Il voulut rester assis au coin de son feu, devant la porte de son cabinet. Il attirait à lui et roulait toutes les couvertures que l'on mettait sur lui, et disait à Nanon : — Serre, serre ça, pour qu'on ne me vole pas. Quand il pouvait ouvrir les yeux, où toute sa vie s'était réfugiée, il les tournait aussitôt vers la porte du cabinet où gisaient ses trésors en disant à sa fille : — Y sont-ils? y sont-ils? d'un son de voix qui dénotait une sorte de peur panique.

— Oui, mon père.

— Veille à l'or, mets de l'or devant moi.

Eugénie lui étendait des louis sur une table, et il demeurait des heures entières les yeux attachés sur les louis, comme un enfant qui, au moment où il commence à voir, contemple stupidement le même objet ; et, comme à un enfant, il lui échappait un sourire pénible.

— Ça me réchauffe ! disait-il quelquefois en laissant paraître sur sa figure une expression de béatitude.

Lorsque le curé de la paroisse vint l'administrer, ses yeux, morts en apparence depuis quelques heures, se ranimèrent à la vue de la croix, des chandeliers, du bénitier d'argent qu'il regarda fixement, et sa loupe remua pour la dernière fois. Lorsque le prêtre lui approcha des lèvres le crucifix en vermeil pour lui faire baiser le Christ, il fit un épouvantable geste pour le saisir. Ce dernier effort lui coûta la vie. Il appela Eugénie, qu'il ne voyait pas quoiqu'elle fût agenouillée devant lui et qu'elle baignât de ses larmes une main déjà froide.

— Mon père, bénissez-moi.

— Aie bien soin de tout. Tu me rendras compte de ça là-bas, dit-il en prouvant par cette dernière parole que le christianisme doit être la religion des avares.

Eugénie Grandet se trouva donc seule au monde dans cette maison, n'ayant que Nanon à qui elle pût jeter un regard avec la certitude d'être entendue et comprise, Nanon, le seul être qui l'aimât pour elle et avec qui elle pût causer de ses chagrins. La grande Nanon était une providence pour Eugénie. Aussi ne fut-elle plus une servante, mais une humble amie. Après la mort de son père, Eugénie apprit par maître Cruchot qu'elle possédait trois cent mille livres de rente en biens-fonds dans l'arrondissement de Saumur. six millions placés en trois pour cent à soixante francs, et il valait alors soixante-dix-sept francs ; plus deux millions en or et cent mille francs en écus, sans compter les arrérages à recevoir. L'estimation totale de ses biens allait à dix-sept millions.

— Où donc est mon cousin ? se dit-elle.

Le jour où maître Cruchot remit à sa cliente l'état de la succession, devenue claire et liquide, Eugénie resta seule avec Nanon, assises l'une et l'autre de chaque côté de la cheminée de cette salle si vide, où tout était souvenir, depuis la chaise à patins sur laquelle s'asseyait sa mère jusqu'au verre dans lequel avait bu son cousin.

— Nanon, nous sommes seules..

— Oui, mademoiselle ; et, si je savais où il est, ce mignon, j'irais de mon pied le chercher.

— Il y a la mer entre nous, dit-elle.

Pendant que la pauvre héritière pleurait ainsi en compagnie de sa vieille servante, dans cette froide et obscure maison, qui pour elle composait tout l'univers, il n'était question de Nantes à Orléans que des dix-sept millions de mademoiselle Grandet. Un de ses premiers actes fut de donner douze cents francs de rente viagère à Nanon, qui, possédant déjà six cents autres francs, devint un riche parti. En moins d'un mois, elle passa de l'état de fille à celui de femme, sous la protection d'Antoine Cornoiller, qui fut nommé garde-général des terres et propriétés de mademoiselle Grandet. Madame Cornoiller eut sur ses contemporaines un immense avantage. Quoiqu'elle eût cinquante-neuf ans, elle ne paraissait pas en avoir plus de quarante. Ses gros traits avaient résisté aux attaques du temps. Grâce au régime de sa vie monastique, elle narguait la vieillesse par un teint coloré, par une santé de fer. Peut-être n'avait-elle jamais été aussi bien qu'elle le fut au jour de son mariage. Elle eut les bénéfices de sa laideur, et apparut grosse, grasse, forte, ayant sur sa figure indestructible un air de bonheur qui fit envier par quelques personnes le sort de Cornoiller. — Elle est bon teint, disait le drapier. — Elle est capable de faire des enfants, dit le marchand de sel ; elle s'est conservée comme dans de la saumure, sous votre respect. — Elle est riche, et le gars Cornoiller fait un bon coup, disait un autre voisin. En sortant du vieux logis, Nanon, qui était aimée de tout le voisinage, ne reçut que des compliments en descendant la rue tortueuse pour se rendre à la paroisse. Pour présent de noce, Eugénie lui donna trois douzaines de couverts. Cornoiller, surpris d'une telle magnificence, parlait de sa maîtresse les larmes aux yeux : il se serait fait hacher pour elle. Devenue la femme de confiance d'Eugénie, madame Cornoiller eut désormais un bonheur égal pour elle à celui de posséder un mari. Elle avait enfin une dépense à ouvrir, à fermer, des provisions à donner le matin, comme faisait son défunt maître. Puis elle eut à régir deux domestiques, une cuisinière et une femme de chambre chargée de raccommoder le linge de la maison, de faire les robes de mademoiselle. Cornoiller cumula les fonctions de garde et de régisseur. Il est inutile de dire que la cuisinière et la femme de chambre choisies par Nanon étaient de véritables *perles*. Mademoiselle Grandet eut ainsi quatre serviteurs dont le dévouement était sans bornes. Les fermiers ne s'aperçurent donc pas de la mort du bonhomme, tant il avait sévèrement établi les usages et coutumes de son administration, qui fut soigneusement continuée par monsieur et madame Cornoiller.

A trente ans, Eugénie ne connaissait encore aucune des félicités de la vie. Sa pâle et triste enfance s'était écoulée auprès d'une mère dont le cœur méconnu, froissé, avait toujours souffert. En quittant avec joie l'existence, cette mère plaignit sa fille d'avoir à vivre, et lui laissa dans l'âme de légers remords et d'éternels regrets. Le premier, le seul amour d'Eugénie était, pour elle, un principe de mélancolie. Après avoir entrevu son amant pendant quelques jours, elle lui avait donné son cœur entre deux baisers furtivement acceptés et reçus ; puis il était parti, mettant tout un monde entre elle et lui. Cet amour, maudit par son père, lui avait presque coûté sa mère, et ne lui causait que des douleurs mêlées de frêles espérances. Ainsi jusqu'alors elle s'était élancée vers le bonheur en perdant ses forces, sans les échanger. Dans la vie morale, aussi bien que dans la vie physique, il existe une aspiration et une respiration : l'âme a besoin d'absorber les sentiments d'une autre âme, de se les assimiler pour les lui restituer plus riches. Sans ce beau phénomène humain, point de vie au cœur ; l'air lui manque alors, il souffre, et dépérit. Eugénie commençait à souffrir. Pour elle, la fortune n'était ni un pouvoir ni une consolation ; elle ne pouvait exister que par l'amour, par la religion, par sa foi dans l'avenir. L'amour lui expliquait l'éternité. Son cœur et l'Évangile lui signalaient deux mondes à attendre. Elle se plongeait nuit et jour au sein de deux pensées infinies, qui pour elle peut-être n'en faisaient qu'une seule. Elle se retirait en elle-même, aimant, et se croyant aimée. Depuis sept ans, sa passion avait tout envahi. Ses trésors n'étaient pas les millions dont les revenus s'entassaient, mais le coffret de Charles, mais les deux portraits suspendus à son lit, mais les bijoux rachetés à son père, étalés orgueilleusement sur une couche de ouate dans un tiroir du bahut ; mais le dé de sa tante, duquel s'était servie sa mère, et que tous les jours elle prenait religieusement pour travailler à une broderie, ouvrage de Pénélope, entrepris seulement pour mettre à son doigt cet or plein de souvenirs. Il ne paraissait pas vraisemblable que mademoiselle Grandet voulût se marier durant son deuil. Sa piété vraie était connue. Aussi la famille Cruchot, dont la politique était sagement dirigée par le vieil abbé, se contenta-t-elle de cerner l'héritière en l'entourant des soins les plus affectueux. Chez elle, tous les soirs, la salle se remplissait d'une société composée des plus chauds et des plus dévoués Cruchotins du pays, qui s'efforçaient de chanter les louanges de la maîtresse du logis sur tous les tons. Elle avait le médecin ordinaire de sa chambre, son grand aumônier, son chambellan, sa première dame d'atours, son premier ministre, son chancelier surtout, un chancelier qui voulait lui tout dire. L'héritière eût-elle désiré un porte-queue, on lui en aurait trouvé un. C'était une reine, et la plus habilement adulée de toutes les reines. La flatterie n'émane jamais des grandes âmes, elle est l'apanage des petits esprits, qui réussissent à se rapetisser encore pour mieux entrer dans la sphère vitale de la personne autour de laquelle ils gravitent. La flatterie sous-entend un intérêt. Aussi les personnes qui venaient meubler tous les soirs la salle de mademoiselle Grandet, nommée par elles mademoiselle de Froidfond, réussissaient-elles merveilleusement à l'accabler de louanges. Ce concert d'éloges, nouveaux pour Eugénie, la fit d'abord rougir; mais insensiblement, et quelque grossiers que fussent les compliments, son oreille s'accoutuma si bien à entendre vanter sa beauté, que si quelque nouveau venu l'eût trouvée laide, ce reproche lui aurait été beaucoup plus sensible alors que huit ans auparavant. Puis elle finit par aimer des douceurs qu'elle mettait secrètement aux pieds de son idole. Elle s'habitua donc par degrés à se laisser traiter en souveraine et à voir sa cour pleine tous les soirs. Monsieur le président de Bonfons était le héros de ce petit cercle, où son esprit, sa personne, son instruction, son amabilité sans cesse étaient vantés. L'un faisait observer que, depuis sept ans, il avait beaucoup augmenté sa fortune; que Bonfons valait au moins dix mille francs de rente et se trouvait enclavé, comme tous les biens des Cruchot, dans les vastes domaines de l'héritière. — Savez-vous, mademoiselle, disait un habitué, que les Cruchot ont à eux quarante mille livres de rente. — Et leurs économies, reprenait une vieille Cruchotine, mademoiselle de Gribeaucourt. Un monsieur de Paris est venu dernièrement offrir à monsieur Cruchot deux cent mille francs de son étude. Il doit la vendre, s'il peut être nommé juge de paix. — Il veut succéder à monsieur de Bonfons dans la présidence du tribunal, et prend ses précautions, répondit madame d'Orsonval ; car monsieur le président deviendra conseiller, puis président à la Cour, il a trop de moyens pour ne pas arriver. — Oui, c'est un homme bien distingué, disait un autre. Ne trouvez-vous pas, mademoiselle ? Monsieur le président avait tâché de se mettre en harmonie avec le rôle qu'il voulait jouer. Malgré ses quarante ans, malgré sa figure brune et rébarbative, flétrie comme le sont presque toutes les physionomies judiciaires, il se mettait en jeune homme, badinait avec un jonc, ne prenait point de tabac chez mademoiselle de Froidfond, y arrivait toujours en cravate blanche, et en chemise dont le jabot à gros plis lui donnait un air de famille avec les individus du genre dindon. Il parlait familièrement à la belle héritière, et lui disait : Notre chère Eugénie ! Enfin, hormis le nombre des personnages, en remplaçant le loto par le whist, et en supprimant les figures de monsieur et de madame Grandet, la scène par laquelle commence cette histoire était à peu près la même que par le passé. La meute poursuivait toujours Eugénie et ses millions ; mais la meute plus nombreuse aboyait mieux, et cernait sa proie avec ensemble. Si Charles fût arrivé du fond des Indes, il eût donc retrouvé les mêmes personnages et les mêmes intérêts. Madame des Grassins, pour laquelle Eugénie était parfaite de grâce et de bonté, persistait à tourmenter les Cruchot. Mais alors, comme autrefois, la figure d'Eugénie eût dominé le tableau ; comme autrefois, Charles eût encore été là le souverain. Néanmoins il y avait un progrès. Le bouquet présenté jadis à Eugénie aux jours de sa fête par le président était devenu périodique. Tous les soirs il apportait à la riche héritière un gros et magnifique bouquet que madame Cornoiller mettait ostensiblement dans un bocal, et jetait secrètement dans un coin de la cour, aussitôt les visiteurs partis. Au commencement du printemps, madame des Grassins essaya de troubler le bonheur des Cruchotins en parlant à Eugénie du marquis de Froidfond, dont la maison ruinée pouvait se relever si l'héritière voulait lui rendre sa terre par un contrat de mariage. Madame des Grassins faisait sonner haut la pairie, le titre de marquise, et, prenant le sourire de dédain d'Eugénie pour une approbation, elle allait disant que le mariage de monsieur le président Cruchot n'était pas aussi avancé qu'on le croyait. — Quoique monsieur de Froidfond ait cinquante ans, disait-elle, il ne paraît pas plus âgé que ne l'est monsieur Cruchot; il est veuf, il a des enfants, c'est vrai; mais il est marquis, il sera pair de France, et par le temps qui court trouvez donc des mariages de cet acabit. Je sais de science certaine que le père Grandet, en réunissant tous ses biens à la terre de Froidfond, avait l'intention de s'enter sur les Froidfond. Il me l'a souvent dit. Il était malin, le bonhomme.

— Comment, Nanon, dit un soir Eugénie en se couchant, il ne m'écrira pas une fois en sept ans?...

Pendant que ces choses se passaient à Saumur, Charles faisait fortune aux Indes. Sa pacotille s'était d'abord très bien vendue. Il avait réalisé promptement une somme de six mille dollars. Le baptême de la Ligne lui fit perdre beaucoup de préjugés; il s'aperçut que le meilleur moyen d'arriver à la fortune était, dans les régions intertropicales, aussi bien qu'en Europe, d'acheter et de vendre des hommes. Il vint donc sur les côtes d'Afrique et fit la traite des nègres, en joignant à son commerce d'hommes celui des marchandises les plus avantageuses à échanger sur les divers marchés où l'amenaient ses intérêts. Il porta dans les affaires une activité qui ne lui laissait aucun moment de libre. Il était dominé par l'idée de reparaître à Paris dans tout l'éclat d'une haute fortune, et de ressaisir une position plus brillante encore que celle d'où il était tombé. A force de rouler à travers les hommes et les pays, d'en observer les coutumes contraires, ses idées se modifièrent, et il devint sceptique. Il n'eut plus de notions fixes sur le juste et l'injuste, en voyant taxer de crime dans un pays ce qui était vertu dans un autre. Au contact perpétuel des intérêts, son cœur se refroidit, se contracta, se dessécha. Le sang des Grandet ne faillit point à sa destinée. Charles devint dur, âpre à la curée. Il vendit des Chinois, des Nègres, des nids d'hirondelles, des enfants, des artistes; il fit l'usure en grand. L'habitude de frauder les droits de douane le rendit moins scrupuleux sur les droits de l'homme. Il allait alors à Saint-Thomas acheter à vil prix les marchandises volées par les pirates, et les portait sur les places où elles manquaient. Si la noble et pure figure d'Eugénie l'accompagna dans son premier voyage comme cette image de Vierge que mettent sur leur vaisseau les marins espagnols, et s'il attribua ses premiers succès à la magique influence des vœux et des prières de cette douce fille; plus tard, les Négresses, les Mûlatresses, les Blanches, les Javanaises, les Almées, ses orgies de toutes les couleurs, et les aventures qu'il eut en divers pays effacèrent complétement le souvenir de sa cousine, de Saumur, de la maison, du banc, du baiser pris dans le couloir. Il se souvenait seulement du petit jardin encadré de vieux murs, parce que là sa destinée hasardeuse avait commencé; mais il reniait sa famille : son oncle était un vieux chien qui lui avait filouté ses bijoux ; Eugénie n'occupait ni son cœur ni ses pensées, elle occupait une place dans ses affaires comme créancière d'une somme de six mille francs. Cette conduite et ces idées expliquent le silence de Charles Grandet. Dans les Indes, à Saint-Thomas, à la côte d'Afrique, à Lisbonne et aux États-Unis, le spéculateur avait pris, pour ne pas compromettre son nom, le pseudonyme de Sepherd. Carl Sepherd pouvait sans danger se montrer partout infatigable, audacieux, avide, en homme qui, résolu de faire fortune *quibuscumque viis*, se dépêche d'en finir avec l'infamie pour rester honnête homme pendant le restant de ses jours. Avec ce système, sa fortune fut rapide et brillante. En 1827 donc, il revenait à Bordeaux, sur le *Marie-Caroline*, joli brick appartenant à une maison de commerce royaliste. Il possédait dix-neuf cent mille francs en trois tonneaux de poudre d'or bien cerclés, desquels il comptait tirer sept ou huit pour cent en les monnayant à Paris. Sur ce brick, se trouvait également un gentilhomme ordinaire de la chambre de S. M. le roi Charles X, monsieur d'Aubrion, bon vieillard qui avait fait la folie d'épouser une femme à la mode, et dont la fortune était aux îles. Pour réparer les prodigalités de madame d'Aubrion, il était allé réaliser ses propriétés. Monsieur et madame d'Aubrion, de la maison d'Aubrion de Buch, dont le dernier Captal mourut avant 1789, réduits à une vingtaine de mille livres de rente, avaient une fille assez laide que la mère voulait marier sans dot, sa fortune lui suffisant à peine pour vivre à Paris. C'était une entreprise dont le succès eût semblé problématique à tous les gens du monde malgré l'habileté qu'ils prêtent aux femmes à la mode. Aussi madame d'Aubrion elle-même désespérait-elle presque, en voyant sa fille, d'en embarrasser qui que ce fût, fût-ce même un homme ivre de noblesse. Mademoiselle d'Aubrion était une demoiselle longue comme l'insecte, son homonyme; maigre, fluette, à bouche dédaigneuse, sur laquelle descendait un nez trop long, gros du bout, flavescent à l'état normal, mais complétement rouge après les repas, espèce de phénomène végétal plus désagréable au milieu d'un visage pâle et ennuyé que dans tout autre. Enfin, elle était telle que pouvait la désirer une mère de trente-huit ans qui, belle encore, avait encore des prétentions. Mais, pour contre-balancer de tels désavantages, la marquise d'Aubrion avait donné à sa fille un air très-distingué, l'avait soumise à une hygiène qui maintenait provisoirement le nez à un ton de chair raisonnable, lui avait appris l'art de se mettre avec goût, l'avait dotée de jolies manières, lui avait enseigné ces regards mélancoliques qui intéressent un homme et lui font croire qu'il va rencontrer l'ange si vainement cherché; elle lui avait montré la manœuvre du pied, pour l'avancer à propos et en faire admirer la petitesse, au moment où le nez avait l'impertinence de rougir; enfin, elle avait tiré de sa fille un parti très-satisfaisant. Au moyen de manches larges, de corsages menteurs, de robes bouffantes et soigneusement garnies, d'un corset à haute pression, elle avait obtenu des produits féminins si curieux que, pour l'instruction des mères, elle aurait dû les déposer dans un musée. Charles se lia beaucoup avec madame d'Aubrion, qui voulait précisément se lier avec lui. Plusieurs personnes prétendent même que, pendant la traversée, la belle madame d'Aubrion ne négligea aucun moyen de capturer un gendre si riche. En débarquant à Bordeaux, au mois de juin 1827, monsieur, madame, mademoiselle d'Aubrion et Charles logèrent ensemble dans le même hôtel et partirent ensemble pour Paris. L'hôtel d'Aubrion était criblé d'hypothèques, Charles devait le libérer. La mère avait déjà parlé du bonheur qu'elle aurait de céder son rez-de-chaussée à son gendre et à sa fille. Ne partageant pas les préjugés de monsieur d'Aubrion sur la noblesse, elle avait promis à Charles Grandet d'obtenir du bon Charles X une ordonnance royale qui l'autoriserait, lui Grandet, à porter le nom d'Aubrion, à en prendre les armes, et à succéder, moyennant la constitution d'un majorat de trente-six mille livres de rente, à Aubrion, dans le titre de Captal de Buch et marquis d'Aubrion. En réunissant leurs fortunes, vivant en bonne intelligence, et moyennant des sinécures, on pourrait réunir cent et quelques mille livres de rente à l'hôtel d'Aubrion. — Et quand on a cent mille livres de rente, un nom, une famille, que l'on va à la cour, car je vous ferai nommer gentilhomme de la chambre, on devient tout ce qu'on veut être, disait-elle à Charles. Ainsi vous serez, à votre choix, maître des requêtes au conseil d'État, préfet, secrétaire d'ambassade, ambassadeur. Charles X aime beaucoup d'Aubrion, ils se connaissent depuis l'enfance.

Enivré d'ambition par cette femme, Charles avait caressé, pendant la traversée, toutes ces espérances qui lui furent présentées par une main habile, et sous forme de confidences versées de cœur à cœur. Croyant les affaires de son père arrangées par son oncle, il se voyait ancré tout à coup dans le faubourg Saint-Germain, où tout le monde voulait alors entrer, et où, à l'ombre du nez bleu de mademoiselle Mathilde, il reparaissait en comte d'Aubrion, comme les Dreux reparurent un jour en Brézé. Ébloui par la prospérité de la Restauration qu'il avait laissée chancelante, saisi par l'éclat des idées aristocratiques, son enivrement commencé sur le vaisseau se maintint à Paris où il résolut de tout faire pour arriver à la haute position que son égoïste belle-mère lui faisait entrevoir. Sa cousine n'était donc plus pour lui qu'un point dans l'espace de cette brillante perspective. Il revit Annette. En femme du monde, Annette conseilla vivement à son ancien ami de contracter cette alliance, et lui promit son appui dans toutes ses entreprises ambitieuses. Annette était enchantée de faire épouser une demoiselle laide et ennuyeuse à Charles, que le séjour des Indes avait rendu très-séduisant : son teint avait bruni, ses manières étaient devenues décidées, hardies, comme le sont celles des hommes habitués à trancher, à dominer, à réussir. Charles respira plus à l'aise dans Paris, en voyant qu'il pouvait y jouer un rôle. Des Grassins, apprenant son retour, son mariage prochain, sa fortune, le vint voir pour lui parler des trois cent mille francs moyennant lesquels il pouvait acquitter les dettes de son père. Il trouva Charles en conférence avec le joaillier auquel il avait commandé des bijoux pour la corbeille de mademoiselle d'Aubrion, et qui lui en montrait les dessins. Malgré les magnifiques diamants que Charles avait rapportés des Indes, les façons, l'argenterie, la joaillerie solide et futile du jeune ménage allaient encore à plus de deux cent mille francs. Charles reçut des Grassins, qu'il ne reconnut pas, avec l'impertinence d'un jeune homme à la mode qui, dans les Indes, avait tué quatre hommes en différents duels. Monsieur des Grassins était déjà venu trois fois, Charles l'écouta froidement ; puis il lui répondit, sans l'avoir bien compris : — Les affaires de mon père ne sont pas les miennes. Je vous suis obligé, monsieur, des soins que vous avez bien voulu prendre, et dont je ne saurais profiter. Je n'ai pas ramassé presque deux millions à la sueur de mon front pour aller les flanquer à la tête des créanciers de mon père.

— Et si monsieur votre père était, d'ici à quelques jours, déclaré en faillite?

— Monsieur, d'ici à quelques jours, je me nommerai le comte d'Aubrion. Vous entendez bien que ce me sera parfaitement indifférent. D'ailleurs, vous savez mieux que moi que quand un homme a cent mille livres de rente, son père n'a jamais fait faillite, ajouta-t-il en poussant poliment le sieur des Grassins vers la porte.

Au commencement du mois d'août de cette année, Eugénie était assise sur le petit banc de bois où son cousin lui avait juré un éternel amour, et où elle venait déjeuner quand il faisait beau. La pauvre fille se complaisait en ce moment, par la plus fraîche, la plus joyeuse matinée, à repasser dans sa mémoire les grands, les petits événements de son amour, et les catastrophes dont il avait été suivi. Le soleil éclairait le joli pan de mur tout fendillé, presque en ruines, auquel il était défendu de toucher, de par la fantasque héritière, quoique Cornoiller répétât souvent à sa femme qu'on serait écrasé dessous quelque jour. En ce moment, le facteur de poste frappa, remit une lettre à madame Cornoiller, qui vint au jardin en criant:
— Mademoiselle, une lettre! Elle la donna à sa maîtresse en lui disant: — C'est-y celle que vous attendez?

Ces mots retentirent aussi fortement au cœur d'Eugénie qu'ils retentirent réellement entre les murailles de la cour et du jardin.

— Paris! C'est de lui. Il est revenu.

Eugénie pâlit, et garda la lettre pendant un moment. Elle palpitait trop vivement pour pouvoir la décacheter et la lire. La grande Nanon resta debout, les deux mains sur les hanches, et la joie semblait s'échapper comme une fumée par les crevasses de son brun visage.

— Lisez donc, mademoiselle...

— Ah! Nanon, pourquoi revient-il par Paris, quand il s'en est allé par Saumur?

— Lisez, vous le saurez.

Eugénie décacheta la lettre en tremblant. Il en tomba un mandat sur la maison *madame des Grassins et Corret* de Saumur. Nanon le ramassa.

« Ma chère cousine... »

— Je ne suis plus Eugénie, pensa-t-elle. Et son cœur se serra.

« Vous... »

— Il me disait *tu!*

Elle se croisa les bras, n'osa plus lire la lettre, et de grosses larmes lui vinrent aux yeux.

— Est-il mort ? demanda Nanon.

— Il n'écrirait pas, dit Eugénie.

Elle lut toute la lettre que voici.

« Ma chère cousine, vous apprendrez, je le crois, avec plaisir, le succès de mes entreprises. Vous m'avez porté bonheur, je suis revenu riche, et j'ai suivi les conseils de mon oncle, dont la mort et celle de ma tante viennent de m'être apprise par monsieur des Grassins. La mort de nos parents est dans la nature, et nous devons leur succéder. J'espère que vous êtes aujourd'hui consolée. Rien ne résiste au temps, je l'éprouve. Oui, ma chère cousine, malheureusement pour moi, le moment des illusions est passé. Que voulez-vous ! En voyageant à travers de nombreux pays, j'ai réfléchi sur la vie. D'enfant que j'étais au départ, je suis devenu homme au retour. Aujourd'hui, je pense à bien des choses auxquelles je ne songeais pas autrefois. Vous êtes libre, ma cousine, et je suis libre encore ; rien n'empêche, en apparence, la réalisation de nos petits projets ; mais j'ai trop de loyauté dans le caractère pour vous cacher la situation de mes affaires. Je n'ai point oublié que je ne m'appartiens pas ; je me suis toujours souvenu dans mes longues traversées du petit banc de bois... »

Eugénie se leva comme si elle eût été sur des charbons ardents, et alla s'asseoir sur une des marches de la cour.

« ....du petit banc de bois où nous nous sommes juré de nous aimer toujours, du couloir, de la salle grise, de ma chambre en mansarde, et de la nuit où vous m'avez rendu, par votre délicate obligeance, mon avenir plus facile. Oui, ces souvenirs ont soutenu mon courage, et je me suis dit que vous pensiez toujours à moi comme je pensais souvent à vous, à l'heure convenue entre nous. Avez-vous bien regardé les nuages à neuf heures ? Oui, n'est-ce pas ? Aussi, ne veux-je pas trahir une amitié sacrée pour moi ; non, je ne dois point vous tromper. Il s'agit, en ce moment, pour moi, d'une alliance qui satisfait à toutes les idées que je me suis formées sur le mariage. L'amour, dans le mariage, est une chimère. Aujourd'hui mon expérience me dit qu'il faut obéir à toutes les lois sociales et réunir toutes les convenances voulues par le monde en se mariant. Or, déjà se trouve entre nous une différence d'âge qui, peut-être, influerait plus sur votre avenir, ma chère cousine, que sur le mien. Je ne vous parlerai ni de vos mœurs, ni de votre éducation, ni de vos habitudes, qui ne sont nullement en rapport avec la vie de Paris, et ne cadreraient sans doute point avec mes projets ultérieurs. Il entre dans mes plans de tenir un grand état de maison, de recevoir beaucoup de monde, et je crois me souvenir que vous aimez une vie douce et tranquille. Non, je serai plus franc, et veux vous faire arbitre de ma situation ; il vous appartient de la connaître, et vous avez le droit de la juger. Aujourd'hui je possède quatre-vingt mille livres de rente. Cette fortune me permet de m'unir à la famille d'Aubrion, dont l'héritière, jeune personne de dix-neuf ans, m'apporte en mariage son nom, un titre, la place de gentilhomme honoraire de la chambre de Sa Majesté, et une position des plus brillantes. Je vous avouerai, ma chère cousine, que je n'aime pas le moins du monde mademoiselle d'Aubrion ; mais, par son alliance, j'assure à mes enfants une situation sociale dont un jour les avantages seront incalculables : de jour en jour, les idées monarchiques reprennent faveur. Donc, quelques années plus tard, mon fils, devenu marquis d'Aubrion, ayant un majorat de quarante mille livres de rente, pourra prendre dans l'État telle place qu'il lui conviendra de choisir. Nous nous devons à nos enfants. Vous voyez, ma cousine, avec quelle bonne foi je vous expose l'état de mon cœur, de mes espérances et de ma fortune. Il est possible que de votre côté vous ayez oublié nos enfantillages après sept années d'absence ; mais moi, je n'ai oublié ni votre indulgence, ni mes paroles ; je me souviens de toutes, même des plus légèrement données, et auxquelles un jeune homme moins consciencieux que je ne le suis, ayant un cœur moins jeune et moins probe, ne songerait même pas. En vous disant que je ne pense qu'à faire un mariage de convenance, et que je me souviens encore de nos amours d'enfant, n'est-ce pas me mettre entièrement à votre discrétion, vous rendre maîtresse de mon sort, et vous dire que, s'il faut renoncer à mes ambitions sociales, je me contenterai volontiers de ce simple et pur bonheur duquel vous m'avez offert de si touchantes images....

—Tan, ta, ta. — Tan, ta, ti. — Tinn, ta, ta. — Toûn ! — Toûn, ta, ti. — Tinn, ta, ta..., etc., avait chanté Charles Grandet sur l'air de *Non più andrai*, en signant :

» Votre dévoué cousin,
» CHARLES. »

— Tonnerre de Dieu! c'est y mettre des procédés, se dit-il. Et il avait cherché le mandat, et il avait ajouté ceci :

« *P. S.* Je joins à ma lettre un mandat sur la maison des Grassins de huit mille francs à votre ordre, et payable en or, comprenant intérêts et capital de la somme que vous avez eu la bonté de me prêter. J'attends de Bordeaux une caisse où se trouvent quelques objets que vous me permettrez de vous offrir en témoignage de mon éternelle reconnaissance. Vous pouvez renvoyer par la diligence ma toilette à l'hôtel d'Aubrion, rue Hillerin-Bertin. »

— Par la diligence! dit Eugénie. Une chose pour laquelle j'aurais donné mille fois ma vie!

Épouvantable et complet désastre. Le vaisseau sombrait sans laisser ni un cordage, ni une planche sur le vaste océan des espérances. En se voyant abandonnées, certaines femmes vont arracher leur amant aux bras d'une rivale, la tuent et s'enfuient au bout du monde, sur l'échafaud ou dans la tombe. Cela, sans doute, est beau; le mobile de ce crime est une sublime passion qui impose à la Justice humaine. D'autres femmes baissent la tête et souffrent en silence; elles vont mourantes et résignées, pleurant et pardonnant, priant et se souvenant jusqu'au dernier soupir. Ceci est de l'amour, l'amour vrai, l'amour des anges, l'amour fier qui vit de sa douleur et qui en meurt. Ce fut le sentiment d'Eugénie après avoir lu cette horrible lettre. Elle jeta ses regards au ciel, en pensant aux dernières paroles de sa mère, qui, semblable à quelques mourants, avait projeté sur l'avenir un coup d'œil pénétrant, lucide; puis, Eugénie se souvenant de cette mort et de cette vie prophétique, mesura d'un regard toute sa destinée. Elle n'avait plus qu'à déployer ses ailes, tendre au ciel, et vivre en prières jusqu'au jour de sa délivrance.

— Ma mère avait raison, dit-elle en pleurant. Souffrir et mourir.

Elle vint à pas lents de son jardin dans la salle. Contre son habitude, elle ne passa point par le couloir; mais elle retrouva le souvenir de son cousin dans ce vieux salon gris, sur la cheminée duquel était toujours une certaine soucoupe dont elle se servait tous les matins à son déjeuner, ainsi que du sucrier de vieux Sèvres. Cette matinée devait être solennelle et pleine d'événements pour elle. Nanon lui annonça le curé de la paroisse. Ce curé, parent des Cruchot, était dans les intérêts du président de Bonfons. Depuis quelques jours, le vieil abbé l'avait déterminé à parler à mademoiselle Grandet, dans un sens purement religieux, de l'obligation où elle était de contracter mariage. En voyant son pasteur, Eugénie crut qu'il venait chercher les mille francs qu'elle donnait mensuellement aux pauvres, et dit à Nanon de les aller chercher; mais le curé se prit à sourire.

— Aujourd'hui, mademoiselle, je viens vous parler d'une pauvre fille à laquelle toute la ville de Saumur s'intéresse, et qui, faute de charité pour elle-même, ne vit pas chrétiennement.

— Mon Dieu! monsieur le curé, vous me trouvez dans un moment où il m'est impossible de songer à mon prochain, je suis tout occupée de moi. Je suis bien malheureuse, je n'ai d'autre refuge que l'Église; elle a un sein assez large pour contenir toutes nos douleurs, et des sentiments assez féconds pour que nous puissions y puiser sans craindre de les tarir.

— Eh! bien, mademoiselle, en nous occupant de cette fille nous nous occuperons de vous. Écoutez. Si vous voulez faire votre salut, vous n'avez que deux voies à suivre, ou quitter le monde ou en suivre les lois. Obéir à votre destinée terrestre ou à votre destinée céleste.

— Ah! votre voix me parle au moment où je voulais entendre une voix. Oui, Dieu vous adresse ici, monsieur. Je vais dire adieu au monde et vivre pour Dieu seul dans le silence et la retraite.

— Il est nécessaire, ma fille, de long-temps réfléchir à ce violent parti. Le mariage est une vie, le voile est une mort.

— Eh! bien, la mort, la mort promptement, monsieur le curé, dit-elle avec une effrayante vivacité.

— La mort! mais vous avez de grandes obligations à remplir envers la Société, mademoiselle. N'êtes-vous donc pas la mère des pauvres auxquels vous donnez des vêtements, du bois en hiver et du travail en été? Votre grande fortune est un prêt qu'il faut rendre, et vous l'avez saintement acceptée ainsi. Vous ensevelir dans un couvent, ce serait de l'égoïsme; quant à rester vieille fille, vous ne le devez pas. D'abord, pourriez-vous gérer seule votre immense fortune? vous la perdriez peut-être. Vous auriez bientôt mille procès, et vous seriez engarriée en d'inextricables difficultés. Croyez votre pasteur: un époux vous est utile, vous devez conserver ce que Dieu vous a donné. Je vous parle comme à une ouaille chérie. Vous aimez trop sincèrement Dieu pour ne pas faire votre salut au milieu du monde, dont vous êtes un des plus beaux ornements, et auquel vous donnez de saints exemples.

En ce moment, madame des Grassins se fit annoncer. Elle venait amenée par la vengeance et par un grand désespoir.

— Mademoiselle, dit-elle. Ah! voici monsieur le curé. Je me tais, je venais vous parler d'affaires, et je vois que vous êtes en grande conférence.

— Madame, dit le curé, je vous laisse le champ libre.

— Oh! monsieur le curé, dit Eugénie, revenez dans quelques instants, votre appui m'est en ce moment bien nécessaire.

— Oui, ma pauvre enfant, dit madame des Grassins.

— Que voulez-vous dire? demandèrent mademoiselle Grandet et le curé.

— Ne sais-je pas le retour de votre cousin, son mariage avec mademoiselle d'Aubrion?... Une femme n'a jamais son esprit dans sa poche.

Eugénie rougit et resta muette; mais elle prit le parti d'affecter à l'avenir l'impassible contenance qu'avait su prendre son père.

— Eh! bien, madame, répondit-elle avec ironie, j'ai sans doute l'esprit dans ma poche, je ne comprends pas. Parlez, parlez devant monsieur le curé, vous savez qu'il est mon directeur.

— Eh! bien, mademoiselle, voici ce que des Grassins m'écrit. Lisez.

Eugénie lut la lettre suivante :

« Ma chère femme, Charles Grandet arrive des Indes, il est à Paris depuis un mois....

— Un mois! se dit Eugénie en laissant tomber sa main.

Après une pause, elle reprit la lettre.

» ..... Il m'a fallu faire antichambre deux fois avant de pouvoir parler à ce futur vicomte d'Aubrion. Quoique tout Paris parle de son mariage, et que tous les bans soient publiés.....

— Il m'écrivait donc au moment où.... se dit Eugénie. Elle n'acheva pas, elle ne s'écria pas comme une Parisienne : « Le polisson ! » Mais pour ne pas être exprimé, le mépris n'en fut pas moins complet.

» ..... Ce mariage est loin de se faire ; le marquis d'Aubrion ne donnera pas sa fille au fils d'un banqueroutier. Je suis venu lui faire part des soins que son oncle et moi nous avons donnés aux affaires de son père, et des habiles manœuvres par lesquelles nous avons su faire tenir les créanciers tranquilles jusqu'aujourd'hui. Ce petit impertinent n'a-t-il pas eu le front de me répondre, à moi qui, pendant cinq ans, me suis dévoué nuit et jour à ses intérêts et à son honneur, que *les affaires de son père n'étaient pas les siennes.* Un agréé serait en droit de lui demander trente à quarante mille francs d'honoraires, à un pour cent sur la somme des créances. Mais, patience, il est bien légitimement dû douze cent mille francs aux créanciers, et je vais faire déclarer son père en faillite. Je me suis embarqué dans cette affaire sur la parole de ce vieux caïman de Grandet, et j'ai fait des promesses au nom de la famille. Si monsieur le vicomte d'Aubrion se soucie peu de son honneur, le mien m'intéresse fort. Aussi vais-je expliquer ma position aux créanciers. Néanmoins, j'ai trop de respect pour mademoiselle Eugénie, à l'alliance de laquelle, en des temps plus heureux, nous avions pensé, pour agir sans que tu lui aies parlé de cette affaire...»

Là, Eugénie rendit froidement la lettre sans l'achever. — Je vous remercie, dit-elle à madame des Grassins, *nous verrons cela...*

— En ce moment, vous avez toute la voix de défunt votre père, dit madame des Grassins.

— Madame, vous avez huit mille cent francs d'or à nous compter, lui dit Nanon.

— Cela est vrai ; faites-moi l'avantage de venir avec moi, madame Cornoiller.

— Monsieur le curé, dit Eugénie avec un noble sang-froid que lui donna la pensée qu'elle allait exprimer, serait-ce pécher que de demeurer en état de virginité dans le mariage ?

— Ceci est un cas de conscience dont la solution m'est inconnue. Si vous voulez savoir ce qu'en pense en sa Somme *de Matrimonio* le célèbre Sanchez, je pourrai vous le dire demain.

Le curé partit, mademoiselle Grandet monta dans le cabinet de son père et y passa la journée seule, sans vouloir descendre à l'heure du dîner, malgré les instances de Nanon. Elle parut le soir, à l'heure où les habitués de son cercle arrivèrent. Jamais le salon des Grandet n'avait été aussi plein qu'il le fut pendant cette soirée. La nouvelle du retour et de la sotte trahison de Charles avait été répandue dans toute la ville. Mais quelque attentive que fût la curiosité des visiteurs, elle ne fut point satisfaite. Eugénie, qui s'y était attendue, ne laissa percer sur son visage calme aucune des cruelles émotions qui l'agitaient. Elle sut prendre une figure riante pour répondre à ceux qui voulurent lui témoigner de l'intérêt par des regards ou des paroles mélancoliques. Elle sut enfin couvrir son malheur sous les voiles de la politesse. Vers neuf heures, les parties finissaient, et les joueurs quittaient leurs tables, se payaient et discutaient les derniers cours de whist en venant se joindre au cercle des causeurs. Au moment où l'assemblée se leva en masse pour quitter le salon, il y eut un coup de théâtre qui retentit dans Saumur, de là dans l'arrondissement et dans les quatres préfectures environnantes.

— Restez, monsieur le président, dit Eugénie à monsieur de Bonfons en lui voyant prendre sa canne.

A cette parole, il n'y eut personne dans cette nombreuse assemblée qui ne se sentît ému. Le président pâlit et fut obligé de s'asseoir.

— Au président les millions, dit mademoiselle de Gribeaucourt.

— C'est clair, le président de Bonfons épouse mademoiselle Grandet, s'écria madame d'Orsonval.

— Voilà le meilleur coup de la partie, dit l'abbé.

— C'est un beau *schleem*, dit le notaire.

Chacun dit son mot, chacun fit son calembour, tous voyaient l'héritière montée sur ses millions, comme sur un piédestal. Le drame commencé depuis neuf ans se dénouait. Dire, en face de tout Saumur, au président de rester, n'était-ce pas annoncer qu'elle voulait faire de lui son mari. Dans les petites villes, les convenances sont si sévèrement observées, qu'une infraction de ce genre y constitue la plus solennelle des promesses.

— Monsieur le président, lui dit Eugénie d'une voix émue quand ils furent seuls, je sais ce qui vous plaît en moi. Jurez de me laisser libre pendant toute ma vie, de ne me rappeler aucun des droits que le mariage vous donne sur moi, et ma main est à vous. Oh! reprit-elle en le voyant se mettre à ses genoux, je n'ai pas tout dit. Je ne dois pas vous tromper, monsieur. J'ai dans le cœur un sentiment inextinguible. L'amitié sera le seul sentiment que je puisse accorder à mon mari : je ne veux ni l'offenser, ni contrevenir aux lois de mon cœur. Mais vous ne posséderez ma main et ma fortune qu'au prix d'un immense service.

— Vous me voyez prêt à tout, dit le président.

— Voici douze cent mille francs, monsieur le président, dit-elle en tirant un papier de son sein; partez pour Paris, non pas demain, non pas cette nuit, mais à l'instant même. Rendez-vous chez monsieur des Grassins, sachez-y le nom de tous les créanciers de mon oncle, rassemblez-les, payez tout ce que sa succession peut devoir, capital et intérêts à cinq pour cent depuis le jour de la dette jusqu'à celui du remboursement, enfin veillez à faire faire une quittance générale et notariée, bien en forme. Vous êtes magistrat, je ne me fie qu'à vous en cette affaire. Vous êtes un homme loyal, un galant homme ; je m'embarquerai sur la foi de votre parole pour traverser les dangers de la vie à l'abri de votre nom. Nous aurons l'un pour l'autre une mutuelle indulgence. Nous nous connaissons depuis si long-temps, nous sommes presque parents, vous ne voudriez pas me rendre malheureuse.

Le président tomba aux pieds de la riche héritière en palpitant de joie et d'angoisse.

— Je serai votre esclave ! lui dit-il.

— Quand vous aurez la quittance, monsieur, reprit-elle en lui jetant un regard froid, vous la porterez avec tous les titres à mon cousin Grandet et vous lui remettrez cette lettre. A votre retour, je tiendrai ma parole.

Le président comprit, lui, qu'il devait mademoiselle Grandet à un dépit amoureux ; aussi s'empressa-t-il d'exécuter ses ordres avec la plus grande promptitude, afin qu'il n'arrivât aucune réconciliation entre les deux amants.

Quand monsieur de Bonfons fut parti, Eugénie tomba sur son fauteuil et fondit en larmes. Tout était consommé. Le président prit la poste, et se trouvait à Paris le lendemain soir. Dans la matinée du jour qui suivit son arrivée, il alla chez des Grassins. Le magistrat convoqua les créanciers en l'Étude du notaire où étaient déposés les titres, et chez lequel pas un ne faillit à l'appel. Quoique ce fussent des créanciers, il faut leur rendre justice : ils furent exacts. Là, le président de Bonfons, au nom de mademoiselle Grandet, leur paya le capital et les intérêts dus. Le payement des intérêts fut pour le commerce parisien un des événements les plus étonnants de l'époque. Quand la quittance fut enregistrée et des Grassins payé de ses soins par le don d'une somme de cinquante mille francs que lui avait allouée Eugénie, le président se rendit à l'hôtel d'Aubrion, et y trouva Charles au moment où il rentrait dans son appartement, accablé par son beau-père. Le vieux marquis venait de lui déclarer que sa fille ne lui appartiendrait qu'autant que tous les créanciers de Guillaume Grandet seraient soldés.

Le président lui remit d'abord la lettre suivante :

« MON COUSIN, monsieur le président de Bonfons s'est chargé de vous remettre la quittance de toutes les sommes dues par mon oncle et celle par laquelle je reconnais les avoir reçues de vous. On m'a parlé de faillite ! J'ai pensé que le fils d'un failli ne pouvait peut-être pas épouser mademoiselle d'Aubrion. Oui, mon cousin, vous avez bien jugé de mon esprit et de mes manières : je n'ai sans doute rien du monde, je n'en connais ni les calculs ni les mœurs, et ne saurais vous y donner les plaisirs que vous voulez y trouver. Soyez heureux, selon les conventions sociales auxquelles vous sacrifiez nos premières amours. Pour rendre votre bonheur complet, je ne puis donc plus vous offrir que l'honneur de votre père. Adieu, vous aurez toujours une fidèle amie dans votre cousine,

» EUGÉNIE. »

Le président sourit de l'exclamation que ne put réprimer cet ambitieux au moment où il reçut l'acte authentique.

— Nous nous annoncerons réciproquement nos mariages, lui dit-il.

— Ah ! vous épousez Eugénie. Eh ! bien, j'en suis content, c'est une bonne fille. Mais, reprit-il frappé tout à coup par une réflexion lumineuse, elle est donc riche ?

— Elle avait, répondit le président d'un air goguenard, près de dix-neuf millions, il y a quatre jours ; mais elle n'en a plus que dix-sept aujourd'hui.

Charles regarda le président d'un air hébété

— Dix-sept... mil...

— Dix-sept millions, oui, monsieur. Nous réunissons, mademoiselle Grandet et moi, sept cent cinquante mille livres de rente, en nous mariant.

— Mon cher cousin, dit Charles en retrouvant un peu d'assurance, nous pourrons nous pousser l'un l'autre.

— D'accord, dit le président. Voici, de plus, une petite caisse que je dois aussi ne remettre qu'à vous, ajouta-t-il en déposant sur une table le coffret dans lequel était la toilette.

— Hé ! bien, mon cher ami, dit madame la marquise d'Aubrion en entrant sans faire attention à Cruchot, ne prenez nul souci de ce que vient de vous dire ce pauvre monsieur d'Aubrion, à qui la duchesse de Chaulieu vient de tourner la tête. Je vous le répète, rien n'empêchera votre mariage...

— Rien, madame, répondit Charles. Les trois millions autrefois dus par mon père ont été soldés hier.

— En argent ? dit-elle.

— Intégralement, intérêts et capital, et je vais faire réhabiliter sa mémoire.

— Quelle bêtise ! s'écria la belle-mère. — Quel est ce monsieur ? dit-elle à l'oreille de son gendre, en apercevant le Cruchot.

— Mon homme d'affaires, lui répondit-il à voix basse.

La marquise salua dédaigneusement monsieur de Bonfons et sortit.

— Nous nous poussons déjà, dit le président en prenant son chapeau. Adieu, mon cousin.

— Il se moque de moi, ce catacouas de Saumur. J'ai envie de lui donner six pouces de fer dans le ventre.

Le président était parti. Trois jours après, monsieur de Bonfons, de retour à Saumur, publia son mariage avec Eugénie. Six mois après, il était nommé conseiller à la Cour royale d'Angers. Avant de quitter Saumur, Eugénie fit fondre l'or des joyaux si long-temps précieux à son cœur, et les consacra, ainsi que les huit mille francs de son cousin, à un ostensoir d'or et en fit présent à la paroisse où elle avait tant prié Dieu pour *lui !* Elle partagea d'ailleurs son temps entre Angers et Saumur. Son mari, qui montra du dévouement dans une circonstance politique, devint président de chambre, et enfin premier président au bout de quelques années. Il attendit impatiemment la réélection générale afin d'avoir un siége à la Chambre. Il convoitait déjà la Pairie, et alors...

— Alors le roi sera donc son cousin, disait Nanon, la grande Nanon, madame Cornoiller, bourgeoise de Saumur, à qui sa maîtresse annonçait les grandeurs auxquelles elle était appelée. Néanmoins monsieur le président de Bonfons (il avait enfin aboli le nom patronymique de Cruchot) ne parvint à réaliser aucune de ses idées ambitieuses. Il mourut huit jours après avoir été nommé député de Saumur. Dieu, qui voit tout et ne frappe jamais à faux, le punissait sans doute de ses calculs et de l'habileté juridique avec laquelle il avait minuté, *accurante Cruchot*, son contrat de mariage où les deux futurs époux se donnaient l'un à l'autre, *au cas où ils n'auraient pas d'enfants, l'universalité de leurs biens, meubles et immeubles sans en rien excepter ni réserver, en toute propriété, se dispensant même de la formalité de l'inventaire, sans que l'omission dudit inventaire puisse être opposée à leurs héritiers ou ayants cause, entendant que ladite donation soit*, etc. Cette clause peut expliquer le profond respect que le président eut constamment pour la volonté, pour la solitude de madame de Bonfons. Les femmes citaient monsieur le premier président comme un des hommes les plus délicats, le plaignaient et allaient jusqu'à souvent accuser la douleur, la passion d'Eugénie, mais comme elles savent accuser une femme, avec les plus cruels ménagements.

— Il faut que madame la présidente de Bonfons soit bien souffrante pour laisser son mari seul. Pauvre petite femme! Guérira-t-elle bientôt? Qu'a-t-elle donc, une gastrite, un cancer? Pourquoi ne voit-elle pas des médecins? Elle devient jaune depuis quelque temps; elle devrait aller consulter les célébrités de Paris. Comment peut-elle ne pas désirer un enfant? Elle aime beaucoup son mari, dit-on, comment ne pas lui donner d'héritier, dans sa position? Savez-vous que cela est affreux; et si c'était par l'effet d'un caprice, il serait bien condamnable. Pauvre président!

Douée de ce tact fin que le solitaire exerce par ses perpétuelles méditations et par la vue exquise avec laquelle il saisit les choses qui tombent dans sa sphère, Eugénie, habituée par le malheur et par sa dernière éducation à tout deviner, savait que le président désirait sa mort pour se trouver en possession de cette immense fortune, encore augmentée par les successions de son oncle le notaire, et de son oncle l'abbé, que Dieu eut la fantaisie d'appeler à lui. La pauvre recluse avait pitié du président. La Providence la vengea des calculs et de l'infâme indifférence d'un époux qui respectait, comme la plus forte des garanties, la passion sans espoir dont se nourrissait Eugénie. Donner la vie à un enfant, n'était-ce pas tuer les espérances de l'égoïsme, les joies de l'ambition caressées par le premier président? Dieu jeta donc des masses d'or à sa prisonnière pour qui l'or était indifférent et qui aspirait au ciel, qui vivait, pieuse et bonne, en de saintes pensées, qui secourait incessamment les malheureux en secret. Madame de Bonfons fut veuve à trente-six ans, riche de huit cent mille livres de rente, encore belle, mais comme une femme est belle près de quarante ans. Son visage est blanc, reposé, calme. Sa voix est douce et recueillie, ses manières sont simples. Elle a toutes les noblesses de la douleur, la sainteté d'une personne qui n'a pas souillé son âme au contact du monde, mais aussi la roideur de la vieille fille et les habitudes mesquines que donne l'existence étroite de la province. Malgré ses huit cent mille livres de rente, elle vit comme avait vécu la pauvre Eugénie Grandet, n'allume le feu de sa chambre qu'aux jours où jadis son père lui permettait d'allumer le foyer de la salle, et l'éteint conformément au programme en vigueur dans ses jeunes années. Elle est toujours vêtue comme l'était sa mère. La maison de Saumur, maison sans soleil, sans chaleur, sans cesse ombragée, mélancolique, est l'image de sa vie. Elle accumule soigneusement ses revenus, et peut-être eût-elle semblé parcimonieuse si elle ne démentait la médisance par un noble emploi de sa fortune. De pieuses et charitables fondations, un hospice pour la vieillesse et des écoles chrétiennes pour les enfants, une bibliothèque publique richement dotée, témoignent chaque année contre l'avarice que lui reprochent certaines personnes. Les églises de Saumur lui doivent quelques embellissements. Madame de Bonfons que, par raillerie, on appelle *mademoiselle*, inspire généralement un religieux respect. Ce noble cœur, qui ne battait que pour les sentiments les plus tendres, devait donc être soumis aux calculs de l'intérêt humain. L'argent devait communiquer ses teintes froides à cette vie céleste, et lui donner de la défiance pour les sentiments.

— Il n'y a que toi qui m'aimes, disait-elle à Nanon.

La main de cette femme panse les plaies secrètes de toutes les familles. Eugénie marche au ciel accompagnée d'un cortége de bienfaits. La grandeur de son âme amoindrit les petitesses de son éducation et les coutumes de sa vie première. Telle est l'histoire de cette femme, qui n'est pas du monde au milieu du monde ; qui, faite pour être magnifiquement épouse et mère, n'a ni mari, ni enfants, ni famille. Depuis quelques jours, il est question d'un nouveau mariage pour elle. Les gens de Saumur s'occupent d'elle et de monsieur le marquis de Froidfond dont la famille commence à cerner la riche veuve comme jadis avaient fait les Cruchot. Nanon et Cornoiller sont, dit-on, dans les intérêts du marquis, mais rien n'est plus faux. Ni la grande Nanon, ni Cornoiller n'ont assez d'esprit pour comprendre les corruptions du monde.

Paris, septembre 1833.

LES CÉLIBATAIRES.

PREMIÈRE HISTOIRE.

PIERRETTE.

A MADEMOISELLE ANNA DE HANSKA.

Chère enfant, vous la joie de toute une maison, vous dont la pèlerine blanche ou rose voltige en été dans les massifs de Wierzchownia, comme un feu follet que votre mère et votre père suivent d'un œil attendri comment vais-je vous dédier une histoire pleine de mélancolie? Ne faut-il pas vous parler des malheurs qu'une jeune fille adorée comme vous l'êtes ne connaîtra jamais, car vos jolies mains pourront un jour les consoler? Il est si difficile, Anna, de vous trouver, dans l'histoire de nos mœurs, une aventure digne de passer sous vos yeux, que l'auteur n'avait pas à choisir; mais peut-être apprendrez-vous combien vous êtes heureuse en lisant celle que vous envoie

Votre vieil ami,
DE BALZAC.

En octobre 1827, à l'aube, un jeune homme âgé d'environ seize ans et dont la mise annonçait ce que la phraséologie moderne appelle si insolemment un prolétaire, s'arrêta sur une petite place qui se trouve dans le bas Provins. A cette heure, il put examiner sans être observé les différentes maisons situées sur cette place qui forme un carré long. Les moulins assis sur les rivières de Provins allaient déjà. Leur bruit répété par les échos de la haute ville, en harmonie avec l'air vif, avec les pimpantes clartés du matin, accusait la profondeur du silence qui permettait d'entendre les ferrailles d'une diligence, à une lieue, sur la grande route. Les deux plus longues

BRIGAUT.

... Enfin toutes ces choses humbles et fortes qui composent le costume d'un pauvre breton.

PIERRETTE)

lignes de maisons séparées par un couvert de tilleuls offrent des constructions naïves où se révèle l'existence paisible et définie des bourgeois. En cet endroit, nulle trace de commerce. A peine y voyait-on alors les luxueuses portes cochères des gens riches! s'il y en avait, elles tournaient rarement sur leurs gonds, excepté celle de monsieur Martener, un médecin obligé d'avoir son cabriolet et de s'en servir. Quelques façades étaient ornées d'un cordon de vigne, d'autres de rosiers à haute tige qui montaient jusqu'au premier étage où leurs fleurs parfumaient les croisées de leurs grosses touffes clairsemées. Un bout de cette place arrive presque à la grande rue de la basse ville. L'autre bout est barré par une rue parallèle à cette grande rue et dont les jardins s'étendent sur une des deux rivières qui arrosent la vallée de Provins.

Dans ce bout, le plus paisible de la place, le jeune ouvrier reconnut la maison qu'on lui avait indiquée : une façade en pierre blanche, rayée de lignes creuses pour figurer des assises, où les fenêtres à maigres balcons de fer décorés de rosaces peintes en jaune sont fermées de persiennes grises. Au-dessus de cette façade, élevée d'un rez-de-chaussée et d'un premier étage, trois lucarnes de mansarde percent un toit couvert en ardoises, sur un des pignons duquel tourne une girouette neuve. Cette moderne girouette représente un chasseur en position de tirer un lièvre. On monte à la porte bâtarde par trois marches en pierre. D'un côté de la porte, un bout de tuyau de plomb crache les eaux ménagères au-dessus d'une petite rigole, et annonce la cuisine ; de l'autre, deux fenêtres soigneusement closes par des volets gris où des cœurs découpés laissent passer un peu de jour, lui parurent être celles de la salle à manger. Dans l'élévation rachetée par les trois marches et dessous chaque fenêtre, se voient les soupiraux des caves, clos par de petites portes en tôle peinte, percées de trous prétentieusement découpés. Tout alors était neuf. Dans cette maison restaurée et dont le luxe encore frais contrastait avec le vieil extérieur de toutes les autres, un observateur eût sur-le-champ deviné les idées mesquines et le parfait contentement du petit commerçant retiré. Le jeune homme regarda ces détails avec une expression de plaisir mélangée de tristesse : ses yeux allaient de la cuisine aux mansardes par un mouvement qui dénotait une délibération. Les lueurs roses du soleil signalèrent sur une des fenêtres du grenier un rideau calicot qui manquait aux autres lucarnes. La physionomie du jeune homme devint alors entièrement gaie, il se recula de quelques pas, s'adossa contre un tilleul et chanta sur le ton traînant particulier aux gens de l'Ouest cette romance bretonne publiée par Bruguière, un compositeur à qui nous devons de charmantes mélodies. En Bretagne, les jeunes gens des villages viennent dire ce chant aux mariés le jour de leurs noces.

>   Nous v'nons vous souhaiter bonheur en mariage,
>   A m'sieur votre époux
>   Aussi ben comm'à vous.
>
>   On vient de vous lier, madam' la mariée,
>   Avec un lien d'or
>   Qui n'délie qu'à la mort.
>
>   Vous n'irez plus au bal, à nos jeux d'assemblée ;
>   Vous gard'rez la maison
>   Tandis que nous irons.
>
>   Avez-vous ben compris comm'il vous fallait être
>   Fidèle à vot' époux :
>   Faut l'aimer comme vous.
>
>   Recevez ce bouquet que ma main vous présente.
>   Hélas ! vos vains honneurs
>   Pass'ront comme ces fleurs.

Cette musique nationale, aussi délicieuse que celle adaptée par Châteaubriand à *Ma sœur, te souvient-il encore ?* chantée au milieu d'une petite ville de la Brie champenoise, devait être pour une Bretonne le sujet d'impérieux souvenirs, tant elle peint fidèlement les mœurs, la bonhomie, les sites de ce vieux et noble pays. Il y règne je ne sais quelle mélancolie causée par l'aspect de la vie réelle qui touche profondément. Ce pouvoir de réveiller un monde de choses graves, douces et tristes, par un rhythme familier et souvent gai, n'est-il pas le caractère de ces chants populaires qui sont les superstitions de la musique, si l'on veut accepter le mot superstition comme signifiant tout ce qui reste après la ruine des peuples et surnage à leurs révolutions. En achevant le premier couplet, l'ouvrier, qui ne cessait de regarder le rideau de la mansarde, n'y vit aucun mouvement. Pendant qu'il chantait le second, le calicot s'agita. Quand ces mots : Recevez ce bouquet, furent dits, apparut la figure d'une jeune fille. Une main blanche ouvrit avec précaution la croisée, et la jeune fille salua par un signe de tête le voyageur au moment où il finissait la pensée mélancolique exprimée par ces deux vers si simples :

> Hélas! vos vains honneurs
> Pass'ront comme ces fleurs.

L'ouvrier montra soudain, en la tirant de dessous sa veste, une fleur d'un jaune d'or très commune en Bretagne, et sans doute trouvée dans les champs de la Brie, où elle est rare, la fleur de l'ajonc.

— Est-ce donc vous, Brigaut? dit à voix basse la jeune fille.

— Oui, Pierrette, oui. Je suis à Paris, je fais mon tour de France ; mais je suis capable de m'établir ici, puisque vous y êtes.

En ce moment, une espagnolette grogna dans la chambre du premier étage, au-dessous de celle de Pierrette. La Bretonne manifesta la plus vive crainte et dit à Brigaut : — Sauvez-vous ! L'ouvrier sauta comme une grenouille effrayée vers le tournant qu'un moulin fait faire à cette rue qui va déboucher dans la grande rue, l'artère de la basse ville; mais, malgré sa prestesse, ses souliers ferrés, en retentissant sur le petit pavé de Provins, produisirent un son facile à distinguer dans la musique du moulin, et que put entendre la personne qui ouvrait la fenêtre.

Cette personne était une femme. Aucun homme ne s'arrache aux douceurs du sommeil matinal pour écouter un troubadour en veste, une fille seule se réveille à un chant d'amour. Aussi était-ce une fille, et une vieille fille. Quand elle eut déployé ses persiennes par un geste de chauve-souris, elle regarda dans toutes les directions et n'entendit que vaguement les pas de Brigaut qui s'enfuyait. Y a-t-il rien de plus horrible à voir que la matinale apparition d'une vieille fille laide à sa fenêtre? De tous les spectacles grotesques qui font la joie des voyageurs quand ils traversent les petites villes, n'est-ce pas le plus déplaisant? il est trop triste, trop repoussant pour qu'on en rie. Cette vieille fille, à l'oreille si alerte, se présentait dépouillée des artifices en tout genre qu'elle employait pour s'embellir : elle n'avait ni son tour de faux cheveux ni sa collerette. Elle portait cet affreux petit sac en taffetas noir avec lequel les vieilles femmes s'enveloppent l'occiput, et qui dépassait son bonnet de nuit relevé par les mouvements du sommeil. Ce désordre donnait à cette tête l'air menaçant que les peintres prêtent aux sorcières. Les tempes, les oreilles et la nuque, assez peu cachées, laissaient voir leur caractère aride et sec; leurs rides âpres se recommandaient par des tons rouges peu agréables à l'œil, et que faisait encore ressortir la couleur quasi blanche de la camisole nouée au cou par des cordons vrillés. Les bâillements de cette camisole entr'ouverte montraient une poitrine comparable à celle d'une vieille paysanne peu soucieuse de sa laideur. Le bras décharné faisait l'effet d'un bâton sur lequel on aurait mis une étoffe. Vue à sa croisée, cette demoiselle paraissait grande à cause de la force et de l'étendue de son visage, qui rappelait l'ampleur inouïe de certaines figures suisses. Sa physionomie, où les traits péchaient par un défaut d'ensemble, avait pour principal caractère une sécheresse dans les lignes, une aigreur dans les tons, une insensibilité dans le fond qui eût saisi de dégoût un physionomiste. Ces expressions alors visibles se modifiaient habituellement par une sorte de sourire commercial, par une bêtise bourgeoise qui jouait si bien la bonhomie, que les personnes avec lesquelles vivait cette demoiselle pouvaient très bien la prendre pour une bonne personne. Elle possédait cette maison par indivis avec son frère. Le frère dormait si tranquillement dans sa chambre, que l'orchestre de l'Opéra ne l'eût pas éveillé, et cependant le diapason de cet orchestre est célèbre! La vieille demoiselle avança la tête hors de la fenêtre, leva vers la mansarde ses petits yeux d'un bleu pâle et froid, aux cils courts et plantés dans un bord presque toujours enflé; elle essaya de voir Pierrette; mais, après avoir reconnu l'inutilité de sa manœuvre, elle rentra dans sa chambre par un mouvement semblable à celui d'une tortue qui cache sa tête après l'avoir sortie de sa carapace. Les persiennes se fermèrent, et le silence de la place ne fut plus troublé que par les paysans qui arrivaient ou par des personnes matinales. Quand il y a une vieille fille dans une maison, les chiens de garde sont inutiles : il ne s'y passe pas le moindre événement qu'elle ne le voie, ne le commente et n'en tire toutes les conséquences possibles. Aussi, cette circonstance allait-elle donner carrière à de graves suppositions, ouvrir un de ces drames obscurs qui se passent en famille et qui, pour demeurer secrets, n'en sont pas moins terribles, si vous permettez toutefois d'appliquer le mot de drame à cette scène d'intérieur.

Pierrette ne se recoucha pas. Pour elle, l'arrivée de Brigaut était un événement immense. Pendant la nuit, cet Éden des malheureux,

La vieille demoiselle avança la tête hors de la fenêtre, leva vers la mansarde ses petits yeux d'un bleu pâle et froid.

(PIERRETTE.)

elle échappait aux ennuis, aux tracasseries qu'elle avait à supporter durant la journée. Semblable au héros de je ne sais quelle ballade allemande ou russe, son sommeil lui paraissait être une vie heureuse, et le jour était un mauvais rêve. Après trois années, elle venait d'avoir pour la première fois un réveil agréable. Les souvenirs de son enfance avaient mélodieusement chanté leurs poésies dans son âme. Le premier couplet, elle l'avait entendu en rêve, le second l'avait fait lever en sursaut, au troisième elle avait douté : les malheureux sont de l'école de saint Thomas. Au quatrième couplet, arrivée en chemise et nu-pieds à sa croisée, elle avait reconnu Brigaut, son ami d'enfance. Ah! c'était bien cette veste carrée à petites basques brusquement coupées et dont les poches ballottent à la chute des reins, la veste de drap bleu classique en Bretagne, le gilet de rouennerie grossière, la chemise de toile fermée par un cœur d'or, le grand col roulé, les boucles d'oreilles, les gros souliers, le pantalon de toile bleue écrue, inégalement déteinte par longueurs de fil, enfin toutes ces choses humbles et fortes qui constituent le costume d'un pauvre Breton. Les gros boutons en corne blanche du gilet et de la veste firent battre le cœur de Pierrette. A la vue du bouquet d'ajonc, ses yeux se mouillèrent de larmes, puis une horrible terreur lui comprima dans l'âme les fleurs de son souvenir un moment épanouies. Elle pensa que sa cousine avait pu l'entendre se levant et marchant à sa croisée, elle devina la vieille fille et fit à Brigaut ce signe de frayeur auquel le pauvre Breton s'était empressé d'obéir sans y rien comprendre. Cette soumission instinctive ne peint-elle pas une de ces affections innocentes et absolues comme il y en a, de siècle en siècle, sur cette terre, où elles fleurissent comme l'aloès à l'*Isola bella*, deux ou trois fois en cent ans? Qui eût vu Brigaut se sauvant aurait admiré l'héroïsme le plus naïf du plus naïf sentiment. Jacques Brigaut était digne de Pierrette Lorrain, qui finissait sa quatorzième année : deux enfants! Pierrette ne put s'empêcher de pleurer en le regardant lever le pied avec l'effroi que son geste lui avait communiqué. Puis elle revint s'asseoir sur un méchant fauteuil, en face d'une petite table au-dessus de laquelle se trouvait un miroir. Elle s'y accouda, se mit la tête dans les mains et resta là pensive pendant une heure, occupée à se remémorer le Marais, le bourg de Pen-Hoël, les périlleux voyages entrepris sur un étang dans un bateau détaché pour elle d'un vieux saule par le petit Jacques, puis les vieilles figures de sa grand'mère, de son grand-père, la tête souffrante de sa mère et la belle physionomie du major Brigaut, enfin toute une enfance sans soucis! Ce fut encore un rêve : des joies lumineuses sur un fond grisâtre. Elle avait ses beaux cheveux cendrés en désordre sous un petit bonnet chiffonné pendant son sommeil, un petit bonnet en percale et à ruches qu'elle s'était fait elle-même. De chaque côté des tempes il passait des boucles échappées de leurs papillottes en papier gris. Derrière la tête, une grosse natte aplatie pendait déroulée. La blancheur excessive de sa figure trahissait une de ces horribles maladies de jeune fille à laquelle la médecine a donné le nom gracieux de *chlorose*, et qui prive le corps de ses couleurs naturelles, qui trouble l'appétit et annonce de grands désordres dans l'organisme. Ce ton de cire existait dans toute la carnation. Le cou et les épaules expliquaient par leur pâleur d'herbe étiolée la maigreur des bras jetés en avant et croisés. Les pieds de Pierrette paraissaient amollis, amoindris par la maladie. Sa chemise ne tombait qu'à mi-jambe et laissait voir des nerfs fatigués, des veines bleuâtres, une carnation appauvrie. Le froid qui l'atteignit lui rendit les lèvres d'un beau violet. Le triste sourire qui tira les coins de sa bouche assez délicate montra des dents d'un ivoire fin et d'une forme menue, de jolies dents transparentes qui s'accordaient avec ses oreilles fines, avec son nez un peu pointu mais élégant, avec la coupe de son visage, qui, malgré sa parfaite rondeur, était mignonne. Toute l'animation de ce charmant visage se trouvait dans des yeux dont l'iris, couleur tabac d'Espagne et mélangé de points noirs, brillait par des reflets d'or autour d'une prunelle profonde et vive. Pierrette avait dû être gaie, elle était triste. Sa gaieté perdue existait encore dans la vivacité des contours de l'œil, dans la grâce ingénue de son front et dans les méplats de son menton court. Ses longs cils se dessinaient comme des pinceaux sur ses pommettes altérées par la souffrance. Le blanc, prodigué outre mesure, rendait d'ailleurs les lignes et les détails de la physionomie très-purs. L'oreille était un petit chef-d'œuvre de sculpture : vous eussiez dit du marbre. Pierrette souffrait de bien des manières. Aussi peut-être voulez-vous son histoire? la voici.

La mère de Pierrette était une demoiselle Auffray, de Provins, sœur consanguine de madame Rogron, mère des possesseurs actuels de cette maison.

Marié d'abord à dix-huit ans, monsieur Auffray avait contracté vers soixante-neuf ans un second mariage. De son premier lit, était issue une fille unique assez laide et mariée dès l'âge de seize ans à un aubergiste de Provins nommé Rogron.

De son second lit, le bonhomme Auffray eut encore une fille, mais charmante. Ainsi, par un effet assez bizarre, il y eut une énorme différence d'âge entre les deux filles de monsieur Auffray : celle du premier lit avait cinquante ans quand celle du second naissait. Lorsque son vieux père lui donnait une sœur, madame Rogron avait deux enfants majeurs.

A dix-huit ans, la fille du vieillard amoureux fut mariée selon son inclination à un officier breton nommé Lorrain, capitaine dans la Garde impériale. L'amour rend souvent ambitieux. Le capitaine, qui voulut devenir promptement colonel, passa dans la Ligne. Pendant que le chef de bataillon et sa femme, assez heureux de la pension à eux faite par monsieur et madame Auffray, brillaient à Paris ou couraient en Allemagne au gré des batailles et des paix impériales, le vieil Auffray, ancien épicier de Provins, mourut à quatre-vingt-huit ans sans avoir eu le temps de faire aucune disposition testamentaire. La succession du bonhomme fut si bien manœuvrée par l'ancien aubergiste et par sa femme, qu'ils en absorbèrent la plus grande partie, et ne laissèrent à la veuve du bonhomme Auffray que la maison du défunt sur la petite place et quelques arpents de terre. Cette veuve, mère de la petite madame Lorrain, n'avait à la mort de son mari que trente-huit ans. Comme beaucoup de veuves, elle eut l'idée malsaine de se remarier. Elle vendit à sa belle-fille, la vieille madame Rogron, les terres et la maison qu'elle avait gagnées en vertu de son contrat de mariage, afin de pouvoir épouser un jeune médecin nommé Néraud, qui lui dévora sa fortune. Elle mourut de chagrin et dans la misère deux ans après.

La part qui aurait pu revenir à madame Lorrain dans la succession Auffray disparut donc en grande partie, et se réduisit à environ huit mille francs. Le major Lorrain mourut sur le champ d'honneur à Montereau, laissant sa veuve chargée, à vingt et un ans, d'une petite fille de quatorze mois, sans autre fortune que la pension à laquelle elle avait droit et la succession à venir de monsieur et madame Lorrain, détaillants à Pen-Hoël, bourg vendéen situé dans le pays appelé le Marais. Ces Lorrain, père et mère de l'officier mort, grand-père et grand'mère paternels de Pierrette Lorrain, vendaient le bois nécessaire aux constructions, des ardoises, des tui les, des faîtières, des tuyaux, etc. Leur commerce, soit incapacité, soit malheur, allait mal et leur fournissait à peine de quoi vivre. La faillite de la célèbre maison Collinet de Nantes, causée par les événements de 1814, qui produisirent une baisse subite dans les denrées coloniales, venait de leur enlever vingt-quatre mille francs qu'ils y avaient déposés. Aussi leur belle-fille fut-elle bien reçue. La veuve du major apportait une pension de huit cents francs, somme énorme à Pen-Hoël. Les huit mille francs que son beau-frère et sa sœur Rogron lui envoyèrent après mille formalités entraînées par l'éloignement, elle les confia aux Lorrain, en prenant toutefois une hypothèque sur une petite maison qu'ils possédaient à Nantes, louée cent écus, et qui valait à peine dix mille francs.

Madame Lorrain la jeune mourut trois ans après le second et fatal mariage de sa mère, en 1819, presque en même temps qu'elle. L'enfant du vieil Auffray et de sa jeune épouse était frêle, petite et malingre : l'air humide du Marais lui fut contraire. La famille de son mari lui persuada pour la garder que, dans aucun autre endroit du monde, elle ne trouverait un pays plus sain ni plus agréable que le Marais, témoin des exploits de Charette. Elle fut si bien dorlotée, soignée, cajolée, que cette mort fit le plus grand honneur aux Lorrain. Quelques personnes prétendent que Brigaut, un ancien Vendéen, un de ces hommes de fer qui avaient servi sous Charette, sous Mercier, sous le marquis de Montauran et sous le baron du Guénic dans les guerres contre la République, était pour beaucoup dans la résignation de madame Lorrain la jeune. S'il en fut ainsi, certes ce serait d'une âme excessivement aimante et dévouée. Tout Pen-Hoël voyait d'ailleurs Brigaut, nommé respectueusement *le major*, grade qu'il avait eu dans les armées catholiques, passant ses journées et ses soirées dans la salle auprès de la veuve du major impérial. Vers les derniers temps, le curé de Pen-Hoël s'était permis quelques représentations à la vieille dame Lorrain : il l'avait priée de décider sa belle-fille à épouser Brigaut, en promettant de faire nommer le major juge de paix du canton de Pen-Hoël par la protection du vicomte de Kergarouët. La mort de la pauvre jeune femme rendit la proposition inutile. Pierrette resta chez ses grands-parents, qui lui devaient quatre cents francs d'intérêt par an, naturellement appliqués à son entretien. Ces vieilles gens, de plus en plus impropres au commerce, eurent un concurrent actif et ingénieux contre lequel ils disaient des injures sans rien tenter pour se défendre. Le major, leur conseil et leur ami, mourut six mois après son amie, peut-être de douleur et peut-être de ses blessures : il en avait reçu vingt-sept. En bon commerçant, le mauvais voisin voulut ruiner ses adversaires afin d'éteindre toute concurrence. Il fit prêter de l'argent aux Lorrain sur leur signature, en prévoyant qu'ils ne pourraient rembourser, et les força dans leurs vieux jours à déposer leur bilan. L'hypothèque de Pierrette fut primée par l'hypothèque légale de sa grand'mère, qui s'en tint à ses droits pour conserver un morceau de pain à son mari. La maison de Nantes fut vendue neuf mille cinq cents francs, et il y eut pour quinze cents francs de frais. Les huit mille francs restant revinrent à madame Lorrain, qui les plaça sur hypothèque afin de pouvoir vivre à Nantes dans une espèce de béguinage semblable à celui de Sainte-Périne de Paris et nommé Saint-Jacques, où ces deux vieillards eurent le vivre et le couvert moyennant une modique pension. Dans l'impossibilité de garder avec eux leur petite-fille ruinée, les vieux Lorrain se souvinrent de son oncle et de sa tante Rogron, auxquels ils écrivirent. Les Rogron de Provins étaient morts. La lettre des Lorrain aux Rogron semblait donc devoir être perdue. Mais, si quelque chose ici-bas peut suppléer la Providence, n'est-ce pas la Poste aux lettres ? L'esprit de la Poste, incomparablement au-dessus de l'esprit public, qui ne rapporte pas d'ailleurs autant, dépasse en invention l'esprit des plus habiles romanciers. Quand la Poste possède une lettre, valant pour elle de trois à dix sous, sans trouver immédiatement celui ou celle à qui elle doit la remettre, elle déploie une sollicitude financière dont l'analogue ne se rencontre que chez les créanciers les plus intrépides. La Poste va, vient, furette dans les 86 départements. Les difficultés surexcitent le génie des employés, qui souvent sont des gens de lettres, et qui se mettent alors à la recherche de l'Inconnu avec l'ardeur des mathématiciens du Bureau des Longitudes : ils fouillent tout le royaume. A la moindre lueur d'espérance, les bureaux de Paris se remettent en mouvement. Souvent il vous arrive de rester stupéfait en reconnaissant les gribouillages qui zèbrent le dos et le ventre de la lettre, glorieuses attestations de la persistance administrative avec laquelle la Poste s'est remuée. Si un homme entreprenait ce que la Poste vient d'accomplir, il aurait perdu dix mille francs en voyages, en temps, en argent, pour recouvrer douze sous. La Poste a décidément encore plus d'esprit qu'elle n'en porte. La lettre des Lorrain, adressée à monsieur

Rogron de Provins, décédé depuis une année, fut envoyée par la Poste à monsieur Rogron, son fils, mercier, rue Saint-Denis, à Paris. En ceci éclate l'esprit de la Poste. Un héritier est toujours plus ou moins tourmenté de savoir s'il a bien tout ramassé d'une succession, s'il n'a pas oublié des créances ou des guenilles. Le Fisc devine tout, même les caractères. Une lettre adressée au vieux Rogron de Provins mort devait piquer la curiosité de Rogron fils, à Paris, ou de mademoiselle Rogron, sa sœur, ses héritiers. Aussi le Fisc eut-il ses soixante centimes.

Les Rogron, vers lesquels les vieux Lorrain, au désespoir de se séparer de leur petite-fille, tendaient des mains suppliantes, devaient donc être les arbitres de la destinée de Pierrette Lorrain. Il est alors indispensable d'expliquer leurs antécédents et leur caractère.

Le père Rogron, cet aubergiste de Provins à qui le vieil Auffray avait donné la fille de son premier lit, était un personnage à figure enflammée, à nez veineux, et sur les joues duquel Bacchus avait appliqué ses pampres rougis et bulbeux. Quoique gros, court et ventripotent, à jambes grasses et à mains épaisses, il était doué de la finesse des aubergistes de Suisse, auxquels il ressemblait. Sa figure représentait vaguement un vaste vignoble grêlé. Certes, il n'était pas beau, mais sa femme lui ressemblait. Jamais couple ne fut mieux assorti. Rogron aimait la bonne chère et à se faire servir par de jolies filles. Il appartenait à la secte des égoïstes dont l'allure est brutale, qui s'adonnent à leurs vices et font leurs volontés à la face d'Israël. Avide, intéressé, peu délicat, obligé de pourvoir à ses fantaisies, il mangea ses gains jusqu'au jour où les dents lui manquèrent. L'avarice resta. Sur ses vieux jours, il vendit son auberge, ramassa, comme on l'a vu, presque toute la succession de son beau-père, et se retira dans la petite maison de la place, achetée pour un morceau de pain à la veuve du père Auffray, la grand'mère de Pierrette. Rogron et sa femme possédaient environ deux mille francs de rente, provenant de la location de vingt-sept pièces de terre situées autour de Provins, et les intérêts du prix de leur auberge, vendue vingt mille francs. La maison du bonhomme Auffray, quoique en fort mauvais état, fut habitée telle quelle par ces anciens aubergistes qui se gardèrent, comme de la peste, d'y toucher : les vieux rats aiment les lézardes et les ruines. L'ancien aubergiste, qui prit goût au jardinage, employa ses économies à l'augmentation du jardin ; il le poussa jusqu'au bord de la rivière, il en fit un carré long, encaissé entre deux murailles et terminé par un empierrement où la nature aquatique, abandonnée à elle-même, déployait les richesses de sa Flore. Au début de leur mariage, ces Rogron avaient eu de deux en deux ans, une fille et un fils : tout dégénère, leurs enfants furent affreux. Mis en nourrice à la campagne et à bas prix, ces malheureux enfants revinrent avec l'horrible éducation du village, ayant crié long-temps et souvent après le sein de leur nourrice qui allait aux champs, et qui, pendant ce temps, les enfermait dans une de ces chambres noires, humides et basses qui servent d'habitation au paysan français. A ce métier, les traits de ces enfants grossirent, leur voix s'altéra ; ils flattèrent médiocrement l'amour-propre de la mère, qui tenta de les corriger de leurs mauvaises habitudes par une rigueur que celle du père convertissait en tendresse. On les laissa courailler dans les cours, écuries et dépendances de l'auberge, ou trotter par la ville ; on les fouettait quelquefois ; quelquefois on les envoyait chez leur grand-père Auffray, qui les aimait très-peu. Cette injustice fut une des raisons qui encouragèrent les Rogron à se faire une large part dans la succession de ce *vieux scélérat*. Cependant le père Rogron mit son fils à l'École, il lui acheta un homme, un de ses charretiers, afin de le sauver de la Réquisition. Dès que sa fille Sylvie eut treize ans, il la dirigea sur Paris en qualité d'apprentie dans une maison de commerce. Deux ans après, il expédia son fils Jérôme-Denis par la même voie. Quand ses amis, ses compères les rouliers ou ses habitués lui demandaient ce qu'il comptait faire de ses enfants, le père Rogron expliquait son système avec une brièveté qui avait, sur celui de la plupart des pères, le mérite de la franchise.

— Quand ils seront en âge de me comprendre, je leur donnerai un coup de pied, vous savez où ? en leur disant : « Va faire fortune ! » répondait-il en buvant ou s'essuyant les lèvres du revers de sa main. Puis il regardait son interlocuteur en clignant les yeux d'un air fin : — Hé ! hé ! ils ne sont pas plus bêtes que moi, ajoutait-il. Mon père m'a donné trois coups de pied, je ne leur en donnerai qu'un ; il m'a mis un louis dans la main, je leur en mettrai dix : ils seront donc plus heureux que moi. Voilà la bonne manière. Eh ! bien, après moi, ce qui restera, restera ; les notaires sauront bien le leur trouver. Ce serait drôle de se gêner pour ses enfants !... Les miens me doivent la vie, je les ai nourris, je ne leur demande rien ; ils ne sont pas quittes, eh ! voisin ? J'ai commencé par être charretier, et ça ne m'a pas empêché d'épouser la fille à ce vieux scélérat de père Auffray.

Sylvie Rogron fut envoyée à cent écus de pension en apprentissage rue Saint-Denis, chez des négociants nés à Provins. Deux ans après, elle était au pair : si elle ne gagnait rien, ses parents ne payaient plus rien pour son logis et sa nourriture. Voilà ce qu'on appelle *être au pair*, rue Saint-Denis. Deux ans après, pendant lesquels sa mère lui envoya cent francs pour son entretien, Sylvie eut cent écus d'appointements. Ainsi, dès l'âge de dix-neuf ans, mademoiselle Sylvie Rogron obtint son indépendance. A vingt ans, elle était la seconde demoiselle de la maison Julliard, marchand de soie en botte, au Ver-Chinois, rue Saint-Denis. L'histoire de la sœur fut celle du frère. Le petit Jérôme-Denis Rogron entra chez un des plus forts marchands merciers de la rue Saint-Denis, la maison Guépin, aux Trois-Quenouilles. Si à vingt et un ans Sylvie était première demoiselle à mille francs d'appointements, Jérôme-Denis, mieux servi par les circonstances, se trouvait à dix-huit ans premier commis à douze cents francs, chez les Guépin, autres Provinois. Le frère et la sœur se voyaient tous les dimanches et les jours de fête; ils les passaient en divertissements économiques, ils dînaient hors Paris, ils allaient voir Saint-Cloud, Meudon, Belleville, Vincennes. Vers la fin de l'année 1815, ils réunirent leurs capitaux amassés à la sueur de leurs fronts, environ vingt mille francs, et achetèrent de madame Guenée le célèbre fonds de la Sœur-de-Famille, une des plus fortes maisons de détail en mercerie. La sœur tint la caisse, le comptoir et les écritures. Le frère fut à la fois le maître et le premier commis, comme Sylvie fut pendant quelque temps sa propre première demoiselle. En 1821, après cinq ans d'exploitation, la concurrence devint si vive et si animée dans la mercerie, que le frère et la sœur avaient à peine pu solder leur fonds et soutenir sa vieille réputation. Quoique Sylvie Rogron n'eût alors que quarante ans, sa laideur, ses travaux constants et un certain air rechigné que lui donnait la disposition de ses traits autant que les soucis, la faisaient ressembler à une femme de cinquante ans. A trente-huit ans, Jérôme-Denis Rogron offrait la physionomie la plus niaise que jamais un comptoir ait présentée à des chalands. Son front écrasé, déprimé par la fatigue, était marqué de trois sillons arides. Ses petits cheveux gris, coupés ras, exprimaient l'indéfinissable stupidité des animaux à sang froid. Le regard de ses yeux bleuâtres ne jetait ni flamme ni pensée. Sa figure ronde et plate n'excitait aucune sympathie et n'amenait même pas le rire sur les lèvres de ceux qui se livrent à l'examen des Variétés du Parisien : elle attristait. Enfin s'il était, comme son père, gros et court, ses formes, dénuées du brutal embonpoint de l'aubergiste, accusaient dans les moindres détails un affaissement ridicule. La coloration excessive de son père était remplacée chez lui par la flasque lividité particulière aux gens qui vivent en des arrière-boutiques sans air, dans des cabanes grillées appelées Caisses, toujours pliant et dépliant du fil, payant ou recevant, harcelant des commis ou répétant les mêmes choses aux chalands. Le peu d'esprit du frère et de la sœur avait été entièrement absorbé par l'entente de leur commerce, par le Doit et Avoir, par la connaissance des lois spéciales et des usages de la place de Paris. Le fil, les aiguilles, les rubans, les épingles, les boutons, les fournitures de tailleur, enfin l'immense quantité d'articles qui composent la mercerie parisienne, avaient employé leur mémoire. Les lettres à écrire et à répondre, les factures, les inventaires, avaient pris toute leur capacité. En dehors de leur partie, ils ne savaient absolument rien, ils ignoraient même Paris. Pour eux, Paris était quelque chose d'étalé autour de la rue Saint-Denis. Leur caractère étroit avait eu pour champ leur boutique. Ils savaient admirablement tracasser leurs commis, leurs demoiselles, et les trouver en faute. Leur bonheur consistait à voir toutes les mains agitées comme des pattes de souris sur les comptoirs, maniant la marchandise ou occupées à replier les articles. Quand ils entendaient sept ou huit voix de demoiselles et de jeunes gens déglubant les phrases consacrées par lesquelles les commis répondent aux observations des acheteurs, la journée était belle, il faisait beau ! Quand le bleu de l'éther avivait Paris, quand les Parisiens se promenaient en ne s'occupant que de la mercerie qu'ils portaient : — Mauvais temps pour la vente ! disait l'imbécile patron. La grande science qui rendait Rogron l'objet de l'admiration des apprentis était son art de ficeler, déficeler, reficeler et confectionner un paquet. Rogron pouvait faire un paquet et regarder ce qui se passait dans la rue ou surveiller son magasin dans toute sa profondeur, il avait tout vu quand en le présentant à la pratique il disait : — Voilà, madame ; ne vous faut-il *rien d'autre* ? Sans sa sœur, ce crétin eût été ruiné. Sylvie avait du bon sens et le génie de la vente. Elle dirigeait son frère dans ses achats en fabrique et

l'envoyait sans pitié jusqu'au fond de la France pour y trouver un sou de bénéfice sur un article. La finesse que possède plus ou moins toute femme n'étant pas au service de son cœur, elle l'avait portée dans la spéculation. Un fonds à payer ! cette pensée était le piston qui faisait jouer cette machine et lui communiquait une épouvantable activité. Rogron était resté premier commis, il ne comprenait pas l'ensemble de ses affaires : l'intérêt personnel, le plus grand véhicule de l'esprit, ne lui avait pas fait faire un pas. Il restait souvent ébahi quand sa sœur ordonnait de vendre un article à perte, en prévoyant la fin de sa mode ; et plus tard il admirait niaisement sa sœur Sylvie. Il ne raisonnait ni bien ni mal, il était incapable de raisonnement ; mais il avait la raison de se subordonner à sa sœur, et il se subordonnait par une considération prise en dehors du commerce :
— Elle est mon aînée, disait-il. Peut-être une vie constamment solitaire, réduite à la satisfaction des besoins, dénuée d'argent et de plaisirs pendant la jeunesse, expliquerait-elle aux physiologistes et aux penseurs la brute expression de ce visage, la faiblesse de cerveau, l'attitude niaise de ce mercier. Sa sœur l'avait constamment empêché de se marier, en craignant peut-être de perdre son influence dans la maison, en voyant une cause de dépense et de ruine dans une femme infailliblement plus jeune et sans aucun doute moins laide qu'elle.

La bêtise a deux manières d'être : elle se tait ou elle parle. La bêtise muette est supportable, mais la bêtise de Rogron était parleuse. Ce détaillant avait pris l'habitude de gourmander ses commis, de leur expliquer les minuties du commerce de la mercerie en demi-gros, en les ornant des plates plaisanteries qui constituent le *bagout* des boutiques. Ce mot, qui désignait autrefois l'esprit de repartie stéréotypée, a été détrôné par le mot soldatesque de *blague*. Rogron forcément écouté par un petit monde domestique, Rogron content de lui-même, avait fini par se faire une phraséologie à lui. Ce bavard se croyait orateur. La nécessité d'expliquer aux chalands ce qu'ils veulent, de sonder leurs désirs, de leur donner envie de ce qu'ils ne veulent pas, délie la langue du détaillant. Ce petit commerçant finit par avoir la faculté de débiter des phrases où les mots ne présentent aucune idée et qui ont du succès. Enfin, il explique aux chalands des procédés peu connus ; de là, lui vient je ne sais quelle supériorité momentanée sur sa pratique ; mais une fois sorti des mille et une explications que nécessitent ses mille et un articles, il est, relativement à la pensée, comme un poisson sur la paille et au soleil.

Rogron et Sylvie, ces deux mécaniques subrepticement baptisées, n'avaient, ni en germe ni en action, les sentiments qui donnent au cœur sa vie propre. Aussi ces deux natures étaient-elles excessivement filandreuses et sèches, endurcies par le travail, par les privations, par le souvenir de leurs douleurs pendant un long et rude apprentissage. Ni l'un ni l'autre ils ne plaignaient aucun malheur. Ils étaient non pas implacables, mais intraitables à l'égard des gens embarrassés. Pour eux, la vertu, l'honneur, la loyauté, tous les sentiments humains consistaient à payer régulièrement ses billets. Tracassiers, sans âme et d'une économie sordide, le frère et la sœur jouissaient d'une horrible réputation dans le commerce de la rue Saint-Denis. Sans leurs relations avec Provins, où ils allaient trois fois par an aux époques où ils pouvaient fermer leur boutique pendant deux ou trois jours, ils eussent manqué de commis et de filles de boutique. Mais le père Rogron expédiait à ses enfants tous les malheureux voués au commerce par leurs parents, il faisait pour eux la traite des apprentis et des apprenties dans Provins, où il vantait par vanité la fortune de ses enfants. Chacun, appâté par la perspective de savoir sa fille ou son fils bien instruit et bien surveillé, par la chance de le voir succédant un jour aux *fils Rogron*, envoyait l'enfant qui le gênait au logis, dans une maison tenue par ces deux célibataires. Mais dès que l'apprenti et l'apprentie à cent écus de pension trouvaient moyen de quitter cette galère, ils s'enfuyaient avec un bonheur qui accroissait la terrible célébrité des Rogron. L'infatigable aubergiste leur découvrait toujours de nouvelles victimes. Depuis l'âge de quinze ans, Sylvie Rogron, habituée à se grimer pour la vente, avait deux masques : la physionomie aimable de la vendeuse, et la physionomie naturelle aux vieilles filles ratatinées. Sa physionomie acquise était d'une mimique merveilleuse : en elle tout souriait, sa voix devenue douce et pateline jetait un charme commercial à la pratique. Sa vraie figure était celle qui s'est montrée entre les deux persiennes entre-bâillées, elle eût fait fuir le plus déterminé des Cosaques de 1815, qui cependant aimaient toute espèce de Françaises.

Quand la lettre des Lorrain arriva, les Rogron, en deuil de leur père, avaient hérité de la maison à peu près volée à la grand'mère de Pierrette, puis des terres acquises par l'ancien aubergiste; enfin de certains capitaux provenus de prêts usuraires hypothéqués sur des acquisitions faites par des paysans que le vieil ivrogne espérait exproprier. Leur inventaire annuel venait d'être terminé. Le fonds de la Sœur-de-Famille était payé. Les Rogron possédaient environ soixante mille francs de marchandises en magasin, une quarantaine de mille francs en caisse ou dans le portefeuille, et la valeur de leur fonds. Assis sur la banquette en velours d'Utrecht vert rayé de bandes unies, et plaquée dans une niche carrée derrière le comptoir, en face duquel se trouvait un comptoir semblable pour leur première demoiselle, le frère et la sœur se consultaient sur leurs intentions. Tout marchand aspire à la bourgeoisie. En réalisant leur fonds de commerce, le frère et la sœur devaient avoir environ cent cinquante mille francs, sans comprendre la succession paternelle. En plaçant sur le Grand-Livre les capitaux disponibles, chacun d'eux aurait trois ou quatre mille livres de rente, même en destinant à la restauration de la maison paternelle la valeur de leur fonds qui leur serait payé sans doute à terme. Ils pouvaient donc aller vivre ensemble à Provins dans une maison à eux. Leur première demoiselle était la fille d'un riche fermier de Donnemarie, chargé de neuf enfants; il avait dû les pourvoir chacun d'un état, car sa fortune, divisée en neuf parts, était peu de chose pour chacun d'eux. En cinq années, ce fermier avait perdu sept de ses enfants; cette première demoiselle était donc devenue un être si intéressant, que Rogron avait tenté, mais inutilement, d'en faire sa femme. Cette demoiselle manifestait pour son patron une aversion qui déconcertait toute manœuvre. D'ailleurs mademoiselle Sylvie s'y prêtait peu, s'opposait même au mariage de son frère, et voulait faire leur successeur d'une fille si rusée. Elle ajournait le mariage de Rogron après leur établissement à Provins.

Personne, parmi les passants, ne peut comprendre le mobile des existences cryptogamiques de certains boutiquiers; on les regarde, on se demande : — De quoi? pourquoi vivent-ils? que deviennent-ils? d'où viennent-ils? on se perd dans les riens en voulant se les expliquer. Pour découvrir le peu de poésie qui germe dans ces têtes et vivifie ces existences, il est nécessaire de les creuser; mais on a bientôt trouvé le tuf sur lequel tout repose. Le boutiquier parisien se nourrit d'une espérance plus ou moins réalisable et sans laquelle il périrait évidemment : celui-ci rêve de bâtir ou d'administrer un Théâtre, celui-là tend aux honneurs de la Mairie; tel a sa maison de campagne à trois lieues de Paris, un soi-disant parc où il plante des statues en plâtre colorié, où il dispose des jets d'eau qui ressemblent à un bout de fil et où il dépense des sommes folles ; tel autre rêve les commandements supérieurs de la garde nationale. Provins, ce paradis terrestre, excitait chez les deux merciers le fanatisme que toutes les jolies villes de France inspirent à leurs habitants. Disons-le à la gloire de la Champagne : cet amour est légitime. Provins, une des plus charmantes villes de France, rivalise le Frangistan et la vallée de Cachemire ; non seulement elle contient la poésie de Saadi, l'Homère de la Perse, mais encore elle offre des vertus pharmaceutiques à la Science médicale. Des Croisés rapportèrent les roses de Jéricho dans cette délicieuse vallée, où, par hasard, elles prirent des qualités nouvelles, sans rien perdre de leurs couleurs. Provins n'est pas seulement la Perse française, elle pourrait encore être Bade, Aix, Bath : elle a des eaux ! Voici le paysage revu d'année en année, qui, de temps en temps, apparaissait aux deux merciers sur le pavé boueux de la rue Saint-Denis.

Après avoir traversé les plaines grises qui se trouvent entre la Ferté-Gaucher et Provins, vrai désert, mais productif, un désert de froment, vous parvenez à une colline. Tout à coup vous voyez à vos pieds une ville arrosée par deux rivières : au bas du rocher s'étale une vallée verte, pleine de lignes heureuses, d'horizons fuyants. Si vous venez de Paris, vous prenez Provins en long, vous avez cette éternelle grande route de France, qui passe au bas de la côte en la tranchant, et douée de son aveugle, de ses mendiants, lesquels vous accompagnent de leurs voix lamentables quand vous vous avisez d'examiner ce pittoresque pays inattendu. Si vous venez de Troyes, vous entrez par le pays plat. Le château, la vieille ville et ses anciens remparts sont étagés sur la colline. La jeune ville s'étale en bas. Il y a le haut et le bas Provins : d'abord, une ville aérée, à rues rapides, à beaux aspects, environnée de chemins creux, ravinés, meublés de noyers, et qui criblent de leurs vastes ornières la vive arête de la colline ; ville silencieuse, proprette, solennelle, dominée par les ruines imposantes du château ; puis une ville à moulins, arrosée par la Voulzie et le Durtain, deux rivières de Brie, menues, lentes et profondes ; une ville d'auberges, de commerce, de bourgeois retirés, sillonnée par les diligences, par les calèches et le roulage. Ces deux villes ou cette ville, avec ses souvenirs historiques, la mélancolie de ses ruines, la gaieté de sa vallée, ses délicieuses ravines pleines de haies échevelées et de fleurs, sa rivière crénelée de jardins, excite si bien l'amour de ses enfants, qu'ils se conduisent comme les Auvergnats, les Savoyards et les Français : s'ils sortent de Provins pour aller chercher fortune, ils y reviennent toujours. Le proverbe : Mourir au gîte, fait pour les lapins et les gens fidèles, semble être la devise des Provinois.

Aussi les deux Rogron ne pensaient-ils qu'à leur cher Provins ! En vendant du fil, le frère revoyait la haute ville. En entassant des papiers chargés de boutons, il contemplait la vallée. En roulant ou déroulant du padoux, il suivait le cours brillant des rivières. En regardant ses casiers, il remontait les chemins creux où jadis il fuyait la colère de son père pour venir y manger des noix, y gober des mûrons. La petite place de Provins occupait surtout sa pensée : il songeait à embellir sa maison, il rêvait à la façade qu'il y voulait reconstruire, aux chambres, au salon, à la salle de billard, à la salle à manger et au jardin potager dont il faisait un jardin anglais avec boulingrins, grottes, jets d'eau, statues, etc. Les chambres où dormaient le frère et la sœur au deuxième de la maison à trois croisées et à six étages, haute et jaune comme il y en a tant rue Saint-Denis, étaient sans autre mobilier que le strict nécessaire ; mais personne, à Paris, ne possédait un plus riche mobilier que ce mercier. Quand il allait par la ville, il restait dans l'attitude des teriakis, regardant les beaux meubles exposés, examinant les draperies dont il emplissait sa maison. Au retour, il disait à sa sœur : — J'ai vu dans telle boutique tel meuble de salon qui nous irait bien ! Le lendemain il en achetait un autre, et toujours ! Il regorgeait le mois courant les meubles du mois dernier. Le budget n'aurait pas payé ses remaniements d'architecture : il voulait tout, et donnait toujours la préférence aux dernières inventions. Quand il contemplait les balcons des maisons nouvellement construites, quand il étudiait les timides essais de l'ornementation extérieure, il trouvait les moulures, les sculptures, les dessins déplacés. — Ah ! se disait-il, ces belles choses feraient bien mieux à Provins que là ! Lorsqu'il ruminait son déjeuner sur le pas de sa porte, adossé à sa devanture, l'œil hébété, le mercier voyait une maison fantastique dorée par le soleil de son rêve, il se promenait dans son jardin, il y écoutait son jet d'eau retombant en perles brillantes sur une table ronde en pierre de liais. Il jouait à son billard, il plantait des fleurs. Si sa sœur était la plume à la main, réfléchissant et oubliant de gronder les commis, elle se contemplait recevant les bourgeois de Provins, elle se mirait ornée de bonnets merveilleux dans les glaces de son salon. Le frère et la sœur commençaient à trouver l'atmosphère de la rue Saint-Denis malsaine; et l'odeur des boues de la Halle leur faisait désirer le parfum des roses de Provins. Ils avaient à la fois une nostalgie et une monomanie contrariées par la nécessité de vendre leurs derniers bouts de fil, leurs bobines de soie et leurs boutons. La terre promise de la vallée de Provins attirait d'autant plus ces Hébreux, qu'ils avaient réellement souffert pendant longtemps, et traversé, haletants, les déserts sablonneux de la Mercerie.

La lettre des Lorrain vint au milieu d'une méditation inspirée par ce bel avenir. Les merciers connaissaient à peine leur cousine Pierrette Lorrain. L'affaire de la succession Auffray, traitée depuis longtemps par le vieil aubergiste, avait eu lieu pendant leur établissement, et Rogron causait très peu sur ses capitaux. Envoyés de bonne heure à Paris, le frère et la sœur se souvenaient à peine de leur tante Lorrain. Une heure de discussions généalogiques leur fut nécessaire pour se remémorer leur tante, fille du second lit de leur grand-père Auffray, sœur consanguine de leur mère. Ils retrouvèrent la mère de madame Lorrain dans madame Néraud, morte de chagrin. Ils jugèrent alors que le second mariage de leur grand-père avait été pour eux une chose funeste; son résultat était le partage de la succession Auffray entre les deux lits. Ils avaient d'ailleurs entendu quelques récriminations de leur père, toujours un peu goguenard et aubergiste. Les deux merciers examinèrent la lettre des Lorrain à travers ces souvenirs peu favorables à la cause de Pierrette. Se charger d'une orpheline, d'une fille, d'une cousine qui, malgré tout, serait leur héritière au cas où ni l'un ni l'autre ne se marierait, il y avait là matière à discussion. La question fut étudiée sous toutes ses faces. D'abord ils n'avaient jamais vu Pierrette. Puis ce serait un ennui que d'avoir une jeune fille à garder. Ne prendraient-ils pas des obligations avec elle? il serait impossible de la renvoyer si elle ne leur convenait pas; enfin ne faudrait-il pas la marier? Et si Rogron trouvait chaussure à son pied parmi les héritières de Provins, ne valait-il pas mieux réserver toute leur fortune pour ses enfants? Selon Sylvie, une chaussure au pied de son frère était une fille bête, riche et laide, qui se laisserait gouverner par elle. Les deux marchands se décidèrent à refuser. Sylvie se chargea de la réponse. Le courant des affaires fut assez considérable pour retarder cette lettre, qui ne semblait pas urgente, et à laquelle la vieille fille ne pensa plus dès que leur première demoiselle consentit à traiter du fonds de la Sœur-de-Famille. Sylvie Rogron et son frère partirent pour Provins quatre ans avant le jour où la venue de Brigaut allait jeter tant d'intérêt dans la vie de Pierrette. Mais les œuvres de ces deux personnes en province exigent une explication aussi nécessaire que celle sur leur existence à Paris, car Provins ne devait pas moins être funeste à Pierrette que les antécédents commerciaux de ses cousins.

Quand le petit négociant venu de province à Paris retourne de Paris en province, il y rapporte toujours quelques idées; puis il les perd dans les habitudes de la vie de province où il s'enfonce, et où ses velléités de rénovation s'abîment. De là ces petits changements lents, successifs, par lesquels Paris finit par égratigner la surface des villes départementales, et qui marquent essentiellement la transition de l'ex-boutiquier au provincial renforcé. Cette transition constitue une véritable maladie. Aucun détaillant ne passe impunément de son bavardage continuel au silence, et de son activité parisienne à l'immobilité provinciale. Quand ces braves gens ont gagné quelque fortune, ils en dépensent une certaine partie à leur passion longtemps couvée, et y déversent les dernières oscillations d'un mouvement qui ne saurait s'arrêter à volonté. Ceux qui n'ont pas caressé d'idée fixe voyagent, ou se jettent dans les occupations politiques de la municipalité. Ceux-ci vont à la chasse ou pêchent, tracassent leurs fermiers ou leurs locataires. Ceux-là deviennent usuriers comme le père Rogron, ou actionnaires comme tant d'inconnus. Le thème du frère et de la sœur, vous le connaissez : ils avaient à satisfaire leur royale fantaisie de manier la truelle, à se construire leur charmante maison. Cette idée fixe valut à la place du bas Provins la façade que venait d'examiner Brigaut, les distributions intérieures de cette maison et son luxueux mobilier. L'entrepreneur ne mit pas un clou sans consulter les Rogron, sans leur faire signer les dessins et les devis, sans leur expliquer longuement, en détail, la nature de l'objet en discussion, où il se fabriquait et ses différents prix. Quant aux choses extraordinaires, elles avaient été employées chez monsieur Tiphaine, ou chez madame Julliard la jeune, ou chez monsieur Garceland, le maire. Une similitude quelconque avec un des riches bourgeois de Provins finissait toujours le combat à l'avantage de l'entrepreneur.

— Du moment où monsieur Garceland a cela chez lui, mettez! disait mademoiselle Rogron. Cela doit être bien, il a bon goût.

— Sylvie, il nous propose des oves dans la corniche du corridor?

— Vous appelez cela des oves?

— Oui, mademoiselle.

— Et pourquoi? quel singulier nom! je n'en ai jamais entendu parler.

— Mais vous en avez vu!

— Oui.

— Savez-vous le latin?

— Non.

— Hé! bien, cela veut dire œufs, les oves sont des œufs.

— Comme vous êtes drôles, vous autres architectes! s'écriait Rogron. C'est sans doute pour cela que vous ne donnez pas vos coquilles!

— Peindrons-nous le corridor? disait l'entrepreneur.

— Ma foi, non, s'écriait Sylvie, encore cinq cents francs!

— Oh! le salon et l'escalier sont trop jolis pour ne pas décorer le corridor, disait l'entrepreneur. La petite madame Lesourd a fait peindre le sien l'année dernière.

— Cependant son mari, comme procureur du roi, peut ne pas rester à Provins.

— Oh! il sera quelque jour président du Tribunal, disait l'entrepreneur.

— Hé! bien, et que faites-vous donc alors de monsieur Tiphaine?

— Monsieur Tiphaine, il a une jolie femme, je ne suis pas embarrassé de lui: monsieur Tiphaine ira à Paris.

— Peindrons-nous le corridor?

— Oui, les Lesourd verront du moins que nous les valons bien! disait Rogron.

La première année de l'établissement des Rogron à Provins fut entièrement occupée par ces délibérations, par le plaisir de voir travailler les ouvriers, par les étonnements et les enseignements de tout genre qui en résultaient, et par les tentatives que firent le frère et la sœur pour se lier avec les principales familles de Provins.

Les Rogron n'étaient jamais allés dans aucun monde, ils n'étaient pas sortis de leur boutique; ils ne connaissaient absolument personne à Paris, ils avaient soif des plaisirs de la société. A leur retour, les émigrés retrouvèrent d'abord monsieur et madame Julliard du Ver-Chinois avec leurs enfants et petits-enfants ; puis la famille des Guépin, ou mieux le clan des Guépin, dont le petit-fils tenait encore les Trois-Quenouilles ; enfin madame Guénée, qui leur avait vendu la Sœur-de-Famille, et dont les trois filles étaient mariées à Provins. Ces trois grandes races, les Julliard, les Guépin et les Guénée, s'étendaient dans la ville comme du chiendent sur une pelouse. Le maire, monsieur Garceland, était gendre de monsieur Guépin. Le curé, monsieur l'abbé Péroux, était le propre frère de madame Julliard, qui était une Péroux. Le président du Tribunal, monsieur Tiphaine, était le frère de madame Guénée, qui signe née Tiphaine.

La reine de la ville était la belle madame Tiphaine la jeune, la fille unique de madame Roguin, la riche femme d'un ancien notaire de Paris, de qui l'on ne parlait jamais. Délicate, jolie et spirituelle, mariée en province exprès par sa mère, qui ne la voulait point près d'elle, et l'avait tirée de son pensionnat quelques jours avant son mariage, Mélanie Roguin se considérait comme en exil à Provins, et s'y conduisait admirablement bien. Richement dotée, elle avait encore de belles espérances. Quant à monsieur Tiphaine, son vieux père avait fait à sa fille aînée, madame Guénée, de tels avancements d'hoirie, qu'une terre de huit mille livres de rente, située à cinq lieues de Provins, devait revenir au Président. Ainsi les Tiphaine, mariés avec vingt mille livres de rente sans compter la place ni la maison du Président, devaient un jour réunir vingt autres mille livres de rente. — Ils n'étaient pas malheureux, disait-on. La grande, la seule affaire de la belle madame Tiphaine était de faire nommer monsieur Tiphaine député. Le député deviendrait Juge à Paris ; et du Tribunal elle se promettait de le faire monter promptement à la Cour royale. Aussi ménageait-elle tous les amours-propres, s'efforçait-elle de plaire. Mais, chose plus difficile ! elle y réussissait. Deux fois par semaine, elle recevait toute la bourgeoisie de Provins dans sa belle maison de la ville haute. Cette jeune femme de vingt-deux ans n'avait point encore fait un seul pas de clerc sur le terrain glissant où elle s'était placée. Elle satisfaisait tous les amours-propres, caressait les dadas de chacun : grave avec les gens graves, jeune fille avec les jeunes filles, essentiellement mère avec les mères, gaie avec les jeunes femmes et disposée à les servir, gracieuse pour tous ; enfin une perle, un trésor, l'orgueil de Provins. Elle n'en avait pas dit encore un mot, mais tous les électeurs de Provins attendaient que leur cher président eût l'âge requis pour le nommer. Chacun d'eux, sûr de ses talents, en faisait son homme, son protecteur. Ah ! monsieur Tiphaine arriverait, il serait Garde des Sceaux, il s'occuperait de Provins !

Voici par quels moyens l'heureuse madame Tiphaine était parvenue à régner sur la petite ville de Provins. Madame Guénée, sœur de monsieur Tiphaine, après avoir marié sa première fille à monsieur Lesourd, procureur du roi, la seconde à monsieur Martener le médecin, la troisième à monsieur Auffray le notaire, avait épousé en secondes noces monsieur Galardon, le receveur des contributions. Mesdames Lesourd, Martener, Auffray et leur mère, madame Galardon, virent dans le Président Tiphaine l'homme le plus riche et le plus capable de la famille. Le procureur du roi, neveu par alliance de monsieur Tiphaine, avait tout intérêt à pousser son oncle à Paris pour devenir Président à Provins. Aussi ces quatre dames (madame Galardon adorait son frère) formèrent-elles une cour à madame Tiphaine, de qui elles prenaient les avis et les conseils en toute chose. Monsieur Julliard fils aîné, qui avait épousé la fille unique d'un riche fermier, se prit d'une belle passion, subite, secrète et désintéressée, pour la Présidente, cet ange descendu des cieux parisiens. La rusée Mélanie, incapable de s'embarrasser d'un Julliard, très capable de le maintenir à l'état d'Amadis et d'exploiter sa sottise, lui donna le conseil d'entreprendre un journal auquel elle servît d'Égérie. Depuis deux ans, Julliard, doublé de sa passion romantique, avait donc entrepris une feuille et une diligence publiques pour Provins. Le journal, appelé LA RUCHE, *journal de Provins*, contenait des articles littéraires, archéologiques et médicaux faits en famille. Les Annonces de l'arrondissement payaient les frais. Les abonnés, au nombre de deux cents, étaient le bénéfice. Il y paraissait des stances mélancoliques, incompréhensibles en Brie, et adressées A ELLE !!! avec ces trois points. Ainsi le jeune ménage Julliard, qui chantait les mérites de madame Tiphaine, avait réuni le clan des Julliard à celui des Guénée. Dès lors le salon du Président était naturellement devenu le premier de la ville. Le peu d'aristocratie qui se trouve à Provins forme un seul salon dans la ville haute, chez la vieille comtesse de Bréautey.

Pendant les six premiers mois de leur transplantation, favorisés par leurs anciennes relations avec les Julliard, les Guépin, les Guénée, et après s'être appuyés de leur parenté avec monsieur Auffray le notaire, arrière-petit-neveu de leur grand-père, les Rogron furent reçus d'abord par madame Julliard la mère et par madame Galardon; puis ils arrivèrent avec assez de difficultés dans le salon de la belle madame Tiphaine. Chacun voulut étudier les Rogron avant de les admettre. Il était difficile de ne pas accueillir des commerçants de la rue Saint-Denis, nés à Provins et revenant y manger leurs revenus. Néanmoins, le but de toute société sera toujours d'amalgamer des gens de fortune, d'éducation, de mœurs, de connaissances et de caractères semblables. Or; les Guépin, les Guénée et les Julliard étaient des personnes plus haut placées, plus anciennes de bourgeoisie que les Rogron, fils d'un aubergiste usurier qui avait eu quelques reproches à se faire jadis et sur sa conduite privée et relativement à la succession Auffray. Le notaire Auffray, le gendre de madame Galardon, née Tiphaine, savait à quoi s'en tenir : les affaires s'étaient arrangées chez son prédécesseur. Ces anciens négociants, revenus depuis douze ans, s'étaient mis au niveau de l'instruction, du savoir-vivre et des façons de cette société, à laquelle madame Tiphaine imprimait un certain cachet d'élégance, un certain vernis parisien ; tout y était homogène : on s'y comprenait, chacun savait s'y tenir et y parler de manière à être agréable à tous. Ils connaissaient tous leurs caractères et s'étaient habitués les uns aux autres. Une fois reçus chez monsieur Garceland le maire, les Rogron se flattèrent d'être en peu de temps au mieux avec la meilleure société de la ville. Sylvie apprit alors à jouer le boston. Rogron, incapable de jouer à aucun jeu, tournait ses pouces et avalait ses phrases une fois qu'il avait parlé de sa maison; mais ses phrases étaient comme une médecine : elles paraissaient le tourmenter beaucoup, il se levait, il avait l'air de vouloir parler, il était intimidé, se rasseyait et avait de comiques convulsions dans les lèvres. Sylvie développa naïvement son caractère au jeu. Tracassière, geignant toujours quand elle perdait, d'une joie insolente quand elle gagnait, processive, taquine, elle impatienta ses adversaires, ses partenaires, et devint le fléau de la société. Dévorés d'une envie niaise et franche, Rogron et sa sœur eurent la prétention de jouer un rôle dans une ville sur laquelle douze familles étendaient un filet à mailles serrées, où tous les intérêts, tous les amours-propres formaient comme un parquet sur lequel de nouveaux venus devaient se bien tenir pour n'y rien heurter ou pour n'y pas glisser. En supposant que la restauration de leur maison coûtât trente mille francs, le frère et la sœur réunissaient dix mille livres de rente. Ils se crurent très riches, assommèrent cette société de leur luxe futur, et laissèrent prendre la mesure de leur petitesse, de leur ignorance crasse, de leur sotte jalousie. Le soir où ils furent présentés à la belle madame Tiphaine, qui déjà les avait observés chez madame Garceland, chez sa belle-sœur Galardon et chez madame Julliard la mère, la reine de la ville dit confidentiellement à Julliard fils, qui resta quelques instants après tout le monde en tête-à-tête avec elle et le Président : — Vous êtes donc tous bien coiffés de ces Rogron ?

— Moi, dit l'Amadis de Provins, ils ennuient ma mère, ils excèdent ma femme; et quand mademoiselle Sylvie a été mise en apprentissage, il y a trente ans, chez mon père, il ne pouvait déjà pas la supporter.

— Mais j'ai fort envie, dit la jolie Présidente en mettant son petit pied sur la barre de son garde-cendres, de faire comprendre que mon salon n'est pas une auberge.

Julliard leva les yeux au plafond comme pour dire : — Mon Dieu ! combien d'esprit, quelle finesse !

— Je veux que ma société soit choisie; et si j'admettais des Rogron, certes elle ne le serait pas.

— Ils sont sans cœur, sans esprit ni manières, dit le Président. Quand, après avoir vendu du fil pendant vingt ans, comme l'a fait ma sœur, par exemple...

— Mon ami, votre sœur ne serait déplacée dans aucun salon, dit en parenthèse madame Tiphaine.

— Si l'on a la bêtise de demeurer encore mercier, dit le Président en continuant, si l'on ne se décrasse pas, si l'on prend les comtes de Champagne pour des mémoires de vin fourni, comme ces Rogron l'ont fait ce soir, on doit rester chez soi.

— Ils sont puants, dit Julliard. Il semble qu'il n'y ait qu'une maison dans Provins. Ils veulent nous écraser tous. Après tout, à peine ont-ils de quoi vivre.

— S'il n'y avait que le frère, reprit madame Tiphaine, on le souffrirait, il n'est pas gênant. En lui donnant un casse-tête chinois, il resterait dans un coin bien tranquillement. Il en aurait pour tout un hiver à trouver une combinaison. Mais mademoiselle

Sylvie, quelle voix d'hyène enrhumée ! quelles pattes de homard !
Ne dites rien de ceci, Julliard.

Quand Julliard fut parti, la petite femme dit à son mari : — Mon ami, j'ai déjà bien assez des indigènes que je suis obligée de recevoir, ces deux de plus me feraient mourir ; et, si tu le permets, nous nous en priverons.

— Tu es bien la maîtresse chez toi, dit le Président ; mais nous nous ferons des ennemis. Les Rogron se jetteront dans l'Opposition, qui jusqu'à présent n'a pas encore de consistance à Provins. Ce Rogron hante déjà le baron Gouraud et l'avocat Vinet.

— Hé ! dit en souriant Mélanie, ils te rendront alors service. Là où il n'y a pas d'ennemis il n'y a pas de triomphes. Une conspiration libérale, une association illégale, une lutte quelconque te mettraient en évidence.

Le Président regarda sa jeune femme avec une sorte d'admiration craintive.

Le lendemain chacun se dit à l'oreille chez madame Garceland que les Rogron n'avaient pas réussi chez madame Tiphaine, dont le mot sur l'auberge eut un immense succès. Madame Tiphaine fut un mois à rendre sa visite à mademoiselle Sylvie. Cette insolence est très remarquée en province. Sylvie eut, au boston chez madame Tiphaine, avec la respectable madame Julliard la mère, une scène désagréable à propos d'une Misère superbe que son ancienne patronne lui fit perdre, disait-elle, méchamment et à dessein. Jamais Sylvie, qui aimait à jouer de mauvais tours aux autres, ne concevait qu'on lui rendît la pareille. Madame Tiphaine donna l'exemple de composer les parties avant l'arrivée des Rogron, en sorte que Sylvie fut réduite à errer de table en table en regardant jouer les autres, qui la regardaient en dessous d'un air narquois. Chez madame Julliard la mère on se mit à jouer le whist, jeu que ne savait pas Sylvie. La vieille fille finit par comprendre sa mise hors la loi, sans en comprendre les raisons. Elle se crut l'objet de la jalousie de tout ce monde. Les Rogron ne furent bientôt plus priés chez personne ; mais ils persistèrent à passer leurs soirées en ville. Les gens spirituels se moquèrent d'eux, sans fiel, doucement, en leur faisant dire de grosses balourdises sur les oves de leur maison, sur une certaine cave à liqueurs qui n'avait pas sa pareille à Provins. Cependant la maison des Rogron s'acheva. Naturellement ils donnèrent quelques somptueux dîners, autant pour rendre les politesses reçues que pour exhiber leur luxe. On vint seulement par curiosité. Le premier dîner fut offert aux principaux personnages, à monsieur et madame Tiphaine, chez lesquels les Rogron n'avaient cependant pas mangé une seule fois; à monsieur et madame Julliard père et fils, mère et belle-fille; monsieur Lesourd, monsieur le curé, monsieur et madame Galardon. Ce fut un de ces dîners de province où l'on tient la table depuis cinq jusqu'à neuf heures. Madame Tiphaine importait à Provins les grandes façons de Paris, où les gens comme il faut quittent le salon après le café pris. Elle avait soirée chez elle, et voulut s'évader; mais les Rogron suivirent le ménage jusque dans la rue, et quand ils revinrent, stupéfaits de n'avoir pu retenir monsieur le Président et madame la Présidente, les autres convives leur expliquèrent le bon goût de madame Tiphaine en l'imitant avec une célérité cruelle en province.

— Ils ne verront pas notre salon allumé, dit Sylvie, et la lumière est son fard.

Les Rogron avaient voulu ménager une surprise à leurs hôtes. Personne n'avait été admis à voir cette maison devenue célèbre. Aussi tous les habitués du salon de madame Tiphaine attendaient-ils avec impatience son arrêt sur les merveilles du palais Rogron.

— Eh! bien, lui dit la petite madame Martener, vous avez vu le Louvre, racontez-nous-en bien tout?

— Mais tout, ce sera comme le dîner, pas grand'chose.

— Comment est-ce?

— Eh! bien, cette porte bâtarde de laquelle nous avons dû nécessairement admirer les croisillons en fonte dorée que vous connaissez, dit madame Tiphaine, donne entrée sur un long corridor qui partage assez inégalement la maison, puisqu'à droite il n'y a qu'une fenêtre sur la rue, tandis qu'il s'en trouve deux à gauche. Du côté du jardin, ce couloir est terminé par la porte vitrée du perron qui descend sur une pelouse, pelouse ornée d'un socle où s'élève le plâtre de Spartacus, peint en bronze. Derrière la cuisine, l'entrepreneur a ménagé sous la cage de l'escalier une petite chambre aux provisions, de laquelle on ne nous a pas fait grâce. Cet escalier, entièrement peint en marbre portor, consiste en une rampe évidée tournant sur elle-même comme celles qui, dans les cafés, mènent du rez-de-chaussée aux cabinets de l'entresol. Ce colifichet en bois de noyer, d'une légèreté dangereuse, à balustrade ornée de cuivre, nous a été donné pour une des sept nouvelles merveilles du monde. La porte des caves est dessous. De l'autre côté du couloir, sur la rue, se trouve la salle à manger, qui communique par une porte à deux battants avec un salon d'égale dimension dont les fenêtres offrent la vue du jardin.

— Ainsi, point d'antichambre? dit madame Auffray.

— L'antichambre est sans doute ce long couloir où l'on est entre deux airs, répondit madame Tiphaine. Nous avons eu la pensée éminemment nationale, libérale, constitutionnelle et patriotique de n'employer que des bois de France, reprit-elle. Ainsi, dans la salle à manger, le parquet est en bois de noyer et façonné en point de Hongrie. Les buffets, la table et les chaises sont également en noyer. Aux fenêtres, des rideaux en calicot blanc encadrés de bandes rouges, attachés par de vulgaires embrasses rouges sur des patères exagérées, à rosaces découpées, dorées au mat, et dont le champignon ressort sur un fond rougeâtre. Ces rideaux magnifiques glissent sur des bâtons terminés par des palmettes extravagantes, où les fixent des griffes de lion en cuivre estampé, disposées en haut de chaque pli. Au-dessus d'un des buffets, on voit un cadran de café suspendu par une espèce de serviette en bronze doré, une de ces idées qui plaisent singulièrement aux Rogron. Ils ont voulu me faire admirer cette trouvaille; je n'ai rien trouvé de mieux à leur dire que, si jamais on a dû mettre une serviette autour d'un cadran, c'était bien dans une salle à manger. Il y a sur ce buffet deux grandes lampes semblables à celles qui parent le comptoir des célèbres restaurants. Au-dessus de l'autre se trouve un baromètre excessivement orné, qui paraît devoir jouer un grand rôle dans leur existence : le Rogron le regarde comme il regarderait sa prétendue. Entre les deux fenêtres, l'ordonnateur du logis a placé un poêle en faïence blanche dans une niche horriblement riche. Sur les murs brille un magnifique papier rouge et or, comme il s'en trouve dans ces mêmes restaurants, et que le Rogron y a sans doute choisi sur place. Le dîner nous a été servi dans un service de porcelaine blanc et or, avec son dessert bleu barbeau à fleurs vertes; mais on nous a ouvert un des buffets pour nous faire voir un autre service en terre de pipe pour tous les jours. En face de chaque buffet une grande armoire contient le linge. Tout cela est verni, propre, neuf, plein de tons criards. J'admettrais encore cette salle à manger : elle a son caractère; quelque désagréable qu'il soit, il peint très-bien celui des maîtres de la maison; mais il n'y a pas moyen de tenir à cinq de ces gravures noires contre lesquelles le Ministère de l'Intérieur devrait présenter une loi, et qui représentent Poniatowski sautant dans l'Elster, la Défense de la barrière de Clichy, Napoléon pointant lui-même un canon, et les deux Mazeppa, toutes encadrées dans des cadres dorés dont le vulgaire modèle convient à ces gravures, capables de faire prendre les succès en haine ! Oh ! combien j'aime mieux les pastels de madame Julliard, qui représentent des fruits, ces excellents pastels faits sous Louis XV, et qui sont en harmonie avec cette bonne vieille salle à manger, à boiseries grises et un peu vermoulues, mais qui certes ont le caractère de la province, et vont avec la grosse argenterie de famille, avec la porcelaine antique et nos habitudes. La province est la province : elle est ridicule quand elle veut singer Paris. Vous me direz peut-être : Vous êtes orfévre, monsieur Josse ; mais je préfère le vieux salon que voici, de monsieur Tiphaine le père, avec ses gros rideaux de lampasse vert et blanc, avec sa cheminée Louis XV, ses trumeaux contournés, ses vieilles glaces à perles et ses vénérables tables à jouer ; mes vases de vieux Sèvres, en vieux bleu, montés en vieux cuivre ; ma pendule à fleurs impossibles, mon lustre rococo, et mon meuble en tapisserie, à toutes les splendeurs de leur salon.

— Comment est-il ? dit monsieur Martener, très-heureux de l'éloge que la belle Parisienne venait de faire si adroitement de la province.

— Quant au salon, il est d'un beau rouge, le rouge de mademoiselle Sylvie quand elle se fâche de perdre une Misère !

— Le rouge-Sylvie, dit le Président, dont le mot resta dans le vocabulaire de Provins.

— Les rideaux des fenêtres ?... rouges ! les meubles ?... rouges ! la cheminée ?... marbre rouge portor ! les candélabres et la pendule ?... marbre rouge portor, montés en bronze d'un dessin commun, lourd ; des culs-de-lampe romains soutenus par des branches a feuillages grecs. Du haut de la pendule, vous êtes regardés à la manière des Rogron, d'un air niais, par ce gros lion bon enfant, appelé lion d'ornement, et qui nuira pendant longtemps aux vrais lions. Ce lion roule sous une de ses pattes une grosse boule, un détail des mœurs du lion d'ornement ; il passe sa vie à tenir une grosse boule noire, absolument comme un Député de la Gauche. Peut-être est-ce un mythe constitutionnel. Le cadran de cette pendule est bizarrement travaillé. La glace de la cheminée offre cet encadrement à pâtes appliquées, d'un effet mesquin, vulgaire quoique nouveau. Mais le génie du tapissier éclate dans les plis rayonnants d'une étoffe rouge qui partent d'une patère mise au centre du devant de cheminée, un poème romantique composé tout exprès pour les Rogron, qui s'extasient en vous le montrant. Au milieu du plafond pend un lustre soigneusement enveloppé dans un suaire de percaline verte, et avec raison : il est du plus mauvais goût ; le bronze, d'un ton aigre, a pour ornements des filets plus détestables en or bruni. Dessous, une table à thé, ronde, à marbre plus que jamais porter, offre un plateau moiré métallique où reluisent des tasses en porcelaine peinte, quelles peintures ! et groupées autour d'un sucrier en cristal taillé si crânement que nos petites filles ouvriront de grands yeux en admirant et les cercles de cuivre doré qui le bordent, et ces côtes tailladées comme un pourpoint du moyen-âge, et la pince à prendre le sucre, de laquelle on ne se servira probablement jamais. Ce salon a pour tenture un papier rouge qui joue le velours, encadré par panneaux dans des baguettes de cuivre agrafées aux quatre coins par des palmettes énormes. Chaque panneau est surorné d'une lithochromie encadrée dans des cadres surchargés de festons en pâte qui simulent nos belles sculptures en bois. Le meuble, en casimir et en racine d'orme, se compose classiquement de deux canapés, deux bergères, six fauteuils et six chaises. La console est embellie d'un vase en albâtre dit à la Médicis, mis sous verre, et de cette magnifique cave à liqueurs si célèbre. Nous avons été suffisamment prévenus *qu'il n'en existe pas une seconde à Provins !* Chaque embrasure de fenêtre, où sont drapés de magnifiques rideaux en soie rouge doublés de rideaux en tulle, contient une table à jouer. Le tapis est d'Aubusson. Les Rogron n'ont pas manqué de mettre la main sur ce fond rouge à rosaces fleuries, le plus vulgaire des dessins communs. Ce salon n'a pas l'air d'être habité : vous n'y voyez ni livres ni gravures, ni ces menus objets qui meublent les tables, dit-elle en regardant sa table chargée d'objets à la mode, d'albums, des jolies choses qu'on lui donnait. Il n'y a ni fleurs ni aucun de ces riens qui se renouvellent. C'est froid et sec comme mademoiselle Sylvie. Buffon a raison, le style est l'homme, et certes les salons ont un style !

La belle madame Tiphaine continua sa description épigrammatique. D'après cet échantillon, chacun se figurera facilement l'appartement que la sœur et le frère occupaient au premier étage, et qu'ils montrèrent à leurs hôtes; mais personne ne saurait inventer les sottes recherches auxquelles le spirituel entrepreneur avait entraîné les Rogron : les moulures des portes, les volets intérieurs façonnés, les pâtes d'ornement dans les corniches, les jolies peintures, les mains en cuivre doré, les sonnettes, les intérieurs de cheminée à systèmes fumivores, les inventions pour éviter l'humidité, les tableaux de marqueterie figurés par la peinture dans l'escalier, la vitrerie, la serrurerie superfines; enfin tous ces colifichets, qui renchérissent une construction et qui plaisent aux bourgeois, avaient été prodigués outre mesure.

Personne ne voulut aller aux soirées des Rogron, dont les prétentions avortèrent. Les raisons de refus ne manquaient pas : tous les jours étaient acquis à madame Garceland, à madame Galardon, aux dames Julliard, à madame Tiphaine, au sous-préfet, etc. Pour se faire une société, les Rogron crurent qu'il suffirait de donner à dîner : ils eurent des jeunes gens assez moqueurs et les dîneurs qui se trouvent dans tous les pays du monde; mais les personnes graves cessèrent toutes de les voir. Effrayée par la perte sèche de quarante mille francs engloutis sans profit dans la maison, qu'elle appelait sa chère maison, Sylvie voulut regagner cette somme par des économies. Elle renonça donc promptement à des dîners qui coûtaient trente à quarante francs, sans les vins, et qui ne réalisaient point son espérance d'avoir une société, création aussi difficile en province qu'à Paris. Sylvie renvoya sa cuisinière et prit une fille de campagne pour les gros ouvrages. Elle fit sa cuisine elle-même *pour son plaisir*.

Quatorze mois après leur arrivée, le frère et la sœur tombèrent donc dans une vie solitaire et sans occupation. Son bannissement du monde avait engendré dans le cœur de Sylvie une haine effroyable contre les Tiphaine, les Julliard, les Auffray, les Garceland, enfin contre la société de Provins qu'elle nommait *la clique*, et avec laquelle ses rapports devinrent excessivement froids. Elle aurait bien voulu leur opposer une seconde société; mais la bourgeoisie inférieure était entièrement composée de petits commerçants, libres seulement les dimanches et les jours de fête; ou de gens tarés comme l'avocat Vinet et le médecin Néraud, des bonapartistes inadmissibles comme le colonel baron Gouraud, avec lesquels Rogron se lia d'ailleurs très-inconsidérément, et contre lesquels la haute bourgeoisie avait essayé vainement de le mettre en garde. Le frère et la sœur furent donc obligés de rester au coin de leur poêle, dans leur salle à manger, en se remémorant leurs affaires, les figures de leurs pratiques, et autres choses aussi agréables. Le second hiver ne se termina pas sans que l'ennui pesât sur eux effroyablement. Ils avaient mille peines à employer le temps de leur journée. En allant se coucher le soir, ils disaient : — Encore une de passée ! Ils traînassaient le matin en se levant, restaient au lit, s'habillaient lentement. Rogron se faisait lui-même la barbe tous les jours, il s'examinait la figure, il entretenait sa sœur des changements qu'il croyait y apercevoir ; il avait des discussions avec la servante sur la température de son eau chaude ; il allait au jardin, regardait si les fleurs avaient poussé ; il s'aventurait au bord de l'eau, où il avait fait construire un kiosque ; il observait la menuiserie de sa maison : avait-elle joué? le tassement avait-il fendillé quelque tableau ? les peintures se soutenaient-elles ? Il revenait parler de ses craintes sur une poule malade ou sur un endroit où l'humidité laissait subsister des taches, à sa sœur qui faisait l'affairée en mettant le couvert, en tracassant la servante. Le baromètre était le meuble le plus utile à Rogron : il le consultait sans cause, il le tapait familièrement comme un ami, puis il disait : « Il fait vilain ! » Sa sœur lui répondait : « Bah ! il fait le temps de la saison. » Si quelqu'un venait le voir, il vantait l'excellence de cet instrument. Le déjeuner prenait encore un peu de temps. Avec quelle lenteur ces deux êtres mastiquaient chaque bouchée ! Aussi leur digestion était-elle parfaite, ils n'avaient pas à craindre de cancer à l'estomac. Ils gagnaient midi par la lecture de la *Ruche* et du *Constitutionnel*. L'abonnement du journal parisien était supporté par un tiers avec l'avocat Vinet et le colonel Gouraud. Rogron allait porter lui-même les journaux au colonel, qui logeait sur la place, dans la maison de monsieur Martener, et dont les longs récits lui faisaient un plaisir énorme. Aussi Rogron se demandait-il en quoi le colonel était dangereux. Il eut la sottise de lui parler de l'ostracisme prononcé contre lui, de lui rapporter les dires de la Clique. Dieu sait comme le colonel, aussi redoutable au pistolet qu'à l'épée, et qui ne craignait personne, arrangea la Tiphaine et son Julliard, et les ministériels de la haute ville, gens vendus à l'Étranger, capables de tout pour avoir des places, lisant aux Élections les noms à leur fantaisie sur les bulletins, etc. Vers deux heures, Rogron entreprenait une petite promenade. Il était bien heureux quand un boutiquier sur le pas de sa porte l'arrêtait en lui disant : — Comment va, père Rogron ? Il causait et demandait des nouvelles de la ville, il écoutait et colportait les commérages, les petits bruits de Provins. Il montait jusqu'à la haute ville et allait dans les chemins creux selon le temps. Parfois, il rencontrait des vieillards en promenade comme lui. Ces rencontres étaient d'heureux événements. Il se trouvait à Provins des gens désabusés de la vie parisienne, des savants modestes vivant avec leurs livres. Jugez de l'attitude de Rogron en écoutant un Juge-suppléant nommé Desfondrilles, plus archéologue que magistrat, disant à l'homme instruit, le vieux monsieur Martener le père, en lui montrant la vallée : — Expliquez-moi pourquoi les oisifs de l'Europe vont à Spa plutôt qu'à Provins, quand les Eaux de Provins ont une supériorité reconnue par la médecine française, une action, une martialité dignes des propriétés médicales de nos roses ?

— Que voulez-vous! répliquait l'homme instruit, c'est un de ces caprices du Caprice, inexplicable comme lui. Le vin de Bordeaux était inconnu il y a cent ans : le maréchal de Richelieu, l'une des plus grandes figures du dernier siècle, l'Alcibiade français, est nommé gouverneur de la Guyenne ; il avait la poitrine délabrée, et l'univers sait pourquoi! le vin du pays le restaure, le rétablit. Bordeaux acquiert alors cent millions de rente, et le maréchal recule le territoire de Bordeaux jusqu'à Angoulême, jusqu'à Cahors, enfin à quarante lieues à la ronde! Qui sait où s'arrêtent les vignobles de Bordeaux ? Et le maréchal n'a pas de statue équestre à Bordeaux !

— Ah! s'il arrive un événement de ce genre à Provins, dans un siècle ou dans un autre, on y verra, je l'espère, reprenait alors monsieur Desfondrilles, soit sur la petite place de la basse ville, soit au château, dans la ville haute, quelque bas-relief en marbre blanc représentant la tête de monsieur Opoix, le restaurateur des Eaux minérales de Provins !

— Mon cher monsieur, peut-être la réhabilitation de Provins est-elle impossible, disait le vieux monsieur Martener le père. Cette ville a fait faillite.

Ici Rogron ouvrait de grands yeux et s'écriait : — Comment ?

— Elle a jadis été une capitale qui luttait victorieusement avec Paris au douzième siècle, quand les comtes de Champagne y avaient leur cour, comme le roi René tenait la sienne en Provence, répondait l'homme instruit. En ce temps la civilisation, la joie, la poésie, l'élégance, les femmes, enfin, toutes les splendeurs sociales n'étaient pas exclusivement à Paris. Les villes se relèvent aussi difficilement que les maisons de commerce de leur ruine : il ne nous reste de Provins que le parfum de notre gloire historique, celui de nos roses, et une sous-préfecture.

— Ah ! que serait la France si elle avait conservé toutes ses capitales féodales ! disait Desfondrilles. Les sous-préfets peuvent-ils remplacer la race poétique, galante et guerrière des Thibault qui avaient fait de Provins ce que Ferrare était en Italie, ce que fut Weymar en Allemagne et ce que voudrait être aujourd'hui Munich ?

— Provins a été une capitale ? s'écriait Rogron.

— D'où venez-vous donc ? répondait l'archéologue Desfondrilles.

Le Juge-suppléant frappait alors de sa canne le sol de la ville haute, et s'écriait : — Mais ne savez-vous donc pas que toute cette partie de Provins est bâtie sur des cryptes ?

— Cryptes !

— Hé ! bien, oui, des cryptes d'une hauteur et d'une étendue inexplicables. C'est comme des nefs de cathédrales, il y a des piliers.

— Monsieur fait un grand ouvrage archéologique dans lequel il compte expliquer ces singulières constructions, disait le vieux Martener qui voyait le juge enfourchant son dada.

Rogron revenait enchanté de savoir sa maison construite dans la vallée. Les cryptes de Provins employèrent cinq à six journées en explorations, et défrayèrent pendant plusieurs soirées la conversation des deux célibataires. Rogron apprenait toujours ainsi quelque chose sur le vieux Provins, sur les alliances des familles, ou de vieilles nouvelles politiques qu'il renarrait à sa sœur. Aussi disait-il cent fois dans sa promenade et souvent plusieurs fois à la même personne : — Hé ! bien, que dit-on ? — Hé ! bien, qu'y a-t-il de neuf ? Revenu dans sa maison, il se jetait sur un canapé de salon en homme harassé de fatigue, mais éreinté seulement de son propre poids. Il arrivait à l'heure du dîner en allant vingt fois du salon à la cuisine, examinant l'heure, ouvrant et fermant les portes. Tant que le frère et la sœur eurent des soirées en ville, ils atteignirent à leur coucher ; mais quand ils furent réduits à leur intérieur, la soirée fut un désert à traverser. Quelquefois les personnes qui revenaient chez elles sur la petite place, après avoir passé la soirée en ville, entendaient des cris chez les Rogron, comme si le frère assassinait la sœur : on reconnut les horribles bâillements d'un mercier aux abois. Ces deux mécaniques n'avaient rien à broyer entre leurs rouages rouillés, elles criaient. Le frère parla de se marier, mais en désespoir de cause. Il se sentait vieilli, fatigué : une femme l'effrayait. Sylvie, qui comprit la nécessité d'avoir un tiers au logis, se souvint alors de leur pauvre cousine, de laquelle personne ne leur avait demandé de nouvelles, car à Provins chacun croyait la petite madame Lorrain et sa fille mortes toutes deux. Sylvie Rogron ne perdait rien, elle était bien trop vieille fille pour égarer quoi que ce soit ! elle eut l'air d'avoir retrouvé la lettre des Lorrain afin de parler tout naturellement de Pierrette à son frère, qui fut presque heureux de la possibilité d'avoir une petite fille au logis. Sylvie écrivit moitié commercialement moitié affectueusement aux vieux Lorrain, en rejetant le retard de sa réponse sur la liquidation des affaires, sur sa transplantation à Provins et sur son établissement. Elle parut désireuse de prendre sa cousine avec elle, en donnant à entendre que Pierrette devait un jour avoir un héritage de douze mille livres de rente, si monsieur Rogron ne se mariait pas. Il faudrait avoir été, comme Nabuchodonosor, quelque peu bête sauvage et enfermé dans une cage du Jardin des Plantes, sans autre proie que la viande de boucherie apportée par le gardien, ou négociant retiré sans commis à tracasser, pour savoir avec quelle impatience le frère et la sœur attendirent leur cousine Lorrain. Aussi, trois jours après que la lettre fut partie, le frère et la sœur se demandaient-ils déjà quand leur cousine arriverait. Sylvie aperçut dans sa prétendue bienfaisance envers sa cousine pauvre un moyen de faire revenir la société de Provins sur son compte. Elle alla chez madame Tiphaine, qui les avait frappés de sa réprobation et qui voulait créer à Provins une première société, comme à Genève, y tambouriner l'arrivée de leur cousine Pierrette, la fille du colonel Lorrain, en déplorant ses malheurs, et se posant en femme heureuse d'avoir une belle et jeune héritière à offrir au monde.

— Vous l'avez découverte bien tard, répondit ironiquement madame Tiphaine qui trônait sur un sofa au coin de son feu.

Par quelques mots dits à voix basse pendant une donne de cartes, madame Garceland rappela l'histoire de la succession du vieil Auffray. Le notaire expliqua les iniquités de l'aubergiste.

— Où est-elle, cette pauvre petite ? demanda poliment le Président Tiphaine.

— En Bretagne, dit Rogron.

— Mais la Bretagne est grande, fit observer monsieur Lesourd, le Procureur du Roi.

— Son grand-père et sa grand'mère Lorrain nous ont écrit. Quand donc, ma bonne? fit Rogron.

Sylvie, occupée à demander à madame Garceland où elle avait acheté l'étoffe de sa robe, ne prévit pas l'effet de sa réponse et dit :
— Avant la vente de notre fonds.

— Et vous avez répondu il y a trois jours, mademoiselle? s'écria le notaire.

Sylvie devint rouge comme les charbons les plus ardents du feu.

— Nous avons écrit à l'établissement Saint-Jacques, reprit Rogron.

— Il s'y trouve en effet une espèce d'hospice pour les vieillards, dit un juge qui avait été juge-suppléant à Nantes; mais elle ne peut pas être là, car on n'y reçoit que des gens qui ont passé soixante ans.

— Elle y est avec sa grand'mère Lorrain, dit Rogron.

— Elle avait une petite fortune, les huit mille francs que votre père.... non, je veux dire votre grand-père lui avait laissés, dit le notaire qui fit exprès de se tromper.

— Ah! s'écria Rogron d'un air bête sans comprendre cette épigramme.

— Vous ne connaissez donc ni la fortune ni la situation de votre cousine-germaine? demanda le Président.

— Si monsieur l'avait connue, il ne la laisserait pas dans une maison qui n'est qu'un hôpital honnête, dit sévèrement le juge. Je me souviens maintenant d'avoir vu vendre à Nantes, par expropriation, une maison appartenant à monsieur et madame Lorrain, et mademoiselle Lorrain a perdu sa créance, car j'étais commissaire de l'Ordre.

Le notaire parla du colonel Lorrain, qui, s'il vivait, serait bien étonné de savoir sa fille dans un établissement comme celui de Saint-Jacques. Les Rogron firent alors leur retraite en se disant que le monde était bien méchant. Sylvie comprit le peu de succès que sa nouvelle avait obtenu : elle s'était perdue dans l'esprit de chacun, il lui était dès lors interdit de frayer avec la haute société de Provins. A compter de ce jour, les Rogron ne cachèrent plus leur haine contre les grandes familles bourgeoises de Provins et leurs adhérents. Le frère dit alors à la sœur toutes les chansons libérales que le colonel Gouraud et l'avocat Vinet lui avaient serinées sur les Tiphaine, les Guénée, les Garceland, les Guépin et les Julliard.

— Dis donc, Sylvie, mais je ne vois pas pourquoi madame Tiphaine renie le commerce de la rue Saint-Denis, le plus beau de son nez en est fait. Madame Roguin sa mère est la cousine des Guillaume du Chat-qui-Pelote, et qui ont cédé leur fonds à Joseph Lebas, leur gendre. Son père est ce notaire, ce Roguin qui a manqué en 1819 et ruiné la maison Birotteau. Ainsi la fortune de madame Tiphaine est du bien volé, car qu'est-ce qu'une femme de notaire qui tire son épingle du jeu et laisse faire à son mari une banqueroute frauduleuse? C'est du propre! Ah! je vois : elle a marié sa fille à Provins, rapport à ses relations avec le banquier du Tillet. Et ces gens-là font les fiers; mais... Enfin voilà le monde.

Le jour où Denis Rogron et sa sœur Sylvie se mirent à déblatérer contre la Clique, ils devinrent sans le savoir des personnages et furent en voie d'avoir une société : leur salon allait devenir le centre d'intérêts qui cherchaient un théâtre. Ici l'ex-mercier prit des proportions historiques et politiques; car il donna, toujours sans le savoir, de la force et de l'unité aux éléments jusqu'alors flottants du parti libéral à Provins. Voici comment. Les débuts des Rogron furent curieusement observés par le colonel Gouraud et par l'avocat Vinet, que leur isolement et leurs idées avaient rapprochés. Ces deux hommes professaient le même patriotisme par les mêmes raisons : ils voulaient devenir des personnages. Mais s'ils étaient disposés à se faire chefs, ils manquaient de soldats. Les libéraux de Provins se composaient d'un vieux soldat devenu limonadier; d'un aubergiste; de monsieur Cournant, notaire, compétiteur de monsieur Auffray; du médecin Néraud, l'antagoniste de monsieur Martener; de quelques gens indépendants, de fermiers épars dans l'arrondissement et d'acquéreurs de biens nationaux. Le colonel et l'avocat, heureux d'attirer à eux un imbécile dont la fortune pouvait aider leurs manœuvres, qui souscrirait à leurs souscriptions, qui, dans certains cas, attacherait le grelot, et dont la maison servirait d'Hôtel-de-Ville au parti, profitèrent de l'inimitié des Rogron contre les aristocrates de la ville. Le colonel, l'avocat et Rogron avaient un léger lien dans leur abonnement commun au *Constitutionnel*, il ne devait pas être difficile au colonel Gouraud de faire un libéral de l'ex-mercier, quoique Rogron sût si peu de chose en politique, qu'il ne connaissait pas les exploits du sergent Mercier : il le prenait pour un confrère. La prochaine arrivée de Pierrette hâta de faire éclore les pensées cupides inspirées par l'ignorance et par la sottise des deux célibataires. En voyant toute chance d'établissement perdue pour Sylvie dans la société Tiphaine, le colonel eut une arrière-pensée. Les vieux militaires ont contemplé tant d'horreurs dans tant de pays, tant de cadavres nus grimaçant sur tant de champs de bataille, qu'ils ne s'effraient plus d'aucune physionomie, et Gouraud coucha en joue la fortune de la vieille fille. Ce colonel, gros homme court, portait d'énormes boucles à ses oreilles, cependant déjà garnies d'une énorme touffe de poils. Ses favoris épars et grisonnants s'appelaient en 1799 des nageoires. Sa bonne grosse figure rougeaude était un peu tannée comme celles de tous les échappés de la Bérésina. Son gros ventre pointu décrivait en dessous cet angle droit qui caractérise le vieil officier de cavalerie. Gouraud avait commandé le deuxième hussards. Ses moustaches grises cachaient une énorme bouche *blagueuse*, s'il est permis d'employer ce mot soldatesque, le seul qui puisse peindre ce gouffre : il n'avait pas mangé, mais dévoré ! Un coup de sabre avait tronqué son nez. Sa parole y gagnait d'être devenue sourde et profondément nasillarde comme celle attribuée aux capucins. Ses petites mains, courtes et larges, étaient bien celles qui font dire aux femmes : — Vous avez les mains d'un fameux mauvais sujet. Ses jambes paraissaient grêles sous son torse. Dans ce gros corps agile, s'agitait un esprit délié, la plus complète expérience des choses de la vie, cachée sous l'insouciance apparente des militaires, et un mépris entier des conventions sociales. Le colonel Gouraud avait la croix d'officier de la Légion-d'Honneur et deux mille quatre cents francs de retraite, en tout mille écus de pension pour fortune.

L'avocat, long et maigre, avait ses opinions libérales pour tout talent, et pour seul revenu les produits assez minces de son cabinet. A Provins, les avoués plaident eux-mêmes leurs causes. A raison de ses opinions, le Tribunal écoutait d'ailleurs peu favorablement maître Vinet. Aussi les fermiers les plus libéraux, en cas de procès, prenaient-ils préférablement à l'avocat Vinet un avoué qui avait la confiance du Tribunal. Cet homme avait suborné, disait-on, aux environs de Coulommiers, une fille riche, et forcé les parents à la lui donner. Sa femme appartenait aux Chargebœuf, vieille famille noble de la Brie dont le nom vient de l'exploit d'un écuyer à l'expédition de saint Louis en Égypte. Elle avait encouru la disgrâce de ses père et mère, qui s'arrangeaient, au su de Vinet, de manière à laisser toute leur fortune à leur fils aîné, sans doute à la charge d'en remettre une partie aux enfants de sa sœur. Ainsi la première tentative ambitieuse de cet homme avait manqué. Bientôt poursuivi par la misère, et honteux de ne pouvoir donner à sa femme des dehors convenables, l'avocat avait fait de vains efforts pour entrer dans la carrière du Ministère public ; mais la branche riche de la famille Chargebœuf refusa de l'appuyer. En gens moraux, ces royalistes désapprouvaient un mariage forcé ; d'ailleurs leur prétendu parent s'appelait Vinet : comment protéger un roturier ? L'avocat fut donc éconduit de branche en branche quand il voulut se servir de sa femme auprès de ses parents. Madame Vinet ne trouva d'intérêt que chez une Chargebœuf, pauvre veuve chargée d'une fille, et qui toutes deux vivaient à Troyes. Aussi Vinet se souvint-il un jour de l'accueil fait par cette Chargebœuf à sa femme. Repoussé par le monde entier, plein de haine contre la famille de sa femme, contre le gouvernement qui lui refusait une place, contre la société de Provins qui ne voulait pas l'admettre, Vinet accepta sa misère. Son fiel s'accrut et lui donna de l'énergie pour résister. Il devint libéral en devinant que sa fortune était liée au triomphe de l'Opposition, et végéta dans une mauvaise petite maison de la ville haute, d'où sa femme sortait peu. Cette jeune fille promise à de meilleures destinées, était absolument seule dans son ménage avec un enfant. Il est des misères noblement acceptées et gaiement supportées ; mais Vinet, rongé d'ambition, se sentant en faute envers une jeune fille séduite, cachait une sombre rage : sa conscience s'élargit et admit tous les moyens pour parvenir. Son jeune visage s'altéra. Quelques personnes étaient parfois effrayées au Tribunal en voyant sa figure vipérine à tête plate, à bouche fendue, ses yeux éclatants à travers des lunettes ; en entendant sa petite voix aigre, persistante, et qui attaquait les nerfs. Son teint brouillé, plein de teintes maladives, jaunes et vertes par places, annonçait son ambition rentrée, ses continuels mécomptes et ses misères cachées. Il savait ergoter, parler ; il ne manquait ni de trait ni d'images ; il était instruit, retors. Accoutumé à tout concevoir par son désir de parvenir, il pouvait devenir un homme politique. Un homme qui ne recule devant rien, pourvu que tout soit légal, est bien fort : la force de Vinet venait de là. Ce futur athlète des débats parlementaires, un de ceux qui devaient proclamer la royauté de la maison d'Orléans, eut une horrible influence sur le sort de Pierrette. Pour le moment, il voulait se procurer une arme en fondant un journal à Provins. Après avoir étudié de loin, le colonel aidant, les deux célibataires, l'avocat avait fini par compter sur Rogron. Cette fois il comptait avec son hôte, et sa misère devait cesser, après sept années douloureuses où plus d'un jour sans pain avait crié chez lui. Le jour où Gouraud annonça sur la petite place à Vinet que les Rogron rompaient avec l'aristocratie bourgeoise et ministérielle de la ville haute, l'avocat lui pressa le flanc d'un coup de coude significatif.

— Une femme ou une autre, belle ou laide, vous est bien indifférente, dit-il ; vous devriez épouser mademoiselle Rogron, et nous pourrions alors organiser quelque chose ici...

— J'y pensais, mais ils font venir la fille du pauvre colonel Lorrain, leur héritière, dit le colonel.

— Vous vous ferez donner leur fortune par testament. Ah ! vous auriez une maison bien montée.

— D'ailleurs, cette petite, hé ! bien, nous la verrons, dit le colonel d'un air goguenard et profondément scélérat qui montrait à un homme de la trempe de Vinet combien une petite fille était peu de chose aux yeux de ce soudard.

Depuis l'entrée de ses parents dans l'espèce d'hospice où ils achevaient tristement leur vie, Pierrette, jeune et fière, souffrait si horriblement d'y vivre par charité, qu'elle fut heureuse de se savoir des parents riches. En apprenant son départ, Brigaut, le fils du major, son camarade d'enfance, devenu garçon menuisier à Nantes, vint lui offrir la somme nécessaire pour faire le voyage en voiture, soixante francs, tout le trésor de ses pour-boire d'apprenti péniblement amassés, accepté par Pierrette avec la sublime indifférence des amitiés vraies, et qui révèle que, dans un cas semblable, elle se fût offensée d'un remerciement. Brigaut était accouru tous les dimanches à Saint-Jacques y jouer avec Pierrette et la consoler. Le vigoureux ouvrier avait déjà fait le délicieux apprentissage de la protection entière et dévouée due à l'objet involontairement choisi de nos affections. Déjà plus d'une fois Pierrette et lui, le dimanche, assis dans un coin du jardin, avaient brodé sur le voile de l'avenir leurs projets enfantins : l'apprenti menuisier, à cheval sur son rabot, courait le monde, y faisait fortune pour Pierrette qui l'attendait. Vers le mois d'octobre de l'année 1824, époque à laquelle s'achevait sa onzième année, Pierrette fut donc confiée par les deux vieillards et par le jeune ouvrier, tous horriblement mélancoliques, au conducteur de la diligence de Nantes à Paris, avec prière de la mettre à Paris dans la diligence de Provins et de bien veiller sur elle. Pauvre Brigaut! il courut comme un chien en suivant la diligence et regardant sa chère Pierrette tant qu'il le put. Malgré les signes de la petite Bretonne, il courut pendant une lieue en dehors de la ville; et, quand il fut épuisé, ses yeux jetèrent un dernier regard mouillé de larmes à Pierrette, qui pleura quand elle ne le vit plus. Pierrette mit la tête à la portière et retrouva son ami planté sur ses deux jambes, regardant fuir la lourde voiture. Les Lorrain et Brigaut ignoraient si bien la vie, que la Bretonne n'avait plus un sou en arrivant à Paris. Le conducteur, à qui l'enfant parlait de ses parents riches, paya pour elle la dépense de l'hôtel, à Paris, se fit rembourser par le conducteur de la voiture de Troyes en le chargeant de remettre Pierrette dans sa famille et d'y suivre le remboursement, absolument comme pour une caisse de roulage. Quatre jours après son départ de Nantes, vers neuf heures, un lundi, un bon gros vieux conducteur des Messageries royales prit Pierrette par la main, et, pendant qu'on déchargeait, dans la Grand'rue, les articles et les voyageurs destinés au bureau de Provins, il la mena, sans autre bagage que deux robes, deux paires de bas et deux chemises, chez mademoiselle Rogron, dont la maison lui fut indiquée par le directeur du bureau.

— Bonjour, mademoiselle et la compagnie, dit le conducteur, je vous amène une cousine à vous, que voici : elle est, ma foi, bien gentille. Vous avez quarante-sept francs à me donner. Quoique votre petite n'en ait pas lourd avec elle, signez ma feuille.

Mademoiselle Sylvie et son frère se livrèrent à leur joie et à leur étonnement.

— Pardon, dit le conducteur, ma voiture attend, signez ma feuille, donnez-moi quarante-sept francs soixante centimes..... et ce que vous voudrez pour le conducteur de Nantes et pour moi qui avons eu soin de la petite comme de notre propre enfant. Nous avons avancé son coucher, sa nourriture, sa place de Provins et quelques petites choses.

— Quarante-sept francs douze sous !... dit Sylvie.

— N'allez-vous pas marchander? s'écria le conducteur.

— Mais la facture? dit Rogron.

— La facture? voyez la feuille.

— Quand tu feras tes narrés, paie donc! dit Sylvie à son frère, tu vois bien qu'il n'y a qu'à payer.

Rogron alla chercher quarante-sept francs douze sous.

— Et nous n'avons rien pour nous, mon camarade et moi? dit le conducteur.

Sylvie tira quarante sous des profondeurs de son vieux sac en velours où foisonnaient ses clefs.

— Merci! gardez, dit le conducteur. Nous aimons mieux avoir eu soin de la petite pour elle-même. Il prit sa feuille et sortit en disant à la grosse servante: — En voilà une baraque! Il y a pourtant des crocodiles comme ça autre part qu'en Égypte!

— Ces gens-là sont bien grossiers, dit Sylvie qui entendit le propos.

— Dame! s'ils ont eu soin de la petite, répondit Adèle en mettant ses poings sur ses hanches.

— Nous ne sommes pas destinés à vivre avec lui, dit Rogron.

— Où que vous la coucherez? dit la servante.

Telle fut l'arrivée et la réception de Pierrette Lorrain chez son cousin et sa cousine, qui la regardaient d'un air hébété, chez lesquels elle fut jetée comme un paquet, sans aucune transition entre la déplorable chambre où elle vivait à Saint-Jacques auprès de ses grands-parents et la salle à manger de ses cousins, qui lui parut être celle d'un palais. Elle y était interdite et honteuse. Pour tout autre que pour ces ex-merciers, la petit Bretonne eût été adorable dans sa jupe de bure bleue grossière, avec son tablier de percaline rose, ses gros souliers, ses bas bleus, son fichu blanc, les mains rouges enveloppées de mitaines en tricot de laine rouge, bordées de blanc, que le conducteur lui avait achetées. Vraiment! son petit bonnet breton qu'on lui avait blanchi à Paris (il s'était fripé dans le trajet de Nantes) faisait comme une auréole à son gai visage. Ce bonnet national, en fine batiste, garni d'une dentelle roide et plissée par grands tuyaux aplatis, mériterait une description, tant il est coquet et simple. La lumière tamisée par la toile et la dentelle produit une pénombre, un demi-jour doux sur le teint; il lui donne cette grâce virginale que cherchent les peintres sur leurs palettes, et que Léopold Robert a su trouver pour la figure raphaélique de la femme qui tient un enfant dans le tableau des Moissonneurs. Sous ce cadre festonné de lumière, brillait une figure blanche et rose, naïve, animée par la santé la plus vigoureuse. La chaleur de la salle y amena le sang qui borda de feu les deux mignonnes oreilles, les lèvres, le bout du nez si fin, et qui, par opposition, fit paraître le teint vivace plus blanc encore.

— Eh! bien, tu ne nous dis rien? dit Sylvie. Je suis ta cousine Rogron, et voilà ton cousin.

— Veux-tu manger? lui demanda Rogron.

— Quand es-tu partie de Nantes? demanda Sylvie.

— Elle est muette, dit Rogron.

— Pauvre petite, elle n'est guère nippée, s'écria la grosse Adèle en ouvrant le paquet fait avec un mouchoir au vieux Lorrain.

— Embrasse donc ton cousin, dit Sylvie.

Pierrette embrassa Rogron.

— Embrasse donc ta cousine, dit Rogron.

Pierrette embrassa Sylvie.

— Elle est aburie par le voyage, cette petite; elle a peut-être besoin de dormir, dit Adèle.

Pierrette éprouva soudain pour ses deux parents une invincible répulsion, sentiment que personne encore ne lui avait inspiré. Sylvie et sa servante allèrent coucher la petite Bretonne dans celle des chambres au second étage où Brigaut avait vu le rideau de calicot blanc. Il s'y trouvait un lit de pensionnaire à flèche peinte en bleu d'où pendait un rideau en calicot, une commode en noyer sans dessus de marbre, une petite table en noyer, un miroir, une vulgaire table de nuit sans porte et trois méchantes chaises. Les murs, mansardés sur le devant, étaient tendus d'un mauvais papier bleu semé de fleurs noires. Le carreau, mis en couleur et frotté, glaçait les pieds. Il n'y avait pas d'autre tapis qu'une maigre descente de lit en lisières. La cheminée en marbre commun était ornée d'une glace, de deux chandeliers en cuivre doré, d'une vulgaire coupe d'albâtre où buvaient deux pigeons pour figurer les anses et que Sylvie avait à Paris dans sa chambre.

— Seras-tu bien là, ma petite? lui dit sa cousine.

— Oh! c'est bien beau, répondit l'enfant de sa voix argentine.

— Elle n'est pas difficile, dit la grosse Briarde en murmurant. Ne faut-il pas lui bassiner son lit? demanda-t-elle.

— Oui, dit Sylvie, les draps peuvent être humides.

Adèle apporta l'un de ses serre-tête en apportant la bassinoire, et Pierrette, qui jusqu'alors avait couché dans des draps de grosse toile bretonne, fut surprise de la finesse et de la douceur des draps de coton. Quand la petite fut installée et couchée, Adèle, en descendant, ne put s'empêcher de s'écrier : — Son butin ne vaut pas trois francs, mademoiselle.

Depuis l'adoption de son système économique, Sylvie faisait rester dans la salle à manger sa servante, afin qu'il n'y eût qu'une lumière et qu'un seul feu. Mais quand le colonel Gouraud et Vinet venaient, Adèle se retirait dans sa cuisine. L'arrivée de Pierrette anima le reste de la soirée.

— Il faudra dès demain lui faire un trousseau, dit Sylvie, elle n'a rien de rien.

— Elle n'a que les gros souliers qu'elle a aux pieds et qui pèsent une livre, dit Adèle.

— Dans ce pays-là c'est comme ça, dit Rogron.

— Comme elle regardait sa chambre, qui n'est déjà pas si belle pour être celle d'une cousine à vous, mademoiselle !

— C'est bon, taisez-vous, dit Sylvie, vous voyez bien qu'elle en est enchantée.

— Mon Dieu, quelles chemises ! ça doit lui gratter la peau ; mais rien de ça ne peut servir, dit Adèle en vidant le paquet de Pierrette.

Maître, maîtresse et servante furent occupés jusqu'à dix heures à décider en quelle percale et de quel prix les chemises, combien de paires de bas, en quelle étoffe, en quel nombre les jupons de dessous, et à supputer le prix de la garde-robe de Pierrette.

— Tu n'en seras pas quitte à moins de trois cents francs, dit à sa sœur Rogron, qui retenait le prix de chaque chose et les additionnait de mémoire par suite de sa vieille habitude.

— Trois cents francs ? s'écria Sylvie.

— Oui, trois cents francs ! calcule.

Le frère et la sœur recommencèrent et trouvèrent trois cents francs sans les façons.

— Trois cents francs d'un seul coup de filet ! dit Sylvie en se couchant sur l'idée assez ingénieusement exprimée par cette expression proverbiale.

Pierrette était un de ces enfants de l'amour, que l'amour a doués de sa tendresse, de sa vivacité, de sa gaieté, de sa noblesse, de son dévouement ; rien n'avait encore altéré ni froissé son cœur d'une délicatesse presque sauvage, et l'accueil de ses deux parents le comprima douloureusement. Si, pour elle, la Bretagne avait été pleine de misère, elle avait été pleine d'affection. Si les vieux Lorrain furent les commerçants les plus inhabiles, ils étaient les gens les plus aimants, les plus francs, les plus caressants du monde, comme tous les gens sans calcul. A Pen-Hoël, leur petite-fille n'avait pas eu d'autre éducation que celle de la nature. Pierrette allait à sa guise en bateau sur les étangs, elle courait par le bourg et par les champs en compagnie de Jacques Brigaut, son camarade, absolument comme Paul et Virginie. Fêtés, caressés tous deux par tout le monde, libres comme l'air, ils couraient après les mille joies de l'enfance : en été, ils allaient voir pêcher, ils prenaient des insectes, cueillaient des bouquets et jardinaient; en hiver, ils faisaient des glissoires, ils fabriquaient de joyeux palais, des bonshommes ou des boules de neige avec lesquelles ils se battaient. Toujours les bienvenus, ils recueillaient partout des sourires. Quand vint le temps d'apprendre, les désastres arrivèrent. Sans ressources après la mort de son père, Jacques fut mis par ses parents en apprentissage chez un menuisier, nourri par charité, comme plus tard Pierrette le fut à Saint-Jacques. Mais, jusque dans cet hospice particulier, la gentille Pierrette avait encore été choyée, caressée et protégée par tout le monde. Cette petite, accoutumée à tant d'affection, ne retrouvait pas chez ces parents tant désirés, chez ces parents si riches, cet air, cette parole, ces regards, ces façons que tout le monde, même les étrangers et les conducteurs de diligence, avaient eus pour elle. Aussi son étonnement, déjà grand, fut-il compliqué par le changement de l'atmosphère morale où elle entrait. Le cœur a subitement froid ou chaud comme le corps. Sans savoir pourquoi, la pauvre enfant eut envie de pleurer : elle était fatiguée, elle dormit. Habituée à se lever de bonne heure, comme tous les enfants élevés à la campagne, Pierrette s'éveilla le lendemain, deux heures avant la cuisinière. Elle s'habilla, piétina dans sa chambre au-dessus de sa cousine, regarda la petite place, essaya de descendre, fut stupéfaite de la beauté de l'escalier ; elle l'examina dans ses détails, les patères, les cuivres, les ornements, les peintures, etc. Puis elle descendit, elle ne put ouvrir la porte du jardin, remonta, redescendit quand Adèle fut éveillée, et sauta dans le jardin ; elle en prit possession, elle courut jusqu'à la rivière, s'ébahit du kiosque, entra dans le kiosque; elle eut à voir et à s'étonner de ce qu'elle voyait jusqu'au lever de sa cousine Sylvie. Pendant le déjeuner, sa cousine lui dit : — C'est donc toi, mon petit chou, qui trottais dès le jour dans l'escalier, et qui faisais ce tapage? Tu m'as si bien réveillée que je n'ai pas pu me rendormir. Il faudra être bien sage, bien gentille, et t'amuser sans bruit. Ton cousin n'aime pas le bruit.

— Tu prendras garde aussi à tes pieds, dit Rogron. Tu es entrée avec tes souliers crottés dans le kiosque, et tu y as laissé tes pas écrits sur le parquet. Ta cousine aime bien la propreté. Une grande fille comme toi doit être propre. Tu n'étais donc pas propre en Bretagne? Mais c'est vrai, quand j'y allais acheter du fil, ça faisait pitié de les voir, ces sauvages-là! En tout cas, elle a bon appétit, dit Rogron en regardant sa sœur, on dirait qu'elle n'a pas mangé depuis trois jours.

Ainsi, dès le premier moment, Pierrette fut blessée par les observations de sa cousine et de son cousin, blessée sans savoir pourquoi. Sa droite et franche nature, jusqu'alors abandonnée à elle-même, ignorait la réflexion. Incapable de trouver en quoi péchaient son cousin et sa cousine, elle devait être lentement éclairée par ses souffrances. Après le déjeuner, sa cousine et son cousin, heureux de l'étonnement de Pierrette et pressés d'en jouir, lui montrèrent leur beau salon pour lui apprendre à en respecter les somptuosités. Par suite de leur isolement, et poussés par cette nécessité morale de s'intéresser à quelque chose, les célibataires sont conduits à remplacer les affections naturelles par des affections factices, à aimer des chiens, des chats, des serins, leur servante ou leur directeur. Ainsi Rogron et Sylvie étaient arrivés à un amour immodéré pour leur mobilier et pour leur maison, qui leur avaient coûté si cher. Sylvie avait fini, le matin, par aider Adèle en trouvant qu'elle ne savait pas nettoyer les meubles, les brosser et les maintenir dans leur neuf. Ce nettoyage fut bientôt une occupation pour elle. Aussi, loin de perdre de leur valeur, les meubles gagnaient-ils! S'en servir sans les user, sans les tacher, sans égratigner les bois, sans effacer le vernis, tel était le problème. Cette occupation devint bientôt une manie de vieille fille. Sylvie eut dans une armoire des chiffons de laine, de la cire, du vernis, des brosses, elle apprit à les manier aussi bien qu'un ébéniste; elle avait ses plumeaux, ses serviettes à essuyer; enfin elle frottait sans courir aucune chance de se blesser, elle était si forte ! Le regard de son œil bleu, froid et rigide comme de l'acier, se glissait jusque sous les meubles à tout moment ; aussi eussiez-vous plus facilement trouvé dans son cœur une corde sensible qu'un *mouton* sous une bergère.

Après ce qui s'était dit chez madame Tiphaine, il fut impossible à Sylvie de reculer devant les trois cents francs. Pendant la première semaine, Sylvie fut donc entièrement occupée, et Pierrette incessamment distraite par les robes à commander, à essayer, par les chemises, les jupons de dessous à tailler, à faire coudre par des ouvrières à la journée. Pierrette ne savait pas coudre.

— Elle a été joliment élevée ! dit Rogron. Tu ne sais donc rien faire, ma petite biche ?

Pierrette, qui ne savait qu'aimer, fit pour toute réponse un joli geste de petite fille.

— A quoi passais-tu donc le temps en Bretagne ? lui demanda Rogron.

— Je jouais, répondit-elle naïvement. Tout le monde jouait avec moi. Ma grand'mère et grand-papa, chacun me racontait des histoires. Ah ! l'on m'aimait bien.

— Ah ! répondait Rogron. Ainsi *tu faisais du plus aisé*.

Pierrette ne comprit pas cette plaisanterie de la rue Saint-Denis, elle ouvrit de grands yeux.

— Elle est sotte comme un panier, dit Sylvie à mademoiselle Borain, la plus habile ouvrière de Provins.

— C'est si jeune ! dit l'ouvrière en regardant Pierrette dont le petit museau fin était tendu vers elle d'un air rusé.

Pierrette préférait les ouvrières à ses deux parents ; elle était coquette pour elles, elle les regardait travaillant, elle leur disait ces jolis mots, les fleurs de l'enfance que comprimaient déjà Rogron et Sylvie par la peur, car ils aimaient à imprimer aux subordonnés une terreur salutaire. Les ouvrières étaient enchantées de Pierrette. Cependant le trousseau ne se complétait pas sans de terribles interjections.

— Cette petite fille va nous coûter les yeux de la tête ! disait Sylvie à son frère.

— Tiens-toi donc, ma petite ! Que diable, c'est pour toi, ce n'est pas pour moi, disait-elle à Pierrette quand on lui prenait mesure de quelque ajustement.

— Laisse donc travailler mademoiselle Borain, ce n'est pas toi qui payeras sa journée! disait-elle en lui voyant demander quelque chose à la première ouvrière.

— Mademoiselle, disait mademoiselle Borain, faut-il coudre ceci en points arrière?

— Oui, faites solidement, je n'ai pas envie de recommencer encore un pareil trousseau tous les jours.

Il en fut de la cousine comme de la maison. Pierrette dut être mise aussi bien que la petite de madame Garceland. Elle eut des brodequins à la mode, en peau bronzée, comme en avait la petite Tiphaine. Elle eut des bas de coton très-fins, un corset de la meilleure faiseuse, une robe de reps bleu, une jolie pèlerine doublée de taffetas blanc, toujours pour lutter avec la petite de madame Julliard la jeune. Aussi le dessous fut-il en harmonie avec le dessus, tant Sylvie avait peur de l'examen et du coup d'œil des mères de famille. Pierrette eut de jolies chemises en madapolam. Mademoiselle Borain dit que les petites de madame la sous-préfète portaient des pantalons en percale brodés et garnis, le dernier genre enfin. Pierrette eut des pantalons à manchettes. On lui commanda une charmante capote de velours bleu doublée de satin blanc, semblable à celle de la petite Martener. Pierrette fut ainsi la plus délicieuse petite fille de tout Provins. Le dimanche, à l'église, au sortir de la messe, toutes les dames l'embrassèrent. Mesdames Tiphaine, Garceland, Galardon, Auffray, Lesourd, Martener, Guépin, Julliard, raffolèrent de la charmante Bretonne. Cette émeute flatta l'amour-propre de la vieille Sylvie, qui dans sa bienfaisance voyait moins Pierrette qu'un triomphe de vanité. Cependant Sylvie devait finir par s'offenser des succès de sa cousine, et voici comment : on lui demanda Pierrette ; et, toujours pour triompher de ces dames, elle accorda Pierrette. On venait chercher Pierrette, qui fit des parties de jeu, des dînettes avec les petites filles de ces dames. Pierrette réussit infiniment mieux que les Rogron. Mademoiselle Sylvie se choqua de voir Pierrette demandée chez les autres sans que les autres vinssent trouver Pierrette. La naïve enfant ne dissimula point les plaisirs qu'elle goûtait chez mesdames Tiphaine, Martener, Galardon, Julliard, Lesourd, Auffray, Garceland, dont les amitiés contrastaient étrangement avec les tracasseries de sa cousine et de son cousin. Une mère eût été très-heureuse du bonheur de son enfant, mais les Rogron avaient pris Pierrette pour eux et non pour elle : leurs sentiments, loin d'être paternels, étaient entachés d'égoïsme et d'une sorte d'exploitation commerciale.

Le beau trousseau, les belles robes des dimanches et les robes de tous les jours commencèrent le malheur de Pierrette. Comme tous les enfants libres de leurs amusements et habitués à suivre les inspirations de leur fantaisie, elle usait effroyablement vite ses souliers, ses brodequins, ses robes, et surtout ses pantalons à manchettes. Une mère, en réprimandant son enfant, ne pense qu'à lui ; sa parole est douce, elle ne la grossit que poussée à bout et quand l'enfant a des torts ; mais, dans la grande question des habillements, les écus des deux cousins étaient la première raison : il s'agissait d'eux et non de Pierrette. Les enfants ont le flairer de la race canine pour les torts de ceux qui les gouvernent : ils sentent admirablement s'ils sont aimés ou tolérés. Les cœurs purs sont plus choqués par les nuances que par les contrastes : un enfant ne comprend pas encore le mal, mais il sait quand on froisse le sentiment du beau que la nature a mis en lui. Les conseils que s'attirait Pierrette sur la tenue que doivent avoir les jeunes filles bien élevées, sur la modestie et sur l'économie, étaient le corollaire de ce thème principal : *Pierrette nous ruine!* Ces gronderies, qui eurent un funeste résultat pour Pierrette, ramenèrent les deux célibataires vers l'ancienne ornière commerciale d'où leur établissement à Provins les avait divertis, et où leur nature allait s'épanouir et fleurir. Habitués à régenter, à faire des observations, à commander, à reprendre vertement leurs commis, Rogron et sa sœur périssaient faute de victimes. Les petits esprits ont besoin de despotisme pour le jeu de leurs nerfs, comme les grandes âmes ont soif d'égalité pour l'action du cœur. Or les êtres étroits s'étendent aussi bien par la persécution que par la bienfaisance ; ils peuvent s'attester leur puissance par un empire ou cruel ou charitable sur autrui, mais ils vont du côté où les pousse leur tempérament. Ajoutez le véhicule de l'intérêt, et vous aurez l'énigme de la plupart des choses sociales. Dès lors Pierrette devint extrêmement nécessaire à l'existence de ses cousins. Depuis son arrivée, les Rogron avaient été très-occupés par le trousseau, puis retenus par le neuf de la commensalité. Toute chose nouvelle, un sentiment et même une domination, a ses plis à prendre. Sylvie commença par dire à Pierrette *ma petite*, elle quitta *ma petite* pour *Pierrette* tout court. Les réprimandes, d'abord aigres-douces, devinrent vives et dures. Dès qu'ils entrèrent dans cette voie, le frère et la sœur y firent de rapides progrès : ils ne s'ennuyaient plus! Ce ne fut pas le complot d'êtres méchants et cruels, ce fut l'instinct d'une tyrannie imbécile. Le frère et la sœur se crurent utiles à Pierrette, comme jadis ils se croyaient utiles à leurs apprentis. Pierrette, dont la sensibilité vraie, noble, excessive, était l'antipode de la sécheresse des Rogron, avaient les reproches en horreur ; elle était atteinte si vivement que deux larmes mouillaient aussitôt ses beaux yeux purs. Elle eut beaucoup à combattre avant de réprimer son adorable vivacité qui plaisait tant au dehors, elle la déployait chez les mères de ses petites amies ; mais au logis, vers la fin du premier mois, elle commençait à demeurer passive, et Rogron lui demanda si elle était malade. A cette étrange interrogation, elle bondit au bout du jardin pour y pleurer au bord de la rivière, où ses larmes tombèrent comme un jour elle devait tomber elle-même dans le torrent social. Un jour, malgré ses soins, l'enfant fit un accroc à sa belle robe de reps chez madame Tiphaine, où elle était allée jouer par une belle journée. Elle fondit en pleurs aussitôt, en prévoyant la cruelle réprimande qui l'attendait au logis. Questionnée, il lui échappa quelques paroles sur sa terrible cousine, au milieu de ses larmes. La belle madame Tiphaine avait du reps pareil, elle remplaça le lé elle-même. Mademoiselle Rogron apprit le tour que, suivant son expression, lui avait joué cette satanée petite fille. Dès ce moment, elle ne voulut plus donner Pierrette à *ces dames*.

La nouvelle vie qu'allait mener Pierrette à Provins devait se scinder en trois phases bien distinctes. La première, celle où elle eut une espèce de bonheur mélangé par les caresses froides des deux célibataires et par des gronderies, ardentes pour elle, dura trois mois. La défense d'aller voir ses petites amies, appuyée sur la nécessité de commencer à apprendre tout ce que devait savoir une jeune fille bien élevée, termina la première phase de la vie de Pierrette à Provins, le seul temps où l'existence lui parut supportable.

Ces mouvements intérieurs produits chez les Rogron par le séjour de Pierrette furent étudiés par Vinet et par le colonel avec la précaution de renards se proposant d'entrer dans un poulailler, et inquiets d'y voir un être nouveau. Tous deux venaient de loin en loin pour ne pas effaroucher mademoiselle Sylvie, ils causaient avec Rogron sous divers prétextes, et s'impatronisaient avec une réserve et des façons que le grand Tartufe eût admirées. Le colonel et l'avocat passèrent la soirée chez les Rogron, le jour même où Sylvie avait refusé de donner Pierrette à la belle madame Tiphaine en termes très-amers. En apprenant ce refus, le colonel et l'avocat se regardèrent en gens à qui Provins était connu.

— Elle a positivement voulu vous faire une sottise, dit l'avocat. Il y a longtemps que nous avons prévenu Rogron de ce qui vous est arrivé. Il n'y a rien de bon à gagner avec ces gens-là.

— Qu'attendre du parti anti-national? s'écria le colonel en refrisant ses moustaches et interrompant l'avocat. Si nous avions cherché à vous détourner d'eux, vous auriez pensé que nous avions des motifs de haine pour vous parler ainsi. Mais pourquoi, mademoiselle, si vous aimez à faire votre petite partie, ne joueriez-vous pas le boston, le soir, chez vous? Est-il donc impossible de remplacer des crétins comme ces Julliard? Vinet et moi nous savons le boston, nous finirons par trouver un quatrième. Vinet peut vous présenter sa femme, elle est gentille, et, de plus, c'est une Chargebœuf. Vous ne ferez pas comme ces guenons de la haute ville, vous ne demanderez pas des toilettes de duchesse à une bonne petite femme de ménage que l'infamie de sa famille oblige à tout faire chez elle, et qui unit le courage d'un lion à la douceur d'un agneau.

Sylvie Rogron montra ses longues dents jaunes en souriant au colonel, qui soutint très-bien ce phénomène horrible et prit même un air flatteur.

— Si nous ne sommes que quatre, le boston n'aura pas lieu tous les soirs, répondit-elle.

— Que voulez-vous que fasse un vieux grognard comme moi qui n'ai plus qu'à manger mes pensions? L'avocat est toujours libre le soir. D'ailleurs vous aurez du monde, je vous en promets, ajouta-t-il d'un air mystérieux.

— Il suffirait, dit Vinet, de se poser franchement contre les ministériels de Provins et de leur tenir tête; vous verriez combien l'on vous aimerait dans Provins, vous auriez bien du monde pour vous. Vous feriez enrager les Tiphaine en leur opposant votre salon. Eh! bien, nous rirons des autres, si les autres rient de nous. La Clique ne se gêne d'ailleurs guère à votre égard!

— Comment? dit Sylvie.

En province, il existe plus d'une soupape par laquelle les commérages s'échappent d'une société dans l'autre. Vinet avait su tous les propos tenus sur les Rogron dans les salons d'où les deux merciers étaient définitivement bannis. Le juge suppléant, l'archéologue Desfondrilles n'était d'aucun parti. Ce juge, comme quelques autres personnes indépendantes, racontait tout ce qu'il entendait dire par suite des habitudes de la province, et Vinet avait fait son profit de ces bavardages. Ce malicieux avocat envenima les plaisanteries de madame Tiphaine en les répétant. En révélant les mystifications auxquelles Rogron et Sylvie s'étaient prêtés, il alluma la colère et réveilla l'esprit de vengeance chez ces deux natures sèches qui voulaient un aliment pour leurs petites passions.

Quelques jours après, Vinet amena sa femme, personne bien élevée, timide, ni laide ni jolie, très-douce et sentant vivement son malheur. Madame Vinet était blonde, un peu fatiguée par les soins de son pauvre ménage, et très simplement mise. Aucune femme ne pouvait plaire davantage à Sylvie. Madame Vinet supporta les airs de Sylvie, et plia sous elle en femme accoutumée à plier. Il y avait sur son front bombé, sur ses joues de rose du Bengale, dans son regard lent et tendre, les traces de ces méditations profondes, de cette pensée perspicace que les femmes, habituées à souffrir, ensevelissent dans un silence absolu. L'influence du colonel, qui déployait pour Sylvie des grâces courtisanesques arrachées en apparence à sa brusquerie militaire, et celle de l'adroit Vinet, atteignirent bientôt Pierrette. Renfermée au logis ou ne sortant plus qu'en compagnie de sa vieille cousine, Pierrette, ce joli écureuil, fut à tout moment atteinte par : — Ne touche pas à cela, Pierrette! et par ces sermons continuels sur la manière de se tenir. Pierrette se courbait la poitrine et tendait le dos; sa cousine la voulait droite comme elle qui ressemblait à un soldat présentant les armes à son colonel; elle lui appliquait parfois de petites tapes dans le dos pour la redresser. La libre et joyeuse fille du Marais apprit à réprimer ses mouvements, à imiter un automate.

Un soir, qui marqua le commencement de la seconde période, Pierrette, que les trois habitués n'avaient pas vue au salon pendant la soirée, vint embrasser ses parents et saluer la compagnie avant de s'aller coucher. Sylvie avança froidement sa joue à cette charmante enfant, comme pour se débarrasser de son baiser. Le geste fut si cruellement significatif, que les larmes de Pierrette jaillirent.

— T'es-tu piquée, ma petite Pierrette? lui dit l'atroce Vinet.
— Qu'avez-vous donc? lui demanda sévèrement Sylvie.

— Rien, dit la pauvre enfant en allant embrasser son cousin.

— Rien? reprit Sylvie. On ne pleure pas sans raison.

— Qu'avez-vous, ma petite belle? lui dit madame Vinet.

— Ma cousine riche ne me traite pas si bien que ma pauvre grand'mère!

— Votre grand'mère vous a pris votre fortune, dit Sylvie, et votre cousine vous laissera la sienne.

Le colonel et l'avocat se regardèrent à la dérobée.

— J'aime mieux être volée et aimée, dit Pierrette.

— Eh! bien, l'on vous renverra d'où vous venez.

— Mais qu'a-t-elle donc fait, cette chère petite? dit madame Vinet.

Vinet jeta sur sa femme ce terrible regard, fixe et froid, des gens qui exercent une domination absolue. La pauvre ilote, incessamment punie de n'avoir pas eu la seule chose qu'on voulût d'elle, une fortune, reprit ses cartes.

— Ce qu'elle a fait? s'écria Sylvie en relevant la tête par un mouvement si brusque que les giroflées jaunes de son bonnet s'agitèrent. Elle ne sait quoi s'inventer pour nous contrarier : elle a ouvert ma montre pour en connaître le mécanisme, elle a touché la roue et a cassé le grand ressort. Mademoiselle n'écoute rien. Je suis toute la journée à lui recommander de prendre garde à tout, et c'est comme si je parlais à cette lampe.

Pierrette, honteuse d'être réprimandée en présence des étrangers, sortit tout doucement.

— Je me demande comment dompter la turbulence de cette enfant, dit Rogron.

— Mais elle est assez âgée pour aller en pension, dit madame Vinet.

Un nouveau regard de Vinet imposa silence à sa femme, à laquelle il s'était bien gardé de confier ses plans et ceux du colonel sur les deux célibataires.

— Voilà ce que c'est que de se charger des enfants d'autrui! s'écria le colonel. Vous pouviez encore en avoir à vous, vous ou votre frère; pourquoi ne vous mariez-vous pas l'un ou l'autre?

Sylvie regarda très-agréablement le colonel : elle rencontrait pour la première fois de sa vie un homme à qui l'idée qu'elle aurait pu se marier ne paraissait pas absurde.

— Mais madame Vinet a raison, s'écria Rogron, ça ferait tenir Pierrette tranquille. Un maître ne coûtera pas grand'chose!

27.

Le mot du colonel préoccupait tellement Sylvie qu'elle ne répondit pas à Rogron.

— Si vous vouliez faire seulement le cautionnement du journal d'opposition dont nous parlions, vous trouveriez un maître pour votre petite cousine dans l'éditeur responsable ; nous prendrions ce pauvre maître d'école victime des envahissements du clergé. Ma femme a raison : Pierrette est un diamant brut qu'il faut polir, dit Vinet à Rogron.

— Je croyais que vous étiez baron, dit Sylvie au colonel durant une donne et après une longue pause pendant laquelle chaque joueur resta pensif.

— Oui ; mais, nommé en 1814 après la bataille de Nangis, où mon régiment a fait des miracles, ai-je eu l'argent et les protections nécessaires pour me mettre en règle à la chancellerie ? Il en sera de la baronnie comme du grade de général que j'ai eu en 1815, il faut une révolution pour me les rendre.

— Si vous pouviez garantir le cautionnement par une hypothèque, répondit enfin Rogron, je pourrais le faire.

— Mais cela peut s'arranger avec Cournant, répliqua Vinet. Le journal amènera le triomphe du colonel et rendrait votre salon plus puissant que celui des Tiphaine et consorts.

— Comment cela ? dit Sylvie.

Au moment où, pendant que sa femme donnait les cartes, l'avocat expliquait l'importance que Rogron, le colonel et lui, Vinet, acquerraient par la publication d'une feuille indépendante pour l'arrondissement de Provins, Pierrette fondait en larmes ; son cœur et son intelligence étaient d'accord : elle trouvait sa cousine beaucoup plus en faute qu'elle. L'enfant du Marais comprenait instinctivement combien la Charité, la Bienfaisance doivent être absolues. Elle haïssait ses belles robes et tout ce qui se faisait pour elle. On lui vendait les bienfaits trop cher. Elle pleurait de dépit d'avoir donné prise sur elle, et prenait la résolution de se conduire de façon à réduire ses parents au silence, pauvre enfant ! Elle pensait alors combien Brigaut avait été grand en lui donnant ses économies. Elle croyait son malheur au comble, et ne savait pas qu'en ce moment il se décidait au salon une nouvelle infortune pour elle. En effet, quelques jours après Pierrette eut un maître d'écriture. Elle dut apprendre à lire, à écrire et à compter. L'éducation de Pierrette produisit d'énormes dégâts dans la maison des Rogron.

Ce fut l'encre sur les tables, sur les meubles, sur les vêtements ; puis les cahiers d'écriture, les plumes égarées partout, la poudre sur les étoffes, les livres déchirés, écornés, pendant qu'elle apprenait ses leçons. On lui parlait déjà, et dans quels termes ! de la nécessité de gagner son pain, de n'être à charge à personne. En écoutant ces horribles avis, Pierrette sentait une douleur dans sa gorge : il s'y faisait une contraction violente, son cœur battait à coups précipités. Elle était obligée de retenir ses pleurs, car on lui demandait compte de ses larmes comme d'une offense envers la bonté de ses magnanimes parents. Rogron avait trouvé la vie qui lui était propre : il grondait Pierrette comme autrefois ses commis ; il allait la chercher au milieu de ses jeux pour la contraindre à étudier, il lui faisait répéter ses leçons, il était le féroce maître d'étude de cette pauvre enfant. Sylvie, de son côté, regardait comme un devoir d'apprendre à Pierrette le peu qu'elle savait des ouvrages de femme. Ni Rogron ni sa sœur n'avaient de douceur dans le caractère. Ces esprits étroits, qui d'ailleurs éprouvaient un plaisir réel à taquiner cette pauvre petite, passèrent insensiblement de la douceur à la plus excessive sévérité. Leur sévérité fut amenée par la prétendue mauvaise volonté de cette enfant, qui, commencée trop tard, avait l'entendement dur. Ses maîtres ignoraient l'art de donner aux leçons une forme appropriée à l'intelligence de l'élève, ce qui marque la différence de l'éducation particulière à l'éducation publique. Aussi la faute était-elle bien moins celle de Pierrette que celle de ses parents. Elle mit donc un temps infini pour apprendre les éléments. Pour un rien, elle était appelée bête et stupide, sotte et maladroite. Pierrette, incessamment maltraitée en paroles, ne rencontra chez ses deux parents que des regards froids. Elle prit l'attitude hébétée des brebis : elle n'osa plus rien faire en voyant ses actions mal jugées, mal accueillies, mal interprétées. En toute chose elle attendit le bon plaisir, les ordres de sa cousine, garda ses pensées pour elle, et se renferma dans une obéissance passive. Ses brillantes couleurs commencèrent à s'éteindre. Elle se plaignit parfois de souffrir. Quand sa cousine lui demanda : — Où ? la pauvre petite, qui ressentait des douleurs générales, répondit : — Partout.

— A-t-on jamais vu souffrir partout ? Si vous souffriez partout, vous seriez déjà morte ! répondit Sylvie.

— On souffre à la poitrine, disait Rogron l'épilogueur, on a mal aux dents, à la tête, aux pieds, au ventre; mais on n'a jamais vu avoir mal partout ! Qu'est-ce que c'est que cela partout? Avoir mal partout, c'est n'avoir mal *nune* part. Sais-tu ce que tu fais? tu parles pour ne rien dire.

Pierrette finit par se taire en voyant ses naïves observations de jeune fille, les fleurs de son esprit naissant, accueillies par des lieux communs que son bon sens lui signalait comme ridicules.

— Tu te plains, et tu as un appétit de moine ! lui disait Rogron.

La seule personne qui ne blessait point cette chère fleur si délicate était la grosse servante, Adèle. Adèle allait bassiner le lit de cette petite fille, mais en cachette depuis le soir où, surprise à donner cette douceur à la jeune héritière de ses maîtres, elle fut grondée par Sylvie.

— Il faut élever les enfants à la dure, on leur fait ainsi des tempéraments forts. Est-ce que nous nous en sommes plus mal portés mon frère et moi? dit Sylvie. Vous feriez de Pierrette une *picheline*, mot du vocabulaire Rogron pour peindre les gens souffreteux et pleurards.

Les expressions caressantes de cette ange étaient reçues comme des grimaces. Les roses d'affection qui s'élevaient si fraîches, si gracieuses dans cette jeune âme, et qui voulaient s'épanouir au dehors, étaient impitoyablement écrasées. Pierrette recevait les coups les plus durs aux endroits tendres de son cœur. Si elle essayait d'adoucir ces deux féroces natures par des chatteries, elle était accusée de se livrer à sa tendresse par intérêt.

— Dis-moi tout de suite ce que tu veux? s'écriait brutalement Rogron, tu ne me câlines certes pas pour rien.

Ni la sœur ni le frère n'admettaient l'affection, et Pierrette était tout affection. Le colonel Gouraud, jaloux de plaire à mademoiselle Rogron, lui donnait raison en tout ce qui concernait Pierrette. Vinet appuyait également les deux parents en tout ce qu'ils disaient contre Pierrette; il attribuait tous les prétendus méfaits de cette ange à l'entêtement du caractère breton, et prétendait qu'aucune puissance, aucune volonté n'en venait à bout. Rogron et sa sœur étaient adulés avec une finesse excessive par ces deux courtisans, qui avaient fini par obtenir de Rogron le cautionnement du journal *le Courrier de Provins*, et de Sylvie cinq mille francs d'actions. Le colonel et l'avocat se mirent en campagne. Ils placèrent cent actions de cinq cents francs parmi les électeurs propriétaires de biens nationaux à qui les journaux libéraux faisaient concevoir des craintes; parmi les fermiers et parmi les gens dits indépendants. Ils finirent même par étendre leurs ramifications dans le Département, et au delà dans quelques Communes limitrophes. Chaque actionnaire fut naturellement abonné. Puis les annonces judiciaires et autres se divisèrent entre *la Ruche* et *le Courrier*. Le premier numéro du journal fit un pompeux éloge de Rogron. Rogron était présenté comme le Laffitte de Provins. Quand l'esprit public eut une direction, il fut facile de voir que les prochaines élections seraient vivement disputées. La belle madame Tiphaine fut au désespoir.

— J'ai, disait-elle en lisant un article dirigé contre elle et contre Julliard, j'ai malheureusement oublié qu'il y a toujours un fripon non loin d'une dupe, et que la sottise attire toujours un homme d'esprit de l'espèce des Renards.

Dès que le journal flamba dans un rayon de vingt lieues, Vinet eut un habit neuf, des bottes, un gilet et un pantalon décents. Il arbora le fameux chapeau gris des Libéraux et laissa voir son linge. Sa femme prit une servante, et parut mise comme devait l'être la femme d'un homme influent; elle eut de jolis bonnets. Par calcul, Vinet fut reconnaissant. L'avocat et son ami Cournant, le notaire des Libéraux et l'antagoniste d'Auffray, devinrent les conseils des Rogron, auxquels ils rendirent deux grands services. Les baux faits par Rogron père en 1815, dans des circonstances malheureuses, allaient expirer. L'horticulture et les cultures maraîchères avaient pris d'énormes développements autour de Provins. L'avocat et le notaire se mirent en mesure de procurer aux Rogron une augmentation de quatorze cents francs dans leurs revenus par les nouvelles locations. Vinet gagna deux procès relatifs à des plantations d'arbres contre deux Communes, et dans lesquels il s'agissait de cinq cents peupliers. L'argent des peupliers, celui des économies des Rogron, qui depuis trois ans plaçaient annuellement six mille francs à gros intérêts, fut employé très-habilement à l'achat de plusieurs enclaves. Enfin Vinet entreprit et mit à fin l'expropriation de quelques-uns des paysans à qui Rogron père avait prêté son argent, et qui s'étaient tués à cultiver et amender leurs terres pour pouvoir payer, mais vainement. L'échec porté par la construction de la maison au capital des Rogron fut donc largement réparé. Leurs biens, situés autour de Provins, choisis par leur père comme savent choisir les aubergistes, divisés par petites cultures dont la plus considérable n'était pas de cinq arpents, loués à des gens extrêmement solvables, presque tous possesseurs de quelques morceaux de terre, et avec hypothèque pour sûreté des fermages, rapportèrent à la Saint-Martin de novembre 1826 cinq mille francs. Les impôts étaient à la charge des fermiers, et il n'y avait aucun bâtiment à réparer ou à assurer contre l'incendie. Le frère et la sœur possédaient chacun quatre mille six cents francs en cinq pour cent, et, comme cette valeur dépassait le pair, l'avocat les prêcha pour en opérer le remplacement en terres, leur promettant, à l'aide du notaire, de ne pas leur faire perdre un liard d'intérêt au change.

A la fin de cette seconde période, la vie fut si dure pour Pierrette, l'indifférence des habitués de la maison et la sottise grondeuse, le défaut d'affection de ses parents devinrent si corrosifs, elle sentit si bien souffler sur elle le froid humide de la tombe, qu'elle médita le projet hardi de s'en aller à pied, sans argent, en Bretagne, y retrouver sa grand'mère et son grand-père Lorrain. Deux événements l'en empêchèrent. Le bonhomme Lorrain mourut, Rogron fut nommé tuteur de sa cousine par un Conseil de Famille tenu à Provins. Si la grand'mère eût succombé la première, il est à croire que Rogron, conseillé par Vinet, eût redemandé les huit mille francs de Pierrette, et réduit le grand-père à l'indigence.

— Mais vous pouvez hériter de Pierrette, lui dit Vinet avec un affreux sourire. On ne sait ni qui vit ni qui meurt !

Éclairé par ce mot, Rogron ne laissa en repos la veuve Lorrain, débitrice de sa petite-fille, qu'après lui avoir fait assurer à Pierrette la nue propriété des huit mille francs par une donation entre vifs dont les frais furent payés par lui.

Pierrette fut étrangement saisie par ce deuil. Au moment où elle recevait ce coup horrible, il fut question de lui faire faire sa première communion : autre événement dont les obligations retinrent Pierrette à Provins. Cette cérémonie nécessaire et si simple allait amener de grands changements chez les Rogron. Sylvie apprit que monsieur le curé Péroux instruisait les petites Julliard, Lesourd, Garceland et autres. Elle se piqua d'honneur, et voulut avoir pour Pierrette le propre vicaire de l'abbé Péroux, monsieur Habert, un homme qui passait pour appartenir à la Congrégation, très-zélé pour les intérêts de l'Église, très-redouté dans Provins, et qui cachait une

grande ambition sous une sévérité de principes absolus. La sœur de
ce prêtre, une fille d'environ trente ans, tenait une pension de
demoiselles dans la ville. Le frère et la sœur se ressemblaient : tous
deux maigres, jaunes, à cheveux noirs, atrabilaires. En Bretonne
bercée dans les pratiques et la poésie du catholicisme, Pierrette
ouvrit son cœur et ses oreilles à la parole de ce prêtre imposant.
Les souffrances disposent à la dévotion, et presque toutes les jeunes
filles, poussées par une tendresse instinctive, inclinent au mysti-
cisme, le côté profond de la religion. Le prêtre sema donc le grain
de l'Évangile et les dogmes de l'Église dans un terrain excellent. Il
changea complétement les dispositions de Pierrette. Pierrette aima
Jésus-Christ présenté dans la Communion aux jeunes filles comme
un céleste fiancé ; ses souffrances physiques et morales eurent un
sens, elle fut instruite à voir en toute chose le doigt de Dieu. Son
âme, si cruellement frappée dans cette maison sans qu'elle pût
accuser ses parents, se réfugia dans cette sphère où montent tous
les malheureux, soutenus sur les ailes des trois Vertus théologales.
Elle abandonna donc ses idées de fuite. Sylvie, étonnée de la méta-
morphose opérée en Pierrette par monsieur Habert, fut prise de
curiosité. Dès lors, tout en préparant Pierrette à faire sa première
communion, monsieur Habert conquit à Dieu l'âme, jusqu'alors
égarée, de mademoiselle Sylvie. Sylvie tomba dans la dévotion.
Denis Rogron, sur lequel le prétendu jésuite ne put mordre, car
alors l'esprit de S. M. Libérale feu le Constitutionnel Ier était plus
fort sur certains niais que l'esprit de l'Église, Denis resta fidèle au
colonel Gouraud, à Vinet et au libéralisme.

Mademoiselle Rogron fit naturellement la connaissance de mademoiselle Habert, avec laquelle elle sympathisa parfaitement. Ces
deux filles s'aimèrent comme deux sœurs qui s'aiment. Mademoiselle Habert offrit de prendre Pierrette chez elle, et d'éviter à Sylvie
les ennuis et les embarras d'une éducation ; mais le frère et la sœur
répondirent que l'absence de Pierrette leur ferait un trop grand
vide à la maison. L'attachement des Rogron à leur petite cousine
parut excessif. En voyant l'entrée de mademoiselle Habert dans la
place, le colonel Gouraud et l'avocat Vinet prêtèrent à l'ambitieux
vicaire, dans l'intérêt de sa sœur, le plan matrimonial formé par le
colonel.

— Votre sœur veut vous marier, dit l'avocat à l'ex-mercier.

— A l'encontre de qui ? fit Rogron.

— Avec cette vieille sibylle d'institutrice, s'écria le vieux colonel en caressant ses moustaches grises.

— Elle ne m'en a rien dit, répondit naïvement Rogron.

Une fille absolue comme l'était Sylvie devait faire des progrès dans la voie du salut. L'influence du prêtre allait grandir dans cette maison, appuyée par Sylvie qui disposait de son frère. Les deux libéraux, qui s'effrayèrent justement, comprirent que si le prêtre avait résolu de marier sa sœur avec Rogron, union infiniment plus sortable que celle de Sylvie et du colonel, il pousserait Sylvie aux pratiques les plus violentes de la religion, et ferait mettre Pierrette au couvent. Ils pouvaient donc perdre le prix de dix-huit mois d'efforts, de lâchetés et de flatteries. Ils furent saisis d'une effroyable et sourde haine contre le prêtre et sa sœur; et, néanmoins, ils sentirent la nécessité, pour les suivre pied à pied, de bien vivre avec eux. Monsieur et mademoiselle Habert, qui savaient le whist et le boston, vinrent tous les soirs. L'assiduité des uns excita l'assiduité des autres. L'avocat et le colonel se sentirent en tête des adversaires aussi forts qu'eux, pressentiment que partagèrent monsieur et mademoiselle Habert. Cette situation respective était déjà un combat. De même que le colonel faisait goûter à Sylvie les douceurs inespérées d'une recherche en mariage, car elle avait fini par voir un homme digne d'elle dans Gouraud, de même mademoiselle Habert enveloppa l'ex-mercier de la ouate de ses attentions, de ses paroles et de ses regards. Aucun des deux partis ne pouvait se dire ce grand mot de haute politique : — Partageons? Chacun voulait sa proie. D'ailleurs les deux fins renards de l'Opposition provinoise, Opposition qui grandissait, eurent le tort de se croire plus forts que le Sacerdoce : ils firent feu les premiers. Vinet, dont la reconnaissance fut réveillée par les doigts crochus de l'intérêt personnel, alla chercher mademoiselle de Chargebœuf et sa mère. Ces deux femmes possédaient environ deux mille livres de rente, et vivaient péniblement à Troyes. Mademoiselle Bathilde de Chargebœuf était une de ces magnifiques créatures qui croient aux mariages par amour et changent d'opinion vers leur vingt-cinquième année en se trouvant toujours filles. Vinet sut persuader à madame de Chargebœuf de joindre ses deux mille francs avec les mille écus qu'il gagnait depuis l'établissement du journal, et de venir vivre en famille à Provins, où Bathilde épouserait, dit-il, un imbécile nommé Rogron, et pourrait, spirituelle comme elle était, rivaliser la belle madame

Tiphaine. L'accession de madame et de mademoiselle de Chargebœuf au ménage et aux idées de Vinet donna la plus grande consistance au parti libéral. Cette jonction consterna l'aristocratie de Provins et le parti des Tiphaine. Madame de Bréautey, désespérée de voir deux femmes nobles ainsi égarées, les pria de venir chez elle. Elle gémit des fautes commises par les Royalistes, et devint furieuse contre ceux de Troyes en apprenant la situation de la mère et de la fille.

— Comment! il ne s'est pas trouvé quelque vieux gentilhomme campagnard pour épouser cette chère petite, faite pour devenir une châtelaine? disait-elle. Ils l'ont laissée monter en graine, et elle va se jeter à la tête d'un Rogron.

Elle remua tout le Département sans pouvoir y trouver un seul gentilhomme capable d'épouser une fille dont la mère n'avait que deux mille livres de rente. Le parti des Tiphaine et le Sous-préfet se mirent aussi, mais trop tard, à la recherche de cet inconnu. Madame de Bréautey porta de terribles accusations contre l'égoïsme qui dévorait la France, fruit du matérialisme et de l'empire accordé par les lois à l'argent : la noblesse n'était plus rien! la beauté plus rien! Des Rogron, des Vinet livraient combat au roi de France!

Bathilde de Chargebœuf n'avait pas seulement sur sa rivale l'avantage incontestable de la beauté, mais encore celui de la toilette. Elle était d'une blancheur éclatante. A vingt-cinq ans, ses épaules entièrement développées, ses belles formes avaient une plénitude exquise. La rondeur de son cou, la pureté de ses attaches, la richesse de sa chevelure d'un blond élégant, la grâce de son sourire, la forme distinguée de sa tête, le port et la coupe de sa figure, ses beaux yeux bien placés sous un front bien taillé, ses mouvements nobles et de bonne compagnie, et sa taille encore svelte, tout en elle s'harmoniait. Elle avait une belle main et le pied étroit. Sa santé lui donnait peut-être l'air d'une belle fille d'auberge « — mais ce ne devait pas être un défaut aux yeux d'un Rogron, » dit la belle madame Tiphaine. Mademoiselle de Chargebœuf parut la première fois assez simplement mise. Sa robe de mérinos brun festonnée d'une broderie verte était décolletée; mais un fichu de tulle bien tendu par des cordons intérieurs, couvrait ses épaules, son dos et le corsage en s'entr'ouvrant néanmoins par devant, quoique le fichu fût fermé par une *sévigné*. Sous ce délicat réseau, les beautés de Bathilde étaient encore plus coquettes, plus séduisantes. Elle ôta son chapeau de velours et son châle en arrivant, et montra ses jolies oreilles ornées de pendeloques en or. Elle avait une petite jeannette en velours qui brillait sur son cou comme l'anneau noir que la fantasque nature met à la queue d'un angora blanc. Elle savait toutes les malices des filles à marier : agiter ses mains en relevant des boucles qui ne se sont pas dérangées, faire voir ses poignets en priant Rogron de lui rattacher une manchette ; ce à quoi le malheureux ébloui se refusait brutalement, cachant ainsi ses émotions sous une fausse indifférence. La timidité du seul amour que ce mercier devait éprouver dans sa vie eut toutes les allures de la haine. Sylvie autant que Céleste Habert s'y méprirent, mais non l'avocat, l'homme supérieur de cette société stupide, et qui n'avait que le prêtre pour adversaire, car le colonel fut long-temps son allié.

De son côté, le colonel se conduisit dès lors envers Sylvie comme Bathilde envers Rogron. Il mit du linge blanc tous les soirs, il eut des cols de velours sur lesquels se détachait bien sa martiale figure relevée par les deux bouts du col blanc de sa chemise ; il adopta le gilet de piqué blanc et se fit faire une redingote neuve en drap bleu, où brillait sa rosette rouge, le tout sous prétexte de faire honneur à la belle Bathilde. Il ne fuma plus passé deux heures. Ses cheveux grisonnants furent rabattus en ondes sur son crâne à ton d'ocre. Il prit enfin l'extérieur et l'attitude d'un chef de parti, d'un homme qui se disposait à mener les ennemis de la France, les Bourbons enfin, tambour battant.

Le satanique avocat et le rusé colonel jouèrent à monsieur et à mademoiselle Habert un tour encore plus cruel que la présentation de la belle mademoiselle de Chargebœuf, jugée par le parti libéral et chez les Bréautey comme dix fois plus belle que la belle madame Tiphaine. Ces deux grands politiques de petite ville firent croire de proche en proche que monsieur Habert entrait dans toutes leurs idées. Provins parla bientôt de lui comme d'un prêtre libéral. Mandé promptement à l'évêché, monsieur Habert fut forcé de renoncer à ses soirées chez les Rogron ; mais sa sœur y alla toujours. Le salon Rogron fut dès lors constitué et devint une puissance.

Aussi vers le milieu de cette année, les intrigues politiques ne furent-elles pas moins vives dans le salon des Rogron que les intrigues matrimoniales. Si les intérêts sourds, enfouis dans les cœurs, se livrèrent des combats acharnés, la lutte publique eut une fatale célébrité. Chacun sait que le ministère Villèle fut renversé par les élections de 1826. Au collège de Provins, Vinet, candidat libéral, à qui monsieur Cournant avait procuré le cens par l'acquisition d'un domaine dont le prix restait dû, faillit l'emporter sur monsieur Tiphaine. Le Président n'eut que deux voix de majorité. A mesdames Vinet et de Chargebœuf, à Vinet, au colonel se joignirent quelquefois monsieur Cournant et sa femme; puis le médecin Néraud, un homme dont la jeunesse avait été bien orageuse, mais qui voyait sérieusement la vie; il s'était adonné, disait-on, à l'étude, et avait, à entendre les libéraux, beaucoup plus de moyens que monsieur Martener. Les Rogron ne comprenaient pas plus leur triomphe qu'ils n'avaient compris leur ostracisme.

La belle Bathilde de Chargebœuf, à qui Vinet montra Pierrette comme son ennemie, était horriblement dédaigneuse pour elle. L'intérêt général exigeait l'abaissement de cette pauvre victime. Madame Vinet ne pouvait rien pour cette enfant broyée entre des intérêts implacables qu'elle avait fini par comprendre. Sans le vouloir impérieux de son mari, elle ne serait pas venue chez les Rogron, elle y souffrait trop de voir maltraiter cette jolie petite créature qui se serrait près d'elle en devinant une protection secrète et qui lui demandait de lui apprendre tel ou tel point, de lui enseigner une broderie. Pierrette montrait ainsi que, traitée doucement, elle comprenait et réussissait à merveille. Madame Vinet n'était plus utile, elle ne vint plus. Sylvie, qui caressait encore l'idée du mariage, vit enfin dans Pierrette un obstacle : Pierrette avait près de quatorze ans, sa blancheur maladive, dont les symptômes étaient négligés par cette ignorante vieille fille, la rendait ravissante. Sylvie conçut alors la belle idée de compenser les dépenses que lui causait Pierrette en en faisant une servante. Vinet comme ayant-cause des Chargebœuf, mademoiselle Habert, Gouraud, tous les habitués influents engagèrent Sylvie à renvoyer la grosse Adèle. Pierrette ne ferait-elle pas la cuisine et ne soignerait-elle pas la maison ? Quand il y aurait trop d'ouvrage, elle serait quitte pour prendre la femme de ménage du colonel, une personne très-entendue et l'un des cordons bleus de Provins. Pierrette devait savoir faire la cuisine, frotter, dit le sinistre avocat, balayer, tenir une maison propre, aller au marché, apprendre le prix des choses. La pauvre petite, dont le dévouement égalait la générosité, s'offrit elle-même, heureuse d'acquitter ainsi le pain si dur qu'elle mangeait dans cette maison. Adèle fut renvoyée. Pierrette perdit ainsi la seule personne qui l'eût peut-être protégée. Malgré sa force, elle fut dès ce moment accablée physiquement et moralement. Ces deux célibataires eurent pour elle bien moins d'égards que pour une domestique, elle leur appartenait! Aussi fut-elle grondée pour des riens, pour un peu de poussière oubliée sur le marbre de la cheminée ou sur un globe de verre. Ces objets de luxe qu'elle avait tant admirés lui devinrent odieux. Malgré son désir de bien faire, son inexorable cousine trouvait toujours à reprendre dans ce qu'elle avait fait. En deux ans, Pierrette ne reçut pas un compliment, n'entendit pas une parole affectueuse. Le bonheur pour elle était de ne pas être grondée. Elle supportait avec une patience angélique les humeurs noires de ces deux célibataires à qui les sentiments doux étaient entièrement inconnus, et qui tous les jours lui faisaient sentir sa dépendance. Cette vie où la jeune fille se trouvait, entre ces deux merciers, comme pressée entre les deux lèvres d'un étau, augmenta sa maladie. Elle éprouva des troubles intérieurs si violents, des chagrins secrets si subits dans leurs explosions, que ses développements furent irrémédiablement contrariés. Pierrette arriva donc lentement par des douleurs épouvantables, mais cachées, à l'état où la vit son ami d'enfance en la saluant, sur la petite place, de sa romance bretonne.

Avant d'entrer dans le drame domestique que la venue de Brigaut détermina dans la maison Rogron, il est nécessaire, pour ne pas l'interrompre, d'expliquer l'établissement du Breton à Provins, car il fut en quelque sorte un personnage muet de cette scène. En se sauvant, Brigaut fut non-seulement effrayé du geste de Pierrette, mais encore du changement de sa jeune amie : à peine l'eût-il reconnue sans la voix, les yeux et les gestes qui lui rappelèrent sa petite camarade si vive, si gaie et néanmoins si tendre. Quand il fut loin de la maison, ses jambes tremblèrent sous lui; il eut chaud dans le dos! Il avait vu l'ombre de Pierrette et non Pierrette. Il grimpa dans la haute ville, pensif, inquiet, jusqu'à ce qu'il eût trouvé un endroit d'où il pouvait apercevoir la place et la maison de Pierrette; il la contempla douloureusement, perdu dans des pensées infinies, comme un malheur dans lequel on entre sans savoir où il s'arrête. Pierrette souffrait, elle n'était pas heureuse, elle regrettait la Bretagne! qu'avait-elle? Toutes ces questions passèrent et repassèrent dans le cœur de Brigaut en le déchirant, et lui révélèrent à lui-même l'étendue de son affection pour sa petite sœur d'adoption. Il est extrêmement rare que les passions entre enfants de sexes différents subsistent. Le charmant roman de Paul et Virginie, pas plus que celui de Pierrette et de Brigaut, ne tranchent la question que soulève ce fait moral, si étrange. L'histoire moderne n'offre que l'illustre exception de la sublime marquise de Pescaire et de son mari : destinés l'un à l'autre par leurs parents dès l'âge de quatorze ans, ils s'adorèrent et se marièrent ; leur union donna le spectacle au seizième siècle d'un amour conjugal infini, sans nuages. Devenue veuve à trente-quatre ans, la marquise, belle, spirituelle, universellement adorée, refusa des rois, et s'enterra dans un couvent où elle ne vit, n'entendit plus que les religieuses. Cet amour si complet se développa soudain dans le cœur du pauvre ouvrier breton. Pierrette et lui s'étaient si souvent protégés l'un l'autre, il avait été si content de lui apporter l'argent de son voyage, il avait failli mourir pour avoir suivi la diligence, et Pierrette n'en avait rien su ! Ce souvenir avait souvent réchauffé les heures froides de sa pénible vie durant ces trois années. Il s'était perfectionné pour Pierrette, il avait appris son état pour Pierrette, il était venu pour Pierrette à Paris en se proposant d'y faire fortune pour elle. Après y avoir passé quinze jours, il n'avait pas tenu à l'idée de la voir, il avait marché depuis le samedi soir jusqu'à ce lundi matin, il comptait retourner à Paris ; mais la touchante apparition de sa petite amie le clouait à Provins. Un admirable magnétisme encore contesté, malgré tant de preuves, agissait sur lui à son insu : des larmes lui roulaient dans les yeux pendant que des larmes obscurcissaient ceux de Pierrette. Si, pour elle, il était la Bretagne et la plus heureuse enfance ; pour lui, Pierrette était la vie ! A seize ans, Brigaut ne savait encore ni dessiner ni profiler une corniche, il ignorait bien des choses ; mais, à ses pièces, il avait gagné quatre à cinq francs par jour. Il pouvait donc vivre à Provins, il y serait à portée de Pierrette, il achèverait d'apprendre son état en choisissant pour maître le meilleur menuisier de la ville, et veillerait sur Pierrette. En un moment le parti de Brigaut fut pris. L'ouvrier courut à Paris, fit ses comptes, y reprit son livret, son bagage et ses outils. Trois jours après, il était compagnon chez monsieur Frappier, le premier menuisier de Provins. Les ouvriers actifs, rangés, ennemis du bruit et du cabaret, sont assez rares pour que les maîtres tiennent à un jeune homme comme Brigaut. Pour terminer l'histoire du Breton sur ce point, au bout d'une quinzaine il devint maître compagnon, fut logé, nourri chez Frappier qui lui montra le calcul et le dessin linéaire. Ce menuisier demeure dans la Grand'rue à une centaine de pas de la petite place longue au bout de laquelle était la maison des Rogron. Brigaut enterra son amour dans son cœur et ne commit pas la moindre indiscrétion. Il se fit conter par madame Frappier l'histoire des Rogron ; elle lui dit la manière dont s'y était pris le vieil aubergiste pour avoir la succession du bonhomme Auffray. Brigaut eut des renseignements sur le caractère du mercier Rogron et de sa sœur. Il surpit Pierrette au marché le matin avec sa cousine, et frissonna de lui voir au bras un panier plein de provisions. Il alla revoir Pierrette le dimanche à l'église, où la Bretonne se montrait dans ses atours. Là, pour la première fois, Brigaut vit que Pierrette était mademoiselle Lorrain. Pierrette aperçut son ami, mais elle lui fit un signe mystérieux pour l'engager à demeurer bien caché. Il y eut un monde de choses dans ce geste, comme dans celui par lequel, quinze jours auparavant, elle l'avait engagé à se sauver. Quelle fortune ne devait-il pas faire en dix ans pour pouvoir épouser sa petite amie d'enfance, à qui les Rogron devaient laisser une maison, cent arpents de terre et douze mille livres de rente, sans compter leurs économies ! Le persévérant Breton ne voulut pas tenter fortune sans avoir acquis les connaissances qui lui manquaient. S'instruire à Paris ou s'instruire à Provins, tant qu'il ne s'agissait que de théorie, il préféra rester près de Pierrette, à laquelle d'ailleurs il voulait expliquer et ses projets et l'espèce de protection sur laquelle elle pouvait compter. Enfin il ne voulait pas la quitter sans avoir pénétré le mystère de cette pâleur qui atteignait déjà la vie dans l'organe qu'elle déserte en dernier, les yeux ; sans savoir d'où venaient ces souffrances qui lui donnaient l'air d'une fille courbée sous la faux de la mort, et près de tomber. Ces deux signes touchants, qui ne démentaient pas leur amitié, mais qui recommandaient la plus grande réserve, jetèrent la terreur dans l'âme du Breton. Évidemment Pierrette lui commandait de l'attendre, et de ne pas chercher à la voir ; autrement il y avait danger, péril pour elle. En sortant de l'église, elle put lui lancer un regard, et Brigaut vit les yeux de Pierrette pleins de larmes. Le Breton aurait trouvé la quadrature du cercle avant de deviner ce qui s'était passé dans la maison des Rogron, depuis son arrivée.

Ce ne fut pas sans de vives appréhensions que Pierrette descendit de sa chambre le matin où Brigaut avait surgi dans son rêve matinal comme un autre rêve. Pour se lever, pour ouvrir la fenêtre, mademoiselle Rogron avait dû entendre ce chant et ces paroles assez compromettantes aux oreilles d'une vieille fille; mais Pierrette ignorait les faits qui rendaient sa cousine si alerte. Sylvie avait de puissantes raisons pour se lever et pour accourir à sa fenêtre. Depuis environ huit jours, d'étranges événements secrets, de cruels sentiments agitaient les principaux personnages du salon Rogron. Ces événements inconnus, cachés soigneusement de part et d'autre, allaient retomber comme une froide avalanche sur Pierrette. Ce monde de choses mystérieuses, et qu'il faudrait peut-être nommer les immondices du cœur humain, gisent à la base des plus grandes révolutions politiques, sociales ou domestiques; mais en les disant, peut-être est-il extrêmement utile d'expliquer que leur traduction algébrique, quoique vraie, est infidèle sous le rapport de la forme. Ces calculs profonds ne parlent pas aussi brutalement que l'histoire les exprime. Vouloir rendre les circonlocutions, les précautions oratoires, les longues conversations où l'esprit obscurcit à dessein la lumière qu'il y porte, où la parole mielleuse délaie le venin de certaines intentions, ce serait tenter un livre aussi long que le magnifique poème appelé Clarisse Harlowe. Mademoiselle Habert et mademoiselle Sylvie avaient une égale envie de se marier; mais l'une était de dix ans moins âgée que l'autre, et les probabilités permettaient à Céleste Habert de penser que ses enfants auraient toute la fortune des Rogron. Sylvie arrivait à quarante-deux ans, âge auquel le mariage peut offrir des dangers. En se confiant leurs idées pour se demander l'une à l'autre une approbation, Céleste Habert, mise en œuvre par l'abbé vindicatif, avait éclairé Sylvie sur les prétendus périls de sa position. Le colonel, homme violent, d'une santé militaire, gros garçon de quarante-cinq ans, devait pratiquer la morale de tous les contes de fées: *Ils furent heureux et eurent beaucoup d'enfants.* Ce bonheur fit trembler Sylvie, elle eut peur de mourir, idée qui ravage de fond en comble les célibataires. Mais le ministère Martignac, cette seconde victoire de la chambre qui renversa le ministère Villèle, était nommé. Le parti Vinet marchait la tête haute dans Provins. Vinet, maintenant le premier avocat de la Brie, *gagnait tout ce qu'il voulait*, selon un mot populaire. Vinet était un personnage. Les libéraux prophétisaient son avénement, il serait certainement Député, procureur-général. Quant au colonel, il deviendrait maire de Provins. Ah! régner comme régnait madame Garceland, être la femme du maire, Sylvie ne tint pas contre cette espérance, elle voulut consulter un médecin, quoiqu'une consultation pût la couvrir de ridicule. Ces deux filles, l'une victorieuse de l'autre et sûre de la mener en laisse, inventèrent un de ces traquenards que les femmes conseillées par un prêtre savant si bien apprêter. Consulter monsieur Néraud, le médecin des libéraux, l'antagoniste de monsieur Martener, était une faute. Céleste Habert offrit à Sylvie de la cacher dans son cabinet de toilette, et de consulter pour elle-même, sur ce chapitre, monsieur Martener, le médecin de son pensionnat. Complice ou non de Céleste, Martener répondit à sa cliente que le danger existait déjà, quoique faible, chez une fille de trente ans. — Mais votre constitution, lui dit-il en terminant vous permet de ne rien craindre.

— Et pour une femme de quarante ans passés? dit mademoiselle Céleste Habert.

— Une femme de quarante ans, mariée et qui a eu des enfants, n'a rien à redouter.

— Mais une fille sage, très-sage, comme mademoiselle Rogron, par exemple?

— Sage! il n'y a plus de doute, dit monsieur Martener. Un accouchement heureux est alors un de ces miracles que Dieu se permet, mais rarement.

— Et pourquoi? dit Céleste Habert.

Le médecin répondit par une description pathologique effrayante; il expliqua comment l'élasticité donnée par la nature dans la jeunesse aux muscles, aux os, n'existait plus à un certain âge, surtout chez les femmes que leur profession avait rendues sédentaires pendant longtemps comme mademoiselle Rogron.

— Ainsi, passé quarante ans, une fille vertueuse ne doit plus se marier?

— On attendre, répondit le médecin; mais alors ce n'est plus le mariage, c'est une association d'intérêts : autrement, que serait-ce?

Enfin il résulta de cet entretien, clairement, sérieusement, scientifiquement et raisonnablement, que, passé quarante ans, une fille vertueuse ne devait pas trop se marier. Quand monsieur Martener fut parti, mademoiselle Céleste Habert trouva mademoiselle Rogron verte et jaune, les pupilles dilatées, enfin dans un état effrayant.

— Vous aimez donc bien le colonel? lui dit-elle.

— J'espérais encore, répondit la vieille fille.

— Eh! bien, attendez, s'écria jésuitiquement mademoiselle Habert, qui savait bien que le temps ferait justice du colonel.

Cependant la moralité de ce mariage était douteuse. Sylvie alla sonder sa conscience au fond du confessionnal. Le sévère directeur expliqua les opinions de l'Église, qui ne voit dans le mariage que la propagation de l'humanité, qui réprouve les secondes noces et flétrit les passions sans but social. Les perplexités de Sylvie Rogron furent extrêmes. Ces combats intérieurs donnèrent une force étrange à sa passion et lui prêtèrent l'inexplicable attrait que depuis Ève les choses défendues offrent aux femmes. Le trouble de mademoiselle Rogron ne put échapper à l'œil clairvoyant de l'avocat.

Un soir, après la partie, Vinet s'approcha de sa chère amie Sylvie, la prit par la main, et alla s'asseoir avec elle sur un des canapés.

— Vous avez quelque chose ? lui dit-il à l'oreille.

Elle inclina tristement la tête. L'avocat laissa partir Rogron, resta seul avec la vieille fille et lui tira les vers du cœur.

— Bien joué, l'abbé! mais tu as joué pour moi, s'écria-t-il en lui-même, après avoir entendu toutes les consultations secrètes faites par Sylvie, et dont la dernière était la plus effrayante.

Ce rusé renard judiciaire fut plus terrible encore que le médecin dans ses explications; il conseilla le mariage, mais dans une dizaine d'années seulement, pour plus de sécurité. L'avocat jura que toute la fortune des Rogron appartiendrait à Bathilde. Il se frotta les mains, son museau s'affina, tout en courant après madame et mademoiselle de Chargebœuf, qu'il avait laissées en route avec leur domestique armée d'une lanterne. L'influence qu'exerçait monsieur Habert, médecin de l'âme, Vinet, le médecin de la bourse, la contre-balançait parfaitement. Rogron était fort peu dévot; ainsi l'Homme d'Église et l'Homme de Loi, ces deux robes noires se trouvaient manche à manche. En apprenant la victoire remportée par mademoiselle Habert, qui croyait épouser Rogron, sur Sylvie hésitant entre la peur de mourir et la joie d'être baronne, l'avocat aperçut la possibilité de faire disparaître le colonel du champ de ataille. Il connaissait assez Rogron pour trouver un moyen de le marier avec la belle Bathilde. Rogron n'avait pu résister aux attaques de mademoiselle de Chargebœuf. Vinet savait que la première fois que Rogron serait seul avec Bathilde et lui, leur mariage serait décidé. Rogron en était venu au point d'attacher les yeux sur mademoiselle Habert, tant il avait peur de regarder Bathilde. Vinet venait de voir à quel point Sylvie aimait le colonel. Il comprit l'étendue d'une pareille passion chez une vieille fille, également rongée de dévotion; et il eut bientôt trouvé le moyen de perdre à la fois Pierrette et le colonel, espérant d'être débarrassé de l'un par l'autre.

Le lendemain matin, après l'audience, il rencontra, selon leur habitude quotidienne, le colonel en promenade avec Rogron.

Quand ces trois hommes allaient ensemble, leur réunion faisait toujours causer la ville. Ce triumvirat, en horreur au sous-préfet, à la magistrature, au parti des Tiphaine, était un tribunat dont les libéraux de Provins tiraient vanité. Vinet rédigeait le *Courrier* à lui seul, il était la tête du parti; le colonel, gérant responsable du journal, était le bras; Rogron était le nerf avec son argent, il était censé le lien entre le Comité-directeur de Provins et le Comité-directeur de Paris. A écouter les Tiphaine, ces trois hommes étaient toujours à machiner quelque chose contre le Gouvernement, tandis que les libéraux les admiraient comme les défenseurs du peuple. Quand l'avocat vit Rogron revenant vers la place, ramené au logis par l'heure du dîner, il empêcha le colonel, en lui prenant le bras, d'accompagner l'ex-mercier.

— Hé! bien, colonel, lui dit-il, je vais vous ôter un grand poids de dessus les épaules; vous épouserez mieux que Sylvie : en vous y prenant bien, vous pouvez épouser dans deux ans la petite Pierrette Lorrain.

Et il lui raconta les effets de la manœuvre du jésuite.

— Quelle botte secrète, et comme elle est tirée de longueur! dit le colonel.

— Colonel, reprit gravement Vinet; Pierrette est une charmante créature, vous pouvez être heureux le reste de vos jours, et vous avez une si belle santé que ce mariage n'aura pas pour vous les inconvénients habituels des unions disproportionnées; mais ne croyez pas facile cet échange d'un sort affreux contre un sort agréable. Faire passer votre amante à l'état de confidente est une opération aussi périlleuse que, dans votre métier, le passage d'une rivière sous le feu de l'ennemi. Fin comme un colonel de cavalerie que vous êtes, vous étudierez la position et vous manœuvrerez avec la supériorité que nous avons eue jusqu'à présent et qui nous a valu notre situation actuelle. Si je suis Procureur-Général un jour, vous pouvez commander le Département. Ah! si vous aviez été électeur, nous serions plus avancés ; j'eusse acheté les deux voix de ces deux employés en les désintéressant de la perte de leurs places, et nous aurions eu la majorité. Je siégerais auprès des Dupin, des Casimir Périer, et...

Le colonel avait pensé depuis long-temps à Pierrette, mais il cachait cette pensée avec une profonde dissimulation ; aussi sa brutalité envers Pierrette n'était-elle qu'apparente. L'enfant ne s'expliquait pas pourquoi le prétendu camarade de son père la traitait si mal, quand il lui passait la main sous le menton et lui faisait une caresse paternelle en la rencontrant seule. Depuis la confidence de Vinet relativement à la terreur que le mariage causait à mademoiselle Sylvie, Gouraud avait cherché les occasions de trouver Pierrette seule, et le rude colonel était alors doux comme un chat : il lui disait combien Lorrain était brave, et quel malheur pour elle qu'il fût mort !

Quelques jours avant l'arrivée de Brigaut, Sylvie avait surpris Gouraud et Pierrette. La jalousie était donc entrée dans ce cœur avec une violence monastique. La jalousie, passion éminemment crédule, soupçonneuse, est celle où la fantaisie a le plus d'action ; mais elle ne donne pas d'esprit, elle en ôte ; et, chez Sylvie, cette passion devait amener d'étranges idées. Sylvie imagina que l'homme qui venait de prononcer ce mot *madame la mariée* à Pierrette était le colonel. En attribuant ce rendez-vous au colonel, Sylvie croyait avoir raison, car, depuis une semaine, les manières de Gouraud lui semblaient changées. Cet homme était le seul qui, dans la solitude où elle avait vécu, se fût occupé d'elle, elle l'observait donc de tous ses yeux, de tout son entendement ; et à force de se livrer à des espérances, tour à tour florissantes ou détruites, elle en avait fait une chose d'une si grande étendue, qu'elle y éprouvait les effets d'un mirage moral. Selon une belle expression vulgaire, à force de regarder, elle n'y voyait souvent plus rien. Elle repoussait et combattait victorieusement et tour à tour la supposition de cette rivalité chimérique. Elle faisait un parallèle entre elle et Pierrette : elle avait quarante ans et des cheveux gris ; Pierrette était une petite fille délicieuse de blancheur, avec des yeux d'une tendresse à réchauffer un cœur mort. Elle avait entendu dire que les hommes de cinquante ans aimaient les petites filles dans le genre de Pierrette. Avant que le colonel se rangeât et fréquentât la maison

Rogron, Sylvie avait écouté dans le salon Tiphaine d'étranges choses sur Gouraud et sur ses mœurs. Les vieilles filles ont en amour les idées platoniques exagérées que professent les jeunes filles de vingt ans, elles ont conservé des doctrines absolues comme tous ceux qui n'ont pas expérimenté la vie, éprouvé combien les forces majeures sociales modifient, écornent et font faillir ces belles et nobles idées. Pour Sylvie, être trompée par ce colonel était une pensée qui lui martelait la cervelle. Depuis ce temps que tout célibataire oisif passe au lit entre son réveil et son lever, la vieille fille s'était donc occupée d'elle, de Pierrette et de la romance qui l'avait réveillée par le mot de mariage. En fille sotte, au lieu de regarder l'amoureux entre ses persiennes, elle avait ouvert sa fenêtre sans penser que Pierrette l'entendrait. Si elle avait eu le vulgaire esprit de l'espion, elle aurait vu Brigaut, et le drame fatal alors commencé n'aurait pas eu lieu.

Pierrette, malgré sa faiblesse, ôta les barres de bois qui maintenaient les volets de la cuisine, les ouvrit et les accrocha, puis elle alla ouvrir également la porte du corridor donnant sur le jardin. Elle prit les différents balais nécessaires à balayer le tapis, la salle à manger, le corridor, les escaliers, enfin pour tout nettoyer, avec un soin, une exactitude qu'aucune servante, fût-elle Hollandaise, ne mettrait à son ouvrage : elle haïssait tant les réprimandes ! Pour elle, le bonheur consistait à voir les petits yeux bleus, pâles et froids de sa cousine, non pas satisfaits, ils ne le paraissaient jamais, mais seulement calmes, après qu'elle avait jeté partout son regard de propriétaire, ce regard inexplicable qui voit ce qui échappe aux yeux les plus observateurs. Pierrette avait déjà la peau moite quand elle revint à la cuisine y tout mettre en ordre, allumer les fourneaux afin de pouvoir porter du feu chez son cousin et sa cousine en leur apportant à chacun de l'eau chaude pour leur toilette, elle qui n'en avait pas pour la sienne ! Elle mit le couvert pour le déjeuner et chauffa le poêle de la salle. Pour ces différents services, elle allait quelquefois à la cave chercher de petits fagots, et quittait un lieu frais pour un lieu chaud, un lieu chaud pour un lieu froid et humide. Ces transitions subites, accomplies avec l'entraînement de la jeunesse, souvent pour éviter un mot dur, pour obéir à un ordre, causaient des aggravations sans remède dans l'état de sa santé. Pierrette ne se savait pas malade. Cependant elle commençait à souffrir ; elle avait des appétits étranges, elle les cachait ; elle aimait les salades crues et les dévorait en secret. L'innocente enfant ignorait complétement que sa situation constituait une maladie grave et voulait les plus grandes précautions. Avant l'arrivée de Brigaut, si ce Néraud, qui pouvait se reprocher la mort de la grand'mère, eût révélé ce danger mortel à la petite-fille, Pierrette eût souri : elle trouvait trop d'amertume à la vie pour ne pas sourire à la mort. Mais depuis quelques instants, elle qui joignait à ses souffrances corporelles les souffrances de la nostalgie bretonne, maladie morale si connue que les colonels y ont égard pour les Bretons qui se trouvent dans leurs régiments, elle aimait Provins! La vue de cette fleur d'or, ce chant, la présence de son ami d'enfance l'avait ranimée comme une plante depuis long-temps sans eau reverdit après une longue pluie. Elle voulait vivre, elle croyait ne pas avoir souffert! Elle se glissa timidement chez sa cousine, y fit le feu, y laissa la bouilloire, échangea quelques paroles, alla réveiller son tuteur, et descendit prendre le lait, le pain et toutes les provisions que les fournisseurs apportaient. Elle resta pendant quelque temps sur le seuil de la porte, espérant que Brigaut aurait l'esprit de revenir; mais Brigaut était déjà sur la route de Paris. Elle avait arrangé la salle, elle était occupée à la cuisine, quand elle entendit sa cousine descendant l'escalier. Mademoiselle Sylvie Rogron apparut dans sa robe de chambre de taffetas couleur carmélite, un bonnet de tulle orné de coques sur sa tête, son tour de faux cheveux assez mal mis, sa camisole par-dessus sa robe, les pieds dans ses pantoufles traînantes. Elle passa tout en revue, et vint trouver sa cousine, qui l'attendait pour savoir de quoi se composerait le déjeuner.

— Ah! vous voilà donc, mademoiselle l'amoureuse? dit Sylvie à Pierrette d'un ton moitié gai, moitié railleur.

— Plaît-il, ma cousine?

— Vous êtes entrée chez moi comme une sournoise et vous en êtes sortie de même; vous deviez cependant bien savoir que j'avais à vous parler.

— Moi...

— Vous avez eu ce matin une sérénade ni plus ni moins qu'une princesse.

— Une sérénade? s'écria Pierrette.

— Une sérénade? reprit Sylvie en l'imitant. Et vous avez un amant.

— Ma cousine, qu'est-ce qu'un amant?

Sylvie évita de répondre et lui dit : — Osez dire, mademoiselle, qu'il n'est pas venu sous nos fenêtres un homme vous parler mariage!

La persécution avait appris à Pierrette les ruses nécessaires aux esclaves, elle répondit hardiment : — Je ne sais pas ce que vous voulez dire.

— Mon chien? dit aigrement la vieille fille.

— Ma cousine, reprit humblement Pierrette.

— Vous ne vous êtes pas levée non plus, et vous n'êtes pas allée non plus nu-pieds à votre fenêtre, ce qui vous vaudra quelque bonne maladie. Attrape! Ce sera bien fait pour vous. Et vous n'avez peut-être pas parlé à votre amoureux?

— Non, ma cousine.

— Je vous connaissais bien des défauts, mais je ne vous savais pas celui de mentir. Pensez-y bien, mademoiselle! il faut nous dire et nous expliquer à votre cousin et à moi la scène de ce matin, sans quoi votre tuteur verra à prendre des mesures rigoureuses.

La vieille fille, dévorée de jalousie et de curiosité, procédait par intimidation. Pierrette fit comme les gens qui souffrent au delà de leurs forces, elle garda le silence. Ce silence est, pour tous les êtres attaqués, le seul moyen de triompher : il lasse les charges cosaques des envieux, les sauvages escarmouches des ennemis; il donne une victoire écrasante et complète. Quoi de plus complet que le silence? Il est absolu, n'est-ce pas une des manières d'être de l'infini? Sylvie examina Pierrette à la dérobée. L'enfant rougissait, mais sa rougeur, au lieu d'être générale, se divisait par plaques inégales aux pommettes, par taches ardentes, et d'un ton significatif. En voyant ces symptômes de maladie, une mère eût aussitôt changé de ton, elle aurait pris cette enfant sur ses genoux, elle l'eût questionnée, elle aurait déjà depuis long-temps admiré mille preuves de la complète, de la sublime innocence de Pierrette, elle aurait deviné sa maladie et compris que les humeurs et le sang détournés de leur voie se jetaient sur les poumons après avoir troublé les fonctions digestives. Ces taches éloquentes lui eussent appris l'imminence d'un danger mortel. Mais une vieille fille chez qui les sentiments que nourrit la famille n'avaient jamais été réveillés, à qui les besoins de l'enfance, les précautions voulues par l'adolescence étaient inconnus, ne pouvait avoir aucune des indulgences et des compatissances inspirées par les mille événements de la vie ménagère conjugale. Les souffrances de la misère, au lieu de lui attendrir le cœur, y avaient fait des calus.

— Elle rougit, elle est en faute! se dit Sylvie. Le silence de Pierrette fut donc interprété dans le plus mauvais sens.

— Pierrette, dit-elle, avant que votre cousin ne descende, nous allons causer. Venez, dit-elle d'un ton plus doux. Fermez la porte de la rue. Si quelqu'un vient, on sonnera, nous entendrons bien.

Malgré le brouillard humide qui s'élevait au-dessus de la rivière, Sylvie emmena Pierrette par l'allée sablée qui serpentait à travers les gazons jusqu'au bord de la terrasse en rochers rocaillés, quai pittoresque, meublé d'iris et de plantes d'eau. La vieille cousine changea de système; elle voulut essayer de prendre Pierrette par la douceur. L'hyène allait se faire chatte.

— Pierrette, lui dit-elle, vous n'êtes plus un enfant, vous allez bientôt mettre le pied dans votre quinzième année, et il n'y aurait rien d'étonnant à ce que vous eussiez un amant.

— Mais, ma cousine, dit Pierrette en levant les yeux avec une douceur angélique vers le visage aigre et froid de sa cousine qui avait pris son air de vendeuse, qu'est-ce qu'un amant?

Il fut impossible à Sylvie de définir avec justesse et décence un amant à la pupille de son frère. Au lieu de voir dans cette question l'effet d'une adorable innocence, elle y vit de la fausseté.

— Un amant, Pierrette, est un homme qui nous aime et qui veut nous épouser.

— Ah! dit Pierrette. Quand on est d'accord en Bretagne, nous appelons alors ce jeune homme un prétendu!

— Hé! bien, songez qu'en avouant vos sentiments pour un homme, il n'y a pas le moindre mal, ma petite. Le mal est dans le secret. Avez-vous plu par hasard à quelques-uns des hommes qui viennent ici?

— Je ne le crois pas.

— Vous n'en aimez aucun?

— Aucun!

— Bien sûr?

— Bien sûr.

— Regardez-moi, Pierrette?

Pierrette regarda sa cousine.

— Un homme vous a cependant appelée sur la place ce matin?

Pierrette baissa les yeux.

— Vous êtes allée à votre fenêtre, vous l'avez ouverte et vous avez parlé !

— Non, ma cousine, j'ai voulu savoir quel temps il faisait, et j'ai vu sur la place un paysan.

— Pierrette, depuis votre première communion, vous avez beaucoup gagné, vous êtes obéissante et pieuse, vous aimez vos parents et Dieu ; je suis contente de vous, je ne vous le disais point pour ne pas enfler votre orgueil...

Cette horrible fille prenait l'abattement, la soumission, le silence de la misère pour des vertus ! Une des plus douces choses qui puissent consoler les Souffrants, les Martyrs, les Artistes au fort de la Passion divine que leur imposent l'Envie et la Haine, est de trouver l'éloge là où ils ont toujours trouvé la censure et la mauvaise foi. Pierrette leva donc sur sa cousine des yeux attendris et se sentit près de lui pardonner toutes les douleurs qu'elle lui avait faites.

— Mais si tout cela n'est qu'hypocrisie, si je dois voir en vous un serpent que j'aurai réchauffé dans mon sein, vous seriez une infâme, une horrible créature !

— Je ne crois pas avoir de reproches à me faire, dit Pierrette en éprouvant une horrible contraction au cœur par le passage subit de cette louange inespérée au terrible accent de l'hyène.

— Vous savez qu'un mensonge est un péché mortel ?

— Oui, ma cousine.

— Hé ! bien, vous êtes devant Dieu ! dit la vieille fille en lui montrant par un geste solennel les jardins et le ciel, jurez-moi que vous ne connaissiez pas ce paysan.

— Je ne jurerai pas, dit Pierrette.

— Ah ! ce n'était pas un paysan, petite vipère !

Pierrette se sauva comme une biche effrayée à travers le jardin, épouvantée de cette question morale. Sa cousine l'appela d'une voix terrible.

— On sonne, répondit-elle.

— Ah ! quelle petite sournoise, se dit Sylvie, elle a l'esprit retors, et maintenant je suis sûre que cette petite couleuvre entortille le colonel. Elle nous a entendus dire qu'il était baron. Être baronne ! petite sotte ! Oh ! je me débarrasserai d'elle en la mettant en apprentissage, et tôt.

Sylvie resta si bien perdue dans ses pensées, qu'elle ne vit pas son frère descendant l'allée et regardant les désastres produits par la gelée sur ses dahlias.

— Eh! bien, Sylvie, à quoi penses-tu donc là? j'ai cru que tu regardais des poissons! quelquefois il y en a qui sautent hors de l'eau.

— Non, dit-elle.

— Eh! bien, comment as-tu dormi? Et il se mit à lui raconter ses rêves de la nuit. Ne me trouves-tu pas le teint *mâchuré?* Autre mot du vocabulaire Rogron.

Depuis que Rogron aimait, ne profanons pas ce mot, désirait mademoiselle de Chargeboeuf, il s'inquiétait beaucoup de son air et de lui-même. Pierrette descendit en ce moment le perron, et annonça de loin que le déjeuner était prêt. En voyant sa cousine, le teint de Sylvie se plaqua de vert et jaunit : toute sa bile se mit en mouvement. Elle regarda le corridor, et trouva que Pierrette aurait dû l'avoir frotté.

— Je frotterai si vous le voulez, répondit cet ange en ignorant le danger auquel ce travail expose une jeune fille.

La salle à manger était irréprochablement arrangée. Sylvie s'assit et affecta pendant tout le déjeuner d'avoir besoin de choses auxquelles elle n'aurait pas songé dans un état calme, et qu'elle demanda pour faire lever Pierrette, en saisissant le moment où la pauvre petite se remettait à manger. Mais une tracasserie ne suffisait pas, elle cherchait un sujet de reproche, et elle se colérait intérieurement de n'en pas trouver. S'il y avait eu des œufs frais, elle aurait eu certes à se plaindre de la cuisson du sien. Elle répondait à peine aux sottes questions de son frère, et cependant elle ne regardait que lui. Ses yeux évitaient Pierrette. Pierrette était éminemment sensible à ce manége. Pierrette apporta le café de sa cousine comme celui de son cousin, dans un grand gobelet d'argent où elle faisait chauffer le lait mélangé de crème au bain-marie. Le frère et la sœur y mêlaient eux-mêmes le café noir fait par Sylvie, en doses convenables. Quand elle eut minutieusement préparé sa jouissance, elle aperçut une légère poussière de café; elle la saisit avec affectation dans le tourbillon jaune, la regarda, se pencha pour la mieux voir. L'orage éclata.

— Qu'est-ce que tu as? dit Rogron.

— J'ai... que mademoiselle a mis de la cendre dans mon café. Comme c'est agréable de prendre du café à la cendre!... Hé! ce n'est pas étonnant : on ne fait jamais bien deux choses à la fois. Elle pensait bien au café ! Un merle aurait pu voler par sa cuisine, elle n'y aurait pas pris garde ce matin ! comment aurait-elle pu voir voler la cendre ? Et puis le café de sa cousine ! Ah ! cela lui est bien égal.

Elle parla sur ce ton pendant qu'elle mettait sur le bord de l'assiette la poudre de café passée à travers le filtre, et quelques grains de sucre qui ne fondaient pas.

— Mais, ma cousine, c'est du café, dit Pierrette.

— Ah ! c'est moi qui mens ? s'écria Sylvie en regardant Pierrette et la foudroyant par une effroyable lueur que son œil dégageait en colère.

Ces organisations que la passion n'a point ravagées ont à leur service une grande abondance de fluide vital. Ce phénomène de l'excessive clarté de l'œil dans les moments de colère s'était d'autant mieux établi chez mademoiselle Rogron, que jadis, dans sa boutique, elle avait eu lieu d'user de la puissance de son regard, en ouvrant démesurément ses yeux, toujours pour imprimer une terreur salutaire à ses inférieurs.

— Je vous conseille de me donner des démentis, reprit-elle, vous qui mériteriez de sortir de table et d'aller manger seule à la cuisine.

— Qu'avez-vous donc toutes deux ? s'écria Rogron, vous êtes comme des *crins*, ce matin.

— Mademoiselle sait ce que j'ai contre elle. Je lui laisse le temps de prendre une décision avant de t'en parler, car j'aurai pour elle plus de bontés qu'elle n'en mérite !

Pierrette regardait sur la place, à travers les vitres, afin d'éviter de voir les yeux de sa cousine qui l'effrayaient.

— Elle n'a pas plus l'air de m'écouter que si je parlais à ce sucrier ! Elle a cependant l'oreille fine, elle cause du haut d'une maison et répond à quelqu'un qui se trouve en bas... Elle est d'une perversité, ta pupille ! d'une perversité sans nom, et tu ne dois t'attendre à rien de bon d'elle, entends-tu, Rogron ?

— Qu'a-t-elle fait de si grave ? demanda le frère à la sœur.

— A son âge ! c'est commencer de bonne heure, s'écria la vieille fille enragée.

Pierrette se leva pour desservir afin d'avoir une contenance, elle ne savait comment se tenir. Quoique ce langage ne fût pas nouveau pour elle, elle n'avait jamais pu s'y habituer. La colère de sa cousine lui faisait croire à quelque crime. Elle se demanda quelle serait sa fureur si elle savait l'escapade de Brigaut. Peut-être lui ôterait-on Brigaut. Elle eut à la fois les mille pensées de l'esclave, si rapides, si profondes, et résolut d'opposer un silence absolu sur un fait où sa conscience ne lui signalait rien de mauvais. Elle eut à entendre des paroles si dures, si âpres, des suppositions si blessantes, qu'en entrant dans la cuisine elle fut prise d'une contraction à l'estomac et d'un vomissement affreux. Elle n'osa se plaindre, elle n'était pas sûre d'obtenir des soins. Elle revint pâle, blême, dit qu'elle ne se trouvait pas bien, et monta se coucher en se tenant de marche en marche à la rampe, et croyant l'heure de sa mort arrivée. — Pauvre Brigaut! se disait-elle.

— Elle est malade! dit Rogron.

— Elle, malade! Mais c'est des *giries!* répondit à haute voix Sylvie et de manière à être entendue. Elle n'était pas malade ce matin, va!

Ce dernier coup atterra Pierrette, qui se coucha dans ses larmes en demandant à Dieu de la retirer de ce monde.

Depuis environ un mois, Rogron n'avait plus à porter le *Constitutionnel* chez Gouraud; le colonel venait obséquieusement chercher le journal, faire la conversation, et emmenait Rogron quand le temps était beau. Sûre de voir le colonel et de pouvoir le questionner, Sylvie s'habilla coquettement. La vieille fille croyait être coquette en mettant une robe verte et un petit châle de cachemire jaune à bordure rouge, un chapeau blanc à maigres plumes grises. Vers l'heure où le colonel devait arriver, Sylvie stationna dans le salon avec son frère, qu'elle avait contraint à rester en pantoufles et en robe de chambre.

— Il fait beau, colonel! dit Rogron en entendant le pas pesant de Gouraud; mais je ne suis pas habillé, ma sœur voulait peut-être sortir, elle m'a fait garder la maison, attendez-moi.

Rogron laissa Sylvie seule avec le colonel.

— Où voulez-vous donc aller? vous voilà mise comme une divinité, demanda Gouraud qui remarquait un certain air solennel sur l'ample visage grêlé de la vieille fille.

— Je voulais sortir; mais comme la petite n'est pas bien, je reste.

— Qu'a-t-elle donc?

— Je ne sais, elle a demandé à se coucher.

La prudence pour ne pas dire la méfiance de Gouraud était incessamment éveillée par les résultats de son alliance avec Vinet. Évidemment la plus belle part était celle de l'avocat. L'avocat rédigeait le journal, il y régnait en maître, il en appliquait les revenus à sa rédaction ; tandis que le colonel, éditeur responsable, y gagnait peu de chose. Vinet et Cournant avaient rendu d'énormes services aux Rogron, le colonel en retraite ne pouvait rien pour eux. Qui serait député ? Vinet. Qui était le grand électeur ? Vinet. Qui consultait-on ? Vinet ! Enfin il connaissait pour le moins aussi bien que Vinet l'étendue et la profondeur de la passion allumée chez Rogron par la belle Bathilde de Chargebœuf. Cette passion devenait insensée, comme toutes les dernières passions des hommes. La voix de Bathilde faisait tressaillir le célibataire. Absorbé par ses désirs, Rogron les cachait, il n'osait espérer une pareille alliance. Pour sonder le mercier, le colonel s'était avisé de lui dire qu'il allait demander la main de Bathilde ; Rogron avait pâli de se voir un rival si redoutable, il était devenu froid pour Gouraud et presque haineux. Ainsi Vinet régnait de toute manière au logis, tandis que lui, colonel, ne s'y rattachait que par les liens hypothétiques d'une affection menteuse de sa part, et qui chez Sylvie ne s'était pas encore déclarée. Quand l'avocat lui avait révélé la manœuvre du prêtre en lui conseillant de rompre avec Sylvie et de se retourner vers Pierrette, Vinet avait flatté le penchant de Gouraud ; mais en analysant le sens intime de cette ouverture, en examinant bien le terrain autour de lui, le colonel crut apercevoir chez son allié l'espoir de le brouiller avec Sylvie et de profiter de la peur de la vieille fille pour faire tomber toute la fortune des Rogron dans les mains de mademoiselle de Chargebœuf. Aussi quand Rogron l'eut laissé seul avec Sylvie, la perspicacité du colonel s'empara-t-elle des légers indices qui trahissaient une pensée inquiète chez Sylvie. Il aperçut en elle le plan formé de se trouver sous les armes et pendant un moment seule avec lui. Le colonel, qui déjà soupçonnait véhémentement Vinet de lui jouer quelque mauvais tour attribua cette conférence à quelque secrète insinuation de ce singe judiciaire ; il se mit en garde comme quand il faisait une reconnaissance en pays ennemi, tenant l'œil sur la campagne, attentif au moindre bruit, l'esprit tendu, la main sur ses armes. Le colonel avait le défaut de ne jamais croire un seul mot de ce que disaient les femmes ; et quand la vieille fille mit Pierrette sur le tapis et la lui dit couchée à midi, le colonel pensa que Sylvie l'avait simplement mise en pénitence dans sa chambre et par jalousie.

— Elle devient très-gentille, cette petite, dit-il d'un air dégagé.

— Elle sera jolie, répondit mademoiselle Rogron.

— Vous devriez maintenant l'envoyer à Paris dans un magasin, ajouta le colonel. Elle y ferait fortune. On veut de très-jolies filles aujourd'hui chez les modistes.

— Est-ce bien là votre avis? demanda Sylvie d'une voix troublée.

— Bon! j'y suis, pensa le colonel. Vinet aura conseillé de nous marier un jour, Pierrette et moi, pour me perdre dans l'esprit de cette vieille sorcière. — Mais, dit-il à haute voix, qu'en voulez-vous faire? Ne voyez-vous pas une fille d'une incomparable beauté, Bathilde de Chargebœuf, une fille noble, bien apparentée, réduite à coiffer sainte Catherine : personne n'en veut. Pierrette n'a rien, elle ne se marierait jamais. Croyez-vous que la jeunesse et la beauté puissent être quelque chose pour moi, par exemple; moi qui, capitaine de cavalerie dans la Garde Impériale, dès que l'Empereur a eu sa Garde, ai mis mes bottes dans toutes les capitales et connu les plus jolies femmes de ces mêmes capitales? La jeunesse et la beauté, c'est diablement commun et sot!... ne m'en parlez plus. A quarante-huit ans, dit-il en se vieillissant, quand on a subi la déroute de Moscou, quand on a fait la terrible campagne de France, on a les reins un peu cassés, je suis un vieux bonhomme. Une femme comme vous me soignerait, me dorloterait; et sa fortune, jointe à mes pauvres mille écus de pension, me donnerait pour mes vieux jours un bien-être convenable, et je la préférerais mille fois à une mijaurée qui me causerait bien des désagréments, qui aurait trente ans et des passions quand j'aurais soixante ans et des rhumatismes. A mon âge, on calcule. Tenez, entre nous soit dit, je ne voudrais pas avoir d'enfant si je me mariais.

Le visage de Sylvie avait été clair pour le colonel pendant cette tirade, et son exclamation acheva de convaincre le colonel de la perfidie de Vinet.

— Ainsi, dit-elle, vous n'aimez pas Pierrette?

— Ah çà! êtes-vous folle, ma chère Sylvie? s'écria le colonel. Est-ce quand on n'a plus de dents qu'on essaie de casser des noisettes? Dieu merci, je suis dans mon bon sens et je me connais.

Sylvie ne voulut pas se mettre alors en jeu, elle se crut très-fine en faisant parler son frère.

— Mon frère, dit-elle, avait eu l'idée de vous marier.

— Mais votre frère ne saurait avoir une idée si incongrue. Il y a quelques jours, pour savoir son secret, je lui ai dit que j'aimais Bathilde, il est devenu blanc comme votre collerette.

— Il aime Bathilde, dit Sylvie.

— Comme un fou! Et certes Bathilde n'en veut qu'à son argent (Attrape, Vinet! pensa le colonel). Comment alors aurait-il parlé de Pierrette? Non, Sylvie, dit-il en lui prenant la main et la lui serrant d'une certaine façon, puisque vous m'avez mis sur ce chapitre... Il se rapprocha de Sylvie. Eh! bien... (il lui baisa la main, il était colonel de cavalerie, il avait donné des preuves de courage), sachez-le, je ne veux pas avoir d'autre femme que vous. Quoique ce mariage ait l'air d'être un mariage de convenance, de mon côté, je me sens de l'affection pour vous.

— Mais c'est moi qui *voulais* vous marier à Pierrette. Et si je lui donnais ma fortune... Hein! colonel?

— Mais je ne veux pas être malheureux dans mon intérieur, et dans dix ans y voir un jeune freluquet, comme Julliard, tournant autour de ma femme, et lui adressant des vers dans le journal. Je suis un peu trop homme sur ce point! Je ne ferai jamais un mariage disproportionné sous le rapport de l'âge.

— Eh! bien, colonel, nous causerons de tout cela sérieusement, dit Sylvie en lui jetant un regard qu'elle crut plein d'amour et qui ressemblait assez à celui d'une ogresse. Ses lèvres froides et d'un violet cru se tirèrent sur ses dents jaunes, et elle croyait sourire.

— Me voilà, dit Rogron en emmenant le colonel qui salua courtoisement la vieille fille.

Gouraud résolut de presser son mariage avec Sylvie et de devenir ainsi maître au logis, en se promettant de se débarrasser, par l'influence qu'il acquerrait sur Sylvie pendant la lune de miel, de Bathilde et de Céleste Habert. Aussi pendant cette promenade dit-il à Rogron qu'il s'était amusé de lui l'autre jour : il n'avait aucune prétention sur le cœur de Bathilde, il n'était pas assez riche pour épouser une femme sans dot ; puis il lui confia son projet, il avait choisi sa sœur depuis longtemps, à cause de ses bonnes qualités, il aspirait enfin à l'honneur de devenir son beau-frère.

— Ah! colonel! ah! baron! s'il ne faut que mon consentement, ce sera fait dans les délais voulus par la loi, s'écria Rogron heureux de se voir débarrassé de ce terrible rival.

Sylvie passa toute sa matinée dans son appartement à examiner s'il y avait place pour un ménage. Elle résolut de bâtir pour son frère un second étage, et de faire arranger convenablement le premier pour elle et son mari; mais elle se promit aussi, selon la fantaisie de toute vieille fille, de soumettre le colonel à quelques épreuves pour juger de son cœur et de ses mœurs, avant de se décider. Elle conservait des doutes et voulait être sûre que Pierrette n'avait aucune accointance avec le colonel.

Pierrette descendit à l'heure du dîner pour mettre le couvert. Sylvie avait été obligée de faire la cuisine, et avait taché sa robe en s'écriant — : Maudite Pierrette ! Il était évident que si Pierrette avait préparé le dîner, Sylvie n'eût pas attrapé cette tache de graisse sur sa robe de soie.

— Vous voilà, la belle picheline ? Vous êtes comme le chien du maréchal que le bruit des casseroles réveille et qui dort sous la forge ! Ah ! vous voulez qu'on vous croie malade, petite menteuse !

Cette idée : Vous ne m'avez pas avoué la vérité sur ce qui s'est passé ce matin sur la place, donc vous mentez dans tout ce que vous dites, fut comme un marteau avec lequel Sylvie allait frapper sans relâche sur le cœur et sur la tête de Pierrette.

Au grand étonnement de Pierrette, Sylvie l'envoya s'habiller pour la soirée, après le dîner. L'imagination la plus alerte est encore au-dessous de l'activité que donne le soupçon à l'esprit d'une vieille fille. Dans ce cas, la vieille fille l'emporte sur les politiques, les avoués et les notaires, sur les escompteurs et les avares. Sylvie se promit de consulter Vinet, après avoir tout examiné autour d'elle. Elle voulut avoir Pierrette auprès d'elle afin de savoir par la contenance de la petite si le colonel avait dit vrai. Mesdames de Chargebœuf vinrent les premières. D'après le conseil de son cousin Vinet, Bathilde avait redoublé d'élégance. Elle était vêtue d'une délicieuse robe bleue en velours de coton, toujours le fichu clair, des grappes de raisins en grenat et or aux oreilles, les cheveux en *ringleet*, la jeannette astucieuse, de petits souliers en satin noir, des bas de soie gris, et des gants de Suède ; puis des airs de reine et des coquetteries de jeune fille à prendre tous les Rogron de la rivière. La mère, calme et digne, conservait comme sa fille une certaine impertinence aristocratique avec laquelle ces deux femmes sauvaient tout et où perçait l'esprit de leur caste. Bathilde était douée d'un esprit supérieur que Vinet seul avait su deviner après deux mois de séjour des dames de Chargebœuf chez lui. Quand il eut mesuré la profondeur de cette fille froissée par l'inutilité de sa jeunesse et de sa beauté, éclairée par le mépris que lui inspiraient les hommes d'une époque où l'argent était leur seule idole, Vinet surpris s'écria : — Si c'était vous que j'eusse épousée, Bathilde, je serais aujourd'hui en passe d'être Garde des Sceaux. Je me serais appelé Vinet de Chargebœuf, et je siégerais à droite !

Bathilde ne portait dans son désir de mariage aucune idée vulgaire, elle ne se mariait pas pour être mère, elle ne se mariait pas pour avoir un mari, elle se mariait pour être libre, pour avoir un éditeur responsable, pour s'appeler madame et pouvoir agir comme agissent les hommes. Rogron était un nom pour elle, elle comptait faire quelque chose de cet imbécile, un Député votant dont elle serait l'âme ; elle avait à se venger de sa famille qui ne s'était point occupée d'une fille pauvre. Vinet avait beaucoup étendu, fortifié ses idées en les admirant et les approuvant.

— Chère cousine, lui disait-il en lui expliquant quelle influence avaient les femmes et lui montrant la sphère d'action qui leur était propre, croyez-vous que Tiphaine, un homme de la dernière médiocrité, arrive par lui-même au Tribunal de Première Instance à Paris ! Mais c'est madame Tiphaine qui l'a fait nommer Député, c'est elle qui le pousse à Paris. Sa mère, madame Roguin, est une fine commère qui fait ce qu'elle veut du fameux banquier du Tillet, l'un des compères de Nucingen, tous deux liés avec les Keller, et ces trois maisons rendent des services ou au gouvernement ou à ses hommes les plus dévoués, les bureaux sont au mieux avec ces loups-cerviers de la Banque, et ces gens-là connaissent tout Paris. Il n'y a pas de raison pour que Tiphaine n'arrive pas à être Président de quelque Cour Royale. Épousez Rogron, nous en ferons un Député de Provins quand j'aurai conquis pour moi un autre collège de Seine-et-Marne. Vous aurez alors une Recette Générale, une de ces places où Rogron n'aura qu'à signer. Nous serons de l'Opposition si elle triomphe, mais si les Bourbons restent, ah ! comme nous inclinerons tout doucement vers le Centre ! D'ailleurs, Rogron ne vivra pas éternellement, et vous épouserez un homme titré plus tard. Enfin, soyez dans une belle position, et les Chargebœuf nous serviront. Votre misère comme la mienne vous aura donné sans doute la mesure de ce que valent les hommes : il faut se servir d'eux comme on se sert des chevaux de poste. Un homme ou une femme nous amène de telle à telle étape.

Vinet avait fait de Bathilde une petite Catherine de Médicis. Il laissait sa femme au logis heureuse avec ses deux enfants, et il accompagnait toujours mesdames de Chargebœuf chez les Rogron. Il arriva dans toute sa gloire de tribun champenois. Il avait alors de jolies besicles à branches d'or, un gilet de soie, une cravate blanche, un pantalon noir, des bottes fines et un habit noir fait à Paris, une montre d'or, une chaîne. Au lieu de l'ancien Vinet pâle et maigre, hargneux et sombre, il montrait dans le Vinet actuel une tenue d'homme politique ; il marchait, sûr de sa fortune, avec la sécurité particulière à l'homme du Palais qui connaît les cavernes du Droit. Sa petite tête rusée était si bien peignée, son menton bien rasé lui donnait un air si mignard quoique froid, qu'il paraissait agréable dans le genre de Robespierre. Certes, il pouvait être un délicieux Procureur-Général à l'éloquence élastique, dangereuse et meurtrière, ou un orateur d'une finesse à la Benjamin Constant. L'aigreur et la haine qui l'animaient naguère avaient tourné en une douceur perfide. Le poison s'était changé en médecine.

— Bonjour, ma chère, comment allez-vous? dit madame de Chargebœuf à Sylvie.

Bathilde alla droit à la cheminée, ôta son chapeau, se mira dans la glace et mit son joli pied sur la barre du garde-cendre pour le montrer à Rogron.

— Qu'avez-vous donc, monsieur? lui dit-elle en le regardant, vous ne me saluez pas? Ah! bien, on mettra pour vous des robes de velours...

Elle coupa Pierrette pour aller porter sur un fauteuil son chapeau que la petite fille lui prit des mains et qu'elle lui laissa prendre comme si la Bretonne était une femme de chambre. Les hommes passent pour être bien féroces et les tigres aussi ; mais ni les tigres, ni les vipères, ni les diplomates, ni les gens de justice, ni les bourreaux, ni les rois ne peuvent, dans leurs plus grandes atrocités, approcher des cruautés douces, des douceurs empoisonnées, des mépris sauvages des demoiselles entre elles quand les unes se croient supérieures aux autres en naissance, en fortune, en grâce, et qu'il s'agit de mariage, de préséance, enfin des mille rivalités de femme.

Le : Merci, mademoiselle, que dit Bathilde à Pierrette, était un poème en douze chants.

Elle s'appelait Bathilde et l'autre Pierrette. Elle était une Chargebœuf, l'autre une Lorrain ! Pierrette était petite et souffrante, Bathilde était grande et pleine de vie ! Pierrette était nourrie par charité, Bathilde et sa mère avaient leur indépendance ! Pierrette portait une robe de stoff à guimpe, Bathilde faisait onduler le velours bleu de la sienne ! Bathilde avait les plus riches épaules du département, un bras de reine ; Pierrette avait des omoplates et des bras maigres ! Pierrette était Cendrillon, Bathilde était la fée ! Bathilde allait se marier, Pierrette allait mourir fille ! Bathilde était adorée, Pierrette n'était aimée de personne ! Bathilde avait une ravissante coiffure, elle avait du goût ; Pierrette cachait ses cheveux sous un petit bonnet et ne connaissait rien à la mode ! Épilogue : Bathilde était tout, Pierrette n'était rien. La fière Bretonne comprenait bien cet horrible poème.

— Bonjour, ma petite, lui dit madame de Chargebœuf du haut de sa grandeur et avec l'accent que lui donnait son nez pincé du bout.

Vinet mit le comble à ces sortes d'injures en regardant Pierrette et disant : — Oh ! oh ! oh ! sur trois tons. Que nous sommes belle, Pierrette, ce soir !

— Belle, dit la pauvre enfant, ce n'est pas à moi, mais à votre cousine qu'il faut adresser ce mot.

— Oh ! ma cousine l'est toujours, répondit l'avocat. N'est-ce pas, père Rogron ? dit-il en se tournant vers le maître du logis et lui frappant dans la main.

— Oui, répondit Rogron.

— Pourquoi le faire parler contre sa pensée ? Il ne m'a jamais trouvée de son goût, reprit Bathilde en se tenant devant Rogron. N'est-il pas vrai ? Regardez-moi.

Rogron la contempla des pieds à la tête, et ferma doucement les yeux comme un chat à qui l'on gratte le crâne.

— Vous êtes trop belle, dit-il, trop dangereuse à voir.

— Pourquoi ?

Rogron regarda les tisons et garda le silence. En ce moment mademoiselle Habert entra suivie du colonel. Céleste Habert, devenue l'ennemi commun, ne comptait que Sylvie pour elle ; mais chacun lui témoignait d'autant plus d'égards, de politesses et d'aimables attentions que chacun la sapait, en sorte qu'elle était entre ces preuves d'intérêt et la défiance que son frère éveillait en elle. Le vicaire, quoique loin du théâtre de la guerre, y devinait tout. Aussi, quand il comprit que les espérances de sa sœur étaient mortes, devint-il un des plus terrribles antagonistes des Rogron. Chacun se peindra mademoiselle Habert sur-le-champ, quand on saura que, si elle n'avait pas été maîtresse et archimaîtresse de pension, elle aurait toujours eu l'air d'être une institutrice. Les institutrices ont une manière à elles de mettre leurs bonnets. De même que les vieilles Anglaises ont acquis le monopole des turbans, les institutrices ont le monopole de ces bonnets ; la carcasse y domine les fleurs, les fleurs en sont plus qu'artificielles ; long-temps gardé dans les armoires, ce bonnet est toujours neuf et toujours vieux, même le premier jour. Ces filles font consister leur honneur à imiter les mannequins des peintres ; elles sont assises sur leurs hanches et non sur leurs chaises. Quand on leur parle, elles tournent en bloc sur leur buste au lieu de ne tourner que leur tête ; et, quand leurs robes crient, on est tenté de croire que les ressorts de ces espèces de mécanismes sont dérangés. Mademoiselle Habert, l'idéal de ce genre, avait l'œil sévère, la bouche grimée, et sous son menton rayé de rides les brides de son bonnet, flasques et flétries, allaient et venaient au gré de ses mouvements. Elle avait un petit agrément dans deux signes un peu forts, un peu bruns, ornés de poils qu'elle laissait croître comme des clématites échevelées. Enfin elle prenait du tabac et le prenait sans grâce. On se mit au travail du boston. Sylvie eut en face d'elle mademoiselle Habert, et le colonel fut mis à côté, devant madame de Chargebœuf. Bathilde resta près de sa mère et de Rogron. Sylvie plaça Pierrette entre elle et le colonel. Rogron déploya l'autre table, au cas où messieurs Néraud, Cournant et sa femme viendraient. Vinet et Bathilde savaient jouer le whist, que jouaient monsieur et madame Cournant. Depuis que ces dames de Chargebœuf, comme disaient les gens de Provins, venaient chez les Rogron, les deux lampes brillaient sur la cheminée entre les candélabres et la pendule, et les tables étaient éclairées en bougies à quarante sous la livre, payées d'ailleurs par le prix des cartes.

— Eh ! bien, Pierrette, prends donc ton ouvrage, ma fille, dit Sylvie à sa cousine avec une perfide douceur en la voyant regarder le jeu du colonel.

Elle affectait de toujours très-bien traiter Pierrette en public. Cette infâme tromperie irritait la loyale Bretonne et lui faisait mépriser sa cousine. Pierrette prit sa broderie ; mais, en tirant ses points, elle continuait à regarder dans le jeu de Gouraud. Gouraud n'avait pas l'air de savoir qu'il eût une petite fille à côté de lui. Sylvie l'observait et commençait à trouver cette indifférence excessivement suspecte. Il y eut un moment dans la soirée où la vieille fille entreprit une grande Misère en cœur, le panier était plein de fiches et contenait en outre vingt-sept sous. Les Cournant et Néraud étaient venus. Le vieux Juge-suppléant, Desfondrilles, à qui le Ministère de la Justice trouvait la capacité d'un juge en le chargeant des fonctions de Juge-d'Instruction, mais qui n'avait jamais assez de talent dès qu'il s'agissait d'être juge en pied, et qui, depuis deux mois, abandonnait le parti des Tiphaine et se tournait vers le parti Vinet, se tenait devant la cheminée, le dos au feu, les basques de son habit relevées. Il regardait ce magnifique salon où brillait mademoiselle de Chargebœuf, car il semblait que cette décoration rouge eût été faite exprès pour rehausser les beautés de cette magnifique personne. Le silence régnait, Pierrette regardait jouer la Misère, et l'attention de Sylvie avait été détournée par l'intérêt du coup.

— Jouez là, dit Pierrette au colonel en lui indiquant cœur.

Le colonel entame une séquence de cœur ; les cœurs étaient entre Sylvie et lui ; le colonel atteint l'as, quoiqu'il fût gardé chez Sylvie par cinq petites cartes.

— Le coup n'est pas loyal, Pierrette a vu mon jeu, et le colonel s'est laissé conseiller par elle.

— Mais, mademoiselle, dit Céleste, le jeu du colonel était de continuer cœur, puisqu'il vous en trouvait !

Cette phrase fit sourire monsieur Desfondrilles, homme fin et qui avait fini par s'amuser de tous les intérêts en jeu dans Provins, où il jouait le rôle de Rigaudin de *la Maison en loterie* de Picard.

— C'est le jeu du colonel, dit Cournant sans savoir de quoi il s'agissait.

Sylvie jeta sur mademoiselle Habert un de ces regards de vieille fille à vieille fille, atroce et doucereux.

— Pierrette, vous avez vu mon jeu, dit Sylvie en fixant ses yeux sur sa cousine.

— Non, ma cousine.

— Je vous regardais tous, dit le juge archéologue, je puis certifier que la petite n'a vu que le colonel.

— Bah! les petites filles, dit Gouraud épouvanté, savent joliment couler leurs yeux en douceur.

— Ah! fit Sylvie.

— Oui, reprit Gouraud, elle a pu voir dans votre jeu pour vous jouer une malice. N'est-ce pas, ma petite belle?

— Non, dit la loyale Bretonne, j'en suis incapable, et je me serais dans ce cas intéressée au jeu de ma cousine.

— Vous savez bien que vous êtes une menteuse, et de plus une petite sotte, dit Sylvie. Comment peut-on, depuis ce qui s'est passé ce matin, ajouter la moindre foi à vos paroles? Vous êtes une.....

Pierrette ne laissa pas sa cousine achever en sa présence ce qu'elle allait dire. En devinant un torrent d'injures, elle se leva, sortit sans lumière et monta chez elle. Sylvie devint pâle de rage et dit entre ses dents : — Elle me le payera.

— Payez-vous la Misère? dit madame de Chargebœuf.

En ce moment la pauvre Pierrette se cogna le front à la porte du corridor que le juge avait laissée ouverte.

— Bon, c'est bien fait! s'écria Sylvie.

— Que lui arrive-t-il? demanda Desfondrilles.

— Rien qu'elle ne mérite, répondit Sylvie.

— Elle a reçu quelque mauvais coup, dit mademoiselle Habert.

Sylvie essaya de ne pas payer sa Misère en se levant pour aller voir ce qu'avait fait Pierrette, mais madame de Chargebœuf l'arrêta.

— Payez-nous d'abord, lui dit-elle en riant, car vous ne vous souviendriez plus de rien en revenant.

Cette proposition, fondée sur la mauvaise foi que l'ex-mercière mettait dans ses dettes de jeu ou dans ses chicanes, obtint l'assentiment général. Sylvie se rassit, ne pensa plus à Pierrette, et cette indifférence n'étonna personne. Pendant toute la soirée, Sylvie eut une préoccupation constante. Quand le boston fut fini, vers neuf heures et demie, elle se plongea dans une bergère au coin de sa cheminée et ne se leva que pour les salutations et les adieux. Le colonel la mettait à la torture, elle ne savait plus que penser de lui.

— Les hommes sont si faux! dit-elle en s'endormant.

Pierrette s'était donné un coup affreux dans le champ de la porte qu'elle avait heurtée avec sa tête à la hauteur de l'oreille, à l'endroit où les jeunes filles séparent de leurs cheveux cette portion qu'elles mettent en papillotes. Le lendemain, il s'y trouva de fortes ecchymoses.

— Dieu vous a punie, lui dit sa cousine le lendemain au déjeuner, vous m'avez désobéi, vous avez manqué au respect que vous me devez en ne m'écoutant pas et en vous en allant au milieu de ma phrase, vous n'avez que ce que vous méritez.

— Cependant, dit Rogron, il faudrait y mettre une compresse d'eau et de sel.

— Bah! ce ne sera rien, mon cousin, dit Pierrette.

La pauvre enfant en était arrivée à trouver une preuve d'intérêt dans l'observation de son tuteur.

La semaine s'acheva comme elle avait commencé, dans des tourments continuels. Sylvie devint ingénieuse et poussa les raffinements de sa tyrannie jusqu'aux recherches les plus sauvages. Les Illinois, les Chérokées, les Mohicans auraient pu s'instruire avec elle. Pierrette n'osa pas se plaindre des souffrances vagues, des douleurs qu'elle sentit à la tête. La source du mécontentement de sa cousine était la non-révélation relativement à Brigaut, et, par un entêtement breton, Pierrette s'obstinait à garder un silence très-explicable. Chacun comprendra maintenant quel fut le regard que l'enfant jeta sur Brigaut, qu'elle crut perdu pour elle, s'il était découvert, et que, par instinct, elle voulait avoir près d'elle, heureuse de le savoir à Provins. Quelle joie pour elle d'apercevoir Brigaut! L'aspect de son camarade d'enfance était comparable au regard que jette un exilé de loin sur sa patrie, au regard du martyr sur le ciel où ses yeux armés d'une seconde vue ont la puissance de pénétrer pendant les ardeurs du supplice. Le dernier regard de Pierrette avait été si parfaitement compris par le fils du major, que, tout en rabotant ses planches, en ouvrant son compas, prenant ses mesures et ajustant ses bois, il se creusait la cervelle pour pouvoir correspondre avec Pierrette. Brigaut finit par arriver à cette machination d'une excessive simplicité. A une certaine heure de la nuit, Pierrette déroulerait une ficelle au bout de laquelle il attacherait une lettre. Au milieu de souffrances horribles que causait à Pierrette sa double maladie, un dépôt qui se formait à sa tête et le dérangement de sa constitution, elle était soutenue par la pensée de correspondre avec Brigaut. Un même désir agitait ces deux cœurs; séparés, ils s'entendaient! A chaque coup reçu dans le cœur, à chaque élancement de la tête, Pierrette se disait : — Brigaut est ici! Et alors elle souffrait sans se plaindre.

Au premier marché qui suivit leur première rencontre à l'église, Brigaut guetta sa petite amie. Quoiqu'il la vît tremblant et pâle comme une feuille de novembre près de quitter son rameau, sans perdre la tête, il marchanda des fruits à la marchande avec laquelle la terrible Sylvie marchandait sa provision. Brigaut put glisser un billet à Pierrette, et Brigaut le glissa naturellement en plaisantant la marchande et avec l'aplomb d'un roué, comme s'il n'avait jamais fait que ce métier, tant il mit de sang-froid à son action, malgré le sang chaud qui sifflait à ses oreilles et qui sortait bouillonnant de son cœur en lui brisant les veines et les artères. Il eut la résolution d'un vieux forçat au dehors, et au dedans les tremblements de l'innocence, absolument comme certaines mères dans leurs crises mortelles où elles sont prises entre deux dangers, entre deux précipices. Pierrette eut les vertiges de Brigaut, elle serra le papier dans la poche de son tablier. Les plaques de ses pommettes passèrent au rouge cerise des feux violents. Ces deux enfants éprouvèrent de part et d'autre, à leur insu, des sensations à défrayer dix amours vulgaires. Ce moment leur laissa dans l'âme une source vive d'émotions. Sylvie, qui ne connaissait pas l'accent breton, ne pouvait voir un amoureux dans Brigaut, et Pierrette revint au logis avec son trésor.

Les lettres de ces deux pauvres enfants devaient servir de pièces dans un horrible débat judiciaire; car sans ces fatales circonstances, elles n'eussent jamais été connues. Voici donc ce que Pierrette lut le soir dans sa chambre.

« Ma chère Pierrette, à minuit, à l'heure où chacun dort, mais
» où je veillerai pour toi, je serai toutes les nuits au bas de la
» fenêtre de la cuisine. Tu peux descendre par ta croisée une ficelle
» assez longue pour qu'elle arrive jusqu'à moi, ce qui ne fera pas
» de bruit, et tu y attacheras ce que tu auras à m'écrire. Je te
» répondrai par le même moyen. J'ai su qu'*ils* t'avaient appris à lire
» et à écrire, ces misérables parents qui te devaient faire tant de
» bien et qui te font tant de mal! Toi, Pierrette, fille d'un colonel
» mort pour la France, réduite par ces monstres à faire leur cui-
» sine!... Voilà donc où sont en allées tes jolies couleurs et ta belle
» santé! Qu'est devenue ma Pierrette? qu'en ont-ils fait? Je vois

» bien que tu n'es pas à ton aise. Oh! Pierrette, retournons en Bre-
» tagne. Je puis gagner de quoi te donner tout ce qui te manque :
» tu pourras avoir trois francs par jour ; car j'en gagne de quatre à
» cinq, et trente sous me suffisent. Ah! Pierrette, comme j'ai prié
» le bon Dieu pour toi depuis que je t'ai revue! Je lui ai dit de me
» donner toutes tes souffrances et de te départir tous les plaisirs.
» Que fais-tu donc avec eux, qu'ils te gardent? Ta grand'mère est
» plus qu'eux. Ces Rogron sont venimeux, ils t'ont ôté ta gaieté.
» Tu ne marches plus à Provins comme tu te mouvais en Bretagne.
» Retournons en Bretagne! Enfin je suis là pour te servir, pour faire
» tes commandements, et tu me diras ce que tu veux. Si tu as
» besoin d'argent, j'ai à nous soixante écus, et j'aurai la douleur de
» te les envoyer par la ficelle au lieu de baiser avec respect tes
» chères mains en les y mettant. Ah! voilà bien du temps, ma pauvre
» Pierrette, que le bleu du ciel s'est brouillé pour moi. Je n'ai pas eu
» deux heures de plaisir depuis que je t'ai mise dans cette diligence
» de malheur; et quand je t'ai revue comme une ombre, cette sor-
» cière de parente a troublé notre heur. Enfin nous aurons la con-
» solation tous les dimanches de prier Dieu ensemble, il nous écou-
» tera peut-être mieux. Sans adieu, ma chère Pierrette, et à cette
» nuit. »

Cette lettre émut tellement Pierrette qu'elle demeura plus d'une heure à la relire et à la regarder ; mais elle pensa non sans douleur qu'elle n'avait rien pour écrire. Elle entreprit donc le difficile voyage de sa mansarde à la salle à manger, où elle pouvait trouver de l'encre, une plume, du papier, et put l'accomplir sans avoir réveillé sa terrible cousine. Quelques instants avant minuit elle avait écrit cette lettre, qui fut également citée au procès.

« Mon ami, oh! oui, mon ami ; car il n'y a que toi, Jacques,
» et ma grand'mère qui m'aimiez. Que Dieu me le pardonne, mais
» vous êtes aussi les deux seules personnes que j'aime l'une comme
» l'autre, ni plus ni moins. J'étais trop petite pour avoir pu con-
» naître ma petite maman ; mais toi, Jacques, et ma grand'mère,
» mon grand-père aussi, Dieu lui donne le ciel, car il a bien souffert
» de sa ruine, qui a été la mienne, enfin vous deux qui êtes restés,
» je vous aime autant que je suis malheureuse! Aussi, pour con-
» naître combien je vous aime faudrait-il que vous sachiez combien
» je souffre; et je ne le désire pas, cela vous ferait trop de peine.
» On me parle comme nous ne parlons pas aux chiens! on me

» traite comme la dernière des dernières! et j'ai beau m'examiner
» comme si j'étais devant Dieu, je ne me trouve pas de fautes envers
» eux. Avant que tu ne me chantes le chant des mariées, je reconnais-
» sais la bonté de Dieu dans mes douleurs; car, comme je le priais
» de me retirer de ce monde, et que je me sentais bien malade,
» je me disais : Dieu m'entend! Mais, Brigaut, puisque te voilà,
» je veux nous en aller en Bretagne retrouver ma grand'maman
» qui m'aime, quoiqu'ils m'aient dit qu'elle m'avait volé huit mille
» francs. Est-ce que je puis posséder huit mille francs, Brigaut? S'ils
» sont à moi, peux-tu les avoir? Mais c'est des mensonges; si
» nous avions huit mille francs, ma grand'mère ne serait pas à Saint-
» Jacques. Je n'ai pas voulu troubler ses derniers jours, à cette
» bonne sainte femme, par le récit de mes tourments : elle serait
» pour en mourir. Ah! si elle savait qu'on fait laver la vaisselle à sa
» petite-fille, elle qui me disait : Laisse ça, ma mignonne, quand
» dans ses malheurs je voulais l'aider; laisse, laisse, mon mignon,
» tu gâterais tes jolies menottes. Ah! bien, j'ai les ongles propres,
» va! La plupart du temps je ne puis porter le panier aux provisions,
» qui me scie le bras en revenant du marché. Cependant je ne crois
» pas que mon cousin et ma cousine soient méchants; mais c'est leur
» idée de toujours gronder, et il paraît que je ne puis pas les quitter.
» Mon cousin est mon tuteur. Un jour où j'ai voulu m'enfuir par
» trop de mal, et que je le leur ai dit, ma cousine Sylvie m'a
» répondu que la gendarmerie irait après moi, que la loi était pour
» mon tuteur, et j'ai bien compris que les cousins ne remplaçaient
» pas plus notre père ou notre mère que les saints ne remplacent
» le bon Dieu. Que veux-tu, mon pauvre Jacques, que je fasse de
» ton argent? Garde-le pour notre voyage. Oh! comme je pensais
» à toi et à Pen-Hoël et au grand étang! C'est là que nous avons
» mangé notre pain blanc en premier, car il me semble que je vais
» à mal. Je suis bien malade, Jacques! J'ai dans la tête des douleurs
» à crier, et dans les os, dans le dos, puis je ne sais quoi aux reins
» qui me tue, et je n'ai d'appétit que pour de vilaines choses, des
» racines, des feuilles; enfin j'aime à sentir l'odeur des papiers
» imprimés. Il y a des moments où je pleurerais si j'étais seule, car
» on ne me laisse rien faire à ma guise, et je n'ai même pas la per-
» mission de pleurer. Il faut me cacher pour offrir mes larmes à
» celui de qui nous tenons ces grâces que nous nommons nos afflic-
» tions. N'est-ce pas lui qui t'a donné la bonne pensée de venir

» chanter sous mes fenêtres le chant des mariées ? Ah ! Jacques, ma
» cousine, qui t'a entendu, m'a dit que j'avais un amant. Si tu
» veux être mon amant, aime-moi bien ; je te promets de t'aimer
» toujours comme par le passé et d'être ta fidèle servante.

» PIERRETTE LORRAIN. »

« Tu m'aimeras toujours, n'est-ce pas ? »

La Bretonne avait pris dans la cuisine une croûte de pain où elle fit un trou pour mettre la lettre et donner de l'aplomb à son fil. A minuit, après avoir ouvert sa fenêtre avec des précautions excessives, elle descendit sa lettre et le pain, qui ne pouvait faire aucun bruit en heurtant le mur ou les persiennes. Elle sentit le fil tiré par Brigaut qui le cassa, puis il s'éloigna lentement à pas de loup. Quand il fut au milieu de la place, elle put le voir indistinctement à la clarté des étoiles ; mais lui la contemplait dans la zone lumineuse de la lumière projetée par la chandelle. Ces deux enfants demeurèrent ainsi pendant une heure, Pierrette lui faisant signe de s'en aller, lui partant, elle restant, et lui revenant prendre son poste, et Pierrette lui commandant de nouveau de quitter la place. Ce manége eut lieu plusieurs fois jusqu'à ce que la petite fermât sa fenêtre, se couchât et soufflât sa lumière. Une fois au lit, elle s'endormit heureuse, quoique souffrante : elle avait la lettre de Brigaut sous son chevet. Elle dormit comme dorment les persécutés, d'un sommeil embelli par les anges, ce sommeil aux atmosphères d'or et d'outre-mer, pleines d'arabesques divines entrevues et rendues par Raphaël.

La nature morale avait tant d'empire sur cette délicate nature physique, que le lendemain Pierrette se leva joyeuse et légère comme une alouette, radieuse et gaie. Un pareil changement ne pouvait échapper à l'œil de sa cousine, qui, cette fois, au lieu de la gronder, se mit à l'observer avec l'attention d'une pie. D'où lui vient tant de bonheur ? fut une pensée de jalousie et non de tyrannie. Si le colonel n'eût pas occupé Sylvie, elle aurait dit à Pierrette comme autrefois : — Pierrette, vous êtes bien turbulente ou bien insouciante de ce que l'on vous dit ! La vieille fille résolut d'espionner Pierrette comme les vieilles filles savent espionner. Cette journée fut sombre et muette comme le moment qui précède un orage.

— Vous ne souffrez donc plus, mademoiselle ? dit Sylvie au dîner. Quand je te disais qu'elle fait tout cela pour nous tourmenter !

s'écria-t-elle en s'adressant à son frère, sans attendre la réponse de Pierrette.

— Au contraire, ma cousine, j'ai comme la fièvre...

— La fièvre de quoi? Vous êtes gaie comme pinson. Vous avez peut-être revu quelqu'un?

Pierrette frissonna et baissa les yeux sur son assiette.

— Tartufe! s'écria Sylvie. A quatorze ans! déjà! quelles dispositions! Mais vous serez donc une malheureuse?

— Je ne sais pas ce que vous voulez dire, reprit Pierrette en levant ses beaux yeux bruns lumineux sur sa cousine.

— Aujourd'hui, dit-elle, vous resterez dans la salle à manger avec une chandelle, à travailler. Vous êtes de trop au salon, et je ne veux pas que vous regardiez dans mon jeu pour conseiller vos favoris.

Pierrette ne sourcilla pas.

— Dissimulée! s'écria Sylvie en sortant.

Rogron, qui ne comprenait rien aux paroles de sa sœur, dit à Pierrette : — Qu'avez-vous donc ensemble? Tâche de plaire à ta cousine, Pierrette; elle est bien indulgente, bien douce, et si tu lui donnes de l'humeur, assurément tu dois avoir tort. Pourquoi vous chamaillez-vous? Moi, j'aime à vivre tranquille. Regarde mademoiselle Bathilde, tu devrais te modeler sur elle.

Pierrette pouvait tout supporter, Brigaut viendrait sans doute, à minuit, lui apporter une réponse, et cette espérance était le viatique de sa journée. Mais elle usait ses dernières forces! Elle ne dormit pas, elle resta debout, écoutant sonner les heures aux pendules et craignant de faire du bruit. Enfin minuit sonna, elle ouvrit doucement sa fenêtre, et cette fois elle usa d'une corde qu'elle s'était procurée en attachant plusieurs bouts de ficelle les uns aux autres. Elle avait entendu les pas de Brigaut; et, quand elle retira sa corde, elle lut la lettre suivante qui la combla de joie :

« Ma chère Pierrette, si tu souffres tant, il ne faut pas te fatiguer
» à m'attendre. Tu m'entendras bien crier comme criaient les
» *Chuins* (les Chouans). Heureusement mon père m'a appris à imi-
» ter leur cri. Donc, je crierai trois fois, tu sauras alors que je suis
» là et qu'il faut me tendre la corde; mais je ne viendrai pas avant
» quelques jours. J'espère t'annoncer une bonne nouvelle. Oh!
» Pierrette, mourir! mais, Pierrette, y penses-tu? Tout mon cœur
» a tremblé; je me suis cru mort moi-même à cette idée. Non, ma

» Pierrette, tu ne mourras pas, tu vivras heureuse et tu seras bientôt
» délivrée de tes persécuteurs. Si je ne réussissais pas dans ce que
» j'entreprends pour te sauver, j'irais parler à la justice, et je dirais
» à la face du ciel et de la terre comment te traitent d'indignes pa-
» rents. Je suis certain que tu n'as plus que quelques jours à souf-
» frir : prends patience, Pierrette ! Brigaut veille sur toi comme au
» temps où nous allions glisser sur l'étang et que je t'ai retirée du
» grand trou où nous avons manqué périr ensemble. Adieu, ma
» chère Pierrette, dans quelques jours nous serons heureux, si Dieu
» le veut. Hélas ! je n'ose te dire la seule chose qui s'opposerait à
» notre réunion. Mais Dieu nous aime ! Dans quelques jours, je pour-
» rai donc voir ma chère Pierrette en liberté, sans soucis, sans
» qu'on m'empêche de te regarder, car j'ai bien faim de te voir, ô
» Pierrette ! Pierrette qui daignes m'aimer et me le dire. Oui, Pier-
» rette, je serai ton amant, mais quand j'aurai gagné la fortune que
» tu mérites, et jusque-là je ne veux être pour toi qu'un dévoué
» serviteur de la vie duquel tu peux disposer. Adieu.

» JACQUES BRIGAUT. »

Voici ce que le fils du major ne disait pas à Pierrette. Brigaut
avait écrit la lettre suivante à madame Lorrain, à Nantes :

« Madame Lorrain, votre petite-fille va mourir, accablée de mau-
» vais traitements, si vous ne venez pas la réclamer ; j'ai eu de la
» peine à la reconnaître, et, pour vous mettre à même de juger les
» choses, je vous joins à la présente la lettre que j'ai reçue de Pier-
» rette. Vous passez ici pour avoir la fortune de votre petite-fille,
» et vous devez vous justifier de cette accusation. Enfin, si vous le
» pouvez, venez vite, nous pouvons encore être heureux, et plus
» tard vous trouveriez Pierrette morte.

» Je suis avec respect votre dévoué serviteur,

» JACQUES BRIGAUT.

» Chez monsieur Frappier, menuisier, Grand'rue, à Provins.

Brigaut avait peur que la grand'mère de Pierrette ne fût morte.
Quoique la lettre de celui que, dans son innocence, elle nommait
son amant fût presque une énigme pour la Bretonne, elle y crut
avec sa vierge foi. Son cœur éprouva la sensation que les voyageurs
du désert ressentent en apercevant de loin les palmiers autour du

puits. Dans peu de jours son malheur cesserait, Brigaut le lui disait; elle dormit sur la promesse de son ami d'enfance; et cependant, en joignant cette lettre à l'autre, elle eut une affreuse pensée affreusement exprimée.

— Pauvre Brigaut, se dit-elle, il ne sait pas dans quel trou j'ai mis les pieds.

Sylvie avait entendu Pierrette, elle avait également entendu Brigaut sous sa fenêtre ; elle se leva, se précipita pour examiner la place à travers les persiennes, et vit, au clair de la lune, un homme s'éloignant vers la maison où demeurait le colonel et en face de laquelle Brigaut resta. La vieille fille ouvrit tout doucement sa porte, monta, fut stupéfaite de voir de la lumière chez Pierrette, regarda par le trou de la serrure et ne put rien voir.

— Pierrette, dit-elle, êtes-vous malade?

— Non, ma cousine, répondit Pierrette surprise.

— Pourquoi donc avez-vous de la lumière à minuit? Ouvrez. Je dois savoir ce que vous faites.

Pierrette vint ouvrir, nu-pieds, et sa cousine vit la ficelle amassée que Pierrette n'avait pas eu le soin de serrer, n'imaginant point être surprise. Sylvie sauta dessus.

— A quoi cela vous sert-il?

— A rien, ma cousine.

— A rien? dit-elle. Bon! toujours mentir. Vous n'irez pas ainsi dans le paradis. Recouchez-vous, vous avez froid.

Elle n'en demanda pas plus et se retira laissant Pierrette frappée de terreur par cette clémence. Au lieu d'éclater, Sylvie avait soudain résolu de surprendre le colonel et Pierrette, de saisir les lettres et de confondre les deux amants qui la trompaient. Pierrette, inspirée par son danger, doubla son corset avec ses deux lettres et les recouvrit de calicot.

Là finirent les amours de Pierrette et de Brigaut.

Pierrette fut bien heureuse de la détermination de son ami, car les soupçons de sa cousine allaient être déjoués en ne trouvant plus d'aliment. En effet, Sylvie passa trois nuits sur ses jambes et trois soirées à épier l'innocent colonel, sans voir ni chez Pierrette, ni dans la maison, ni au dehors, rien qui décelât leur intelligence. Elle envoya Pierrette à confesse, et prit ce moment pour tout fouiller chez cette enfant, avec l'habitude, la perspicacité des espions et des commis de barrières de Paris. Elle ne trouva rien. Sa fureur atteignit à l'apogée des sentiments humains. Si Pierrette avait été là, certes elle l'eût frappée sans pitié. Pour une fille de cette trempe, la jalousie était moins un sentiment qu'une occupation : elle vivait, elle sentait battre son cœur, elle avait des émotions jusqu'alors complétement inconnues pour elle : le moindre mouvement la tenait éveillée, elle écoutait les plus légers bruits, elle observait Pierrette avec une sombre préoccupation.

— Cette petite misérable me tuera! disait-elle.

Les sévérités de Sylvie envers sa cousine arrivèrent à la cruauté la plus raffinée et empirèrent la situation déplorable où Pierrette se trouvait. La pauvre petite avait régulièrement la fièvre, et ses douleurs à la tête devinrent intolérables. En huit jours, elle offrit aux habitués de la maison Rogron une figure de souffrance qui certes eût attendri des intérêts moins cruels; mais le médecin Néraud, conseillé peut-être par Vinet, resta plus d'une semaine sans venir. Le colonel, soupçonné par Sylvie, eut peur de faire manquer son mariage en marquant la plus légère sollicitude pour Pierrette. Bathilde expliquait le changement de cette enfant par une crise prévue, naturelle et sans danger. Enfin, un dimanche soir où Pierrette était au salon, alors plein de monde, elle ne put résister à tant de douleurs, elle s'évanouit complétement; et le colonel, qui s'aperçut le premier de l'évanouissement, alla la prendre et la porta sur l'un des canapés.

— Elle l'a fait exprès, dit Sylvie en regardant mademoiselle Habert et ceux qui jouaient avec elle.

— Je vous assure que votre cousine est fort mal, dit le colonel.

— Elle était très-bien dans vos bras, dit Sylvie au colonel avec un affreux sourire.

— Le colonel a raison, dit madame de Chargebœuf, vous devriez faire venir un médecin. Ce matin, à l'église, chacun parlait en sortant de l'état de mademoiselle Lorrain qui est visible.

— Je meurs, dit Pierrette.

Desfondrilles appela Sylvie et lui dit de défaire la robe de sa cousine. Sylvie accourut en disant : — C'est des giries! Elle défit la robe; elle allait toucher au corset, Pierrette alors trouva des forces surhumaines; elle se redressa et s'écria : — Non! non! j'irai me coucher.

Sylvie avait tâté le corset, et sa main y avait senti les papiers. Elle laissa Pierrette se sauver, en disant à tout le monde : — Eh !

bien, que dites-vous de sa maladie? ce sont des frimes! Vous ne sauriez imaginer la perversité de cette enfant.

Après la soirée, elle retint Vinet, elle était furieuse, elle voulait se venger; elle fut grossière avec le colonel quand il lui fit ses adieux. Le colonel jeta sur Vinet un certain regard qui le menaçait jusque dans le ventre, et semblait y marquer la place d'une balle. Sylvie pria Vinet de rester. Quand ils furent seuls, la vieille fille lui dit:
— Jamais, ni de ma vie, ni de mes jours, je n'épouserai le colonel!

— Maintenant que vous en avez pris la résolution, je puis parler. Le colonel est mon ami, mais je suis plus le vôtre que le sien: Rogron m'a rendu des services que je n'oublierai jamais. Je suis aussi bon ami qu'implacable ennemi. Certes, une fois à la Chambre, on verra jusqu'où je saurai parvenir, et Rogron sera Receveur-Général de ma façon... Eh! bien, jurez-moi de ne jamais rien répéter de notre conversation? Sylvie fit un signe affirmatif. — D'abord ce brave colonel est joueur comme les cartes.

— Ah! fit Sylvie.

— Sans les embarras où sa passion l'a mis, il eût été Maréchal de France peut-être, reprit l'avocat. Ainsi, votre fortune, il pourrait la dévorer! mais c'est un homme profond. Ne croyez pas que les époux ont ou n'ont pas d'enfants à volonté: Dieu donne les enfants, et vous savez ce qui vous arriverait. Non, si vous voulez vous marier, attendez que je sois à la Chambre, et vous pourrez épouser ce vieux Desfondrilles, qui sera Président du Tribunal. Pour vous venger, mariez votre frère à mademoiselle de Chargebœuf, je me charge d'obtenir son consentement; elle aura deux mille francs de rente, et vous serez alliés aux Chargebœuf comme je le suis. Croyez-le, les Chargebœuf nous tiendront un jour pour cousins.

— Gouraud aime Pierrette, fut la réponse de Sylvie.

— Il en est bien capable, dit Vinet, et capable de l'épouser après votre mort.

— Un joli petit calcul, dit-elle.

— Je vous l'ai dit, c'est un homme rusé comme le diable! mariez votre frère en annonçant que vous voulez rester fille pour laisser votre bien à vos neveux ou nièces, vous atteignez d'un seul coup Pierrette et Gouraud, et vous verrez quelle mine il vous fera.

— Ah! c'est vrai, s'écria la vieille fille, je les tiens. Elle ira dans un magasin et n'aura rien. Elle est sans le sou, qu'elle fasse comme nous, qu'elle travaille!

Vinet sortit après avoir fait entrer son plan dans la tête de Sylvie, dont l'entêtement lui était connu. La vieille fille devait finir par croire que ce plan venait d'elle. Vinet trouva sur la place le colonel fumant un cigare, et qui l'attendait.

— Halte! lui dit Gouraud. Vous m'avez démoli, mais il y a dans la démolition assez de pierres pour vous enterrer.

— Colonel!

— Il n'y a pas de colonel, je vais vous mener bon train; et, d'abord, vous ne serez jamais Député...

— Colonel!

— Je dispose de dix voix, et l'élection dépend de...

— Colonel, écoutez-moi donc? N'y a-t-il que la vieille Sylvie? Je viens d'essayer de vous justifier, vous êtes atteint et convaincu d'écrire à Pierrette, elle vous a vu sortant de chez vous à minuit pour venir sous ses fenêtres... .

— Bien trouvé!

— Elle va marier son frère à Bathilde, et réserver sa fortune à leurs enfants.

— Rogron en aura-t-il?

— Oui, dit Vinet. Mais je vous promets de vous trouver une jeune et agréable personne avec cent cinquante mille francs. Êtes-vous fou? pouvons-nous nous brouiller? Les choses ont, malgré moi, tourné contre vous; mais vous ne me connaissez pas.

— Eh! bien, il faut se connaître, reprit le colonel. Faites-moi épouser une femme de cinquante mille écus avant les élections, sinon votre serviteur. Je n'aime pas les mauvais coucheurs, et vous avez tiré à vous toute la couverture. Bonsoir.

— Vous verrez, dit Vinet en serrant affectueusement la main au colonel.

Vers une heure du matin, les trois cris clairs et nets d'une chouette, admirablement bien imités, retentirent sur la place; Pierrette les entendit dans son sommeil fiévreux, elle se leva toute moite, ouvrit sa fenêtre, vit Brigaut, et lui jeta un peloton de soie auquel il attacha une lettre. Sylvie, agitée par les événements de la soirée et par ses irrésolutions, ne dormait pas; elle crut à la chouette.

— Ah! quel oiseau de mauvais augure. Mais, tiens! Pierrette se lève! Qu'a-t-elle?

En entendant ouvrir la fenêtre de la mansarde, Sylvie alla précipitamment à sa fenêtre, et entendit le long de ses persiennes le frôlement du papier de Brigaut. Elle serra les cordons de sa camisole et monta lestement chez Pierrette, qu'elle trouva détortillant la soie et dégageant la lettre.

— Ah ! je vous y prends, s'écria la vieille fille en allant à la fenêtre et voyant Brigaut qui se sauvait à toutes jambes. Vous allez me donner cette lettre.

— Non, ma cousine, dit Pierrette qui, par une de ces immenses inspirations de la jeunesse, et soutenue par son âme, s'éleva jusqu'à la grandeur de la résistance que nous admirons dans l'histoire de quelques peuples réduits au désespoir.

— Ah ! vous ne voulez pas ?... s'écria Sylvie en s'avançant vers sa cousine et lui montrant un horrible masque plein de haine et grimaçant de fureur.

Pierrette se recula pour avoir le temps de mettre sa lettre dans sa main, qu'elle tint serrée par une force invincible. En voyant cette manœuvre, Sylvie empoigna dans ses pattes de homard la délicate, la blanche main de Pierrette, et voulut la lui ouvrir. Ce fut un combat terrible, un combat infâme, comme tout ce qui attente à la pensée, seul trésor que Dieu mette hors de toute puissance, et garde comme un lien secret entre les malheureux et lui. Ces deux femmes, l'une mourante et l'autre pleine de vigueur, se regardèrent fixement. Les yeux de Pierrette lançaient à son bourreau ce regard du Templier recevant dans la poitrine des coups de balancier en présence de Philippe-le-Bel, qui ne put soutenir ce rayon terrible, et quitta la place foudroyé. Sylvie, femme et jalouse, répondait à ce regard magnétique par des éclairs sinistres. Un horrible silence régnait. Les doigts serrés de la Bretonne opposaient aux tentatives de sa cousine une résistance égale à celle d'un bloc d'acier. Sylvie torturait le bras de Pierrette, elle essayait d'ouvrir les doigts; et n'obtenant rien, elle plantait inutilement ses ongles dans la chair. Enfin, la rage s'en mêlant, elle porta ce poing à ses dents pour essayer de mordre les doigts et de vaincre Pierrette par la douleur. Pierrette la défiait toujours par le terrible regard de l'innocence. La fureur de la vieille fille s'accrut à un tel point qu'elle arriva jusqu'à l'aveuglement; elle prit le bras de Pierrette, et se mit à frapper le poing sur l'appui de la fenêtre, sur le marbre de la cheminée, comme quand on veut casser une noix pour en avoir le fruit.

— Au secours ! au secours ! cria Pierrette, on me tue !

— Ah! tu cries, et je te prends avec un amoureux au milieu de la nuit?...

Et elle frappait sans pitié.

— Au secours! cria Pierrette qui avait le poing en sang.

En ce moment des coups furent violemment frappés à la porte. Également lassées, les deux cousines s'arrêtèrent.

Rogron, éveillé, inquiet, ne sachant ce dont il s'agissait, se leva, courut chez sa sœur et ne la vit pas; il eut peur, descendit, ouvrit et fut comme renversé par Brigaut, suivi d'une espèce de fantôme. En ce moment même les yeux de Sylvie aperçurent le corset de Pierrette, elle se souvint d'y avoir senti des papiers; elle sauta dessus comme un tigre sur sa proie, entortilla le corset autour de son poing, et le lui montra en lui souriant comme un Iroquois sourit à son ennemi avant de le scalper.

— Ah! je meurs, dit Pierrette en tombant sur ses genoux. Qui me sauvera?

— Moi, s'écria une femme en cheveux blancs qui offrit à Pierrette un vieux visage de parchemin où brillaient deux yeux gris.

— Ah! grand'mère, tu arrives trop tard, s'écria la pauvre enfant en fondant en larmes.

Pierrette alla tomber sur son lit, abandonnée par ses forces et tuée par l'abattement qui, chez une malade, suivit une lutte si violente. Le grand fantôme desséché prit Pierrette dans ses bras comme les bonnes prennent les enfants, et sortit suivie de Brigaut sans dire un seul mot à Sylvie, à laquelle elle lança la plus majestueuse accusation par un regard tragique. L'apparition de cette auguste vieille dans son costume breton, encapuchonnée de sa coiffe, qui est une sorte de pelisse en drap noir, accompagnée du terrible Brigaut, épouvanta Sylvie: elle crut avoir vu la mort. La vieille fille descendit, entendit la porte se fermer, et se trouva nez à nez avec son frère, qui lui dit: — Ils ne t'ont donc pas tuée?

— Couche-toi, dit Sylvie. Demain matin nous verrons ce que nous devons faire.

Elle se remit au lit, défit le corset, et lut les deux lettres de Brigaut, qui la confondirent. Elle s'endormit dans la plus étrange perplexité, ne se doutant pas de la terrible action à laquelle sa conduite devait donner lieu.

Les lettres envoyées par Brigaut à madame veuve Lorrain l'avaient trouvée dans une joie ineffable, et que leur lecture troubla.

Cette pauvre septuagénaire mourait de chagrin de vivre sans Pierrette auprès d'elle; elle se consolait de l'avoir perdue en croyant s'être sacrifiée aux intérêts de sa petite fille. Elle avait un de ces cœurs toujours jeunes que soutient et anime l'idée du sacrifice. Son vieux mari, dont la seule joie était cette petite fille, avait regretté Pierrette; tous les jours il l'avait cherchée autour de lui. Ce fut une douleur de vieillard de laquelle les vieillards vivent et finissent par mourir. Chacun peut alors juger du bonheur que dut éprouver cette pauvre vieille confinée dans un hospice en apprenant une de ces actions rares, mais qui cependant arrivent encore en France. Après ses désastres, François-Joseph Collinet, chef de la maison Collinet, était parti pour l'Amérique avec ses enfants. Il avait trop de cœur pour demeurer ruiné, sans crédit, à Nantes, au milieu des malheurs que sa faillite y causait. De 1814 à 1824, ce courageux négociant, aidé par ses enfants et par son caissier, qui lui resta fidèle et lui donna les premiers fonds, avait recommencé courageusement une autre fortune. Après des travaux inouïs couronnés par le succès, il vint, vers la onzième année, se faire réhabiliter à Nantes en laissant son fils aîné à la tête de sa maison transatlantique. Il trouva madame Lorrain de Pen-Hoël à Saint-Jacques, et fut témoin de la résignation avec laquelle la plus malheureuse de ses victimes y supportait sa misère.

— Dieu vous pardonne! lui dit la vieille, puisque sur le bord de ma tombe vous me donnez les moyens d'assurer le bonheur de ma petite-fille; mais moi, je ne pourrai jamais faire réhabiliter mon pauvre homme!

Monsieur Collinet apportait à sa créancière capital et intérêts au taux du commerce, environ quarante-deux mille francs. Ses autres créanciers, commerçants actifs, riches, intelligents, s'étaient soutenus; tandis que le malheur des Lorrain parut irrémédiable au vieux Collinet, qui promit à la veuve de faire réhabiliter la mémoire de son mari, dès qu'il ne s'agissait que d'une quarantaine de mille francs de plus. Quand la Bourse de Nantes apprit ce trait de générosité réparatrice, on y voulut recevoir Collinet, avant l'Arrêt de la Cour Royale de Rennes; mais le négociant refusa cet honneur et se soumit à la rigueur du Code de Commerce. Madame Lorrain avait donc reçu quarante-deux mille francs la veille du jour où la Poste lui apporta les lettres de Brigaut. En donnant sa quittance, son premier mot fut: — Je pourrai donc vivre avec ma Pierrette et la marier à ce pauvre Brigaut, qui fera sa fortune avec mon argent! Elle ne tenait pas en place, elle s'agitait, elle voulait partir pour Provins. Aussi, quand elle eut lu les fatales lettres, s'élança-t-elle dans la ville comme une folle, en demandant les moyens d'aller à Provins avec la rapidité de l'éclair. Elle partit par la Malle quand on lui eut expliqué la célérité gouvernementale de cette voiture. A Paris, elle avait pris la voiture de Troyes, elle venait d'arriver à onze heures et demie chez Frappier, où Brigaut, à l'aspect du sombre désespoir de la vieille Bretonne, lui promit aussitôt de lui amener sa petite fille, en lui disant en peu de mots l'état de Pierrette. Ce peu de mots effraya tellement la grand'mère, qu'elle ne put vaincre son impatience, elle courut sur la place. Quand Pierrette cria, la Bretonne eut le cœur atteint par ce cri tout aussi vivement que le fut celui de Brigaut. A eux deux, ils eussent sans doute réveillé tous les habitants, si, par crainte, Rogron ne leur eût ouvert. Ce cri d'une jeune fille aux abois donna soudain à sa grand'mère autant de force que d'épouvante, elle porta sa chère Pierrette jusque chez Frappier, dont la femme avait arrangé à la hâte la chambre de Brigaut pour la grand'mère de Pierrette. Ce fut donc dans ce pauvre logement, sur un lit à peine fait, que la malade fut déposée; elle s'y évanouit, tenant encore son poing fermé, meurtri, sanglant, les ongles enfoncés dans la chair. Brigaut, Frappier, sa femme et la vieille contemplèrent Pierrette en silence, tous en proie à un étonnement indicible.

— Pourquoi sa main est-elle en sang? fut le premier mot de la grand'mère.

Pierrette, vaincue par le sommeil, qui suit les grands déploiements de force, et se sachant à l'abri de toute violence, déplia ses doigts. La lettre de Brigaut tomba comme une réponse.

— On a voulu lui prendre ma lettre, dit Brigaut en tombant à genoux et ramassant le mot qu'il avait écrit pour dire à sa petite amie de quitter tout doucement la maison des Rogron. Il baisa pieusement la main de cette martyre.

Il y eut alors quelque chose qui fit frémir les menuisiers, ce fut de voir la vieille Lorrain, ce spectre sublime, debout au chevet de son enfant. La terreur et la vengeance glissaient leurs flamboyantes expressions dans les milliers de rides qui fronçaient sa peau d'ivoire jauni. Ce front couvert de cheveux gris épars exprimait la colère divine. Elle lisait, avec cette puissance d'intuition départie aux vieillards près de la tombe, toute la vie de Pierrette, à laquelle elle avait d'ailleurs pensé pendant son voyage. Elle devina la maladie de jeune fille qui menaçait de mort son enfant chéri ! Deux grosses larmes péniblement nées dans ses yeux blancs et gris auxquels les chagrins avaient arraché les cils et les sourcils, deux perles de douleur se formèrent, leur communiquèrent une épouvantable fraîcheur, grossirent et roulèrent sur les joues desséchées sans les mouiller.

— Ils me l'ont tuée, dit-elle enfin en joignant les mains.

Elle tomba sur ses genoux qui frappèrent deux coups secs sur le carreau, elle se mit à faire sans doute un vœu à sainte Anne d'Auray, la plus puissante des madones de la Bretagne.

— Un médecin de Paris, dit-elle à Brigaut. Cours-y Brigaut, va !

Elle le prit par l'épaule et le fit marcher par un geste de commandement despotique.

— J'allais venir, mon Brigaut, je suis riche, tiens ! s'écria-t-elle en le rappelant. Elle défit le cordon qui nouait les deux vestes de son casaquin sur sa poitrine, elle en tira un papier où quarante-deux billets de banque étaient enveloppés, et lui dit : Prends ce qu'il te faut ! Ramène le plus grand médecin de Paris.

— Gardez, dit Frappier, il ne pourra pas changer un billet en ce moment, j'ai de l'argent, la diligence va passer, il y trouvera bien une place ; mais auparavant ne vaudrait-il pas mieux consulter monsieur Martener, qui nous indiquerait un médecin à Paris ? La diligence ne vient que dans une heure, nous avons le temps.

Brigaut alla réveiller monsieur Martener. Il amena ce médecin, qui ne fut pas peu surpris de savoir mademoiselle Lorrain chez Frappier. Brigaut lui expliqua la scène qui venait d'avoir lieu chez les Rogron. Le bavardage d'un amant au désespoir éclaira ce drame domestique au médecin, sans qu'il en soupçonnât l'horreur ni l'étendue. Martener donna l'adresse du célèbre Horace Bianchon à Brigaut, qui partit avec son maître, en entendant le bruit de la diligence. Monsieur Martener s'assit, examina d'abord les ecchymoses et les blessures de la main, qui pendait en dehors du lit.

Elle ne s'est pas fait elle-même ces blessures ! dit-il.

— Non, l'horrible fille à qui j'ai eu le malheur de la confier la massacrait, dit la grand'mère. Ma pauvre Pierrette criait : Au secours ! je meurs ! à fendre le cœur à un bourreau.

— Mais pourquoi ? dit le médecin en prenant le pouls de Pierrette. Elle est bien malade, reprit-il en approchant une lumière du lit. Ah! nous la sauverons difficilement, dit-il, après avoir vu la face. Elle a dû bien souffrir, et je ne comprends pas comment on ne l'a pas soignée.

— Mon intention, dit la grand'mère, est de me plaindre à la Justice. Des gens qui m'ont demandé ma petite-fille par une lettre, en se disant riches de douze mille livres de rentes, avaient-ils le droit d'en faire leur cuisinière, de lui faire faire des services au-dessus de ses forces?

— Ils n'ont donc pas voulu voir la plus visible des maladies auxquelles les jeunes filles sont parfois sujettes et qui exigeait les plus grands soins? s'écria monsieur Martener.

Pierrette fut réveillée et par la lumière que madame Frappier tenait pour bien éclairer le visage et par ses horribles souffrances que la réaction morale de sa lutte lui causait à la tête.

— Ah! monsieur Martener, je suis bien mal, dit-elle de sa jolie voix.

— D'où souffrez-vous, ma petite amie? dit le médecin.

— Là, fit-elle en montrant le haut de sa tête au-dessus de l'oreille gauche.

— Il y a un dépôt! s'écria le médecin après avoir pendant longtemps palpé la tête et questionné Pierrette sur ses souffrances. Il faut tout nous dire, mon enfant, pour que nous puissions vous guérir. Pourquoi votre main est-elle ainsi? ce n'est pas vous qui vous êtes fait de semblables blessures.

Pierrette raconta naïvement son combat avec sa cousine Sylvie.

— Faites-la causer, dit le médecin à la grand'mère, et sachez bien tout. J'attendrai l'arrivée du médecin de Paris, et nous nous adjoindrons le chirurgien en chef de l'hôpital pour consulter : tout ceci me paraît bien grave. Je vais vous faire envoyer une potion calmante que vous donnerez à mademoiselle pour qu'elle dorme, elle a besoin de sommeil.

Restée seule avec sa petite fille, la vieille Bretonne se fit tout révéler en usant de son ascendant sur elle, en lui apprenant qu'elle est assez riche pour eux trois, et lui promettant que Brigaut resterait avec elles. La pauvre enfant confessa son martyre en ne devinant pas à quel procès elle allait donner lieu. Les monstruosités de ces deux êtres sans affection et qui ne savaient rien de la Famille découvraient à la vieille femme des mondes de douleur aussi loin de sa pensée qu'ont pu l'être les mœurs des races sauvages de celle des premiers voyageurs qui pénétrèrent dans les savanes de l'Amérique. L'arrivée de sa grand'mère, la certitude d'être à l'avenir avec elle et riche, endormirent la pensée de Pierrette comme la potion lui endormit le corps. La vieille Bretonne veilla sa petite-fille en lui baisant le front, les cheveux et les mains, comme les saintes femmes durent baiser Jésus en le mettant au tombeau.

Dès neuf heures du matin, monsieur Martener alla chez le Président, auquel il raconta la scène de nuit entre Sylvie et Pierrette, puis les tortures morales et physiques, les sévices de tout genre que les Rogron avaient déployés sur leur pupille, et les deux maladies mortelles qui s'étaient développées par suite de ces mauvais traitements. Le Président envoya chercher le notaire Auffray, l'un des parents de Pierrette dans la ligne maternelle.

En ce moment la guerre entre le parti Vinet et le parti Tiphaine était à son apogée. Les propos que les Rogron et leurs adhérents faisaient courir dans Provins sur la liaison connue de madame Roguin avec le banquier du Tillet, sur les circonstances de la banqueroute du père de madame Tiphaine, un faussaire, disait-on, atteignirent d'autant plus vivement le parti des Tiphaine, que c'était de la médisance et non de la calomnie. Ces blessures allaient à fond de cœur, elles attaquaient les intérêts au vif. Ces discours, redits aux partisans des Tiphaine par les mêmes bouches qui communiquaient aux Rogron les plaisanteries de la belle madame Tiphaine et de ses amies, alimentaient les haines, désormais combinées de l'élément politique. Les irritations que causait alors en France l'esprit de parti, dont les violences furent excessives, se liaient partout, comme à Provins, à des intérêts menacés, à des individualités blessées et militantes. Chacune de ces coteries saisissait avec ardeur ce qui pouvait nuire à la coterie rivale. L'animosité des partis se mêlait autant que l'amour-propre aux moindres affaires qui souvent allaient fort loin. Une ville se passionnait pour certaines luttes et les étendait de toute la grandeur du débat politique. Ainsi le Président vit dans la cause entre Pierrette et les Rogron un moyen d'abattre, de déconsidérer, de déshonorer les maîtres de ce salon où s'élaboraient des plans contre la monarchie, où le journal de l'Opposition avait pris naissance. Le Procureur du Roi fut mandé. Monsieur Lesourd, monsieur Auffray le notaire, subrogé-tuteur de Pierrette, et le Président examinèrent alors dans le plus grand secret avec monsieur

Martener la marche à suivre. Monsieur Martener se chargea de dire à la grand'mère de Pierrette de venir porter plainte au subrogé-tuteur. Le subrogé-tuteur convoquerait le Conseil de Famille, et, armé de la consultation des trois médecins, demanderait d'abord la destitution du tuteur. L'affaire ainsi posée arriverait au Tribunal, et monsieur Lesourd verrait alors à porter l'affaire au criminel en provoquant une instruction. Vers midi, tout Provins était soulevé par l'étrange nouvelle de ce qui s'était passé pendant la nuit dans la maison Rogron. Les cris de Pierrette avaient été vaguement entendus sur la place, mais ils avaient peu duré; personne ne s'était levé, seulement chacun s'était demandé : — Avez-vous entendu du bruit et des cris sur les une heure? qu'était-ce? Les propos et les commentaires avaient si singulièrement grossi ce drame horrible que la foule s'amassa devant la boutique de Frappier, à qui chacun demanda des renseignements, et le brave menuisier peignit l'arrivée chez lui de la petite, le poing ensanglanté, les doigts brisés. Vers une heure après midi, la chaise de poste du docteur Bianchon, auprès de qui se trouvait Brigaut, s'arrêta devant la maison de Frappier, dont la femme alla prévenir à l'hôpital monsieur Martener et le chirurgien en chef. Ainsi les propos de la ville reçurent une sanction. Les Rogron furent accusés d'avoir maltraité leur cousine à dessein et de l'avoir mise en danger de mort. La nouvelle atteignit Vinet au Palais-de-Justice, il quitta tout et alla chez les Rogron. Rogron et sa sœur achevaient de déjeuner. Sylvie hésitait à dire à son frère sa déconvenue de la nuit, et se laissait presser de questions sans y répondre autrement que par : — Cela ne te regarde pas. Elle allait et venait de sa cuisine à la salle à manger pour éviter la discussion. Elle était seule quand Vinet apparut.

— Vous ne savez donc pas ce qui se passe? dit l'avocat.

— Non, dit Sylvie.

— Vous allez avoir un procès criminel sur le corps, à la manière dont vont les choses à propos de Pierrette.

— Un procès criminel ! dit Rogron qui survint. Pourquoi? comment?

— Avant tout, s'écria l'avocat en regardant Sylvie, expliquez-moi sans détour ce qui a eu lieu cette nuit, et comme si vous étiez devant Dieu, car on parle de couper le poing à Pierrette. Sylvie devint blême et frissonna. — Il y a donc eu quelque chose? dit Vinet.

Mademoiselle Rogron raconta la scène en voulant s'excuser ; mais, pressée de questions, elle avoua les faits graves de cette horrible lutte.

— Si vous lui avez seulement fracassé les doigts, vous n'irez qu'en Police Correctionnelle ; mais s'il faut lui couper la main, vous pouvez aller en Cour d'Assises ; les Tiphaine feront tout pour vous mener jusque-là.

Sylvie, plus morte que vive, avoua sa jalousie, et, ce qui fut plus cruel à dire, combien ses soupçons se trouvaient erronés.

— Quel procès! dit Vinet. Vous et votre frère vous pouvez y périr, vous serez abandonnés par bien des gens, même en le gagnant. Si vous ne triomphez pas, il faudra quitter Provins.

— Oh! mon cher monsieur Vinet, vous qui êtes un si grand avocat, dit Rogron épouvanté, conseillez-nous, sauvez-nous!

L'adroit Vinet porta la terreur de ces deux imbéciles au comble, et déclara positivement que madame et mademoiselle de Chargebœuf hésiteraient à revenir chez eux. Être abandonnés par ces dames serait une terrible condamnation. Enfin, après une heure de magnifiques manœuvres, il fut reconnu que, pour déterminer Vinet à sauver les Rogron, il devait avoir aux yeux de tout Provins un intérêt majeur à les défendre. Dans la soirée, le mariage de Rogron avec mademoiselle de Chargebœuf serait donc annoncé. Les bans seraient publiés dimanche. Le contrat se ferait immédiatement chez Cournant, et mademoiselle Rogron y paraîtrait pour, en considération de cette alliance, abandonner par une donation entre-vifs la nue propriété de ses biens à son frère. Vinet avait fait comprendre à Rogron et à sa sœur la nécessité d'avoir un contrat de mariage minuté deux ou trois jours avant cet événement, afin de compromettre madame et mademoiselle de Chargebœuf aux yeux du public et leur donner un motif de persister à venir dans la maison Rogron.

— Signez ce contrat, et je prends sur moi l'engagement de vous tirer d'affaire, dit l'avocat. Ce sera sans doute une terrible lutte, mais je m'y mettrai tout entier, *et vous me devrez encore un fameux cierge!*

— Ah! oui, dit Rogron.

A onze heures et demie, l'avocat eut plein pouvoir et pour le contrat et pour la conduite du procès. A midi, le Président fut saisi d'un référé intenté par Vinet contre Brigaut et madame veuve Lorrain, pour avoir détourné la mineure Lorrain du domicile de son tuteur. Ainsi le hardi Vinet se posait comme agresseur et mettait Rogron dans la position d'un homme irréprochable. Aussi en parla-t-il dans ce sens au Palais. Le Président remit à quatre heures à entendre les parties. Il est inutile de dire à quel point la petite ville de Provins était soulevée par ces événements. Le Président savait qu'à trois heures la consultation des médecins serait terminée ; il voulait que le subrogé-tuteur, parlant pour l'aïeule, se présentât armé de cette pièce. L'annonce du mariage de Rogron avec la belle Bathilde de Chargebœuf et des avantages que Sylvie faisait au contrat aliéna soudain deux personnes aux Rogron : mademoiselle Habert et le colonel, qui tous deux virent leurs espérances anéanties. Céleste Habert et le colonel restèrent ostensiblement attachés aux Rogron, mais pour leur nuire plus sûment. Ainsi, dès que monsieur Martener révéla l'existence d'un dépôt à la tête de la pauvre victime des deux merciers, Céleste et le colonel parlèrent du coup que Pierrette s'était donné pendant la soirée où Sylvie l'avait contrainte à quitter le salon, et rappelèrent les cruelles et barbares exclamations de mademoiselle Rogron. Ils racontèrent les preuves d'insensibilité données par cette vieille fille envers sa pupille souffrante. Ainsi les amis de la maison admirent des torts graves en paraissant défendre Sylvie et son frère. Vinet avait prévu cet orage ; mais la fortune des Rogron allait être acquise à mademoiselle de Chargebœuf, et il se promettait dans quelques semaines de lui voir habiter la jolie maison de la place et de régner avec elle sur Provins, car il méditait déjà des fusions avec les Bréautey dans l'intérêt de ses ambitions. Depuis midi jusqu'à quatre heures, toutes les femmes du parti Tiphaine, les Garceland, les Guépin, les Julliard, Galardon, Guénée, la sous-préfète, envoyèrent savoir des nouvelles de mademoiselle Lorrain. Pierrette ignorait entièrement le tapage fait en ville à son sujet. Elle éprouvait, au milieu de ses vives souffrances, un ineffable bonheur à se trouver entre sa grand'mère et Brigaut, les objets de ses affections. Brigaut avait constamment les yeux pleins de larmes, et la grand'mère cajolait sa chère petite fille. Dieu sait si l'aïeule fit grâce aux trois hommes de science d'aucun des détails qu'elle avait obtenus de Pierrette sur sa vie dans la maison Rogron. Horace Bianchon exprima son indignation en termes véhéments. Épouvanté d'une semblable barbarie, il exigea que les autres médecins de la ville fussent mandés, en sorte que monsieur Néraud fut présent et invité, comme ami de Rogron, à contredire, s'il y avait lieu, les terribles conclusions de la consultation, qui, malheureusement pour les Rogron, fut rédigée à l'unanimité. Néraud, qui déjà passait pour avoir fait mourir de chagrin la grand'mère de Pierrette, était dans une fausse position de laquelle profita l'adroit Martener, enchanté d'accabler les Rogron et de compromettre en ceci monsieur Néraud, son antagoniste. Il est inutile de donner le texte de cette consultation, qui fut encore une des pièces du procès. Si les termes de la médecine de Molière étaient barbares, ceux de la médecine moderne ont l'avantage d'être si clairs que l'explication de la maladie de Pierrette, quoique naturelle et malheureusement commune, effraierait les oreilles. Cette consultation était d'ailleurs péremptoire, appuyée par un nom aussi célèbre que celui d'Horace Bianchon. Après l'audience, le Président resta sur son siége en voyant la grand'mère de Pierrette accompagnée de monsieur Auffray, de Brigaut et d'une foule nombreuse. Vinet était seul. Ce contraste frappa l'audience, qui fut grossie d'un grand nombre de curieux. Vinet, qui avait gardé sa robe, leva vers le Président sa face froide en assurant ses besicles sur ses yeux verts, puis, de sa voix grêle et persistante, il exposa que des étrangers s'étaient introduits nuitamment chez monsieur et mademoiselle Rogron, et y avaient enlevé la mineure Lorrain. Force devait rester au tuteur, qui réclamait sa pupille. Monsieur Auffray se leva, comme subrogé-tuteur, et demanda la parole.

— Si monsieur le Président, dit-il, veut prendre communication de cette consultation émanée d'un des plus savants médecins de Paris et de tous les médecins et chirurgiens de Provins, il comprendra combien la réclamation du sieur Rogron est insensée, et quels motifs graves portaient l'aïeule de la mineure à l'enlever immédiatement à ses bourreaux. Voici le Fait : une consultation délibérée à l'unanimité par un illustre médecin de Paris mandé en toute hâte, et par tous les médecins de cette ville, attribue l'état presque mortel où se trouve la mineure aux mauvais traitements qu'elle a reçus des sieur et demoiselle Rogron. En Droit, le Conseil de Famille sera convoqué dans le plus bref délai, et consulté sur la question de savoir si le tuteur doit être destitué de sa tutelle. Nous demandons que la mineure ne rentre pas au domicile de son tuteur et soit confiée au membre de la famille qu'il plaira à monsieur le Président de désigner.

Vinet voulut répliquer en disant que la consultation devait lui être communiquée, afin de la contredire.

— Non pas à la partie de Vinet, dit sévèrement le Président, mais peut-être à monsieur le Procureur du Roi. La cause est entendue.

Le Président écrivit au bas de la requête l'ordonnance suivante :

« Attendu que, d'une consultation délibérée à l'unanimité par les médecins de cette ville et par le docteur Bianchon, docteur de la Faculté de médecine de Paris, il résulte que la mineure Lorrain, réclamée par Rogron, son tuteur, est dans un état de maladie extrêmement grave, amené par de mauvais traitements et des sévices exercés sur elle au domicile du tuteur et par sa sœur,

» Nous, Président du Tribunal de Première Instance de Provins,

» Statuant sur la requête, ordonnons que, jusqu'à la délibération du Conseil de Famille, qui, suivant la déclaration du subrogé-tuteur, sera convoqué, la mineure ne réintégrera pas le domicile pupillaire et sera transférée dans la maison du subrogé-tuteur ;

» Subsidiairement, attendu l'état où se trouve la mineure et les traces de violence qui, d'après la consultation des médecins, existent sur sa personne, commettons le médecin en chef et le chirurgien en chef de l'hôpital de Provins pour la visiter ; et, dans le cas où les sévices seraient constants, faisons toute réserve de l'action du Ministère Public, et ce, sans préjudice de la voie civile prise par Auffray, subrogé-tuteur. »

Cette terrible ordonnance fut prononcée par le Président Tiphaine à haute et intelligible voix.

— Pourquoi pas les galères tout de suite ? dit Vinet. Et tout ce bruit pour une petite fille qui entretenait une intrigue avec un garçon menuisier ! Si l'affaire marche ainsi, s'écria-t-il insolemment, nous demanderons d'autres juges pour cause de suspicion légitime.

Vinet quitta le Palais et alla chez les principaux organes de son parti expliquer la situation de Rogron, qui n'avait jamais donné une chiquenaude à sa cousine, et dans qui le Tribunal voyait, dit-il, moins le tuteur de Pierrette que le grand électeur de Provins.

A l'entendre, les Tiphaine faisaient grand bruit de rien. La montagne accoucherait d'une souris. Sylvie, fille éminemment sage et religieuse, avait découvert une intrigue entre la pupille de son frère et un petit ouvrier menuisier, un Breton nommé Brigaut. Ce drôle savait très bien que la petite fille allait avoir une fortune de sa grand'mère, il voulait la suborner. (Vinet osait parler de subornation!) Mademoiselle Rogron, qui tenait des lettres où éclatait la perversité de cette petite fille, n'était pas aussi blâmable que les Tiphaine voulaient le faire croire. Au cas où elle se serait permis une violence pour obtenir une lettre, ce qu'il expliquait d'ailleurs par l'irritation que l'entêtement breton avait causée à Sylvie, en quoi Rogron était-il répréhensible?

L'avocat fit alors de ce procès une affaire de parti et sut lui donner une couleur politique. Aussi, dès cette soirée, y eut-il des divergences dans l'opinion publique.

— Qui n'entend qu'une cloche n'a qu'un son, disaient les gens sages. Avez-vous écouté Vinet? Vinet explique très-bien les choses.

La maison de Frappier avait été jugée inhabitable pour Pierrette, à cause des douleurs que le bruit y causerait à la tête. Le transport de là chez le subrogé-tuteur était aussi nécessaire médicalement que judiciairement. Ce transport se fit avec des précautions inouïes et calculées pour produire un grand effet. Pierrette fut mise sur un brancard avec force matelas, portée par deux hommes, accompagnée d'une Sœur Grise qui avait à la main un flacon d'éther, suivie de sa grand'mère, de Brigaut, de madame Auffray et de sa femme de chambre. Il y eut du monde aux fenêtres et sur les portes pour voir passer ce cortége. Certes l'état dans lequel était Pierrette, sa blancheur de mourante, tout donnait d'immenses avantages au parti contraire aux Rogron. Les Auffray tinrent à prouver à toute la ville combien le président avait eu raison de rendre son ordonnance. Pierrette et sa grand'mère furent installées au second étage de la maison de monsieur Auffray. Le notaire et sa femme leur prodiguèrent les soins de l'hospitalité la plus large; ils y mirent du faste. Pierrette eut sa grand'mère pour garde-malade, et monsieur Martener vint la visiter avec le chirurgien le soir même.

Dès cette soirée, les exagérations commencèrent donc de part et d'autre. Le salon des Rogron fut plein. Vinet avait travaillé le parti libéral à ce sujet. Les deux dames de Chargebœuf dînèrent chez les Rogron, car le contrat devait y être signé le soir. Dans la matinée, Vinet avait fait afficher les bans à la mairie. Il traita de misère l'affaire relative à Pierrette. Si le tribunal de Provins y portait de la passion, la Cour Royale saurait apprécier les faits, disait-il, et les

Auffray regarderaient à deux fois avant de se jeter dans un pareil procès. L'alliance de Rogron avec les Chargebœuf fut une considération énorme aux yeux d'un certain monde. Chez eux, les Rogron étaient blancs comme neige, et Pierrette était une petite fille excessivement perverse, un serpent réchauffé dans leur sein. Dans le salon de madame Tiphaine, on se vengeait des horribles médisances que le parti Vinet avait dites depuis deux ans : les Rogron étaient des monstres, et le tuteur irait en Cour d'Assises. Sur la place, Pierrette se portait à merveille; dans la haute ville, elle mourrait infailliblement; chez Rogron, elle avait des égratignures au poignet; chez madame Tiphaine, elle avait les doigts brisés, on allait lui en couper un. Le lendemain, le *Courrier de Provins* contenait un article extrêmement adroit, bien écrit, un chef-d'œuvre d'insinuations mêlées de considérations judiciaires, et qui mettait déjà Rogron hors de cause. *La Ruche*, qui d'abord paraissait deux jours après, ne pouvait répondre sans tomber dans la diffamation; mais on y répliqua que, dans une affaire semblable, le mieux était de laisser son cours à la justice.

Le Conseil de Famille fut composé par le Juge de Paix du canton de Provins, président légal; premièrement de Rogron et des deux messieurs Auffray, les plus proches parents; puis de monsieur Ciprey, neveu de la grand'mère maternelle de Pierrette. Il leur adjoignit monsieur Habert, le confesseur de Pierrette, et le colonel Gouraud, qui s'était toujours donné pour un camarade du colonel Lorrain. On applaudit beaucoup à l'impartialité du Juge de Paix, qui comprenait dans le Conseil de Famille monsieur Habert et le colonel Gouraud, que tout Provins croyait très-amis des Rogron. Dans la circonstance grave où se trouvait Rogron, il demanda l'assistance de maître Vinet au Conseil de Famille. Par cette manœuvre, évidemment conseillée par Vinet, Rogron obtint que le Conseil de Famille ne s'assemblerait que vers la fin du mois de décembre. A cette époque, le président et sa femme furent établis à Paris chez madame Roguin, à cause de la convocation des Chambres. Ainsi le parti ministériel se trouva sans son chef. Vinet avait déjà sourdement pratiqué le bonhomme Desfondrilles, le juge d'instruction, au cas où l'affaire prendrait le caractère correctionnel ou criminel que le président avait essayé de lui donner. Vinet plaida l'affaire pendant trois heures devant le Conseil de Famille : il y établit une intrigue entre Brigaut et Pierrette, afin de justifier les sévérités de mademoiselle Rogron ; il démontra combien le tuteur avait agi naturellement en laissant sa pupille sous le gouvernement d'une femme ; il appuya sur la non-participation de son client à la manière dont l'éducation de Pierrette était entendue par Sylvie. Malgré les efforts de Vinet, le Conseil fut à l'unanimité d'avis de retirer la tutelle à Rogron. On désigna pour tuteur monsieur Auffray, et monsieur Ciprey pour subrogé-tuteur. Le Conseil de Famille entendit Adèle, la servante, qui chargea ses anciens maîtres ; mademoiselle Habert, qui raconta les propos cruels tenus par mademoiselle Rogron dans la soirée où Pierrette s'était donné le furieux coup entendu par tout le monde, et l'observation faite sur la santé de Pierrette par madame de Chargebœuf. Brigaut produisit la lettre qu'il avait reçue de Pierrette et qui prouvait leur mutuelle innocence. Il fut démontré que l'état déplorable dans lequel se trouvait la mineure venait d'un défaut de soin du tuteur, responsable de tout ce qui concernait sa pupille. La maladie de Pierrette avait frappé tout le monde, et même les personnes de la ville étrangères à la famille. L'accusation de sévices fut donc maintenue contre Rogron. L'affaire allait devenir publique.

Conseillé par Vinet, Rogron se rendit opposant à l'homologation de la délibération du Conseil de Famille par le Tribunal. Le Ministère Public intervint, attendu la gravité croissante de l'état pathologique où se trouvait Pierrette Lorrain. Ce procès curieux, quoique promptement mis au rôle, ne vint en ordre utile que vers le mois de mars 1828.

Le mariage de Rogron avec mademoiselle de Chargebœuf s'était alors célébré. Sylvie habitait le deuxième étage de sa maison, où des dispositions avaient été faites pour la loger ainsi que madame de Chargebœuf, car le premier étage fut entièrement affecté à madame Rogron. La belle madame Rogron succéda dès lors à la belle madame Tiphaine. L'influence de ce mariage fut énorme. On ne vint plus dans le salon de mademoiselle Sylvie, mais chez la belle madame Rogron.

Soutenu par sa belle-mère et appuyé par les banquiers royalistes du Tillet et Nucingen, le Président Tiphaine eut occasion de rendre service au Ministère, il fut un des orateurs du Centre les plus estimés, devint Juge au Tribunal de Première Instance de la Seine, et fit nommer son neveu, Lesourd, Président du tribunal de Provins. Cette nomination froissa beaucoup le juge Desfondrilles, toujours archéologue et plus que jamais suppléant. Le Garde des Sceaux envoya l'un de ses protégés à la place de Lesourd. L'avancement de monsieur Tiphaine n'en produisit donc aucun dans le Tribunal de Provins. Vinet exploita très-habilement ces circonstances. Il avait toujours dit aux gens de Provins qu'ils servaient de marchepied aux grandeurs de la rusée madame Tiphaine. Le Président se jouait de ses amis. Madame Tiphaine méprisait *in petto* la ville de Provins, et n'y reviendrait jamais. Monsieur Tiphaine père mourut, son fils hérita de la terre du Fay, et vendit sa belle maison de la ville haute à monsieur Julliard. Cette vente prouva combien il comptait peu revenir à Provins. Vinet eut raison, Vinet avait été prophète. Ces faits eurent une grande influence sur le procès relatif à la tutelle de Rogron.

Ainsi l'épouvantable martyre exercé brutalement sur Pierrette par deux imbéciles tyrans, et qui, dans ses conséquences médicales, mettait monsieur Martener, approuvé par le docteur Bianchon, dans le cas d'ordonner la terrible opération du trépan; ce drame horrible, réduit aux proportions judiciaires, tombait dans le gâchis immonde qui s'appelle au Palais *la forme*. Ce procès traînait dans les délais, dans le lacis inextricable de la procédure, arrêté par les ambages d'un odieux avocat; tandis que Pierrette calomniée languissait et souffrait les plus épouvantables douleurs connues en médecine. Ne fallait-il pas expliquer ces singuliers revirements de l'opinion publique et la marche lente de la Justice, avant de revenir dans la chambre où elle vivait, où elle mourait?

Monsieur Martener, de même que la famille Auffray, fut en peu de jours séduit par l'adorable caractère de Pierrette et par la vieille Bretonne dont les sentiments, les idées, les façons étaient empreintes d'une antique couleur romaine. Cette matrone du Marais ressemblait à une femme de Plutarque. Le médecin voulut disputer cette proie à la mort, car dès le premier jour le médecin de Paris et le médecin de province regardèrent Pierrette comme perdue. Il y eut entre le mal et le médecin, soutenu par la jeunesse de Pierrette, un de ces combats que les médecins seuls connaissent et dont la récompense, en cas de succès, n'est jamais ni dans le prix vénal des soins ni chez le malade; elle se trouve dans la douce satisfaction de la conscience et dans je ne sais quelle palme idéale et invisible recueillie par les vrais artistes après le contentement que leur cause la certitude d'avoir fait une belle œuvre. Le médecin tend au bien comme l'artiste tend au beau, poussé par un admirable sentiment que nous nommons la vertu. Ce combat de tous les jours avait éteint chez cet homme de province les mesquines irritations de la lutte engagée entre le parti Vinet et le parti des Tiphaine, ainsi qu'il arrive aux hommes qui se trouvent tête à tête avec une grande misère à vaincre.

Monsieur Martener avait commencé par vouloir exercer son état à Paris; mais l'atroce activité de cette ville, l'insensibilité que finissent par donner au médecin le nombre effrayant de malades et la multiplicité des cas graves, avaient épouvanté son âme douce et faite pour la vie de province. Il était d'ailleurs sous le joug de sa jolie patrie. Aussi revint-il à Provins s'y marier, s'y établir et y soigner presque affectueusement une population qu'il pouvait considérer comme une grande famille. Il affecta, pendant tout le temps que dura la maladie de Pierrette, de ne point parler de sa malade. La répugnance à répondre quand chacun lui demandait des nouvelles de la pauvre petite était si visible, qu'on cessa de le questionner à ce sujet. Pierrette fut pour lui ce qu'elle devait être, un de ces poèmes mystérieux et profonds, vastes en douleurs, comme il s'en trouve dans la terrible existence des médecins. Il éprouvait pour cette délicate jeune fille une admiration dans le secret de laquelle il ne voulut mettre personne.

Ce sentiment du médecin pour sa malade s'était, comme tous les sentiments vrais, communiqué à monsieur et madame Auffray, dont la maison devint, tant que Pierrette y fut, douce et silencieuse. Les enfants, qui jadis avaient fait de si bonnes parties de jeu avec Pierrette, s'entendirent avec la grâce de l'enfance pour n'être ni bruyants ni importuns. Ils mirent leur honneur à être bien sages, parce que Pierrette était malade. La maison de monsieur Auffray se trouve dans la ville haute, au-dessous des ruines du château, où elle est bâtie dans une des marges de terrain produites par le bouleversement des anciens remparts. De là, les habitants ont la vue de la vallée en se promenant dans un petit jardin fruitier enclos de gros murs, d'où l'on plonge sur la ville. Les toits des autres maisons arrivent au cordon extérieur du mur qui soutient ce jardin. Le long de cette terrasse est une allée qui aboutit à la porte-fenêtre du cabinet de monsieur Auffray. Au bout s'élèvent un berceau de vigne et un figuier, sous lesquels il y a une table ronde, un banc et des chaises peints en vert. On avait donné à Pierrette une chambre au-dessus du cabinet de son nouveau tuteur. Madame Lorrain y couchait sur un lit de sangle auprès de sa petite-fille. De sa fenêtre, Pierrette pouvait donc voir la magnifique vallée de Provins qu'elle connaissait à peine, elle était sortie si rarement de la fatale maison des Rogron! Quand il faisait beau temps, elle aimait à se traîner au bras de sa grand'mère jusqu'à ce berceau. Brigaut, qui ne faisait plus rien, venait voir sa petite amie trois fois par jour, il était dévoré par une douleur qui le rendait sourd à la vie; il guettait avec la finesse d'un chien de chasse monsieur Martener, il l'accompagnait toujours et sortait avec lui. Vous imagineriez difficilement les folies que chacun faisait pour la chère petite malade. Ivre de désespoir, la grand'mère cachait son désespoir, elle montrait à sa petite-fille le visage riant qu'elle avait à Pen-Hoël. Dans son désir de se faire illusion, elle lui arrangeait et lui mettait le bonnet national avec lequel Pierrette était arrivée à Provins. La jeune malade lui paraissait ainsi se mieux ressembler à elle-même : elle était délicieuse à voir, le visage entouré de cette auréole de batiste bordée de dentelles empesées. Sa tête, blanche de la blancheur du biscuit, son front auquel la souffrance imprimait un semblant de pensée profonde, la pureté des lignes amaigries par la maladie, la lenteur du regard et la fixité des yeux par instants, tout faisait de Pierrette un admirable chef-d'œuvre de mélancolie. Aussi l'enfant était-elle servie avec une sorte de fanatisme. On la voyait si douce, si tendre et si aimante ! Madame Martener avait envoyé son piano chez sa sœur, madame Auffray, dans la pensée d'amuser Pierrette, à qui la musique causa des ravissements. C'était un poème que de la regarder écoutant un morceau de Weber, de Beethoven ou d'Hérold, les yeux levés, silencieuse, et regrettant sans doute la vie qu'elle sentait lui échapper. Le curé Péroux et monsieur Habert, ses deux consolateurs religieux, admiraient sa pieuse résignation. N'est-ce pas un fait remarquable et digne également et de l'attention des philosophes et des indifférents, que la perfection séraphique des jeunes filles et des jeunes gens marqués en rouge par la Mort dans la foule, comme de jeunes arbres dans une forêt? Qui a vu l'une de ces morts sublimes ne saurait rester ou devenir incrédule. Ces êtres exhalent comme un parfum céleste, leurs regards parlent de Dieu, leur voix est éloquente dans les plus indifférents discours, et souvent elle sonne comme un instrument divin, exprimant les secrets de l'avenir! Quand monsieur Martener félicitait Pierrette d'avoir accompli quelque difficile prescription, cet ange disait, en présence de tous, et avec quels regards ! — Je désire vivre, cher monsieur Martener, moins pour moi que pour ma grand'mère, pour mon Brigaut, et pour vous tous, que ma mort affligerait.

La première fois qu'elle se promena dans le mois de novembre, par le beau soleil de la Saint-Martin, accompagnée de toute la maison, et que madame Auffray lui demanda si elle était fatiguée : — Maintenant que je n'ai plus à supporter d'autres souffrances que celles envoyées par Dieu, je puis y suffire. Je trouve dans le bonheur d'être aimée la force de souffrir.

Ce fut la seule fois que d'une manière détournée elle rappela son horrible martyre chez les Rogron, desquels elle ne parlait point, et leur souvenir devait lui être si pénible, que personne ne parlait d'eux.

— Chère madame Auffray, lui dit-elle un jour, à midi, sur la terrasse en contemplant la vallée éclairée par un beau soleil et parée des belles teintes rousses de l'automne, mon agonie chez vous m'aura donné plus de bonheur que ces trois dernières années.

Madame Auffray regarda sa sœur, madame Martener, et lui dit à l'oreille : — Comme elle aurait aimé ! En effet, l'accent, le regard de Pierrette donnaient à sa phrase une indicible valeur.

Monsieur Martener entretenait une correspondance avec le docteur Bianchon, et ne tentait rien de grave sans ses approbations. Il espérait d'abord établir le cours voulu par la nature, puis faire dériver le dépôt à la tête par l'oreille. Plus vives étaient les douleurs de Pierrette, plus il concevait d'espérances. Il obtint de légers succès sur le premier point, et ce fut un grand triomphe. Pendant quelques jours l'appétit de Pierrette revint et se satisfit de mets substantiels pour lesquels sa maladie lui donnait jusqu'alors une répugnance caractéristique; la couleur de son teint changea, mais l'état de la tête était horrible. Aussi le docteur supplia-t-il le grand médecin, son conseil, de venir. Bianchon vint, resta deux jours à Provins, et décida une opération, il épousa toutes les sollicitudes du pauvre Martener, et alla chercher lui-même le célèbre Desplein. Ainsi l'opération fut faite par le plus grand chirurgien des temps anciens et modernes; mais ce terrible aruspice dit à Martener en s'en allant avec Bianchon, son élève le plus aimé : — Vous ne la sauverez que par un miracle. Comme vous l'a dit Horace, la carie des os est commencée. A cet âge, les os sont encore si tendres !

L'opération avait eu lieu dans le commencement du mois de mars 1828. Pendant tout le mois, effrayé des douleurs épouvantables que souffrait Pierrette, monsieur Martener fit plusieurs voyages à Paris ; il y consultait Desplein et Bianchon, auxquels il alla jusqu'à proposer une opération dans le genre de celle de la lithotritie, et qui consistait à introduire dans la tête un instrument creux à l'aide duquel on essaierait l'application d'un remède héroïque pour arrêter les progrès de la carie. L'audacieux Desplein n'osa pas tenter ce coup de main chirurgical que le désespoir avait inspiré à Martener. Aussi quand le médecin revint de son dernier voyage à Paris parut-il à ses amis chagrin et morose. Il dut annoncer par une fatale soirée à la famille Auffray, à madame Lorrain, au confesseur et à Brigaut réunis, que la science ne pouvait plus rien pour Pierrette, dont le salut était seulement dans la main de Dieu. Ce fut une horrible consternation. La grand'mère fit un vœu et pria le curé de dire tous les matins, au jour, avant le lever de Pierrette, une messe à laquelle elle et Brigaut assistèrent.

Le procès se plaidait. Pendant que la victime des Rogron se mourait, Vinet la calomniait au tribunal. Le Tribunal homologua la délibération du Conseil de Famille, et l'avocat interjeta sur-le-champ appel. Le nouveau Procureur du Roi fit un réquisitoire qui détermina une instruction. Rogron et sa sœur furent obligés de donner caution pour ne pas aller en prison. L'Instruction exigeait l'interrogatoire de Pierrette. Quand monsieur Desfondrilles vint chez Auffray, Pierrette était à l'agonie, elle avait son confesseur à son chevet, elle allait être administrée. Elle suppliait en ce moment même la famille assemblée de pardonner à son cousin et à sa cousine, ainsi qu'elle le faisait elle-même en disant avec un admirable bon sens que le jugement de ces choses appartenait à Dieu seul.

— Grand'mère, dit-elle, laisse tout ton bien à Brigaut (Brigaut fondait en larmes). — Et, dit Pierrette en continuant, donne mille francs à cette bonne Adèle qui me bassinait mon lit en cachette. Si elle était restée chez mes cousins, je vivrais...

Ce fut à trois heures, le mardi de Pâques, par une belle journée, que ce petit ange cessa de souffrir. Son héroïque grand'mère voulait la garder pendant la nuit avec les prêtres, et la coudre de ses vieilles mains roides dans le linceul. Vers le soir, Brigaut quitta la maison Auffray, descendit chez Frappier.

— Je n'ai pas besoin, mon pauvre garçon, de te demander des nouvelles, lui dit le menuisier.

— Père Frappier, oui, c'est fini pour elle, et non pas pour moi.

L'ouvrier jeta sur tout le bois de la boutique des regards à la fois sombres et perspicaces.

— Je te comprends, Brigaut, dit le bonhomme Frappier. Tiens, voilà ce qu'il te faut.

Et il lui montra des planches en chêne de deux pouces.

— Ne m'aidez pas, monsieur Frappier, dit le Breton ; je veux tout faire moi-même.

Brigaut passa la nuit à raboter et ajuster la bière de Pierrette, et plus d'une fois il enleva d'un seul coup de rabot un ruban de bois humide de ses larmes. Le bonhomme Frappier le regardait faire en fumant. Il ne lui dit que ces deux mots quand son premier garçon assembla les quatre morceaux : — Fais donc le couvercle à coulisse : ces pauvres parents ne l'entendront pas clouer.

Au jour Brigaut alla chercher le plomb nécessaire pour doubler la bière. Par un hasard extraordinaire les feuilles de plomb coûtèrent exactement la somme qu'il avait donnée à Pierrette pour son voyage de Nantes à Provins. Ce courageux Breton, qui avait résisté à l'horrible douleur de faire lui-même la bière de sa chère compagne d'enfance, en doublant ces funèbres planches de tous ses souvenirs, ne tint pas à ce rapprochement : il défaillit et ne put emporter le plomb, le plombier l'accompagna en lui offrant d'aller avec lui pour souder la quatrième feuille une fois que le corps serait mis dans le cercueil. Le Breton brûla le rabot et tous les outils qui lui avaient servi, il fit ses comptes avec Frappier et lui dit adieu. L'héroïsme avec lequel ce pauvre garçon s'occupait, comme la grand'mère, à rendre les derniers devoirs à Pierrette le fit intervenir dans la scène suprême qui couronna la tyrannie des Rogron.

Brigaut et le plombier arrivèrent assez à temps chez monsieur Auffray pour décider par leur force brutale une infâme et horrible question judiciaire. La chambre mortuaire, pleine de monde, offrit aux deux ouvriers un singulier spectacle. Les Rogron s'étaient dressés hideux auprès du cadavre de leur victime pour la torturer encore après sa mort. Le corps sublime de la beauté de la pauvre enfant gisait sur le lit de sangle de sa grand'mère. Pierrette avait les yeux fermés, les cheveux en bandeau, le corps cousu dans un gros drap de coton.

Devant ce lit, les cheveux en désordre, à genoux, les mains étendues, le visage en feu, la vieille Lorraine criait : — Non, non, cela ne se fera pas !

Au pied du lit étaient le tuteur, monsieur Auffray, le curé Péroux et monsieur Habert. Les cierges brûlaient encore.

Devant la grand'mère étaient le chirurgien de l'hospice et monsieur Néraud, appuyés de l'épouvantable et doucereux Vinet. Il y avait un huissier. Le Chirurgien de l'hospice était revêtu de son tablier de dissection. Un de ses aides avait défait sa trousse, et lui présentait un couteau à disséquer.

Cette scène fut troublée par le bruit du cercueil, que Brigaut et le plombier laissèrent tomber ; car Brigaut, qui marchait le premier, fut saisi d'épouvante à l'aspect de la vieille mère Lorrain qui pleurait.

— Qu'y a-t-il ? demanda Brigaut en se plaçant à côté de la vieille grand'mère et serrant convulsivement un ciseau qu'il apportait.

— Il y a, dit la vieille, il y a, Brigaut, qu'ils veulent ouvrir le corps de mon enfant, lui fendre la tête, lui crever le cœur après sa mort comme pendant sa vie.

— Qui ? fit Brigaut d'une voix à briser le tympan des gens de justice.

— Les Rogron.

— Par le saint nom de Dieu !...

— Un moment, Brigaut, dit monsieur Auffray en voyant le Breton brandissant son ciseau.

— Monsieur Auffray, dit Brigaut pâle autant que la jeune morte, je vous écoute parce que vous êtes monsieur Auffray ; mais en ce moment je n'écouterais pas...

— La Justice ! dit Auffray.

— Est-ce qu'il y a une justice ? s'écria le Breton. La Justice, la voilà ! dit-il en menaçant l'avocat, le chirurgien et l'huissier de son ciseau qui brillait au soleil.

— Mon ami, dit le curé, la Justice a été invoquée par l'avocat de monsieur Rogron, qui est sous le coup d'une accusation grave, et il est impossible de refuser à un inculpé les moyens de se justifier.

Selon l'avocat de monsieur Rogron, si la pauvre enfant que voici succombe à son abcès dans la tête, son ancien tuteur ne saurait être inquiété ; car il est prouvé que Pierrette a caché pendant longtemps le coup qu'elle s'était donné...

— Assez! dit Brigaut.

— Mon client, dit Vinet.

— Ton client, s'écria le Breton, ira dans l'enfer et moi sur l'échafaud ; car, si quelqu'un de vous fait mine de toucher à celle que ton client a tuée, et si le carabin ne rentre pas son outil, je le tue net.

— Il y a rébellion, dit Vinet, nous allons en instruire le juge.

— Les cinq étrangers se retirèrent.

— Oh! mon fils! dit la vieille en se dressant et sautant au cou de Brigaut, ensevelissons-la bien vite, ils reviendront!...

— Une fois le plomb scellé, dit le plombier, ils n'oseront peut-être plus.

Monsieur Auffray courut chez son beau-frère, monsieur Lesourd, pour tâcher d'arranger cette affaire. Vinet ne voulait pas autre chose. Une fois Pierrette morte, le procès relatif à la tutelle, qui n'était pas jugé, se trouvait éteint sans que personne pût en arguer pour ou contre les Rogron : la question demeurait indécise. Aussi l'adroit Vinet avait-il bient prévu l'effet que sa requête allait produire.

A midi monsieur Desfondrilles fit son rapport au Tribunal sur l'instruction relative à Rogron, et le Tribunal rendit un jugement de non-lieu parfaitement motivé.

Rogron n'osa pas se montrer à l'enterrement de Pierrette, auquel assista toute la ville. Vinet avait voulu l'y entraîner ; mais l'ancien mercier eut peur d'exciter une horreur universelle.

Brigaut quitta Provins après avoir vu combler la fosse où Pierrette fut enterrée, et alla de son pied à Paris. Il écrivit une pétition à la Dauphine pour, en considération du nom de son père, entrer dans la Garde Royale, où il fut aussitôt admis. Quand se fit l'expédition d'Alger, il écrivit encore à la Dauphine pour obtenir d'être employé. Il était sergent, le Maréchal Bourmont le nomma sous-lieutenant dans la Ligne. Le fils du major se conduisit en homme qui voulait mourir. La mort a jusqu'à présent respecté Jacques Brigaut, qui s'est distingué dans toutes les expéditions récentes sans y trouver une blessure. Il est aujourd'hui chef de bataillon dans la

Ligne. Aucun officier n'est plus taciturne ni meilleur. Hors le service, il reste presque muet, se promène seul et vit mécaniquement. Chacun devine et respecte une douleur inconnue. Il possède quarante-six mille francs qui lui ont été légués par la vieille madame Lorrain, morte à Paris en 1829.

Aux élections de 1830, Vinet fut nommé Député, les services qu'il a rendus au nouveau gouvernement lui ont valu la place de Procureur-Général. Maintenant son influence est telle qu'il sera toujours nommé Député. Rogron est Receveur-Général dans la ville même où Vinet remplit ses fonctions ; et, par un hasard surprenant, monsieur Tiphaine y est premier Président de la Cour royale, car le justicier s'est rattaché sans hésitation à la dynastie de juillet. L'ex-belle madame Tiphaine vit en bonne intelligence avec la belle madame Rogron. Vinet est au mieux avec le Président Tiphaine.

Quant à l'imbécile Rogron, il dit des mots comme celui-ci : — Louis-Philippe ne sera vraiment roi que quand il pourra faire des nobles !

Ce mot n'est évidemment pas de lui. Sa santé chancelante fait espérer à madame Rogron de pouvoir épouser dans peu de temps le général marquis de Montriveau, pair de France, qui commande le Département et qui lui rend des soins. Vinet demande très-proprement des têtes, il ne croit jamais à l'innocence d'un accusé. Ce Procureur-Général pur sang passe pour un des hommes les plus aimables du ressort, et il n'a pas moins de succès à Paris et à la Chambre ; à la Cour, il est un délicieux courtisan.

Selon la promesse de Vinet, le général baron Gouraud, ce noble débris de nos glorieuses armées, a épousé une demoiselle Matifat de Luzarches, âgée de vingt-cinq ans, fille d'un droguiste de la rue des Lombards, et dont la dot était de cinquante mille écus. Il commande, comme l'avait prophétisé Vinet, un Département voisin de Paris. Il a été nommé pair de France à cause de sa conduite dans les émeutes sous le Ministère de Casimir Périer. Le baron Gouraud fut un des généraux qui prirent l'église Saint-Merry, heureux de *taper sur les péquins* qui les avaient vexés pendant quinze ans, et son ardeur a été récompensée par le grand cordon de la Légion-d'Honneur.

Aucun des personnages qui ont trempé dans la mort de Pierrette n'a le moindre remords. Monsieur Desfondrilles est toujours archéologue ; mais, dans l'intérêt de son élection, le Procureur-Général

Vinet a eu soin de le faire nommer Président du Tribunal. Sylvie a une petite cour et administre les biens de son frère ; elle prête à gros intérêts et ne dépense pas douze cents francs par an.

De temps en temps, sur cette petite place, quand un enfant de Provins y arrive de Paris pour s'y établir, et sort de chez mademoiselle Rogron, un ancien partisan des Tiphaine dit : — Les Rogron ont eu dans le temps une triste affaire à cause d'une pupille....

— Affaire de parti, répond le président Desfondrilles. On a voulu faire croire à des monstruosités. Cette Pierrette était une petite fille assez gentille et sans fortune ; par bonté d'âme ils l'ont prise avec eux ; au moment de se former, elle eut une intrigue avec un garçon menuisier ; elle venait pieds nus à sa fenêtre y causer avec ce garçon, qui se tenait là, voyez-vous? Les deux amants s'envoyaient des billets doux au moyen d'une ficelle. Vous comprenez que dans son état, aux mois d'octobre et de novembre, il n'en fallait pas davantage pour faire aller à mal une fille qui avait les pâles couleurs. Les Rogron se sont admirablement bien conduits : ils n'ont pas réclamé leur part de l'héritage de cette petite, ils ont tout abandonné à sa grand'mère. La morale de cela, mes amis, est que le diable nous punit toujours d'un bienfait.

— Ah! mais c'est bien différent, le père Frappier me racontait cela tout autrement.

— Le père Frappier consulte plus sa cave que sa mémoire, dit alors un habitué du salon de mademoiselle Rogron.

— Mais le vieux monsieur Habert....

— Oh! celui-là, vous savez son affaire ?

— Non.

— Eh! bien, il voulait faire épouser sa sœur à monsieur Rogron, le Receveur-Général.

Deux hommes se souviennent chaque jour de Pierrette : le médecin Martener et le major Brigaut qui, seuls, connaissent l'épouvantable vérité.

Pour donner à ceci d'immenses proportions, il suffit de rappeler qu'en transportant la scène au Moyen-Âge et à Rome sur ce vaste théâtre, un jeune fille sublime, Béatrix Cenci, fut conduite au supplice par des raisons et par des intrigues presque analogues à celles qui menèrent Pierrette au tombeau. Béatrix Cenci n'eut pour tout défenseur qu'un artiste, un peintre. Aujourd'hui l'histoire et les vivants, sur la foi du portrait de Guido Reni, condamnent le pape, et font de Béatrix une des plus touchantes victimes des passions infâmes et des factions.

Convenons entre nous que la Légalité serait, pour les friponneries sociales, une belle chose si Dieu n'existait pas.

Novembre 1839.

FIN DU CINQUIÈME VOLUME.

TABLE DES MATIÈRES

SCÈNES DE LA VIE DE PROVINCE.

Ursule Mirouet...	1
Eugénie Grandet..	206
Les Célibataires (première histoire) : Pierrette................	366

FIN DE LA TABLE DU CINQUIÈME VOLUME.

www.ingramcontent.com/pod-product-compliance
Lightning Source LLC
Chambersburg PA
CBHW050602230426
43670CB00009B/1227